UTB 4903

Eine Arbeitsgemeinschaft der Verlage

W. Bertelsmann Verlag · Bielefeld
Böhlau Verlag · Wien · Köln · Weimar
Verlag Barbara Budrich · Opladen · Toronto
facultas · Wien
Wilhelm Fink · Paderborn
A. Francke Verlag · Tübingen
Haupt Verlag · Bern
Verlag Julius Klinkhardt · Bad Heilbrunn
Mohr Siebeck · Tübingen
Ernst Reinhardt Verlag · München
Ferdinand Schöningh · Paderborn
Eugen Ulmer Verlag · Stuttgart
UVK Verlagsgesellschaft · Konstanz, mit UVK/Lucius · München
Vandenhoeck & Ruprecht · Göttingen
Waxmann · Münster · New York

Die Rede von Jesus Christus als Glaubensaussage

Der zweite Artikel des Apostolischen Glaubensbekenntnisses im Gespräch zwischen Bibelwissenschaft und Dogmatik

herausgegeben von
Jens Herzer, Anne Käfer und Jörg Frey

unter Mitarbeit von
Nicole Oesterreich

Mohr Siebeck

Jens Herzer ist Professor für Neues Testament an der Theologischen Fakultät der Universität Leipzig.

Anne Käfer ist Professorin für Systematische Theologie und Direktorin des Seminars für Reformierte Theologie an der Westfälischen Wilhelms-Universität Münster.

Jörg Frey ist Professor für Neutestamentliche Wissenschaft mit Schwerpunkt Antikes Judentum und Hermeneutik an der Theologischen Fakultät der Universität Zürich.

Nicole Oesterreich ist wissenschaftliche Mitarbeiterin am Lehrstuhl für Neues Testament an der Theologischen Fakultät der Universität Leipzig.

ISBN 978-3-8252-4903-8 (UTB Band 4903)

Online-Angebote oder elektronische Ausgaben sind erhältlich unter www.utb-shop.de.

Die Deutsche Nationalbibliothek verzeichnet diese Publikation in der Deutschen Nationalbibliographie; detaillierte bibliographische Daten sind im Internet über *http://dnb.dnb.de* abrufbar.

Das Buch wurde von pagina in Tübingen gesetzt und von Hubert & Co. in Göttingen auf alterungsbeständiges Werkdruckpapier gedruckt und gebunden.
Coverabbildung: Fresko des Jüngers Thomas, Kirche »Unsere Frauen«, Memmingen.

Vorwort

Der vorliegende Band versammelt die Beiträge einer interdisziplinären Tagung, die von den Herausgebern und der Herausgeberin vom 19. bis 21. März 2015 in Leipzig veranstaltet wurde und den zweiten Artikel des Apostolischen Glaubensbekenntnisses zum Thema hatte. Anliegen und Ziel war es, zum christologischen Artikel ein interdisziplinäres Gespräch zwischen Bibelwissenschaft und Dogmatik zu initiieren. Darauf war das Format der Tagung abgestimmt: Jeder Topos des Bekenntnisartikels wurde mit je einem Beitrag aus exegetischer und systematisch-theologischer Perspektive erörtert und eine kritische Response führte in die gemeinsame Diskussion ein. Das Format hat sich bewährt: Der intensive Dialog war für beide Seiten eine fruchtbare Herausforderung, die nicht zuletzt auch die kontroversen Aspekte im Blick auf die zeitgemäße Bedeutung des alten christlichen Bekenntnisses vor Augen geführt hat, sowohl grundsätzlich als auch im Hinblick auf konkrete Inhalte.

Allen Beteiligten ist daher für ihren Beitrag zu dieser Tagung auch an dieser Stelle noch einmal zu danken: Den Vortragenden dafür, dass sie sich auf dieses Format eingelassen haben, den Respondierenden, die zum Zeitpunkt der Tagung alle wissenschaftliche Mitarbeiterinnen und Mitarbeiter waren, dass sie sich zu kritischen Impulsen haben herausfordern lassen, sowie den Studierenden, Mitarbeiterinnen und Mitarbeitern in Leipzig, die mit enormen Engagement bei Organisation und Durchführung geholfen haben. Die Finanzierung der Tagung haben dankenswerterweise die Universität Zürich, die Evangelisch-Lutherische Landeskirche Sachsens sowie die Theologische Fakultät der Universität Leipzig und ihr Förderverein sichergestellt. Ein besonderer Dank gilt schließlich Frau Nicole Oesterreich für die Herstellung der Satzvorlage, Frau Eva Maria Dietz und Herrn Manuel Nägele für die Erstellung der Register und Frau Sylvia Kolbe für das Lesen der Korrekturen. Den verantwortlichen Mitarbeiterinnen und Mitarbeitern des Verlages Mohr Siebeck danken wir für die professionelle Zusammenarbeit.

Leipzig, Münster, Zürich, im September 2017

Jens Herzer
Anne Käfer
Jörg Frey

Inhaltsverzeichnis

II. »… der empfangen ist vom heiligen Geist, geboren von der Jungfrauen Maria«. Gottes Schöpferwort in seiner Schöpfung

III. »… gelitten unter Pontio Pilato, gekreuziget, gestorben und begraben«. Der Tod des ewigen Gottes und das ewige Leben der Menschen

IV. »… niedergefahren zur Höllen« / »… hinabgestiegen in das Reich des Todes«. Gott und Teufel, Satan und der Inkarnierte

VII. »… von dannen er kommen wird, zu richten die Lebendigen und die Toten«. Rechtfertigung und Heiligung durch den Geist Jesu Christi

Schlussreflexion

Register

Zur Einführung

Das Bekennen des Glaubens als Herausforderung an die Theologie

Eine Einführung

Jens Herzer

Credo – »*Ich glaube*« – mit dieser sehr persönlichen Formulierung beginnt jenes Glaubensbekenntnis, das in der Tradition der Kirchen das apostolische genannt wird. Anders als im »Wir« des Nizäno-Konstantinopolitanums oder etwa auch in den Nachdichtungen des Bekenntnisses 1524 durch Martin Luther (EG 183) bzw. 1937 durch Rudolf Alexander Schröder (EG 184) hebt die erste Person Singular des Apostolikums nicht zuerst auf die Glaubens- und Bekenntnisgemeinschaft ab, in der sich der oder die Einzelne in seinem oder ihrem Glauben integriert und getragen weiß. Die explizit individuelle Form ist vielmehr eine Herausforderung. Sie ist eine Herausforderung zur Stellungnahme, zum Sich-Verhalten gegenüber einem Anspruch, der die persönliche Überzeugung betrifft. Aus dem mehr oder weniger anonymen »Wir« des gemeinsamen Bekenntnisses heraus muss das »Ich« sich nennen und bekennen. Darin liegt nicht nur die Chance der selbstbewussten Behauptung einer eigenen religiösen Identität; der oder die Bekennende macht sich auch angreifbar. Die Worte des apostolischen Bekenntnisses zu sprechen bzw. mitzusprechen setzt dabei noch mehr als ein inklusives *credimus*[1] die individuelle Identifikation mit den Inhalten des Bekenntnisses voraus. Das kann ein Problem sein. Gleichzeitig aber eröffnet diese persönliche Grammatik des Credos einen Raum der Freiheit zum Sich-Verstehen vor bzw. in den konkreten Formulierungen. Ein »Wir« des Bekenntnisses impliziert, dass man sich einem gemeinsamen Verständnis des gemeinsam Bekannten verpflichtet weiß. Demgegenüber bietet die individuelle

---

[1] Die lateinische Version des Nizänums bietet ebenfalls die Pluralform, seine griechische Version hingegen den Singular πιστεύω. Das Nizäno-Konstantinopolitanum formuliert umgekehrt in der griechischen Version im Plural und in der lateinischen im Singular. Zum Verhältnis zwischen Nizänum und Nizäno-Konstantinopolitanum vgl. J. N. D. Kelly, Altkirchliche Glaubensbekenntnisse. Geschichte und Theologie, UTB 1746, Göttingen ²1993, 294–327.

Form die Möglichkeit, sich seines eigenen Verständnisses des Bekenntnisses zu vergewissern, und zwar unabhängig davon, ob die anderen Mitglieder der Bekenntnisgemeinschaft dasselbe Verständnis mit den alten und durch die Tradition geprägten Worten verbinden, die im Gottesdienst zwar alle gleichzeitig, aber doch jeder bzw. jede für sich sprechen und mit Bedeutung füllen.

Wie kaum ein anderer Text stellt das Credo neben den persönlichen Implikationen auch eine Herausforderung an die Theologie dar. Ein alter überkommener Text aus Zeiten, die nicht die unseren sind, mit gefügten Worten, die ebenfalls nicht die unseren sind, mit Aussagen, die theologische und dogmatische Auseinandersetzungen spiegeln, um die kaum noch weiß, wer heute das Bekenntnis aus welchen Gründen auch immer im Gottesdienst mitspricht. Das betrifft den zweiten Artikel und somit die Christologie in besonderer Weise. Die christologischen Aussagen des Bekenntnisses und damit nicht zuletzt die Frage nach dem Verhältnis zwischen Göttlichkeit und Menschlichkeit Christi, der göttlichen und menschlichen Natur unter dem Vorzeichen der altkirchlichen Zwei-Naturen-Lehre ist und bleibt eine Herausforderung, an der sich die Geister scheiden. Das Apostolikum benennt in seinem zweiten Artikel diesen Aspekt der Christologie nicht ausdrücklich (wie etwa das Nizänum), setzt ihn aber doch implizit voraus, was die Sache nicht weniger kompliziert macht, weil damit das Zentrum des christlichen Glaubens schlechthin thematisiert ist. Während der erste und dritte Artikel gerade angesichts aktueller interkultureller bzw. interreligiöser Diskurse anschlussfähiger erscheinen, ist nicht nur das Ringen um die Bedeutung der Christologie, sondern auch um deren angemessene sachliche und sprachliche Entfaltung unter den Bedingungen der heutigen Zeit umso dringlicher.

Angesichts der aktuellen politisch-religiösen Problemlandschaft läge es nur scheinbar näher, den ersten und dritten Artikel zu priorisieren, weil diese anschlussfähiger seien an die Diskurse unserer Zeit über Religion und Gesellschaft, über Menschenwürde und Menschenbild, und damit auch für das, was auch an theologischen Fakultäten durch den »Segen« der Studienreform unter dem Stichwort »Interkulturelle Theologie« immer stärker in den Vordergrund tritt. Für den interkulturellen Dialog der Theologi*en*, den zu stärken der Wissenschaftsrat 2010 mit den »Empfehlungen zur Weiterentwicklung von Theologien und religionsbezogenen Wissenschaften an deutschen Hochschulen« ausdrücklich gefordert hat,[2] ist der zweite Artikel gelinde gesagt etwas »sperrig«, wie man das heute so gern nennt. Doch genau diese »Sperrigkeit« interessiert uns: Was ist eigentlich heute in Zeiten vielfach beschworener Toleranz, Weltoffenheit und religiöser Indifferenz einerseits und grober religiös motivierter Gewalt andererseits das spezifisch Christliche, das wir in die gesellschaftlichen Diskurse einbringen? Wie zeitgemäß ist eigentlich ein solches Bekenntnis zu einem Christus, an dessen exklusivem Anspruch und dessen Bedeutung für eine spezifisch christliche Identität sich die Geister scheiden? Wie kann schließlich ein solcher Glaube unter den Bedingungen unserer Zeit zur Sprache gebracht werden? Und nicht zuletzt: Welche Funktion hat unter den heutigen Bedingungen die Bindung an Bekenntnisse für Theologie und Kirche, wenn es denn stimmt, dass die (akademische) Theologie eine der Kirche und ihren dogmatischen Traditionen gegenüber kritische Funktion habe? Die Konfessionsklauseln in deutschen Studien- und Prüfungsordnungen staatlicher Hochschulen werden immer wieder infrage gestellt, zuletzt durch ein viel beachtetes Papier des Studierendenrates Evangelische Theologie von 2013,[3] dem etwa die bereits 2002 beschlossene und im Tenor durchaus anders gelagerte Stellungnahme der Gemischten Kommission I zur »staatskirchenrechtlichen Notwendigkeit der Konfessionsklausel« gegenübersteht.[4] Wie lässt sich begründen, dass nicht nur die Kirchen, sondern auch die Theologischen Fakultäten an dieser Klausel festhalten, und zwar auch für diejenigen Abschlüsse, die nicht zum kirchlichen Dienst in Lehramt oder Pfarramt führen? Stammen nicht deren staatskirchenrechtliche Grundlagen aus einer längst vergangenen Zeit? Was ist unter Bekenntnisbindung überhaupt zu verstehen? Wie bindend können Bekenntnisse eigentlich sein angesichts der Tatsache, dass sie unter ganz bestimmten historischen Umständen entstehen und damit keineswegs selbstverständlich eine zeitlose Gültigkeit beanspruchen können, zumal reformatorisch gesehen »allein die Schrift« die normierende Norm des Glaubens darstellt?

---

[2] Vgl. Empfehlungen zur Weiterentwicklung von Theologien und religionsbezogenen Wissenschaften an deutschen Hochschulen unter https://www.wissenschaftsrat.de/download/archiv/9678–10.pdf – Zugriff am 24.04.2017.

[3] http://www.interseth.de/wp-content/uploads/2013/05/Stellungnahme-des-SETh-zur-Konfessionsklausel1.pdf – Zugriff am 24.04.2017.

[4] http://www.ekd.de/download/konfessionsklausel_2002.pdf – Zugriff am 24.04.2017.

Aus alldem wird deutlich, dass die Beschäftigung mit dem christologischen Artikel des Bekenntnisses nur ein interdisziplinäres Unternehmen »zwischen Bibelwissenschaft und Dogmatik« sein kann. Ohne den innertheologisch-interdisziplinären Diskurs kommen wir in den wichtigen Fragen hinsichtlich der Plausibilisierung christologischer Topoi als prägende Aspekte einer christlichen Glaubensidentität unter den Bedingungen und Herausforderungen unserer Zeit nicht weiter. Dass damit nur ein Anfang gemacht ist, der Diskurs fortgeführt und andere Disziplinen und Perspektiven als die biblisch- und systematisch-theologischen involviert werden müssen, versteht sich von selbst. Doch es ist immerhin ein Anfang, der ein wichtiges Thema wieder in einem weiteren Horizont zur Diskussion stellt.

Die wechselseitigen Perspektiven je eines neutestamentlichen und eines systematisch-theologischen Beitrags sind in der Abfolge an den einzelnen Aussagen des zweiten Artikels des apostolischen Glaubensbekenntnisses orientiert. Jedes Vortragspaar wird durch einen kurzen Text aus der Sicht der Herausgeber und der Herausgeberin eingeführt, der zur Einstimmung zentrale Aspekte und Fragen zur jeweiligen Aussage des Bekenntnisses thematisiert. Unter der Überschrift »Reflexionen und Impulse zur Diskussion« benennt jeweils eine kritische Response auf die Beiträge erkennbare Problemschwerpunkte des interdisziplinären Diskurses und weist auf notwendige Präzisierungen hin. In der folgenden kurzen Präsentation der Beiträge wird auf die Responses bewusst nicht eingegangen, um den Leserinnen und Lesern nicht die Spannung an der Auseinandersetzung zu nehmen. Im Konzept des UTB-Bandes bringen (formuliert durch die Herausgebenden) einige weiterführende Fragen als Abschluss der einzelnen Teilbereiche eine didaktische Komponente ein, womit in Korrespondenz zu den einführenden Texten insbesondere Studierenden Anregungen für die Erschließung der jeweiligen Problematik gegeben werden sollen. Am Ende des Bandes setzen sich Anne Käfer und Jörg Frey noch einmal explizit mit den »Chancen und Schwierigkeiten des Dialogs zwischen Exegese und Systematischer Theologie« auseinander.

Den Auftakt in diesem Band machen zwei Beiträge mit übergreifender Perspektive. *Andreas Lindemann* thematisiert den grundlegenden Zusammenhang von Glaube und Bekenntnis im ältesten Christentum unter der besonderen Verhältnisbestimmung von Integration und Abgrenzung. Lindemann geht von den Formen des Bekenntnisses und der Bekenntnisbildung im zeitgenössischen Horizont der neutestamentlichen Autoren aus und untersucht insbesondere die in den Paulusbriefen überlieferten ältesten Bekenntnisaussagen. Neben einem Überblick über die Vielfalt der Bekenntnisse im Kontext des Gottesdienstes und seiner rituellen Vollzüge sowie in der Außenrelation der Gemeinden wird dabei vor allem deutlich, dass und inwiefern von Anfang an die Frage nach der Bedeutung Jesu von Nazareth als Christus des Glaubens im Zentrum der Bekenntnisbildung stand.

Als systematischer Theologe erörtert *Rochus Leonhardt* die »Bedeutung von Bekenntnissen in Theologie und Kirche« und zwar unter jener Fragestellung, die auch am Beginn des Projektes der Tagung stand. Die Kirche(n) und die ihr (bzw. ihnen) in kritischer Funktion gegenüber oder besser: zur Seite stehende akademische Theologie sind mit der Herausforderung konfrontiert, Tradition und Bekenntnis unter den jeweiligen zeitgenössischen Bedingungen zu explizieren und zu plausibilisieren, wenn die Verkündigung des Evangeliums nicht zu einer unerheblichen und gesellschaftlich irrelevanten Veranstaltung werden soll. Unter der Voraussetzung theologiegeschichtlicher Aspekte protestantischer Bekenntnisbildung und der Frage nach der Verbindlichkeit von Bekenntnissen im Protestantismus – nicht zuletzt vor dem Hintergrund des aktuellen Reformationsjubiläums – betont Leonhardt vor allem den Aspekt der Freiheit. Dieser habe die reformatorische Theologie maßgeblich geprägt, sei aber zugleich auch insofern ambivalent, als die Betonung der »religiösen Freiheit eines Christenmenschen als ein Leitbegriff der Reformation« im Laufe der dogmatischen Ausformulierungen lutherischen Bekenntnisses »zu einer besonderen [...] Intensität der Bindung der gläubigen Gewissen an den Wortlaut der Bekenntnisse« geführt habe. Nach weiteren Blicken in die theologiegeschichtliche Entwicklung bis Schleiermacher thematisiert Leonhardt die zunehmende Problematisierung des Bekenntnisses anhand des sog. Apostolikumstreites im ausgehenden 19. und beginnenden 20. Jh. Dieser Streit hat jedoch letztlich eher zu einem konservativen Pragmatismus im Umgang mit den alten Bekenntnissen beigetragen als zu einer inhaltlichen Lösung des Problems bzw. »neuen (und vermeintlich unanstößigen) Bekenntnisaussagen«, »deren Formulierung Harnack vorgeschwebt« habe (82). Die Tatsache, dass insbesondere der christologische Artikel im Zentrum der Auseinandersetzung um das Apostolikum stand, ist einmal mehr Grund für eine aktuelle theologische Beschäftigung mit diesem Artikel.

Mit dem Überblick über die Vielfalt und Pragmatik frühchristlicher Bekenntnisbildung einerseits und der dogmengeschichtlichen Einsicht in die Notwendigkeit, die »Differenz zwischen dem christlichen Glauben selbst und seiner in den kirchlichen Bekenntnissen fixierten symbolischen Form festzuhalten« (82) andererseits sind zwei wichtige Vorzeichen für die inhaltliche Bearbeitung der christologischen Einzelaussagen des Apostolikums gesetzt. Mit der ersten Zeile unter der Frageperspektive »Jesus Christus als Person der Trinität und als Mensch unter Menschen« beschäftigen sich *Karl-Wilhelm Niebuhr* und *Martin Leiner*. Niebuhr fokussiert die Frage nach dem Menschsein Jesu als des Christus bzw. des Messias Israels auf dessen Identität als Israelit und problematisiert damit vor allem die »Israel-Vergessenheit« des Bekenntnisses; diese »muss und kann [...] mit Hilfe von Grundaussagen der paulinischen Theologie und Christologie biblisch-theologisch aufgebrochen werden« (86). Dabei kommt für Niebuhr der jüdischen Herkunft Jesu eine entscheidende hermeneutische Funktion zu. Das »Wissen darum, dass Jesus als Jude und im Verstehensrahmen des jüdischen Glaubens gewirkt hat«, gehöre »zu den fundamentalen Voraussetzungen der nachösterlichen Bekenntnisbildung« (93). Unter dogmatischen Gesichtspunkten unterstreicht Martin Leiner diese Auslegung Niebuhrs, indem er auf »wichtige hermeneutische Klärungen« hinweist, »die zwischen Neuem Testament und Systematik vorangebracht werden müssen« (106). Dennoch bleibt Leiner skeptisch im Blick auf die nur »partikulare« Konzentration auf Jesus als Israelit. Grundsätzlich gehe es dabei vor allem um die Frage nach der Gewichtung von Texten bzw. Überlieferungen und ihrer Verhältnisbestimmung zu dogmatischen Aussagen, die in ihrer konkreten Gestalt nicht im Neuen Testament zu finden seien, aber doch deshalb nicht ohne Berechtigung Glaubensinhalte formulieren.

Der zweite Hauptteil widmet sich der das Christusbekenntnis explizierenden Aussage über die Empfängnis Jesu durch den Heiligen Geist und dem damit verbundenen Topos der »Jungfräulichkeit« Marias. Mit dieser Aussage ist insbesondere eine schöpfungstheologische Perspektive vorgegeben, die die Erörterungen der beiden Beiträge prägt. *Gudrun Holtz* sieht in der Aussage von der Geburt Jesu durch die Jungfrau Maria einen »Erweis der schöpferischen Macht des Wortes Gottes« (123). Holtz konzentriert sich dabei auf die lukanische Version, weil hier die Dimension des Schöpferwortes über die auch bei Matthäus enthaltenen Aspekte hinaus gleichsam als hermeneutische Kategorie einbezogen werde. Aus der am Gesamtbefund relevanter neutestamentlicher Aussagen gewonnenen Einsicht, »dass die Kategorien des Historischen und Biologischen der Erzählung nicht gerecht werden« (128), leitet Holtz die Notwendigkeit der theologischen Interpretation ab, die sie mit religionsgeschichtlichen Aspekten verbindet und begründet. Dabei kommen erstaunlich materielle Vorstellungen in Bezug auf das Wirken des Geistes bzw. des Schöpferwortes Gottes zum Tragen. Die worttheologische Linie sei zudem auch bei Paulus aufgenommen. Das in der Geburt Jesu als Verheißung realisierte Schöpferwort sei dasselbe, das auch im Evangelium wirksam wird. Vor diesem Hintergrund lasse sich der zweite Artikel als Interpretation des ersten sowie als Vorausgriff auf die Aussage über die Erwartung der allgemeinen Auferstehung verstehen. Aus systematisch-theologischer Perspektive geht *Gregor Etzelmüller* die Problematik unter dem Aspekt der »wahren Menschheit« Jesu an: »Kein wahrer Mensch ohne Geburt« (153). Das korrespondiert mit der historisch-kritischen Analyse der Texte und nimmt diese ernst. Dem entsprechend wird das im eigentlichen Sinn theologische Problem der Vorstellung von der »Jungfrauengeburt« auf das Verhältnis von Schöpfung und Neuschöpfung sowie auf die Funktion und kreative Wirkung des Geistes im Prozess der Schöpfung zugespitzt. Die Aussage von der »Geburt Christi aus dem Geist Gottes« lasse sich unter diesen pneumatologischen Voraussetzungen »durchaus auch mit der Vorstellung einer natürlichen Zeugung verbinden« (158). Ähnlich wie andernorts über die Auferstehung Jesu argumentiert wurde, kann Etzelmüller festhalten: »Würde die übernatürliche Erzeugung Jesu aus dem Geist eine gewöhnliche Zeugung ausschließen, dann könnten wir, die wir gewöhnlich gezeugt worden sind, nicht auf unsere Wiedergeburt hoffen« (159). Er nimmt damit einen wichtigen Aspekt johanneischer Theologie auf und betont zugleich und zu Recht die Ambivalenz der biblischen Genealogien bei Matthäus und Lukas. Nicht zuletzt setzt er sich auch auf originelle Weise mit dem Vorwurf auseinander, Jesus sei als ein »Bastard« geboren. Das Bekenntnis zur Jungfrauengeburt erweist sich damit zwar nicht als notwendig für die Christologie, »es (erschließt) aber eine Wahrheit [...], die nicht verloren gehen sollte« (162).

Mit dem gleichsam historischen Teil des Bekenntnisses – Leiden, Tod und Begräbnis Jesu unter Pilatus – beschäftigen sich die Beiträge von *Roland Deines* und *Dirk Evers*. In einem facettenreichen und immer wieder auch systematisch-theologische Aspekte aufgreifenden Beitrag betont Deines zunächst, dass eine Hoffnung auf ewiges Leben kein christliches Spezifikum sei und sich daher die Frage ergebe, wie »sich die Perspektive auf das ewige Leben verändert mit dem Tod dessen, der unter Pontius Pilatus am Kreuz gelitten hat, gestorben ist und begraben wurde« (192). Dabei spiele der Tod Jesu in seiner sündentilgenden Funktion eine entscheidende Rolle: Nur so könne der Tod des Einen Auswirkungen auf die irdische (in Bezug auf die Vergebung der Sünden) und ewige (in Bezug auf die Auferstehung und das ewige Leben) Existenz der an ihn Glaubenden haben. Jesu Wirken und Tod seien dabei gleichermaßen als »epistemologische Zugangsweisen« zu verstehen, welche die Schriftgemäßheit des Heilsereignisses einsichtig machen, wobei im Neuen Testament nicht schon Jesu Sendung selbst, sondern erst seinem Tod sündenvergebende Wirkung zugeschrieben werde. Dirk Evers stellt sich der Herausforderung dieser systematisch-theologisch eher sperrigen Thematik, zumal in der von Deines vorgegebenen Zuspitzung. Ausgehend von grundlegenden Beobachtungen zu modernen Wahrnehmungsweisen in der Interpretation des Todes Jesu unternimmt es Evers, das historische Ereignis des Todes Jesu »nicht als ontologisches Geschehen oder im Sinne einer sekundären religiösen Deutung« zu verstehen, »sondern als in einem umfassenden Sinne effektiv-kommunikatives Ereignis« (211). Wichtig dabei sei, dass die Geschichte Jesu keine mythische Geschichte ist, sondern auch das Bekenntnis die historische Verortung »unter Pontius Pilatus« festhalte. Das Kreuz Jesu entfalte daher – im Licht der Auferstehung – ein mythenkritisches Potenzial, mit dem nicht nur aufgrund der innerweltlichen Verortung die Menschen selbst mit ihrem von der Sünde bestimmten Leben und Tod betroffen sind, sondern in Bezug darauf letztlich auch das Gottesverständnis theologisch produktiv auf neue Weise differenziert werde. Die dadurch infrage gestellte Beziehung von »Faktum und Bedeutung« (215) sei die eigentliche theologische Herausforderung der Neuzeit, und zwar insbesondere im Hinblick auf das Geschichtsverständnis. Dabei gehe es vor allem um die Frage, ob bzw. inwiefern die Bedeutungszuschreibung zum historischen Faktum objektive Geltung beanspruchen könne oder nicht lediglich eine subjektive Illusion sei. Demgegenüber bringt Evers in seinem Ansatz den kommunikativen Charakter der Selbstmitteilung Gottes in der Geschichte Jesu zum Ausdruck »als der, der er auch außerhalb dieses historischen Ereignisses ist, und darin neue Möglichkeiten menschlicher Existenz eröffnet« (222). Dass dabei auch entwicklungsbiologische und -psychologische Aspekte hinsichtlich der Entwicklung des Ich-Bewusstseins zum Tragen kommen, macht Evers' systematischen Entwurf interdisziplinär auch im Blick auf Disziplinen außerhalb der Theologie in besonderer Weise interessant.

Vom Historisch-Faktischen wechselt die Perspektive in den Bereich der Mythologie, wenn es um die Aussage »hinabgestiegen in das Reich des Todes« geht. *Marco Frenschkowski* präsentiert zunächst in eindrücklicher Fülle die Vielfalt der altkirchlichen Descensusvorstellungen, um von diesen konkreten Ausprägungen her nach dem Gehalt der eher randständigen Aussage im Neuen Testament zu fragen. Hier treten insbesondere 1 Petr 3,19 und 4,6, aber auch andere Texte wie z. B. Phil 2,5–11 in den Blick. Frenschkowski hebt dabei die imaginative Kraft mythologischer Vorstellungen hervor, wie sie sich dann – ausgehend von den neutestamentlichen Motiven – in den altkirchlichen Ausprägungen dokumentiert. Auch werden interessante Einblicke in außerbiblische Katabasisliteratur und »Jenseitsimaginarien« geboten. In Anknüpfung an die bekannte Mythos-Definition des Sallust versteht Frenschkowski den Abstieg Jesu in die Unterwelt als mythische Rede, was bedeute, »dass hier anschaulich-mythisch von etwas Realem gesprochen wird, wovon sich in theologischer Begriffssprache nur verkürzt sprechen lässt« (283). Der Weg Jesu sei insofern in Analogie zur platonischen Vorstellung des Weges der Seele »von ganz oben nach ganz unten« zu verstehen. *Matthias D. Wüthrich* begibt sich seinerseits auf eine »systematisch-theologische Sinnsuche im Blick auf das Bekenntnis zum Descensus Jesu Christi« (287) und thematisiert zunächst das Befremden der Moderne mit dieser Vorstellung vor dem Hintergrund der im 20. Jh. geführten Entmythologisierungsdebatten. Unter den Stichworten »Siegesmotiv«, »Leidensmotiv« und »Predigtmotiv« entfaltet er traditionelle Vorstellungen und befragt sie auf ihr Sinnpotential hin. Wichtig ist dabei die Wahrnehmung des Bösen (bzw. mit Karl Barth: des Nichtigen), seiner bestimmenden Realität und den Möglichkeiten seiner Überwindung. Bemerkenswert sind nicht zuletzt die auf die (inneren und äußeren) Leiden Christi bezogenen, existentialen (und darin durchaus modern anmutenden) Deutungen bei Luther und Calvin. Im Ergebnis beeindruckt, dass Wüthrich dezidiert nicht dafür plädiert, diesen Topos bzw. Mythos aufzugeben, sondern konstruktiv – durchaus entsprechend zu Frenschkowskis religionsgeschichtlicher Perspektive – dessen »Mehrwert« herausarbeitet, der in der Veranschaulichung des endgültigen Sieges über das Nichtige bestehe.

Jörg Frey und *Anne Käfer* interpretieren die Aussage von der Auferstehung Jesu. Frey zeichnet diesen Aspekt zunächst innerhalb des neutestamentlichen Kontextes in den apokalyptischen Vorstellungshorizont jüdischer Zukunftserwartung ein, vor dem dieser spezifische

Bekenntnisinhalt von der Auferstehung eines Einzelnen als »Spezialfall der allgemeinen Totenauferweckung« (331) in der Geschichte entfaltet wurde. Dabei tritt die berechtigte Frage hervor, warum die Alte Kirche in ihrem Bekenntnis den leiblichen Aspekt festgehalten und nicht gleichsam spiritualisierend die unter Umständen »anschlussfähigere« Vorstellung einer Apotheose, einer unsterblichen Seele o. ä. eingetragen habe, obwohl die Auferstehung Jesu neutestamentlich explizit als Erhöhung bzw. Inthronisation des Gekreuzigten »zur Rechten Gottes« interpretiert wird. Damit deutet sich bereits an, dass der Glaubensinhalt einer »Auferstehung des Fleisches« mit der Vorstellung der Inkarnation, der »Fleischwerdung« des Logos in dem von Gott auferweckten Christus korrespondiert. Dabei ist nach Frey der Glaube an die Auferstehung Jesu nicht einfach eine mythologische Vorstellung, aber auch die Kategorie »historisches Ereignis« (W. Pannenberg) stelle eine »fatale *Unterbestimmung*« (336) dar. Vielmehr gehe es um die Wahrnehmung einer geschichtlich festzumachenden, authentischen Erfahrung, die zur Überzeugung vom schöpferischen Handeln Gottes am Gekreuzigten geführt habe. Dieses göttliche Handeln werde mit der Kategorie der Auferweckung zur Sprache gebracht und vor diesem Hintergrund – das ist das Entscheidende – die Bedeutung seines (Kreuzes-)Todes reflektiert. Anne Käfer nimmt den inkarnationstheologischen Faden auf und spitzt diesen mit Luther und Schleiermacher zu, indem sie die »Pointe des Menschgewordenseins Gottes« als *»Erweis der Liebe des Schöpfers«* versteht. Das Kreuz als Voraussetzung der Auferstehung des Menschgewordenen mache deutlich, »[d]ass diese Liebe unbedingt und uneingeschränkt ist« (356). Das ganze Ausmaß der Liebe Gottes werde aber erst durch die Auferweckung Jesu sichtbar. Hermeneutisch wichtig ist die Einsicht, dass die Gewissheit, die aus diesem Geschehen erwachse, nämlich die Gewissheit der Überwindung des Todes durch Gottes Liebe, nicht der historischen Vergewisserung bedarf. Vielmehr gelte es, den »auferstandenen Inkarnierten im Leben der Kirche« neu zur Geltung zu bringen, wobei den Sakramenten als Mittel und als Orten der Vergegenwärtigung eine entscheidende Bedeutung zukomme. Die Wahrheit des »Glaubens an Jesu Auferstehung von den Toten« lasse sich nicht historisch *be*weisen, sondern muss sich im Glaubensleben jedes und jeder Einzelnen als Wahrheit *er*weisen.

Der Weg Christi, den das Credo beschreibt, führt schließlich zur *sessio ad dexteram* »des allmächtigen Vaters«. Diesem Topos widmet sich zunächst *Reinhard Feldmeier* unter der besonderen Fragestellung nach dem Verhältnis zwischen göttlicher Allmacht und menschlicher Freiheit. Ausgehend von der Vorstellung der »Selbstbegrenzung Gottes« im Hinblick auf die Ausübung seiner Macht wird auch das von Jesus Christus ausgesagte »Sitzen zur Rechten Gottes« konsequent als Heilsgeschehen interpretiert. Der Allmächtige teilt gleichsam seine Herrschaft. In der »Beteiligung« Christi an Gottes Herrschaft erweise sich dessen »Allmacht« als »Rettermacht« und ist »als solche Bedingung der Möglichkeit von Erlösung qua Neuschöpfung« (394). Gespiegelt werde diese Grundstruktur der Macht in der Ermächtigung derer, die von ihr verkündigen, wie anhand des Beispiels des Paulus und seinem »Ruhm der Schwachheit« ausgeführt wird. In dieser Art der Teilhabe an Gottes schöpferischer und die Welt (er-)haltender Macht gründe letztlich auch die Freiheit derer, die »Gottes Kinder« genannt werden. *Martin Wendte* stellt sich dieser bereits erkennbar systematisch ausgerichteten Vorgabe Feldmeiers, indem er ebenfalls Gottes »allmächtige Herrschaft und die Freiheit der Christgläubigen« (403) miteinander in Beziehung setzt. Wendte wählt dazu die Form der These und fordert damit umso mehr zur Auseinandersetzung heraus. Seine Überlegungen sind trinitarisch orientiert unter der Fragestellung, was sich hinsichtlich des Gottesbildes eigentlich verändere, wenn man es konsequent trinitarisch denkt. Im Zentrum steht dabei die Interpretation des Topos von der Allmacht Gottes als Allmacht der Liebe, in der sich Gottes kommunikatives Wesen entfalte. Damit gewinnt die Vorstellung einer innertrinitarischen *Perichorese* neues Gewicht in der Diskussion um die Eigenschaften und das Wesen Gottes. Im Hinblick auf die Freiheit des Menschen ist nach Wendte die Ermächtigung »zu freiem Sein und Tun« (408) durch Gott entscheidend, der darin den Menschen an seiner eigenen, durch die Allmacht der Liebe begründeten Freiheit partizipieren lasse, die sich konkret als Handlungsfreiheit (im Unterschied zu bloßer Wahlfreiheit) erweise. Ontologisch begründet wird dies durch Reflexionen über den Zusammenhang von Gott (als dem Ursprung der Wirklichkeit des Kosmos) und der Gegenständlichkeit des Geschaffenen. Der Regelhaftigkeit, die der Wirklichkeit zugrunde liegt, ließen sich nicht nur die drei Personen der Trinität zuordnen, sondern sie bestimme auch maßgeblich die Anthropologie und letztlich das Wesen von Wahrheit. Bemerkenswert in diesem Zusammenhang ist Wendtes Interpretation des *sessio*-Motivs, die der exegetischen Deutung Feldmeiers nahekommt: Die »Rechte Gottes« sei kein Ort, sondern »vielmehr […] an allen Orten zu finden – sie ist allgegenwärtig –, da ohne sie die

Schöpfung nicht erhalten wird« (427). Dem Gottesdienst und speziell den Sakramenten komme dabei eine zentrale Funktion zu – Aspekte, die auch Anne Käfer hervorgehoben hat. Dass und inwiefern bei der Gestaltung der durch Gottes kommunikatives Wesen eröffneten »Möglichkeitsräume« menschlicher Freiheit auch die Dimension des *deus absconditus* nicht unreflektiert bleiben darf, schärft Wendte zum Schluss nachdrücklich ein.

Die letzte Zeile des christologischen Artikels thematisiert die Erwartung der Wiederkunft Christi zum Gericht, zweifellos eine der schwierigsten Vorstellungen innerhalb des Credos. *Hermut Löhr* und *Markus Mühling* gehen es mutig an. Aus neutestamentlicher Sicht und mit einem intensiven Blick auf die frühe patristische Zeit zeichnet Löhr zunächst die Entstehung dieser Vorstellung in der frühchristlichen Bekenntnisgeschichte nach. Apg 10 komme dabei eine Schlüsselfunktion zu, insofern der Topos von Christus als Richter in 10,42 neben anderen Aspekten des Credos im Kontext einer Rede des Petrus zur Taufe des Kornelius aufgenommen ist. Der Text lege nahe, dass die Ursprünge des Credo sehr wahrscheinlich mit der Taufunterweisung zusammenhängen. Die Vorstellung vom wiederkommenden Christus als Richter gehe in der Sache zurück auf die Vorstellung vom endzeitlichen Kommen des Menschensohns, eine Tradition, die vom Danielbuch über die frühjüdische Überlieferung Eingang in die neutestamentliche Literatur gefunden hat. Dabei zeige sich, dass der konkrete Bedeutungsgehalt der einzelnen Aussageelemente keineswegs eindeutig ist und nicht zuletzt auch im Kontext des Credos bestimmt werden muss; im Falle der Gerichtsankündigung etwa mit dem Topos der Sündenvergebung im dritten Artikel des Bekenntnisses. Hinzuzufügen wäre, dass natürlich auch die Interpretation der Allmacht Gottes unter der Maßgabe der Liebe hier systematisch-theologisch eine Rolle spielt. Vor dem Hintergrund der Traditionsgeschichte des Topos werde nicht zuletzt die Unschärfe der Aussagen vom »Richten der Lebenden und Toten« deutlich, da in der Tradition nicht nur von einem universalen Gericht über alle Menschen, sondern gelegentlich auch von einem Gericht allein über die Sünder die Rede sei. Dies gelte es ebenfalls im Kontext der Credoaussagen hermeneutisch einzuholen. Mühling versucht dies anhand von Thesen, in denen er den Topos des endzeitlichen Gerichtes konsequent auf der Grundlage einer »relational-narrativen Ontologie« (480) entfaltet. Die Vorstellung vom endzeitlich als Richter kommenden Christus ist darin Teil einer vielschichtigen Verschränkung ganz verschiedener Narrative, wobei

Kreuz und Auferstehung als christologischem Narrativ konstitutive Bedeutung zukomme. Insbesondere mit Strafen bzw. einer »Bewertung des Vergangenen« verbundene Gerichtsvorstellungen erwiesen sich dabei als Problem, »weil sie die intern-relationierte Verfassung des Personseins verkennen« (482). Das Gericht sei daher als »Prozess der Konstitution menschlicher Personalität zu verstehen« und setze einen »Transformationsprozess von der Narration im Hier und Jetzt in die Narration der eschatischen Realität« voraus (484). Als Exeget wird man sich fragen, inwieweit eine solche eschatologische Theorie mit Schrift und Tradition korreliert und insofern tatsächlich hermeneutische Plausibilität beansprucht. Mühlings Unterscheidung von Person und Tat, die auch biblisch-theologisch gut begründet ist (vgl. 1 Kor 3,11–15), deutet diese Korrelation an.

Das grundsätzliche Problem liegt freilich im Gegenstand der letzten Zeile des zweiten Bekenntnisartikels: Während alle anderen Aussagen sich auf vergangene Ereignisse der Christusgeschichte und deren Interpretation (bzw. die Interpretation ihrer Erzählung und der daraus bereits generierten Deutungen) beziehen, handelt die Aussage vom wiederkommenden Richter von der Zukunft. Über diese lässt sich letztlich nur im Modus der Metapher als Veranschaulichung von persönlicher Hoffnung bzw. Glaubensüberzeugung oder aber in Gestalt einer im positiven Sinne spekulativen Theologie reden, in der versucht wird, das interpretatorische Potenzial der Christus*geschichte* konsequent auf die Zukunft derer zu beziehen, die in Bezug auf ihre eigene Geschichte entweder »an Christus glauben«, sich zu dieser Glaubensherausforderung ablehnend oder auch indifferent verhalten. Dass es hierbei Leerstellen geben muss, liegt in der Natur der Sache; dass auch in Bezug auf das Gericht als Urteil über das, was vom Leben bleibt, die Liebe Gottes der Maßstab des Urteils sein wird, in der Konsequenz der Christusgeschichte.

Im Hinblick auf den Ertrag der Tagung hat sich – als Resümee des Exegeten – vor allem gezeigt, wie groß der innertheologische Gesprächsbedarf ist. Die sich in dem vorliegenden Band dokumentierende Absicht ist es, Exegetinnen und Exegeten sowie Systematikerinnen und Systematiker zu einem solchen gemeinsamen Gespräch zusammenzubringen. Die Tatsache, dass alle Beteiligten der Einladung dazu gefolgt sind und sich diesem intensiven Austausch gestellt haben, hat zudem deutlich gemacht, dass der Bedarf einer solchen Verständigung über den im Zentrum des christlichen Glaubensbekenntnisses stehenden Artikel tatsächlich groß ist, zumal in Zeiten, in denen religiöser

Pluralismus ein Leitbegriff ist und die christlich geprägten Kulturen und Gesellschaften Europas vor große Herausforderungen gestellt sind. Die akademische Theologie in ihrer diese Prozesse begleitenden Funktion ist in ihrem Wesen wohl die am breitesten interdisziplinär vernetzte Wissenschaft, sowohl nach außen hin in Wissenschaftsbereiche außerhalb der Theologie, aber eben auch – und das kommt leider oft zu kurz – nach innen. Nicht zuletzt für Studierende der Theologie – sei es für das Pfarramt oder das Lehramt – ist zunächst der interne Diskurs der theologischen Disziplinen von großer Bedeutung, und das nicht nur in kognitiv-systematisierender Hinsicht. Wenn denn das Studium nicht nur zum Erwerb von »Kompetenzen« zur Ausübung eines mehr oder weniger krisensicheren »Jobs« befähigen, sondern auch heute noch zu so etwas wie einer »theologischen Existenz« führen soll, mit der junge Menschen sich identifizieren und die in der Verkündigung des Evangeliums von Jesus Christus ihre eigentliche Aufgabe (um nicht zu sagen: »Mission«) sieht, dann ist es wohl gerade das apostolische Bekenntnis der Kirche, das gleichsam als traditionsgeschichtliche Zuspitzung ihrer Verkündigung vor dem Hintergrund sich verändernder Zeiten und Weltwahrnehmungen zu einer besonderen Beschäftigung mit seinen Inhalten nötigt. Rochus Leonhardt hat das kritische Potential dieser Herausforderung durch das Credo am Beispiel des Apostolikumstreites anschaulich gemacht. Der Ruf nach neuen, zeitgemäßen Bekenntnissen ist seitdem immer wieder einmal laut geworden, und vielen Menschen fällt es oft schwer, sich mit den alten Formeln und Formulierungen anzufreunden, ihnen etwas abzugewinnen, das ihren eigenen Glauben angemessen zur Sprache bringt. Die gerade in der traditionsgebundenen Formulierung liegende identitätsbildende Funktion des Credos für die Kirche spielt dabei oft eine untergeordnete Rolle. Vielmehr geht es eher um die Möglichkeiten, sich in ganz persönlicher Weise mit den Aussagen des Credos zu identifizieren – oder eben nicht. Das ist hier nicht zu erörtern; die Hoffnung, die sich mit diesem Band und seinem Format verbindet, ist jedenfalls, dass die Beiträge in ihrem Bezug zueinander und auch in den Spannungen, die sie untereinander aufwerfen, insgesamt dazu beitragen, das Gespräch über den Glauben und seine Traditionen anzuregen, scheinbare Denk- und Glaubenstabus (die es in der Wissenschaft ohnehin *per definitionem* nicht geben darf) aufzubrechen, zum Widerspruch herauszufordern und so vor allem das eigenständige theologische Denken und eine verantwortungsbewusste Sprach- und Gesprächsfähigkeit zu fördern – kurz: zu jener »theologischen Existenz« zu ermutigen, von der oben die Rede war.

Dass der Diskurs über das Credo in der Fokussierung auf Exegese und Dogmatik nur ein Anfang sein kann, sei noch einmal ausdrücklich bewusst gemacht. Aber – wie gesagt – irgendwo muss man beginnen. Zur Theologie gehört *sub conditio mundi vel academiae* auch die Pragmatik ihrer nicht zu vermeidenden Unzulänglichkeit. Mit einer bereits geplanten Folgetagung (und damit auch einem Folgeband) zum ersten und dritten Artikel sollen diese Bemühungen um einen Anfang fortgesetzt werden.

»Wir glauben an Jesus Christus …«

Glaube und Bekenntnis im frühen Christentum zwischen Integration und Abgrenzung[1]

Andreas Lindemann

In welcher Weise wurde der Glaube an Jesus Christus und das Bekenntnis zu ihm in der Anfangszeit des Christentums[2] ausgesprochen? Die christliche Kirche bezieht sich auch nach fast zweitausend Jahren auf jene Anfangszeit und auf die damals formulierten Aussagen; der Glaube und das Bekenntnis der ersten Christen sind deshalb nicht nur Gegenstand historischer Forschung, sondern sie haben unmittelbare Bedeutung für die Gegenwart.

»Christen«, also die an Jesus Christus glaubenden und sich zu ihm bekennenden Menschen, waren im 1. Jh. christlicher Zeitrechnung, also in der frühen römischen Kaiserzeit,[3] eine sehr kleine Minderheit. Das, von dem ihr Glaube sprach – Leben, Tod und Auferweckung des Jesus von Nazareth –, gab es erst seit ganz kurzer Zeit; dieser Glaube war also etwas geschichtlich Neues, und schon das machte ihn nach antiken Maßstäben verdächtig. Überdies waren die Christen – ob jüdischer, ob nichtjüdischer Herkunft – vor ihrer Taufe anderen religiösen Lehren und Vorstellungen gefolgt; sie waren also »Konvertiten«, und so ergab sich für sie die Spannung zwischen »Integration« und »Abgrenzung« ganz von selber. Die Fragen: Welche Aspekte meines bisherigen Denkens und Lebens kann ich mitnehmen in mein neues Leben? Welche Werte meiner Umgebung bleiben für mich unverändert gültig? Wo muss ich mich von meiner Vergangenheit und von meiner bisherigen Umgebung bewusst abgrenzen?, waren für jeden unausweichlich, jede und jeder Einzelne musste darauf eine Antwort finden. Bald kam auch die Frage hinzu, wo und in welcher Weise eine

[1] Durchgesehene und durch Fußnoten ergänzte Fassung des am 19. März 2015 in Leipzig gehaltenen öffentlichen Abendvortrags.

[2] Zur Problematik der Verwendung des Begriffs »Christentum« im 1. Jh. n. Chr. s. unten.

[3] Jesus wurde in der Zeit des Prinzipats des Augustus geboren und während der Herrschaft des Tiberius hingerichtet; die oft angenommenen Jahreszahlen (4 v. Chr. und 30 n. Chr.) lassen sich nicht historisch exakt belegen.

bewusste Abgrenzung nicht nur nach »Außen« nötig werden könnte, sondern auch nach »Innen«, also die Abgrenzung von abweichenden Positionen innerhalb der eigenen Gruppe.

Die folgenden Überlegungen sind in sechs Abschnitte gegliedert: Am Anfang (1.) stehen kurze Bemerkungen zum »Bekennen« und zum »Bekenntnis«. Es folgen (2.) Hinweise auf die Praxis religiösen Bekennens im Volk Israel und in der paganen antiken Welt. Sodann (3.) wird nach den Anfängen des Bekenntnisses zu Jesus gefragt und von da aus werden (4.) einige Bekenntnisaussagen vorgestellt, wie sie vor allem in den Briefen des Apostels Paulus als den ältesten uns erhaltenen christlichen Schriften zu finden sind. Es geht dann (5.) um die Frage, in welchen Situationen in der Zeit des frühen Christentums die Glaubenden Anlass hatten, ein Bekenntnis abzulegen. Am Schluss stehen (6.) einige Bemerkungen zum Verhältnis von Glaube und Leben.

1. »Bekennen« und »Bekenntnis«

Das deutsche Verb »bekennen« meint ursprünglich, dass man etwas »bekannt gibt«,[4] das Substantiv »Bekenntnis« hat fast den Sinn von »Bekanntmachung«. Menschen, die ein Glaubensbekenntnis aussprechen, machen also ihren Glauben anderen bekannt. Das im Neuen Testament verwendete, meist mit dem Begriff »bekennen« wiedergegebene Verb ὁμολογεῖν bedeutet eigentlich, dass Menschen »etwas gemeinsam aussprechen«.[5] Das Bekennen des Glaubens ist also die offen und gemeinsam gesprochene Auskunft über den Inhalt dessen, was die betreffenden Menschen glauben. Der Glaube geht dem Bekenntnis voraus; aber die explizite Formulierung eines Bekenntnisses

---

[4] »Die Präfixbildung *mhd.* bekennen, *ahd.* bīkennan bedeutete urspr. ›[er]kennen‹ […] Der heute allein gültige Sinn ›gestehen, als Überzeugung aussprechen‹, eigtl. ›bekannt machen‹ geht von der mittelalterl. Rechtssprache aus und ist von den Mystikern im 14. Jahrhundert in religiösem Sinn (wie *lat.* cōnfitērī, s. Konfession) ausgeprägt worden« (Duden, Bd. 7: Etymologie. Herkunftswörterbuch der deutschen Sprache, Mannheim 1963, 58).

[5] Vgl. O. Michel, ὁμολογέω κτλ., ThWNT V (1954), 199–201. Zum politischen Hintergrund s. G. Bornkamm, Homologia. Zur Geschichte eines politischen Begriffs, in: ders., Geschichte und Glaube. Erster Teil. Gesammelte Aufsätze III, BEvTh 48, München 1968, 140–156.

trägt dazu bei, dass der Inhalt dieses Glaubens genauer bestimmt und auch anderen mitgeteilt werden kann.[6]

Einige Bekenntnisaussagen, insbesondere auch manche Sätze in dem traditionellen »Apostolischen Glaubensbekenntnis«, wirken allerdings so, als werde hier weniger vom Glauben als vielmehr von Tatsachen oder Sachverhalten gesprochen, die man als zutreffende Behauptungen anerkennt. Spätestens seit der Aufklärung im 18. Jh., vielfach aber schon sehr viel früher, geraten nicht wenige Menschen diesen Aussagen gegenüber in Zweifel oder lehnen solche Bekenntnisaussagen ganz ab. Glaube im christlichen Verständnis meint aber nicht die Zustimmung zu bestimmten Tatsachenbehauptungen; Glaube bedeutet vielmehr, dass ein Mensch die Botschaft von der ihm zugesprochenen Gnade Gottes hört und diese Botschaft als für sich selber gültig annimmt. In dem Wort »glauben« ist der Aspekt »vertrauen« mit enthalten; und für das im Neuen Testament sehr häufig belegte griechische Verb πιστεύειν gilt dasselbe. Die Aussage »ich glaube« meint also nicht in erster Linie, dass ich die Mitteilung über einen Sachverhalt »für wahr halte«, sondern sie bedeutet, dass ich einer mir gemachten Zusage vertraue.

2. Die Praxis religiösen Bekennens im Volk Israel und in der paganen Welt

1. Das Volk Israel bekennt sich zu JHWH als seinem Gott. Es gibt in der jüdischen Bibel kein ausformuliertes Bekenntnis; aber in Dtn 6,4 f. wird ein Gebet überliefert, das zugleich die Funktion eines Bekenntnisses hat: »Höre, Israel, der HERR unser Gott, ist *ein* HERR.[7] Und du sollst den HERRN, deinen Gott, lieben, von ganzem Herzen, von ganzer Seele und mit deiner ganzen Kraft.« Mit diesem »Schᵉma Jisrael« spricht das Volk Israel seinen Glauben aus; zugleich bringt es

[6] Vgl. dazu H. CONZELMANN, Was glaubte die frühe Christenheit?, in: DERS., Theologie als Schriftauslegung. Aufsätze zum Neuen Testament, BEvTh 65, München 1974, 106–119.

[7] Das Wort HERR steht für den nicht ausgesprochenen Gottesnamen JHWH (Jahwe) im hebräischen Text. Möglicherweise bezieht sich die Wendung »*ein* HERR« ursprünglich auf das Eins-Sein JHWHs, der an allen Kultstätten als der *eine* verehrt werden soll. Später entstand die Tendenz zum Monotheismus, in dem JHWH als der Gott Israels als der einzige Gott verstanden wurde. Vgl. R. FELDMEIER/H. SPIECKERMANN, Der Gott der Lebendigen. Eine biblische Gotteslehre, TOBITH 1, Tübingen 2011, 97–110.

damit seine Identität zum Ausdruck, indem es von seiner besonderen Gottesbeziehung spricht.

Viele alttestamentliche Texte sprechen von Gottes geschichtlichem Handeln für sein Volk; auch solche Aussagen können die Funktion von Bekenntnissen haben. In Dtn 26,1–4 steht die Anweisung, man solle zu Beginn der Ernte dem Priester am Heiligtum die Erstlingsgaben überbringen, und dann, so heißt es weiter (V. 5–9), »sollst du bekennen und vor dem Herrn, deinem Gott, sprechen: Ein verlorener Aramäer[8] war mein Vater, und er zog hinab nach Ägypten und blieb dort als Fremder mit wenigen Leuten, und dort wurde er zu einer großen, starken und zahlreichen Nation. Die Ägypter aber behandelten uns schlecht und unterdrückten uns und auferlegten uns harte Arbeit. Da schrien wir zum Herrn, dem Gott unserer Vorfahren, und der Herr hörte unser Schreien und sah unsere Unterdrückung, unsere Mühsal und unsere Bedrängnis. Und der Herr führte uns heraus aus Ägypten mit starker Hand und ausgestrecktem Arm, mit großen und furchterregenden Taten, mit Zeichen und Wundern, und er brachte uns an diesen Ort und gab uns dieses Land, ein Land, in dem Milch und Honig fließen« (Übersetzung Zürcher Bibel). Diese bekenntnisartige Aussage schildert in Kurzfassung die Geschichte des Volkes Israel, wie sie sich in dessen religiöser Erinnerung darstellt; dass die Geschichte historisch anders verlaufen war und in anderen biblischen Texten z. T. auch anders dargestellt wird, ist dabei von untergeordneter Bedeutung.

Wenn in der jüdischen Bibel von »Israel« gesprochen wird, ist die Einheit von Volk und Religion vorausgesetzt in der Bindung an den *einen* Gott. Damit verbunden ist ein bestimmtes Ethos, vor allem die Einhaltung von Verhaltensnormen, wie sie im Gesetz, der Tora, ausgesagt sind. Das »Sch^{e}ma Jisrael« und die Schilderung des geschichtlichen Weges Gottes mit seinem Volk dienen nicht der Abgrenzung nach außen; diese Texte bestätigen vielmehr die gegebene Identität, und so bezeugen sie den Menschen des Volkes Israel ihre von Geburt an bestehende Zugehörigkeit zu diesem Volk und das damit verbundene Selbstverständnis.

Für das jüdische Selbstverständnis spielte und spielt das Land, in dem das Volk wohnt, eine besondere Rolle, zumal das Volk davon überzeugt ist, Gott selbst habe ihm dieses Land (»Land Israel«)

---

[8] Statt »Aramäer« im hebräischen Text heißt es in der LXX: Συρίαν ἀπέβαλεν ὁ πατήρ μου – »mein Vater gab Syrien auf« (Septuaginta Deutsch).

als Wohnsitz gegeben.[9] Darum war nach dem babylonischen Exil (586–539 v. Chr.) die Rückkehr des Volkes in »das Land« von größter Bedeutung,[10] auch wenn tatsächlich ein Teil in der Diaspora in Babylon geblieben war. Als im 2. Jh. v. Chr. dieses Gebiet unter der Herrschaft der seleukidischen Könige stand, bekämpften diese, anders als die Fremdherrscher in früherer Zeit, die jüdische Gottesverehrung; als Antiochus IV. im Jahre 168 v. Chr. die Entweihung des Jerusalemer Tempels verfügte, setzten sich die Makkabäer dagegen erfolgreich zur Wehr,[11] und es kam zur Errichtung des hasmonäischen Königtums. Nach der römischen Eroberung des Landes durch Pompeius im Jahre 63 v. Chr. verlor der jüdische Staat seine politische Selbständigkeit; Herodes der Große (König von 39–4 v. Chr.) und seine Söhne, unter ihnen Herodes Antipas als der Landesherr Jesu (4 v. Chr. bis 41 n. Chr.), waren Fürsten von Gnaden Roms. Nach dem Jüdischen Krieg (66–70/73 n. Chr.) ging auch diese Selbstverwaltung verloren; nach dem gescheiterten Bar-Kochba-Aufstand (132–135 n. Chr.) wurde das Gebiet von den Römern schließlich »Palaestina« genannt, Jerusalem erhielt den Namen Aelia Capitolina.

Der jüdische Glaube wurde von Rom durchweg anerkannt und respektiert – nicht nur in Judäa und in Galiläa, sondern im gesamten Römischen Reich.[12] Das galt insbesondere auch für den Glauben an den *einen* Gott: Als im Laufe des 1. Jh. n. Chr. die kultische Verehrung des Herrschers für die Bewohner des Imperiums allmählich obligatorisch wurde,[13] blieben die Juden von der entsprechenden Verpflich-

[9] Vgl. die Studie EKD/UEK/VELKD (Hg.), Gelobtes Land? Land und Staat Israel in der Diskussion. Eine Orientierungshilfe, Gütersloh 2012, 22–27.

[10] Die jüdische (hebräische) Bibel endet mit dem Bericht vom Exil in Babylon (2 Chr 36,1–21) und dem Edikt des persischen Großkönigs Kyros (36,23): »So spricht Kyros, der König von Persien: Alle Königreiche der Erde hat mir der HERR, der Gott des Himmels, gegeben, und er selbst hat mir aufgetragen, ihm ein Haus zu bauen in Jerusalem, das in Juda liegt. Wer immer von euch aus seinem Volk ist – der HERR, sein Gott, ist mit ihm, und er ziehe hinauf!«

[11] Vgl. dazu J. W. VAN HENTEN, Makkabäer, RGG[4] 5 (2002), 700–702. Das Fest Chanukka erinnert an die neue Weihe des Tempels.

[12] Vgl. dazu E. M. SMALLWOOD, The Jews under Roman Rule from Pompey to Diocletian. A Study in Political Relations, SJLA 20, Leiden [2]1981, 120–143; K. L. NOETHLICHS, Das Judentum und der römische Staat. Minderheitenpolitik im antiken Rom, Darmstadt 1996, 76–90.

[13] Zur keineswegs einheitlichen Entwicklung in Judäa und Galiläa s. M. BERNETT, Der Kaiserkult in Judäa unter den Herodiern und Römern. Untersuchungen zur politischen und religiösen Geschichte Judäas von 30 v. bis 66 n. Chr., WUNT 203, Tübingen 2007. Zur Entwicklung in Kleinasien vor allem in der ersten Hälfte des 2. Jh. s. T. WITULSKI, Kaiserkult in Kleinasien.

tung ausgenommen; sie opferten nicht *dem* Kaiser, sondern bis zum Jahre 66 n. Chr. wurden im Jerusalemer Tempel Opfer *für den* Kaiser dargebracht. Der jüdische Glaube unterschied sich schon durch den Absolutheitsanspruch JHWHs grundlegend von den anderen Religionen; das wurde von der Umwelt mit Verwunderung und auch mit Kritik registriert, aber die lange Geschichte des Volkes und des jüdischen Glaubens stieß bei den anderen Völkern auch auf staunende Anerkennung und führte zur Duldung der religiösen Sonderstellung des jüdischen Volkes.

2. Worin bestand im nichtjüdischen Raum das Bekennen? Wie sprachen »die Heiden«[14] ihren Glauben aus? Die Identität der freien Bürger einer Region oder einer Stadt zeigte sich in der Zugehörigkeit zu dem jeweiligen Volk oder in dem Bürgerrecht in der betreffenden Stadt (πόλις oder *civitas*); auch hier war die Identität verbunden mit einem bestimmten Ethos, also mit der Praxis anerkannter religiöser und sittlicher Normen.[15] Dazu gehörte insbesondere auch die Teilnahme am Kult der in der jeweiligen Stadt verehrten Gottheiten; aber es gab keinen Ausschließlichkeitsanspruch, also keine grundsätzliche Abgrenzung nach außen. Jedoch entwickelte sich seit dem letzten Jahrhundert vor der Zeitenwende auch eine neue Form von Religiosität, jenseits ethnischer und politischer, zum Teil auch jenseits sozialer Grenzen. So breitete sich beispielsweise die Verehrung der ursprünglich zur Götterwelt Ägyptens gehörenden Göttin Isis fast im gesamten Römischen Reich aus, und diese Verehrung war, anders als bei den städtischen Kulten, mit Elementen persönlicher Frömmigkeit verbunden, nicht zuletzt auf Grund der persönlichen »Einweihung« des einzelnen Menschen in das ihm Erlösung verheißende »Mysterium«.[16] Man konnte sich aber in mehrere Mysterien einweihen lassen, und überdies verehrte man in Athen weiterhin die Athene, in Ephesus die Artemis und in Rom den Jupiter, jeweils zusammen mit den anderen

---

Die Entwicklung der kultisch-religiösen Kaiserverehrung in der römischen Provinz Asia von Augustus bis Antoninus Pius, NTOA/StUNT 63, Göttingen ²2010.

[14] Der im Deutschen nicht unproblematische Begriff »Heiden« meint in diesem Zusammenhang einfach die Angehörigen der von Israel unterschiedenen Völker, die im hebräischen Bibeltext meist *gojīm* genannt werden (LXX: τὰ ἔθνη).

[15] Dazu D.-A. Koch, Geschichte des Urchristentums. Ein Lehrbuch, Göttingen ²2014, 67–88. Vgl. C. Auffarth, Religion VIII. Griechenland, DNP 10 (2001), 903–910; J. Rüpke, Religion X. Rom, DNP 10 (2001), 910–917.

[16] Dazu P. Graf, Mysterien, DNP 8 (2000), 615–626.

Göttern. JHWH, der Gott des jüdischen Volkes, war der einzige Gott, der keine anderen Götter neben sich duldete, wie das erste der Zehn Gebote sagt. Da das Judentum den Vorzug des hohen Alters besaß und im Allgemeinen keine Mission trieb, kam es ungeachtet dieses Ausschließlichkeitsanspruchs vergleichsweise selten zu religiös begründeten Konflikten;[17] lediglich im jüdischen Kernland, vor allem in Judäa, versuchten die Zeloten, Gottes Anspruch auf die Menschen und auf das »heilige Land« notfalls auch mit Gewalt durchzusetzen, woraus im Jahre 66 n. Chr. der Jüdische Krieg gegen Rom erwuchs.[18]

3. Die Anfänge des Bekenntnisses zu Jesus

Die Frauen und Männer, die nach dem Kreuzestod Jesu als erste an ihn und an seine Auferweckung glaubten, gehörten zum Volk Israel, sie waren Juden. Die Bezeichnung »Christen« gab es noch nicht; es wurde auch nicht eine neue Religion namens »Christentum« gegründet, weder von den Aposteln noch gar zuvor von Jesus selber. Der Glaube an Jesus trennte die Glaubenden zunächst nicht vom übrigen Judentum; sie waren im Gegenteil davon überzeugt, dass es der Gott Israels war, der den gekreuzigten Jesus nicht im Tode gelassen, sondern auferweckt hatte. Innerhalb des Volkes waren sie eine kleine Minderheit; aber sie hofften darauf, dass sich die anderen Juden ihrem Glauben anschließen würden, weil sie davon überzeugt waren, mit ihrem Glauben an Jesus in der Kontinuität der Geschichte des Gotteshandelns an Israel zu stehen.[19] Vermutlich aber sahen sie sich recht bald auch als eine besondere Gruppe mit einer eigenen Identität, denn die Entscheidung für oder gegen den Glauben an Jesus betraf ja den einzelnen Menschen. Die Frage, wann es zu einer Trennung der an Jesus Glaubenden vom (übrigen) Judentum kam, lässt sich kaum beantworten – die Entwicklung dürfte örtlich und zeitlich sehr unterschiedlich verlaufen sein. Jedenfalls sahen sich die Glaubenden auch als eine eigene Gemeinschaft, und so nannten sie sich »die

---

[17] Zur Entwicklung in der hellenistisch-jüdischen Diaspora KOCH, Geschichte (s. Anm. 15), 115–137.

[18] Auslöser für die Entstehung des Zelotismus war vor allem der *census* in Judäa im Jahre 6 n. Chr. Dazu I. WANDREY, Zeloten, RGG[4] 8 (2005), 1832–1834.

[19] Dies wird besonders deutlich in der Rede des Stephanus in Apg 7, in der die Geschichte des Volkes Israel direkt auf Jesus zuläuft. Dazu KOCH, Geschichte (s. Anm. 15), 170–178.

Gemeinde Gottes« (ἡ ἐκκλησία τοῦ θεοῦ). Die geläufige Übersetzung des Wortes ἐκκλησία mit »Kirche« ist nicht falsch; sie darf aber nicht missverstanden werden: ἐκκλησία bezeichnet im Griechischen die »Volksversammlung«, in der griechischen Bibel (LXX) bezeichnet das Wort das Volk Israel als die »(Volks-)Versammlung Gottes«.[20] Möglicherweise waren die in Apg 6 f. erwähnten »Hellenisten« (6,1), also die mit Stephanus verbundenen griechisch sprechenden Jesusgläubigen in Jerusalem, die ersten, die diesen Begriff auf sich selber anwandten.[21] Gemeint war natürlich noch nicht eine überörtliche kirchliche Organisation und schon gar nicht gab es Gebäude, die als »Kirchen« hätten bezeichnet werden können.[22]

Der Glaube an Jesu Auferweckung entstand vermutlich in Jerusalem.[23] Aber dann entwickelte sich der Gedanke, dieser Glaube sei nicht auf das Volk Israel allein bezogen; zum Glauben an die Auferweckung Jesu gehört die Taufe, man wird also nicht als »Christ« geboren, sondern man wird es durch die Taufe »auf den Namen Jesu Christi«.[24] Nach einigem Zögern gingen Jesusgläubige auch zu den »Völkern«, den »Heiden«. Die Darstellung der Begegnung des Petrus mit dem römischen Hauptmann Cornelius (Apg 10), die zur Taufe der Gruppe um Cornelius führt, schildert den Beginn der »Heidenmission« als Folge der den beiden Männern widerfahrenen wunderbaren Vision und Audition. Das hat sicher legendarische Züge, aber klar ist, dass allmählich Gemeinden entstanden, denen Menschen unterschiedlicher ethnischer und religiöser Herkunft angehörten. Diese Gemeinden wurden nun auch von außen als eigenständige Größen

---

[20] Ri 20,2 LXX: καὶ ἐστάθησαν κατὰ πρόσωπον κυρίου πᾶσαι αἱ φυλαὶ τοῦ Ἰσραὴλ ἐν ἐκκλησίᾳ τοῦ λαοῦ τοῦ θεοῦ [...] In Spr 5,14 LXX spricht jemand von seiner Gefährdung ἐν μέσῳ ἐκκλησίας καὶ συναγωγῆς.

[21] Nach Apg 8,1.3 trifft die Verfolgung nach der Steinigung des Stephanus »die ἐκκλησία mit Ausnahme der Apostel«; das spricht für die Vermutung, dass ἐκκλησία vor allem Selbstbezeichnung der hellenistischen Judenchristen war.

[22] Man versammelte sich in privaten Häusern oder vielleicht auch unter freiem Himmel. Aber das bedeutet nicht, dass von »Hausgemeinden« als von besonderen Gemeindeformen zu sprechen wäre; vgl. M. Gielen, Zur Interpretation der paulinischen Formel ἡ κατ' οἶκον ἐκκλησία, ZNW 77 (1986), 109–125.

[23] So etwa Koch, Geschichte (s. Anm. 15), 185 f. Dagegen folgert U. Schnelle, Die ersten 100 Jahre des Christentums 30–130 n. Chr. Die Entstehungsgeschichte einer Weltreligion, UTB 4411, Göttingen 2015, 180–182, aus Mk 14,28; 16,7 die Existenz von Gemeinden der Christusgläubigen in Galiläa unmittelbar nach Ostern.

[24] So die Darstellung am Ende der Pfingsterzählung Apg 2,14–39 in V. 38.

wahrgenommen; ein Indiz dafür ist die fast beiläufig formulierte Notiz in Apg 11,26, in der syrischen Großstadt Antiochia seien die Jesusgläubigen, Juden wie Nichtjuden, erstmals als Χριστιανοί, als »Christianer«, bezeichnet worden. Das ging vermutlich auf die römischen Behörden zurück und geschah, folgt man dem chronologischen Aufriss der Apostelgeschichte, vermutlich in den 40er Jahren.[25] Dabei verdankt sich die Bezeichnung Χριστιανοί offensichtlich der Tatsache, dass die jüdischen Jesusgläubigen von Jesus als vom »Messias« sprachen, griechisch: χριστός, und dass die griechisch sprechenden »heidnischen« Gläubigen diese Bezeichnung Jesu übernommen hatten.[26] Die Wortverbindung »Jesus Christus« ist eigentlich eine Kurzformel für den Satz: »Jesus ist der Christus«; aber da das Wort χριστός im nichtjüdischen Bereich nicht mehr als Titel des im Volk Israel erhofften endzeitlichen Retters (»der Messias«, »der Gesalbte«) verstanden wurde, ergab sich daraus eher so etwas wie ein Beiname Jesu.[27]

Die so entstandenen Gemeinden, denen auf Grund der Taufe Juden und Nichtjuden angehörten, waren vom Judentum unterschieden[28] – vielleicht weniger wegen ihres Bekenntnisses als vor allem wegen ihrer daraus resultierenden Praxis. Wenn die Glaubenden von der Auferweckung Jesu durch Gott sprachen, dann war der Gott Israels gemeint; die jüdischen heiligen Schriften wurden gelesen, aber sie wurden nun auf das mit Jesus verbundene Geschehen bezogen, man las diese Schriften aus »christlicher« Perspektive. Zumindest die Nichtjuden unter den Jesusgläubigen vollzogen aber nicht die Beschneidung, sie feierten offenbar auch nicht den Sabbat,[29] und

---

[25] Eine sichere Datierung ergibt sich aus Apg 11,26 nicht. Vgl. KOCH, Geschichte (s. Anm. 15), 199; SCHNELLE, Die ersten 100 Jahre (s. Anm. 23), 187.

[26] Das Wort *Christiani* bezeichnet nach lateinischem Sprachgebrauch die Parteigänger des Mannes, der *Christus* heißt. Nähere Kenntnis über Jesus muss sich damit nicht verbinden.

[27] Der Begriff Χριστιανοί wurde erst gegen Ende des 1. Jh. n. Chr. zu einer Selbstbezeichnung der Jesusgläubigen, erstmals in 1 Petr 4,16.

[28] Die Diskussion, wann und wo es zur »Trennung der Wege« kam, kann hier nicht im Einzelnen geführt werden; nach dem Selbstverständnis des Volkes Israel konnte es mit Menschen aus den »Völkern« jedenfalls keine »Einheit« geben, wie sie zumindest im paulinischen Verständnis der ἐκκλησία τοῦ θεοῦ vorausgesetzt ist; vgl. dazu A. LINDEMANN, Judentum und Christentum III. Neues Testament und ältestes Christentum, RGG[4] 4 (2001), 630–632.

[29] In 1 Kor 16,2 wird »der erste Tag der Woche« als (offenbar rein praktisches) Datum für die privaten Rücklagen für die Jerusalem-Kollekte genannt; vgl. A. LINDEMANN, Der Erste Korintherbrief, HNT 9/1, Tübingen 2000, 376 f.

sehr wahrscheinlich hielten sie sich auch nicht in vollem Umfang an die biblischen Speisegebote,[30] wodurch sie sich von den toratreuen Juden unterschieden. Diese Praxis konnte innerhalb »gemischter« Gemeinden zu Konflikten führen, wie die von Paulus in Gal 2,11–14 geschilderte Szene zeigt:[31] In der Gemeinde in Antiochia hatte Petrus mit nichtjüdischen Gemeindegliedern gemeinsame Mahlzeiten eingenommen, diese Gemeinschaft dann aber unter äußerem Druck[32] aufgekündigt, worin Paulus einen fundamentalen Widerspruch zur »Wahrheit des Evangeliums« sah (Gal 2,14). Es gab eine heftige Kontroverse zwischen Paulus und Petrus, und es kam möglicherweise zur Spaltung der Gemeinde; über den Ausgang des Konflikts erfahren wir allerdings nichts.

Die Jesusgläubigen, die »Christen«, bringen ihre Identität zum Ausdruck durch ihr Bekenntnis, dass der gekreuzigte Jesus von Gott auferweckt und von Menschen gesehen worden war.[33] Dabei wird Jesu Auferweckung nicht als ein Mirakel verstanden, vergleichbar etwa den Auferweckungen verstorbener Menschen, von denen alt- und neutestamentliche, aber auch heidnische Wundererzählungen sprechen. Der gekreuzigte, gestorbene und begrabene Jesus ist nicht einfach »wieder lebendig« geworden, sondern Gott hat ihn auferweckt und »erhöht«,[34] wie in Anlehnung an Ps 110,1 gesagt wird. Der Psalmist spricht vom Sitzen des Königs »zur Rechten Gottes« (V. 1), aber diese Aussage wird nun auf die Erhöhung Jesu hin gedeutet. Der durch Gottes Handeln erhöhte Jesus wird von den Glaubenden als »der Messias/Christus«, oder als »der Herr« oder als »der Sohn Gottes« bezeichnet.

---

[30] Das lässt sich aus 1 Kor 10,25–33 erschließen; vgl. dazu D.-A. Koch, »Seid unanstößig für Juden und für Griechen und für die Gemeinde Gottes« (1 Kor 10,32). Christliche Identität im μάκελλον in Korinth und bei Privateinladungen, in: ders., Hellenistisches Christentum. Schriftverständnis – Ekklesiologie – Geschichte, hg. v. F. W. Horn, NTOA/StUNT 65, Göttingen 2008, 145–164; ders., »Alles, was ἐν μακέλλῳ verkauft wird, eßt …«, in: ders., a. a. O., 165–196.

[31] Vgl. D. Lührmann, Abendmahlsgemeinschaft? Gal 2,11 ff., in: ders., Theologische Exegese im Horizont von Text und Geschichte. Gesammelte Aufsätze, hg. v. E. Schlarb, MThSt 120, Leipzig 2014, 164.177.

[32] Es waren »Leute von Jakobus« gekommen, die Petrus zu seiner Verhaltensänderung veranlasst hatten.

[33] Vgl. 1 Kor 15,3–5.

[34] Vgl. A. Lindemann, Auferstehung. Gedanken zur biblischen Überlieferung, Göttingen 2009, 9–43.

Diese und weitere auf Jesus bezogene Hoheitstitel sind allerdings nicht neu, sondern sie haben eine Vorgeschichte. Dabei kann der häufig gebrauchte Titel ὁ Χριστός, »der Gesalbte«, eigentlich nur im jüdischen Kontext verstanden werden – gemeint ist der kommende Messias aus der Nachkommenschaft des Königs David, der das Volk Israel befreien wird.[35] Der Titel »Herr«, κύριος, ist dagegen in der jüdischen und in der nicht-jüdischen Antike sehr weit verbreitet, sowohl im religiösen wie auch im politischen Raum.[36] Die Bezeichnung »Sohn Gottes« findet sich in einigen alttestamentlichen Texten als bildlich zu verstehende Bezeichnung des Königs;[37] aber auch der römische Kaiser heißt »Sohn Gottes«, seitdem Octavian als Adoptivsohn des nach seinem Tod vergöttlichten Caesar als *divi filius Augustus* bezeichnet wurde. Die Christen bezogen solche Hoheitstitel auf Jesus, und dabei stand für sie fest, dass diese Titel und die mit ihnen verbundenen Vorstellungen allein Jesus zukommen.

Das Bekenntnis »Jesus ist der Sohn Gottes« gilt unabhängig von der Antwort auf die Frage, ob sich Jesus selber als Sohn Gottes verstanden und so bezeichnet hat. Der Satz »Jesus *war* der Sohn Gottes« hätte ja, selbst wenn er historisch einer Selbstaussage Jesu entsprechen sollte, die Vergangenheit im Blick; dagegen bezieht sich der Satz »Jesus *ist* der Sohn Gottes« nicht auf die Vergangenheit, und er soll auch nicht etwas historisch Beweisbares aussagen. Vielmehr bringen die Glaubenden auf diese Weise zum Ausdruck, dass sie im Leben und in Tod und Auferweckung Jesu das Handeln Gottes erkennen und dass der gekreuzigte und von Gott auferweckte Jesus derjenige ist, auf dessen Botschaft von Gott sie vertrauen.

In den urchristlichen Schriften, die später das Neue Testament bilden, wird das Bekenntnis zu Jesus als dem Sohn Gottes auf ganz unterschiedliche Weise gedacht und ausgesprochen. In den Evangelien des Matthäus und des Lukas ist der Gedanke der Gottessohnschaft Jesu mit der Vorstellung verbunden, Gott sei in einem quasi »bio-

---

[35] In Jes 45,1 wird der persische Großkönig von Gott als »mein Gesalbter« bezeichnet, weil er im Auftrag Gottes das Volk Gottes aus der babylonischen Verbannung ins Land zurückführt.

[36] Ein Sonderfall ist die Tatsache, dass die Bezeichnung κύριος in der griechischen Bibel (LXX) für den Gottesnamen JHWH steht, der nicht ausgesprochen, sondern durch *adonai* ersetzt wurde. An manchen Stellen im Neuen Testament ist nicht sicher zu erkennen, ob sich das Prädikat (ὁ) κύριος auf Christus oder aber auf Gott bezieht.

[37] So in Ps 2,7; vgl. 2 Sam 7,14. Auch das Volk Israel kann »Sohn Gottes« genannt werden, Hos 2,1; 11,1.

logischen« Sinn der Vater Jesu und seine Mutter sei bei der Geburt ihres ersten Kindes Jungfrau gewesen; dabei liegt aber diesen Texten, anders als in der griechischen Mythologie, der Gedanke einer »Zeugung« Jesu durch Gott, der in der Rolle eines Mannes gesehen wäre, ganz fern.[38] Für das Johannesevangelium besteht Jesu Beziehung als »der Sohn« zu Gott als dem »Vater« schon vor aller Zeit; Johannes spricht von Jesu Präexistenz und von Jesu Kommen in die Welt, ohne Jesu Geburt auch nur zu erwähnen; in Joh 6,42 sagen die Ἰουδαῖοι sogar, dass sie Jesu Vater und Mutter kennen, ohne dass diese Aussage vom Evangelisten korrigiert wird.[39] Das Markusevangelium, das älteste der Evangelien, erzählt, wie Jesus bei seiner durch Johannes den Täufer vollzogenen Taufe von Gott die Anrede hörte: »Du bist mein geliebter Sohn, an dem ich Wohlgefallen habe« (1,11). Auch Markus erwähnt Jesu Geburt nicht, aber er spricht ohne Vorbehalt von den Geschwistern Jesu (3,31–35; 6,3). Der Glaube an Jesu Gottessohnschaft ist offensichtlich nicht von der Vorstellung einer übernatürlichen Zeugung und Geburt abhängig.

Paulus schreibt in Röm 1,3 f., Jesus stamme »nach dem Fleisch aus Davids Samen« und sei »eingesetzt als Sohn Gottes in Macht gemäß dem Heiligen Geist aufgrund der Auferstehung von den Toten«. Die Bezeichnung »Sohn Davids« ist eine Messiasbezeichnung, die hier besagt, dass sich die jüdische Hoffnung auf den kommenden Messias in Jesus erfüllt hat. Die Aussage »eingesetzt zum Sohn Gottes aufgrund der Auferstehung von den Toten« besagt, dass Jesus in seiner Auferstehung eine neue Würde erhalten hat. Das ist insofern ein erstaunlicher Satz, als Jesus für Paulus eigentlich nicht zum Sohn Gottes »wurde«, sondern immer schon »der Sohn Gottes« war, vor aller Zeit und über alle Zeiten hinweg. Paulus spricht in Röm 1,3a von Jesus als von »seinem«, also Gottes »Sohn«, und in V. 4b nennt er »Jesus Christus« ausdrücklich »unseren Herrn«. Möglicherweise spielt Paulus mit den für ihn ungewöhnlichen Aussagen in Röm 1,3b.4a auf ihm eigentlich fremde Vorstellungen an; vielleicht vermutet er, dass die Adressaten in Rom diese Aussagen kennen, denen er durch die von

[38] Vgl. Lk 1,31–35. Im weiteren Erzählgang des LkEv spielt dieser Aspekt aber keine Rolle mehr, insbesondere auch nicht in Lk 2. Matthäus führt in 1,18–25 einen Schriftbeweis ein (Jes 7,14 LXX).

[39] Die Aussage über die Inkarnation des präexistenten Logos (»Und das Wort ward Fleisch«, Joh 1,14) kommt ohne eine damit verbundene »Vorstellung« aus.

ihm formulierte Rahmung die in seinen Augen »richtige« Deutung gibt, ohne ihnen ausdrücklich zu widersprechen.[40]

Ob Jesus selber vom Glauben an seine Person gesprochen und ein Bekenntnis zu ihm erwartet hat, lässt sich angesichts der Quellenlage nicht sicher sagen. Im Matthäus- und im Lukasevangelium wird eine Selbstaussage Jesu überliefert, die vermutlich aus der von beiden Evangelisten benutzten Logienquelle Q stammt und die in der Fassung von Lk 12,8 f. so lautet: »Jeder, der sich zu mir bekennt vor den Menschen, zu dem wird sich auch der Menschensohn bekennen vor den Engeln Gottes. Wer aber mich verleugnet vor den Menschen, der wird verleugnet werden vor den Engeln Gottes.« Die Bezeichnung »Menschensohn« meint in Anknüpfung an Dan 7,14 mit der darauf folgenden apokalyptischen jüdischen Tradition eine Gestalt, die am Ende aller Zeiten vom Himmel kommen und Gericht halten wird;[41] jenes Logion sagt also, das im Endgericht ergehende Urteil werde abhängig sein vom Bekenntnis bzw. Nicht-Bekenntnis zu Jesus. Ähnliches wird in Mk 8,38 gesagt. Ob Jesus in dieser Weise von einem Bekenntnis zu seiner Person gesprochen hat, ist umstritten;[42] jedenfalls sind die Menschen, die an Jesus glauben, davon überzeugt, dass ihr Glaube und ihr Bekenntnis zu Jesus im kommenden Endgericht die entscheidende Rolle spielen wird, und das bringen sie durch die Jesus zugelegte Eigenaussage zum Ausdruck.

4. Bekenntnisaussagen in den Briefen des Apostels Paulus

Der Apostel Paulus überliefert in seinen Briefen, den ältesten uns erhaltenen Schriften des Urchristentums, unterschiedliche Bekenntnissätze, von denen einige hier kurz dargestellt werden sollen.

---

[40] Vgl. dazu M. Wolter, Der Brief an die Römer I: Röm 1–8, EKK VI/1, Neukirchen-Vluyn/Ostfildern 2014, 78: Die hier vorliegende Tradition lasse sich nicht im Wortlaut rekonstruieren: »Man kommt darum nicht über die Feststellung hinaus, dass sich in V. 3b–4a Traditionelles und Paulinisches so miteinander verbinden, dass sich das eine nicht mehr vom anderen trennen lässt.«

[41] Ausgangspunkt dürfte Dan 7,14 gewesen sein; der Weg, wie aus dem im Kontext auf das Volk gedeuteten »Menschensohn« eine apokalyptische Person wurde, lässt sich kaum nachzeichnen.

[42] Vgl. dazu M. Karrer, Jesus Christus im Neuen Testament, GNT 11, Göttingen 1998, 287–306.

1. In den Kapiteln 9–11 des Römerbriefs schreibt Paulus eingehend über die Beziehung des Volkes Israel zum Glauben an Jesus Christus. Paulus war Jude, oder, wie er selber von sich sagt, »Israelit« (11,1), und sein Problem ist die Frage, warum das Volk Israel in seiner Mehrheit die Christusbotschaft nicht annimmt. Er schreibt in diesem Zusammenhang in 10,3, dass »sie«, die nicht an Jesus glaubenden Israeliten, Gottes Gerechtigkeit nicht erkannt und stattdessen die eigene Gerechtigkeit aufzurichten versucht und sich also der Gerechtigkeit Gottes nicht untergeordnet haben. Das erläutert Paulus in V. 4 mit dem Satz: »Christus nämlich ist das Ende des Gesetzes (τέλος νόμου[43]) zur Gerechtigkeit für jeden Glaubenden (εἰς δικαιοσύνην παντὶ τῷ πιστεύοντι)« (V. 4), und dies wiederum erläutert er (V. 5–8), indem er zwischen der »Gerechtigkeit aus dem Gesetz« und der »Gerechtigkeit aus dem Glauben« unterscheidet. Mose habe von der Gerechtigkeit aus dem Gesetz *geschrieben*, dass wer sie, also die Gebote, *tut*, »in ihnen leben« werde (V. 5: Μωϋσῆς γὰρ γράφει τὴν δικαιοσύνην τὴν ἐκ τοῦ νόμου ὅτι ὁ ποιήσας ἄνθρωπος αὐτὰ ζήσεται ἐν αὐτοῖς[44]); aber »die Gerechtigkeit aus Glauben« (V. 6: ἡ δὲ ἐκ πίστεως δικαιοσύνη) *»sagt«* (οὕτως λέγει), man brauche nicht in den Himmel und nicht in die Unterwelt zu steigen (V. 7),[45] sondern es gelte: »Das Wort ist dir nahe, in deinem Munde und in deinem Herzen« (V. 8a).[46] Für den biblischen Text ist dieses gesprochene »Wort« (ῥῆμα) ebenfalls die Tora; Paulus aber bezieht die Aussage auf »das Wort vom Glauben, das wir verkündigen« (τοῦτ᾽ ἔστιν τὸ ῥῆμα τῆς πίστεως ὃ κηρύσσομεν, V. 8b).[47]

Das erläutert Paulus nun in V. 9 in zwei Sätzen, die vom Bekennen bzw. vom Glauben sprechen: »Wenn du mit deinem Munde bekennst: Jesus ist der Herr, und in deinem Herzen glaubst: Gott hat ihn von den Toten auferweckt, so wirst du gerettet (σωθήσῃ).« Im ersten dieser Sätze geht es um das »Bekennen« (ἐὰν ὁμολογήσῃς κτλ.), ausgesagt in dem Satz: »Herr ist Jesus« (κύριος Ἰησοῦς). Dieser Satz wird mit dem Munde (ἐν τῷ στόματί σου) bekannt, das Bekenntnis wird also offen

[43] Die Bedeutung der Genitivverbindung τέλος νόμου wird kontrovers diskutiert; unabhängig davon, ob τέλος »Ziel« oder (wahrscheinlicher) »Ende« meint, ist jedenfalls klar, dass Paulus nicht von der Fortgeltung des νόμος spricht.

[44] Das ist eine Anspielung auf Lev 18,5.

[45] Paulus spielt auf Dtn 30,12 f. LXX an.

[46] Das ist eine Anspielung auf Dtn 30,14.

[47] Vgl. A. Lindemann, Die Gerechtigkeit aus dem Gesetz. Erwägungen zur Auslegung und zur Textgeschichte von Römer 10,5, ZNW 73 (1982), 231–250.

ausgesprochen und so von anderen gehört. Der zweite Satz bringt die Aussage des Glaubens zum Ausdruck (καὶ πιστεύσῃς κτλ.): »Gott hat ihn – also Jesus – auferweckt von den Toten« (ὁ θεὸς αὐτὸν ἤγειρεν ἐκ νεκρῶν). Dass man »in seinem Herzen« an Jesu Auferweckung glaubt (πιστεύσῃς ἐν τῇ καρδίᾳ σου), setzt die Vorstellung vom Herzen als dem Sitz des Verstandes und des Verstehens voraus.[48] Zwei Aspekte sind in der Glaubensaussage enthalten, ohne dass sie ausgesprochen werden: Der Gott, der Jesus auferweckt hat, ist der Gott Israels, der eine, einzige Gott. Und der von den Toten auferweckte Jesus war wirklich tot.[49] Glauben, so fügt Paulus dann in V. 10 hinzu, führt zur Gerechtigkeit, also zur Annahme durch Gott (καρδίᾳ γὰρ πιστεύεται εἰς δικαιοσύνην), Bekennen führt zur (endzeitlichen) Rettung (στόματι δὲ ὁμολογεῖται εἰς σωτηρίαν); dafür wird in V. 11 ein Bibelzitat aus Jes 28,16 angeführt (πᾶς ὁ πιστεύων ἐπ' αὐτῷ οὐ καταισχυνθήσεται – »jeder, der auf ihn vertraut, wird nicht beschämt werden«).

Das Bekenntnis »Herr ist Jesus« und der Glaubenssatz »Gott hat ihn von den Toten auferweckt« sind in dieser Form vermutlich nicht nach außen gerichtete Aussagen; die uns erhaltenen Briefe des Paulus richten sich durchweg an Menschen, die bereits für den Glauben an Jesus Christus gewonnen worden sind, und so haben solche Sätze wie in Röm 10,9 eher die Funktion, den bereits vorhandenen Glauben knapp zusammenfassend zur Sprache zu bringen. In seiner missionarischen Predigt etwa auf der Agora in Korinth oder auf dem Markt in Ephesus wird Paulus nicht solche kurzen Formeln vorgetragen haben; andererseits wissen wir nicht, in welcher Weise er bei seiner Missionsbotschaft gepredigt hat.[50]

Die Menschen, die an die Auferweckung Jesu glauben und ihn als den »Messias/Christus« oder den »Sohn Gottes« bzw. als den »Herrn« bekennen, sehen sich in ein neues Welt- und Selbstverständnis geführt; sie gehen Wege, die den bisher von ihnen für richtig gehal-

48 Vgl. R. BULTMANN, Theologie des Neuen Testaments, Tübingen [9]1980, 221–226.

49 Die Art seines Todes wird nicht genannt; ausdrücklich vom Kreuz Jesu spricht Paulus nur in den beiden Korintherbriefen und im Galaterbrief sowie in Phil 2,8; 3,18.

50 Lukas bietet in der Apostelgeschichte eine lange Pauluspredigt in Antiochia Pisidiae, die sich an Juden in der Diaspora richtet (13,15–41); in der Szene in Athen ist die Rede auf dem Areopag nur indirekt als Missionspredigt gestaltet (17,16–34). Diese Reden sind aber von Lukas verfasst und lassen keinen Rückschluss auf die paulinische Predigt zu. Zu dem in 1 Thess 1,9f. von Paulus gezeichneten Bild seines Auftretens in Thessalonich s. unten.

tenen religiösen Traditionen zumindest teilweise widersprechen. Sie glauben, dass Gott dem Menschen seine Sünde, also seine Gottferne, ja geradezu seine Gottlosigkeit, nicht anrechnet, sondern sich dem Menschen gnadenvoll zuwendet.[51] Und sie sind davon überzeugt, dass diese Botschaft jedem Menschen gilt – unabhängig von der Zugehörigkeit zu einem bestimmten Volk oder zu einer sozialen Gruppe und auch unabhängig vom Geschlecht: »Hier ist nicht Jude noch Grieche, weder Sklave noch Freier, nicht männlich und weiblich, sondern ihr seid alle Einer in Christus Jesus«, schreibt Paulus in Gal 3,28.

Möglicherweise hätte Jesus eine solche Aussage nicht unterschrieben. Aber manche Überlieferungen in den Evangelien könnten doch dafür sprechen, dass die hier bei Paulus sichtbar werdende Tendenz dem Denken und Handeln Jesu nicht allzu fern steht. Das gilt etwa für die Erzählung von der Heilung der Tochter einer syro-phönizischen, also heidnischen Frau (Mk 7,24–30)[52] oder auch für Jesu kritische Aussagen über die religiöse Bedeutung von Rein und Unrein (Mk 7,1–16); aber es lässt sich nicht sicher sagen, welche dieser Überlieferungen historisch auf Jesus selber zurückgehen.

In Röm 10 fügt Paulus dem Schriftzitat in V. 11 (s. oben) die Aussage hinzu (V. 12), es bestehe kein Unterschied zwischen »dem Juden« und »dem Griechen«;[53] denn, so erläutert er, »es ist derselbe Herr über alle, der reich macht alle, die ihn anrufen«, womit die Differenz zwischen Juden und Nichtjuden als aufgehoben gilt. Paulus unterstreicht das (V. 13) mit dem Zitat von Joel 3,5: »Jeder, der den Namen des Herrn (τὸ ὄνομα κυρίου) anruft, wird gerettet werden.«[54] Der Prophet spricht von dem nahe bevorstehenden Ende des Kosmos und dem damit verbundenen Gerichtstag (3,4: »Die Sonne soll in Finsternis und der Mond in Blut verwandelt werden, ehe denn der große und schreckliche Tag des Herrn kommt«), und dann folgt die Verheißung: »Wer des Herrn Namen anrufen wird, der soll errettet werden«, was sich natürlich auf die Anrufung des Gottes Israels bezieht. In

---

[51] Paulus bringt diesen Aspekt in seiner Rechtsfertigungstheologie zum Ausdruck, wie sie etwa in Röm 3,21–31 formuliert wird.

[52] Diese Erzählung setzt voraus, dass es die Frau selber ist, die Jesu Widerstand gegen die Heilung eines »heidnischen« Kindes überwindet. Zu den unterschiedlichen Deutungen s. P. Alonso, The Woman Who Changed Jesus. Crossing Boundaries in Mk 7,24–30, BTS 11, Leuven 2011.

[53] Der generische Singular (οὐ γάρ ἐστιν διαστολὴ Ἰουδαίου τε καὶ Ἕλληνος) zeigt, dass Paulus nicht an die einzelnen Menschen denkt, sondern an die »Typen«.

[54] Das futurische σωθήσεται nimmt das σωθήσῃ von V. 9 wieder auf.

Röm 10,13 ist dagegen *Jesus* dieser »Herr« – wer *ihn* anruft und sich so zu ihm bekennt, wird im Gericht bewahrt werden, schreibt Paulus, und das gilt für *jeden* Menschen, unabhängig von seiner jüdischen oder nicht-jüdischen Herkunft. Aus dem mit Christus verbundenen Geschehen folgt für Paulus die allen Menschen zugesagte Universalisierung der Gottesbeziehung. Daraus leitet er seinen Auftrag ab, die Botschaft von Jesus Christus in der ganzen Welt bekannt zu machen, und daher nennt er sich in Röm 11,13 ausdrücklich »Apostel der Völker« (εἰμι ἐγὼ ἐθνῶν ἀπόστολος). Zugleich aber hofft er (V. 14), auf diese Weise Menschen aus seinem eigenen Volk »eifersüchtig« zu machen (εἴ πως παραζηλώσω μου τὴν σάρκα) und so »einige von ihnen zu retten« (καὶ σώσω τινὰς ἐξ αὐτῶν). Welches Geschick diejenigen erwartet, die sich nicht »retten« lassen (wollen), sagt Paulus nicht.

Das Bekenntnis »Herr ist Jesus« meint, dass *Jesus* »der Herr« ist, niemand sonst. Dieses Bekenntnis steht also im Widerspruch zu allen anderen Bekenntnissen, die sich auf einen »Herrn« oder auf eine »Herrin« beziehen. In 1 Kor 8,5 schreibt Paulus, zwar gebe es in der Welt »viele Götter und viele Herren«,[55] »aber«, so fährt er in Anspielung auf das »Sch^e^ma Jisrael« fort, »für uns ist nur *ein* Gott (ἡμῖν εἷς θεός), der Vater, von dem her alles ist und wir auf ihn hin, und *ein* Herr Jesus Christus (εἷς κύριος Ἰησοῦς Χριστός), durch den alles ist und wir durch ihn«.[56]

2. Zu Beginn des ausführlich von der Auferstehung der Toten sprechenden Kapitels 1 Kor 15 erinnert Paulus die korinthischen Christen an das ihnen von ihm verkündigte εὐαγγέλιον, die »gute Botschaft«; er hatte sie selber empfangen und weitergegeben, und er zitiert sie nun offensichtlich im Wortlaut (1 Kor 15,3b–5):

---

[55] Die Aussage scheint zunächst eingeschränkt zu sein ([...] καὶ γὰρ εἴπερ εἰσὶν λεγόμενοι θεοὶ εἴτε ἐν οὐρανῷ εἴτε ἐπὶ γῆς), aber Paulus fährt fort: ὥσπερ εἰσὶν θεοὶ πολλοὶ καὶ κύριοι πολλοί, d.h. es »gibt« diese Götter und Herren »tatsächlich«.

[56] Die Dativwendung ἡμῖν εἷς θεὸς κτλ. meint vermutlich nicht, dass es »nach unserer Einschätzung« nur *einen* Gott gibt, sondern ἡμῖν sagt eher, dass dieser Gott »für uns« (*pro nobis*) ist; vgl. LINDEMANN, Erster Korintherbrief (s. Anm. 29), 192. Anders D. ZELLER, Der erste Brief an die Korinther, KEK 5, Göttingen 2010, 290 Anm. 62: »Das ἡμῖν ist *Dativus iudicantis* wie der Dativ in 2,14«; der *Dativus commodi* sei »existentialtheologisch ergiebiger«. Aber inwiefern liegt in 1 Kor 2,14 (ψυχικὸς δὲ ἄνθρωπος οὐ δέχεται τὰ τοῦ πνεύματος τοῦ θεοῦ, μωρία γὰρ αὐτῷ ἐστιν – »der natürliche Mensch aber erfasst nicht, was den Geist Gottes betrifft, es ist ihm eine Torheit«) eine analoge Aussage vor?

»Christus ist gestorben für unsere Sünden gemäß der Schrift,
und er ist begraben worden,
und er ist auferweckt am dritten Tage gemäß der Schrift,
und er ist erschienen dem Kephas, danach den Zwölf.«

Dieses formelhafte Bekenntnis spricht vom Tod und von der Auferweckung Jesu, und es verbindet diese Aussagen jeweils mit einer Deutung: Christus[57] ist gestorben »für unsere Sünden«, d.h. Jesu Tod kommt den Menschen zugute, weil ihre Verfehlungen gegenüber Gott durch diesen Tod vergeben werden;[58] dies gilt »gemäß der Schrift«, also entsprechend der biblischen Überlieferung, ohne dass dazu ein bestimmter Text zitiert wird oder auch nur anklingt.[59] Der dann folgende Hinweis auf das Begräbnis unterstreicht, dass Jesus wirklich tot war.[60] Zu der Aussage »er ist auferweckt«[61] gehört die Zeitangabe »am dritten Tag«, die in den Evangelien häufig begegnet, bei Paulus aber nur hier belegt ist; wieder folgt ein Verweis auf »die Schrift«, wobei auch hier offenbar kein bestimmter Text im Blick ist.[62] Die abschließende Aussage, der Auferstandene sei »dem Kephas erschienen, danach den Zwölf« entspricht dem vorangegangenen Verweis auf das Begrabensein des Gestorbenen, und sie unterstreicht so die Gewissheit des Auferstehungsglaubens. Mit den Erscheinungen des Auferstandenen beginnt der Glaube an Jesu Auferweckung und zugleich die Geschichte der Kirche. Wie der zweimalige Hinweis, dies sei geschehen »gemäß der Schrift«, zeigt, kommt es der hier zitierten

[57] Es ist nicht klar, ob »Christus« (χριστός, ohne Artikel) hier als Name zu verstehen ist oder als Titel (»der Messias«).

[58] Sehr hilfreich für das Verstehen dieser Aussage ist die Studie: Für uns gestorben. Die Bedeutung von Leiden und Sterben Jesu Christi. Ein Grundlagentext des Rates der Evangelischen Kirche in Deutschland, hg. v. Kirchenamt der EKD, Gütersloh 2015.

[59] Möglicherweise steht die Rede vom »Gottesknecht« (Jes 52,13–53,12) im Hintergrund, aber sicher ist das keineswegs.

[60] Bisweilen wird erwogen, dass damit auch auf die Überlieferung von der Entdeckung des leeren Grabes am Ostermorgen angespielt wird, aber das ist unwahrscheinlich.

[61] Die passive Formulierung ἐγήγερται entspricht der aktiv formulierten Aussage in Röm 10,9: ὁ θεὸς αὐτὸν ἤγειρεν ἐκ νεκρῶν – »Gott hat ihn von den Toten auferweckt«.

[62] Allenfalls käme Hos 6,2 in Frage, aber dann läge lediglich eine begriffliche Übernahme vor, keine inhaltliche. Vgl. ZELLER, 1. Korinther (s. Anm. 56), 465 f.: »Die Zeitangabe belegt auf jeden Fall, dass man sich die Auferweckung Jesu nicht als Aufnahme der Seele unmittelbar im Tode oder als Himmelfahrt vom Kreuz aus vorgestellt hat. Sie erfolgt erst, nachdem der Leichnam eine kurze Zeit im Grab gelegen hat« (466).

Formel offenbar auf die Einsicht an, dass das Christusereignis und die biblische (alttestamentliche) Überlieferung aufeinander bezogen sind.

Zu der Formel in 1 Kor 15,3b–5 gibt es eine narrative Parallele in der »Emmauserzählung« Lk 24,13–34: Zwei zuvor in dem Evangelium nicht genannte Jünger begegnen auf dem Weg nach Emmaus dem auferstandenen Jesus; sie erkennen ihn nicht, sondern sie »informieren« ihn auf seine entsprechende Frage über Jesu Kreuzigung und über ihre Enttäuschung darüber. Daraufhin erfahren sie von dem ihnen Unbekannten, dass »der χριστός dies alles leiden und dann in seine Herrlichkeit eingehen musste« (V. 26), und das wird »aus der ganzen Schrift« belegt (V. 27).[63] Am Abend erkennen sie dann ihn beim Brotbrechen, woraufhin er verschwindet. Die Jünger kehren nach Jerusalem zurück (V. 33), und dort wird ihnen von den anderen Jüngern ganz unvermittelt gesagt: »Der Herr ist wirklich auferweckt worden und dem Simon erschienen« (V. 34). Das passt nicht in den Erzählzusammenhang, der in V. 35 weitergeht; es entspricht auch nicht der vorangegangenen Ostergeschichte des Lukas, der zufolge zuerst Frauen und dann auch Petrus am leeren Grab gewesen waren, Jesus aber nicht gesehen hatten (Lk 24,1–12). Die als Formel gestaltete Aussage, der auferstandene Jesus sei zuerst dem Petrus erschienen, ist offenbar schon sehr früh entstanden, und sie wurde als solche von Lukas in seinen Erzähltext eingefügt. Im Matthäus- und im Johannesevangelium sind es Frauen, die am Grab als erste den Auferstandenen sehen. Vermutlich sind diese Erscheinungserzählungen später entstanden als die Petrus-Überlieferung; aber gerade dann wird deutlich, dass die Gemeinde im Zusammenhang der Osterüberlieferung ausdrücklich auch von Frauen sprechen wollte. Im literarisch ältesten »Ostertext« Mk 16,1–8 kommen die Frauen zum leeren Grab, wo sie aus dem Munde eines »weißgekleideten Jünglings« die Botschaft von der Auferweckung des gekreuzigten Jesus erhalten (Ἰησοῦν ζητεῖτε τὸν Ναζαρηνὸν τὸν ἐσταυρωμένον· ἠγέρθη – »ihr sucht Jesus, den gekreuzigten Nazarener: er ist auferweckt worden«, V. 6), verbunden mit der Ankündigung der Erscheinung des Auferstandenen in Galiläa (V. 7). Da eine solche Erscheinung dann aber nicht erzählt wird, richtet sich

[63] Es heißt in V. 27 ausdrücklich, diese Belehrung habe sich bezogen auf »Mose und alle Propheten«, und »er legte ihnen aus, was in allen Schriften über ihn steht«. Vgl. M. Wolter, Das Lukasevangelium, HNT 5, Tübingen 2008, 784: »An bestimmte *einzelne* Texte ist hier selbstverständlich nicht gedacht, denn es kommt Lukas gerade darauf an, dass es das *Gesamt*zeugnis der Schriften ist, die τὰ περὶ Ἰησοῦ ›gesagt haben‹ (V. 25).«

die Botschaft des »Jünglings« direkt an die Leserinnen und Leser des Markusevangeliums, denn es heißt abschließend ausdrücklich, dass die Frauen schweigen und niemandem etwas sagen (V. 8).[64]

3. Wie sah die christliche Mission unter den »Heiden« aus? Paulus schreibt in 1 Thess 1,8–10, nicht nur in Makedonien und in Achaja, sondern »überall« sei bekannt, auf welche Weise der Glaube nach Thessalonich gekommen war: »Ihr habt euch hingewandt zu Gott, weg von den Götzen, um zu dienen dem lebendigen und wahren Gott und zu erwarten seinen Sohn vom Himmel her, den er auferweckt hat von den Toten und der uns rettet vor dem kommenden Gericht« (V. 9b.10). Hier wird deutlich, dass im nicht-jüdischen Umfeld der Christusglaube verbunden war mit der Abkehr von den bisher verehrten, nun aber als falsch erkannten Gottheiten und der Hinwendung zu dem *einen*, einzigen Gott, dem Gott Israels. Was eine solche Konversion in einer »heidnischen« Stadt konkret bedeutete, brauchte Paulus den Adressaten nicht zu schreiben, denn das wussten sie ja selber am besten. Vermutlich hatten sie aus ihren Wohnungen die Götterbilder und -altäre entfernt, und sie nahmen auch nicht mehr teil an den offiziellen städtischen Kultfeiern. Das dürfte zu erheblichen Problemen geführt haben. Die für das jüdische Volk charakteristische alleinige Verehrung des *einen* Gottes wurde im Römischen Reich toleriert; aber die »heidnischen« Frauen und Männer, die die Christus-Botschaft angenommen hatten, wurden nicht Juden; sie hatten sich von ihren bisherigen Göttern getrennt, sie gehörten aber nicht zum jüdischen Volk, und so wurden sie zu Fremden in der eigenen Heimat. Es kam, wie Paulus in 1 Thess 2,14 schreibt, zu Verfolgungen durch die eigenen Landsleute.

Für Christen ist mit dem Glauben an den *einen* Gott die Hoffnung auf das Kommen »seines Sohnes vom Himmel her« verbunden, der »uns retten wird vor dem kommenden Gericht« (1 Thess 1,10); darin ist die Botschaft von der Auferweckung und Erhöhung Jesu indirekt mitgesagt. Im Endgericht werden die Menschen vor Gott Rechenschaft ablegen über das eigene Leben; die Zusage des retten-

---

[64] Vgl. A. Lindemann, Die Osterbotschaft des Markus. Zur theologischen Interpretation von Mark. 16.1–8, in: ders., Die Evangelien und die Apostelgeschichte. Studien zu ihrer Theologie und zu ihrer Geschichte, WUNT 241, Tübingen 2009, 135–155. Zur Rezeptionsgeschichte der Erscheinungserzählungen s. Y.-I. Kim, Die Erscheinung Jesu. Eine rezeptionsorientierte Untersuchung der Erscheinungserzählungen in den synoptischen Evangelien, EHS XXIII/922, Frankfurt a. M. u. a. 2011.

den Handelns Christi ist also die Einladung, in diesem Gericht auf Jesus zu vertrauen. Dieser Glaube und diese Hoffnung bestimmt die ganze Existenz des Menschen und bedeutet eine neue Ausrichtung des ganzen Lebens. Damit verbunden ist dann die Hoffnung, dass Gott, der Jesus auferweckt hat, auch die verstorbenen Menschen auferwecken wird; dadurch, so schreibt Paulus in 1 Thess 4,13–18, unterscheiden sich die Glaubenden von den anderen Menschen, »die keine Hoffnung haben«.

4. Einige Jahrzehnte später fordert der unter dem Namen des »Paulus« schreibende Verfasser des 1. Timotheusbriefs den »Timotheus« und damit zugleich alle seine Leser auf, der Gerechtigkeit, der Frömmigkeit, dem Glauben, der Liebe, der Geduld und der Sanftmut nachzujagen (6,11).[65] Es heißt dann weiter (V. 12): »Kämpfe den guten Kampf des Glaubens; ergreife das ewige Leben, zu dem du berufen worden bist, und der du bekannt hast das gute Bekenntnis (ὡμολόγησας τὴν καλὴν ὁμολογίαν) vor vielen Zeugen.« Christus Jesus selber hat ja, so schreibt der Autor, das gute Bekenntnis bezeugt vor Pontius Pilatus (V. 13), und »so sollst auch du das Gebot unbefleckt, untadelig halten bis zum Erscheinen (μέχρι τῆς ἐπιφανείας) unseres Herrn Jesus Christus«. Jetzt gehören Bekenntnis und Gebot unmittelbar zusammen; das geht nicht zuletzt auf die gegenüber der Zeit des Paulus veränderte historische Situation zurück: Die Zahl der Gemeindeglieder ist gewachsen, die Erwartung des nahen Gerichts tritt zurück, die Kirche braucht und erhält festere Strukturen, nicht zuletzt »Ämter«. Die Glaubenden richten sich in der gesellschaftlichen Wirklichkeit ein, und das bringt die Gefahr einer möglicherweise zu großen Anpassung mit sich; darum ruft der Verfasser seine Leser dazu auf, die Ordnung der Gemeinden und auch die Ordnung des persönlichen Lebens dauerhaft zu wahren und zu achten.[66]

---

65 S. dazu B. Mutschler, Glaube in den Pastoralbriefen. Pistis als Mitte christlicher Existenz, WUNT 256, Tübingen 2010, 286–289.

66 A. a. O., 398: »Prägnant und zugegebenermaßen schlagwortartig verkürzt könnte man nun formulieren: Sieht man bei Paulus ein primär soteriologisches Glaubensverständnis und im Hebräerbrief ein paränetisches Glaubensverständnis, dann handelt es sich in den Pastoralbriefen um ein *lebensbestimmendes*, nämlich die Mitte des Lebens und das soziale Leben bestimmendes *Glaubensverständnis*.« Zur Frage des literarischen Charakters der »Pastoralbriefe« s. J. Herzer, Fiktion oder Täuschung? Zur Diskussion über die Pseudepigraphie der Pastoralbriefe, in: J. Frey/J. Herzer/M. Janßen/C. K. Rothschild (Hg.), Pseudepigraphie und Verfasserfiktion in früh-

5. Situationen und Anlässe für Bekenntnisse im frühen Christentum

In welchen Situationen und aus welchem Anlass legten Christen in der Antike ein Bekenntnis ab? Nicht jede Äußerung von Christen ist ja als ein Bekenntnis anzusehen.

1. In unseren Kirchen hat das Glaubensbekenntnis eine besondere Funktion bei der Taufe: Die Gemeinde spricht das Bekenntnis zum dreieinigen Gott, »auf dessen Namen« die Taufe vollzogen wird. Jesus war von Johannes dem Täufer getauft worden; die an Jesu Auferweckung Glaubenden hatten diese Praxis übernommen, ohne dass wir die genauen Gründe dafür kennen. Die »christliche« Taufe erfolgt anfangs »auf den Namen Jesu« und zeigt so die enge Beziehung zwischen dem getauften Menschen und Jesus Christus; Paulus verwendet dafür in Gal 3,27f. das Bild, die Getauften hätten in der Taufe Christus »angezogen«, geradezu so wie ein Kleid. Später wird dann die dreigliedrige Taufformel üblich; sie steht am Ende des Matthäusevangeliums (Mt 28,19) und in der Didache (7,1–3), einer frühen Kirchenordnung. Jetzt geschieht das Taufen »auf den Namen des Vaters und des Sohnes und des heiligen Geistes«.[67] Indem Matthäus den auferstandenen Jesus diese Tauformel im Kontext des Missionsauftrags aussprechen lässt, führt er die tatsächlich ja längst bestehende christliche Taufpraxis auf dessen Weisung zurück; es heißt dann weiter: »[…] und lehret sie halten alles, was ich euch geboten habe« (28,20), und damit wird deutlich, dass zur Taufe der Unterricht über die Inhalte des Glaubens und über die damit verbundene Lebenspraxis gehört, so wie Matthäus es als Wort und Tat Jesu in seinem Evangelium darstellt.[68] Dass die Taufe auch mit der Gabe des Geistes verbunden ist, wird schon bei Paulus und dann vor allem in der Apostelgeschichte vorausgesetzt und betont (Apg 2,38 u.ö.).

---

christlichen Briefen. Pseudepigraphy and Author Fiction in Early Christian Letters, WUNT 246, Tübingen 2009, 489–536.

[67] Vgl. dazu A. Lindemann, Zur frühchristlichen Taufpraxis. Die Taufe in der Didache, bei Justin und in der Didaskalia, in: D. Hellholm/T. Vegge/O. Norderval/C. Hellholm (Hg.), Ablution, Initiation, and Baptism. Waschungen, Initiation und Taufe. Late Antiquity, Early Judaism, and Early Christianity. Spätantike, Frühes Judentum und Frühes Christentum, BZNW 176/I, Berlin/New York 2011, 767–815, 774–781.

[68] Vgl. M. Labahn, Kreative Erinnerung als nachösterliche Nachschöpfung. Der Ursprung der christlichen Taufe, in: Hellholm u.a., Ablution (s. Anm. 67), 337–376, 355–362.

Keine der neutestamentlichen Schriften bietet einen genauen Bericht über den konkreten Vollzug einer Taufe, obwohl durchweg vorausgesetzt ist, dass die Gemeindeglieder getauft sind. Wir wissen zum Beispiel nicht, ob die Täuflinge ein Bekenntnis ablegten und ob im Fall der Taufe Unmündiger das Bekenntnis gleichsam stellvertretend von anderen gesprochen wurde.[69] In der Apostelgeschichte wird bisweilen erzählt, dass viele Menschen auf einmal getauft wurden (2,41; 10,48),[70] ohne dass dazu Einzelheiten genannt werden. Eine Ausnahme ist die Erzählung in Apg 8,26–40, wo Lukas relativ ausführlich von der Taufe eines Einzelnen spricht: Der Missionar Philippus, der vom Engel des Herrn den Auftrag erhalten hatte, an die von Jerusalem nach Gaza führende Straße zu gehen, trifft dort einen Mann, der in Jerusalem den Tempel besucht hatte; er ist ein Eunuch, »Schatzkanzler« der äthiopischen Königin. Auf seinem Wagen sitzend[71] liest er im Buch des Propheten Jesaja die Worte vom leidenden Gottesknecht: »Wie ein Schaf wurde er zur Schlachtbank geführt; und wie ein Lamm, das vor seinem Scherer verstummt, so tut er seinen Mund nicht auf« (Jes 53,7 f.). Philippus fragt ihn: »Verstehst du auch, was du liest?« Daraufhin bittet der Mann um eine Auslegung, und Philippus gibt ihm die Deutung der Bibelstelle auf Jesus Christus hin (V. 35). Und dann heißt es weiter (V. 36.38): »Als sie aber ihres Weges zogen, kamen sie an ein Wasser, und der Eunuch sagte: Siehe, hier ist Wasser. Was hindert's, dass ich getauft werde? Und er befahl, den Wagen anzuhalten, und sie stiegen beide hinab zu dem Wasser, Philippus und der Eunuch, und er taufte ihn.« Anschließend wird Philippus durch den Geist Gottes entrückt, der äthiopische Eunuch aber zieht fröhlich auf seiner Straße weiter (V. 39).[72]

---

[69] Dass es im Urchristentum nur die »Mündigentaufe« gegeben haben sollte, ist unwahrscheinlich. Kinder von Eltern, die sich taufen ließen, blieben vermutlich nicht ungetauft; jedenfalls gibt es nirgends eine Aussage darüber, zu welchem Zeitpunkt die Taufe zu erfolgen hätte. S. dazu A. Lindemann, ... ἐκτρέφετε αὐτὰ ἐν παιδείᾳ καὶ νουθεσίᾳ κυρίου (Eph. 6.4): Kinder in der Welt des frühen Christentums, NTS 56 (2010), 169–190, vor allem 185–190.

[70] Vgl. dazu J. Schröter, Die Taufe in der Apostelgeschichte, in: Hellholm u. a., Ablution (s. Anm. 67), 557–586.

[71] Er ist die einzige Person im Neuen Testament, die nicht zu Fuß geht oder reitet, sondern fährt. Vgl. dazu A. Lindemann, Der »äthiopische Eunuch« und die Anfänge der Mission unter den Völkern nach Apg 8–11, in: ders., Die Evangelien und die Apostelgeschichte (s. Anm. 64), 231–251.

[72] Davon, dass er nun selber die Jesusbotschaft weitergeben wird, ist nicht die Rede. Die »Heidenmission« im eigentlichen Sinne beginnt nach der Dar-

Die Tatsache, dass Philippus der Bitte um die Taufe ohne Weiteres nachgekommen war, löste in der späteren Kirchengeschichte Erstaunen aus. In einigen Handschriften folgt auf die Frage des Eunuchen: »Was hindert's, dass ich getauft werde?« deshalb ein kurzer Dialog: »Philippus aber sagte zu ihm: Wenn du von deinem ganzem Herzen glaubst, ist es möglich und du wirst gerettet werden. Der aber antwortete: Ich glaube, dass Jesus Christus der Sohn Gottes ist«, und erst nach diesem Bekenntnis vollzieht Philippus die Taufe. Durch diese dann als »V. 37« gezählte Textergänzung sollte offensichtlich der »Fehler« korrigiert werden, dass Philippus den Mann taufte, ohne dass dieser zuvor seinen Glauben bekannt hatte.[73]

Der um die Mitte des 2. Jh. in Rom wirkende Philosoph und Theologe Justin schildert in seiner formell an Kaiser Antoninus Pius gerichteten »Apologie« das Taufgeschehen (apol. 1,61–65):[74] Diejenigen, die von der Wahrheit der Glaubensverkündigung überzeugt werden und versprechen, ihr Leben danach auszurichten, beten und fasten, und sie bitten Gott um Vergebung für die früheren Verfehlungen – zur Taufe gehört jetzt also, wie schon bei Johannes dem Täufer, der Aspekt der Sündenvergebung. »Wir« beten und fasten gemeinsam mit den Täuflingen, die dann ein »Bad« (λουτρόν) nehmen »auf den Namen des Vaters und Jesu Christi und des Heiligen Geistes«. Vermutlich wurde die Taufformel beim Vollzug der Taufe gesprochen; dass der Täufling oder die anwesende Gemeinde dabei ein Bekenntnis ablegt, wird nicht gesagt.[75]

2. Anlass für das Bekenntnis konnten innergemeindliche Konflikte sein. Ein besonderer Konflikt spiegelt sich in dem wahrscheinlich in einer späteren Phase des frühen Christentums verfassten Ersten Johannesbrief,[76] wo es in 2,23 heißt: »Jeder, der den Sohn verleugnet,

---

stellung der Apg erst in Kapitel 10 mit der Taufe der Gruppe um den römischen Hauptmann Cornelius durch Petrus.

[73] Diesen Text las Luther als Grundlage für seine Bibelübersetzung 1545; er war auch noch in der Revision der Lutherbibel 1912 vorausgesetzt.

[74] Vgl. zum Folgenden den in Anm. 67 genannten Aufsatz Zur frühchristlichen Taufpraxis, bes. 786–794.

[75] Der Verfasser der Textergänzung in Apg 8,37 (s. o.) setzt diese Sitte aber offensichtlich voraus.

[76] Zur zeitlichen Einordnung s. Koch, Geschichte (s. Anm. 15), 318–326: Die chronologische Abfolge der vier johanneischen Schriften stellt »ein offenes Problem« dar (325), aber vermutlich setzen die Briefe das Johannesevangelium voraus. Schnelle, Die ersten 100 Jahre (s. Anm. 23), 350–366, nimmt dagegen an, dass 2 Joh und 3 Joh am Anfang der johanneischen Traditionslinie stehen und das Johannesevangelium an deren Ende.

hat auch den Vater nicht, wer den Sohn bekennt (ὁ ὁμολογῶν τὸν υἱόν), der hat auch den Vater.« Es gab offenbar Christen, die den irdischen Jesus als Sohn Gottes ablehnten und denen deshalb gesagt wurde, dass sie damit zugleich Gott verleugneten.[77] Zugleich wird gesagt, dass das Bekenntnis zum Sohn zugleich das Bekenntnis zu Gott als dem Vater mit einschließt.

In 1 Joh 4,15 wird gesagt: »Wer bekennt, dass Jesus der Sohn Gottes ist (ὃς ἐὰν ὁμολογήσῃ ὅτι Ἰησοῦς ἐστιν ὁ υἱὸς τοῦ θεοῦ), in dem bleibt Gott, und er bleibt in Gott.« Hier zeigt sich möglicherweise Kritik an Christen, die den Gedanken der Einheit des Menschen Jesus mit Gott nicht akzeptierten.[78] Offenbar gab es auch Christen, die die Vorstellung ablehnten, Jesus sei wirklich Mensch gewesen; das zeigt die Feststellung im Zweiten Johannesbrief (V. 7): »Viele Irrlehrer sind in die Welt hinausgegangen, die nicht bekennen, dass Jesus Christus im Fleisch kommt.«[79] Der ausdrücklich als Irrlehre bezeichnete »Doketismus«, demzufolge Jesus nur einen Scheinleib gehabt habe und folglich gar nicht wirklich gestorben sei, gewann im Laufe des 2. Jh. zunehmend an Einfluss; er wurde dann aber mehrheitlich zurückgewiesen, und durch das im Jahre 325 vom Konzil in Nicäa beschlossene und 381 in Konstantinopel modifizierte Glaubensbekenntnis wurde diese Lehre verworfen.[80]

3. Eine entscheidende Rolle spielte das Bekenntnis in der Beziehung nach außen, zumal in Situationen der Verfolgung. Da der christliche Glaube einen Ausschließlichkeitsanspruch erhob, die Verehrung anderer Götter also nicht in Frage kam, und da die Christen, im Unterschied zu den Juden, eine »neue« Gruppe waren, musste es zu Konflikten mit der Umwelt kommen. Deren Schärfe wurde allerdings erst im Laufe der Zeit deutlicher, denn im 1. Jh. n. Chr. gab es mit Ausnahme der Aktionen Neros gegen die Christen nach dem Brand Roms im Jahre 64 wohl noch keine größeren Christenverfolgungen.[81] Aber zu Beginn des 2. Jh. n. Chr. zeigt sich eine veränderte Situation. Um das Jahr 110 schreibt Plinius der Jüngere, Statthalter der am

---

[77] Vgl. dazu F. VOUGA, Die Johannesbriefe, HNT 15/III, Tübingen 1990, 83 f.; U. SCHNELLE, Die Johannesbriefe, ThHK 17, Leipzig 2010, 109 f.

[78] Dazu SCHNELLE, Johannesbriefe (s. Anm. 77), 155.

[79] Die hier gebrauchte partizipiale Wendung ἐρχόμενον ἐν σαρκί ist wohl im Sinne von 1 Joh 4,2 zu verstehen: Christus ist ἐν σαρκί gekommen (Perfekt).

[80] Dazu W. LÖHR, Doketismus I. Christentum, RGG[4] 2 (1999), 925–927. Zur Theologiegeschichte s. R. STAATS, Das Glaubensbekenntnis von Nizäa-Konstantinopel. Historische und theologische Grundlagen, Darmstadt 1996.

[81] Vgl. KOCH, Geschichte (s. Anm. 15), 459.

Schwarzen Meer gelegenen römischen Provinz Pontus und Bithynien, einen Brief an Kaiser Trajan, in dem er um Weisungen bittet, wie bei Anzeigen gegen Christen zu verfahren sei:[82] Ist das Christsein als solches (*nomen ipsum*) strafbar oder erst die damit möglicherweise verbundenen Verbrechen (*flagitia cohaerentia nomini*)? Bisher habe er, so berichtet Plinius, diejenigen, die ihm als Christen angezeigt wurden, gefragt, ob sie Christen seien; wer das bejahte und auch nach mehrmaligem Befragen dabei blieb, sei verurteilt worden – »denn Eigensinn und unbeugsame Halsstarrigkeit glaubte ich auf jeden Fall bestrafen zu müssen« (ep 10, 96,4). Diejenigen jedoch, die leugneten, Christen zu sein, habe er freigelassen, nachdem sie, wie er dem Kaiser schreibt, »nach einer von mir vorgesprochenen Formel unsere Götter angerufen hatten und vor Deinem Bild, das ich zu diesem Zweck zusammen mit den Statuen der Götter hatte bringen lassen, mit Weihrauch und Wein geopfert und außerdem Christus verflucht hatten«, nachdem sie also Dinge getan hatten, »zu denen wirkliche Christen sich angeblich nicht zwingen lassen« (*quorum nihil cogi posse dicuntur, qui sunt re vera Christiani*, 96,5). Das Bekenntnis der Christen bestand also darin, die Verehrung der Götter und des Kaisers zu verweigern und sich auf Christus zu berufen.

Über die religiöse Praxis berichtet Plinius, ehemalige Christen hätten ihm erklärt, dass »ihre ganze Schuld oder ihr ganzer Irrtum« darin bestand, sich an einem bestimmten Tag früh am Morgen zu versammeln und Christus als ihrem Gott (*Christo quasi deo*) einen Lobgesang darzubringen. Außerdem hätten sie sich verpflichtet, Diebstahl, Raubüberfall oder Ehebruch nicht zu begehen, ein gegebenes Wort nicht zu brechen und eine angemahnte Schuld nicht abzuleugnen; die Praxis gemeinsamer Mahlzeiten hätten sie, dem kaiserlichen Verbot der *hetaeriae* folgend, aufgegeben.[83] Plinius schreibt, er habe zwei als »Diakone« bezeichnete Mägde (*ancillae, quae ministrae dice-*

---

[82] H. Kasten (Hg.), C. Plini Caecili Secundi Epistularum Libri Decem. Gaius Plinius Caecilius Secundus. Briefe. Lateinisch-deutsch, München [3]1976. Koch, Geschichte (s. Anm. 15), 470–479, spricht von der »Kriminalisierung des Christentums« unter Trajan.

[83] Das Verbot der *hetaeriae* richtete sich nicht gezielt gegen die christlichen Gemeinschaftsmähler, sondern die Behörden fürchteten, bei solchen Zusammenkünften könnten Verschwörungen vorbereitet werden. Vgl. J. H. Waszink, Genossenschaft. B. Römisch, IV. Verhältnis des römischen Staates zu den Genossenschaften und Vereinen, RAC X (1978), 109–113; P. Herz, Collegium, DNP 2 (1997), 67–69.

bantur)[84] foltern lassen, aber nichts anderes gefunden als »einen wüsten, maßlosen Aberglauben« (96,8). »Aberglaube«, *superstitio*, war in römischer Sicht allerdings nicht eine harmlose Spinnerei, sondern dieser Begriff bezeichnete ein als absurd angesehenes Denken, das dem öffentlichen Interesse zuwiderlief und folglich bekämpft werden musste.[85]

Trajan antwortet (10, 97,1–2), wer als Christ überführt worden sei, müsse bestraft werden; wer es aber leugnet und das »durch die Anrufung unserer Götter auch beweist«, soll auf Grund seiner Reue Verzeihung erhalten (*veniam ex paenitentia impetret*). Anonym eingereichten Klagen darf die Behörde nicht nachgehen, »denn das wäre ein schlimmes Beispiel und passt nicht in unsere Zeit« (*nam et pessimi exempli nec nostri saeculi est*).

4. Aus dem protokollartigen Bericht von dem römischen Gerichtsverfahren gegen Justin und seine Gefährten[86] geht hervor, dass sich in der Situation der Verfolgung das Bekenntnis sogar auf *einen* Satz beschränken kann: »Ich bin Christ«, *Christianus sum*. Der Stadtpräfekt Rusticus fordert Justin auf, den Göttern zu gehorchen und sich dem Kaiser zu unterwerfen (2,1). Damit verlangt er aus seiner Sicht kein besonderes »Bekenntnis«, aber er erwartet einen Akt der Loyalität, den man nicht verweigern darf, dem man sich aber auch nicht zu entziehen braucht, weil die Verehrung der anderen Götter selbstverständlich erlaubt bleibt. Als Justin unter Berufung auf die von Christus gegebenen Gebote diese Forderung zurückweist, fragt ihn der Präfekt, welche Lehre (griech. δόγμα) er vertritt (2,4), und jetzt ist die von Justin gegebene Antwort ein ausführlich formuliertes Bekenntnis: »Wir verehren den Gott der Christen, und wir sind überzeugt, dass ein einziger Gott ist, der die ganze Welt geschaffen hat. Wir bekennen uns zu dem Herrn Jesus Christus als dem Sohn Gottes, der von den Propheten vorausverkündigt worden war als kommender Verkündiger der Rettung aller Menschen und als Lehrer aller Wahrheiten.« In 3,4 fasst der Präfekt das Verhör Justins in der Frage zusammen: »Bist du ein Christ?«, und dieser antwortet:

---

[84] Paulus bezeichnet in Röm 16,1 die Phöbe als διάκονος τῆς ἐκκλησίας τῆς ἐν Κεγχρεαῖς – »Diakon der Gemeinde in Kenchräa«, was in der Vulgata so übersetzt ist: *quae est in ministerio ecclesiae quae est Cenchris* – »welche im Dienst der Gemeinde in Kenchräa steht«.

[85] Vgl. D. LÜHRMANN, Superstitio – die Beurteilung des frühen Christentums durch die Römer, in: DERS., Theologische Exegese (s. Anm. 31), 278–293.

[86] Text nach G. KRÜGER, Ausgewählte Märtyrerakten, SQS NF 3, 4. Auflage mit einem Nachtrag v. G. Ruhbach, Tübingen 1965, 15–18.

»Ja, ich bin ein Christ« (Ναί, Χριστιανός εἰμι). Jeder seiner Gefährten schließt sich an (4,1–8), und als schließlich Liberianus nach seiner Frömmigkeit gefragt wird, antwortet dieser: »Auch ich bin ein Christ. Ich fürchte und verehre den einen, wahren Gott« (εὐσεβῶ γὰρ καὶ προσκυνῶ τὸν μόνον ἀληθινὸν θεόν). Als die Angeklagten nochmals aufgefordert werden, den Göttern zu opfern, sagt Justin, dass kein richtig denkender Mensch von der (wahren) Frömmigkeit abfällt zur Gottlosigkeit (οὐδεὶς εὖ φρονῶν ἀπὸ εὐσεβείας εἰς ἀσέβειαν μεταπίπτει, 5,4). Angesichts der Todesdrohung sprechen die Angeklagten von ihrer Zuversicht, vor dem Richterstuhl Christi zu bestehen, sagen nochmals, dass sie Christen sind und den Götzen nicht opfern (εἰδώλοις οὐ θύομεν, 5,7). Daraufhin verurteilt der Präfekt sie zum Tode, und sie werden enthauptet.

In solchen Martyriumsberichten ist sicher nicht jede Einzelheit historisch zuverlässig; klar ist aber, dass die Verfolgung der Christen nicht deshalb erfolgte, weil man ihnen konkrete Straftaten zur Last legte, sondern sie erfolgte auf Grund des Bekenntnisses, das es den Christen unmöglich machte, den Göttern und dem Kaiser religiöse Verehrung zu erweisen.

6. Das Verhältnis von Glaube und Leben

Welche Bedeutung das Bekenntnis für das alltägliche Leben der Christen im 1. und 2. Jh. hatte und wie sich dieses Leben von dem der Mehrheitsgesellschaft unterschied, ist nur schwer zu sagen; die uns zur Verfügung stehenden Quellen gewähren uns kaum einen Blick in die Alltagswelt, weil beispielsweise private Briefe von Christen aus dieser Zeit nicht erhalten sind. Die summarischen Schilderungen des Lebens der Jerusalemer Urgemeinde, die die Apostelgeschichte bietet, sind zumindest idealisierend. So heißt es in 2,44 f.: »Alle Glaubenden aber hielten zusammen und hatten alles gemeinsam; Güter und Besitz verkauften sie und gaben von dem Erlös jedem so viel, wie er nötig hatte.« In 4,32 schreibt Lukas: »Die ganze Gemeinde war ein Herz und eine Seele, und nicht einer nannte etwas von dem, was er besaß, sein Eigentum, sondern sie hatten alles gemeinsam.« Dass dies aber wohl doch nicht der Regelfall war, zeigt die Geschichte des aus Zypern stammenden Leviten Joseph Barnabas, von dem ausdrücklich gesagt wird, er habe ein Grundstück verkauft und den Erlös der Gemeinde gestiftet (4,36 f.).

In ihrer sozialen Zusammensetzung entsprachen die christlichen Gemeinden vermutlich den örtlichen Verhältnissen (vgl. 1 Kor 1,26–31).[87] Dass Christen bestimmte Berufe nicht ausüben konnten oder wollten und dass sie womöglich Theateraufführungen oder Sportveranstaltungen nicht besuchten, lässt sich für die Frühzeit nicht zeigen. Ehen mit »heidnischen« Partnern sollten möglichst nicht geschlossen werden, wie Paulus rät (vgl. 1 Kor 7,39), aber bestehende »Mischehen« sollten nicht aufgelöst werden (1 Kor 7,1–14). Es ist aber zu vermuten, dass es in den Gemeinden zu solchen Fragen unterschiedliche Positionen gab.[88]

Gegen Ende seines langen Briefes nach Rom spricht Paulus den Wunsch aus, »der Gott der Geduld und des Trostes« möge den Adressaten gewähren, dass sie »untereinander eines Sinnes sind, nach dem Vorbild Jesu« (ὁ δὲ θεὸς […] δῴη ὑμῖν τὸ αὐτὸ φρονεῖν ἐν ἀλλήλοις κατὰ Χριστὸν Ἰησοῦν, 15,5), damit sie auf diese Weise »einmütig mit einem Munde« Gott loben ([…] ἵνα ὁμοθυμαδὸν ἐν ἑνὶ στόματι δοξάζητε τὸν θεὸν, V. 6). Dieser Wunsch ist möglicherweise ein Indiz dafür, dass es in der Gemeinschaft der Glaubenden durchaus erhebliche Konflikte geben konnte. Paulus zieht in V. 7 die sehr konkrete Folgerung: »Nehmt also einander an (προσλαμβάνεσθε ἀλλήλους), wie auch Christus euch angenommen hat, zur Ehre Gottes«; darin ist mehr enthalten als ein schlichtes »Seid nett zueinander«. Paulus rechnet durchaus mit innergemeindlichen Konflikten, wobei die Aussagen in V. 8–12 erkennen lassen, dass es solche Konflikte offenbar auch im Verhältnis zwischen Christen jüdischer und Christen nichtjüdischer Herkunft gab.[89] Der abschließende V. 13 hebt dann aber wieder die Gemeinsamkeit hervor: »Der Gott der Hoffnung aber erfülle euch mit

---

[87] Zum Aspekt der für Christen anzunehmenden (Schul-)Bildung vgl. U. Schnelle, Das frühe Christentum und die Bildung, NTS 61 (2015), 113–143.

[88] So zitiert Paulus in 1 Kor 7,1 aus einem Brief der Korinther (Περὶ δὲ ὧν ἐγράψατε), in dem es offenbar hieß: »Es ist gut für einen Menschen (Mann), eine Frau nicht zu berühren« (καλὸν ἀνθρώπῳ γυναικὸς μὴ ἅπτεσθαι); dieser Einstellung widerspricht Paulus in V. 2–5 (er schreibt durchweg ἀνήρ – »Mann«, nicht ἄνθρωπος – »Mensch«), deutet aber in V. 6 f. an, dass dazu auch andere Meinungen möglich sind.

[89] Paulus schreibt, dass Christus zum Diener der Beschnittenen wurde, »um die Verheißungen, die an die Väter ergangen sind, zu bekräftigen« und dass die Heiden »um der Barmherzigkeit willen Gott preisen« sollen, wofür er biblische Belege zitiert. Das Wirken Christi kommt also Juden und Nichtjuden gleichermaßen zugute, auch wenn zwischen beiden Gruppen unterschieden wird.

aller Freude und allem Frieden im Glauben, den er euch schenkt, und ihr werdet im Überfluss teilhaben an der Hoffnung durch die Kraft des heiligen Geistes.«[90] Der den ganzen Gedankengang einleitende Wunsch »Nehmt einander an« (V. 7) ist also ein Appell zur Verständigung in Konfliktsituationen.

Schon zuvor hatte Paulus zwei grundsätzlich mögliche Konflikte erwähnt, die vielleicht sogar in Rom virulent waren (Kap. 14):[91] Es konnte Streit geben über religiös begründete Speisevorschriften (V. 2–4), weil manche Christen den Verzehr von Fleisch ablehnten. Wenn Paulus schreibt: »Der eine glaubt, alles essen zu dürfen, der Schwache aber isst nur Pflanzliches« (V. 2), dann hat er offenbar die jüdischen Speisegebote im Blick; der Verzicht auf Fleischspeisen gewährleistet jedenfalls, dass man nichts Unreines zu sich nimmt. Auch die Bedeutung bestimmter Tage bzw. Termine steht offensichtlich zur Diskussion: »Der eine nämlich unterscheidet zwischen den Tagen, der andere aber beurteilt jeden Tag gleich« (V. 5a); dabei geht es vermutlich um die Beachtung der jüdischen Festtage, vielleicht vor allem um den Sabbat. Paulus hatte den ganzen Gedankengang eingeleitet mit der Aufforderung an die Adressaten, sie sollten den »im Glauben Schwachen« annehmen (14,1: τὸν δὲ ἀσθενοῦντα τῇ πίστει προσλαμβάνεσθε) und nicht über (unterschiedliche) Meinungen in Konflikte geraten (μὴ εἰς διακρίσεις διαλογισμῶν). Der religiös begründete Fleischverzicht ist für ihn anscheinend ein Zeichen der »Schwäche« des Glaubens,[92] aber er mahnt (V. 3): »Wer isst, soll den nicht verachten, der nicht isst; wer aber nicht isst, soll den nicht richten, der isst; denn Gott hat ihn angenommen (ὁ θεὸς γὰρ αὐτὸν προσελάβετο)«.[93] Hinsichtlich der (Fest?-)Termine nimmt Paulus keine Wertung vor, aber er ruft dazu auf (V. 5b), jeder solle seiner Überzeugung treu bleiben (ἕκαστος ἐν τῷ ἰδίῳ νοῒ πληροφορείσθω). Dann stellt er in V. 6 fest: »Wer den Tag beachtet, der tut es vor dem Herrn

[90] Vgl. dazu E. Lohse, Der Brief an die Römer, KEK 4, Göttingen 2003, 386–390.

[91] Ob Paulus die Verhältnisse in Rom kennt und also konkret dort bestehende Probleme beschreibt oder ob er hypothetisch argumentiert, muss offen bleiben; Paulus war jedenfalls noch nicht in Rom gewesen, und es wird auch nicht deutlich, dass er von dort direkte Informationen erhalten hatte, auf die er sich in seinem Brief bezieht.

[92] Vom »Schwachen« (ἀσθενῶν) ist ausdrücklich die Rede, nicht aber umgekehrt vom »Starken im Glauben«.

[93] Auffallend ist die Verwendung des Verbs προσλαμβάνεσθαι in 14,1.3 und in 15,7.

(ὁ φρονῶν τὴν ἡμέραν κυρίῳ φρονεῖ). Und wer isst, der isst vor dem Herrn, denn er dankt Gott dabei (καὶ ὁ ἐσθίων κυρίῳ ἐσθίει, εὐχαριστεῖ γὰρ τῷ θεῷ). Und wer nicht isst, der tut auch das vor dem Herrn, und er dankt Gott (καὶ ὁ μὴ ἐσθίων κυρίῳ οὐκ ἐσθίει, καὶ εὐχαριστεῖ τῷ θεῷ).« Wie die Adressaten in Rom diesen Appell zu innergemeindlicher Toleranz aufgenommen haben, wissen wir nicht; aber sie haben den Brief des Paulus aufbewahrt und anderen Gemeinden zugänglich gemacht, und so sind uns diese Worte des Apostels erhalten geblieben.

Es gab auch Grenzen der innergemeindlichen Toleranz. In 1 Kor 5 verlangt Paulus, die Gemeinde müsse sich von einem Mann trennen, der mit der Frau seines Vaters in offenbar eheähnlicher Gemeinschaft zusammen lebt;[94] Paulus sieht darin eine sexuelle Verfehlung (πορνεία), wie sie – so schreibt er – »nicht einmal bei den Heiden vorkommt«. Daher könne der betreffende Mann auf keinen Fall Mitglied der Gemeinde bleiben, sondern er müsse »dem Satan übergeben« werden (V. 5).[95] Auch hier wissen wir nicht, wie die Gemeinde auf diese scharfe Kritik reagiert hat. Im Galaterbrief verteidigt Paulus die Wahrheit des Evangeliums, wie er sie sieht; er spricht sogar einen Fluch aus über jeden, dessen Botschaft zu dieser Wahrheit im Widerspruch steht (Gal 1,6–9). In dem in Galatien aktuellen Konflikt über die Geltung der Tora (Gal 3.4) und speziell die Beschneidung (5,2–12) geht es aus der Sicht des Paulus nicht um Detailfragen, sondern es steht die Substanz der Evangeliumsbotschaft auf dem Spiel.[96] Der Fluch, so schreibt Paulus emphatisch, muss auch ihn selber treffen oder sogar einen Engel vom Himmel, sofern sie »ein anderes Evangelium« predigen würden (Gal 1,8 f.).[97] Auch hier wissen wir nicht,

[94] In 5,1 schreibt Paulus ausdrücklich, dass er darüber informiert worden war, d. h. er behandelt nicht einen hypothetischen Fall.

[95] M. Wolter nimmt an, dass Paulus die in dem konkreten Fall in Korinth gegebene Situation nicht zutreffend einschätzt; vgl. dazu M. Wolter, Der Brief des sogenannten Unzuchtsünders, in: ders., Theologie und Ethos im frühen Christentum. Studien zu Jesus, Paulus und Lukas, WUNT 236, Tübingen 2009, 181–196. Paulus muss aber zumindest davon überzeugt gewesen sein, dass sein Vorwurf zutrifft, die von ihm als πορνεία gewertete Beziehung komme »nicht einmal bei den Heiden« vor (ἥτις οὐδὲ ἐν τοῖς ἔθνεσιν).

[96] Ungeachtet aller Detailfragen steht im Galaterbrief das Problem zur Diskussion, ob die galatischen Christusgläubigen als Menschen aus den »Völkern« die Tora, einschließlich der Beschneidung der Männer, als Lebensmaßstab zu akzeptieren haben. Vgl. etwa die Aussagen in Gal 2,21; 4,8–11; 5,1.13.

[97] Vgl. A. Lindemann, Christusglaube und »Werke des Gesetzes« bei Paulus. Exegetische Perspektiven, in: T. Nicklas/A. Merkt/J. Verheyden (Hg.),

welche Wirkung Paulus mit seinem Brief in den galatischen Gemeinden erreicht hat; aber der Brief ist immerhin erhalten geblieben und weitergegeben worden.

Der vermutlich gegen Ende des 1. Jh. geschriebene 1. Petrusbrief zeigt, dass Christen um ihres Glaubens willen Anfeindungen ausgesetzt sind – in diesem Fall nicht seitens der Behörden, sondern aus der unmittelbaren Nachbarschaft.[98] Der Verfasser mahnt (2,12): »Führt ein wohlgefälliges Leben unter den Völkern (τὴν ἀναστροφὴν ὑμῶν ἐν τοῖς ἔθνεσιν ἔχοντες καλήν), damit sie, während sie euch als Übeltäter (κακοποιῶν) schmähen, durch eure guten Taten (ἐκ τῶν καλῶν ἔργων) zur Erkenntnis kommen und Gott preisen am Tag der Heimsuchung (δοξάσωσιν τὸν θεόν ἐν ἡμέρᾳ ἐπισκοπῆς).« Die Kritiker des Christentums, dessen ist der Briefautor gewiss, werden am Tag des Endgerichts die Wahrheit des christlichen Glaubens bezeugen müssen. Unmittelbar danach (2,13–17) werden die Leser[99] aufgerufen, die staatliche Ordnung zu respektieren, wobei der Verfasser den Kaiser[100] und die von ihm abhängigen Statthalter (ἡγεμόνες) nennt; dass die »göttliche« Würde des Kaisers nicht anerkannt werden kann, braucht gar nicht gesagt zu werden. Paulus hatte im Römerbrief (13,1–7) geschrieben, die »obrigkeitlichen Gewalten« (ἐξουσίαι ὑπερεχοῦσαι) seien Dienerin Gottes (θεοῦ γὰρ διάκονός ἐστιν), aber gerade diese Formulierung machte deutlich, dass den ἐξουσίαι göttliche Qualität gerade nicht zukommt.[101] In 1 Petr 3,15b fordert der Autor die Adressaten auf: »Seid stets bereit, jedem zu antworten (πρὸς ἀπολογίαν), der von euch Rechenschaft (λόγος) fordert über die Hoffnung, die in euch ist.« Christen sollen nicht nur wissen, was sie glauben und worauf

---

Ancient Perspectives on Paul, NTOA/StUNT 102, Göttingen 2013, 234–262.

[98] Vgl. R. Feldmeier, Die Christen als Fremde. Die Metapher der Fremde in der antiken Welt, im Urchristentum und im 1. Petrusbrief, WUNT 64, Tübingen 1992; ders., Gottes Volk an den Rändern der Gesellschaft. Frühchristliche Kirchenkonzeptionen, in: F. W. Graf/K. Wiegandt (Hg.), Die Anfänge des Christentums, Frankfurt a. M. 2009, 201–230, vor allem 216–219.

[99] Nach 1 Petr 1,1 richtet sich der Brief »an die Auserwählten, die Fremdlinge in der Diaspora«, wobei sehr konkret die (römischen) geographischen Gebiete Pontus, Galatien, Kappadokien, die Asia und Bithynien genannt werden. Vgl. dazu den Forschungsbericht von P. Müller, 1. Petrusbrief (Teil 2), ThR 80 (2015), 425–465, 452–460.

[100] Der Text nimmt natürlich nicht an, einer der Adressaten werde dem βασιλεύς real begegnen.

[101] Die Formulierung in V. 4 setzt im Übrigen voraus, dass die Handlungsnormen des »Staates« den anerkannten ethischen Maßstäben entsprechen (ἔκδικος εἰς ὀργὴν τῷ τὸ κακὸν πράσσοντι).

sie hoffen, sondern sie sollen auch imstande sein, den Inhalt ihres Glaubens und ihrer Hoffnung anderen mitzuteilen. Vielleicht war es für die Christen schon damals nicht leicht, über den eigenen Glauben Auskunft zu geben.

Christen bekennen sich zu Jesus als dem »Herrn«; niemandem sonst steht dieser Titel zu, insbesondere auch nicht dem Kaiser. Die Christen bleiben aber innerhalb der Gesellschaft, in der sie leben;[102] sie bilden zwar eigene Gemeinden, aber es gibt kein »christliches Volk« und sie streben nicht einen christlichen Staat an. Der Gedanke, Christen könnten oder müssten politische Verantwortung übernehmen, war in den ersten Jahrhunderten jenseits aller Vorstellungen. Ein bemerkenswertes Zeugnis für das ambivalente Verhältnis der Christen zu der sie umgebenden Gesellschaft und für ihr Selbstverständnis ist eine vermutlich im 2. Jh. verfasste apologetische Schrift, die an einen uns sonst unbekannten Mann namens Diognet adressiert ist, aber keinen Verfassernamen nennt.[103] »Christen«, so heißt es in Diog 5,1–2.4, »sind weder durch ein Land noch durch eine Sprache noch durch Sitten von den übrigen Menschen verschieden. […] Sie bewohnen vielmehr griechische und auch barbarische Städte, wie immer es einen jeden traf, und sie folgen den einheimischen Sitten in Kleidung und Essen und in der übrigen Lebenspraxis.« Die Christen sind also in die Gesellschaft integriert, aber sie grenzen sich auch ab (5,5): »Sie bewohnen jeder sein Vaterland, aber wie Nichtbürger (πατρίδας οἰκοῦσιν ἰδίας, ἀλλ᾽ ὡς πάροικοι); sie haben an allem Anteil wie Bürger, und alles erdulden sie wie Fremde (μετέχουσι πάντων ὡς πολῖται, καὶ πάνθ᾽ ὑπομένουσιν ὡς ξένοι).« Sehr konkret heißt es weiter: »Sie heiraten wie alle und bekommen Kinder; aber sie setzen die Neugeborenen nicht aus«,[104] und dann folgt der Satz: »Einen gemeinsamen Tisch stellen

---

[102] Zur Verweigerung gegenüber Rom ruft aber die Johannesoffenbarung auf; in Apk 18,4 ruft die Himmelsstimme das (Gottes-)Volk dazu auf, die Stadt (d.i. Rom) zu verlassen.

[103] Text und Übersetzung des »Diognetbriefs« bei A. LINDEMANN/H. PAULSEN, Die Apostolischen Väter. Griechisch-deutsche Parallelausgabe, Tübingen 1992, 304–323.

[104] Die damals nicht selten vorkommende Tötung oder Aussetzung von Kindern wurde von Juden und Christen strikt abgelehnt, ebenso die Abtreibung, was in der Umwelt durchaus registriert wurde. Vgl. dazu A. LINDEMANN, »Du sollst ein Kind nicht im Leib der Mutter töten.« Schwangerschaftsabbruch als ethisches Problem im antiken Judentum und im frühen Christentum, in: DERS., Glauben, Handeln, Verstehen. Studien zur Auslegung des Neuen Testaments Bd. 2, WUNT 282, Tübingen 2011, 284–307.

sie auf, aber nicht ein (gemeinsames) Bett.« Der »gemeinsame Tisch« (τράπεζα κοινή) meint wohl nicht allein das Abendmahl, sondern generell gemeinsame Mahlzeiten; die Bemerkung über das Bett (κοίτη) bezieht sich sicherlich auf die Ehe bzw. auf die von Christen anerkannten Maßstäbe im Bereich der Sexualität. Der Verfasser schreibt: »Auf Erden weilen sie, aber im Himmel haben sie Bürgerrecht (ἐπὶ γῆς διατρίβουσι, ἀλλ᾽ ἐν οὐρανῷ πολιτεύοντα, 5,9)«, und damit nimmt er offenbar Phil 3,20 (»unser Bürgerrecht ist im Himmel« – ἡμῶν γὰρ τὸ πολίτευμα ἐν οὐρανοῖς ὑπάρχει)[105] auf, womit nochmals gesagt ist, dass es »christliche Städte« nicht gibt und auch nicht geben kann. Betont wird aber auch, dass die Christen den geltenden Gesetzen gehorchen (πείθονται τοῖς ὡρισμένοις νόμοις) und »mit der ihnen eigenen Lebensweise diese Gesetze sogar überbieten (καὶ τοῖς ἰδίοις βίοις νικῶσι τοὺς νόμους, 5,10)«. Der Verfasser stellt aber auch fest, dass die heidnische Umgebung darauf mit Unverständnis reagiert und mit Verurteilung (ἀγνοοῦνται, καὶ κατακρίνονται, 5,12). Wenn er schreibt: »Sie werden getötet, und sie werden lebendig gemacht (θανατοῦνται, καὶ ζωοποιοῦνται)«, dann will er offenbar zeigen, dass die Christen diese Verfolgungen deshalb zu ertragen vermögen, weil sie die Gewissheit ihrer Auferstehung haben.[106]

Der Missions- und Taufauftrag des auferstandenen Christus am Ende des Matthäusevangeliums enthält die Weisung an die Jünger, sie sollten die Getauften »lehren, alles zu halten, was ich euch geboten habe« (Mt 28,20), was sich auf die im Evangelium überlieferten Taten und vor allem auf die Worte Jesu bezieht. Gleichwohl werden diejenigen, die an Christus glauben und sich zu ihm bekennen, nicht in allen Fragen des Lebens ein- und derselben Meinung sein, sie werden aus ihrem Glauben nicht durchweg dieselben Konsequenzen ziehen. Es gibt kein für alle Glaubenden verbindliches »christliches« Handeln; es wäre ein Missverständnis, würde man den Glauben mit bestimmten unveränderlichen Handlungsnormen verknüpfen und dann womöglich sagen, der Glaube sei abhängig von der Einhaltung dieser Normen.

---

[105] Es heißt dort weiter: ἐξ οὗ καὶ σωτῆρα ἀπεκδεχόμεθα κύριον Ἰησοῦν Χριστόν – »woher wir auch erwarten den Herrn Jesus Christus«. Dieser eschatologische Aspekt fehlt im Diognetbrief.

[106] Hier und an anderen Stellen nimmt der Autor des Diognetbriefes offenbar auf Aussagen des Paulus Bezug; vgl. dazu A. Lindemann, Paulinische Theologie im Brief an Diognet, in: ders., Paulus, Apostel und Lehrer der Kirche. Studien zu Paulus und zum frühen Paulusverständnis, Tübingen 1999, 280–293.

Es gibt aber ein durch den Glauben begründetes Handeln. Paulus schreibt im Galaterbrief, dass in Christus »weder Beschneidung noch Vorhaut« Bedeutung hat, sondern vielmehr der »Glaube, der in der Liebe wirksam ist« (5,6). Christen sollen fähig sein, über ihren Glauben und über dessen Konsequenzen Auskunft zu geben; sie sollen aber auch miteinander ins Gespräch kommen und im Gespräch bleiben. Der christliche Glaube bezieht sich kritisch und selbstkritisch auf seine eigene Überlieferung; so können die Glaubenden erkennen, wann und wo sie womöglich von der richtigen Spur abweichen und wie sie in diese Spur zurückfinden können. Das ist der Sinn des ständigen Rückgriffs auf die Bibel, also auf die Anfänge der christlichen Überlieferung und auf das Bekenntnis als eine Art der Auslegung der biblischen Tradition. Die Texte sind immer wieder neu zu lesen und neu auszulegen. Ihre Aussagen dürfen nicht jeweils der Gegenwart angepasst werden;[107] aber es kommt darauf an, die Aussagen in der jeweiligen Gegenwart immer wieder neu auszulegen, damit sie verstanden und weitergegeben werden können. Deshalb ist es sinnvoll und geboten, stets aufs Neue nach dem Glauben und nach dem Bekenntnis der frühen Christenheit zu fragen.[108]

[107] Kommt man zu der Auffassung, man könne auf Grund veränderter Einsichten an einer bestimmten biblischen Aussage nicht (mehr) festhalten, dann muss der Widerspruch explizit ausgesprochen werden; es kann nicht darum gehen, einen offensichtlich »anstößigen« Text so lange zu »deuten«, bis er scheinbar das heute Gewünschte zum Ausdruck bringt.

[108] Vgl. dazu E. Gräb-Schmidt, Glauben und Verstehen. Kanon, kulturelles Gedächtnis und die hermeneutische Aufgabe der Theologie, in: C. Landmesser/A. Klein (Hg.), Normative Erinnerung. Der biblische Kanon zwischen Tradition und Konstruktion, Veröffentlichungen der Rudolf-Bultmann-Gesellschaft für Hermeneutische Theologie e. V., Leipzig 2014, 131–150.

Die Bedeutung von Bekenntnissen in Theologie und Kirche zwischen Anspruch der Tradition und aktuellen Herausforderungen

Rochus Leonhardt

Die nachstehenden Ausführungen gehen aus einer primär theologiegeschichtlichen Perspektive der Frage nach einer Verbindlichkeit kirchlicher Bekenntnisse für den christlichen Glauben nach. Dabei geht es konkret um die Bekenntnisverbindlichkeit *im (lutherischen) Protestantismus*. Was diese Konkretisierung bedeutet, darüber gibt Abschnitt 1 Aufschluss. Abschnitt 2 entfaltet dann das mit dem Thema Bekenntnisverbindlichkeit im Protestantismus verbundene Problem, das zunächst im Blick auf drei wichtige theologiegeschichtliche Konstellationen bzw. Gestalten profiliert wird. Ausgehend von einem weiteren theologiegeschichtlichen Zusammenhang wird dann in Abschnitt 3 eine gegenwärtig plausible Möglichkeit zum Umgang mit dem Problem ventiliert.

1. Themenpräzisierung: Der Bekenntnisbegriff im Protestantismus

Bekanntermaßen ist der Bekenntnisbegriff im Protestantismus nicht auf die drei altkirchlichen Symbola, das Apostolikum, das Nizäno-Konstantinopolitanum (Nizänum) und das Athanasianum, beschränkt. Speziell im Blick auf das deutsche Luthertum gilt vielmehr seit dem späten 16. Jh.: Es existiert ein Corpus verbindlicher Bekenntnistexte, das an die altkirchliche Überlieferung angeknüpft, diese aber im Horizont der theologischen und kirchenpolitischen Auseinandersetzungen der Reformationsepoche in einer für die Zukunft maßgeblichen Weise aktualisiert hat.[1] Diese Texte wurden 1580 im Konkordienbuch zusammengefasst.[2]

Allerdings gibt es innerhalb der zum Corpus lutherischer Bekenntnisschriften gehörenden Texte eine unübersehbare Hierarchie, die sich auch in den expliziten Verweisen auf die theologischen Grundlagen niederschlägt, wie sie in den Verfassungen lutherischer Kirchen enthalten sind. Dabei wird insgesamt deutlich, dass »die Confessio Augustana, zusammen mit dem Kleinen Katechismus, in fast allen Lutherischen Kirchen gültiges Bekenntnis ist; von den anderen Schriften des Konkordienbuches, etwa auch den Schmalkaldischen Artikeln Luthers, gilt dies eben nicht«.[3] Diese Feststellung entspricht exakt den in der Verfassung des Lutherischen Weltbundes enthaltenen Aus-

[1] Im Unterschied zum *lutherischen* Verständnis, dem gemäß den Aussagen der Bekenntnistexte eine *dauerhafte* Verbindlichkeit für die kirchliche Lehre zukommt, betrachtet der *reformierte* Protestantismus die Bekenntnisschriften als einen zunächst *situativ verbindlichen* Ausdruck menschlichen Glaubens und wahrheitsgemäßer Schriftauslegung, dessen Geltung weitgehend auf den Kontext der Bekenntnisentstehung beschränkt ist. Daher sind, anders als im Luthertum, auch in den Jahrhunderten nach der Reformation zahlreiche reformierte Bekenntnistexte entstanden. Aus lutherischer Sicht ist dagegen die Bekenntnisbildung mit dem Konkordienbuch abgeschlossen. Dem widerspricht nicht die etwa in der Verfassung der Evangelisch-Lutherischen Kirche in Norddeutschland vom 7. Januar 2012 begegnende Nennung der Barmer Theologischen Erklärung, von der lediglich gesagt wird, in ihr sei das »in den altkirchlichen Bekenntnissen und in den lutherischen Bekenntnisschriften« ausgelegte »Evangelium von Jesus Christus […] aufs Neue bekannt worden« (http://www.kirchenrecht-nordkirche.de/document/24017#s00000040 – Zugriff am 29.08.2017).

[2] Textgrundlagen: (1) Unser Glaube. Die Bekenntnisschriften der evangelisch-lutherischen Kirche. Ausgabe für die Gemeinde. Im Auftrag der Vereinigten Evangelisch-Lutherischen Kirche Deutschlands (VELKD) hg. v. Amt der EKD. Redaktionell betreut von Johannes Hund und Hans-Otto Schneider, 6., völlig neu bearbeitete Auflage, Gütersloh 2013 (= UG); (2) I. Dingel (Hg.), Die Bekenntnisschriften der Evangelisch-Lutherischen Kirche. Vollständige Neuedition, im Auftrag der Evangelischen Kirche in Deutschland, Göttingen 2014 (= BSELK).

[3] G. Kretschmar, Die Bedeutung der Confessio Augustana als verbindliche Bekenntnisschrift der Evangelisch-Lutherischen Kirche, in: H. Fries (Hg.), Confessio Augustana. Hindernis oder Hilfe?, Regensburg 1979, 31–77, 63. Speziell im Blick auf die Konkordienformel von 1577 hat Kretschmar festgestellt, dass eine lutherische Bekenntnisgemeinschaft zwar ohne, »aber nicht gegen sie möglich ist« (a. a. O., 76 Anm. 61); vgl. auch G. Wenz, Theologie der Bekenntnisschriften der evangelisch-lutherischen Kirche. Eine historische und systematische Einführung in das Konkordienbuch I; Berlin/New York 1996, 31.

sagen zu den Lehrgrundlagen: »Der Lutherische Weltbund bekennt die Heilige Schrift des Alten und Neuen Testamentes als die alleinige Quelle und Norm seiner Lehre, seines Lebens und seines Dienstes. Er sieht in den drei ökumenischen Glaubensbekenntnissen und in den Bekenntnissen der lutherischen Kirche, *insbesondere in der unveränderten Augsburgischen Konfession und in dem Kleinen Katechismus Martin Luthers* eine zutreffende Auslegung des Wortes Gottes.«[4]

Um das in diesem Beitrag thematisierte Problem zu präzisieren, soll hier zunächst, ungeachtet der unterschiedlichen Verbindlichkeitsgrade der im Konkordienbuch enthaltenen Texte, das Verhältnis der Bekenntnisse des 16. Jh. insgesamt zur altkirchlichen sowie zur biblischen Tradition kurz angesprochen werden.

1.1 Das Verhältnis zur altkirchlichen Tradition

Wie gegenwärtig etwa in der zitierten Passage aus der Verfassung des Lutherischen Weltbundes, so wird bereits in der Vorrede zum gesamten Konkordienbuch eine sachliche Kontinuität der christlichen Lehre beansprucht, die von der Bibel über die altkirchlichen Bekenntnisse bis zu den Bekenntnistexten des Reformationsjahrhunderts reicht. Nicht abgewichen werden soll nämlich von der »göttlichen Wahrheit«, die »in der prophetischen und apostolischen Schrift gründet und in den drei altkirchlichen Bekenntnissen, auch in der Augsburger Konfession [...], in der darauf erfolgten Apologie, in den Schmalkaldischen Artikeln und in dem Großen und Kleinen Katechismus [...] enthalten ist« (UG 670; vgl. BSELK 26,32–37). Speziell im Blick auf das Verhältnis zur altkirchlichen Tradition ist darüber hinaus von Bedeutung, dass der aus »Epitome« und »Solida Declaratio« bestehen-

---

[4] https://de.lutheranworld.org/sites/default/files/documents/Constitution%20DE%20final.pdf – Zugriff am 29.08.2017 (Hervorh. R.L.). In der Präambel der Verfassung der Evangelisch-Lutherischen Landeskirche Sachsens vom 13. Dezember 1950 in der Neufassung vom 14. Dezember 2007 werden dagegen etliche weitere Texte aus dem Konkordienbuch aufgezählt: »Die Evangelisch-Lutherische Landeskirche Sachsens steht getreu dem Glauben der Väter auf dem Evangelium von Jesus Christus, wie es in der Heiligen Schrift Alten und Neuen Testaments gegeben und in den drei altkirchlichen Symbolen, in der unveränderten Augsburgischen Konfession von 1530, in der Apologie, in den Schmalkaldischen Artikeln, in den Katechismen Martin Luthers und in der Konkordienformel als den Bekenntnisschriften unser evangelisch-lutherischen Kirche bezeugt ist« (http://www.evlks.de/landeskirche/kirchenrecht/rechtssammlung/doc/1.1.1_Verfassung_Ev.-Luth._Landeskirche_Sachsens.pdf – Zugriff am 29.08.2017).

den Konkordienformel als Anhang ein sog. *Catalogus Testimoniorum* beigegeben wurde (vgl. BSELK 1609–1652). Dabei handelt es sich um eine Sammlung von Kirchenväterzeugnissen zur Christologie, die vor allem darauf zielte, das in der Tat *neue* Dogma der lutherischen Christologie[5] dadurch theologisch zu untermauern, dass es als altkirchliche *opinio communis* ausgewiesen wurde.

1.2 Das Verhältnis zur biblischen Tradition

Neben das Zusammenrücken von altkirchlicher Lehr- und reformatorischer Bekenntnisbildung tritt in der lutherischen Theologie die Betonung der Differenz zwischen der Bibel einerseits und der gesamten nachbiblischen Tradition andererseits. In der dogmatischen Lehrtradition wird daher gewöhnlich die Priorisierung der Heiligen Schrift gegenüber der *gesamten* Bekenntnistradition als das entscheidende Spezifikum des Luthertums ausgewiesen. Diese Auffassung, die sich ebenfalls (freilich, wie sich noch zeigen wird, in je unterschiedlicher Weise) in den zitierten Passagen aus den Verfassungen des Lutherischen Weltbundes und der Sächsischen Landeskirche niedergeschlagen hat, weist auf die Schriftlehre des Reformators zurück. Denn Luther selbst hatte ja ausdrücklich, um nur an ein signifikantes Zitat zu erinnern, »die göttlichen Worte« [sc. der Heiligen Schrift] als »die ersten Prinzipien der Christen« bezeichnet; dagegen galten »aller Menschen Worte« lediglich als »daraus gezogene Schlussfolgerungen, die auch wieder darauf zurückgeführt und daran erwiesen werden müssen«.[6] Speziell die Konkordienformel, das abschließende Stück des Konkordienbuches, hat diesen Gedanken aufgenommen. Denn sie setzt ein mit dem Hinweis, »die prophetischen und apostolischen Schriften des Alten und Neuen Testaments« seien »die einzige Regel

[5] Gemeint ist die Lehre von der Mitteilbarkeit der göttlichen Allgegenwart an die menschliche Natur Jesu Christi, die in den Artikeln 7 und 8 der Konkordienformel eine Rolle spielt; vgl. dazu T. Mahlmann, Das neue Dogma der lutherischen Christologie. Problem und Geschichte seiner Begründung, Gütersloh 1969; O. Bayer, Das Wort ward Fleisch. Luthers Christologie als Lehre von der Idiomenkommunikation, in: O. Bayer/B. Gleede (Hg.), Creator est Creatura. Luthers Christologie als Lehre von der Idiomenkommunikation, TBT 138, Berlin/New York 2007, 5–34.

[6] M. Luther, Wahrheitsbekräftigung aller Artikel Martin Luthers, die von der jüngsten Bulle Leos X. verdammt worden sind (1520), in: ders., Lateinisch-Deutsche Studienausgabe (= LDStA) I: Der Mensch vor Gott, Leipzig 2006, 71–217, 81,30–33 (Übersetzung S. Rolf).

und Richtschnur, nach der alle Lehren und Lehrer gleichermaßen eingeschätzt und beurteilt werden sollen« (UG 673f.; BSELK 1216,9–12; 1217,8–11; vgl. UG 737; vgl. BSELK 1310,6–9; 1311,6–10).

Die weitere Entwicklung der evangelischen Schriftlehre hat freilich erwiesen, dass sich diese Verhältnisbestimmung nicht halten lässt. Dies kann hier nur skizzenhaft dargestellt werden.[7] Die im Konkordienbuch festgehaltene Bestimmung des Verhältnisses zwischen Schrift und Bekenntnis, die traditionell auf die Formel *norma normans* und *norma normata* gebracht wird und auf eine »kraft specifischen Unterschiedes allenthalben vestzuhaltende Ueberordnung der heiligen Schrift über die Symbole« hinausläuft,[8] bezog ihre Plausibilität aus einer bestimmten Unterstellung. Diese Unterstellung lautet: Strittige theologische Fragen können auf der Basis sachgerechter Bibelauslegung einer definitiven Klärung zugeführt werden. Daraus folgte zunächst eine Intensivierung der Beschäftigung mit der Bibel. Speziell seit dem Beginn des Zeitalters der Aufklärung achtete man dabei aber immer stärker darauf, sich den biblischen Texten vorurteilsfrei zu nähern. Man meinte, dass eine von allen Christen gleichermaßen akzeptierte Auslegung der Bibel nur dann möglich ist, wenn sie frei bleibt von den dogmatischen Vorgaben einer bestimmten Kirche und ihrer Tradition. Dieses Bemühen um Unvoreingenommenheit und Objektivität führte dann freilich, anders als erhofft, gerade nicht zur Freilegung eines zuverlässigen und allgemein anerkannten biblischen Fundaments, das die Errichtung einer einheitlichen theologischen Lehre erlauben würde. Die Pointe des streng objektiv-wissenschaftlichen Zugriffs auf die biblischen Texte, wie er insbesondere seit dem 19. Jh. im Horizont des Historismus erfolgte, destruierte vielmehr den Wort-Gottes-Charakter (und damit die Normativität) der Bibel, indem er deren Texte als lediglich historische Dokumente ihrer jeweiligen Entstehungszeit kenntlich machte, die als solche für sich keine größere Autorität beanspruchen können als parallel entstande-

---

[7] Vgl. dazu genauer R. Leonhardt, Schriftbindung und religiöse Subjektivität im Protestantismus, in: N. Slenczka (Hg.), Deutung des Wortes – Deutung der Welt im Gespräch zwischen Islam und Christentum, XXII. Reihlen-Vorlesung/XVI. Bonhoeffer-Vorlesung, BThZ.B (2014), 128–150; ders., Wie viel Exegese braucht die Dogmatik?, in: W. Kraus/M. Rösel (Hg.), Update-Exegese 2.1. Ergebnisse gegenwärtiger Bibelwissenschaft. Mit einem Geleitwort von H. Bedford-Strohm, Leipzig 2015, 266–271.

[8] F. H. R. von Frank, Die Theologie der Concordienformel historisch-dogmatisch entwickelt und beleuchtet I: Die Artikel vom summarischen Begriff der Lehre, von der Erbsünde und vom freien Willen, Erlangen 1858, 9.

ne nichtbiblische Dokumente. Anders formuliert: Die historisch-kritische Forschung hat jenen spezifischen Unterschied zwischen Schrift und Tradition, von dem das in Anm. 8 nachgewiesene Zitat ausging, aufgelöst.

Im modernen Protestantismus wurde auf die durch die skizzierten Vorgänge ausgelöste Krise des Schriftprinzips[9] verschieden reagiert. Hier sind zwei Reaktionsformen zu nennen. Zum einen hat die durch die historische Kritik bedingte faktische Entgöttlichung der biblischen Texte den Sinn dafür geschärft, dass die mit der Evangeliumsbotschaft gegebene Christusoffenbarung als solche vom Textbestand der sie bezeugenden Schriften zu unterscheiden ist: »*Weil und sofern* die Bibel die Selbstoffenbarung Gottes in Jesus Christus *bezeugt*, hat sie Autorität, ja *partizipiert sie* an der Autorität der Christusoffenbarung.«[10] Diese Differenzierung liegt auch der in Anm. 4 zitierten Verfassung der Sächsischen Landeskirche zugrunde: Das »Evangelium von Jesus Christus« wird darin, anders als in den oben zitierten Formulierungen aus der Konkordienformel, nicht mit dem Textbestand der Bibel tendenziell gleichgesetzt, sondern von der »Heiligen Schrift des Alten und Neuen Testaments« insofern unterschieden, als gesagt wird, es sei »in« ihr »gegeben«.[11]

Von größerer Bedeutung für die Themenpräzisierung ist der seit dem Reformationszeitalter zu beobachtende Bedeutungszuwachs der Bekenntnisschriften, die ursprünglich nur den Rang einer *norma normata* zugewiesen bekommen hatten. Dabei lassen sich zwei Aspekte unterscheiden, ein religionspolitischer (a) und ein theologischer (b).

a) In der frühen Neuzeit, also in der Phase zwischen dem konfessionellen Zeitalter und dem Ende des Alten Reiches, wurde die Nachordnung der Bekenntnisschriften gegenüber der Bibel durch die *religionspolitische* Relevanz der symbolischen Bücher mehr als kompensiert. Denn der mit Recht als das »wichtigste Verfassungsdokument des Alten Reichs bis 1806«[12] bezeichnete Augsburger Religionsfrieden vom 25. September 1555 knüpfte ja die politische Duldung

---

[9] Vgl. W. Pannenberg, Die Krise des Schriftprinzips (1962), in: ders., Grundfragen systematischer Theologie 1, Göttingen 1967, 11–21.

[10] W. Härle, Dogmatik, Berlin/New York 1995, 119.

[11] Diese Unterscheidung ist der Sache nach vorgebildet in der von Luther geübten innerbiblischen Sachkritik sowie in seiner regelmäßig vorgetragenen Kritik der Schriftlichkeit des in der Bibel enthaltenen Wortes Gottes.

[12] M. Heckel, Vom Religionskonflikt zur Ausgleichsordnung. Der Sonderweg des deutschen Staatskirchenrechts vom Augsburger Religionsfrieden 1555 bis zur Gegenwart, ABAW.PPH 130 (2007), 10.

der Lutheraner daran, dass es sich um Angehörige des Augsburger Bekenntnisses handelte, also um Christen, die sich zu jener Schrift bekennen, die bis heute zu den Lehrgrundlagen fast aller lutherischer Kirchen gehört.[13]

b) Am Beginn des 19. Jh. kam es dann, im Horizont der seit der Aufklärung zunehmend etablierten kritischen Bibelexegese, zu einer *theologischen* Aufwertung der reformatorischen Bekenntnisse als maßgeblicher Bezugsgröße für die evangelische Glaubensreflexion. In diesem Zusammenhang ist die Theologie Friedrich Schleiermachers von besonderer Bedeutung. Ihm ging es freilich nicht um eine schlichte Umkehrung der ursprünglichen Verhältnisbestimmung von Bibel (als *norma normans*) und Bekenntnis (als *norma normata*). Vielmehr beruhte sein Ansatz zunächst auf einer Absage an die ältere Lehre von der Schriftautorität: »[…] mit unserer Lehre vom Kanon und von der Inspiration, als einer besonderen Wirkung des Geistes in Bezug auf den Kanon, werden wir uns doch wohl besinnen müssen, daß wir nichts hineinbringen, was mit allgemein anerkannten Resultaten einer historischen Forschung streitet.«[14] Hinzu kam die Einsicht, dass die Schriftauslegung, die der auf Glauben zielenden Verkündigung zu-

[13] Diesem Aspekt wird hier nicht weiter nachgegangen. Zu verweisen ist insbesondere auf die zahlreichen luziden Texte von Martin Heckel zum reichsrechtlichen Koexistenz-System im konfessionellen Zeitalter. Vgl. ferner W.-D. Hauschild, Die Geltung der Confessio Augustana im deutschen Protestantismus zwischen 1530 und 1980 (aus lutherischer Sicht), ZThK 104 (2007), 172–206; J. Rohls, Die Confessio Augustana in den reformierten Kirchen Deutschlands, ZThK 104 (2007), 207–245.

[14] F. Schleiermacher, Über die Glaubenslehre. Zwei Sendschreiben an Lücke (1829), in: ders., Kritische Gesamtausgabe (im Folgenden: KGA) I/10: Theologisch-dogmatische Abhandlungen und Gelegenheitsschriften, Berlin/New York 1990, 307–394, 355,20–24 (Zweites Sendschreiben). Stofforganisatorisch bzw. gliederungstechnisch hat sich Schleiermachers Absage an die ältere Inspirationstheorie so niedergeschlagen, dass er im Rahmen der »Glaubenslehre« seine Schriftlehre der Ekklesiologie inkorporiert hat, vgl. F. Schleiermacher, Der christliche Glaube nach den Grundsätzen der evangelischen Kirche im Zusammenhange dargestellt (1821/22), in: ders., KGA I/7,1–2 [1980], 7,2, 218–239 (= §§ 147–150); ders., Der christliche Glaube nach den Grundsätzen der evangelischen Kirche im Zusammenhange dargestellt. Zweite Auflage (1830/31), in: ders., KGA I/13,1–2 [2003], 13,2, 316–341 (= §§ 128–132). Im Zweiten Sendschreiben an Lücke hat er sein Erstaunen darüber geäußert, dass er wegen der Positionierung und der Behandlung der Schriftlehre »nicht stärker […] angefochten und der Annäherung an den Katholicismus beschuldigt worden« sei (Über die Glaubenslehre, KGA I/10 [1990], 356,5 f.).

grunde liegt, stets eingebunden ist in die Deutungsüblichkeiten einer bestimmten Frömmigkeitsgemeinschaft bzw. Kirche, deren verfasstes Bekenntnis daher die primäre Bewährungsinstanz für dogmatische Lehrsätze darstellt: »Alle Säze, welche auf einen Ort in einem Inbegriff evangelischer Lehre Anspruch machen, müssen sich bewähren theils durch Berufung auf evangelische Bekenntnißschriften und in Ermangelung deren auf die Neutestamentischen Schriften, theils durch Darlegung ihrer Zusammengehörigkeit mit andern schon anerkannten Lehrsäzen.«[15] Diese Vorordnung der Bekenntnisschriften gegenüber dem neutestamentlichen Zeugnis wird hier folgendermaßen begründet: »Durch die Schrift unmittelbar kann aber immer nur nachgewiesen werden, daß ein aufgestellter Lehrsaz christlich sei, wogegen der eigenthümlich protestantische Gehalt desselben dahin gestellt bleibt.«[16]

Von Schleiermachers Auffassung zur Autorität der Bekenntnisschriften wird in Abschnitt 2 noch die Rede sein; hier sei nur angemerkt, dass die von ihm an der eben zitierten Stelle vorgenommene Vorordnung keineswegs auf die Etablierung einer gleichsam objektiv vorgegebenen Glaubensnorm zielt. Vielmehr geht es – im Kontext der Einleitung in die Glaubenslehre, aus der der herangezogene § 27 stammt – »darum, dem Dogmatiker eine Instanz zuzuweisen, mittels derer er seine Resultate zur kirchlichen Lehrbildung in Beziehung setzen kann«.[17] Anders formuliert: Wegen ihrer »historischen Bedeutung« als »Erstgestalt des Protestantismus [...] kommt den Bekenntnisschriften ein besonderer Rang zu, wenn der Dogmatiker die Resultate seiner Arbeit in den Gesamtzusammenhang der dogmatischen Arbeit seiner kirchlichen Gemeinschaft stellt«, denn: »In der Korrelation mit der Lehre der Bekenntnisschriften tritt zu Tage, inwiefern ein dogmatischer Satz eine Reformulierung oder eine modifizierende bzw. korrigierende Änderung gegenüber der reformatorisch-protestantischen Lehre darstellt, von der her sich der protestantische Geist hin zu seiner eigentümlichen lehrmäßigen Fassung entwickelt.«[18]

Die damit erwiesene Zunahme einer Relevanz der kirchlichen Bekenntnisse im Protestantismus zwischen dem 16. und dem frühen 19. Jh. bildet den Ausgangspunkt der nachstehenden Überlegungen. Darin soll nämlich exemplarisch verfolgt werden, wie dieser Rele-

---

[15] Schleiermacher, Der christliche Glaube, Zweite Auflage (s. Anm. 14), KGA I/13,1 [2003], 175,9–14 (§ 27, Leitsatz).

[16] A. a. O., 176,1–4 (§ 27,1).

[17] M. Ohst, Schleiermacher und die Bekenntnisschriften. Eine Untersuchung zu seiner Reformations- und Protestantismusdeutung, BHTh 77 (1989), 213.

[18] A. a. O., 218.

vanzanspruch mit dem Grundsatz der protestantischen Freiheit verbunden wurde.

2. Bekenntnisverbindlichkeit im Protestantismus: Zur Struktur und Geschichte eines Problems

Im Blick auf das Reformationsjubiläum 2017 gibt es, insbesondere im Rahmen der sog. Lutherdekade, zahlreiche Versuche einer Formulierung dessen, was gegenwärtig an der Kirchenerneuerung des 16. Jh. von Bedeutung ist.[19] Als eines von vielen diesbezüglichen Beispielen seien hier die vom Wissenschaftlichen Beirat der Lutherdekade erarbeiteten »Perspektiven für das Reformationsjubiläum 2017« genannt. Darin heißt es: »Die Reformation hat in einer neuen Weise den allein durch Christus gerechtfertigten Menschen als unmittelbar vor Gott stehende Person entdeckt. Sie hat Identität und Wert dieser Person allein in der Anerkennung durch Gott begründet gesehen, unabhängig von natürlicher Ausstattung (Geschlecht), gesellschaftlichem Status (Stand), individuellem Vermögen (Erfolg) und religiöser Leistung (Verdienst). So hat sie die Freiheit als wesenhafte Bestimmung dieser Person erkannt.«[20]

Mit diesen Formulierungen wird hier die *Freiheit* als Markenkern des lutherischen Protestantismus namhaft gemacht. Das ist historisch hochgradig plausibel. Denn es war ja der unter dem Namen Luder geborene spätere Reformator selbst, der seine die Reformation schließlich einleitende Handlung mit einer bezeichnenden Namensänderung verbunden hat: Jener Brief, den er am 31. Oktober 1517 zusammen mit den 95 Thesen an Albrecht von Brandenburg sandte, ist das erste Dokument, das er nicht mehr als Luder, sondern als Luther unterzeichnete. Mit dieser Änderung der Schreibweise seines Namens hat er einen etymologischen Zusammenhang mit dem Freiheitsbegriff hergestellt, erinnert die neue Schreibweise doch ersichtlich an das griechische Wort für *frei*: ἐλεύθερος/*eleutheros*.[21]

---

[19] Vgl. zum Folgenden auch LEONHARDT, Schriftbindung (s. Anm. 7), 128–130.

[20] Perspektiven für das Reformationsjubiläum 2017. Konzeptionsschrift des Wissenschaftlichen Beirats der Lutherdekade, Nr. 8 (www.luther2017.de/fileadmin/luther2017/material/grundlagen/perspektiven_luther2017_de.pdf – Zugriff am 30. März 2016).

[21] »Der erste Brief, den er nicht mehr als Luder, sondern als Luther unterzeichnete, war eben jener Brief, den er am 31. Oktober 1517 zusammen

Die letzten Formulierungen verweisen, was die Bekenntnisbindung im Protestantismus angeht, auf eine eigentümliche Ambivalenz. Einerseits nämlich fungierte die Freiheit, im Sinne der religiösen Freiheit des Christenmenschen, als ein Leitbegriff der Reformation des 16. Jh., der noch heute als rezeptionsfähig gilt. Andererseits aber führte die Entwicklung in der frühen Neuzeit, während derer die kirchliche Verfestigung des religiösen Aufbruchs maßgeblich durch die politische Obrigkeit realisiert wurde, zu einer besonderen (vielleicht so im Mittelalter unbekannten) Intensität der Bindung der gläubigen Gewissen an den Wortlaut der Bekenntnisse. Aus reformationshistorischer Sicht lässt sich das so ausdrücken: Die »Einheitlichkeit der christenmenschlichen Bekenntnisbindung in der sozio-kulturellen Verschiedenheit spezifisch relevanter Referenztexte markiert eine dem Theologumenon vom Priestertum aller Gläubigen entsprechende Form lutherischer Konfessionalität«.[22] Einfacher gesagt: Zu den realgeschichtlichen Folgen des frühreformatorischen *Freiheits*pathos gehörte eben auch die landesherrlich gestützte religiöse Homogenität und damit der Bekenntnis*zwang*.[23]

Die angezeigte Ambivalenz hat die historische Dynamik der protestantischen Christentumsgeschichte – mindestens seit dem späten 17. Jh. – maßgeblich geprägt. Mehrere prominente theologiehistorische Formationen haben nämlich beansprucht, das protestantische Christentum dadurch weiterzuentwickeln, dass die im Reformationsjahrhundert etablierte, angesichts der gewachsenen Bedeutung der religiösen Subjektivität aber zunehmend als gesetzlicher Buchstabenglaube kritisierte Form der Bekenntnisbindung dem Freiheitsgedanken (wieder) nachgeordnet wird. Verdeutlicht sei dies im Folgenden

---

mit den Thesen an Albrecht von Brandenburg sandte« (B. HAMM, Die Einheit der Reformation in ihrer Vielfalt. Das Freiheitspotential der 95 Thesen vom 31. Oktober 1517, in: DERS./M. WELKER, Die Reformation. Potentiale der Freiheit, Tübingen 2008, 29–66, 40). Es handelt sich um den in WA.Br 1, 110–112 abgedruckten Brief Nr. 48. Vgl. ferner H. SCHILLING, Martin Luther. Rebell in einer Zeit des Umbruchs. Eine Biographie, München 2012, 144–179, bes. 170 f.

[22] T. KAUFMANN, Das Bekenntnis im Luthertum des konfessionellen Zeitalters, ZThK 105 (2008), 281–314, 297.

[23] Vgl. dazu E. TROELTSCH, Protestantisches Christentum und Neuzeit (1906/1909/1922), hg. v. V. Drehsen in Zusammenarbeit mit C. Albrecht, Ernst Troeltsch. Kritische Gesamtausgabe 7, Berlin/New York 2004, 217: »Das wichtigste Werk des lutherischen Staatskirchentums war die Schaffung der Bekenntniseinheit und des Bekenntniszwanges.«

am Pietismus (1), der Aufklärungstheologie (2) sowie der Position Friedrich Schleiermachers (3).

2.1 Freiheit und Bekenntnisbindung im Pietismus

Der Begründer des lutherischen Pietismus, Philipp Jakob Spener, war »der erste deutsche kirchliche Theologe, welcher der Subjektivität und Individualität im Bereich der theologischen Überzeugung gerecht zu werden sucht«.[24] Bereits in seiner Schrift »Pia desideria« (»Fromme Wünsche«) von 1675, in der sich seine Auffassungen zur Situation der Kirche sowie seine Vorstellungen zur Verbesserung der kirchlichen Zustände programmatisch niedergeschlagen haben, hatte er die Förderung der religiösen Subjektivität des einzelnen Christen angemahnt, namentlich in Gestalt einer durch Privatlektüre und die Einrichtung von Lesekreisen intensivierten Beschäftigung mit der Bibel. Damit verbunden war eine Kritik an der geistlichen Bevormundung der Laien durch die kirchlichen Amtsträger, eine Bevormundung, die, so Speners Meinung, die reformatorische Betonung des Priestertums aller Gläubigen aushebelt und damit die christliche Freiheit konterkariert. Diese Auffassung brachte er insbesondere in seiner Schrift »Die Freyheit der Gläubigen« von 1691 zu Ausdruck, mit der er in die pietistischen Streitigkeiten in Hamburg eingriff, die dort aufgrund der instabilen politischen Verhältnisse zu teilweise massiven Gefährdungen der inneren Sicherheit geführt hatten.[25] Bei der Freiheitsschrift von 1691 handelte es sich um die Replik auf eine gegen Spener gerichtete Schrift, die vom antipietistisch gesinnten Hamburger Pastor Johann Friedrich Meyer verfasst worden war. Dieser hatte darin die Forderung der Unterzeichnung einer eidlichen Verpflichtungserklärung (Revers) durch die Hamburger Pastoren verteidigt. Die

[24] E. Hirsch, Geschichte der neuern evangelischen Theologie im Zusammenhang mit den allgemeinen Bewegungen des europäischen Denkens II, Gütersloh ^{3}1964, 119; vgl. auch a.a.O., 95: »Die letzte Gewißheit aller religiösen und theologischen Erkenntnis liegt ihm in der persönlichen religiösen Erfahrung der frommen Subjektivität.«

[25] Vollständiger Titel: Die Freyheit der Gläubigen. Von dem Ansehen der Menschen in Glaubens-Sachen. In gründlicher Beantwortung der so genanndten Abgenöthigten Schutz-Schrifft, welche im Namen deß Evangelischen Hamburgischen Ministerii von Herrn D. Johann Friedrich Meyern außgefertiget worden, Frankfurt 1691 (danach die Zitatnachweise im Text).

Erklärung enthielt die Verwerfung bestimmter Lehren, derer er die pietistisch orientierten Amtsträger in Hamburg verdächtigt wurden.[26]

Die christliche Freiheit besteht nach Spener – neben der Freiheit von der Sünde und vom Gesetz – vor allem in der »Freyheit der Glaubigen von aller Menschen autorität in Glaubens-Sachen« (3: § 4). »[E]ines jeglichen Christen Glaube [beruht nämlich] unmittelbar [...] auff der Offenbahrung Gottes in seine Wort/ so er vor das wahre Wort Gottes erkennet/ und solche Wahrheit in seinem Herzen durch den Geist Gottes versiegelt ist« (4: § 5). Daraus folgt, dass der Glaube der Christen nicht »auff dem Ansehen der Kirchen« basiert (5: § 7); noch viel weniger aber kann der Predigerstand für sich die Autorität beanspruchen, »Meisterin unseres Glaubens« zu sein (5: § 8). Denn »das Recht über die Lehr zu urtheilen und zu richten«, hat, wie Spener betont, schon Luther »allen Christen« zugesprochen (6: § 8).[27] – Die Kompetenz der Vertreter des Predigerstandes besteht also, wie Spener in Anknüpfung an Mt 23,8.10 sowie im Rückgriff auf Luther festhält, lediglich darin, »die lehre aus Gottes Wort nach allem vermögen und empfangenen maaß des geistes der gemeinde vorzutragen« (9: § 13). An diese Bestimmung der christlichen Freiheit schließt sich Speners Bestandsaufnahme im Blick auf ihre Gefährdung an: »Am offenbahrsten wird nun diese christliche Freyheit angefochten in dem pabstthum« (11: § 16). Einiges von diesem spezifisch katholischen Übel scheint sich allerdings »auch in unsere evangelische kirche einzuschleichen« (12: § 17). Damit sind die Ausführungen direkt bei der Hamburger Situation der Jahre 1690/91 angelangt.

»Aber es haben vor einiger zeit unterschiedliche rechtschaffene und das beste der kirchen redlich suchende leute/ mit betrübnus wargenommen/ wie sich auch bey uns auff unterschiedliche art etwas dieses päpstisch-gesinneten geistes hervor zuthun angefangen habe/ wann das ansehen der menschen in glaubens-sachen wider das/ was unsere bekantnus gleichwol mit sich bringet/ ziemlich überhand nehmen will/ und wo nicht einzelne Doctores, [...] doch collegia die macht sich zuschreiben/ in religions und glaubens-sachen/ nicht

[26] Vgl. dazu M. Brecht, Philipp Jakob Spener, sein Programm und seine Auswirkungen, in: ders. (Hg.), Geschichte des Pietismus I: Der Pietismus vom siebzehnten bis zum frühen achtzehnten Jahrhundert, Göttingen 1993, 279–389, 344–352.

[27] Als Beleg dafür wird eine Passage aus Luthers Schrift »De instituendis ministris ecclesiae ad clarissimum senatum Pragensem Bohemiae« von 1523 zitiert (LDStA III [s. Anm. 6], 575–647, 625,41 f.; 626,1–9), wobei er die in Band 2 der Altenburger Ausgabe enthaltene deutsche Übersetzung von Paulus Speratus zugrunde legt: »Wie man Diener der Kirchen wählen und einsetzen soll.«

nur gutachten aus Gottes Wort andern vorzustellen / und dero prüfung willig zu unterwerffen (welches die rechte art in der wahren kirchen ist) sondern alles dermaßen außzumachen / daß dero außsprüche auch andere gewissen binden / ja wer sich nicht mit darzu verstehet / zu einem ketzer oder der brüderschafft verlustigt gemachet werden solle« (12: § 17).

Spener hat also in den Versuchen der orthodoxen Hamburger Pastoren, eine die pietistischen Neuerungen zurückdrängende Verständigung über Lehre und Ordnung der Kirche zu erreichen, eine Kompetenzüberschreitung kirchlicher Amtsträger und einen Rückfall in den durch die Reformation überwundenen papistischen Gewissenszwang gesehen.

2.2 Die normative Geltung der Bekenntnisschriften in der Aufklärungstheologie

Die deutsche evangelische Aufklärungstheologie hat ebenfalls die Notwendigkeit einer individuell verantworteten Aneignung des christlichen Glaubens betont. Dies wurde aber, anders als im Pietismus, mit einer Hochstufung der Geltungskraft menschlicher Vernunft in Theologie und Glaube verbunden. Dadurch kam es zunächst zu einer gegenüber Spener nochmals kritischeren Haltung gegenüber der Bekenntnistradition; hinzu kam eine durch die historische Erforschung der biblischen Texte möglich gewordene kritische Attitüde gegenüber der Heiligen Schrift selbst. Die von dieser Basis aus unternommenen Reflexionen der Aufklärungstheologie führten zu tiefgreifenden Umformungen der überlieferten dogmatischen Lehrbestände, Umformungen,[28] die auf dem Weg über die kirchliche Verkündigung auch das Glaubensverständnis der Christen zunehmend beeinflussten.

Es war der 1765 von Johann Joachim Spalding in sein Amt als Diakon (später Archidiakon) an der Berliner St. Nicolai-Kirche eingeführte Theologe Friedrich Germanus Lüdke, der die neue Debatte über die normative Geltung der Bekenntnisschriften anstieß.[29] In seiner 1767 (anonym) publizierten Schrift »Vom falschen Religionseifer« hat

[28] Vgl. dazu K. Aner, Theologie der Lessingzeit, Halle 1929; E. Hirsch, Geschichte der neuern evangelischen Theologie im Zusammenhang mit den allgemeinen Bewegungen des europäischen Denkens IV, Gütersloh ³1964, 1–204.

[29] Vgl. dazu A. Beutel, Kirchengeschichte im Zeitalter der Aufklärung. Ein Kompendium, Göttingen 2009, 258–261.

Lüdke die aufklärungstypischen Argumente für eine Abschwächung der Geltungskraft der Bekenntnistexte des 16. Jh. entfaltet.[30]

»[V]erständige Gemüther [...] werden leicht einsehen, daß, da die menschlichen Erkenntnisse in neuern Zeiten in allen Wissenschaften höher gestiegen sind [...], sich auch nothwendig die menschlichen Einsichten über diese und jene Lehrsätze des geoffenbarten Evangeliums [...] verbessern müssen.« Eine schlichte Berufung auf »unsre grauen Vorfahren« ist daher ein unplausibles Argument für ein Festhalten am alten Bekenntnis. Vielmehr gilt nach Lüdke, »daß es uns zur Sünde angerechnet werden könne, wenn wir, denen mehrern Hülfsmittel in Erforschung der heiligen Schrift, als sie hatten, durch die göttliche Forschung gegeben sind, in dieser und jener theoretischen Lehre des Christenthums [hier ist zu ergänzen: nicht] von ihnen abgehen« (39–41).

So wie schon Spener, in dessen Tradition sich der Aufklärer Lüdke explizit gestellt hat, den Hamburger Orthodoxen die Einführung eines neuen Papsttums vorgeworfen hatte, so kritisierte auch Lüdke im Blick auf die Hochschätzung der Bekenntnisse und die damit verbundene Verfestigung der (innerprotestantischen) Lehrdifferenzen,

»daß wir ein neues Pabstthum unter uns einführen, einer freien und gewissenhaften Untersuchung der Wahrheit in der evangelischen Kirche Grenzen setzen, um bloßer Nebenmeinungen willen, ob wir gleich Brüder sind, unter uns Zank seyn lassen und in dem sektirischen Geiste der Korinther sprechen wollen: Einer, ich bin lutherisch, der andere ich bin calvinisch, der dritte ich bin christisch [vgl. I Kor 1,12]« (63).

Der von Lüdke kritisierte intolerante Glaubenseifer, der gerade auch die »Nebenmeinungen« der in den Bekenntnisschriften enthaltenen konfessionsspezifischen Lehren zum unveräußerlichen Bestandteil der Rechtgläubigkeit erhebt, boykottiert nicht nur die stets nötige Weiterentwicklung der christlichen Lehre; er verfehlt vor allem die eigentliche Pointe des christlichen Glaubens. Denn er »hindert [...] mit dem aufgehaltenen Wachsthum einer gründlichern Erkentniß

---

[30] [F. G. Lüdke,] Vom falschen Religionseifer, Berlin 1767 (danach auch die Zitatnachweise im Text). In einer etwas später unter seinem Namen publizierten Schrift (»Ueber Toleranz und Gewissensfreiheit«) hat Lüdke die Argumente von 1767 in kritischer Auseinandersetzung mit der seitdem dagegen vorgebrachten Kritik verteidigt und angereichert. Von Bedeutung an diesem späteren Text ist u. a. die eingehende Berücksichtigung des philosophischen Toleranzdiskurses, die sich im 6. Kapitel der Schrift in der umfänglichen Rezeption von John Lockes Toleranzbrief (Epistola de tolerantia / A Letter Concerning Toleration, 1689) niedergeschlagen hat; vgl. dazu F. G. Lüdke, Ueber Toleranz und Gewissensfreiheit insofern der rechtmäßige Religionseifer sie befördert, und der unrechtmäßige sie verhindert. Erstes und zweites Buch, Berlin 1774, 251–263.

im Christenthum den Wachsthum einer gereingtern und gewissenhaftern Tugend« (140). – Das dogmatische Innovationsinteresse der Aufklärungstheologen wurde also von Lüdke *theologisch* mit dem Hinweis auf die reformatorische Kritik am päpstlichen Anspruch auf Lehrhoheit – und insofern im Rekurs auf das protestantische Freiheitsprinzip – gerechtfertigt. Aus *juristischer* Perspektive – und damit ist erneut die oben schon erwähnte religionspolitische Relevanz der symbolischen Bücher angesprochen – ergab sich freilich das Problem einer Spannung zwischen theologischen Neuerungen und der 1555 bzw. 1648 geschaffenen konfessionspolitischen Situation im Reich, die, was die rechtliche Duldung der Protestanten anging, die Verbindlichkeit der reformatorischen Bekenntnisse für die öffentliche Lehre in den evangelischen Territorien prinzipiell voraussetzte. Ein stets wiederholtes Argument gegen eine Einschränkung der Bekenntnisgeltung lautete daher: »*Die reichsrechtliche Anerkennung des Protestantismus* basiert auf dem Bekenntnis zur Augustana. Lossagung von dieser Grundlage könnte leicht katholischen Reichsständen Vorwand werden, die Garantien des Augsburgischen resp. Westfälischen Friedens zurückzunehmen.«[31]

Ein prominenter Versuch, die um der evangelischen Freiheit willen unaufgebbare Offenhaltung einer Weiterentwicklung der theologischen Lehre mit den reichsrechtlich verankerten politischen Stabilitätsinteressen auszugleichen, stammt von Johann Salomo Semler. Nach Semlers Auffassung erstreckte sich die Verbindlichkeit der Bekenntnisse des 16. Jh. (lediglich) auf die *öffentliche* kirchliche Verkündigung, ohne zugleich die *privaten* Glaubensüberzeugungen aller Christen gleichzeitig umfassend zu normieren.[32] Die der öffentlichen Religionsverkündigung zugrunde liegenden Lehren sind danach lediglich ein staatlich garantierter Rahmen, innerhalb dessen sich die individuellen Glaubensüberzeugungen frei, d. h. ohne Gewissenszwang, entfalten können.[33] Die faktisch bestehende Differenz zwischen dem persönlichen Glauben einerseits und der traditionellen kirchlichen Lehre andererseits hat Semler mit seiner Unterscheidung

[31] ANER, Theologie der Lessingzeit (s. Anm. 28), 266.

[32] Vgl. dazu M. LAUBE, Die Unterscheidung von öffentlicher und privater Religion bei Johann Salomo Semler. Zur neuzeittheoretischen Relevanz einer christentumstheoretischen Reflexionsfigur, ZNThG 11 (2004), 1–23.

[33] Vgl. dazu A. VON SCHELIHA, Protestantische Ethik des Politischen, Tübingen 2013, 95: »Damit wird nicht nur, wie bisher, die Funktionslogik religiöser Institution und politischer Obrigkeit voneinander unterschieden, sondern auch diejenige von öffentlicher und privater Religion.«

von Religion und Theologie konzeptualisiert; die individuelle Religiosität des einzelnen Christen sollte dadurch entkoppelt werden von der staatlich sanktionierten christlichen Lehre sowie von den wissenschaftlichen Debatten der Fachtheologen.[34] Damit waren die individuelle Glaubensfreiheit sowie die fachtheologische Kritik an den Bekenntnisschriften und die Debatten über ihre Verbindlichkeit religionspolitisch neutralisiert und mit dem landesherrlichen Interesse an einer Kanalisierung der religiösen Individualisierung und Pluralisierung prinzipiell vermittelt.

2.3 Schleiermacher und die Bekenntnisschriften[35]

Die Frage, »welchen Stellenwert er den Bekenntnisschriften der Reformationszeit für das kirchliche Leben und die theologische Arbeit der Gegenwart beigemessen hat«, hat Friedrich Schleiermacher vornehmlich in drei Texten behandelt, die jeweils in eine konkrete »theologisch-kirchenpolitische Tagesdebatte eingreifen«.[36] Dabei handelt es sich (1) um die 1818 entstandene und im Folgejahr publizierte Schrift »Ueber den eigenthümlichen Werth und das bindende Ansehen symbolischer Bücher«.[37] Im Hintergrund stand dabei der sog. Ammonsche Streit, der wiederum im theologiegeschichtlichen Kontext des Reformationsjubiläums von 1817 zu würdigen ist.[38] Darüber hinaus sind zwei Texte zu nennen, die in das zeitliche Umfeld der dritten Säkularfeier der Übergabe der »Confessio Augustana« an Kaiser Karl V. am 25. Juni 1530 gehören. Zu nennen ist dabei (2) der im Oktober 1830 erschienene Aufsatz »An die Herren D. D. D. von Cölln und D. Schulz«,[39] der sich mit dem von Daniel Georg Kon-

---

[34] Vgl. dazu G. Hornig, Zur Begründung der Unterscheidung von Religion und Theologie, in: ders. (Hg.), Johann Salomo Semler. Studien zu Leben und Werk des Hallenser Aufklärungstheologen, Hallesche Beiträge zur Europäischen Aufklärung 2, Tübingen 1996, 160–179.

[35] Vgl. dazu auch R. Leonhardt, Das Problem theologischer Verbindlichkeit aus evangelisch-lutherischer Sicht, in: J. E. Hafner/M. Hailer (Hg.), Binnendifferenzierung und Verbindlichkeit in den Konfessionen, ÖR.B 87 (2010), 148–183, 168–178.

[36] Ohst, Schleiermacher und die Bekenntnisschriften (s. Anm. 17), 152.

[37] F. Schleiermacher, Ueber den eigenthümlichen Werth und das bindende Ansehen symbolischer Bücher, in: KGA I/10 [1990], 119–144.

[38] Vgl. dazu K. Nowak, Schleiermacher. Leben, Werk und Wirkung, Göttingen ²2002, 365–368.

[39] F. Schleiermacher, An die Herren D. D. D. von Cölln und D. Schulz, in: KGA I/10 [1990], 395–426.

rad von Cölln und David Schulz gemeinsam verantworteten Votum vom April 1830 zum Halleschen Theologenstreit auseinandersetzt.[40] Mit seiner Stellungnahme provozierte Schleiermacher eine kritische Replik der Breslauer Kollegen,[41] auf die er seinerseits in der (3) Vorrede zur 1831 publizierten Sechsten Sammlung von zehn im Sommer und Herbst 1830 gehaltenen »Predigten in Bezug auf die Feier der Uebergabe der Augsburgischen Confession« reagierte.[42] In seiner (schon herangezogenen) 1989 publizierten Göttinger Habilitationsschrift hat Martin Ohst nicht nur die genannten Texte untersucht,[43] sondern auch herausgearbeitet, dass die Auffassung des Kirchenvaters des 19. Jh. zur Gegenwartsrelevanz der protestantischen Ursprungsdokumente als »eine Anwendung der individualitätstheoretischen Seite von Schleiermachers Reformations- und Protestantismusdeutung« zu verstehen ist.[44]

Schleiermachers Position zum Stellenwert der Bekenntnisschriften lässt sich, soweit es für den vorliegenden Zusammenhang von Interesse ist, in zwei Punkten zusammenfassen.

a) Einerseits hat sich Schleiermacher stets kritisch gegen die (nach den Befreiungskriegen von Vertretern des lutherischen Konfessionalismus erhobene) Forderung, gewendet, »den kirchlichen Bekenntnißschriften ein bindendes Ansehen« zuzugestehen, »kraft dessen ihr Inhalt die Norm der öffentlichen Lehre wenigstens in allen gottesdienstlichen Handlungen seyn würde«.[45] Noch in der Vorrede zu den Augustana-Predigten hat er – gegen eine missverständliche

[40] D. von Coelln/D. Schulz, Über theologische Lehrfreiheit auf den evangelischen Universitäten und deren Beschränkung durch symbolische Bücher. Eine offene Erklärung und vorläufige Verwahrung von D. Dan. v. Coelln und D. Dav. Schulz, Professoren der Theologie und Consistorialräthen zu Breslau, Breslau 1830, abgedruckt in: KGA I/10 [1990], 486–503. Der theologiegeschichtliche Hintergrund wird in der von den Herausgebern des KGA-Bandes I/10, H.-F. Traulsen und M. Ohst, stammenden Historischen Einführung skizziert (vgl. KGA I/10 [1990], LXXXVIII–CXII, bes. LXXXVIII–XCII).

[41] D. von Coelln/D. Schulz, Zwei Antwortschreiben an Herrn D. Friedrich Schleiermacher, Leipzig 1831. Das erste Schreiben (a.a.O., 3–39), hat vermutlich von Coelln, das zweite (a.a.O., 40–79) wahrscheinlich Schulz verfasst.

[42] F. Schleiermacher, Predigten. Sechste Sammlung (1831), in: KGA III/2 [2015], 257–419 (261–280: Vorrede; 281–419: Predigten).

[43] Ohst, Schleiermacher und die Bekenntnisschriften (s. Anm. 17), 152–174.

[44] A.a.O., 157.

[45] Schleiermacher, Werth (s. Anm. 37), 121,6–10.

Formulierung im ersten der Cölln-Schulzschen Antwortschreiben (Anm. 41) – betont, sein Votum vom Oktober 1830 (Anm. 39) sei »nichts anderes [...] als eine Protestation gegen etwanige Einführung einer solchen Verpflichtung«.[46] Dem berechtigten Interesse an »Einheit und Festigkeit« der evangelischen Kirche wird nämlich, so Schleiermacher, gerade nicht mit dem »Joch eines Buchstabens« gedient; für effektiver hält er die »zwanglose Stärkung der Kraft öffentlicher Einrichtungen und eines gemeinsamen Lebens«, sofern dadurch die »*freie* Übereinstimmung im Glauben« gefördert wird.[47] Auch in seiner am 20. Juni 1830 gehaltenen Augustana-Predigt hat Schleiermacher im Anschluss an 1 Kor 7,23 (»Ihr seid teuer erkauft; werdet nicht der Menschen Knechte«) vor einem Rückfall in die Knechtschaft des Buchstabens dieser Bekenntnisschrift gewarnt. – »Wohl! gesezt nun, wir wären von dieser [durch Paulus in IKor 7,23 kritisierten] Knechtschaft todter Werke zurückgekommen, wir ließen diese auch nicht wieder aufleben, aber wir ließen uns auflegen ein Joch todter Worte und eines todten Glaubens, wir ließen uns binden von einem der da sagte, so nur und nur so muß über dieses geredet werden [...]; das wäre nicht eine mindergefährliche, ja ich muß es gerade heraussagen, eine schlimmere Knechtschaft als jene.«[48] Gleichwohl möchte Schleiermacher die Bekenntnisschriften ausdrücklich nicht in den Status nur historischer Dokumente zurückstufen, denen keine besondere Bedeutung für die evangelische Kirche zukommt und die deshalb »mit den Verhandlungen anderer untergeordneten Religionsgespräche« und »mit den dogmatischen Erzeugnissen anderer wohlgesinnter und ausgezeichneter einzelnen« auf einer Stufe stehen. Dies würde »einen gänzlichen Mangel an geschichtlichem Sinne [...] verrathen«, eine Ignoranz gegenüber dem »gewaltige[n] Unterschied [...] zwischen ersten entscheidenden Augenblicken und zwischen dem nachherigen Verlaufe«. Die reformatorischen Bekenntnisse sind nämlich gleichsam das Resultat eines Kairos; bei ihnen handelt es sich um »das Erste [...], worin sich auf eine öffentliche und bleibende Weise der protestantische Geist ausgesprochen hat«.[49]

---

[46] SCHLEIERMACHER, Predigten (s. Anm. 42), 264,11 f.

[47] SCHLEIERMACHER, Werth (s. Anm. 37), 143,32; 136,18.32–35 (Hervorh. R. L.).

[48] SCHLEIERMACHER, Predigten (s. Anm. 42), 288,25–31.

[49] SCHLEIERMACHER, Werth (s. Anm. 37), 136,43–137,4; 137,7–9; 138,39–139,1. Vgl. auch SCHLEIERMACHER, Der christliche Glaube (s. Anm. 14), 176,10 f. (§ 27,1): »Denn diese Schriften [sc. die reformatorischen Bekenntnisse] sind offenbar das erste gemeinsam protestantische.«

b) Andererseits – und dies hängt mit dem zuletzt zitierten Gedanken zusammen – hat sich Schleiermacher bei aller Betonung der Freiheit vom Buchstaben der symbolischen Bücher nachdrücklich gegen den Vorschlag gewendet, die tradierten durch neue (aktualisierte, d.h. von etwaigen Anstößigkeiten gereinigte) Bekenntnisse zu ersetzen. Er hält also an der Voraussetzung fest, »daß unsere Symbole selbst unveränderlich sind, und keine neuen an die Stelle der alten können gesetzt werden«.[50] Wegen des mit dem reformatorischen Kirchenverständnis wesentlich verbundenen Fehlens einer dogmatischen Letztentscheidungsinstanz betrachtet er die Vorstellung »von periodischer Veränderung der Symbole« als »völlig unprotestantisch«.[51] Diese Haltung ist, sieht man sie im Zusammenhang mit Schleiermachers Auffassung zur Bedeutung der Bekenntnisse für die dogmatische Reflexion (vgl. die in Anm. 17 und 18 nachgewiesenen Zitate von Martin Ohst), durchaus konsequent. In der Aufklärungstheologie freilich spielte lange die (in anderem Kontext auch durch von Cölln und Schulz geteilte[52]) Vorstellung eine Rolle, »durch die Autorität der evangelischen Fürsten und aufgrund einer Einigung der bedeutendsten Theologen [könne] ein neues öffentliches Bekenntnis verfaßt« werden.[53] Eine solche Hoffnung auf ein zeitgemäßes protestantisches Bekenntnis, in dem die seit der Reformationszeit neu aufgelaufenen bibelwissenschaftlichen Einsichten berücksichtigt sind und das zugleich die Klärung innerprotestantischer Lehrdifferenzen

[50] SCHLEIERMACHER, Werth (s. Anm. 37), 134,5 f.

[51] A. a. O., 135,3 f.

[52] Vgl. dazu COELLN/SCHULZ, Lehrfreiheit (s. Anm. 40), 503,10–33, wo die Vision eines auf freier und allgemeiner Zustimmung aller Christen beruhenden neuen Einheitsbekenntnisses vor Augen gestellt wird. Dazu merkt Schleiermacher süffisant an, die Forderung nach einer schriftlich fixierten normativen Lehrgrundlage sei »das einzige«, »worin Einer von den Schriftstellern der evangelischen Kirchenzeitung [und damit des Publikationsorgans, in dem der Hallesche Theologenstreit durch die Kritik am Rationalismus an der Theologischen Fakultät der Saalestadt ausgelöst wurde] mit Ihnen [sc. den Breslauern] harmoniert« (SCHLEIERMACHER, An die Herren D. D. D. von Cölln und D. Schulz [s. Anm. 39], 426,1 f.).

[53] J. P. Gabler, Über die Autorität der Symbolischen Bücher der Kirche und der für Leopold II. verfassten königlichen Vorschrift, sie zu bewahren (Wahlkapitulation Artikel II, § 8), unter angemessener Würdigung der den evangelischen Gemeinden eigentümlichen Freiheit (29. Juni 1791), in: R. LEONHARDT, Johann Philipp Gablers Rektoratsrede über die Autorität der Symbolischen Bücher (1791). Ein Dokument politischer Ethik vom Ende der Stabilisierungsmoderne, KuD 59 (2013), 164–185. 272–307, 179 (Z. 292–294); vgl. dazu a. a. O., 292 f.

dokumentieren würde, kann Schleiermacher nicht nachvollziehen. Er würde nur »Verderben davon ahnden«,[54] weil ein solches Bekenntnis den innerkirchlichen Pluralismus und die protestantische Streitkultur beschädigen müsste und insofern »leicht ein Idol werden kann«,[55] als sich die Kirche dadurch jenes »Joch todter Worte und eines todten Glaubens«[56] auflegen würde, vor dem zu warnen nach Schleiermacher gerade die Pointe der Erinnerung an die Übergabe der »Confessio Augustana« ist.

3. Die Überwindung der Spannung zwischen Bekenntnisbindung und Freiheit durch pragmatischen Konservatismus: Das Beispiel Apostolikumstreit

In den herangezogenen Texten Schleiermachers spielte u.a. die – von dem Franklebener Pastor Rudolf Ewald Stier geäußerte – Auffassung eine Rolle, »ein Rationalist, der die Agende angenommen habe, der habe sich nun selbst gefangen gegeben; denn diese sey so ganz antirationalistisch, daß er es unmöglich dabei aushalten könne, sondern entweder müsse er sich aufrichtig bekehren oder er müsse ein Amt niederlegen«.[57] Als plausibles Argument zugunsten der Sinnhaftigkeit einer Bekenntnisverpflichtung und des dadurch bedingten Ausscheidens von theologischen Rationalisten aus dem kirchlichen Dienst kann Schleiermacher diese Überlegung nicht verstehen. Denn es ist ja die Pointe des theologischen Rationalismus, dass der ihm zuzurechnende Geistliche in bestimmten agendarischen Formulierungen »höchstens einen unbequemen Ausdruck« erblickt, »den er selbst nicht gewählt haben würde, aber mit dem er sich doch vertragen kann«.[58] Insofern hat Schleiermacher gerade an der preußischen Agende geschätzt, dass sie »sich großentheils an biblische oder ältere ascetische Ausdrükke [hält]; und wenn auch Elemente vorkommen, die man hierhin nicht rechnen kann, so haben diese eher etwas un-

[54] Schleiermacher, An die Herren D.D.D. von Cölln und D.Schulz (s.Anm. 39), 423,24f.

[55] A.a.O., 424,4.

[56] Schleiermacher, Predigten (s.Anm. 42), 288,27f.

[57] Schleiermacher, An die Herren D.D.D. von Cölln und D.Schulz (s.Anm. 39), 406,24–28.

[58] Schleiermacher, Predigten (s.Anm. 42), 274,26–28.

bestimmtes und schwebendes«.[59] Die Texte der preußischen Gottesdienstordnung sind also, mit anderen Worten, deutungsoffen genug für eine Nutzung durch kirchliche Amtsträger ganz unterschiedlicher theologischer Überzeugungen. Diese Deutungsoffenheit aber gilt, so fügt Schleiermacher dann hinzu, bereits für die biblischen Texte selbst. Auch hier nämlich denkt sich »der Geistliche, indem er die apostolischen Texte liest, [...] den Sinn dabei [...], der das Resultat seiner exegetischen Bestrebungen ist«.[60] Als Beispiele für agendarisch verwendete und neutestamentlich fundierte Formulierungen, die den Lesern eine eigenverantwortete Deutungsaktivität abverlangen, werden von Schleiermacher zwei Aussagen aus dem zweiten Artikel das Apostolischen Glaubensbekenntnisses genannt: »empfangen von dem heiligen Geist« und »niedergefahren zur Höllen«.[61] Weil man sich dabei »etwas Bestimmtes gar nicht denken kann«, ist es für den Geistlichen, zu welcher theologischen Richtung er auch immer gehören mag, angemessen, dass »er sich das Gelesene in seine Vorstellungsweise überträgt«.[62] Damit ist deutlich, dass sich die Frage nach der *Bekenntnis*verpflichtung im Protestantismus immer auch auf die normative Relevanz des *Apostolikums* für den christlichen Glauben bezieht, wobei es insbesondere Formulierungen aus dem zweiten Artikel sind, die sich notorisch als problematisch erweisen. Und insbesondere im 19. Jh. entzündeten sich die innerprotestantischen Auseinandersetzungen über die Bekenntnisverpflichtung von Geistlichen immer wieder am Apostolischen Glaubensbekenntnis.[63]

Der Zeitgeist des 19. Jh. war zunehmend durch naturwissenschaftlichen Naturalismus und geisteswissenschaftlichen Historismus geprägt. Diese Konstellation führte in Deutschland (insbesondere in

[59] A.a.O., 273,26–29.

[60] A.a.O., 274,11–13.

[61] Schleiermacher, An die Herren D.D.D. von Cölln und D. Schulz (s. Anm. 39), 407,16.23.

[62] A.a.O., 407,15.32.

[63] Vgl. die Hinweise bei G. Hoffmann, Apostolikum II. Im Protestantismus, RGG[3] 1 (1957), 513–516, 515: »Als Phasen des A. [sc. Apostolikums] streites zeichnen sich ab: um die Jahrhundertmitte der Fall Rupp, die Lichtfreunde und die Preußische Generalsynode von 1846; im ersten Jahrzehnt nach der Reichsgründung die Fälle Lisco, Sydow, Hossbach u.a. in Berlin; in den neunziger Jahren der Fall Schrempf in Württemberg, Harnacks berühmte Stellungnahme (keine Abschaffung des A.s, aber Kritik an Einzelaussagen) [dazu gleich] mit einer Flutwelle von Streitliteratur; vor dem ersten Weltkriege die Fälle Jatho und Traub in Altpreußen (1911–12), nach dem Kriege Leimbach und Knote in Bayern (1922, 1924).«

der historischen Phase zwischen 1871 und 1918) auf der einen Seite – neben den Entkirchlichungs- und Dechristianisierungstendenzen, die auch durch die aus der Industriellen Revolution resultierenden Neujustierungen der sozialen Ungleichheit befördert wurden[64] – zur Etablierung eines weltanschaulichen Pluralismus. In dessen Horizont entstanden zahlreiche Weltdeutungs- und Sinnentwürfe, deren Anspruch auf Orientierungskraft und Zukunftsfähigkeit sich mit einer dezidierten »Abdankung der traditionellen Leitbilder« verband.[65] Auf der anderen Seite kam es auch innerhalb des protestantischen Wissenschaftsmilieus zu massiven »theologischen Richtungskämpfen«, in denen sich »die ›Krisenherde‹ des Kaiserreichs [...] in verkleinerter Form und in entsprechender Spezifik« abbildeten[66] und die sich regelmäßig als ein Ringen zwischen Konservativen und Modernen um kirchliche Lehr- und Bekenntnisfreiheit artikulierten.

In diesem Zusammenhang kann der sog. Apostolikumstreit des Jahres 1892 als ein historischer Kulminationspunkt gelten.[67] Im Zentrum dieser Auseinandersetzung stand bekanntlich Adolf von Harnack, »ein Stern erster Ordnung am Wissenschaftshimmel des deutschen Kaiserreichs und nach dem Tode Albrecht Ritschls (1889) wichtigster Repräsentant der ›Modernen‹«,[68] der 1888 gegen den Willen des preußischen Evangelischen Oberkirchenrats von Marburg nach Berlin berufen worden war.[69] Den Anlass des Apostolikumstreits bildeten die Vorgänge um den württembergischen Pfarrer Christoph

---

[64] Vgl. dazu H.-U. Wehler, Deutsche Gesellschaftsgeschichte III: Von der ›Deutschen Doppelrevolution‹ bis zum Beginn des Ersten Weltkrieges. 1849–1914, München ²2006, 700–847.

[65] K. Nowak, Geschichte des Christentums in Deutschland. Religion, Politik und Gesellschaft vom Ende der Aufklärung bis zur Mitte des 20. Jahrhunderts, München 1995, 181.

[66] A. a. O., 162.

[67] Vgl. dazu sowie zu den weiteren ähnlich gelagerten Debatten in der Zeit des Kaiserreichs J. Winnebeck, Apostolikumsstreitigkeiten. Diskussionen um Liturgie, Lehre und Kirchenverfassung in der preußischen Landeskirche 1871–1914, AKThG 44, Leipzig 2016. Dieser Titel war zum Zeitpunkt der Fertigstellung des vorliegenden Aufsatzes (Ende März 2016) noch nicht zugänglich und muss daher – leider – unberücksichtigt bleiben. Speziell zu Harnacks Position ist immer noch einschlägig K. H. Neufeld, Adolf Harnacks Konflikt mit der Kirche. Weg-Stationen zum ›Wesen des Christentums‹, IThS 4, Innsbruck/Wien/München 1977, 114–132.

[68] Nowak, Geschichte des Christentums in Deutschland (s. Anm. 65), 162.

[69] Die Vorgänge um Harnacks Berufung sind dokumentiert bei E. R. Huber/W. Huber, Staat und Kirche im 19. und 20. Jahrhundert. Dokumente zur Geschichte des deutschen Staatskirchenrechts III: Staat und Kirche von

Schrempf (Leuzendorf), der dem Dekanat Blaufelden am 5. Juli 1891 mitgeteilt hatte, er vermöge »einige Artikel des Glaubensbekenntnisses nicht als ein Bekenntnis auszusprechen« und habe sich daher »entschlossen, dies auch nicht mehr an heiliger Stätte in heiligen Handlungen zu tun«.[70] Die damit angezeigte Verweigerung der Verwendung des Apostolikums in Taufgottesdiensten, die Schrempf alsbald zu einer grundsätzlichen Weigerung des Taufvollzugs zuspitzte, führte zu einem Amtsenthebungsverfahren. In einem Erlass des Landeskonsistoriums vom 3. Juni 1892 wurde Schrempf schließlich mitgeteilt, dass der württembergische König Wilhelm II. seine Entlassung aus dem kirchlichen Dienst ohne Pensionsbezüge zum 14. Juni 1892 verfügt hatte.[71]

Die Causa Schrempf schlug Wellen bis nach Berlin. Eine Abordnung von Theologiestudenten wandte sich an Harnack mit der Frage, »ob er ihnen raten könne, mit andern preußischen Studenten der Theologie in Anlaß des Falls Schrempf eine Petition an den Evangelischen Oberkirchenrat zu richten um Entfernung des sogenannten Apostolikums aus der Verpflichtungsformel der Geistlichen und aus dem gottesdienstlichen Gebrauch«.[72] In Harnacks Votum, das zu einer »Flut teilweise übler Polemik«[73] in Gestalt von »Schmähschriften, von Spottgedichten und Abkanzelungen« führte,[74] sind drei Aspekte von besonderer Bedeutung.

---

der Beilegung des Kulturkampfs bis zum Ende des Ersten Weltkriegs (1983), Darmstadt 2014, 645–658: Nr. 269–281.

[70] Zitiert nach Huber/Huber, Staat und Kirche im 19. und 20. Jahrhundert (s. Anm. 69), 660: Nr. 283.

[71] Vgl. dazu a. a. O., 666: Nr. 289.

[72] So Martin Rade in einer Anmerkung, die er in seiner Eigenschaft als Herausgeber der Zeitschrift »Die christliche Welt« der dort am 18. August 1892 publizierten »Erklärung Adolf Harnacks zum apostolischen Glaubensbekenntnis« vorangestellt hat. Der aus neun durchnummerierten Absätzen bestehende Text Harnacks wird hier zitiert nach Huber/Huber, Staat und Kirche im 19. und 20. Jahrhundert (s. Anm. 69), 669–672: Nr. 290) – danach die Zitatnachweise im Text.

[73] N. Slenczka, Die Theologische Fakultät 1880–1945, in: R. vom Bruch/H. E. Tenorth (Hg.), Geschichte der Universität Unter den Linden 1810–2010. Im Auftrag des Präsidenten der Universität V: Transformation der Wissensordnung, Berlin 2010, 53–106, 70.

[74] K. Nowak, Historische Einführung. Adolf von Harnack – Wissenschaft und Weltgestaltung auf dem Boden des modernen Protestantismus, in: ders. (Hg.), Adolf von Harnack als Zeitgenosse. Reden und Schriften aus den Jahren des Kaiserreichs und der Weimarer Republik I: Der Theologe und Historiker, Berlin/New York 1996, 1–99, 31.

a) Harnack erklärt die Parole »Das Apostolikum soll abgeschafft werden« für kontraproduktiv. Denn sie würde »zur Waffe in der Hand der Gegner des Christentums werden, würde dem hohen religiösen Werte und dem ehrwürdigen Alter des Apostolikums gegenüber eine Ungerechtigkeit sein, würde ferner eine Vergewaltigung der evangelischen Christen bedeuten, die ihren Glauben [...] im Apostolikum ausgedrückt finden, und würde endlich der Art nicht entsprechen, in der sich die Kirchen der Reformation zu den Glaubenszeugnissen der Vergangenheit gestellt haben« (670: Nr. 3).

b) Neben diesem – wenn man so will – konservativen Argument schärft Harnack aber auch ein, dass eine »Anerkennung der Apostolikums in seiner wörtlichen Fassung« keineswegs »eine Probe christlicher und theologischer Reife« ist (670: Nr 6). Vielmehr ist der Anstoß an bestimmten Bekenntnisformulierungen für den gebildeten Christen sogar unvermeidlich. Insbesondere aus der Formulierung ›Empfangen vom Heiligen Geist, geboren aus der Jungfrau Maria‹ ergibt sich ein »Notstand [...] für jeden aufrichtigen Christen«. Gleichwohl hält es Harnack für »eine haltbare und sittlich zu rechtfertigende Position«, wenn jemand, »der an jenem Stück und an ähnlichem Anstoß nimmt«, dennoch »in der Kirche, sei es auch als Lehrer, bleibt« (671: Nr. 8).

c) Die *Warnung vor Abschaffungsparolen* (a) und die Einschärfung der *Kritisierbarkeit des Symbols* (b) werden schließlich flankiert durch die – gleich am Anfang des Textes formulierte – *Perspektive auf ein neu formuliertes Bekenntnis*, »das das in der Reformation und in der ihr folgenden Zeit gewonnene Verständnis des Evangeliums deutlicher und sicherer ausdrückte und zugleich die Anstöße beseitigte, die jenes Symbol [sc. das Apostolikum] in seinem Wortlaut vielen ernsten und aufrichtigen Christen, Laien und Geistlichen, bietet« (669: Nr. 1).

Der hier an dritter Stelle genannte Aspekt ist von besonderem Interesse. Harnack selbst hat auf die reformatorischen Wurzeln seiner Idee aufmerksam gemacht. In einem Zusatz zu seiner aus Anlass des Apostolikumstreits verfassten und in zahlreichen Auflagen erschienenen Abhandlung »Das apostolische Glaubensbekenntnis«[75]

[75] Vgl. A. von Harnack, Das apostolische Glaubensbekenntnis. Ein geschichtlicher Bericht nebst einem Nachwort, Berlin ^{20}1892 (danach der folgende Zitatnachweis). Ein unbedeutend veränderter Nachdruck der 26. Auflage (ebenfalls 1892, hier mit dem Untertitel »Ein geschichtlicher Bericht nebst einer Einleitung und einem Nachwort«), dem das August-Votum zur

hat er erwähnt, dass Luther in sein »Taufbüchlein«[76] gerade nicht die tradierte Gestalt des Apostolikums übernommen hatte, »sondern eine verkürzte Form desselben, die aus dem frühen Mittelalter stammt« (42). Dabei fehlen bemerkenswerterweise insbesondere im zweiten Artikel nahezu alle Formulierungen, die für den denkenden Christen der Moderne eine Zumutung darstellen könnten.[77] Zugleich stand Harnacks Vorschlag in der Tradition der auf der Preußischen Generalsynode von 1846 – freilich unter ganz anderen Vorzeichen – durch Karl Immanuel Nitzsch vorangetriebenen Bemühungen um die Formulierung eines Ordinationsgelübdes, das faktisch ein Unionsbekenntnis darstellte.[78] Der äußerst umstrittene und polemisch als »Nitzschenum« bezeichnete Vorschlag[79] wurde seinerzeit jedoch von König Friedrich Wilhelm IV. abgelehnt.

Harnack selbst hat bis ins hohe Alter an seiner Idee festgehalten. Dabei richteten sich seine späten Hoffnungen auf die erste Weltkonferenz über Glauben und Kirchenverfassung, die vom 3. bis 21. August 1927 in Lausanne stattfand und an der er aus gesundheitlichen Gründen nicht teilnehmen konnte. »Sein großes Anliegen trug er der Konferenz schriftlich vor: Die Konferenz möge ein neues, kurzes,

---

studentischen Anfrage vorangestellt wurde, ist enthalten in: NOWAK, Adolf von Harnack als Zeitgenosse (s. Anm. 74), 500–544.

76 M. Luther, Das Taufbüchlein verdeutscht (1523), in: WA 12, 42–48; DERS., Das Taufbüchlein verdeutscht, aufs neu zugerichtet (1526), in: WA 19, 537–541. Vgl. dazu M. BRECHT, Martin Luther. Sein Weg zur Reformation 1483–1521, Stuttgart 1981, 124 f.

77 »Gleubstu an Jhesum Christ, seynen eynigen son, unsern herrn, geporn und gelitten?« (WA 12, 45,25 f.); »Gleubestu an Jhesum Christ seinen einigen sohn, unsern herrn, geporn und gelitten?« (WA 19, 540,30–541,1).

78 Vgl. dazu J. MEHLHAUSEN, Das Recht der Gemeinde. Carl Immanuel Nitzschs Beitrag zur Reform der evangelischen Kirchenverfassung im 19. Jahrhundert, in: DERS., Vestigia verbi. Aufsätze zur Geschichte der evangelischen Theologie, AKG 72, Berlin/New York 1999, 273–299; ferner M. H. JUNG, Der Protestantismus in Deutschland von 1815–1870, KGE III/3, Leipzig 2000, 91 f. Vor allem W. H. NEUSER, Landeskirchliche Reform-, Bekenntnis- und Verfassungsfragen. Die Provinzialsynoden und die Berliner Generalsynode von 1846, in: J. F. G. Goeters/J. Rogge (Hg.), Die Geschichte der Evangelischen Kirche der Union I: Die Anfänge der Union unter landesherrlichem Kirchenregiment, hg. im Auftrag der Evangelischen Kirche der Union, Leipzig 1992, 342–366, 350–361.

79 Der Text ist abgedruckt in: E. R. HUBER/W. HUBER, Staat und Kirche im 19. und 20. Jahrhundert. Dokumente zur Geschichte des deutschen Staatskirchenrechts I: Staat und Kirche vom Ausgang des alten Reichs bis zum Vorabend der bürgerlichen Revolution (1973), Darmstadt 2014, 616–621: Nr. 273.

schlichtes Bekenntnis formulieren, in dem über die Person Christi das ausgesagt würde, was alle freudig und aus wahrhaft gläubigem Herzen bekennen können.«[80] – Zu einem solchen Bekenntnis ist es bekanntlich weder im Kontext der 1892er Auseinandersetzungen noch zu einem späteren Zeitpunkt gekommen. Insofern sind zwar einerseits »alle Fragen, die der Apostolikum-Streit vom Jahr 1892 aufgeworfen hatte, [...] noch heute offen«.[81] Andererseits kann gerade der Verzicht auf die Formulierung eines neuen Bekenntnisses als ein faktisches Anknüpfen an Schleiermachers »gewohnheitsmäßig-lockere Auffassung der Bekenntnisverpflichtung«[82] betrachtet werden – und damit zugleich als Aufnahme seiner Bedenken im Blick auf die Formulierung eines zeitgemäßen protestantischen Symbols.

In diesem Zusammenhang ist es von Interesse, wie sich der Evangelische Oberkirchenrat in den Auseinandersetzungen um das Apostolikum positioniert hat. Diese Positionierung liegt vor in Gestalt eines Zirkularerlasses vom 25. November 1892 »betreffend den Gebrauch und die Wertschätzung des Apostolischen Glaubensbekenntnisses«.[83] In diesem Votum lassen sich drei für die hier behandelte Thematik relevante Aspekte identifizieren.

a) Eine *atmosphärische* Bemerkung bezieht sich auf die »sowohl bei vielen evangelischen Geistlichen, als auch in weiten Kreisen des evangelischen Volkes« verbreitete »Beunruhigung«, die »durch die Auslassungen des Professors D. Harnack« hervorgerufen worden sei. Diese Beunruhigung sei, so stellt der Text weiter fest, »in ihrem innersten Grunde darauf zurückzuführen, daß man durch die Äußerungen jener Kundgebung über das Apostolische Glaubensbekenntnis [gemeint ist das Votum Harnacks vom 18. August] den Vollbestand des Christenglaubens, insbesondere auch die zum Grundbestande gehörende Lehre von der Menschwerdung des Sohnes Gottes für gefährdet erachtet« (677).

b) Es schließt sich ein *wissenschaftspolitisches* Argument an. Harnack habe, so der Zirkularerlass, in seinem Votum den Eindruck erweckt, seine kritische Auffassung zur Formulierung »Empfangen

[80] A. VON ZAHN-HARNACK, Der Apostolikumsstreit des Jahres 1892 und seine Bedeutung für die Gegenwart, Marburg o. J. (1950), 12.

[81] A. a. O., 14.

[82] OHST, Schleiermacher und die Bekenntnisschriften (s. Anm. 17), 172.

[83] Der Text ist abgedruckt in: HUBER/HUBER, Staat und Kirche im 19. und 20. Jahrhundert (s. Anm. 69), 677–679: Nr. 298 – danach die Zitatnachweise im Text.

vom Heiligen Geist, geboren von der Jungfrau Maria« stelle eine »durch die theologische Forschung allseitig rezipierte Lehrmeinung« dar. Gegen diesen Eindruck wird vom Evangelischen Oberkirchenrat geltend gemacht, »daß nach dem Urtheil zahlreicher hervorragender Vertreter der theologischen Wissenschaft, insbesondere auch hochangesehener Mitglieder der theologischen Fakultät in Berlin, die in jenen Sätzen bekannte Thatsache vor unbefangener wissenschaftlicher Forschung noch immer die Probe der Wahrheit besteht« (677f.). Harnacks Auffassung, mit der zitierten Apostolikumsformulierung sei ein »Notstand [...] für jeden aufrichtigen Christen« verbunden,[84] wird damit zu einer Minder- bzw. Nebenmeinung innerhalb der theologischen Wissenschaft herabgestuft.

c) Die Pointe des Zirkularerlasses wird man freilich eher in einer *pragmatischen* Erwägung finden. Der Oberkirchenrat betont seine Verantwortung für die Aufrechterhaltung der kirchlichen Ordnung, gerade auch »in Betreff des liturgischen Gebrauches des Apostolikums«. Eine Freigabe der gottesdienstlichen Nutzung des Apostolikums ist damit nachdrücklich abgelehnt. Dabei wird aber zugleich die Auffassung zurückgewiesen, nach der die Zustimmung zum Apostolikum als ein schlichtes Für-wahr-Halten des Wortlauts all seiner Einzelaussagen zu verstehen sei. Der Oberkirchenrat möchte also »bei aller evangelischen Weitherzigkeit und entfernt davon, aus dem Bekenntniß oder aus jedem Einzelstück desselben ein starres Lehrgesetz zu machen, doch etwaige agitatorische Versuche, das Apostolikum aus seiner Stellung zu verdrängen, [...] nicht dulden« (678).

Evangelische Weitherzigkeit – an dieser Formel lässt sich am besten zeigen, wie jedenfalls das pragmatische Argument des Zirkularerlasses faktisch zu Schleiermacher zurücklenkt. Denn dieser war ja der Auffassung, dass der innerprotestantische Pluralismus am ehesten dann gewahrt bleibt und kultiviert werden kann, wenn die Bekenntnisse einerseits unverändert belassen werden, andererseits aber ein freier Umgang mit den in den überlieferten Texten enthaltenen Aussagen konzediert und gefördert wird. Schleiermachers Überlegungen aus dem ersten Drittel des 19. Jh. stehen also ebenso für einen pragmatischen Konservatismus wie das Oberkirchenrats-Votum von 1892. Und in beiden Fällen ist damit die Absage an einen ideologischen Konservatismus (im Sinne einer Einschärfung des Wortlauts

[84] Vgl. erneut HUBER/HUBER, Staat und Kirche im 19. und 20. Jahrhundert (s. Anm. 69), 671: Nr. 8.

der antiken und/oder reformatorischen Bekenntnisse als obligatorisches Glaubensgut) verbunden. Hinzu kommen die (freilich nur bei Schleiermacher explizit gemachten) Vorbehalte gegenüber neuen (und vermeintlich unanstößigen) Bekenntnisaussagen, deren Formulierung Harnack vorgeschwebt hat.

Wenn nicht alles täuscht, ist der beschriebene pragmatische Konservatismus in besonderer Weise dazu geeignet, die Differenz zwischen dem christlichen Glauben selbst und seiner in den kirchlichen Bekenntnissen fixierten symbolischen Form festzuhalten. Insofern kann diese usualistische Lösung, ungeachtet dessen, dass sie weit davon entfernt ist, innovativ zu sein, auch gegenwärtig als die angemessenste Form der Bearbeitung des für den Protestantismus konstitutiven ambivalenten Verhältnisses zwischen Bekenntnisbindung und Freiheit gelten.

I. »… und an Jesum Christum seinen einigen Sohn unsern Herrn«

Jesus Christus als Person der Trinität und als Mensch unter Menschen

Der zweite Artikel des Credos knüpft eng an den ersten, die Rede vom Glauben an Gott, den Schöpfer und Vater, an. Er thematisiert den Weg des ewigen Gottessohnes als des Menschgewordenen in der Schöpfung bis zu deren eschatologischer Vollendung. Die biblische Grundlage dieser Aussagen reicht von den alttestamentlichen messianischen Traditionen über die Erzählung der Evangelien von Jesu Kommen, Wirken, Leiden, Sterben und Auferstehen über die nachösterlichen christologischen Bekenntnisse bis hin zu den Aussagen über die Herrlichkeit des Erhöhten und der Erwartung seiner Wiederkunft.

Damit stellt sich die Frage, wie der Glaube an Jesus Christus mit dem Glauben an Gott den Vater zusammenhängt, wie das Verhältnis beider zu verstehen ist. Wie ist die familienmetaphorische Rede vom »Sohn« zu verstehen? Ist damit eine Unterordnung impliziert? Wie kann dann aber von der Gottheit des Sohnes als trinitarischer Person die Rede sein? Und wie ist deren Menschwerdung zu verstehen? Wie verhält sich das Menschsein Jesu von Nazareth zu der Gottheit Jesu Christi? Und wie verbindet sich durch das Bekenntnis zu Jesus Christus als »unserem Herrn« die Geschichte des Gottessohnes mit unserer eigenen menschlich-geschöpflichen Geschichte?

Jesus, der Israelit

Die Menschlichkeit Jesu im Zusammenhang der paulinischen Christologie

Karl-Wilhelm Niebuhr

Mit der Titelformulierung für meinen Beitrag zum Thema dieser Tagung ist eine Zuspitzung des mir gestellten Themas verbunden und zugleich eine Eingrenzung. Im Rahmen der Vorträge zum Zweiten Artikel des Apostolikums sollte es um »Jesus Christus als Person der Trinität und als Mensch unter Menschen« gehen. Neben dem neutestamentlichen Beitrag stand der systematisch-theologische, der stärker die hermeneutischen Probleme im Blick auf das trinitarische Dogma und die Beziehung zwischen dem christlichem Glauben und dem Judentum artikuliert hat.[1] Die Zuspitzung meines Themas liegt im Fokus auf Jesus als *Israelit*, womit ein aus meiner Sicht konstitutiver Aspekt, wenn auch nicht das Ganze seines Menschseins erfasst wird.[2] Die Eingrenzung des Blickfeldes ist durch Konzentration auf die *paulinische* Christologie gegeben, die freilich wesentliche Grundlinien neutestamentlicher Christologie insgesamt zur Sprache bringt und in ihren biblisch-theologischen Zusammenhängen die Schriftbasis für die Christologie des Glaubensbekenntnisses bildet. Hinsichtlich der Zuweisung Jesu zum Volk Israel setzt Paulus dabei einen bisher zu wenig berücksichtigten Akzent.

---

[1] Vgl. den Beitrag von Martin Leiner in diesem Band. Eine leicht überarbeitete Fassung des folgenden Beitrags erscheint in englischer Übersetzung in: P. Dragutinović/T. Nicklas/K. Rodenbiker/V. Tatalović (Hg.), The Christ of Sacred Stories, WUNT II, Tübingen 2017, 141–154.

[2] Selbstverständlich gibt es andere Aspekte paulinischer Christologie, die mindestens ebenso großes, vielleicht sogar größeres Gewicht haben, wie etwa der Kreuzestod Jesu (1 Kor 1,18; Gal 3,1 u. ö.) oder die sühnende Wirkung seines Sterbens (Röm 3,25; Gal 3,13). Aber zum einen sind diese Aspekte viel stärker in der christlichen Bekenntnistradition verankert und wirksam geworden, zum andern lassen gerade sie auch spezifische Bindungen der Jesus-Geschichte an sein Judesein erkennen – was in einem eigenen Beitrag zu entfalten wäre.

Mit solcher Fokussierung und Zuspitzung meines Themas möchte ich ein Strukturelement neutestamentlicher Christologie erfassen, das im Zuge der altkirchlichen Bekenntnisbildung weitgehend verloren gegangen ist: Jesus Christus als Mensch unter Menschen, das bedeutet im Horizont biblischer Theologie auch: Jesus, der geborene Jude, Jesus, der Messias aus Israel, Jesus, der Israelit. Während die Messianität Jesu und seine Gottessohnschaft im Zweiten Artikel des Apostolischen Glaubensbekenntnisses (ebenso wie in den übrigen ökumenischen Bekenntnissen) im Zusammenhang des trinitarischen Gottesverständnisses stark akzentuiert wurden, blieben Aussagen zum irdischen Leben und Wirken Jesu hier auf seine Geburt aus der Jungfrau Maria, seine Passion und seinen Tod am Kreuz unter Pontius Pilatus beschränkt. Dass sich dahinter die konkrete Lebens- und Leidensgeschichte eines Juden zur Zeit des Zweiten Tempels verbirgt, war zwar zu Lebzeiten Jesu und zur Zeit der Entstehung der neutestamentlichen Schriften noch selbstverständlich, wurde aber in der Rezeptionsgeschichte des Apostolikums immer weniger wahrgenommen. Der für ein gesamtbiblisches Verständnis der christlichen Glaubensüberlieferung theologisch zentrale Gedanke der Heilsoffenbarung Gottes in seinem Volk Israel wurde damit weitgehend ausgeblendet. Diese »Israel-Vergessenheit« der altkirchlichen Bekenntnisse[3] muss und kann m. E. mit Hilfe von Grundaussagen der paulinischen Theologie und Christologie biblisch-theologisch aufgebrochen werden.[4]

Ich werde dazu im Folgenden drei Argumentationszusammenhänge aus der paulinischen Theologie verfolgen: Zuerst werde ich biographische Implikationen des christologischen Grundbekenntnisses: »Je-

---

[3] Zur ihr schon seit dem frühen 2. Jh. n. Chr. vorausgehenden Israel-Vergessenheit in den Pastoralbriefen und den Ignatius-Briefen vgl. jetzt M. Theobald, Israel-Vergessenheit in den Pastoralbriefen. Ein neuer Vorschlag zu ihrer historisch-theologischen Verortung im 2. Jahrhundert n. Chr. unter besonderer Berücksichtigung der Ignatius-Briefe, SBS 229, Stuttgart 2016.

[4] In der EKD-Studie Christen und Juden II. Zur theologischen Neuorientierung im Verhältnis zum Judentum, Gütersloh 1991, war unter der Überschrift »Auf dem Weg zu neuen Einsichten« auch die christologische Thematik ausdrücklich thematisiert worden (3.3 Jesus – Messias – Christus, 30–37). Vgl. dazu W. Kraus, Christologie ohne Antijudaismus? Ein Überblick über die Diskussion, in: ders. (Hg.), Christen und Juden. Perspektiven einer Annäherung, Gütersloh 1997, 21–48. Die Nachfolgestudie Christen und Juden III. Schritte der Erneuerung im Verhältnis zum Judentum, Gütersloh 2000, konzentrierte sich dagegen ganz auf die stärker ekklesiologisch relevanten Themen Bund und Erwählung.

sus [ist] Christus« benennen. Anschließend werde ich das paulinische Christusbekenntnis in den Rahmen des biblisch-jüdischen Gottesverständnisses einordnen. Schließlich werde ich zwei Grundaussagen paulinischer Christologie etwas näher beleuchten, in denen Paulus die Zugehörigkeit Jesu zu Israel und die Beziehung seines Dienstes auf das Geschick Israels explizit zur Sprache bringt. Während ich die beiden ersten Themen nur ganz knapp ansprechen kann, werde ich die beiden letzten etwas näher exegetisch entfalten.

1. Zur christologischen Interpretation des Namens Jesu bei Paulus

In dem jüdischen »Allerweltsnamen« Jesus, der ein Grundelement der frühesten christlichen Bekenntnisbildung ausmacht,[5] steckt ein unverkennbar biographisches Element. Es verweist auf das geschichtlich-konkrete Leben eines Juden dieses Namens im Land Israel in der ersten Hälfte des 1. Jh. n. Chr. Gerade weil der Name Jesus von sich aus keinerlei christologische Bedeutung in sich trägt,[6] musste er im Neuen Testament erst aufwändig mit biblischem Sinn gefüllt

[5] In Bekenntnisformeln begegnet Ἰησοῦς Χριστός bei Paulus in Röm 1,4; 10,9; 1 Kor 12,3; 2 Kor 1,3; Gal 3,1; Phil 2,11; 1 Thess 1,10, darüber hinaus in bekenntnisartigen Zusammenhängen besonders in der Apostelgeschichte (Apg 11,17; 17,3; 18,5.28; 24,24; 28,31). Lukas liebt auch die Wendung ἐπί bzw. ἐν τῷ ὀνόματι Ἰησοῦ Χριστοῦ – »auf den« bzw. »im Namen Jesu Christi« o. ä. (Apg 2,38; 3,6; 4,10; 8,12; 10,48; 15,26; 16,18); in seinem Evangelium hat er dagegen nie Ἰησοῦς Χριστός (anders Mt 1,1.18; Mk 1,1; Joh 1,17; 17,3). In der Briefliteratur, vor allem bei Paulus, begegnet die Wortfolge Ἰησοῦς Χριστός häufiger (vgl. Eph 1,2.3.5.17; 5,20; 6,23 f.; Kol 1,3; 1 Tim 6,3.14; 2 Tim 2,8; Tit 2,13; 3,6; Hebr 13,8; Jak 1,1; 2,1; 1 Joh 1,3; 3,23; Apk 1,1.2.5), wird aber keineswegs stereotyp als Eigenname gebraucht (noch häufiger findet sich Χριστὸς Ἰησοῦς). Formelhaft ist »Jesus Christus« als Eigenname nur in den Katholischen Briefen (1 Petr 9x; 2 Petr 9x; 1 Joh 6x; 2 Joh 2x; Jud 6x).

[6] F. Avemarie, Josua. Jesu Namenspatron in antik-jüdischer Rezeption, in: K. Schiffner/K. Wengst/W. Zager (Hg.), Fragmentarisches Wörterbuch. Beiträge zur biblischen Exegese und christlichen Theologie (FS H. Balz), Stuttgart 2007, 246–257, weist darauf hin, »dass der Messias und Gottessohn, den das Christentum bekennt, den Namen einer der ganz großen Gestalten der Geschichte Israels trägt« (nämlich Josua), stellt aber zugleich fest: »Anders als Mose, David oder Elija dient Josua […] nirgends im Neuen Testament als Modellfigur zur Profilierung von Jesu Messianität« (a. a. O., 246).

werden,[7] was im Umkehrschluss den kontingent-geschichtlichen Charakter dieses Bekenntniselements umso stärker herausstellt. Es ist bezeichnend für die christologischen Aussagen im Neuen Testament, dass der Personenname Jesus und damit der Bezug auf diese eine geschichtlich-kontingente Gestalt für die Christologie konstitutiv ist, was im Horizont frühjüdischer messianischer Erwartungen durchaus prägnanten Sinn ergibt. Zwar muss es sich bei dem Messias nach frühjüdischer Überzeugung immer um einen Menschen aus dem Volk Israel handeln,[8] dessen Name kann aber grundsätzlich erst im Nachhinein zu seinem Kommen benannt werden. Josephus kennt zwar einige Messias-Prätendenten seiner Zeit mit Namen, aber die sind für ihn eben gerade nicht die erwarteten Gesalbten des Herrn, sondern Gewaltverbrecher.[9] Demgegenüber bleiben die für die bevorstehende Heilszeit erwarteten messianischen Gestalten in den Qumran-Schriften,[10] in den Psalmen Salomos[11] oder in der 4. Esra-Apokalypse[12]

---

[7] Besonders ausführlich geschieht das in Mt 1,21–23, wo Jesus sogar einen theologisch sinnhaltigen Doppelnamen erhält: »Jesus, denn er wird sein Volk erretten von ihren Sünden« und »Immanuel, was bedeutet: Mit uns ist Gott.« Beide Namen sind biblisch gefüllt (Ps 130,8; Jes 8,8.10); vgl. G. Schneider, Ἰησοῦς, EWNT 2 (1981), 440–452, 442f.; N. Walter, Ἐμμανουήλ, EWNT 1 (1980), 1080f.

[8] Zur frühjüdischen Messiaserwartung vgl. als Überblick H.-J. Fabry/K. Scholtissek, Der Messias, NEB.T 5, Würzburg 2002, 36–52; zur Vielfalt messianischer Erwartungen (mit und ohne Messiasgestalt) vgl. J. A. Fitzmyer, The One Who is to Come, Grand Rapids 1997; G. Oegema, Der Gesalbte und sein Volk. Untersuchungen zum Konzeptualisierungsprozeß der messianischen Erwartungen von den Makkabäern bis Bar Koziba, SIJD 2, Göttingen 1994; J. H. Charlesworth, The Messiah. Developments in Earliest Judaism and Christianity, Minneapolis 1992; J. Neusner/W. S. Green/E. S. Frerichs, Judaisms and Their Messiahs at the Turn of the Christian Era, Cambridge 1987. Klassisch ist die Darstellung von S. Mowinckel, He That Cometh. The Messiah Concept in the Old Testament and Later Judaism (1956), übers. v. G.W. Anderson, Grand Rapids 2005.

[9] Vgl. M. Hengel, Die Zeloten. Untersuchungen zur jüdischen Freiheitsbewegung in der Zeit von Herodes I. bis 70 n. Chr., WUNT 283, Tübingen [3]2011, 289–301.

[10] 1QS 9,11; 1QSa 2,11–22; 4QMidrEschat[a] III 10–13.18f.; 4QpJes[a] Frg. 8–10, Kol. III 11–21; 4Q285, Frg. 5; CD VII 18–21; XII 23–XIII 1; XIX 33–XX 1. Zu den messianischen Erwartungen in Qumran vgl. J. Zimmermann, Messianische Texte aus Qumran. Königliche, priesterliche und prophetische Messiasvorstellungen in den Schriftfunden von Qumran, WUNT II/104, Tübingen 1998; J. J. Collins, The Scepter and the Star. Messianism in Light of the Dead Sea Scrolls, Grand Rapids [2]2010.

[11] PsSal 17f.

[12] 4 Esr 7,28f.; 11,37–12,1; 12,31–34; 13,3–13; 13,25–52; 14,9.

namenlos. Wenn Jesus von seinen Anhängern als Messias angesehen und benannt wird – und das ist spätestens für Paulus eine Selbstverständlichkeit –, dann impliziert diese Benennung das dezidierte Bekenntnis zu einem namentlich bekannten jüdischen Zeitgenossen als dem endzeitlichen Repräsentanten des Gottes Israels.

Die für den Ursprungszusammenhang der Jesus-Bewegung also geradezu selbstverständliche Gegebenheit, dass der Messias einen Namen trägt, und zwar den eines jüdischen Zeitgenossen, dessen Biographie und Lebenswelt in Umrissen bekannt ist, gehört zu den wenig reflektierten Aussagen christlicher Christologie. Dabei legt dieser Befund die »Leserichtung« des christologischen Grundbekenntnisses fest: »Jesus ist Christus«, das heißt eben nicht einfach: (Irgendein Jude aus Nazareth in Galiläa namens) *Jesus ist der* (schon lange zu erwartende, aus der Schrift bekannte und eigentlich in Betlehem zur Welt kommende) *Messias* (aus Israel), sondern gerade umgekehrt: *Der* (kaum noch zu erwartende, und wenn, dann in unterschiedlichster Weise vorgestellte) *Messias ist* (kein anderer als der gerade jetzt in Jerusalem zu Tode gekommene, uns gut bekannte Jude) *Jesus* (obwohl der doch aus Nazareth in Galiläa stammte und ganz anders aussah und wirkte als ein wie auch immer zu erwartender Messias aus Israel). Der Name Jesus definiert also den Sinn des christlichen Messiasbekenntnisses, nicht legt umgekehrt eine (oder gar »die«) traditionelle biblisch-jüdische Messiaserwartung fest, wie der christliche Messias auszusehen hat und was das christologische Bekenntnis bedeuten soll. Dass der Messias Jesus Jude ist, war sicher für diejenigen, die als erste ein solches Bekenntnis formulierten, eine Selbstverständlichkeit, und zwar einerseits, weil es im Rahmen frühjüdischer messianischer Erwartungen gar keine Alternative dazu gab, und zum andern, weil ihnen die jüdische Identität Jesu noch unmittelbar vor Augen stand.[13] Für die späteren Rezipienten dieses Bekenntnisses bis hin zu denen, die das Apostolikum formulierten, geriet diese Selbstverständlichkeit aber mehr und mehr aus dem Blick, und die messianische Prädikation Jesu als Messias wurde nur mehr als Eigenname »Jesus Christus« verstanden, zumal auf der Ebene griechischsprachiger Überlieferung.

[13] Der lange Zeit als »Heidenchrist« titulierte Lukas beschreibt in den Kindheitsgeschichten seines Evangeliums besonders plastisch die jüdische Lebens- und Glaubenswelt Jesu und seiner Familie (Lk 1 f.). Auch für Markus war es selbstverständlich, dass Jesus am Sabbat seiner Gewohnheit nach in die Synagoge ging, um zu lehren, vgl. nur Mk 1,21.

Noch im Zusammenhang paulinischer Briefaussagen blieb aber der biographische Aspekt des Namens Jesus unüberhörbar. Im Rahmen paulinischer Theologie und Christologie sind zwar die messianischen Beiklänge der Bezeichnung Jesu als Christus nicht mehr überall bestimmend, sie bleiben aber auch nicht ganz auf der Strecke.[14] Selbst wenn die Bezeichnung »Jesus Christus« bei Paulus schon häufig den Charakter eines Eigennamens angenommen hat, gibt es doch zentrale Passagen, für die der Gedanke der Messianität Jesu im biblisch-jüdischen Sinn weiterhin maßgeblich ist.[15] Auffällig ist dabei allerdings die Ausweitung des Wirkungsbereiches der Messianität Jesu auf die Völker. Hier schlägt sich offenkundig die spezifische Ausrichtung der Missionsverkündigung des Paulus auf Nichtjuden nieder, die zur Modifikation nicht nur seiner ekklesiologischen,[16] sondern auch seiner christologischen Überzeugungen führen musste.[17]

Wenn Paulus das Prädikat »Sohn« auf Jesus anwendet, kann er damit – abgesehen von dem für ihn schon traditionellen »titularen« Gebrauch[18] – verschiedene semantische Elemente ansprechen: seine

---

[14] Zur Diskussion dieser umstrittenen Frage vgl. D. ZELLER, Zur Transformation des Χριστός bei Paulus, JBTh 8, Neukirchen 1993, 155–167.

[15] Besonders deutlich in Röm 1,3; 9,3–5; 15,7 f.; 1 Kor 1,22–24; Gal 3,16.

[16] Hierfür kann nur summarisch auf die intensive Diskussion im Rahmen und in Auseinandersetzung mit der so genannten New Perspective on Paul verwiesen werden, vgl. dazu F. WILK, Gottesgerechtigkeit – Gesetzeswerke – eigene Gerechtigkeit. Überlegungen zur geschichtlichen Verwurzelung und theologischen Bedeutung paulinischer Rechtfertigungsaussagen im Anschluss an die »New Perspective«, ThLZ 135 (2010), 267–282; F. WATSON, Paul, Judaism, and the Gentiles. Beyond the New Perspective. Revised and Expanded Edition, Grand Rapids/Cambridge 2007; M. Bachmann (Hg.), Lutherische und neue Paulusperspektive. Beiträge zu einem Schlüsselproblem der gegenwärtigen exegetischen Diskussion, WUNT 182, Tübingen 2005; J. D. G. DUNN, The New Perspective on Paul. Collected Essays, WUNT 185, Tübingen 2005; S. WESTERHOLM, Perspectives Old and New on Paul. The »Lutheran« Paul and His Critics, Grand Rapids 2004; K.-W. NIEBUHR, Die paulinische Rechtfertigungslehre in der gegenwärtigen exegetischen Diskussion, in: T. Söding (Hg.), Worum geht es in der Rechtfertigungslehre? Das biblische Fundament der »Gemeinsamen Erklärung« von katholischer Kirche und Lutherischem Weltbund, QD 180, Freiburg u. a. 1999, 106–130.

[17] Vgl. als Überblick F. W. Horn (Hg.), Paulus Handbuch, Tübingen 2013, 279–365, sowie konzentriert M. KARRER, Jesus Christus im Neuen Testament, GNT 11, Göttingen 1998, 142–146.

[18] Das Prädikat »Sohn Gottes« (Röm 1,4.9; 5,10; 8,3.29.32; 1 Kor 1,9; 15,28; 2 Kor 1,19; Gal 1,16; 2,20; 4,4.6; 1 Thess 1,10) hat für die paulinische Christologie zentrale Bedeutung, vgl. dazu zuletzt M. KARRER, »Sohn Gottes« bei Paulus, in: P. G. Klumbies/D. S. du Toit (Hg.), Paulus – Werk

Abstammung von David (Röm 1,3), seine Sterblichkeit (Röm 5,10), seine irdisch-menschliche Identität (Röm 8,3), seine Gottebenbildlichkeit (Röm 8,29), sein Leidensgeschick (Röm 1,32; Gal 2,20), seine Geburt von einer Frau (Gal 4,4). Alle diese Bedeutungselemente verweisen auf die menschliche Kreatürlichkeit Jesu. Sie stehen z. T. unmittelbar neben Prädikaten, die seine Göttlichkeit oder seine Heilsbedeutung betonen.[19] Der Terminus »Sohn« hat damit bei Paulus einen Doppelsinn: Er bezeichnet zugleich ein biographisches und ein christologisches Element. Besonders augenfällig ist das im Präskript des Römerbriefs, wo Paulus Jesus zweimal »Sohn Gottes« nennt, einmal umfassend zur Bezeichnung der Gottessohnschaft Jesu, wie sie auch sonst die paulinische Christologie bestimmt (V. 3),[20] das andere Mal, wohl unter Heranziehung eines schon traditionell gewordenen Bekenntnisses, zur Bezeichnung Jesu als »*eingesetzt* zum Sohn Gottes [...] *von der Auferstehung der Toten her*« (V. 4).[21] Auch an dieser Stelle bleibt die Rückbindung des christologischen Bekenntnisses an den *Namen* des Messias aus Israel, des Nachkommens Davids »dem Fleisch nach« (κατὰ σάρκα), für Paulus konstitutiv,[22] ob nun »präexistent« oder »adoptianisch« gedacht, wie schon die sprachliche Struktur des Präskripts mit Chiasmus und *inclusio* zeigt.[23]

---

und Wirkung (FS A. Lindemann), Tübingen 2013, 265–288; L. W. Hurtado, Lord Jesus Christ. Devotion to Jesus in Earliest Christianity, Grand Rapids 2003, 101–108; U. Schnelle, Paulus. Leben und Denken, Berlin/New York 2003, 500 f.; A. Labahn/M. Labahn, Jesus als Sohn Gottes bei Paulus. Eine soteriologische Grundkonstante der paulinischen Christologie, in: U. Schnelle/T. Söding (Hg.), Paulinische Christologie (FS H. Hübner), Göttingen 2000, 97–120.

[19] Röm 1,3 f.; 8,1 f.; 8,28–30; Gal 2,19–21; 4,5 f.

[20] Z. B. in Röm 1,9; 5,10; 8,3.

[21] Zur Diskussion vgl. zuletzt M. Wolter, Der Brief an die Römer. Teilbd. 1: Röm 1–8, EKK VI/1, Neukirchen-Vluyn/Ostfildern 2014, 76–78.85–91.

[22] Wolter, Römer (s. Anm. 21), 86: »κατὰ σάρκα bezeichnet [...] die menschlicher Wahrnehmung zugängliche menschliche Wirklichkeit Jesu. In dieser Hinsicht hat das κατὰ σάρκα von V. 3b seine engste Entsprechung in dem adverbialen τὸ κατὰ σάρκα von Röm 9,5, mit dem Paulus die Herkunft Jesu aus Israel charakterisiert.«

[23] V. 1: Χριστοῦ Ἰησοῦ, V. 7: Ἰησοῦ Χριστοῦ.

2. Monotheismus und Christologie

Dass Paulus Jesus Sohn Gottes und Kyrios nennen kann, ja, einmal sogar Gott (Röm 9,5),[24] stellt keine Gefährdung seines Grundbekenntnisses zu dem einen Gott Israels dar.[25] Vielmehr schlägt sich hierin die für die früheste christologische Bekenntnisbildung insgesamt maßgebliche Bindung an das frühjüdische Gottesverständnis nieder. Das Bekenntnis zu Jesus als dem endzeitlichen Repräsentanten und Bevollmächtigten Gottes entwickelte sich im Rahmen frühjüdischer Glaubensüberlieferungen[26] geradezu »explosionsartig«[27] aus der Wahrnehmung des »Jesus-Phänomens«, des Geschehenszusammenhangs von Wirken, Todesgeschick und Auferweckung Jesu.[28] Im Frühjudentum vielfältig ausgeprägte Vorstellungen über Gott und seine himmlisch-transzendente Welt im Zusammenhang von Angelologie, Messianologie, Endzeit- und Gerichtsvorstellungen, im Rahmen von

[24] M.E. spricht die Wortstellung im Satz eindeutig dafür, am Ende von V. 5 die Doxologie ὁ ὢν ἐπὶ πάντων θεὸς εὐλογητὸς εἰς τοὺς αἰῶνας (»der über alle Gott ist sei gepriesen in Ewigkeit«) auf das unmittelbar vorangehende ὁ Χριστὸς τὸ κατὰ σάρκα (»der Christus nach dem Fleisch«) zu beziehen. Zur Diskussion vgl. K. Haacker, Der Brief des Paulus an die Römer, ThHK 6, Leipzig 1999, 186 f.; J. D. G. Dunn, The Theology of Paul the Apostle, Edinburgh 1998, 255–257; M. J. Harris, Jesus as God. The New Testament Use of Theos in Reference to Jesus, Grand Rapids 1992, 143–172.

[25] Vgl. bes. 1 Kor 8,6, dazu K.-W. Niebuhr, Jesus Christus und der eine Gott Israels. Zum christologischen Gottesglauben in den Paulusbriefen, FuH 34 (1995), 10–29; T. Holtz, Theo-logie und Christologie bei Paulus, in: ders., Geschichte und Theologie des Urchristentums. Gesammelte Aufsätze, hg. v. E. Reinmuth/C. Wolff, WUNT 57, Tübingen 1991, 189–204.

[26] Vgl. dazu grundlegend L. W. Hurtado, One God, One Lord. Early Christian Devotion and Ancient Jewish Monotheism, Philadelphia 1988; ders., How on Earth Did Jesus Become a God? Historical Questions about Earliest Devotion to Jesus, Grand Rapids/Cambridge 2005; ders., Lord Jesus Christ (s. Anm. 18), 27–53.

[27] Mit M. Hengel, Christologie und neutestamentliche Chronologie. Zu einer Aporie in der Geschichte des Urchristentums (1972), in: ders., Studien zur Christologie. Kleine Schriften IV, hg. v. C. J. Thornton, WUNT 201, Tübingen 2006, 27–51, 46; vgl. a. a. O., 42: »Die christologische Entwicklung von Jesus bis hin zu Paulus vollzog sich so in dem für einen geistigen Prozeß von diesem Ausmaß kurzen Zeitraum von rund 18 Jahren. *Im Grunde hat sich christologisch innerhalb dieser wenigen Jahre mehr ereignet als in den nachfolgenden 700 Jahren Kirchengeschichte.*«

[28] Vgl. dazu K.-W. Niebuhr, Jesu Wirken, Weg und Geschick. Zum Ansatz einer Theologie des Neuen Testaments in ökumenischer Perspektive, ThLZ 127 (2002), 3–22.

Weisheitsspekulationen oder in verschiedenen Formen der Verehrung des Namens Gottes[29] wurden schon in den frühesten christlichen Gruppen mit Zentralaussagen über Jesus verbunden, dem Bekenntnis zu seiner Auferweckung, soteriologischen Deutungen seines Sterbens, Geisterfahrungen in den Missionsgemeinden oder auch der Beauftragung zur Völkermission. Auch hier prägte letztlich das Wissen um Jesus die »Leserichtung« der Bekenntnisaussagen: seine Herkunft aus Israel, sein Wirken als Jude, sein Geschick in Jerusalem. Was von Jesus bekannt war, bestimmte, in welchem Sinne er als endzeitlicher Repräsentant Gottes, als Messias Israels zu verstehen war.

Offensichtlich gehörte also das Wissen darum, dass Jesus als Jude und im Verstehensrahmen des jüdischen Glaubens gewirkt hat, zu den fundamentalen Voraussetzungen der nachösterlichen Bekenntnisbildung. Bei der Entfaltung christologischer Aussagen in allen neutestamentlichen Schriften bis hin zur Johannes-Offenbarung wurde geradezu peinlich darauf geachtet, das Bekenntnis zu dem einen Gott Israels nicht durch das Bekenntnis zu Jesus, dem Christus und Sohn Gottes, zu gefährden.[30] In einem chronologisch äußerst knapp bemessenen Zeitraum kam es dabei vor, neben und durch Paulus zu kreativen Neubildungen von Vorstellungen, Aussagen und Lebensformen frühchristlicher Gruppen, die zwar in einem durchweg frühjüdisch geprägten und bestimmten Milieu entstanden, aber aufgrund ihrer Bindung an das »Jesus-Phänomen« bereits den Keim zur Herausbildung einer eigenständigen »christlichen« Gruppenidentität in sich trugen. Bemerkenswerterweise blieb dabei selbst in frühchristlichen Strömungen wie der paulinischen, wo gezielt und programmatisch die Grenze hin zu den Völkern überschritten wurde, *im Gottesverständnis* die Bindung an den Glauben *Israels* erhalten.[31] Dass dies keineswegs selbstverständlich war, zeigen Entwicklungen in anderen Gruppierungen, die erst im Ergebnis überaus komplexer Prozesse im Laufe und bis zum Ende des 2. Jh. aus dem Hauptstrom der frühchristlichen Bewegung ausgegrenzt und in der Folge zu Häretikern

---

[29] Vgl. dazu HURTADO, One God (s. Anm. 26), 17–92; A. CHESTER, Messiah and Exaltation. Jewish Messiahs and Visionary Traditions and New Testament Christology, WUNT 207, Tübingen 2007, 45–80.

[30] Vgl. nur 1 Kor 8,6; Mt 4,8–11; Offb 1,4–8.

[31] Vgl. dazu K.-W. NIEBUHR, Identität und Interaktion. Zur Situation paulinischer Gemeinden im Ausstrahlungsfeld des Diasporajudentums, in: J. Mehlhausen (Hg.), Pluralismus und Identität, VWGTh 8, Gütersloh 1995, 339–359; DERS., Offene Fragen zur Gesetzespraxis bei Paulus und seinen Gemeinden (Sabbat, Speisegebote, Beschneidung), BThZ 25 (2008), 16–51.

erklärt wurden.[32] Man wird mit guten Gründen annehmen können, dass im Rahmen der kirchlichen Lehrentwicklung die Festlegung auf das Gottesverständnis Israels im Zusammenhang der paulinischen Christologie erheblich zu diesem Ergebnis beigetragen hat.[33]

3. »Geboren von einer Frau, geboren als Jude« (Gal 4,4)

Für die Herausbildung eines eigenständigen Inventars an Glaubensüberzeugungen in der nachösterlichen Jesusbewegung blieb also die Einbindung in das biblisch-frühjüdische Gottesverständnis maßgeblich. Zugleich war aber für die frühchristliche Bewegung auch die Bindung aller Glaubensüberzeugungen an das »Jesus-Phänomen« konstitutiv. Es gibt keine erhaltenen oder sicher rekonstruierbaren Quellen für eine nachösterliche Jesus-Bewegung *ohne* Verbindung des Glaubens an den Gott Israels mit dem Osterbekenntnis und mit christologischen Grundüberzeugungen,[34] bei aller Vielfalt solcher Glaubensaussagen.

Für die Christologie blieb darüber hinaus die Bindung aller Bekenntnisaussagen an die individuelle Lebens- und Sterbensgeschichte des Menschen Jesus aus Nazareth ein konstitutives Element. Dazu gehörte auch das Wissen um Jesus als geborenen Juden. Auch für Paulus ist dieses Wissen um die Geschichte Jesu als bekannt vorauszusetzen,

[32] So die Bewegung Markions und andere, herkömmlicherweise der so genannten Gnosis zugeordnete Gruppen. Zu den Anfängen dieses Prozesses vgl. U. Schnelle, Die ersten 100 Jahre des Christentums 30–130 n. Chr. Die Entstehungsgeschichte einer Weltreligion, UTB 4411, Göttingen 2015, 540–559; Hurtado, Lord Jesus Christ (s. Anm. 18), 487–561; J. D. G. Dunn, Neither Jew nor Greek. A Contested Identity, Christianity in the Making 3, Grand Rapids 2015, 472–488.

[33] Die von M. Meiser, Galater, NTP 9, Göttingen 2007, 179–189, zusammengetragenen Zeugnisse zur Rezeption von Gal 4,4 in der altkirchlichen Theologiegeschichte zeigen, dass die Stelle nicht bloß zur Abwehr adoptianischer Positionen im Zuge der christologischen Bekenntnisentwicklung herangezogen werden konnte, sondern auch zur Auseinandersetzung mit »Gnostikern«: »In der antihäretischen Literatur der Jahrzehnte um 200 n. Chr. sichert Gal 4,4a die Einheit der beiden Testamente gegen Gnostiker genauso wie gegen die Bestreitung des Christusereignisses durch die Juden [...] Heilsgeschichtliche und christologische Interessen bestimmen die Rezeption der Stelle ab dem 3. Jahrhundert« (a. a. O., 179 f.).

[34] Eine gelegentlich ins Spiel gebrachte angeblich »unchristologische« und nicht durch das Osterbekenntnis geprägte »Q-Gemeinde« lässt sich aus der synoptischen Überlieferung schwerlich methodisch nachvollziehbar rekonstruieren und ist m. E. eine Chimäre.

selbst wenn er in seinen Briefen nur selten darauf Bezug nimmt. Abgesehen von dem Namen Jesu (s. o.) weiß er immerhin um sein spezifisches Todesgeschick am Kreuz (Gal 3,1; 1 Kor 1,18.23 u. ö.), und zwar »in der Nacht« nach dem letzten Mahl Jesu mit seinen Jüngern (1 Kor 11,23–26). Er kennt den vorösterlichen Zwölferkreis (1 Kor 15,5), darunter insbesondere Kefas (Gal 1,18; 1 Kor 9,5; 15,5) und Johannes (Gal 2,9), dazu Jakobus, den »Bruder des Herrn« (Gal 1,19; 1 Kor 15,7), und er weiß sogar noch von mehreren weiteren Brüdern Jesu (1 Kor 9,5).[35]

Nach Gal 4,4 bildet die kreatürlich-menschliche Geburt Jesu einen der beiden konstitutiven Pole paulinischer Christologie: Gott hat seinen Sohn gesandt, der zugleich Sohn einer Frau war.[36] Für die Geburt Jesu aus einer Frau und für seine Einweisung in den Geltungsbereich der Tora verwendet Paulus auffälligerweise in streng paralleler Formulierung dasselbe Verb[37] γενόμενον – »geworden«.[38] In der Sprache

---

[35] Zur viel diskutierten Frage der Kenntnis von Jesus-Überlieferung bei Paulus vgl. zuletzt C. Jacobi, Jesusüberlieferung bei Paulus. Analogien zwischen echten Paulusbriefen und den synoptischen Evangelien, BZNW 213, Berlin/Boston 2015; A. Lindemann, Paulus und die Jesustradition, in: ders., Glauben, Handeln, Verstehen. Studien zur Auslegung des Neuen Testaments II, WUNT 282, Tübingen 2011, 73–115, sowie J. Schröter, Das Verhältnis zum irdischen Jesus und zur Jesusüberlieferung, in: Horn, Paulus Handbuch (s. Anm. 17), 279–285; F. Holzbrecher, Paulus und der historische Jesus. Darstellung und Analyse der bisherigen Forschungsgeschichte, TANZ 48, Tübingen/Basel 2007; D. Häusser, Christusbekenntnis und Jesusüberlieferung bei Paulus, WUNT II/210, Tübingen 2006; R. Riesner, Paulus und die Jesus-Überlieferung, in: J. Ådna u. a. (Hg.), Evangelium – Schriftauslegung – Kirche (FS P. Stuhlmacher), Göttingen 1997, 347–365; T. Holtz, Paul and the Oral Gospel Tradition, in: ders., Exegetische und theologische Studien. Gesammelte Aufsätze I., hg. v. K.-W. Niebuhr, ABG 34, Leipzig 2010, 97–108; ders., Jesus-Überlieferung und Briefliteratur. Zur Frage des Ortes der Jesus-Überlieferung in der frühen Gemeinde, in: ders., Geschichte und Theologie des Urchristentums (s. Anm. 25), 17–30.

[36] Der Sache nach entspricht das der auf frühe Gemeindeüberlieferung zurückgehenden Aussage in Röm 1,3 f.

[37] Die Luther-Übersetzung verdeckt das leider (»geboren von einer Frau und unter das Gesetz getan«), ebenso die Zürcher Übersetzung (»zur Welt gebracht von einer Frau und dem Gesetz unterstellt«) und die Einheitsübersetzung (»geboren von einer Frau und dem Gesetz unterstellt«); anders dagegen die Elberfelder Übersetzung (»geboren von einer Frau, geboren unter Gesetz«).

[38] Leicht differenziert wird die Aussage durch die unterschiedlichen Präpositionen, vgl. H. D. Betz, Der Galaterbrief. Ein Kommentar zum Brief des Apostels Paulus an die Gemeinden in Galatien, aus dem Amerikanischen v. S. Ann, München 1988, 361: »Der Ausdruck γίνεσθαι ἐκ bezieht sich auf die Geburt eines Menschen ›aus‹ einer menschlichen Mutter, während γίνεσθαι ὑπό die Bedingungen der menschlichen Existenz beschreibt.«

der Septuaginta und des Neuen Testaments gehört es zur Schöpfungsterminologie.[39] Bei Paulus erfasst das Wort darüber hinaus aber auch den endzeitlichen Eintritt göttlicher Wirklichkeit in die Bedingungen menschlich-irdisch-geschichtlicher Existenz »als die Zeit erfüllt war«, also das, was spätere theologische Reflexion und Bekenntnisbildung »Inkarnation« genannt hat.[40] Zur Menschwerdung Jesu gehört nach Paulus demnach auch sein Leben als Israelit und gesetzestreuer Jude. Dieses Geschehen war und ist Teil der endzeitlichen Heilszuwendung Gottes zu seinem Volk Israel.[41]

Diese Initiative Gottes in der Sendung seines Sohnes hatte ein doppeltes Ziel: »damit er die unter dem Gesetz freikaufe« und »damit wir«, d.h. der Jude Paulus und seine heidenchristlichen galatischen Adressaten, »die Sohnschaft empfangen«.[42] Im Licht dieser positiven Zielbestimmungen erscheinen die bisherigen Konstitutionsbedingungen menschlichen Lebens als überwunden. Das gilt freilich für beides, für die Existenz »unter dem Gesetz«, die im Umkehrschluss von ihrem Freikauf her als Sklaverei erscheinen muss, ebenso wie für das irdisch-kreatürliche Sein aller Menschen. Die »Sohnschaft«, von der Paulus hier spricht, ist ja nicht Ausdruck für die Geschöpflichkeit aller Menschen als Gottes Kinder, sondern erhofftes und empfangenes Geschenk für diejenigen, die im Glauben an Jesus Christus ihr Heil gefunden haben,[43] also ebenso Zielbestimmung und Ergebnis der Sendung des Gottessohnes wie der Loskauf derer, die bisher »unter dem Gesetz« waren. Folglich kann auch das Sein von Juden »unter dem Gesetz« nicht anders beurteilt werden als das Geschaffensein aller Menschen durch Gott. Ebenso wenig aber wie die Geschöpflichkeit

[39] Gen 1,3; Joh 1,3; vgl. auch Mk 2,23.

[40] So auch in Joh 1,3.

[41] Darauf verweist nicht zuletzt der Ausdruck »Fülle der Zeit« (τὸ πλήρωμα τοῦ χρόνου), vgl. Betz, Galaterbrief (s. Anm. 38), 360f.: »Die Wendung ›die Erfüllung der Zeit‹ findet sich nur hier bei Paulus, gehört aber zur jüdischen und christlichen eschatologischen Sprache.«

[42] Man beachte das zweimalige ἵνα in 4,5. Zur Struktur der Aussage vgl. die gründliche Analyse bei H. Löhr, Factum ex muliere (Gal 4,4–5). Zu einer These Daniel Boyarins und zur Frage einer adoptianischen Christologie bei Paulus, in: M. Bär u.a. (Hg.), König und Priester. Facetten neutestamentlicher Christologie (FS C.-P. März), EThS 44, Würzburg 2012, 191–206, bes. 193–199.

[43] Vgl. dazu V. Rabens, The Holy Spirit and Ethics in Paul. Transformation and Empowering for Religious-Ethical Life, WUNT II/283, Tübingen ²2013, 216–219, der unter Verweis auf die verwandte Textpassage Röm 8,15f. feststellt: »υἱοθεσία […] is best translated as ›adoption as sons‹ […] it characterizes the very essence of Christian existence« (218).

aller Menschen, Juden wie Nichtjuden, als solche von Paulus negativ bewertet wird, kann es die Existenzweise von Juden, die der Tora folgen. Erst dank der Initiative Gottes in der Sendung seines Sohnes, des geborenen Juden Jesus, wird beides zu etwas durch Gott selbst Überwundenem. Das endzeitliche Handeln Gottes in Jesus Christus richtet sich also, wie auch sonst in der paulinischen Theologie, auf Israel und die Völker gleichermaßen.[44]

Zu den beiden Polen paulinischer Christologie: Sohn Gottes – Sohn einer Frau, tritt somit in Gal 4,4 als »überschießendes Element«, das im Aussagezusammenhang besonderes Gewicht trägt, der explizite Verweis auf die »jüdische Identität« Jesu. Sie wird frühjüdischer Sprache und Denkweise entsprechend durch einen Verweis auf die Tora präzisiert (γενόμενον ὑπὸ νόμον – »›geworden‹ unter dem Gesetz/dem Gesetz unterstellt«). In strukturell vergleichbarer Weise wie mit Blick auf seine eigene biographische Herkunft und Identität[45] betont Paulus damit die Zugehörigkeit Jesu zum Volk Israel und seine gesetzestreue Lebensweise als einen biographisch und theologisch gleichermaßen zentralen Gesichtspunkt seiner Christologie.[46] Die Weiterführung der Aussage in V. 5 relativiert diesen christologischen Sachverhalt keineswegs. Vielmehr bilden die Messianität und mit ihr verbunden auch das Judesein Jesu die soteriologische Basis für die Heilszuwendung Gottes zu Israel und den Völkern.[47]

---

[44] Der Grundgedanke von Gal 4,4–7 entspricht ganz der Argumentation in Röm 1–3 (vgl. bes. 1,16f.; 3,28–30; s.a. 11,13f.28–32). Vgl. dazu K.-W. Niebuhr, Menschenbild, Gottesverständnis und Ethik. Zwei paulinische Argumentationen (Röm 1,18–2,29; 8,1–30), in: M. Konradt/E. Schläpfer (Hg.), Anthropologie und Ethik im Frühjudentum und im Neuen Testament. Wechselseitige Wahrnehmungen. Internationales Symposium in Verbindung mit dem Projekt Corpus Judaeo-Hellenisticum Novi Testamenti (CJHNT) 17.–20. Mai 2012, Heidelberg, WUNT 322, Tübingen 2014, 139–161, bes. 147–154.

[45] Phil 3,5f., (bes. V. 6: κατὰ δικαιοσύνην τὴν ἐν νόμῳ γενόμενος ἄμεμπτος (»gemäß der Gerechtigkeit im Gesetz untadelig geworden«); vgl. dazu K.-W. Niebuhr, Heidenapostel aus Israel. Die jüdische Identität des Paulus nach ihrer Darstellung in seinen Briefen, WUNT 62, Tübingen 1992, 79–111.

[46] Vgl. zur christologischen Bedeutung von Gal 4,4 im Zusammenhang weiterer paulinischer Aussagen zur Sendung des Messias Jesus durch Gott M. Hengel, Präexistenz bei Paulus, in: ders., Paulus und Jakobus. Kleine Schriften III, WUNT 141, Tübingen 2002, 262–301, bes. 284–286.

[47] »Dass der historisch unbestreitbare Sachverhalt, dass Jesus Jude war, von Paulus offensichtlich nicht theologisch reflektiert wird«, wie A. Lindemann, Der jüdische Jesus als der Christus der Kirche. Historische Beobachtungen am Neuen Testament, in: ders., Glauben, Handeln, Verstehen (s. Anm. 35), 4–32,

Dass Paulus dieses Profil seiner Christologie gerade im Galaterbrief herausarbeitet, ist umso bemerkenswerter, als ja in diesem Brief die Bindung des endzeitlichen Heilshandelns Gottes an das geschichtliche Israel zur Debatte steht. Während die in den galatischen Gemeinden aktiven Gegner diese Bindung dadurch bekräftigt sehen wollen, dass sich die bereits getauften Gemeindeglieder nachträglich auch noch beschneiden lassen, lehnt Paulus diese Forderung unter allen Umständen und mit allen argumentativen und rhetorischen Mitteln ab. Für ihn würde die Akzeptanz der Beschneidung Abkehr von der Heilszuwendung durch Christus bedeuten.[48] Das endzeitliche Heilshandeln Gottes an Israel und an den Völkern ist also nicht an den Eintritt von Nichtjuden in das geschichtliche Israel gebunden, wohl aber an die Zugehörigkeit des endzeitlichen Repräsentanten Gottes zum geschichtlichen Israel.

4. Christus als »Diener der Beschneidung« (Röm 15,8)

In Röm 14,1–15,13 wendet Paulus in einem paränetisch akzentuierten Argumentationsgang das christologische Grundmotiv von Jesus als Israelit auf die römische Gemeindesituation an. Die Auseinandersetzungen innerhalb der römischen (Haus-)Gemeinden, auf die Paulus hier Bezug nimmt, lassen sich am besten unter den Annahme verständlich machen, dass Formen jüdischer religiöser Praxis bei Nichtjuden auf Geringschätzung trafen.[49] Demgegenüber hat nach

---

bes. 26, behauptet, wird man angesichts der hier knapp nachgezeichneten Argumentation im Zusammenhang von Gal 4,4 wohl kaum sagen können, unbeschadet dessen, dass in der Tat für Paulus »›in Christus‹ die Unterscheidung von ›Jude‹ und ›Grieche‹ aufgehoben ist« (ebd.). Gleichwohl hat Paulus Gründe, die Differenzierung dessen, was, modern gesprochen, »Menschheit« heißt, in Juden und Nichtjuden immer wieder zu thematisieren, weil genau an dieser Stelle sein ureigenes missionarisches wie theologisches Aufgabenfeld lag. Vgl. dazu ausführlicher NIEBUHR, Heidenapostel aus Israel (s. Anm. 45), 66–78.158–178; DERS., »Nicht alle aus Israel sind Israel.« (Röm 9,6b). Röm 9–11 als Zeugnis paulinischer Anthropologie, in: F. Wilk / J. R. Wagner (Hg.), Between Gospel and Election. Explorations in the Interpretation of Romans 9–11, WUNT 257, Tübingen 2010, 433–462.

[48] Gal 2,21; 5,2. Vgl. dazu ausführlicher NIEBUHR, Offene Fragen (s. Anm. 31), bes. 41–51.

[49] Vgl. dazu V. GÄCKLE, Die Starken und die Schwachen in Korinth und in Rom. Zu Herkunft und Funktion der Antithese in 1 Kor 8,1–11,1 und in Röm 14,1–15,13, WUNT II/200, Tübingen 2004, 22–32.292–449;

Paulus die Bereitschaft, einander anzunehmen, darin ihren Grund, dass Christus beide, also Juden wie Nichtjuden in der Gemeinde, schon angenommen hat.[50] Diesen Vorgang der Annahme aller durch Christus begründet und entfaltet Paulus anschließend in doppelter Richtung: »Christus ist zum Diener der *Beschneidung* geworden aufgrund der göttlichen Wahrheit, um die Verheißungen an die Väter festzumachen, während *die Völker* Gott für sein Erbarmen preisen sollen«.[51] Die beiden Infinitive in der Aussage benennen jeweils das Ziel des Christusdienstes: Die Verheißungen an die Väter sollen bestätigt werden (βεβαιῶσαι),[52] und die Völker sollen Gott loben (δοξάσαι). Das Christusgeschehen zielt also auch hier auf Israel und die Völker gemeinsam, wenn auch mit je unterschiedlicher Akzentuierung: Es ist *Bestätigung* der biblischen Verheißungen Gottes für sein Volk Israel und *Erfüllung* der endzeitlichen Hoffnungen für die Völker.

Paulus kreiert dazu aus verschiedenen Schriftstellen nach den Regeln zeitgenössischer exegetischer Kunst eine Art *Cento*, in dem sich Israel und die Völker zum hymnischen Lobpreis Gottes vereinen (15,9–13).[53] Während die Verheißungen für Israel bei den Erzvätern verankert sind,[54] wurzelt die Heilshoffnung für die Völker in prophe-

---

J. M. G. Barclay, »Do we undermine the Law?« A Study of Romans 14.1–15.6, in: ders., Pauline Churches and Diaspora Jews, WUNT 275, Tübingen 2011, 37–59; M. Reasoner, The Strong and the Weak. Romans 14.1–15.13 in Context, SNTSMS 103, Cambridge 1999; F. Watson, Paul, Judaism and the Gentiles. A Sociological Approach, SNTSMS 56, Cambridge u. a. 1986, 88–176 (Revised and Expanded Edition Grand Rapids/Cambridge 2007, 163–344); Niebuhr, Gesetzespraxis (s. Anm. 31), 31–41.

[50] 15,7; vgl. 14,1. Zur Adressierung des Christus-Evangeliums an Juden wie Nichtjuden nach dem Römerbrief vgl. Niebuhr, »Nicht alle aus Israel« (s. Anm. 47), 438–444.

[51] Röm 15,8 f. Vgl. dazu W. Kraus, Das Volk Gottes. Zur Grundlegung der Ekklesiologie bei Paulus, WUNT 85, Tübingen 1996, 326–333; G. Sass, Leben aus den Verheißungen. Traditionsgeschichtliche und biblisch-theologische Untersuchungen zur Rede von Gottes Verheißungen im Frühjudentum und beim Apostel Paulus, FRLANT 164, Göttingen 1995, 462–490.

[52] Vgl. zu den Übersetzungsnuancen Haacker, Römer (s. Anm. 24), 296 f. Zu Recht stellt Haacker heraus: »Die Rede vom Dienst Christi an *Israel* erinnert zugleich daran, daß der Messiasbegriff grundsätzlich einen Beauftragten Gottes gegenüber Israel meint.«

[53] Vgl. dazu F. Wilk, Die Bedeutung des Jesajabuches für Paulus, FRLANT 179, Göttingen 1998, 146–158.169–171.233–239; R. B. Hays, Echoes of Scripture in the Letters of Paul, New Haven/London 1989, 70–73.

[54] Besonders bei Abraham nach Gen 17,5; 22,17, vgl. auch Röm 4,13–25; 9,5; 11,28.

tischen Ausblicken auf die Endzeit. Nach biblischem Zeugnis wird Gott am Ende der Zeit ganz Israel auf dem Zion versammeln, zusammen mit allen Völkern, und die nach dem endzeitlichen Kampf JHWHs gegen die Feinde Jerusalems Übriggebliebenen aus den Völkern werden hinaufziehen, um im Tempel JHWH anzubeten und mit Israel gemeinsam das Laubhüttenfest zu feiern.[55] Gegenüber den ursprünglichen Aussagezusammenhängen der Schriftzitate akzentuiert Paulus dabei besonders die positive Heilshoffnung für die Völker, ohne dadurch aber die Heilszusagen für Israel abzuschwächen.

Auch im Blick auf diese doppelte Zielrichtung des Christusdienstes kann Paulus seinen eigenen Dienst und sein Missionswerk in Strukturanalogie zum Dienst Christi interpretieren.[56] Als »Diener Christi Jesu« (λειτουργὸς Χριστοῦ Ἰησοῦ) weiß er sich zu den Völkern gesandt, aber zugleich richtet er seine Pläne daran aus, »den Heiligen in Jerusalem zu dienen«.[57] Die gegenseitige Annahme in der Gemeinde nach dem Vorbild Christi beschränkt sich also nicht auf die »innerrömischen« Verhältnisse, sondern der Dienst Christi an Israel und den Völkern wird nach Paulus zum Maßstab und zur Basis für die Einheit der Kirche Jesu Christi.

Die Bezeichnung Jesu als »Diener der Beschneidung« (διάκονος [...] περιτομῆς) hat zwar keinen Eingang in die frühchristliche Bekenntnisbildung gefunden. Sie enthält gleichwohl ein wesentliches Element paulinischer Christologie. In ihr zeigt sich die Bindung des Heilshandelns Gottes in Jesus Christus an den Messias aus Israel, der selbst

---

[55] Jes 11,10–16; 56,6–8; 66,18–21; Sach 14,16. Zum Geschick der Völker in der Endzeit nach frühjüdischer und paulinischer Auffassung vgl. KRAUS, Volk Gottes (s. Anm. 51), 12–110; T. L. DONALDSON, Paul and the Gentiles. Remapping the Apostle's Convictional World, Minneapolis 1997, 51–78; NIEBUHR, Gesetzespraxis (s. Anm. 31), 41–49.

[56] Röm 15,14–21.

[57] V. 25: νυνὶ δὲ πορεύομαι εἰς Ἰερουσαλὴμ διακονῶν τοῖς ἁγίοις. Zu dem hier im Hintergrund stehenden Kollektenwerk für die Jerusalemer Urgemeinde vgl. die klassische Darstellung von D. GEORGI, Der Armen zu gedenken. Die Geschichte der Kollekte des Paulus für Jerusalem, Neukirchen-Vluyn ²1994, sowie F. W. HORN, Die Kollekte für die Jerusalemer Gemeinde, in: ders., Paulus Handbuch (s. Anm. 17), 116–119; SCHNELLE, Die ersten 100 Jahre (s. Anm. 32), 288–291; D.-A. KOCH, Geschichte des Urchristentums. Ein Lehrbuch, Göttingen ²2014, 331–343; R. BIERINGER, The Jerusalem Collection and Paul's Missionary Project. Collection and Mission in Romans 15.14–32, in: A. Puig i Tàrrech u. a. (Hg.), The Last Years of Paul. Essays from the Tarragona Conference, June 2013, WUNT 352, Tübingen 2015, 15–31; M. QUESNEL, The Collection for Jerusalem in the Context of Paul's Missionary Project: Theological Perspectives, in: The Last Years of Paul, 33–48.

Israelit war und dessen Dienst auf Israel und die Völker ausgerichtet ist. Der Sache nach ergeben sich daraus Bezüge auch zu den paulinischen Argumentationen im Galaterbrief und im Römerbrief über die Rechtfertigung nicht aus Werken des Gesetzes, sondern aus Glauben an Jesus Christus. Demnach ist Christus nicht »Diener der Sünde« geworden,[58] sondern »Diener der Beschneidung« und »Hoffnung für die Völker«.[59] Daher erlangen im Christusgeschehen Juden wie Nichtjuden endzeitliche Rettung.[60]

---

[58] Eben nicht »Diener der Sünde« (ἁμαρτίας διάκονος), wie es Gal 2,17 explizit ausschließt; vgl. auch Röm 3,7 f.

[59] Vgl. Röm 15,12; Gal 1,16; 3,8.

[60] Vgl. Gal 2,15; Röm 3,29 f.

Der Glaube an einen persönlichen und universalen Christus Jesus

Martin Leiner

1. Die Rede von Christus als Glaubensaussage

Diese Tagung trägt den Titel »die Rede von Christus als Glaubensaussage«. Auch wenn der Zweite Artikel des Apostolikums das »ich glaube« nicht noch einmal eigens wiederholt, gehe ich davon aus, dass es nicht ganz überflüssig ist, zum Thema des Glaubens einige Überlegungen aus systematisch-theologischer Sicht vorauszuschicken.

Es geht im Apostolikum um ein Glauben an: Gott Vater, Jesus Christus, den Heiligen Geist. Erst am Schluss, wenn es heißt: »Ich glaube die christliche Kirche [...]« bis hin zum ewigen Leben kann man erwägen, ob es um einen Glauben an heilvolle Realitäten wie die Kirche und die genannten Heilsereignisse geht oder ob diese Realitäten im Glauben an den Heiligen Geist eingeschlossen sind. Glauben im Sinne des Glaubensbekenntnisses ist zunächst und vor allem nicht eine mindere Form des Wissens, sondern eine vertrauende Bezugnahme auf eine Person. Es wäre verfehlt, wenn man den Gegensatz überbetonen wollte, wie dies etwa Martin Buber in seiner Schrift »Zwei Glaubensweisen«[1] getan hat. In den Glauben an die trinitarische Person eingeschlossen ist der Glaube an Aussagen über diese Person. Das hebräische הֶאֱמַנְתִּי (*hä'äminthi*), das griechische πιστεύω (*pisteuō*), das lateinische *credo* und das deutsche »ich glaube« betonen unterschiedliche Aspekte der personalen Beziehung und der mit ihr verbundenen Glaubensaussagen: Die Wurzel אמן (*'mn*): Das Getragen- und Gehaltensein durch eine Person[2] schließt auch die Beständigkeit und Zuverlässigkeit mit ein,[3] das griechische πιστεύω ist ohnehin zunächst das Vertrauen auf eine zuverlässige Realität,[4] wozu dann auch Personen zählen können, *credo*, nach einer umstrittenen Etymologie

[1] Vgl. M. Buber, »Zwei Glaubensweisen«, in: Martin Buber Werkausgabe IX, Schriften zum Christentum, hg. v. K.-J. Kuschel, Gütersloh 2011, 202–312.

[2] Vgl. A. Weiser verweist in πιστεύω κτλ. B, ThWNT 6 (1959), 182–197, 183, auf das »Kind, das im Gewandbausch getragen wird« (Jes 60,4).

[3] Vgl. H. Wildberger, אמן, THAT 1 (1978), 178–210.178.

[4] Vgl. R. Bultmann, πιστεύω κτλ., ThWNT 6 (1959), 174–182.197–230.

von *cor* (»Herz«) und *dare* (»geben/schenken«):[5] Das Schenken des Herzens, zumindest das »Vertrauen schenken« und »ich glaube«, das »sich etwas lieb, vertraut machen«[6] schließen beide die sich auf den anderen verlassende Selbstfestlegung mit ein, wie es in den wortgeschichtlich verwandten Ausdrücken »Kredit geben« bzw. »geloben« zum Ausdruck kommt. Bekannt wird im Glaubensbekenntnis gleich in welcher Sprache immer zunächst und vor allem die Beziehung des ich – im Nizänum auch des wir – zu einer Person: Gott Vater, Jesus Christus, Heiliger Geist. Wenn sich der Glaube auf die Person Jesus Christus bezieht, dann lässt sich dies nicht vereinbaren mit einer Opposition zwischen dem irdischen Jesus und dem auferstandenen Christus. Nachdem Karl Barth eine Zeitlang die Kritik Rudolf Bultmanns an der liberalen und pietistischen Orientierung an Jesus geteilt hatte, schreibt er gegen diesen Gegensatz in KD II/2, 631: »Gott will Jesus [...]. Es handelt sich beim Gehorsam gegen Gott immer darum, Jesus gehorsam zu werden und zu bleiben.« Als Menschen können wir gar nicht anders als mit dem Menschen Jesus und der Vielfalt seiner menschlichen Züge, die uns die Evangelien zeigen, in glaubende Beziehung zu treten.

2. Glaubensbekenntnis und Gesetzlichkeit

Systematischen Theologen ist die Beobachtung, dass der Glaube sich auf Personen richtet, wichtig, weil sie einem gesetzlichen Verständnis des Glaubensbekenntnisses entgegensteht. Gerhard Ebeling spricht dieses Problem wie folgt an: »Der Glaube an Jesus Christus entfaltet sich in einer Vielzahl von Aussagen. Das bringt ihn in den Geruch religiöser Gesetzlichkeit.«[7] Die Annahme aller einzelnen, vielleicht noch zerstückelten Glaubensaussagen wird zum frommen Werk. Je absurder oder schwerer verständlich die Aussage – von der

---

[5] Zur Vielfalt des lateinischen *credere* vgl. K.E. Georges/H. Georges, Ausführliches Lateinisch-deutsches Handwörterbuch, Darmstadt 1995 (Nachdruck der Ausgabe von 1913), 1737–1743.

[6] T. Schneider verweist in seinem Buch: Was wir glauben. Eine Auslegung des apostolischen Glaubensbekenntnisses, Düsseldorf [5]1998, 23f., Anm. 13, auf die Etymologie: »Das gotische ›galaubjan‹, das althochdeutsche ›giloubo‹, das mittelalterliche ›gelouben‹ sind in ihrer Grundbedeutung ›sich etwas lieb machen, sich vertraut machen‹ stammverwandt mit dem Adjektiv ›lieb‹.«

[7] G. Ebeling, Dogmatik des christlichen Glaubens II. Tübingen 1979, 128; vgl. auch für die folgenden Gedanken a.a.O., 129.

Jungfrauengeburt bis zur Himmel- und Höllenfahrt – umso größer ist die Leistung, die der »Glaubende« erbringen muss. Umso mehr wird das Glaubensbekenntnis Instrument der Werkgerechtigkeit und damit des Unglaubens. Man kann nach Ebeling dieser Gesetzlichkeit dadurch entgehen, dass man die christologischen Aussagen, auch in ihrer Fülle nicht als Glaubenspflicht, sondern als Ausdruck der unerschöpflichen Liebe Gottes versteht.[8] »Das ist gewissermaßen der Schlüssel zu allen christologischen Schlössern.«[9] Die beschreibenden Kennzeichnungen Jesu Christi, die wir in den Glaubensaussagen des Apostolikums vorliegen haben, sind in gewisser Weise sogar überflüssig, redundant. Im Grunde ist alles bereits im Glauben an Jesus Christus enthalten. Selbstverständlich ist Jesus Christus für jeden, der das Neue Testament kennt, derjenige über den das alles ausgesagt werden kann. Es ist ähnlich selbstverständlich für den Kenner, wie es für den Kenner nichts hinzufügt, wenn ich statt: »Ich beziehe mich auf Martin Luther«, sage: »Ich beziehe mich auf Martin Luther, den Reformator, der in Eisleben geboren ist, der in Leipzig an einer Disputation teilgenommen hat, der in Wittenberg Professor war und der in Eisleben gestorben ist.« Die Auswahl von Aussagen, die das Glaubensbekenntnis macht, scheint mir nicht darauf zu zielen, Jesus Christus besser zu identifizieren, sie hat offensichtlich auch nicht das Ziel, Vollständigkeit zu erreichen. Sehr wichtige Elemente des Lebens und der Lehre Jesu fehlen, etwa seine Beziehung zu Johannes dem Täufer, seine Predigt vom Reich Gottes, die Wunder, seine Ethik, seine Gleichnisse, die Einsetzung des Abendmahls auch die Heilsbedeutung seines Todes. Die Auswahlkriterien sind offenbar auch nicht allein zeitgenössische theologische Debatten, über das Leiden unter Pontius Pilatus sind keine solchen Debatten in der Alten Kirche bekannt. Damit wird die Frage spannend: Welches sind die Auswahlkriterien? Der Text des zweiten Artikels des Apostolikums verbindet, so meine Interpretation, die universale Bedeutung Jesu Christi mit absolut konkreten, individuellen Aussagen. Die individuellen Aussagen sind: der Name »Jesus«, er ist der »einziggeborene Sohn«, die Mutter »Maria«, »gelitten unter Pontius Pilatus«, »am dritten Tag« auferstanden. Die Universalität wird transversal als eine alle Bereiche des Seins durchlebende Geschichte erzählt: Im Nizänum noch klarer beginnt die Geburt aus Gott, dann das Erdenleben bis hin zum Tod

[8] A. a. O., 129.
[9] Ebd.

am Kreuz und zum Grab, dann tiefer noch bis in das Reich des Todes, durch die Auferstehung und die Himmelfahrt dann wieder zurück zu Gott. Die Auswahlkriterien des Apostolikums entsprechen ziemlich genau der christologischen Formel von Paul Tillich, die christliche Theologie habe in Jesus Christus eine Grundlage, die vollkommen konkret und absolut universal zugleich sei.[10]

3. Zur Frage eines Aufbrechens der Israel-Vergessenheit des Credos

Auf dieser Grundlage ergibt sich auch meine Antwort auf das von Karl-Wilhelm Niebuhr angeregte Aufbrechen der Israel-Vergessenheit des Credos. Wenn die christologischen Aussagen nicht nach der Logik der Vollständigkeit, sondern der Kombination von individueller Konkretheit und universaler Reichweite ausgewählt wurden, ist eine Erweiterung grundsätzlich möglich, wenn auch ökumenisch höchst konfliktträchtig. Auch andere Erweiterungen könnten wichtig sein. Eine Einbeziehung Israels wäre in antijudaistischen Zeiten etwa in den 1930er und 40er Jahren aus ethischer Sicht sehr wünschenswert gewesen, sie steht aber, wenn die gegebene Analyse richtig ist, quer zum Text, indem sie weder auf Individuelles noch auf Universales, sondern auf etwas Partikulares, etwas, was ein Volk und dieses allein, betrifft, abhebt.

Dahinter stehen wichtige hermeneutische Klärungen, die zwischen Neuem Testament und Systematik vorangebracht werden müssen. Das Apostolikum ist ein Text, der insofern im Gegensatz zu den paulinischen Schriften steht, als er die Israelbezogenheit in den Hintergrund treten lässt. Universales räumliches Denken setzt sich im Apostolikum gegenüber heilsgeschichtlichem, partikular-israelisches

---

[10] Vgl. P. Tillich, Systematische Theologie I, Stuttgart 1955, 37. Vgl. dazu den Kommentar von Andreas Rößler: »Jesus als der Christus ist der ›konkrete‹ oder auch ›inkarnierte Logos‹ […]. Der ›universale Logos‹ ist ontologisch ›universal‹ im Sinne von ›allumfassend‹, und er ist erkenntnistheoretisch ›universal‹ im Sinn der universalen Offenbarung Gottes. Der ›konkrete‹ oder ›inkarnierte Logos‹ wiederum, in dem sich der universale Logos in äußerster Dichte manifestiert hat, ist das Kriterium, der Maßstab dafür, ob eine behauptete Manifestation des Wesens und Wirkens Gottes wirklich authentisch ist oder ob es bei der bloßen Behauptung bleibt« (A. Rössler, Der Christus und die zweite Person der Trinität. Zur universalen Perspektive in Paul Tillichs Christologie, IYTR 6, Berlin/Boston 2011, 61–87, 75).

unterstreichendem Denken durch. Eine hermeneutisch-kritische Grundfrage ist: Wie soll in dieser Diskrepanz entschieden werden? Welche Texte verdienen unter welchen Gesichtspunkten den Vorrang? Ein ähnliches Problem liegt auch bei dem Untertitel der jetzigen Einheit vor: Die Rede von Jesus als »Person der Trinität«, wie sie im Untertitel erscheint, ist Produkt der Dogmenbildung, sie ist als solche nicht im Neuen Testament zu belegen. Soll man sie deshalb zugunsten des neutestamentlichen Textes kritisch relativieren?

4. Die hermeneutische Aufgabe im Blick auf das Judentum und das trinitarische Dogma

Die Konkordienformel gibt eine klare Antwort auf diese Frage: »Solchergestalt wird der Unterschied zwischen der Heiligen Schrift Alten und Neuen Testamentes und allen andern Schriften erhalten, und bleibt allein die Heilige Schrift der einig Richter, Regel und Richtschnur, nach welcher als dem einigen Probierstein sollen und müssen alle Lehren erkannt und geurteilt werden, ob sie gut oder bös, recht oder unrecht sein. Die anderen Symbola aber […] sind nicht Richter wie die Heilige Schrift, sondern allein Zeugnis und Erklärung des Glaubens, wie jederzeit die Heilige Schrift in streitigen Artikuln in der Kirchen Gottes von den damals Lebenden vorstanden und ausgeleget […] worden.«[11] Dieser Text scheint dazu anzuleiten, die biblischen Aussagen als etwas Statisch-Wahres (»Probierstein«) den zeitlich sich wandelnden relativen Bekenntnissen gegenüberzustellen. Der Vergleich von Wortlaut und Aussagen mit der Schrift scheint auszureichen, um zu einem Urteil über die Bekenntnisse zu kommen. Diesem vereinfachten Verständnis der Position der Konkordienformel gegenüber ist es wichtig festzuhalten, dass die biblischen Texte eine Dynamik enthalten, die von Leben, Lehre und Geschick Jesu Christi ausgeht. Wie ein Stein, der ins Wasser fällt, Kreise bis ans Ende des Sees zieht, so setzt Jesus Christus eine Sprach-Bewegung in Gang, die nicht schon an den Enden des biblischen Kanons aufhört. Die neutestamentlichen Schriften enthalten unterschiedlich starke Zeugnisse dieser Dynamik, manchmal auch Stagnationen und Rückschritte. Insgesamt ist das frühe Christentum aber keine Reformbewegung im

[11] Liturgische Konferenz (Hg.), Die Bekenntnisschriften der evangelisch-lutherischen Kirche. Herausgegeben im Gedenkjahr der Augsburgischen Konfession 1930, Göttingen [12]1998, 769.

Judentum, sondern hat die jüdische Religion als Ganze um ein neues Zentrum, Jesus Christus, neu geordnet und interpretiert. Es findet mit dem Christentum eine semiotische Revolution statt, deren Movens die Rekapitulationsdynamik ist, bei der Signifikate neu den Signifikanten zugeordnet und alles von Christus her neu interpretiert wird.[12]

Bereits im Neuen Testament lassen sich deshalb auch Strömungen finden, die über das Festhalten heilsgeschichtlicher Vorzüge Israels hinausgehen und zu einem Universalismus tendieren. »In Christus gilt weder Beschneidung noch Unbeschnittensein etwas, sondern der Glaube, der durch die Liebe tätig ist« (Gal 5,6) oder: »Hier ist nicht Jude noch Grieche [...] denn ihr seid allesamt einer in Christus Jesus« (Gal 3,28). Ebenso ist die Bewegung, die zur Trinitätslehre führt, bereits im Neuen Testament angelegt. Jesus Christus wird mit dem Titel Herr, Kyrios und sogar »Gott« (Röm 9,5) bezeichnet. Kyrios ist in der Septuaginta die Wiedergabe für den Gottesnamen. Die Rekapitulationsdynamik geht schon sehr früh so weit, dass Christus mit Jahwe identifiziert wird. Dasselbe wird in 2 Kor 3,17 auch vom Geist ausgesagt: »Der Herr (ὁ κύριος) ist der Geist.« Damit sind die Grundlagen für den Trinitätsglauben gelegt, auch wenn die Begrifflichkeit des trinitarischen Dogmas erst in einem anderen Kontext und Jahrhunderte später festgelegt wird.

Eine Hermeneutik, die die Dynamik der Texte aufnimmt, kann deshalb nicht durch Abgleich von Aussagen vorgehen, sondern sie muss die von Christus als der Mitte des Neuen Testaments bestimmte Dynamik verstehen und legitime Dynamiken innerhalb und außerhalb des Kanons von unakzeptablen Dynamiken sowie von Stagnation und Rückschritten unterscheiden. Das Evangelium ist eine »Kraft zur Rettung« (δύναμις εἰς σωτηρίαν, Röm 1,16), keine Sammlung statischer Wahrheiten. Kriterium für die Prüfung solcher Dynamiken ist, ob und inwieweit sie Jesus Christus entsprechen und ob und inwieweit sie als Evangelium, als frohe Botschaft von der Liebe Gottes, rezipiert werden können. Im Rahmen dieses Vortrags habe ich nicht die Zeit, dies im Einzelnen auszuführen. Man kann aber zeigen, dass das trinitarische Dogma eine sinnvolle Darstellung der von Jesus ausgehenden

---

[12] Zu diesem Konzept vgl. M. LEINER, Die Entstehung des Christentums als semiotische Revolution, IYTR 6, Berlin/Boston 2011, 163–186, und DERS., Rekapitulation des israelischen Zeichensystems, Rekapitulation der Welt, Rekapitulation der menschlichen Seele als Person, in: P. Lampe/H. Schwier (Hg.), Neutestamentliche Grenzgänge. Symposion zur kritischen Rezeption der Arbeiten Gerd Theißens, Göttingen 2010, 140–160.

Rekapitulationsdynamik ist. Das Hauptargument ist soteriologisch: Nur wenn Gott in Christus als Mensch erschienen ist, hat er unsere Existenz und ihre Bedingungen angenommen. Wenn nur das Angenommene geheilt und gerettet werden kann, dann lässt sich Heil nur auf der Grundlage der Trinitätslehre denken.[13] Dem Heiligen Geist muss dabei auch die Identität mit Gott zuerkannt werden, weil er den einzelnen Christen in das Heil einbezieht.

5. Jesus Christus, seinen einigen Sohn, unseren Herrn – gedeutet von Gottes Liebe und der Menschlichkeit Jesu aus

»Ist Jesus gleichsam der Text, so ist Christologie das Entziffern, das Vorlesen und das Auslegen dieses Textes.«[14] Geht man von diesem Grundsatz Gerhard Ebelings aus, dann bietet es sich an, die Bekenntnisaussagen von Leben, Lehre und Geschick Jesus aus zu entwickeln. Mit diesem Ausgehen von Jesus von Nazareth, seinem biblischen Bild und den historischen Rekonstruktionen, ergibt sich die Möglichkeit, dass Gott in Christus für uns menschlich erfahrbar wird. Für unsere Passage heißt dies: Jesus wird als der Christus bekannt, weil er sich sehr intensiv mit Messiaserwartungen seiner Zeitgenossen auseinandersetzen musste, was auch dazu führte, dass er als angeblich falscher Messias gekreuzigt wurde. Jesus als Messias zu bekennen, bedeutet, für ihn Partei zu ergreifen gegen andere Messiasbilder und gegen diejenigen, die ihn verurteilt haben. Entsprechend der Rekapitulationsdynamik ist nun von Jesus aus semantisch zu füllen, was mit Messias gemeint ist. Auch die messianischen alttestamentlichen Verheißungen werden von ihm aus legitimiert, kritisiert und interpretiert. So ist Jesus leicht zu identifizieren mit dem messianischen Zitat von Jes 42,7, durch das das Lukasevangelium Jesu öffentliches Auftreten charakterisiert (Lk 4,18f.). Jesus ist der Messias der liebenden Zuwendung an die Schwachen, Armen, Zerschlagenen.

Dass Jesus Gottes einiger, einziger oder heute völlig unverständlich: »eingeborener« Sohn ist, lässt sich dem Gleichnis von den bösen Weingärtnern (Mk 12,1–12 par.) folgend dahingehend verstehen, dass Jesus der einmalige Repräsentant von Gott selbst auf Erden

---

[13] Vgl. A. Käfer, Inkarnation und Schöpfung. Schöpfungstheologische Voraussetzungen und Implikationen der Christologie bei Luther, Schleiermacher und Karl Barth, Berlin/New York 2010.

[14] G. Ebeling, Dogmatik des christlichen Glaubens II, Tübingen 1979, 10.

war. Die Inkarnation Gottes hängt mit seiner Wortverkündigung zusammen: »Für die Menschwerdung Gottes kann es nicht als zufällig und nebensächlich gelten, daß Jesus verkündigend auftrat. [...] Aus seinem Menschsein ist nicht wegzudenken, dass er sich darein verströmte und sein Leben dafür einsetzte, Gott den Menschen auszusagen und zuzusagen.«[15]

Dass Jesus Christus unser Herr ist, verbindet sich nicht nur mit dem Gottesnamen des Alten Testaments, sondern auch mit einer Kritik anderer Herren. Auch wenn andere Herren und Mächte auf uns Einfluss haben, so ist doch nur er unser Herr.

In diesem Sinne, kann Gerhard Ebeling, der Kirchengeschichtler, der auch Neutestamentler und Systematischer Theologe war, Neutestamentler und Systematiker in der Christologie zusammenbringen und uns zum Achten auf die Menschlichkeit Jesu hinweisen. Um der ethischen Dimension gerecht zu werden, müsste man über Ebeling hinaus natürlich auch Bonhoeffer, von dem Ebeling leider so wenig übernommen hat, mit hineinnehmen. Um ein Beispiel zu geben: Bei der Versöhnung durch Christus ist es aus dieser Sicht nicht so grundlegend oder entscheidend, ob – wie eine wichtige Debatte in der neutestamentlichen Forschung der letzten Dekaden diskutierte – der Bildbereich des Jom Kippur oder der Kaiserideologie prägend ist. Es ist auch nicht so wichtig, welchem der drei Typen der Versöhnungslehre von Gustaf Aulén zu folgen ist, wie dies immer noch von Systematikern diskutiert wird. Sondern man kann davon ausgehen, dass der Mensch Jesus Feindesliebe und Verzeihung gepredigt hat und dass man von ihm erzählen konnte, dass er am Kreuz noch für seine Feinde gebetet habe: »Vater, vergib ihnen, denn sie wissen nicht, was sie tun« (Lk 22,34). Aus diesem Geschehen ergibt sich alles Weitere und in ihm teilt Gott selbst sich mit. Erfahrbar wird die Glaubwürdigkeit der Versöhnung in der Nachfolge, in der Menschen Feindesliebe und Verzeihung praktizieren.

[15] A.a.O., 91.

Reflexionen und Impulse zur Diskussion

Georg Neugebauer

In der zur Diskussion stehenden Formel aus dem zweiten Artikel des Apostolikums ist der Prozess einer religiösen und theologischen Selbstverständigung altkirchlicher Glaubensgemeinschaften zum Abschluss gekommen. Zwar lassen sich alle Elemente, die darin Erwähnung finden, auf die neutestamentliche Überlieferung zurückführen. Die Hoheitstitel sind allesamt biblisch belegt. Sodann bekannte Petrus gegenüber Jesus: σὺ εἶ ὁ χριστός (»du bist der Christus«). Auch der Sohnestitel findet vielfach Verwendung. Selbiges gilt von der Bestimmung, dass Jesus der Herr sei. Und schließlich ist auch der Ausdruck μονογενής (»ein[zig]geboren«) in Joh 1,14 festgehalten. Aber auch wenn diese Elemente ihr Fundament im Neuen Testament besitzen, finden sie sich dort nicht in so geballter Form zusammengestellt wie im Apostolikum. Die Formel *und an Jesus Christus, seinen einigen Sohn unsern Herrn*, an deren Anfang die Verbindung zwischen dem Namen »Jesus« und dem Messiastitel steht, trägt die ganze Spannung bzw. das Paradox der Christologie in sich.[1]

Es bildet nun eine der zentralen Fragen innerhalb der Diskussion dieses Lehrstücks, welche Aspekte von Jesu Leben, seinem Auftreten und seiner Wirksamkeit in Galiläa und Jerusalem zum Grund und zum Inhalt des Glaubens gehören. Das Spektrum an Antworten reicht von der vollständigen Ausblendung des historischen Jesus bis hin zu der Auffassung, die Christologie ausschließlich von dieser Person her konzeptualisieren zu können. Karl-Wilhelm Niebuhrs Beitrag *Jesus, der Israelit* setzt in diesem Zusammenhang einen besonderen Akzent und betrachtet das besagte Problem aus der Perspektive des Corpus Paulinum.[2] Die überraschende Antwort, die Niebuhr gegeben hat,

---

[1] »Die kirchliche Predigt und Unterweisung muß ständig von neuem das Paradox betonen, daß der Mensch Jesus ›Christus‹ genannt wird – ein Paradox, das oft verlorengeht, wenn in Liturgie und Homiletik ›Jesus Christus‹ als Eigenname gebraucht wird« (P. Tillich, Systematische Theologie II, Berlin/New York 1987, 108).

[2] Damit ist bereits eine erste Pointe verbunden. Denn Niebuhr signalisiert damit von vornherein, dass Paulus kein geeigneter Kandidat dafür ist, Jesus von Nazareth aus der Christologie zu verbannen – und das gilt eben auch für die paulinische Christologie selbst. Es dürfte Konsens sein, dass der von Martin Kähler und Rudolf Bultmann geltend gemachte Hinweis auf 2 Kor

lautet: Wesentlich ist die jüdische Herkunft Jesu. Doch will er diesen Gesichtspunkt nicht allein als einen Beitrag zum Verständnis der Theologie des Heidenapostels verstanden wissen. Vielmehr sind seine Ausführungen mit dem Ziel verbunden, die »Israel-Vergessenheit der altkirchlichen Bekenntnisse« biblisch-theologisch aufzubrechen.

Dass es sich dabei für Niebuhr um keinen – mit Albert Schweitzer zu sprechen – Nebenkrater des paulinischen Denkens handelt, lässt sich an dem semantischen Feld ablesen, das in diesem Zusammenhang Verwendung gefunden hat. Dass Jesus ein Israelit bzw. jüdischer Herkunft war, gehört zu den »Grundaussagen« der paulinischen Christologie und Soteriologie. Es handelt sich um »Grundmotive« bzw. »wesentliche Elemente«. Gerade der schwierige Ausdruck des *Wesentlichen* impliziert, dass diesem Urteil eine kritische Scheidung zugrunde liegt. Denn wenn die jüdische Herkunft Jesu für die Soteriologie und Christologie des Heidenapostels *wesentlich* ist, dann heißt das zugleich, dass andere Aspekte diese Qualität bzw. diesen Wert nicht besitzen können. Die Bestimmung wesentlicher Elemente setzt der Werturteilsstruktur entsprechend zugleich das Vorhandensein unwesentlicher Elemente voraus. Hieran knüpft die erste Anfrage an den Beitrag Niebuhrs an, der ich zwei weitere an die Seite stellen möchte.

1) Niebuhr setzt sich mit den Passagen, in denen sich Paulus auf die jüdische Herkunft Jesu bezieht, ausführlich auseinander. Der Bedeutungsgrad, den dieser Aspekt innerhalb der paulinischen Theologie besitzt, lässt sich m.E. aber erst dann vollständig plausibilisieren, wenn er mit anderen zentralen Elementen derselben in Beziehung gesetzt wird. So ist es doch – auch für Niebuhr – völlig unstrittig, dass etwa der Begriff des Kreuzes in der Theologie des Heidenapostels fest verankert ist. Selbiges gilt für den christologisch durchdrungenen Geistbegriff. Wie aber verhalten sich diese Dimensionen der paulinischen Christologie zu der von Niebuhr aufgeworfenen? Liegen sie auf derselben Ebene, sind sie untergeordnet oder handelt es sich um Aspekte, die sich nicht ohne Weiteres miteinander in Beziehung setzen lassen? Es wäre für das Verständnis der aufgestellten These ausgesprochen hilfreich, deren Gehalt – zumindest andeutungsweise – in dem hier beschriebenen Sinne zu kontextualisieren. Denn der

5,16 sich als philologisch und exegetisch nicht belastbar erwiesen hat. Bultmanns Ruf danach, den Χριστὸν κατὰ σάρκα (d.h. den »irdischen Jesus«) »brennen« zu lassen (vgl. R. BULTMANN, Zur Frage der Christologie [1927], in: DERS., Glauben und Verstehen. Gesammelte Aufsätze, Tübingen 1933, 85–113, 101), ist längst verhallt.

von Niebuhr herausgestellte Gesichtspunkt der jüdischen Herkunft Jesu berührt auch die Frage nach dessen Normativität für die Selbstverständigung des christlichen Glaubens. Hieran knüpft ein zweiter Gesichtspunkt an.

2) In der Diskussion um die Christologie wurde im 20. Jh. mehrfach mit dem Begriffspaar Faktum und Deutung/Bedeutung operiert.[3] Das Faktum wurde auf den historischen Jesus bezogen und die Frage bestand – und besteht bis zum heutigen Tage – darin, wie sich die Verknüpfung dieser historischen Gestalt mit dem Messiassymbol erklären lässt. Die Position Niebuhrs lässt sich in diese Diskussion insofern einzeichnen, als er ausdrücklich bemerkt: »Der Name Jesus definiert also den Sinn des christlichen Messiasbekenntnisses, nicht legt umgekehrt eine (oder gar ›die‹) traditionelle biblisch-jüdische Messiaserwartung fest, wie der christliche Messias auszusehen hat und was das christologische Bekenntnis bedeuten soll.« Die damit festgelegte »Leserichtung« besagt also, dass der Name »Jesus« und das damit verbundene »geschichtlich-konkrete Leben eines Juden« die entscheidende bedeutungsstiftende Funktion für die christliche Messiasvorstellung besitzt. Die biblisch-jüdische Messiaserwartung wird demgegenüber in die zweite Reihe gestellt, d. h. ihr wird keine sinnkonstituierende Funktion für das christliche Messiasbekenntnis zugebilligt. Um die Außergewöhnlichkeit dieser Leserichtung zu unterstreichen, hat Niebuhr wenige Zeilen zuvor bemerkt, dass es sich bei »Jesus« um einen »jüdischen ›Allerweltsnamen‹« handelt, der »von sich aus keinerlei christologische Bedeutung in sich trägt«. Damit aber würde Niebuhr die Auffassung vertreten, dass das »Jesusphänomen« den *exklusiven* Bestimmungsgrund der christlichen Messiasvorstellung darstellte. Wenn dem so wäre, müsste die christliche Messiasvorstellung als eine Neuschöpfung bzw. -kodierung des Ausdrucks »Messias« im strengen Sinne des Worts begriffen werden. Dagegen lässt sich aber – auch wiederum mit Niebuhr – einwenden, dass für Paulus auch der »Gedanke der Messianität im biblisch-jüdischen Sinn maßgeblich ist«. Diese Formulierung schwächt die zuvor aufgestellte These von der eindimensionalen Leserichtung ab und deutet ein nicht weiter erläutertes Wechselbedingungsverhältnis zwischen der jüdischen Messiasvorstellung und dem christlichen Messiasbe-

[3] Vgl. – je unterschiedlich akzentuiert – TILLICH, Systematische Theologie II (s. Anm. 1), 107–109; W. PANNENBERG, Heilsgeschehen und Geschichte (1959), in: DERS., Grundfragen systematischer Theologie. Gesammelte Aufsätze, Göttingen ²1971, 22–78, 63.66.

kenntnis an. Das aber wirft die Frage auf, wie die Relation zwischen dem »Jesusphänomen« und der überlieferten jüdischen Messiasvorstellung als Bestimmungsgründen des christlichen Messiasbekenntnisses spezifiziert werden kann.

3) Der dritte Gesichtspunkt schließlich berührt den Text des Apostolikums selbst. Dieser besitzt eine lange Entstehungsgeschichte und kennt eine Vielzahl an überlieferten Varianten, die bereits um 1900 von Ferdinand Kattenbusch in eindrucksvoller Gelehrsamkeit untersucht wurden. Der damals in Gießen ansässige Theologe befasst sich in seiner Untersuchung zum apostolischen Symbol in aller Ausführlichkeit mit der Entstehungsgeschichte des Apostolikums. Im Mittelpunkt seines zweibändigen opus steht die lateinische, durch Rufin überlieferte Fassung des altrömischen, mit R abgekürzten Symbols, das um 100 entstanden sein soll.[4] In seiner historisch-kritischen Analyse dieses »Muttersymbol[s]«[5] geht er ausdrücklich auf die Frage ein, wie die Ausdrücke Ἰησοῦς/Χριστὸς miteinander kombiniert wurden. In R heißt es noch Χριστὸς Ἰησοῦς,[6] und bereits in dieser Kombination erblickt Kattenbusch eine besondere Pointe, die sich mit der These von der Israel-Vergessenheit des Apostolikums in Verbindung bringen lässt. Der Theologe hält einerseits fest: »das Symbol verrate als Ursprungszeit und -stätte eine solche, in der nicht die *Auseinandersetzung* mit der Synagoge als dringend angesehen«[7] wurde. Dementsprechend besitze das römische Taufsymbol keine antijüdischen Invektiven. Und doch bemerkt er andererseits: »Man beachte die Eigentümlichkeit des Ausdrucks ›χριστὸς Ἰησοῦς‹. Immerhin wird die Apposition zuerst dargeboten und das bedeutet, dass sie *relativ* ir-

---

[4] F. Kattenbusch, Das apostolische Symbol. Seine Entstehung, sein geschichtlicher Sinn, seine ursprüngliche Stellung im Kultus und in der Theologie der Kirche. Ein Beitrag zur Symbolik und Kirchengeschichte II: Verbreitung und Bedeutung des Taufsymbols (reprographischer Nachdruck der Ausgabe Leipzig 1900), Hildesheim 1962, 959. Auch wenn das vermutlich in Rom entstandene Taufsymbol von Kattenbusch so früh datiert wird, hält er ausdrücklich fest: »Direkt apostolisch kann es freilich auch nicht sein« (ebd.).

[5] F. Kattenbusch, Das apostolische Symbol. Seine Entstehung, sein geschichtlicher Sinn, seine ursprüngliche Stellung im Kultus und in der Theologie der Kirche. Ein Beitrag zur Symbolik und Kirchengeschichte I: Die Grundgestalt des Taufsymbols (reprographischer Nachdruck der Ausgabe Leipzig 1894), Hildesheim 1962, 59.

[6] Vgl. Kattenbusch, Das apostolische Symbol II (s. Anm. 4), 490–494 (bes. auch Anm. 21) sowie 541–562. Darauf weist auch A. Harnack, Apostolisches Symbol, RE^3 1 (1896), 741–755, 744, hin.

[7] Kattenbusch, a. a. O., 542.

gendwie den Nachdruck habe, m.a.W. es verrät uns eben, dass keine Antithese die Formulierung leite. Läge ein *spezifischer* Nachdruck auf Ἰησοῦς, so wäre anzunehmen, dass man den Täufling sich *demonstrativ* antijüdisch, bez. gegen einen messianischen Irrtum wolle äussern lassen. Es spricht für eine ruhigere Stimmung, daß man ihm vielmehr nur ein direktes, klares Bekenntnis zum ›Messias Jesus‹, also ein Bekenntnis, welches thatsächlich sich mit der Synagoge in Widerspruch setzte, den Widerspruch aber nicht als solchen *pointierte*, in den Mund legt.«[8] Kattenbusch bemerkt sodann, dass die für R signifikante Stellung von »Christus Jesus« in den verschiedenen Handschriften selten vorkomme.

Der Hinweis auf die subtilen Erörterungen dieses Theologen deutet bereits an, dass der zweite Artikel des Apostolikums eine Auseinandersetzung um das Verhältnis zwischen den christlichen Gemeinden und der jüdischen Religion impliziert, die sich im Laufe der Überlieferungsgeschichte gewandelt hat. Allein in den beiden Möglichkeiten, die Ausdrücke »Jesus« und »Christus« einander zuzuordnen, spiegeln sich unterschiedliche Stellungen zu Israel bzw. zum Judentum wider. Für das hier infrage stehende Problem bedeutet das aber wiederum, dass von einer Israel-Vergessenheit des Apostolikums nicht im strengen Sinne des Worts die Rede sein kann. Vielmehr gehört die Auseinandersetzung mit dem Judentum und Israel zu den Entstehungsvoraussetzungen des Symbols. In welchem Sinne dieses Verhältnis bestimmt werden kann, lässt sich aber erst dann beantworten, wenn der Text des Apostolikums selbst historisch-kritisch analysiert und auf die angegebene Problemstellung hin befragt wird. Dieser Gesichtspunkt führt auch zu dem zweiten, systematisch-theologischen Beitrag von Martin Leiner.

Das Referat Martin Leiners kreist um Kriterienfragen christologischer Reflexionen. Das gilt zunächst für die christologischen Bestimmungen des zweiten Artikels. In diesem Zusammenhang hält er fest, dass die Auswahlkriterien für diese Bestimmungen darin bestanden hätten, die universale Bedeutung Jesu Christi mit absolut konkreten, individuellen Aussagen zu verschmelzen. Die hier verwendete Begrifflichkeit ist ausdrücklich an Tillichs Einleitung der *Systematischen Theologie* orientiert. Von hier aus nimmt Leiner auch auf die Position seines Jenenser Kollegen Karl-Wilhelm Niebuhr Bezug und damit zu

---

[8] Ebd. Bemerkenswert ist zudem, dass Kattenbusch den »›paulinischen‹ Charakter von R« (a.a.O., 545) herausstellt.

der Frage nach der Israel-Vergessenheit des Apostolikums Stellung. Leiner stellt fest, dass eine Erweiterung prinzipiell möglich sei, doch stehe die »Einbeziehung Israels [...] quer zum Text [sc. des zweiten Artikels, G.N.], indem sie weder auf Individuelles noch auf Universales, sondern auf etwas Partikulares, etwas, was ein Volk und dieses allein, betrifft, abhebt«. Abgesehen davon, dass – wie oben bereits angedeutet wurde – der zweite Artikel eine Auseinandersetzung mit dem Judentum impliziert, ist an dieser Stelle anzumerken, dass sich die Begriffe des Individuellen bzw. Konkreten und des Partikularen keineswegs ausschließen müssen. Dafür steht nicht zuletzt Tillichs Position selbst, was es kurz zu erläutern gilt.

Ein für unseren Zusammenhang entscheidendes Argument Tillichs besteht darin, dass es sich bei Jesus Christus einerseits – wie auch Leiner betont – um etwas *absolut* Konkretes bzw. Partikulares handele. Andererseits geben Tillichs Ausführungen aber auch zu erkennen, dass dieses *absolut* Konkrete bzw. Partikulare keineswegs andere Partikularitäten exkludiere. Vielmehr vertrete »Jesus als der Christus« – als absolut Konkretes – »alles Partikulare«.[9] Letzteres komme in jenem zur Darstellung. Folgt man der Logik dieser Gedankenführung, befände sich der von Leiner aufgeworfene Gedanke der Partikularität Israels in einem Abhängigkeitsverhältnis zum absolut Konkreten, für das »Jesus als der Christus« steht. Beide Größen schließen sich somit nicht aus. Die Berufung auf Tillichs Position führt vielmehr zu einer spezifischen, heute aber nicht unumstrittenen Inbeziehungsetzung von »Jesus als dem Christus« und dem Gedanken der Partikularität Israels. Das aber wirft an dieser Stelle die Frage auf, worin das heuristische Potential der von Leiner geltend gemachten Unterscheidung zwischen dem absolut Konkreten und dem Partikularen für den Umgang mit der These von der Israel-Vergessenheit des Apostolikums liegen kann.

Die Kriterienfrage bildet sodann die Leitperspektive für die Überlegungen Leiners zum Verständnis von außerbiblischen Texten der Christentumsgeschichte. Auch um mit den Abweichungen dieser Texte von der biblischen Überlieferung umgehen zu können, sei es erforderlich, verstehenstheoretische Vorentscheidungen zu treffen. Die hermeneutischen Reflexionen Leiners sind von einem Schriftverständnis geleitet, das besagt, dass in der Bibel eine von Christus her bestimmte »Dynamik« angelegt sei, die sich in späteren Texten

---

[9] P. Tillich, Systematische Theologie I, Berlin/New York 1987, 24.

der Christentumsgeschichte als eine »Rekapitulationsdynamik« niederschlage. Die Aufgabe der theologischen Hermeneutik bestehe dementsprechend darin, Texte der Christentumsgeschichte aus der von Christus als Mitte des Neuen Testaments bestimmten Dynamik heraus zu verstehen. Dieses Verstehen gelinge, wenn folgende zwei Kriterien veranschlagt werden: »ob und inwieweit sie [sc. die Texte der Christentumsgeschichte, G. N.] Jesus Christus entsprechen und ob und in wie weit sie als Evangelium, als frohe Botschaft von der Liebe Gottes, rezipiert werden können«. An das von Leiner andeutungsweise dargelegte hermeneutische Programm möchte ich drei Anfragen richten.

1) Die erste Frage betrifft die Feststellung, dass die neutestamentlichen Schriften »eine Dynamik enthalten, die von Leben, Lehre und Geschick Jesu Christi ausgeht«. Diese Dynamik wird mit dem Ausdruck der »Sprach-Bewegung« verbunden und als eine »semiotische« Kategorie ausgewiesen. Sowohl der Begriff der Dynamik als auch der der Sprach-Bewegung sind in dem Referat Leiners aber nur thetisch eingeführt worden. Um dem vorgeschlagenen Schriftverständnis besser nachdenken zu können, wäre eine Näherbestimmung beider Begriffe genauso hilfreich wie der Ausweis des Möglichkeitsgrunds ihrer Synthetisierbarkeit. Eine Konkretion wäre nicht zuletzt des zentralen systematisch-theologischen Stellenwerts wegen wünschenswert, der sich an mindestens zwei Gesichtspunkten ablesen lässt. Zum einen scheint die Verknüpfung des Dynamik-Begriffs mit dem des Sprachgeschehens die Funktion zu besitzen, den »garstige[n], breite[n] Graben« (Lessing) der Geschichte zu überbrücken, der zwischen dem Neuen Testament und späteren Texten der Christentumsgeschichte besteht. Zum anderen versucht Leiner damit ausdrücklich die Starrheit des reformatorischen Schriftprinzips aufzubrechen, was aber indirekt auch bedeutet, an diesem grundsätzlich festzuhalten. Gerade der letzte Gesichtspunkt fordert zur Diskussion heraus. Denn spätestens seit der Aufklärung befindet sich dieses Prinzip – mit Wolfhart Pannenberg gesprochen – in einer Krise.[10]

[10] Exemplarisch sei hier auf eine sehr pointierte Formulierung Wilhelm Herrmanns verwiesen: »Aber die Autorität der heiligen Schrift? Sie ist in dem Sinne, daß sie vor allem andern feststehen soll und als letzter Grund des Glaubens vorausgesetzt wird, in der evangelischen Theologie grundsätzlich beseitigt. Ob sie in diesem Sinne wieder herzustellen sei, kann erst diskutiert werden, wenn eine theologische Gruppe sich entschließt, die geschichtliche Forschung von der Bibel fernzuhalten. Das ist bisher nicht der Fall« (W. HERRMANN, Der geschichtliche Christus der Grund unseres Glaubens [1892], in:

2) Die zweite Frage zielt auf die konkrete Bedeutung der beiden von Leiner veranschlagten Kriterien. Für die Näherbestimmung des ersten Kriteriums, also der Entsprechung der Bekenntnisformulierung mit »Jesus Christus«, kämen eine Vielzahl von Elementen in Betracht, was Leiner auch indirekt andeutet, wenn er bemerkt, von »Jesus von Nazareth, seinem biblischen Bild und den historischen Rekonstruktionen« ausgehen zu wollen. Doch welche christologischen Elemente sind es im Einzelnen, mit denen spätere Texte der Christentumsgeschichte verglichen werden sollen? Die Dringlichkeit dieser Frage resultiert nicht zuletzt daraus, dass das historisch-kritisch rekonstruierte Jesusbild vom biblisch überlieferten grundlegend abweichen kann.[11] Die hier formulierte Anfrage gilt aber gleichermaßen für das zweite Kriterium – die Liebe Gottes. Auch hier wären für das Verständnis dieses Ausdrucks konkretisierende Bestimmungen hilfreich. Das gilt umso mehr, als der Ausdruck in den synoptischen Evangelien nur einmal auftaucht (Lk 11,42)[12] und in den anderen neutestamentlichen Schriften auch nicht einheitlich verwendet wird. Hinzu kommt, dass dieser Ausdruck innerhalb der Christentumsgeschichte vielfachen Wandlungen unterworfen ist, die sich nicht ohne Weiteres auf die biblische Überlieferung abbilden lassen.[13]

DERS., Schriften zur Grundlegung der Theologie I. Mit Einleitungen und Anmerkungen, hg. v. P. Fischer-Appelt, München 1966, 149–185, 175 f.).

[11] Leiner selbst changiert zudem in der Verwendung der Ausdrücke »Jesus«, »Christus« und »Jesus Christus« und vermittelt damit den Eindruck, sie synonym zu verwenden, was sich aber in historisch-kritischer Perspektive nicht von selbst versteht. Gerade die Verschmelzung des Eigennamens Jesus mit dem Messiastitel stellt ein exegetisches und systematisch-theologisches Problem dar, das sowohl bezogen auf das historische Subjekt Jesus von Nazareth als auch im Hinblick auf die, die ihn als Christus anerkannt haben, gilt. Diese Unschärfe spiegelt sich auch in der Bestimmung des ersten Kriteriums für die Beurteilung von Rekapitulationsdynamiken unmittelbar wider. Am Orte seiner Einführung spricht Leiner von der Entsprechung mit »Jesus Christus«. Im 5. Abschnitt, in welchem er die beiden Kriterien auf den zweiten Artikel anwendet, ist in der Überschrift hingegen nur von der »Menschlichkeit Jesu« und in der einleitenden Passage sowohl von »Jesus von Nazareth« als auch von »Christus« die Rede.

[12] Die Genitivverbindung τὴν ἀγάπην τοῦ θεοῦ ist hier aber im Sinne der Liebe zu Gott zu übersetzen.

[13] Zur Illustration sei auf die Interpretation der Genetivverbindung ἡ ἀγάπη τοῦ θεοῦ aus Röm 5,5 verwiesen, zunächst auf Luthers – durch Augustinus inspirierte – Auslegung, die er in seiner Römerbriefvorlesung 1515/1516 vorgenommen hat. Der Reformator weist die Wortverbindung als einen *genitivus objectivus* aus und interpretiert diese wie folgt: »Darum ist zu beachten: Es

3) Leiner interpretiert den Text des Apostolikums ausschließlich mittels der beiden genannten Kriterien. Die diesem Text immanente Bedeutung wird dabei nur am Rande gestreift und die Situation, in der dieser Text entstanden ist, sowie die wechselvolle Entstehungsgeschichte, die – wie oben im Anschluss an Kattenbusch angedeutet wurde – Ausdruck eines hochkomplexen geschichtlichen Werdens ist, nicht berührt. Hieran schließt die Frage an, ob es nicht – gerade auch aus hermeneutischen Gründen – sachgemäß wäre, gegenüber dem zweiten Artikel eine Text- und eine Situationshermeneutik vorzunehmen, um die gesellschaftlichen und historischen Bedingungen in die gedankliche Beurteilung der darin getroffenen Aussagen miteinzubeziehen und das Apostolikum damit als Ausdruck gelebter Frömmigkeit verständlich zu machen.

---

heißt ›Liebe Gottes‹. Denn durch sie lieben wir Gott allein. Hier ist nichts Sichtbares, nichts Erfahrbares, weder innerlich noch äußerlich, auf das man sein Vertrauen setzen könnte oder das man lieben oder fürchten könnte; sondern hoch hinweg über alle Dinge wird sie in den unsichtbaren, unerfahrbaren, unbegreifbaren Gott hineingerissen, mitten hinein in die inwendige Finsternis, *ohne daß sie weiß, was sie liebt, aber wohl weiß, was sie nicht liebt* […]« (*Ideo notandum, quod ›Charitas Dei‹ dicitur, quia per eam solum Deum diligimus, ubi nihil visibile, nihil experimentale nec intus nec foris est, in quod confidatur aut quod ametur aut timeatur, sed super omnia in invisibilem Deum et inexperimentalem, incomprehensibilem, sc. in medias tenebras interiores rapitur, nesciens, quid amet, sciens autem, quid non amet* […]) (M. Luther, Vorlesung über den Römerbrief 1515/1516. Lateinisch-deutsche Ausgabe I, Darmstadt 1960, 332f.). In der neueren Kommentarliteratur wird die »Liebe Gottes« aus Röm 5,5 sowohl im Sinne eines *genitivus subjectivus* als auch im Sinne der Liebe zu Gott übersetzt, vgl. zur ersten Variante E. KÄSEMANN, An die Römer, HNT 8a, Tübingen [2]1974, 125; O. MICHEL, Der Brief an die Römer, KEK 4, Göttingen [14]1978, 181; U. WILCKENS, Der Brief an die Römer I (Röm 1–5), EKK VI/1, Zürich u. a. 1978, 293; zur zweiten Möglichkeit vgl. P. STUHLMACHER, Der Brief an die Römer, NTD 6, Göttingen [2]1998, 75. Schon an diesem einen Beispiel lässt sich somit verdeutlichen, dass der Sinn des Ausdrucks »Liebe Gottes« erläuterungsbedürftig ist.

Weiterführende Fragen

1. Können Sie die kritischen Rückfragen des Respondenten an die beiden Aufsätze nachvollziehen? Erscheinen Sie Ihnen berechtigt?
2. Was halten Sie von der Unterscheidung von »wesentlichen« und »unwesentlichen« Aspekten dessen, was den Christus ausmacht?
3. Reflektieren Sie, welche Aspekte der irdischen Existenz Jesu Christi grundlegende Bedeutung für das Heil haben: sein Menschsein, sein Judesein, seine individuelle Konkretheit, seine Geschlechtlichkeit und sein Mannsein? Inwiefern kommt diesen Aspekten im Blick auf das Verständnis der Heilsbedeutung Jesu Christi unterschiedliche Tragweite zu?

II. »... der empfangen ist vom heiligen Geist, geboren von der Jungfrauen Maria«

Gottes Schöpferwort in seiner Schöpfung

Die erste inhaltliche Explikation des Bekenntnisses zu Christus als Gottessohn und Herr thematisiert das Kommen Jesu Christi in die Welt, seinen irdischen Anfang, wie er in den biblischen Geburtsüberlieferungen (nach Lukas und Matthäus) erzählt wird. Nicht genannt ist die Aussage der Inkarnation nach Joh 1,14, die aber sachlich in diesem Zusammenhang mit zu bedenken ist. Hinzuzudenken sind weiterhin Aussagen über die Sendung des Sohnes (z. B. Gal 4,4).

Sachlich geht es dabei um die Frage, wie der Mensch Jesus von Nazareth als Gottessohn beschrieben werden kann. Mit der Rede von der Zeugung durch den Heiligen Geist ist dabei bereits ein Bezug auf den dritten Glaubensartikel gegeben, womit deutlich wird, wie eng beide Artikel zusammenhängen. Mit der Rede von der Zeugung durch den Geist verbindet sich das Verständnis der Geburt Jesu als einer Jungfrauengeburt. Damit ist sachlich das Problem aufgegeben, wie diese Aussage im Kontext der Welt als Schöpfung verstanden werden kann. Zugleich stellt sich die Frage nach der Bedeutung der menschlichen Mutter des Gottessohns. Zu bedenken ist dabei, wie vermieden werden kann, dass der Anfang des Menschen Jesus von Nazareth auf seine irdische Geburt reduziert wird, und wie zur Geltung kommen kann, dass sich in ihm das ewige Schöpferwort Gottes in der Schöpfung zeigt.

II. [illegible] der empfangen ist vom heiligen Geist, geboren von der Jungfrau Maria

[illegible]

»Kein Wort wird unwirksam sein, das von Gott kommt« (Lk 1,37)

Die Geburt Jesu aus der Jungfrau Maria als Erweis der schöpferischen Macht des Wortes Gottes

Gudrun Holtz

Der hier zur Debatte stehende Abschnitt aus dem Glaubensbekenntnis gehört zu seinen umstrittensten Artikeln. Dies zeigt sich in der wissenschaftlichen Theologie nicht anders als im Raum der Kirche. Die im Untertitel angezeigte Leserichtung der relevanten biblischen Texte erlaubt es, die immer wieder zu beobachtende Engführung der Diskussion, die sich kurz und knapp auf den Nenner bringen lässt: Historisch oder biologisch unmöglich und daher unglaubwürdig, in einen weiteren Horizont zu stellen und sie darin einzuordnen.

Die entscheidende Begrifflichkeit im Untertitel ist die Rede von »der schöpferischen Macht des Wortes Gottes«. Dieses Wort kann sich im Kontext der Deutung des Credo-Satzes: »Empfangen durch den heiligen Geist, geboren von der Jungfrau Maria«, nur auf das Schöpferwort Gottes als der ersten Person der Trinität beziehen, weil Gott es ist, der in der Geistempfängnis Jesu seine schöpferische Macht erweist. Bei dem hier auszulegenden Bekenntnissatz handelt es sich m.a.W. um den ersten Artikel im zweiten. Deshalb ist das »Wort Gottes« hier als das Wort verstanden, das von Gott ausgeht und sein schöpferisches Handeln ankündigt oder in Gang setzt. Es spiegelt sich bei Matthäus und Lukas in den Erzählungen von der Ankündigung der Geburt Jesu, die später im Apostolikum in dem hier zu erörternden Credo-Satz verdichtet wurden. Im Folgenden wird die lukanische Erzählung ins Zentrum gestellt, da sie auch sämtliche der für den Untertitel des Beitrags relevanten Aspekte der matthäischen Erzählung enthält,[1] aber darüber hinaus bei Matthäus unberücksichtigt

[1] Die Übereinstimmungen zwischen Matthäus und Lukas werden von U. LUZ, Das Evangelium nach Matthäus, EKK I/1, Zürich u.a. [5]2002, 145f., Anm. 31, aufgeführt. Zu der kontrovers diskutierten Frage, ob Lk 1 überhaupt von der Jungfrauengeburt handelt, vgl. A.T. LINCOLN, Luke and Jesus' Conception: A Case of Double Paternity?, JBL 132 (2013), 639–658, 642 mit Anm. 4 und 5; mit weiterer Literatur.

bleibende Dimensionen des schöpferischen Wortes Gottes umfasst. Zudem lassen sich vom lukanischen Befund aus unschwer Linien zum Alten Testament einerseits und zur Briefliteratur andererseits ziehen und damit zu Texten, die in den Bereich des ersten und dritten Glaubensartikels fallen. Dies erlaubt es, wie von den Organisatoren der Tagung gewünscht, die theologischen Zusammenhänge zwischen dem zweiten und den beiden anderen Artikeln des Glaubensbekenntnisses auf der Grundlage des biblischen Befundes aufzuzeigen.

Für das weitere Vorgehen bedeutet dies, dass die Dimensionen des Wortes Gottes an Maria in Lk 1 analysiert und mit dem alttestamentlichen Befund, insbesondere mit den mit der lukanischen Erzählung intertextuell verbundenen Traditionen aus dem Abraham-Sara-Zyklus, ins Gespräch gebracht werden (2.). Der zweite Hauptteil befasst sich mit Dimensionen des Schöpferwortes im Raum des dritten Artikels (3.). Dabei steht der paulinische Befund im Zentrum. Zunächst aber wird ein Überblick über die neutestamentlichen Deutungen der Herkunft Jesu gegeben (1.).

1. Die Herkunft Jesu nach dem Zeugnis des Neuen Testaments – ein Überblick

Zur Frage nach der Herkunft Jesu finden sich im Neuen Testament unterschiedliche Antworten. Dies zeigt sich nicht nur im Vergleich der Autoren, sondern teilweise auch innerhalb einzelner Schriften bzw. Textcorpora. Im Folgenden sollen die unterschiedlichen Positionen kurz skizziert werden.

Nach Röm 1,3 ist Jesus Christus, der Sohn Gottes, seiner leiblich-genealogischen Herkunft nach Davidide: »geboren aus (γενομένου ἐκ) dem Samen Davids nach dem Fleisch«. Über welchen Elternteil sie vermittelt wird, bleibt offen. In Gal 4,4 handelt Paulus explizit von der Herkunft Jesu mütterlicherseits: »Gott sandte seinen Sohn, geboren aus (γενόμενον ἐκ) einer Frau, gestellt (γενόμενον) unter das Gesetz.« Im ersten Satzteil könnte es sich um eine Präexistenzaussage handeln.[2] Deutlich jedenfalls ist, dass Paulus hier die jenseitig-göttliche Dimension der Herkunft Jesu Christi ins Auge fasst.[3] Demgegenüber wird im übrigen Zitat die volle Menschheit des Sohnes, seine

[2] Dies wird allerdings kontrovers diskutiert.

[3] Vgl. J.L. Martyn, Galatians, AB 33a, New York u.a. 1997, 408, und ähnlich M.C. de Boer, Galatians. A Commentary, Louisville 2011, 263.

Diesseitigkeit, zum Ausdruck gebracht. Er ist, wie alle anderen auch, »aus einer Frau geboren«, wie Paulus mit einer auch in Hi 14,1 und Mt 11,11 bezeugten Wendung formuliert. Entsprechend teilt er mit allen aus Israel die Unterordnung unter das Gesetz. Die Formulierung: »geboren aus einer Frau«, ist M. de Boer zufolge »consistent with the notion of a virgin birth«, sie lasse sich aber auch mit der Vorstellung eines menschlichen Vaters vereinbaren.[4] In der Forschung werden beide Deutungen vertreten.[5]

Das Markusevangelium umgeht die Frage nach der Identität des Vaters Jesu konsequent. In Mk 3,31–33 ist von der Mutter Jesu, seinen Brüdern und Schwestern, die ihn rufen lassen, die Rede, ein Vater wird nicht erwähnt. Entsprechend heißt es im Kontext der Nazareth-Perikope in Mk 6,3: »Ist dieser nicht der Zimmermann, der Sohn der Maria und ein Bruder von Jakobus, Joses, Juda und Simon? Und sind nicht seine Schwestern hier bei uns?« Dass Jesus als Sohn der Maria bezeichnet wird, ist im Raum des antiken Judentums unüblich, da Söhne hier den Vaternamen tragen. Einige Handschriften haben, den kulturellen Gegebenheiten der Zeit Rechnung tragend, die Stelle verändert, so dass aus Jesus, dem Zimmermann und Sohn der Maria, »der Sohn des Zimmermanns und der Maria« wurde. Möglicherweise erfolgte diese Änderung in Anlehnung an Mt 13,55: »Ist dieser nicht der Sohn des Zimmermanns? Heißt seine Mutter nicht Maria und seine Brüder Jakobus [...]?«

Im Matthäusevangelium steht diese Aussage neben der Jungfrauengeburt. Nach Mt 1,18 wird Maria während ihrer Verlobungszeit vom heiligen Geist schwanger. Ihr Verlobter, Josef, wird in V. 20 als »Sohn Davids« identifiziert, dessen Stammbaum über David bis zu Abraham zurückreicht (1,2. 6. 16). Sein Stammbaum ist aber zugleich der Jesu (V. 1.17). In Mt 1,16 stehen die durch Josef vermittelte Herkunft Jesu aus Israel und die Jungfrauengeburt nebeneinander: »Jakob aber zeugte (ἐγέννησεν) Josef, den Mann der Maria, aus der

[4] Ebd., Anm. 392.

[5] Auf eine Hervorbringung Jesu ohne männliche Beteiligung wird die Stelle von P. Wick, Das himmlische Jerusalem in Gal 4,21–31 oder: Die Mutter macht den Unterschied. Antithetische Polarität als Matrix im Galaterbrief, ThZ 69 (2013), 320–337, 333, gedeutet. Andere weisen eine solche Deutung explizit zurück, wieder andere halten sie für nicht ausgeschlossen. Martyn, Galatians (s. Anm. 3), 407, zufolge gibt es keinen Hinweis darauf, dass »Paul knew and drew upon the tradition that Jesus was born of a virgin [...] The theological intention behind the tradition of Jesus' virgin birth is, however, harmonious with the intention of Gal 4:4–5.«

Jesus, der Christus genannt wird, geboren wurde (ἐξ ἧς ἐγεννήθη).« Daraus ergibt sich, dass die über Josef vermittelte Davidssohnschaft nicht genealogisch begründet ist, sondern rechtlich. Denn als Verlobte waren Maria und Josef »rechtlich gesehen aneinander gebunden«.[6] Da Josef ihr keinen Scheidebrief ausstellte, war der Sohn Marias sein gesetzlicher Sohn. Zugleich aber ist der durch den heiligen Geist aus Maria gezeugte Davidssohn für das Matthäusevangelium »Immanuel, das heißt Gott-mit-uns« (V. 23). »Sohn Gottes« wird Jesus in Mt 1 aber noch nicht genannt.

In der Frage der Herkunft Jesu stimmt die lukanische Darstellung in der Geburtsankündigung Lk 1,26–38 mit der des Matthäusevangeliums überein. Auch hier stehen die Hervorbringung Jesu durch den heiligen Geist aus Maria (V. 35) und die rechtlich durch Josef vermittelte Davidssohnschaft (V. 27) nebeneinander. Dagegen heißt es in Apg 2,30 mit Blick auf David, dass einer »aus der Frucht seiner Lenden (ἐκ καρποῦ τῆς ὀσφύος αὐτοῦ) auf dem Thron Davids sitzen« werde. Die Wendung »Frucht seiner Lenden« weist auf eine biologisch-genealogisch gedachte Vermittlung der Davidssohnschaft Jesu hin, die im Horizont von Lk 1–4 mit Josef zu verbinden ist.[7] In diesen Kapiteln wird Josef wiederholt als »Vater« Jesu bezeichnet, so wie Maria als seine »Mutter«; es kann von beiden auch als den »Eltern« Jesu die Rede sein.[8] In der Nazareth-Perikope wird Jesus von den Nazarenern ausdrücklich als »Sohn Josefs« bezeichnet (4,22). Lukas sieht angesichts der offenkundigen Ambiguität der Aussagen die Notwendigkeit, den durch die Bestimmung Josefs als Vaters Jesu entstehenden Eindruck eines Widerspruchs zur Jungfrauengeburt auszuräumen. So heißt es in der Genealogie im unmittelbaren Anschluss an die Sohnesprädikation Jesu durch Gott in der Taufe (3,22), Jesus sei, »wie man annahm (ὡς ἐνομίζετο), ein Sohn Josefs« gewesen (V. 23). Damit wird deutlich, dass die Annahme einer biologischen Vaterschaft Josefs aus lukanischer Sicht unrichtig ist.[9] Das heißt aber

[6] LUZ, Evangelium (s. Anm. 1), 146.

[7] S. auch Apg 13,22 f., wo es von David heißt, Gott habe »aus dem Samen (ἀπὸ τοῦ σπέρματος, sc. Davids) gemäß der Verheißung Israel einen Retter zugeführt, Jesus«.

[8] Vgl. Lk 2,33; 2,48 (Vater); 2,33 f.48.51 (Mutter); 2,41.43 (Eltern).

[9] So meist; vgl. dagegen LINCOLN, Luke (s. Anm. 1), 646 f., dem zufolge hier nichts darauf hindeutet, »that the supposition is false«. M. WOLTER, Das Lukasevangelium, HNT 5, Tübingen 2008, 172, weist demgegenüber darauf hin, dass ὡς ἐνομίζετο auch in der paganen Literatur »Ausdruck für eine unsichere oder falsche Vaterschaftszuschreibung ist«.

zugleich, dass es für ihn Gott ist, der Jesus ins Sein gerufen (1,35) und in diesem Sinne sein Vater ist, während Josef der rechtliche Vater ist.[10] Trotzdem bleibt der Befund im lukanischen Doppelwerk zweideutig, weil Jungfrauengeburt und eine Abkunft Jesu aus den Lenden des Davididen sich nicht harmonisieren lassen. Für das antike Denken stellt dies aber nicht zwingend einen Widerspruch dar. Hier findet sich ein solches Nebeneinander von Götterzeugung und Zeugung durch einen Mann auch sonst. In der paganen Literatur zeigt es sich in den griechisch-römischen Biographien,[11] in der biblischen-frühjüdischen Tradition im Kontext der Geburt Isaaks.[12]

Im Johannesevangelium stehen die Fleischwerdung des Logos (Joh 1,14) und die biologische Vaterschaft Josefs nebeneinander.[13] Der inkarnierte Logos ist der Einziggeborene vom Vater her, das ist Gott, (V. 14), der auch als der Inkarnierte auf diesen ausgerichtet bleibt (V. 18). Der dem Begriff des Vaters korrespondierende Sohnesbegriff fällt im Johannesprolog noch nicht. Von Jesus als »Sohn Gottes« ist erstmals im Kontext des Bekenntnisses des Täufers in 1,34 die Rede. Wie jedoch insbesondere aus 1,43–49 erhellt, ist der »Sohn Gottes« kein anderer als der Josefssohn. Philippus erzählt Nathanael, sie hätten den gefunden, über den Mose und die Propheten schreiben, »Jesus, den Sohn Josefs, aus Nazareth« (V. 45). Nathanael bezweifelt, dass »etwas Gutes«, und das heißt hier, der Messias, aus der galiläischen Stadt kommen könne (V. 46). Die Begegnung mit Jesus führt ihn jedoch dazu, den Josefssohn aus Nazareth als »Sohn Gottes« und »König Israels« zu bekennen. Ein sachverwandter Zusammenhang ist Joh 6,41 f., wo »die Juden« den Selbstanspruch Jesu, das vom Himmel herabgekommene Brot zu sein, mit den Worten hinterfragen: »Ist dieser nicht Jesus, der Sohn Josefs, dessen Vater und Mutter wir kennen?« Die offenkundig unstrittige Tatsache der biologischen

---

[10] Vgl. auch Lk 2,48 f. (»dein Vater« im Gegensatz zu »meinem Vater«, nämlich Gott).

[11] Vgl. LINCOLN, Luke (s. Anm. 1), 653–656.

[12] Vgl. Gen 21,1 und 25,19; dazu s. im Folgenden G. HOLTZ, Jungfrauengeburt und Greisinnengeburt. Zur Rezeptionsgeschichte von Gen 21,1f im antiken Judentum und im frühen Christentum, BThS 172, Göttingen/Bristol (CT) 2017.

[13] Zur Frage, ob und unter welchen Voraussetzungen Joh 1,13b christologisch zu lesen ist und damit auch Johannes die Jungfrauengeburt vertreten würde, vgl. G. EMMENEGGER, Wie die Jungfrau zum Kind kam. Zum Einfluss antiker medizinischer und naturphilosophischer Theorien auf die Entwicklung des christlichen Dogmas, Par. 56, Fribourg 2014, 120–122.

Elternschaft Marias und Josefs steht für sie im Widerspruch zu dem Anspruch Jesu, der himmlischen Wirklichkeit zu entstammen und vom Vater gesandt worden zu sein (V. 37–40). Für Johannes zeigt sich eben darin die Fleischwerdung des göttlichen Logos.

Angesichts der Vielschichtigkeit der Darstellung spricht der Gesamtbefund des Neuen Testaments gegen die Historizität der Jungfrauengeburt. Dies gilt in eigener Weise auch für das Matthäus- und das Lukasevangelium. So sehr sie insbesondere von Lukas behauptet wird, so ist doch nicht zu übersehen, dass seine letzte Äußerung zum Thema die Herkunft Jesu aus den Lenden Davids ist. So weist die Ambiguität der Darstellung nachdrücklich darauf hin, dass die Kategorien des Historischen und Biologischen der Erzählung nicht gerecht werden. Wie im Folgenden insbesondere anhand von Lk 1 zu zeigen sein wird, handelt es sich bei der Jungfrauengeburt um eine theologische Aussage, deren Sinngehalt demgemäß theologisch erhoben sein will.

2. Gottes schöpferisches Wort in der lukanischen Erzählung von der Geburt Jesu und ihren alttestamentlichen Referenztexten

Eine erste Dimension des Schöpferwortes Gottes in der Erzählung von der Ankündigung der Geburt Jesu erschließt die Gestalt des Engels Gabriel. Dieser ist der von Gott gesandte Bote, der Maria das Wort Gottes auszurichten hat. Dieses Wort ist, wie etwa das Wort an Zacharias oder das Wort der drei Männer an Abraham und Sara, (1.) ein *Boten-* und darin zugleich ein *Offenbarungswort.*[14] Was der Engel mitzuteilen hat, ist das gänzlich Unerwartete, das Wort, das den menschlichen Denk- und Vorstellungshorizont sprengt, der durch die Erfahrungswelt des Menschen bestimmt ist. Narrativ wird das Erstaunen über das Auftreten des Engels mit den für die Gattung der Theophanie charakteristischen Reaktionen der Offenbarungsempfänger

[14] Vgl. Gen 18,1–15 (in V. 13–15 tritt aus der Gruppe der drei Männer JHWH selbst als Sprecher heraus); s. ferner Gen 16,6–12; Ri 13,3–5 (in diesen drei Texten ergeht das Botenwort direkt oder indirekt an die jeweilige Frau). Dagegen wird Abraham in Gen 17,15–22 die Kunde von der Geburt Isaaks durch Sara von Gott selbst mitgeteilt. In Jes 7,1–16 ist es der Prophet, der das Wort Gottes ausrichtet.

umgesetzt, mit Bestürzung einerseits und der Frage andererseits.[15] Das Engelswort beginnt mit einem Gruß, in dem Maria als »Begnadete« (κεχαριτωμένη, V. 28) angesprochen wird. Daran anknüpfend heißt es wenig später, sie habe »bei Gott Gnade (χάριν) gefunden« (V. 30). Bereits diese Aussage hat in Gen 18 eine Entsprechung, wo Abraham seine Besucher mit den Worten, »wenn ich Gnade gefunden habe in deinen Augen« (V. 3),[16] zum Gastmahl einlädt. Lukas bringt mit dem Gnadenmotiv die vorgängige Erwählung Marias durch Gott zum Ausdruck,[17] die durch den Erwählungszuspruch des Mit-Seins-Gottes mit ihr untermauert wird. Die Erwählung gilt Maria zum einen als Empfängerin der göttlichen Offenbarung,[18] zum anderen in ihrer heilsgeschichtlichen Rolle als Mutter Jesu, des Sohnes Gottes und davidischen Messias Israels.

In der eigentlichen Geburtsankündigung (V. 31–33) zeigt sich das Botenwort des Engels sodann (2.) als Wort der *Verheißung*, das seiner zukünftigen Erfüllung entgegengeht.[19] Es entspricht in seiner Wortwahl und Struktur der Form des »Sohnesverheißungsorakels«,[20] in dem auf die Ansage der Schwangerschaft, der Geburt des Sohnes und der Namensgebung Aussagen zu dessen Wesen und Auftrag folgen.[21] Diese Form findet im Alten Testament in der Abraham-Sara-Traditi-

---

15 Vgl. V. 29; dazu s. u. Anm. 22. In V. 34 dient die Frage Marias primär dazu, dem Engel die Gelegenheit zu geben, das dem Menschen Unerklärliche zu erklären.

16 Vgl. Lk 1,30 mit Gen 18,3 LXX. Im Alten Testament ist Abraham aber nur einer in einer Reihe von zentralen Personen, von denen es heißt, sie hätten bei Gott o. ä. Gnade gefunden. Im Kontext einer Geburtsgeschichte ist hier zudem Hanna zu erwähnen (1 Sam 1,18); s. ferner u. a. Noah in Gen 6,8; Mose (und das Volk Israel) in Ex 33,12–16.17. Wenn hier dem Gen-Bezug der lukanischen Aussage eine besondere Bedeutung beigemessen wird, dann zum einen deshalb, weil es mit Lk 1,37 eine eindeutige Anspielung auf den Abraham-Sara-Stoff (Gen 18,14) gibt, und zum anderen, weil weitere Anspielungen in Lk 1,26–38 auf alttestamentliche Texte zwar nicht nur in Gen Parallelen haben, sie in der in Lk 1 vorliegenden Kombination aber nur in Gen zu finden sind.

17 Vgl. Wolter, Lukasevangelium (s. Anm. 9), 88.

18 Vgl. a. a. O., 89.

19 Vgl. Lk 1,45; s. ferner 1,20.

20 So H. Gese, Natus ex Virgine, in: ders., Vom Sinai zum Zion. Alttestamentliche Beiträge zur biblischen Theologie, BEvTh 64, München 1984, 130–146, 131, im Anschluss an P. Humbert.

21 Diese »genau festliegende Struktur ist: ›Siehe, du wirst schwanger werden und einen Sohn gebären, seinen Namen sollst du N. N. nennen; dieser wird […] tun/[…] sein‹« (a. a. O., 132).

on, in der Ankündigung der Geburt Simsons und in der Immanuel-Verheißung in Jes 7 Verwendung, außerdem in der Verheißung an Zacharias in Lk 1.[22] Durch die Übernahme alttestamentlicher Formensprache erhält die Verheißung an Maria geschichtliche Tiefe. Sie steht in Kontinuität zum Gotteshandeln im Raum der alttestamentlich bezeugten Geschichte Israels. Die Geschichte Marias wird von Lukas m.a.W. als die Geschichte einer Frau aus Israel verstanden, der ihr verheißene Sohn als Sohn Israels, der als solcher zugleich der Sohn Gottes ist (V. 35). Weitere im Folgenden aufzuzeigende Bezugnahmen auf alttestamentliche Gestalten, insbesondere auf Sara, untermauern diese Dimension der lukanischen Darstellung.[23] Mit der Form des Sohnesverheißungsorakels wird zudem die Erinnerung daran transportiert, dass im Wort der göttlichen Verheißung seine Verwirklichung bereits mitgesetzt ist.

Deshalb ist das Botenwort seinem Inhalt nach (3.) zugleich das *Wort*, in dem sich die *schöpferische Macht* Gottes ankündigt (V. 31.35), ohne dass es seiner Form nach ein Schöpferwort im Sinne von Gen 1 wäre, bei dem Wort und Schöpfung faktisch in Eins fallen.[24] Beim Wort des Engels an Maria fallen Wort und Vollzug

---

[22] Vgl. bes. Gen 16,11 (Ismael); Ri 13,3.5 (Simson); Jes 7,14 (Immanuel); Lk 1,13 (Johannes), die der aufgezeigten Struktur ziemlich genau folgen (s.o. Anm. 21). Im Einzelnen aber ist die Form variabel; deutliche Anklänge an sie finden sich zudem in Gen 17,19 und Mt 1,21. – Für die dem Sohnesverheißungsorakel übergeordnete Gattung der Geburtsankündigung identifiziert R.E. Brown, The Birth of the Messiah. A Commentary on the Infancy Narratives in the Gospels of Matthew and Luke, New York u.a. 1993, 156, neben der eigentlichen göttlichen Botschaft (3.) als dem Zentrum die vier folgenden Formelemente: (1.) Die Erscheinung des Engels o.ä., (2.) die Furcht des Visionärs, (4.) sein Einwand und (5.) schließlich die Gabe eines vergewissernden Zeichens. Alle diese Elemente finden sich in Lk 1,26–38 und ähnlich in Gen 17; 18; Ri 13 und Lk 1,11–20. In Jes 7,14 LXX finden sich demgegenüber nur verschiedene der für (3.) charakteristischen Formelemente. Auch vor diesem Hintergrund wird man die Bedeutung von Jes 7,14 für Lk 1 nicht überbewerten dürfen; anders u.a. M. Dibelius, Jungfrauensohn und Krippenkind. Untersuchungen zur Geburtsgeschichte Jesu im Lukas-Evangelium, SHAW.PH 1931/32. 4. Abh., Heidelberg 1932, 42, und J. Kügler, Pharao und Christus? Religionsgeschichtliche Untersuchung zur Frage einer Verbindung zwischen altägyptischer Königstheologie und neutestamentlicher Christologie im Lukasevangelium, BBB 113, Bodenheim 1997, 279.280.285.

[23] Dazu gehört auch die Darstellung Jesu als des davidischen Messias Israels, dessen Herrschaft unbegrenzt ist (V. 32f.). Dieser Gedanke wird der Fragestellung dieses Beitrages gemäß hier nicht weiterverfolgt.

[24] Das Schöpferwort in Gen 1 folgt der Struktur: »Und Gott sprach: ›Es werde x‹! Und es wurde x« bzw. »Und so geschah es«.

zeitlich notwendig auseinander, weil das Schöpferwort Gottes als Verheißungswort ergeht.

Lukas thematisiert das Schöpferhandeln Gottes im Kontext der Geburt Jesu zum einen im Rahmen des eigentlichen Verheißungswortes: »du wirst in deinem Leib empfangen und einen Sohn gebären« (V. 31), zum anderen im explikativen zweiten Teil des Dialoges zwischen dem Engel und Maria, in dem das Wie der Empfängnis erklärt wird: »Heiliger Geist (πνεῦμα) wird über dich kommen und Kraft (δύναμις) des Höchsten wird dich überschatten« (V. 35). Lukas setzt hier das »medizinische Allgemeinwissen« der Antike voraus, zu dem die Einsicht gehört, dass es einer »Kraft« bedarf, die das Menstruationsblut »gerinnen und ein Kind bilden lässt«.[25] Die Materie des Fötus stammt Aristoteles zufolge, der in dieser Frage maßgeblich ist, von der Frau, die »kinetisch-dynamische Ursache und damit die Form […] vom Vater«.[26] Ohne dass Lukas es eigens betonen würde, entsprechen dem in 1,35 δύναμις und πνεῦμα Gottes. Der Anteil Marias an der Entstehung Jesu ist unter dieser Voraussetzung somit die Zur-Verfügung-Stellung der Materie, die durch die Schöpfermacht Gottes belebt und geformt wird.

Dies stimmt im Grundsatz mit alttestamentlichem Denken überein. Hier ist das πνεῦμα bzw. hebräisch die רוח als die gottliche Lebenskraft verstanden, mit der Gott den Menschen schafft und am Leben erhält. So dürfte der Geist Gottes (רוח אלהים/πνεῦμα θεοῦ) bereits in Gen 1,2 grundlegend als die schöpferische, lebensspendende Energie verstanden sein, die die träge, unorganisierte Materie transformiert, durch seine Gegenwart auf sie einwirkt und sie mit seinem Geist belebt.[27] Bezogen auf die Erschaffung des Menschen heißt es in Hi 33,4 ganz entsprechend: »Der Geist Gottes (רוח אל/πνεῦμα θεῖον) hat mich geschaffen, und der Atem Schaddais (נשמת שדי/πνοὴ παντοκράτορος) gibt mir Leben.«[28] In Anspielung auf die protologische Erschaffung des Menschen in Gen 2,7 bezieht Ez 37,5 das schöpferische Handeln

[25] Emmenegger, Jungfrau (s. Anm. 13).

[26] A. a. O., 94.

[27] Vgl. N. M. Sarna, The JPS Torah Commentary. Genesis בראשית, Philadelphia 1989, 6; s. ferner U. Cassuto, A Commentary on the Book of Genesis. Part One. From Adam to Noah, Jerusalem 1978, 23 f., sowie Kügler, Pharao (s. Anm. 22), 281. Diese Deutung ist allerdings strittig. Anderen zufolge bezeichnet רוח אלהים den im Dienst Gottes stehenden Wind.

[28] Zur Erschaffung des Menschen durch den Geist Gottes s. ferner Koh 12,7. Jes 42,5 verbindet die Erschaffung von Welt und Mensch durch den Geist; s. außerdem Sach 12,1 und Ps 104,29 f.

Gottes in der Kraft des Geistes sodann auf die eschatologische Neuschöpfung: Die vertrockneten Gebeine sollen durch den Geist wieder lebendig werden.

Auch die göttliche Dynamis kann bereits im Alten Testament vereinzelt als Schöpfermacht verstanden werden.[29] So hat sich Gott nach Ps 93,1 MT // 92,1 LXX mit Hoheit und mit Macht (עֹז/δύναμιν) bekleidet, so dass der Erdkreis fest gegründet ist und nicht wankt.[30] Auch Philo verwendet den Begriff der δύναμις in diesem Sinn. In opif. 7 spricht er von »den Kräften Gottes als denen des Schöpfers und Vaters«.[31] In § 21 wird diese Kraft als die weltschöpferische (κοσμοποιητική) konkretisiert.[32] In QG 3,18 schließlich wendet er die Vorstellung der schöpferischen Macht Gottes auf die Erschaffung eines Menschen an: Die Geburt Isaaks durch Sara beruht nicht auf »Zeugung, sondern ist das Werk der göttlichen Macht (τῆς θέας δυνάμεως ἔργων)«.

Ähnlich versteht Lukas πνεῦμα und δύναμις als die Kräfte Gottes, die bei der Hervorbringung Jesu aus Maria wirksam werden. Der Geist ist für ihn im Unterschied zu den angeführten alttestamentlich-frühjüdischen Texten mit Ausnahme von Ez 37,4f. jedoch zugleich eine eschatologische Gottesmacht.[33] Darin stimmt er mit Paulus überein, bei dem πνεῦμα und δύναμις allerdings in der Auferweckung Jesu und der Glaubenden von den Toten ihre Wirkmacht entfalten.[34] Auch in Lk 1,35 sind die beiden Kräfte mit der Gottessohnschaft Jesu verbunden. Lukas verlegt die pneumatisch-dynamistisch gewirkte Gottessohnschaft Jesu jedoch an den Anfang von dessen Geschichte. Auf diese Weise bestimmt er die gesamte irdische Existenz Jesu als Ausfluss der Macht des eschatologischen Gottesgeistes. Vor dem aufgezeigten traditionsgeschichtlichen Hintergrund weist die Hervorbringung Jesu so gleichermaßen in die Protologie wie in die Eschatologie. πνεῦμα und δύναμις sind die Kräfte, die im Raum der ersten

---

[29] Im Alten Testament ist von der göttlichen δύναμις meist in Bezug auf das soteriologische Handeln Gottes in der Geschichte Israels oder mit Blick auf den Einzelnen die Rede; vgl. u. a. Ex 7,4; 9,16; Dtn 3,23; Hab 3,19.

[30] Vgl. ferner SapSal 13,1–3 sowie 7,25.27.

[31] Τὰς δυνάμεις ὡς ποιητοῦ καὶ πατρός. Der Kontext dieser Stelle entspricht dem von SapSal 13,4f. In beiden Zusammenhängen geht es um die Kritik derer, die die Schöpfermacht Gottes in Frage stellen.

[32] S. ferner Philo LA 1,32.37.

[33] Dies erhellt besonders aus Apg 2,1–4.16–21.

[34] Vgl. Röm 1,4; 8,11; 1 Kor 15,45; 1 Tim 3,16; 1 Petr 3,18 (in Verbindung mit πνεῦμα); 1 Kor 6,14 (διὰ τῆς δυνάμεως αὐτοῦ).

Schöpfung die Erschaffung von Welt und Mensch ins Werk setzen. Da es sich bei πνεῦμα und δύναμις im Lukasevangelium aber zugleich um eschatologische Größen handelt, ist Jesus vom Augenblick der Überschattung Marias an auch Teil der eschatologischen Neuschöpfung, wie besonders sein Wirken als Dämonenaustreiber zeigt.

Bei Lukas wie auch sonst im Neuen Testament sind »Heiliger Geist« und »Kraft« als Begriffspaar wiederholt zu finden.[35] Innerhalb des lukanischen Doppelwerkes sind sie nur in Lk 1,35 auf das schöpferische Handeln Gottes bezogen. Grundsätzlich bezeichnet das Begriffspaar die wirkmächtige Präsenz Gottes,[36] die den Menschen zu der ihm von Gott in der Heilsgeschichte zugedachten Rolle befähigt, Maria zur Mutter Jesu, Jesus zum machtvollen Gegenspieler Satans,[37] die Apostel zu Zeugen Jesu von Jerusalem bis ans Ende der Welt.[38] Im Lukasevangelium steht das gesamte öffentliche Wirken Jesu in der Kraft des Geistes (Lk 4,14 f.18). Pneuma und Dynamis Gottes manifestieren sich bei ihm so in Schöpfung *und* Geschichte. Im Rahmen der Geburtsankündigung liegt der Ton aber auf dem Schöpferhandeln Gottes.[39]

---

[35] Vgl. Röm 15,13; 15,19; 1 Kor 2,4; 1 Thess 1,5; 2 Tim 1,7 (in unterschiedlichen Konstruktionen). Die Begriffsverbindung begegnet aber bereits in der frühjüdischen Tradition; vgl. 1QH 15,6 f.; SapSal 5,23; 11,20; Flav. Jos.Ant. 8,408, u.a.

[36] Vgl. WOLTER, Lukasevangelium (s. Anm. 9), 93. Die Vorstellung weist auf Ex 40,35 zurück, wo die das Zelt überschattende Wolke und die Herrlichkeit Gottes (כבוד/δόξα) die beiden Manifestationen Gottes sind; vgl. dazu Lk 9,34 mit der Überschattung der Jünger durch die Wolke und die pneumatisch zugespitzte Parallele Lk 3,21; zur schöpferisch-soteriologischen Dimension der Vorstellung vgl. Ex 16,10; Jes 4,5 LXX und Apg 5,15 f. S. ferner Num 10,36 LXX; Dtn 33,12 LXX; Ps 90,4 LXX; Sap 19,7. Zum Ganzen s. auch KÜGLER, Pharao (s. Anm. 22), 281 f., der zudem auf Sap 7,25 mit der Parallelisierung von δύναμις und δόξα verweist.

[37] Vgl. Apg 10,38. Die beiden Begriffe können in dieser Bedeutung aber auch einzeln gebraucht werden; vgl. die Stelle Lk 4,18 (πνεῦμα), in deren näherem Kontext sich das Begriffspaar ἐν ἐξουσίᾳ καὶ δυνάμει (4,36) findet, das den Modus beschreibt, in dem der Geistgesalbte die unreinen Geister überwindet. Zum Geist als Gegenspieler Satans s. ferner Lk 3,21 f. mit 4,1.13.

[38] Vgl. bes. Apg 1,8 (ἐπελθόντος τοῦ ἁγίου πνεύματος ἐφ' ὑμᾶς, diese Formulierung entspricht ziemlich genau Lk 1,35); s. auch Lk 24,49 sowie Apg 4,31.32 f.

[39] Die geschichtliche Dimension der Davidssohnschaft klingt in Lk 1,32 f. zwar an. Die göttliche Gabe des Thrones Davids an Jesus wird narrativ aber erst in Apg 2,30–33 umgesetzt, wo sie sich mit der Auferweckung Jesu verbindet.

In der Rede von der Überschattung Marias durch die Geistkraft Gottes (V. 35b) scheint eine Bezugnahme auf Abraham-Sara-Stoff vorzuliegen. In Gen 21,1 f. wird der Beginn der Schwangerschaft Saras folgendermaßen beschrieben: »Und der Herr besuchte Sara (ἐπεσκέψατο[40]), so wie er es gesagt hatte, und der Herr tat an Sara (ἐποίησεν), so wie er gesprochen hatte, und Sara empfing und gebar Abraham einen Sohn (συλλαβοῦσα ἔτεκεν Σαρρα […] υἱόν) im Greisenalter zu der Zeit, so wie der Herr zu ihm gesprochen hatte.« Der Text erzählt von der Erfüllung der Verheißung. Gott handelt in Treue zu seinem Wort, indem er, so scheint es, Sara ohne Zutun Abrahams einen Sohn verschafft, der aber dennoch Abrahams Sohn ist.[41] Dies ist im Alten Testament singulär[42] und entspricht, vom Alter der beiden Protagonistinnen einmal abgesehen, exakt der Situation Marias und ihres Verlobten Josef. Was in Gen 21 angelegt ist, verstehen dann das Jubiläenbuch[43], Philo[44] und Paulus[45] ausdrücklich so. Entsprechend schreibt eine Tradition im Midrasch die Hervorbringung Isaaks aus Sara der Herrlichkeit Gottes, seinem כבוד, zu.[46] Damit füllt sie, Lukas nicht unähnlich, die Lücke, die der alttestamentliche Text lässt, dynamistisch.

Die Formulierung, Gott habe Sara heimgesucht (ἐπισκέπτεσθαι), in Verbindung mit der skizzierten Deutungsgeschichte von Gen 21 und

---

[40] Der hebräische Begriff ist פקד und bezeichnet Sarna, Genesis (s. Anm. 27), 145, zufolge »the direct involvement and intervention of God in human affairs«. Das Verb sei ein »leitmotif of the divine promises of national redemption from Egyptian slavery«. Die Geburt Isaaks bedeute daher »a new and momentous stage in the unfolding plan of history«. Dies gilt entsprechend für die lukanische Jesus-Geschichte.

[41] Zum Ganzen vgl. Holtz, Jungfrauengeburt (s. Anm. 12), 23–31.

[42] Ansonsten besteht das Handeln Gottes darin, den Mutterleib der Frauen zu öffnen, so dass sie vom Samen ihres Mannes schwanger werden; vgl. Gen 29,31–30,24; 1 Sam 1,19 f. Dies ist auch für Rebekka (25,21), die Mutter Simsons (Ri 13) und Elisabeth (Lk 1,23 f.) vorauszusetzen.

[43] Vgl. Jub 16,12 und dazu Holtz, Jungfrauengeburt (s. Anm. 12), 33–43.

[44] Vgl. Cher. 45 f.; QG 3,18; LA 3,219 und dazu Holtz, Jungfrauengeburt (s. Anm. 12), 73–82.

[45] Vgl. Gal 4,23.27.29 und dazu Holtz, Jungfrauengeburt (s. Anm. 12), 83–92.

[46] Vgl. BerR 53,6 (zu Gen 21,1). Der Ausleger ist R. Jehuda b. R. Simon, ein palästinischer Amoräer der 4. Generation; vgl. G. Stemberger, Einleitung in Talmud und Midrasch, München [9]2011, 109. In der rabbinischen Literatur gibt es eine Reihe weiterer Texte, die die Hervorbringung Isaaks durch Gott exklusiv auf ein Gotteshandeln zurückführen; vgl. Holtz, Jungfrauengeburt (s. Anm. 12), bes. 51–60.

der Dichte der Rezeption von Gen-Traditionen in Lk 1 unterstützt die Vermutung, dass die lukanische Aussage vom Kommen des Geistes auf Maria (ἐπέρχεσθαι) und ihrer Überschattung (ἐπισκιάζειν) durch die göttliche Kraft auf dem Hintergrund des Abraham-Sara-Stoffes zu verstehen ist. Biologisch unterscheidet sich die Schwangerschaft der Jungfrau Maria zwar grundlegend von der Schwangerschaft der Greisin Sara, theologisch aber sind sie gleich zu beurteilen: Gott schafft Leben aus dem Nichts, wo nach den Regeln der Natur kein Leben zu erwarten wäre. Die Parallele zwischen Sara und Maria verdeutlicht, dass die Jungfräulichkeit Marias für Lukas keinen Eigenwert hat, sondern es ihm vielmehr darum geht, dass das von Maria geborene Kind seine Existenz ausschließlich dem Eingreifen Gottes verdankt. Darin unterscheidet sich Lukas wie übrigens auch Matthäus grundsätzlich von späteren Deutungen der Jungfrauengeburt.[47]

So handelt es sich bei der Empfängnis Marias nicht anders als bei den biblischen Aqara-Geschichten um Konkretionen des *solus deus*. Gott durchbricht mit seinem schöpferischen Handeln an diesen Frauen die natürliche Ordnung, um die Söhne ins Leben zu rufen, die er zu zentralen Figuren der Heilsgeschichte erwählt hat. Die Schöpfermacht Gottes fällt hier mit seiner Geschichtsmächtigkeit zusammen. Gleichwohl ist festzuhalten, dass die Geburt Jesu aus der Jungfrau Maria nicht in ihren Entsprechungen zu den Aqara-Geschichten aufgeht. Sie allein ist unter allen Frauengestalten eine Jungfrau, was aber, wie angedeutet, nichts oder jedenfalls nicht viel heißen muss,[48] und, wichtiger noch, allein bei ihr gründet die Existenz ihres erstgeborenen Sohnes in keinerlei spezifischem Gedanken, Wollen oder Hoffen eines Menschen, so sehr dieser Sohn für Lukas der erwartete Messias Israels ist. Er ist in singulärer Weise Geschöpf Gottes, das dem Willen keines Mannes entstammt, um nicht von dem – bei Sara, Rahel und Hannah noch stärkeren – Willen der Frau[49] zu reden, sondern allein der Absicht Gottes. Dies scheint mir der theologische Sinn der besonderen Gestalt der Jungfrauengeburt bei Lukas zu sein.

---

[47] Vgl. dazu W. Beinert, Jungfrauengeburt III. Dogmengeschichtlich, RGG^4 4 (2001), 707f., mit weiterer Literatur, sowie Holtz, Jungfrauengeburt, bes. 109–113, zum Protevangelium Jacobi.

[48] Etwas anders akzentuiert Gese, Natus ex Virgine (s. Anm. 20), 133: »Die Jungfrauengeburt wird wohl als etwas Größeres«, nämlich im Vergleich zu Elisabeth und Sara, »nicht aber als etwas unvergleichlich Anderes empfunden«.

[49] Vgl. bes. Gen 16,1f. (Sara); 29,31–30,24 (Rahel); 1 Sam 1,1–20 (Hanna).

Die christologischen Aussagen in Lk 1,26–38 bestätigen dies. Pneumatologisch-dynamistisch hervorgebracht, ist Jesus »groß«, der »Sohn des Höchsten« (V. 32) bzw. der »Heilige«, der »Sohn Gottes« (V. 35), der göttlichen Wesens ist. Als solcher partizipiert er an den Eigenschaften, die in dem die Engelsankündigung kommentierenden Magnificat[50] über Gott selbst ausgesagt werden.[51] Jesus ist m. a. W. deshalb »groß«, »heilig« und »Sohn Gottes«, weil er ohne Zutun eines Mannes allein durch die göttliche Geistkraft ins Sein gerufen wurde. Demgemäß verbindet sich auch seine Davidskindschaft nicht mit seiner Mutter, sondern ist durch Joseph vermittelt, d. h. wie gesehen, rechtlich, nicht genealogisch. Entsprechendes gilt für die christologischen Aussagen in Mt 1,18–25: Der pneumatisch empfangene, von der Jungfrau Maria geborene Sohn ist mit Jes 7,14 Immanuel, »Gott-mit-uns«, in dem Gott in der Welt einwohnt. Dieser »Gott-mit-uns« partizipiert seinem Namen Jesus gemäß an dem göttlichen Privileg der Rettung von Sünden. Die Davidssohnschaft Jesu ist auch hier rechtlich vermittelt.[52]

Im Kontext der Beantwortung des Einwandes der Maria (V. 34) wird das Schöpferwort (4.) als *wirksames Wort* entfaltet. Die sich im heiligen Geist und in der göttlichen Dynamis vollziehende Schöpfermacht Gottes, die sich in der Geburt Jesu manifestieren soll, verdeutlicht Lukas mit Hinweis auf die, wie es heißt, »unfruchtbar genannte« Elisabeth, die in ihrem fortgeschrittenen Alter (V. 18.36) noch einen Sohn empfing. An ihr werde deutlich, dass auch »nicht ein Wort (ῥῆμα) unwirksam sein wird (ἀδυνατήσει), das von Gott (kommt)«. Bei dieser Aussage handelt es sich um ein annähernd wörtliches Zitat

[50] Vgl. WOLTER, Lukasevangelium (s. Anm. 9), 100.

[51] Zu μέγας vgl. ἐποίησέν μοι μεγάλα (1,49) bzw. κράτος (V. 51), zu ἅγιον vgl. ἅγιον τὸ ὄνομα αὐτοῦ (V. 49).

[52] BROWN, Birth (s. Anm. 22), 147–149, zufolge ist im Unterschied zum Matthäusevangelium nicht nur im MT von Jes 7,14 keine Jungfrauengeburt intendiert, sondern auch nicht im Text der LXX. παρθένος sei zwar die »deliberate preference for understanding the young woman of Isa 7:14 as a virgin«. Das bedeute aber nicht, dass der Übersetzer von einer »virginal conception of the Messiah« ausgehe. »Therefore, all that the LXX translator may have meant by ›the virgin will conceive‹ is that a woman who is *now* a virgin will (by natural means, once she is united to her husband) conceive the child Emmanuel« (a. a. O., 148 f.). Zum Verständnis von עלמה/παρθένος vgl. neuerdings auch C. RICO, La mère de l'Enfant-Roi Isaïe 7, 14. »Almâ« et »Parthenos« dans l'univers biblique: un point de vue linguistique, Paris 2013.

aus Gen 18,14.[53] Es findet sich dort im Mund des Boten Gottes, der in Hörweite Saras Abraham die Geburt eines Sohnes ansagt. Das Lachen, das Sara angesichts ihres und Abrahams Greisenalters anstimmt, beantwortet der Bote mit der rhetorischen Frage: »Ist denn ein Wort (ῥῆμα) von Gott unwirksam (ἀδυνατεῖ)?« Der Rekurs auf die Vergangenheit mit ihrer in der Geburt Isaaks erfüllten Verheißung, verstärkt durch das aktuelle Zeichen der Schwangerschaft Elisabeths, die die Leserschaft bereits kennt (V. 24), hat die argumentative Funktion, die Ankündigung der Geburt Jesu aus der Jungfrau Maria als wirksames Botenwort Gottes zu qualifizieren, dessen Realisierung gewiss ist. Die Wirksamkeit des Gotteswortes ist auch im Alten Testament und damit im Bereich des ersten Artikels des Glaubensbekenntnisses über die Abraham-Sara-Geschichte hinaus wiederholt Thema. Neben dem bereits berührten Zusammenhang Gen 1 ist hier insbesondere an Deuterojesaja zu erinnern, der die Verlässlichkeit und Wirksamkeit des Wortes nun freilich für das Geschichtshandeln Gottes betont.[54]

Die Wirksamkeit des Gotteswortes erweist sich Lukas zufolge aber nicht erst in der Zukunft. Es verändert die Realität derjenigen, an die es sich wendet, bereits bevor es eintritt. Noch bevor Jesus geboren wird, besingt Maria in ihrem Lobgesang die ihr durch die Engelsoffenbarung angesagte Statusveränderung als bereits vollzogene Realität. Der, dessen Wort nicht unwirksam bleibt, ist der Mächtige, der δυνατός, der Großes an Maria getan hat, indem er sie zu einer zentralen Gestalt der Heilsgeschichte erwählt hat. Aus der Niedrigkeit der Magd wird die Gepriesene (V. 48), der der Makarismus der Elisabeth bereits in der Gegenwart zuteilwird.

(5.) Schließlich ist das Wort Gottes im Kontext der Geburtsankündigung das *Wort, das eine Reaktion herausfordert*.[55] »Es geschehe mir nach deinem Wort (ῥῆμα)«, ist die Antwort Marias auf die Sohnesverheißung. In V. 45 wird dies als der Glaube Marias gedeutet, dass das, was ihr von Gott her gesagt wurde, Erfüllung finden wird.[56] Ihr

---

[53] Vgl. Lk 1,37 mit Gen 18,14 LXX. Zu Aussagen, die vom nicht zu überbietenden Vermögen Gottes handeln, ohne dies jedoch auf das »Wort« zu beziehen, vgl. Hi 10,13 LXX; 42,2. Der Gedanke begegnet auch in der Jesusüberlieferung, vgl. Mk 10,27 // Mt 19,26 // Lk 18,27; s. ferner Mk 14,36.

[54] Das Motiv legt sich als *inclusio* um das Ganze von DtJes; vgl. Jes 40,5.8; 55,11; s. ferner Sach 8,6.

[55] Brown, Birth, 316 (s. Anm. 22), verweist darauf, dass dieser Zug der Erzählung nicht zu den Formelementen der Geburtsankündigung zählt.

[56] V. 45 nimmt mit ὅτι ἔσται τελείωσις τοῖς λελαλημένοις αὐτῇ παρὰ κυρίου auf V. 37 (ὅτι οὐκ ἀδυνατήσει παρὰ τοῦ θεοῦ πᾶν ῥῆμα) Bezug.

Glaube ist damit Verheißungsglaube. Die Realisierung der Verheißung ist aber weder bei Lukas noch in Genesis zwingend an die Zustimmung des Menschen bzw. an seinen Glauben gebunden. Abraham und Sara lachen ein ungläubiges Lachen angesichts der Verheißung eines Sohnes,[57] Zacharias fragt nach einem Zeichen (1,18), was ihm als Unglaube an die Engelsworte ausgelegt wird. Die Wirkmacht des Wortes liegt allein im göttlichen Wollen begründet. Der Theozentrismus zeigt sich so auch bei der Durchsetzung des Wortes der Verheißung.

3. Das Schöpferwort Gottes in der Gemeinde Jesu Christi

Die verschiedenen für Lk 1,26–38 aufgezeigten Dimensionen des Schöpferwortes begegnen im Neuen Testament auch sonst, werden dort aber mit Blick auf die Glaubenden, und das heißt zugleich mit Blick auf den dritten Artikel des Glaubensbekenntnisses entfaltet. Besonders eng sind die Bezüge zu Paulus, auf den ich mich darum im Folgenden konzentriere. Unmittelbar auf der Linie der obenstehenden Ausführungen zu Lukas liegt der Abschnitt Röm 4,17–25, dem ich mich deshalb zunächst zuwende.

3.1 Die schöpferische Macht des Wortes Gottes in Röm 4,17–25

Nach Röm 4,17 erweist sich der Gott, der Abraham verheißt: »Ich habe dich zum Vater vieler Völker eingesetzt« (Röm 4,17 // Gen 17,5), im Vollzug des Wortes der Verheißung als der Schöpfergott, »der die Toten lebendig macht und das Nicht-Seiende ins Sein ruft«. Dies entfaltet Paulus anschließend unter Rekurs auf weitere Zusammenhänge der biblischen Abrahamerzählung (Röm 4,18–22). Dabei stellt er, seinem spezifischen Argumentationsinteresse entsprechend, die Reaktion Abrahams auf die Verheißung, den Glauben, ins Zentrum. Quer zum Gesamtbefund der Abrahamdarstellung in Gen steht der unerschütterliche Glaube Abrahams im Zentrum der Auslegung, der wider alle Hoffnung auf Hoffnung hin dem Wort der Verheißung (τὸ εἰρημένον): »So wird dein Same sein« (V. 18 // Gen 15,6 LXX), glaubt, nämlich wie die Zahl der Sterne am Himmel. Dieser Glaube an das Wort der Verheißung ist es, der ihm zur Gerechtigkeit angerechnet werden sollte (Röm 4,3.22). An seinem Glauben ändert sich auch

57 Vgl. Gen 17,17; 18,12–15; s. aber Gen 15,1–6.

nichts, als er auf seinen und Saras erstorbenen Leib blickt (V. 19 // Gen 17,17). Er zweifelt die Verheißung (ἐπαγγελίαν) Gottes keinen Augenblick im Unglauben an, »sondern wurde (sc. von Gott) im Glauben gestärkt, so dass er Gott die Ehre gab und völlig gewiss war, dass er (sc. Gott) das, was er verheißen hat, auch zu tun vermag (δυνατός ἐστιν καὶ ποιῆσαι)« (4,20 f.).

Diese Aussagen berühren sich in den Formulierungen ebenso wie in der theologischen Grundaussage eng mit Lk 1. Der *Glaube* an das Wort der *Verheißung* ist hier wie dort der Glaube an die *Wirkmacht* Gottes und seines Wortes, die sich im Zuge seiner Realisierung als *Schöpfermacht* manifestiert. Angesichts der Dichte der Gen-Rezeption in Röm 4 ist davon auszugehen, dass die Wendung δυνατός ἐστιν καὶ ποιῆσαι (V. 21) eine Anspielung auf den auch von Lukas zitierten Text Gen 18,14 ist.[58] Den Verheißungsglauben Abrahams bestimmt Paulus hier zugleich als den rechtfertigenden Glauben. Damit durchzieht das Motiv des Wortes der Verheißung als des gleichermaßen verlässlichen wie wirkmächtigen Schöpferwortes im Kontext von Abraham-Sara-Überlieferung und -rezeption den gesamten Raum dessen, wovon das Apostolikum in seinen drei Artikeln handelt.

Dies ist nun für den Glauben der Christusgläubigen zu vertiefen. Sein Inhalt wird in Röm 4 in Entsprechung zum Glauben Abrahams an den Gott, »der die Toten lebendig macht und das Nicht-Seiende ins Sein ruft«, als Glaube an den Gott bestimmt, »der Jesus, unseren Herrn, von den Toten auferweckt hat« (V. 24). In der Exegese wird die Frage kontrovers diskutiert, ob der Verheißungscharakter des Glaubens Abrahams auch Strukturelement des christlichen Glaubens ist[59] oder dieser nicht vielmehr auf die in der Auferweckung Jesu von

[58] Dieser Bezug wird von J. D. G. Dunn, Romans, WBC 38 A, Dallas 1988, 221, und M. Wolter, Der Brief an die Römer, EKK VI/1, Neukirchen-Vluyn 2014, 308, Anm. 123, in Erwägung gezogen. E. Käsemann, An die Römer, HNT 8a, Tübingen [4]1980, 118, sieht im Anschluss an P. Billerbeck in δυνατὸς καὶ ποιῆσαι eine sprichwörtliche Wendung und hält sie unter Verweis auf Philo »mindestens in der Diaspora« für ein »Gottesprädikat«. Am nächsten kommt dem somn. 2,136, an den anderen Stellen (Abr. 112.175; Jos. 244; spec. 1,282) liegt kein Gottesprädikat vor. Da Philo in Abr. 112 ausdrücklich Gen 18,14 zitiert, ist davon auszugehen, dass er die betreffenden Aussagen von dieser Stelle abgeleitet hat.

[59] Vgl. u.a. Käsemann, Römer (s. Anm. 58), 121; Dunn, Romans (s. Anm. 58), 240, und M. Theobald, Römerbrief, SKK.NT 6/1, Stuttgart [3]2002, 132–134.

den Toten erfüllte Verheißung des Glaubens Abrahams zurückblickt.[60] Diese Frage ist m. E. im ersteren Sinne zu beantworten. Denn Paulus sagt von dem Abraham zur Gerechtigkeit angerechneten Glauben, die Schrift schreibe davon »nicht seinetwegen [sc. Abraham] allein [...], sondern auch um unsretwillen«, d.h. um der Glaubenden willen, denen der Glaube an den Gott, der Jesus im Akt der eschatologischen Neuschöpfung von den Toten auferweckt hat, »angerechnet werden soll (μέλλει λογίζεσθαι)«. Diese Aussage hat futurische Bedeutung.[61] Damit blickt der rechtfertigende Glaube, wie ihn Paulus fasst, zwar auf das in der Auferweckung Jesu eschatologisch *erfüllte* Wort der Verheißung an Abraham zurück, doch behält diese auch über ihre Erfüllung in Isaak und Jesus hinaus den Charakter der Verheißung. Paulus buchstabiert das bleibend futurische Moment der Verheißung an Abraham hier zwar nicht im Einzelnen aus. Die knappen Formulierungen in Röm 4,24 f. lassen jedoch insbesondere an die eschatologische »Rechtfertigung zum Leben« (5,18) sowie an die end-

[60] Vgl. U. WILCKENS, Der Brief an die Römer, EKK VI/1, Zürich u.a. ²1987, 227 f., der den Glauben der Christusgläubigen auf die in Christus bereits erfüllte Abrahamsverheißung deutet; in der Sache ähnlich u. a. K. HAACKER, Der Brief des Paulus an die Römer, ThHK 6, Leipzig 1999, 110; R. JEWETT, Romans. A Commentary, Minneapolis 2007, 346, und WOLTER, Brief (s. Anm. 58), 309 f. WILCKENS, Brief, 278, betont, dass »die Verheißung an Abraham [...] in Christus erfüllt (ist) (15,8; 2 Kor 1,20; Gal 3,14.22.29; 4,28); sie ist als solche im Evangelium aufgehoben [...] ἐπαγγελία kennt er (sc. Paulus) nur als *erfüllte* Verheißung«; diese Behauptung geht allerdings über das Belegbare hinaus. In Röm 9,4 wird das nicht an Christus glaubende Israel weiterhin als Träger der Verheißung bestimmt. In Röm 15,8 ist von der Bekräftigung der Verheißungen in Christus die Rede (vgl. auch 11,29). Entsprechendes gilt für 2 Kor 1,20. Für die Stellen aus dem Gal lässt sich lediglich behaupten, dass die Erfüllung der Verheißung mit Christus begonnen hat. Damit ist die Verheißung im Evangelium gerade nicht aufgehoben, sondern neu in Kraft gesetzt.

[61] Vgl. BDR § 356. Als echtes Futur wird die Wendung u.a. von KÄSEMANN, Römer (s. Anm. 58), 121; DUNN, Romans (s. Anm. 58), 240, und ähnlich E. LOHSE, Der Brief an die Römer, KEK IV, Göttingen 2003, verstanden. Im Duktus der Argumentation von Röm 4 kommt es darauf an, dass das *schöpferische* Gotteshandeln, so sehr es sich nach Abraham und Sara auch in der Auferweckung Jesu gezeigt hat, zukunftsbezogen bleibt und seinen *Verheißungscharakter* behält. Es gilt weiterhin das Diktum KÄSEMANNS: »Die voraufgegangene Argumentation ist nur sinnvoll, wenn dieser Glaube kein anderer ist als der Abrahams« (a.a.O., 121).

zeitliche Auferweckung der sterblichen Leiber der Glaubenden durch den schöpferischen Geist und die Kraft Gottes denken (Röm 8,11).[62]

Das Wort der Verheißung behält so auch und gerade als erfülltes Gotteswort seinen Verheißungscharakter bei. Die Verheißung an Abraham, die sich mit der Geburt Isaaks im Raum der ersten Schöpfung erstmals erfüllt, wird von Paulus für die eschatologische Neuschöpfung angeeignet, in der Auferweckung Jesu für die eschatologische Gegenwart und in der Neuschöpfung der Leiber der Glaubenden für die eschatologische Zukunft. Die göttliche Verheißung ist bei Paulus so nicht anders als bei Lukas das Wort, das die Schöpfermacht Gottes enthüllt, die sich hier wie dort am irdisch-natürlichen Leib erweist. Wirksam wird es dabei nach beiden Autoren durch πνεῦμα und δύναμις Gottes. Empfangen schließlich wird sie durch den Glauben.

3.2 Die Wirkmacht des Wortes Gottes in der weiteren Paulusliteratur

Die wesentlichen Kennzeichen des Wortes Gottes von Lk 1 spiegeln sich auch im paulinischen Evangeliumsbegriff. Nach Röm 1 ist das Evangelium als εὐαγγέλιον θεοῦ Wort *Gottes*, das von dem eigens dazu berufenen Apostel verkündigt wird. Damit ist es wie bei Lukas zugleich *Botenwort* (V. 1), dessen Inhalt hier wie dort der Sohn Gottes ist (V. 3 f.), der den Namen Jesus Christus trägt. Wenngleich in eigener Weise fügt sich auch das paulinische Evangelium in die *Verheißungsgeschichte* ein, sofern Gott es durch seine Propheten im Wort der Schrift im Voraus verheißen hat (προεπηγγείλατο, V. 2). Das verheißene, Schrift gewordene Evangelium Gottes ereignet sich Paulus

[62] Zu beiden Aussagen in Röm 5,18 und 8,11 gibt es sprachliche Verbindungen. In Röm 4,25 ist von der Auferweckung Jesu »um unserer Rechtfertigung (δικαίωσιν ἡμῶν) willen« die Rede, in 5,18 von der durch die Rechtstat des Einen zukünftig alle Menschen umgreifenden δικαίωσιν ζωῆς – »Rechtfertigung des Lebens«. Röm 8,11 weist sprachliche und inhaltliche Bezüge zu Röm 4,17–25 auf: τοῦ ἐγείραντος τὸν Ἰησοῦν ἐκ νεκρῶν – »der Jesus von den Toten auferweckt hat« nimmt 4,24 auf (die Auferweckung Jesu von den Toten impliziert nicht nur in Röm 8,11, sondern auch in dem für diese Frage grundlegenden Text 1 Kor 15,12–22 die Auferweckung der anderen); ζῳοποιήσει nimmt auf 4,17 Bezug; τὰ θνητὰ σώματα auf 4,19. Dunn, Romans (s. Anm. 58), 240, denkt bei diesem futurisch konnotierten Glauben, der zur Gerechtigkeit angerechnet wird, unter Hinweis auf Röm 11,25 an den »imminent widening embrace of the gospel to the Gentiles« oder an das »future judgment for which believers can wait confident of acquittal« (s. ähnlich Lohse, Brief [s. Anm. 61], 161). Käsemann, Römer (s. Anm. 58), 121, bezieht ihn allgemeiner auf die Parusie.

zufolge in der eschatologischen Gegenwart (νυνί), indem in ihm die Gerechtigkeit Gottes als heilsames Handeln Gottes am Menschen offenbart wird (3,21). Als solches ist es ausdrücklich *Wort der Offenbarung*,[63] das wie bei Lukas im *Glauben* empfangen wird. Schließlich wird das Wort des Evangeliums wie das Wort der Verheißung in Gen 18 und in Lk 1 als das *wirkmächtige Wort* bestimmt. Es ist δύναμις [...] θεοῦ zur Rettung (Röm 1,16). Sofern die σωτηρία ein zukünftiges Geschehen ist, schreibt das Evangelium den ihm selbst seit Gesetz und Propheten eigenen Verheißungscharakter fort. Im Röm liegt der Ton bei der Bestimmung des *Evangeliums* allerdings auf der präsentischen Seite. Es offenbart in der Gegenwart die Gerechtigkeit Gottes als existenzverändernde Realität, die sich im Frieden mit Gott und im Zugang zur Gnade als den beiden signa der erneuerten Gottesbeziehung manifestiert (5,1 f.). Als solche trägt die Gerechtigkeit Gottes die endzeitliche Rettung im Modus der Verheißung *in nuce* freilich bereits in sich (5,9 f.).

Die schöpferische Macht des im Evangelium wirksamen Gottes erweist sich für Paulus freilich nicht nur in Rechtfertigung und Rettung. Der Apostel weist wiederholt darauf hin, dass seine Evangeliumsverkündigung nicht allein im gesprochenen Wort ergeht, sondern, ähnlich wie für Lk 1,35 gesehen, von Manifestationen des Geistes und der Macht Gottes begleitet ist. Darunter versteht er je nach Kontext Unterschiedliches. Er kann dabei an außergewöhnliche Phänomene wie die ekstatischen Äußerungen des Geistes und das Wirken von Machttaten denken.[64] Er kann es aber auch auf die Annahme des Glaubens und die Existenz der Gemeinde beziehen[65] und damit das scheinbar Unspektakuläre als die pneumatisch-dynamistischen Folgen des Wortes des Evangeliums deuten.

Zwei Zusammenhänge aus dem 2. Korintherbrief bieten sich zur Verdeutlichung dieser beiden Aspekte besonders an. Ich beginne mit dem »Zum-Glauben-Kommen«.[66] In 2 Kor 4,6 deutet Paulus seine

---

[63] Vgl. neben Röm 3,21 (πεφανέρωται – »es ist erschienen«) Röm 1,18: δικαιοσύνη [...] θεοῦ ἐν αὐτῷ ἀποκαλύπτεται – »die Gerechtigkeit Gottes [...] ist in ihm offenbar«.

[64] Vgl. Gal 3,5; Röm 15,18 f.; s. ferner 1 Kor 12,9 f.

[65] So meist die Deutung von 1 Kor 2,4 f., wenngleich auch nicht sicher ausgeschlossen werden kann, dass sich die Aussage auf Zeichen und Wunder bezieht. Entsprechendes gilt für 1 Thess 1,5 f.; s. ferner 1 Kor 12,9a (Glaube).

[66] Vgl. C. Wolff, Der zweite Brief des Paulus an die Korinther, ThHK 8, Berlin 1989, 59.

Hinwendung zu Christus als Schöpfungswerk Gottes.[67] In unverkennbarem Rückgriff auf Gen 1,3[68] charakterisiert er den Gott, der im Akt seiner Berufung »in unseren Herzen erstrahlte zum Leuchten der Erkenntnis der Herrlichkeit Gottes auf dem Angesicht Jesu Christi«, als den Gott, der einst »sprach: Aus der Finsternis erstrahle Licht«. Paulus versteht sein »Zum-Glauben-Kommen« somit als Akt der eschatologischen Neuschöpfung in Analogie zur Schöpfung im Anfang. Wie Gott einst das Licht durch sein Wort aus der Finsternis erschuf, so transformiert er nun den Verfolger der Gemeinde und macht ihn zum Apostel Jesu Christi, indem er ihm den gekreuzigten Auferstandenen als den Ort offenbart, an dem die Herrlichkeit Gottes jetzt zu erkennen ist. Auftrag des Apostels ist es, dieses der Erschaffung des Lichtes analoge Erstrahlen der göttlichen Doxa in der Verkündigung des Evangeliums sichtbar zu machen. Deshalb kann »das Licht des Evangeliums von der Herrlichkeit Christi, der das Ebenbild Gottes ist«, von den Hörern der paulinischen Verkündigung genau »gesehen werden« (V. 4).[69] So wiederholt sich in ihnen, nun freilich im Akt des Hörens des dem Apostel aufgetragenen Wortes, die eschatologische Neuschöpfung. Das Evangelium ist so auch hier das wirksame Schöpferwort, das die Erkenntnis Gottes in Christus und also den Glauben wirkt.

Schließlich ist auf 2 Kor 2,14–3,6 einzugehen, wo die Existenz der Gemeinde auf die im Wort der Verkündigung wirksame Schöpfermacht Gottes zurückgeführt wird. Paulus reflektiert hier zunächst auf seine Rolle als Verkündiger des »Wortes Gottes« (2,17). Subjekt der Verkündigung ist Gott, der sich siegreich-triumphal des Apostels bedient[70] und durch ihn das Evangelium offenbart (φανεροῦντι).

---

[67] Vgl. a. a. O., 87.

[68] J. Lambrecht, Second Corinthians, Sacra Pagina Series 8, Collegeville 1999, 66, nennt als weiteren möglichen alttestamentlichen Referenztext Jes 9,1, wo es statt ἐγένετω φῶς – »es werde Licht« (Gen 1,3) wie in 2 Kor 4,6 φῶς λάμψει – »Licht leuchte« heißt. Bei Jes fehlt allerdings der Aspekt des göttlichen Redens, der für Gen und 2 Kor 4 konstitutiv ist.

[69] Αὐγάσαι bedeutet Lambrecht, a. a. O., 65, zufolge »most probably […] ›to see sharply‹«; s. auch P. Barnett, The Second Epistle to the Corinthians, NICNT, Grand Rapids, MI/Cambridge, U.K. 1997, 218, Anm. 41. Das »Sehen« des Lichtes ist, »of course, metaphorical for hearing« (a. a. O., 220).

[70] Vgl. die Charakterisierung Gottes als τῷ […] θριαμβεύοντι. θριαμβεύω ist ein Lehnwort aus dem Lateinischen und bedeutet »to celebrate a victory with a parade, a triumphal procession« (Lambrecht, Corinthians [s. Anm. 68], 38).

Dieses umschreibt er hier mit dem Duft der Gotteserkenntnis (V. 14),[71] die in dem vom Apostel verbreiteten Wohlgeruch Christi manifest wird (V. 15). Im Zuge der Verkündigung erweist sich das Evangelium denen, die es annehmen, als schöpferische Lebensmacht, während es für diejenigen, die sich ihm verschließen, Todes- und Gerichtsmacht ist (V. 16). Die bereits anhand des Römerbriefes sichtbar gewordenen Dimensionen des paulinischen Evangeliums zeigen sich in eigener Diktion und Metaphorik somit auch hier. Das Evangelium hat Gott zum Subjekt, es ist hochwirksames Boten- bzw. Offenbarungswort, das auf die Zukunft offen ist. Die von Paulus in 2 Kor 2 f. vorgenommene Bestimmung seines Wirkens und des von ihm verkündigten Evangeliums ist, wie er im Folgenden zeigt, keine substanzlose Prahlerei, sondern ekklesiologisch aufweisbar: Sein Empfehlungsschreiben ist die durch das von ihm verkündigte Wort des Evangeliums ins Sein gerufene Gemeinde in Korinth. Sie ist der durch den Apostel aus Gott besorgte Brief Christi (3,2 f.),[72] der, für das bloße Auge offenbar, »von allen Menschen erkannt und gelesen« wird. Er ist, wie Paulus betont, »nicht mit Tinte« und also mit menschlicher Feder geschrieben, »sondern mit dem Geist des lebendigen Gottes« (V. 3), dessen Geist Leben schafft (V. 6). Die Gemeinde ist m. a. W. als eine Schöpfung des im Evangelium wirksamen Gottes verstanden, der durch seinen lebenschaffenden Geist wirkt.[73]

4. Schluss: Zusammenfassung und hermeneutische Überlegungen

1. Die für das schöpferische Wort Gottes in Lk 1 aufgezeigten Strukturelemente finden sich so oder ähnlich bereits im Abraham-Sara-Zyklus und bei Paulus, der wie später Lukas auf den alttestamentlichen

[71] Τὴν ὀσμὴν τῆς γνώσεως αὐτοῦ – »der ›Duft‹ seiner Erkenntnis«. γνώσεως ist wohl *genitivus epexegeticus* (vgl. u. a. WOLFF, Brief [s. Anm. 66], 55), αὐτοῦ kann sich grammatisch sowohl auf Gott als auch auf Christus beziehen. Hier wird für Gott optiert, weil sich γνῶσις üblicherweise auf diesen bezieht; V. 15 entfaltet dies dann christologisch.

[72] Vgl. die Aussage: »Ihr seid unser Brief« (V. 2), mit: »ihr seid ein Brief Christi« (V. 3). Der Genitiv Χριστοῦ ist ein *genitivus auctoris*: Christus ist der Verfasser des Briefes.

[73] S. ferner Jak 1,18; 1 Petr 1,22–25, wo die Schöpfermacht des Wortes Gottes ebenfalls im Sinne der eschatologischen Neuschöpfung von Gemeinde und Glaubenden verstanden wird.

Stoff zurückgreift. Historisch ist davon auszugehen, dass Lukas nicht nur mit der Genesis-Erzählung vertraut war, sondern auch mit den Grundzügen des paulinischen Denkens,[74] zu denen sein Evangeliumsverständnis fraglos gehört. Dies würde jedenfalls die auffälligen Übereinstimmungen zwischen Lk 1 und Röm 4 einerseits und Röm 1 andererseits erklären. Demnach hätte bereits die neutestamentliche Rezeption des Abraham-Sara-Stoffes das alttestamentliche Schöpferwort absichtsvoll für jenen Raum fruchtbar gemacht, der später im Apostolikum dem zweiten und dritten Glaubensartikel zugeordnet werden sollte.

2. Das Homologumenon »empfangen durch den heiligen Geist, geboren von der Jungfrau Maria«, interpretiert den ersten Artikel im zweiten, namentlich das Bekenntnis zu Gott dem Schöpfer. Im Zentrum des ersten Teilsatzes der Credo-Aussage steht die schöpferische Macht Gottes, die durch die Kraft des Geistes die Empfängnis Jesu in Maria wirkt, indem sie die von ihr stammende Materie belebt und formt. Der Geist ist hier als die gleichermaßen protologisch wie eschatologisch wirksame Gotteskraft zu verstehen, in der Welt und Mensch von Beginn der Schöpfung an erschaffen sind, die aber zugleich die Neuschöpfung ins Werk setzt. Im öffentlichen Wirken Jesu manifestiert sich dies sodann in seinem Handeln in Geist, Vollmacht und Kraft. Christologisch impliziert die Empfängnis Jesu aus dem heiligen Geist seine Teilhabe am Wesen Gottes, bei Lukas an seiner Heiligkeit, bei Matthäus an der Macht Gottes, Sünden zu vergeben. Das sich darin enthüllende Verhältnis zu Gott bringt Lukas auf den Begriff des Sohnes des Höchsten, Matthäus unter Rekurs auf die Schrift auf den des Immanuel, des »Gottes-mit-uns«. Beide Evangelisten deuten die Hervorbringung Jesu aus Maria durch den heiligen Geist mit Hilfe alttestamentlicher Überlieferungen, Lukas mit dem Abraham-Sara-Stoff, Matthäus mit Jes 7,14 LXX. Damit werden beide, Jesus und Maria, in die Israelgeschichte hineingestellt, so dass ihre jüdische Identität Teil des Credos ist.

Was den zweiten Teilsatz der Credo-Aussage, die Geburt Jesu aus der Jungfrau Maria, anbelangt, so haben weder Matthäus noch Lukas ein eigenständiges Interesse an der Jungfräulichkeit Marias. Für beide liegt ihre Bedeutung in der Christologie. Die Jungfräulichkeit Marias stellt in Verbindung mit der Geistzeugung sicher, dass Jesus vom Augenblick seiner Hervorbringung an göttlichen Wesens ist.

[74] Vgl. Wolter, Lukasevangelium (s. Anm. 9), 6–8.

Eine natürliche Zeugung würde dies verdunkeln. Lukas geht es dabei zugleich darum, die Schöpfermacht Gottes hervorzuheben. Kommt Maria im Kontext der Empfängnis Jesu eine primär passive Rolle zu, so wird sie von Lukas doch zugleich als Gegenüber Gottes gezeichnet. Von Gott erwählt, wird sie zur Empfängerin und Trägerin der Verheißung und erhält eine den alttestamentlichen Protagonistinnen und Protagonisten der Aqara-Geschichten an Bedeutung vergleichbare heilsgeschichtliche Rolle. Marias Antwort auf das Wort der Verheißung ist der Glaube als Verheißungsglaube.

3. Die aufgezeigten Bezüge zwischen den Artikeln des Glaubensbekenntnisses belegen, dass sich die Bekenntnisaussage »empfangen durch den heiligen Geist, geboren von der Jungfrauen Maria«, von der Vorstellung der Jungfräulichkeit einmal abgesehen, theologisch nahtlos in das erörterte gesamtbiblische Zeugnis einzeichnet. Denn die geistgewirkte Entstehung Jesu aus der Jungfrau Maria verdankt sich derselben schöpferischen Macht Gottes, die sich dem biblischen Zeugnis zufolge auch sonst in Schöpfung und Neuschöpfung durch Geist und Kraft vollzieht. Deshalb müssten sich die *besonderen* Schwierigkeiten, die diese Bekenntnisaussage heutiger Rezeption bereitet, eigentlich erheblich relativieren. Denn *theologisch* unterscheidet sich das schöpferische Wort Gottes im Kontext der lukanischen Jungfrauengeburt nur graduell von dem an Sara ergehenden und dem sich in der Auferweckung Jesu und der zukünftigen Auferweckung der Glaubenden manifestierenden, dem Leib geltenden Schöpferwort. Die Jungfrauengeburt ist daher als integraler Bestandteil der biblischen Konzeption von Schöpfung und Neuschöpfung zu beurteilen. Kann und muss an der Auferweckung Jesu theologisch festgehalten werden, müsste dies in ähnlicher Weise auch für die Jungfrauengeburt möglich sein, auch wenn sie im Neuen Testament deutlich schlechter bezeugt ist und sie historisch mit großen Fragezeichen versehen ist. In der Frage der historischen Aufweisbarkeit unterscheiden sich Geistzeugung und Jungfrauengeburt aber nicht in grundsätzlicher Weise von anderen Aussagen des Apostolikums. Dies gilt entsprechend für ihre biologisch-naturwissenschaftliche Fraglichkeit. Insofern verdichten sich in den spezifischen Schwierigkeiten, die der erörterte Glaubenssatz kontemporärem Denken bereitet, wohl nur die Probleme, die sich mit anderen Aussagen des Glaubensbekenntnisses in ähnlicher Weise verbinden, sofern sie historisch und naturwissenschaftlich nicht verifizierbar sind.

4. Schließlich soll die implizite Verweisstruktur der erörterten Texte hermeneutisch fruchtbar gemacht werden. Die narrativen Traditio-

nen aus Genesis und dem Lukasevangelium sind dazu geeignet, die schöpferische Dimension des Wortes bei Paulus, sei es in der Gestalt der Verheißung, sei es in der des Evangeliums, zu erhellen. Sie verdeutlichen, dass die Evangeliumsverkündigung auch dann, wenn sie ohne spektakuläre Begleiterscheinungen ergeht, das Wort ist, in dem Gott selbst schöpferisch handelt. Der Apostel und andere richten es als Boten Gottes aus, seine Wirkmacht aber entfaltet es durch Gott.

Umgekehrt verdeutlicht das Verständnis des Schöpferwortes bei Paulus die potentiell existentielle Dimension der göttlichen Verheißung im Kontext der wunderhaften Geburtsgeschichten in Genesis und dem Lukasevangelium. Diese Verheißungen erweisen sich im Licht der paulinischen Texte als spezifische Konkretionen des *einen* Wortes Gottes, dessen schöpferische Macht sich geschichtlich auf immer neue Weise manifestiert, sei es im Wunder der die Regeln der Natur sprengenden Geburten im Raum Israels und in der Geschichte Jesu, sei es in den die Evangeliumsverkündigung begleitenden Machttaten, sei es im Unspektakulären von Glauben und Gemeinde. Das aber heißt zugleich, dass der Credo-Satz »empfangen durch den heiligen Geist, geboren von der Jungfrau Maria« die Wirksamkeit des Wortes Gottes im Raum der Schöpfung als Transzendenzgeschehen begreiflich macht.

Innerhalb des Apostolikums weist dieser Bekenntnissatz, wie er im Voranstehenden entfaltet wurde, auf das Bekenntnis zu Gott, dem Schöpfer, im ersten Artikel zurück und auf die Auferweckung Jesu im zweiten Artikel und das Bekenntnis zum Heiligen Geist als der schöpferischen Kraft der Auferstehung von den Toten im dritten Artikel voraus.

Dogmatische Perspektiven auf Geist- und Jungfrauengeburt

Gregor Etzelmüller

Im Herbst 1928 reist Emil Brunner als Botschafter für die dialektische Theologie in die USA. Er trifft dabei, namentlich in Princeton, auf einen »verbohrte(n) Fundamentalismus, der im Examen die Frage stellt: Glauben Sie an die jungfräuliche Geburt Jesu als historisches Faktum, yes or no […]?«[1] Brunner seinerseits lehnte die Lehre von der Jungfrauengeburt sowohl aus historischen als auch aus dogmatischen Gründen ab.[2] Schon allein ihre nur marginale biblische Bezeugung sowie der offensichtlich legendäre Charakter dieser Überlieferungen würden »es jedem gewissenhaften Historiker schwer machen, die geschichtliche Glaubwürdigkeit dieser Tradition zu behaupten«.[3] Zudem stünden die Erzählungen von der Jungfrauengeburt in der Gefahr, das Menschsein Jesu zu verstellen: »Ist ein vaterlos Gezeugter ein ›wahrer Mensch‹? Fehlt ihm nicht zum vollen Menschsein das Wesentlichste, daß er geboren ist wie wir anderen Menschen alle?«[4] Löse man die Erzählungen von der Jungfrauengeburt aus ihrem historischen Kontext, seien sie sogar tendenziell häretisch, da sie von einer Zeugung des Gottessohnes in der Zeit ausgingen. Es klingt wie eine späte Antwort auf die Begegnung mit dem amerikanischen Fundamentalismus, wenn man in Brunners Dogmatik liest: »An die Gottheit Jesu im Sinne der ewigen Gottessohnschaft kann man nicht wegen, sondern nur trotz der Lehre von der jungfräulichen Geburt, so wie sie bei Matthäus und Lukas selbst lautet, glauben […] Wir glauben an die Gottheit Jesu und die Menschwerdung des ewigen Gottessohnes trotz Matthäus 1 und Lukas 1, auf keinen Fall aber wegen dieser beiden Stellen.«[5] Mit dieser Antwort wäre Brunner im Princeton der 1920er Jahre gewiss durchs Examen gefallen.

---

[1] Brief an Thurneysen vom 15. Oktober 1928; zitiert nach F. Jehle, Emil Brunner. Theologe im 20. Jahrhundert, Zürich 2006, 244 f.

[2] Vgl. bereits E. Brunner, Der Mittler. Zur Besinnung über den Christusglauben, Tübingen 1927, 288–292.

[3] Ders., Dogmatik Bd. 2: Die christliche Lehre von Schöpfung und Erlösung, Zürich/Stuttgart 1960, 378.

[4] A. a. O., 377.

[5] A. a. O., 377–379.

Die Begegnung Brunners mit dem amerikanischen Fundamentalismus verdeutlicht eine Konfliktlinie, die bereits im 19. Jh. zum Apostolikumstreit führte[6] und auch noch gegenwärtig den weltweiten Protestantismus prägt. Während der amerikanische Fundamentalismus und auch andere Strömungen innerhalb der evangelikalen Bewegung die Lehre von der Jungfrauengeburt zu den nicht aufgebbaren Glaubensaussagen zählen,[7] ist diese Lehre innerhalb der akademischen Theologie sowohl »aus historischen, aber auch dogmatischen Gründen«[8] oftmals problematisiert worden.

Was kann Dogmatik angesichts dieser Diskurslage – auch angesichts der mit ihr verbundenen wechselseitigen Häresievorwürfe – leisten? Karl Barth hat sowohl in der Kirchlichen Dogmatik[9] als auch in seiner Dogmatik im Grundriss einen vermittlungstheologischen Ansatz entfaltet, der zwischen dem Geheimnis der Weihnacht – der

---

[6] Vgl. dazu den Beitrag von R. Leonhardt in diesem Band.

[7] Vgl. etwa die Ausführungen von A. Mohler Jr., dem Präsidenten des Southern Baptist Theological Seminary: »Must one believe in the Virgin Birth to be a Christian? This is not a hard question to answer. It is conceivable that someone might come to Christ and trust Christ as Savior without yet learning that the Bible teaches that Jesus was born of a virgin. A new believer is not yet aware of the full structure of Christian truth. The real question is this: Can a Christian, once aware of the Bible's teaching, reject the Virgin Birth? The answer must be no [...] Even if the Virgin Birth was taught by only one biblical passage, that would be sufficient to obligate all Christians to the belief. We have no right to weigh the relative truthfulness of biblical teachings by their repetition in Scripture. We cannot claim to believe that the Bible is the Word of God and then turn around and cast suspicion on its teaching [...] Carl F. H. Henry, the dean of evangelical theologians, argues that the Virgin Birth is the ›essential, historical indication of the Incarnation, bearing not only an analogy to the divine and human natures of the Incarnate, but also bringing out the nature, purpose, and bearing of this work of God to salvation.‹ Well said, and well believed« (Must We Believe the Virgin Birth?; zitiert nach http://www.albertmohler.com/2010/12/22/must-we-believe-the-virgin-birth-4/ – Zugriff am 23.12.2015). Zur in sich auch differenzierten Debatte innerhalb der evangelikalen Theologie vgl. R. E. Olson, The Westminster Handbook to Evangelical Theology, Louisville/London 2004, 281 f.

[8] W. Pannenberg, Grundzüge der Christologie, Gütersloh 1964, 149; vgl. 140–150; F. Schleiermacher, Der christliche Glaube nach den Grundsätzen der evangelischen Kirche im Zusammenhange dargestellt. Zweite Auflage (1830/31). Bd. 1 und 2, hg. v. R. Schäfer, Berlin/New York 2008, II, § 97, 77–81; Brunner, Dogmatik II (s. Anm. 3), 372–379; J. Moltmann, Der Weg Jesu Christi. Christologie in messianischen Dimensionen, München 1989, 97–107.

[9] Vgl. K. Barth, KD I/2, Zollikon 1938, 187–221: Das Wunder der Weihnacht.

Menschwerdung – und dem Wunder der Weihnacht – der Jungfrauengeburt – zunächst unterscheidet, dann aber das Wunder als die von Gott gewollte »faktische Form« des Geheimnisses ausweist. Das heißt zunächst – gleichsam gegen den Fundamentalismus gerichtet: Das Zentrum des Glaubens ist nicht die Jungfrauengeburt, sondern die Menschwerdung, genauer der Menschgewordene, und der Fundamentalismus steht in der Gefahr, dieses Zentrum zu verstellen. Zugleich aber betont Barth – nun gegen Brunner gerichtet[10] –, dass uns die Menschwerdung in der faktischen Gestalt einer Jungfrauengeburt gegeben sei – und zwar aus dogmatisch einsichtigen Gründen. Denn die Form der Jungfrauengeburt verdeutliche, wie der Mensch an der Sache seines Heils beteiligt sei, nämlich allein in der Gestalt der Demut: »Mir geschehe, wie du gesagt hast!«[11] Wir können nach Barth also durchaus erkennen, warum »es Gott gefallen hat, das Geheimnis [der Weihnacht] in dieser Form und Gestalt [nämlich der Jungfrauengeburt] wirklich sein und offenbar werden zu lassen«.[12] Eben deshalb seien wir aber auch gegenüber dem Bekenntnis zur Jungfrauengeburt nicht frei, so als ob wir darüber entscheiden könnten, das Geheimnis der Weihnacht, die Menschwerdung, in einer anderen Gestalt haben zu wollen. Menschwerdung und Jungfrauengeburt gehören nach Barth – auf seines Erachtens nachvollziehbare Weise – zusammen: »Eines gehört hier offenbar notwendig zum anderen.«[13]

Es überrascht nicht, dass sich Barth, obwohl seine Interpretation bis weit ins Luthertum hinein Resonanz gefunden hat,[14] mit dieser These einer notwendigen Zusammengehörigkeit nicht durchgesetzt hat.[15] Was Barth in seiner Auslegung nämlich ausblendet, ist der an

---

[10] Vgl. a. a. O., 200 f.: »Brunners Bestreitung der Jungfrauengeburt ist kein gutes Unternehmen. Sie verbreitet, wie dies auch bei Althaus der Fall ist, Zwielicht über seine ganze Christologie« (201).

[11] Vgl. K. Barth, Dogmatik im Grundriß, Zürich [8]1998, 116.

[12] A.a.O., 117.

[13] Ebd.

[14] Im expliziten Anschluss an Karl Barth formuliert etwa Wilfried Härle, dass das Bekenntnis zur Jungfrauengeburt darauf verweise, dass bei der Menschwerdung »die menschliche Beteiligung nicht ausgeschaltet oder ausgeschlossen, aber auf das Einwilligen und Empfangen beschränkt« ist (W. Härle, Dogmatik, Berlin/Boston [4]2012, 356 f.; zum Bezug auf Barth vgl. a. a. O., die Fußnoten 46 und 47). Maria wird so zur »Repräsentantin des ›sola fide‹« (a. a. O., 357).

[15] Nach Wolfhart Pannenberg etwa leuchtet es »keineswegs mehr ein, weshalb Jesus als Gottessohn anders zur Welt kommen sollte als andere Men-

diesem Punkt offenkundige biblische Pluralismus.[16] Das Neue Testament bewahrt neben dem Matthäus- und Lukasevangelium eine Fülle von Überlieferungen, in denen der Christusglaube nicht mit der Vorstellung einer Jungfrauengeburt verbunden ist. Das Markus- und das Johannesevangelium scheinen ebenso wenig wie Paulus die Überlieferung von einer Jungfrauengeburt zu kennen; in Joh 1,45 wird Jesus von Philippus, einem Jünger, explizit »Josefs Sohn« genannt (vgl. 6,42). Soll heißen: Vom Neuen Testament her besteht zwar die Möglichkeit, den christlichen Glauben im Bekenntnis zur Jungfrauengeburt Jesu auszudrücken, aber keine Notwendigkeit, dies zu tun. Am Bekenntnis zur Jungfrauengeburt entscheiden sich weder Wahrheit noch Wahrhaftigkeit des christlichen Glaubens.[17]

M. E. bräuchten wir gerade auch angesichts der »gegenwärtigen Auseinandersetzungen um die Relevanz von Bekenntnissen [...] bis hin zu Fragen von Toleranz und Intoleranz«[18] eine Dogmatik, die im Anschluss an den biblischen Kanon pluralismusfähig ist, die also das berechtigte Nebeneinander unterschiedlicher Frömmigkeits- und Bekenntnistraditionen rekonstruieren kann. Eine solche pluralismusfähige und zur Gestaltung von kirchlichem Pluralismus befähigende Dogmatik ist dabei keineswegs eine relativistische Dogmatik. Das möchte ich im Folgenden anhand der Auslegung des Bekenntnissatzes »empfangen von dem Heiligen Geist, geboren von der Jungfrau Maria« demonstrieren. Dabei wird deutlich werden: Eine zur Gestaltung von kirchlichem Pluralismus befähigende Dogmatik ist (erstens) grenzsensibel, arbeitet (zweitens) an theologischen Sachproblemen und ihrer Klärung und ist (drittens) an der Rekonstruktion auch sperriger und fremder Traditionen interessiert. Denn wer die Jungfrauengeburt nicht als Stein des Anstoßes präsentiert, an dem sich die Geister scheiden sollen, der kann nach den systematischen Gründen

---

schen« (W. Pannenberg, Das Glaubensbekenntnis ausgelegt und verantwortet vor den Fragen der Gegenwart, Hamburg 1972, 79).

[16] Barth ist sich zwar bewusst, dass die Jungfrauengeburt »biblisch nur dünn« bezeugt ist (KD II/1, 190), urteilt aber: »Aber nicht jedes, auch nicht jedes wichtige Moment der Existenz Jesu eignete sich dazu, in dem Maß, wie etwa sein Leiden und seine Auferstehung, regelmäßig und öfters angeführter ausdrücklicher Bestandteil der mündlichen und schriftlichen Überlieferung und Verkündigung zu werden« (a. a. O., 191).

[17] Vgl. nur Schleiermacher, Glaube II (s. Anm. 8), § 97, 77,33–78,1; Brunner, Dogmatik II (s. Anm. 3), 376; Moltmann, Weg (s. Anm. 8), 99.

[18] Die Formulierung ist dem Flyer entnommen, mit dem die Herausgeber und die Herausgeberin dieses Bandes zur Leipziger Tagung eingeladen hatten.

fragen, weshalb bestimmte Traditionen (einschließlich der Bekenntnistradition) bis in die Gegenwart hinein bekennen, dass Christus von einer Jungfrau geboren sei. Wenn sich solche systematischen Gründe benennen ließen, dann erschiene die Überlieferung von der Jungfrauengeburt Jesu als ein zwar nicht notwendiges, wohl aber bedenkenswertes Element unserer Bekenntnistradition.[19]

1. Kein wahrer Mensch ohne Geburt

Biblisch ist zwar eine Geburt Jesu ohne zwischenmenschliche Zeugung denkbar, aber kein Jesus, der unmittelbar vom Himmel kommt: Also kein Mensch Jesus von Nazareth ohne Geburt. Deshalb werden die Geburt Jesu und seine Mutter auch in solchen Überlieferungen erwähnt, die nichts von einer Jungfrauengeburt wissen (vgl. nur Gal 4,4; Mk 6,3 und die besondere Rolle, die Maria im Johannesevangelium zukommt). M.E. zeigt sich hier eine beachtenswerte Grenzsensibilität des neutestamentlichen Kanons. Der Kanon und mit ihm die altkirchliche Tradition bewahren die Lehre von der Menschheit Jesu Christi dahingehend, dass sie daran festhalten, dass jeder Mensch – und also auch Jesus von Nazareth – immer schon aus einer Sphäre der Zwischenleiblichkeit hervorgeht. Der Gottmensch Jesus Christus ist ganz und gar in die natürliche menschliche Existenz eingegangen: »Nicht ist er durch die Jungfrau wie durch einen Kanal gegangen, sondern er hat wahrhaft aus ihr Fleisch angenommen. Er hat wahrhaft gegessen wie wir, hat wahrhaft getrunken wie wir, ist wahrhaft mit Milch ernährt worden.«[20]

---

[19] Vorausgesetzt ist dabei, was Schleiermacher wie folgt formuliert: »[...] aber niemand wird wohl behaupten wollen, durch diese Annahme [gemeint ist die der Jungfrauengeburt] komme in unseren Glauben ein seinem wahren Wesen widerstreitendes Element« (Glaube [s. Anm. 8], II, § 97, 77,21–23). Ein widerstreitendes Element wäre die Jungfrauengeburt nur, wenn sie, wie Emil Brunner und Wolfhart Pannenberg behaupten, »in einem unauflöslichen Widerspruch zur Christologie des präexistenten Gottessohnes« stünde (Pannenberg, Grundzüge [s. Anm. 8], 142; vgl. 142 f. 149; Brunner, Dogmatik II [s. Anm. 3], 374 f.). Ist es wirklich denkbar, dass »die altkirchliche Theologie [diesen Widerspruch] nicht bemerkt hat« (a. a. O., 149)?

[20] Des heiligen Cyrillus Bischofs von Jerusalem Katechesen, aus dem Griechischen übersetzt und mit einer Einleitung versehen von P. Häuser, BKV I/41, Kempten/München 1922, 66: Cyrill, Cat. IV, 9; vgl. dazu R. Staats, Das Glaubensbekenntnis von Nizäa-Konstantinopel. Historische und theologische Grundlagen, Darmstadt ²1999, 242.

Diese Einsicht ist von größter Bedeutung für die Anthropologie: Ein jeder Mensch – darauf verweist bereits seine Geburt – kommt immer schon aus einer Sphäre der Zwischenleiblichkeit her. Nicht die Subjektivität, sondern die Zwischenleiblichkeit ist vorgängig.[21]

2. Das theologische Sachproblem: Zum Verhältnis von Schöpfung und Neuschöpfung

Das theologische Sachproblem, das die Bekenntnisformel »empfangen von dem Heiligen Geist, geboren von der Jungfrau Maria« in den Blick nimmt, erschließt sich, wenn man sie im Kontext des Ganzen des Glaubensbekenntnisses liest. Mit dieser Lesart folge ich der Bitte der Herausgeber dieses Bandes, die in ihrer Einladung zur Leipziger Tagung formuliert hatten: Es gelte, »theologische Zusammenhänge zwischen dem zweiten Artikel und den beiden anderen Artikeln aufzuzeigen und diese Zusammenhänge auf ihre Relevanz für den christlichen Glauben [...] auszuwerten«. Mit der Rede von der Empfängnis durch den Heiligen Geist verknüpft das Apostolikum selbst den zweiten und dritten Artikel. Der eingeborene Sohn des Vaters lebt sein Leben aus dem Heiligen Geist. Der Geist ist Ursprung des Lebens Jesu. In diesem Sinne bietet das Glaubensbekenntnis einen Ansatzpunkt für die heute so oft geforderte Geistchristologie.[22] Zugleich aber betont das Bekenntnis, Christus sei nicht unmittelbar vom Himmel gekommen, sondern von einer Frau geboren worden. Insofern verdankt sich auch das Leben Jesu der der Schöpfung von ihrem Schöpfer eingestifteten Kraft, neues Leben hervorzubringen. Wir haben es in der Geburt Christi aus dem Geist und Maria also gleichsam mit der Schnittstelle von Schöpfung und Neuschöpfung zu tun.

Folgt man dem priesterschriftlichen Schöpfungsbericht, dann beteiligt Gott seine Schöpfung an der Hervorbringung des Lebens. Die Schöpfung selbst wird mit kreativer Kraft ausgestattet. »Und Gott

---

[21] Zum Phänomen der Zwischenleiblichkeit vgl. M. Merleau-Ponty, Das Sichtbare und das Unsichtbare gefolgt von Arbeitsnotizen, hg. und mit einem Vorwort versehen von C. Lefort, aus dem Französischen von R. Giuliani und B. Waldenfels, Übergänge 13, München 1986, 184–187; T. Fuchs, Leib – Raum – Person. Entwurf einer phänomenologischen Anthropologie, Stuttgart 2000, 247–251, 275 f.

[22] Vgl. Moltmann, Weg (s. Anm. 8), 92–97; vgl. 109: »Jesus wirkte nicht nur in der Kraft des Heiligen Geistes, sondern stammt von Anfang an aus der Kraft des Höchsten, dem Heiligen Geist.«

sprach: Es lasse die Erde aufgehen Gras und Kraut, das Samen bringe, und fruchtbare Bäume auf Erden. [...] Und die Erde ließ aufgehen Gras und Kraut, das Samen bringt, ein jedes nach seiner Art, und Bäume, die da Früchte tragen, in denen ihr Same ist, ein jeder nach seiner Art. Und Gott sah, dass es gut war« (Gen 1,11f.). Gott stattet die Erde mit schöpferischer Potentialität aus. Auch die Tiere sollen sich eigenständig vermehren und so ihre Umgebungen mit Leben erfüllen (1,22). Die Tiere werden an der Ausgestaltung der Schöpfung beteiligt. Auch die Menschen sollen fruchtbar sein, d.h. Leben weitergeben und die Erde erfüllen (1,28). Es sind diese biblischen Einsichten, die es uns heute erlauben, Konzeptionen von Schöpfung mit dem Gedanken der Evolution zu verbinden und Prozesse von Selbstorganisation als in die Schöpfung integriert zu verstehen.[23]

Fruchtbarkeit darf dabei nicht allein als Mittel der Reproduktion verstanden werden, die nur Altes wiederholt. Denn mit jeder Geburt verbindet sich die Möglichkeit eines Neuanfangs, jede Geburt ist ein kreativer Akt, der Neues ermöglicht. Darauf hat wie keine andere Hannah Arendt hingewiesen: Kein Geborener gleiche einem anderen, »der einmal gelebt hat oder lebt oder leben wird«.[24] Mit jeder Geburt beginnt immer ein auch qualitativ neues Leben. »Im Anfang liegt immer die Quelle der Freiheit.«[25] Die Geburt Jesu verweist auch auf dieses sich in jeder Geburt neu in Gottes Schöpfung ereignende Wunder. Das Weihnachtsfest verdankt seine Attraktivität nicht zuletzt der Tatsache, dass es für die Hoffnung sensibilisiert, die mit jeder Geburt ins Leben tritt. Hannah Arendt selbst hat diesen Zusammenhang gesehen: »*Daß man* in der *Welt* Vertrauen haben und *daß man* für die *Welt hoffen darf*, ist vielleicht nirgends knapper und schöner ausgedrückt als in den Worten, mit denen die Weihnachtsoratorien ›die frohe Botschaft‹ verkündigen: ›Uns ist ein Kind geboren.‹«[26]

---

[23] Vgl. dazu M. Welker, Schöpfung und Wirklichkeit, NBST 13, Neukirchen 1995, 21–23; G. Etzelmüller, Überlegungen zur Schöpfungstheologie in Psalm 139, in: S. Brandt/B. Oberdorfer (Hg.), Resonanzen. Theologische Beiträge Michael Welker zum 50. Geburtstag, Wuppertal 1997, 324–334.

[24] H. Arendt, Vita activa oder Vom tätigen Leben, München/Zürich [10]2011, 17.

[25] Dies., Denktagebuch 1950 bis 1973. Bd. 1, hg. v. U. Lodz/I. Nordmann, München/Zürich 2002, 157; vgl. dazu L. Lütkehaus, Natalität. Philosophie der Geburt, Die Graue Reihe 47, Zug 2006, 24–61: Vom anfangenden Anfang. Hannah Arendts Philosophie der Natalität.

[26] Arendt, Vita activa (s. Anm. 24), 317. An Heinrich Blücher schreibt Arendt im Mai 1952, nachdem sie in München Händels Messias gehört hat:

Die Fortsetzung des biblischen Zitats – die Verheißung eines ewigen Friedensreiches, in dem das Kind mit Recht und Gerechtigkeit regiert – führt freilich vor Augen, dass ein solches Friedensreich mit noch keinem Menschenkind in die Welt gekommen ist. Deshalb übersteigt die Neuheit dieses Reiches die Möglichkeiten der alten Schöpfung, und deshalb führt das Apostolikum die Geburt des Kindes, das dieses Reich bringt, auf den Heiligen Geist zurück. Indem das Glaubensbekenntnis das Leben Jesu als empfangen durch den Heiligen Geist bezeugt, verdeutlicht es, dass dieses Leben in seiner spezifischen Gestalt nicht durch die Potentiale der Schöpfung hervorgebracht werden konnte.

Friedrich Schleiermacher hat diesen Sachverhalt in seiner Glaubenslehre wie folgt beschrieben: »*[D]ie reproductive Kraft der Gattung kann nicht* hinreichen ein Einzelwesen hervorzubringen, durch welches erst etwas in die Gattung selbst hineingebracht werden soll, was noch gar nicht in ihr gewesen war, sondern es muß zu dieser Kraft noch eine mit ihrer Thätigkeit sich verbindende schöpferische Thätigkeit hinzugedacht werden.«[27] Wie ihr eigenes neues Leben (vgl. Joh 3,6; Röm 8,14; Gal 4,6) so führen die Glaubenden auch das Leben Jesu Christi deshalb auf die neuschöpferische Kraft des Geistes zurück.

Wo aber hat dieses neue Leben in der Kraft des Geistes, an dem die Glaubenden im Geist Anteil erhalten, seinen geschichtlichen Ursprung? Im Licht der Auferstehung Christi macht es Sinn, zunächst das öffentliche Leben Jesu als Ganzes als vom Heiligen Geist geprägtes Leben zu verstehen. Denn die Auferstehung widerfährt ja nicht einfach dem Gekreuzigten, sondern dem ganzen Leben Jesu. »Nicht nur als der Gekreuzigte, sondern auch als der [...] Heilende, der Bergprediger, der Freund der Sünder und Zöllner [...] ist [Jesus] auferweckt und präsent im Geist.«[28] Das verdeutlichen die Erzählungen von den Erscheinungen des Auferstandenen, indem sie ihn an die Fülle seines Lebens anschließen lassen: Der Auferstandene gibt sich

»Was für ein Werk. Das Hallelujah liegt mir noch im Ohr und in den Gliedern. Mir wurde zum ersten Mal klar, wie großartig das: Es ist uns ein Kind geboren, ist. Das Christentum war doch nicht so ohne« (H. Arendt/H. Blücher, Briefe 1936–1968, hg. und mit einer Einführung von L. Köhler, München/Zürich ²1996, 270; vgl. Denktagebuch [s. Anm. 25], 208).

[27] Schleiermacher, Glaube II (s. Anm. 8), § 97, 79,11–16; vgl. Barth, Dogmatik im Grundriß (s. Anm. 11), 113; J. Ratzinger, Einführung in das Christentum, München 1968, 228.

[28] Moltmann, Weg (s. Anm. 8), 95.

nicht nur als Gekreuzigter zu erkennen. Er knüpft an die Form des letzten Abendmahls an, er lehrt seinen Jüngern die Schrift, wie er es auch schon vor Ostern mit Vollmacht getan hat. Er tritt ihnen am See entgegen, wie einst, als er sie berufen hat. Er isst mit ihnen Brot und Fisch, so wie er es einst mit den Fünftausend tat. Betrachtet man diese vielfältigen Bezüge, so kann man sagen: Der Auferstandene vergegenwärtigt die ganze Fülle seines irdisch-vorösterlichen Daseins.[29] Deshalb macht es Sinn, das öffentliche Leben des vorösterlichen Jesus als Leben in der Kraft des Geistes zu verstehen und die Taufe als Beginn des öffentlichen Wirkens mit dem Geistempfang zu verbinden, wie es das älteste Evangelium tut (Mk 1,10).

Matthäus und Lukas gehen nun noch einen Schritt weiter, indem sie nicht nur die öffentliche Person Jesu, sondern auch dessen menschliche Natur als vom Geist empfangen (Lk 1,35) verstehen. Dass sie damit der Moderne, deren Denken weithin auf der Unterscheidung von *res cogitans* und *res extensa*, von Materie und Geist, biologischem und personalem Leben beruht, ein Ärgernis bereiten, ist unverkennbar. Angesichts der gegenwärtigen Einsicht in die Verkörperung allen personalen Seins[30] leuchtet dieser Schritt aber ein: Wort und Werk Jesu lassen sich von seinem Leib nicht trennen, weshalb auch der Leib als ein pneumatischer gedacht werden muss. Gottes Geist prägt den Leib Christi so, dass selbst die elementarsten Lebensvollzüge zu Gleichnissen des Reiches Gottes werden: Wo Christus mit Menschen gemeinsam isst, erfahren sie Vergebung;[31] wo Christus Menschen berührt, werden sie heil.[32] Man könnte formulieren: Im Leben Christi konfiguriert der Heilige Geist das evolutionär gewordene leibliche

---

[29] Vgl. M. Welker, Die Wirklichkeit der Auferstehung, in: H.-J. Eckstein/M. Welker (Hg.), Die Wirklichkeit der Auferstehung, Neukirchen 2002, 311–331, 318–321.

[30] Zur gegenwärtigen Verkörperungsdebatte vgl. einführend T. Breyer, Philosophie der Verkörperung. Grundlagen und Konzepte, in: G. Etzelmüller/A. Weissenrieder (Hg.), Verkörperung als Paradigma theologischer Anthropologie, TBT 172, Berlin/Boston 2016, 29–50, und G. Etzelmüller, Verkörperung, in: G. Jüttemann (Hg.), Entwicklungen der Menschheit. Humanwissenschaften in der Perspektive der Integration, Lengerich 2014, 265–273.

[31] Vgl. dazu O. Hofius, Jesu Tischgemeinschaft mit den Sündern, in: ders., Neutestamentliche Studien, WUNT 132, Tübingen 2000, 19–37.

[32] Vgl. dazu G. Etzelmüller, Christus, Heiler und Arzt. Zur systematisch-theologischen Bedeutung der neutestamentlichen Überlieferungen von den Krankenheilungen Jesu, in: G. Thomas/A. Schüle (Hg.), Gegenwart des lebendigen Christus, Leipzig 2007, 319–337.

Leben neu – und zwar dergestalt, dass es zum Gleichnis des Reiches Gottes wird.[33]

Wenn Jesu Leben grundlegend als von Gottes Geist geprägt verstanden werden soll, dann muss es als aus Gottes Geist hervorgegangen gedacht werden. Dann müssen im Leben Jesu Geburt und Wiedergeburt zusammenfallen.[34] In diesem Sinne setzt der christliche Glaube mit Schleiermacher gesprochen »eine übernatürliche Erzeugung« Christi voraus.[35] Deshalb ist zu lehren, dass Christus nicht nur von einer Frau geboren worden ist, sondern zugleich aus Gottes Geist. Der christliche Glaube bekennt sich zu Jesus Christus, *qui natus est de Spiritu Sancto* – wie das altrömische Symbol formuliert. Hinter diese Aussage kann ein evangelisches Verständnis von Jesus Christus nicht zurück, was durchaus auch Konsequenzen für das Verständnis des irdischen Jesus hat.[36]

Bedenkt man vor diesem Hintergrund noch einmal den biblischen Sachverhalt, dass das Bekenntnis zur Jungfrauengeburt kein notwendiges Implikat des Christusbekenntnisses ist, dann wird deutlich, dass sich Christi Geburt aus dem Geist Gottes durchaus auch mit der Vorstellung einer natürlichen Zeugung verbinden ließe. Die übernatürliche Zeugung Christi muss keineswegs wider die menschliche Natur sein, sie kann sich auch in, mit und unter der natürlichen Zeugung vollziehen. »Der allgemeine Begriff übernatürlicher Erzeugung bleibt also wesentlich und nothwendig, […] die nähere Bestimmung desselben aber als *Erzeugung ohne männliches Zuthun* hängt mit den

---

[33] Zu dieser Denkform vgl. G. Etzelmüller, Evolution und Neuschöpfung im Heiligen Geist. Annäherungen an eine Verhältnisbestimmung im Anschluss an Paulus und Schleiermacher, in: G. Etzelmüller/H. Springhart (Hg.), Gottes Geist und menschlicher Geist, Leipzig 2013, 149–160.

[34] Vgl. Moltmann, Weg (s. Anm. 8), 103; vgl. 101: »Jesus wirkte nicht nur in der Kraft des Heiligen Geistes, sondern stammt von Anfang an aus der Kraft des Höchsten, dem Heiligen Geist.«

[35] Schleiermacher, Glaube II (s. Anm. 8), § 97, 79,21 f.

[36] Wenn Jesus aus Gottes Geist geboren ist, dann hat er »als Mensch zugleich ein ganz von Gott durchherrschtes, geprägtes Wesen« (F.-W. Marquardt, Das christliche Bekenntnis zu Jesus, dem Juden. Eine Christologie, Bd. 2, München 1991, 90). In der Konsequenz bedeutet das: Alle Jesusdarstellungen, die von dessen ursprünglicher Gottesbeziehung abblenden, sind bestenfalls reduktionistische Abstraktionen. Jesus ist nur zu verstehen, wenn man ihn aus seiner Einheit mit dem Vater versteht (vgl. dazu a. a. O., 90 f. und den Beitrag von R. Deines in diesem Band). Insofern wird eine sog. hohe Christologie gerade auch dem irdischen Jesus gerecht.

wesentlichen Elementen der eigenthümlichen Würde des Erlösers gar nicht zusammen.«[37]

Dass sich die Annahme eines übernatürlichen Hervorgehens Jesu aus dem Heiligen Geist durchaus mit der Vorstellung einer zwischenmenschlichen Zeugung Jesu verbinden kann, scheint biblisch das Johannesevangelium zu bezeugen. Der, der »vom Himmel herabgekommen ist« (Joh 3,13), ist zugleich Marias und »Josefs Sohn« (1,45; 6,42[38]) – und steht gerade so dafür ein, dass einer, der aus dem Fleisch geboren ist, »von neuem geboren« (3,3), nämlich »aus dem Geist geboren« (3,6) werden kann. Würde die übernatürliche Erzeugung Jesu aus dem Geist eine gewöhnliche Zeugung ausschließen, dann könnten wir, die wir gewöhnlich gezeugt worden sind, nicht auf unsere Wiedergeburt hoffen.

Für die Zeitgenossen Jesu scheinen sich gewöhnliche Zeugung und himmlische Herkunft wechselseitig ausgeschlossen zu haben. Deshalb fragen »die Juden« im Johannesevangelium: »Ist das nicht Jesus, der Sohn Josefs, dessen Vater und Mutter wir kennen? Wie kann er jetzt sagen: Ich bin vom Himmel herabgekommen?« (Joh 6,42) Gegenüber der hier unterstellten Unmöglichkeit, dass ein Mensch zugleich gezeugt und vom Himmel her gekommen ist, steht Jesus Christus, der Sohn Marias und Josefs, der sich als Himmelsbrot bezeichnet, für die Möglichkeit ein, dass ein menschlich gezeugtes Leben vom Himmel her neu geboren werden kann.

3. Das spezifische Anliegen der Lehre von der Jungfrauengeburt

Wenn man sowohl von der Sache als auch von den biblischen Überlieferungen her zur der Einsicht gelangt, dass die Zeugung Christi aus dem Heiligen Geist keineswegs wider die menschliche Natur sein muss, sondern sich auch in, mit und unter der natürlichen Zeugung vollziehen kann, stellt sich die Frage, warum einige biblische Überlieferungen (mit Wirkungen bis in unsere Bekenntnistradition hinein) die Geburt Jesu explizit als Jungfrauengeburt darstellen. Die Frage nach dem systematischen Gehalt der Lehre von der Jungfrauengeburt stellt sich auch deshalb, weil Matthäus und Lukas selbst andere Traditio-

[37] Schleiermacher, Glaube II (s. Anm. 8), § 97, 80,9–14.

[38] In Joh 6,42 wird das Zugleich von himmlischer Herkunft und natürlicher Zeugung explizit thematisiert, wenn auch von »den Juden« problematisiert.

nen kennen und positiv aufgreifen.[39] So hängt die Einbindung Jesu in die Davidstradition und damit das Bekenntnis zu Jesus als Sohn Davids an der Vaterschaft des Josefs. Bei Matthäus fällt die Rede von der Jungfrauengeburt der genealogischen Herleitung gleichsam ins Wort. Am Ende der patriarchalen Genealogie aus Mt 1 heißt es: »Jakob zeugte Josef, den Mann der Maria, von der geboren ist Jesus, der da heißt Christus« (Mt 1,16). Einige Textzeugen lesen sogar: »Jakob zeugte Josef; Josef, mit welchem die Jungfrau Maria verlobt war, zeugte Jesus, der der Christus genannt wird.« Auch Matthäus und Lukas wissen also um eine Kontinuität im Geschichtlichen. Über Josef ist Jesus in die Geschichte der davidischen Könige eingebunden.

Das Nebeneinander von Kontinuität und Diskontinuität, das zum Verständnis Jesu Christi zentral ist, spiegelt sich aber nach Matthäus und Lukas (anders als im Johannesevangelium) auch noch einmal auf der Ebene der Kontinuität, auf der Ebene des Geschöpflichen. Dass Jesus von einer Frau geboren wurde, verbindet ihn mit uns, dass bei seiner Zeugung die männliche Tätigkeit gänzlich ausgeschlossen war, unterscheidet ihn von uns.

Um zu verstehen, warum Matthäus und Lukas die Diskontinuität auch noch einmal auf der Ebene der Kontinuität betonen, scheint mir die Verbindung der Erzählungen von der Jungfrauengeburt mit den über Josef laufenden Genealogien zentral zu sein. Die Erzählungen von der Jungfrauengeburt verweisen auf die Ambivalenz der Genealogien. Diese Ambivalenz ist der Bibel von ihrem kanonischen Anfang her vertraut. Die erste Genealogie der Bibel ist diejenige der Nachfahren Kains. Sie erzählt eine Geschichte, die mit Gottes Gnade für einen Mörder beginnt und mit der Rachsucht Lamechs endet. Es ist eine Geschichte der Ausbreitung von Gewalt, in der Gott selbst gar nicht mehr präsent ist, in der Gott vielmehr aus der Welt herausgedrängt wird.[40] Die Jungfrauengeburt in Mt 1 unterbricht diese patriarchalen Genealogien der Gewalt. Weil die Jungfrauengeburt die Geschichte

---

[39] Andreas Lindemann hat in der Diskussion dieses Beitrags darauf aufmerksam gemacht, dass, wenn man die Geburtsgeschichte in Lk 2 liest, nichts auf eine besondere Jungfrauengeburt verweise.

[40] Vgl. dazu A. SCHÜLE, Der Prolog der hebräischen Bibel. Der literar- und theologiegeschichtliche Diskurs der Urgeschichte (Gen 1–11), AThANT 86, Zürich 2006, 202: »Das Tat-Folge-Prinzip ist hier ein anderes: Wer wie Kain Gewalt verübt, fällt einer Dynamik anheim, die ihn von Gottes Gegenwart weg in Lebensverhältnisse führt, in denen sich Gewalt immer weiter ausbreitet und in denen es niemanden – auch nicht Gott – gibt, der diese Gewalt in Schranken hält.«

der Gewalt unterbricht, deshalb spielt das Lukasevangelium zugleich die Vision des Friedenskönigs aus Jes 9 ein. Die Jungfrauengeburt verweist auf das Ende der Gewalt durch den neuen Friedenskönig.

Auf diesen Aspekt der Erzählungen von der Jungfrauengeburt hat insbesondere Karl Barth aufmerksam gemacht. In seiner Vorlesung »Dogmatik im Grundriß«, die er 1946 im zerstörten Bonner Schloss gehalten hat, führte Barth – seine Gegenwart und die Zeit Jesu zusammenblendend – aus: »Der Mann aber als der spezifische Träger der menschlichen Aktion und Geschichte, mit seiner Verantwortung für die Führung des menschlichen Geschlechts, er muß jetzt als die ohnmächtige Gestalt des Josefs in den Hintergrund treten.«[41] Man wird freilich über Barth hinausgehend betonen müssen, dass nicht nur die Demut Marias, sondern auch das verantwortliche Handeln Josefs dem Christuskind den Weg bereitet hat. Denn der aus der Geschichte, d.h. hier: der Zeugung, ausgeschlossene Mann, also Josef, ist gerade in der Darstellung des Matthäusevangeliums keineswegs eine »ohnmächtige Gestalt«, sondern vielmehr ein entschlossen Handelnder, der die notwendigen Schritte einleitet.[42] Er ist der verantwortlich Handelnde – nach Mt 1,19: ein Gerechter –, der, indem er sich zu seiner Verlobten und deren Kind bekennt[43] und beide vor Herodes, also einem Mann, der Geschichte macht, durch die Flucht nach Ägypten rettet, dem Gottessohn den Weg bereitet. In diesem Sinne gilt: Der Mensch soll sich nicht nur Gottes Handeln in Demut gefallen lassen, sondern ihm auch in verantwortlichem Handeln entsprechen.[44]

---

[41] Barth, Dogmatik im Grundriß (s. Anm. 11), 116; aufgegriffen bei Härle, Dogmatik (s. Anm. 14), 357.

[42] Auf die Bedeutung Josefs hat auf der Leipziger Tagung Lina Hildebrandt in ihrer Response hingewiesen; aufgrund der Bedeutung des Zusammenhanges von Demut und verantwortlichem Tun greife ich diesen Aspekt hier bereits auf; zur Sache vgl. J. Ebach, Josef und Josef. Biblische Konfigurationen, BiKi 1/2015, 2–7; A. Wucherpfennig, Leitbild einer neuen Männlichkeit. Die Darstellung Josef in Mt 1–2, BiKi 1/2015, 14–18; die beiden zuletzt genannten Autoren haben auch Monographien zum Thema vorgelegt: J. Ebach, Josef und Josef. Literarische und hermeneutische Reflexionen zu Verbindungen zwischen Genesis 37–50 und Matthäus 1–2, BWANT 187, Stuttgart 2009; A. Wucherpfennig, Josef der Gerechte. Eine exegetische Untersuchung zu Matthäus 1–2, Freiburg 2008.

[43] Vgl. Ebach, Konfigurationen (s. Anm. 42), 3: »Josef ist nicht der leibliche Vater Jesu, aber er nimmt seine Rolle als sozialer und damit wirklicher Vater vorbildlich an.«

[44] Man muss also – auch von den biblischen Texten her – Barths Interpretation um Einsichten Dietrich Bonhoeffers in die Bedeutung des verantwortlichen Handelns für die Wegbereitung des Kommenden (vgl. D. Bonhoeffer,

Das Bekenntnis, dass Jesus vom heiligen Geist empfangen sei, verdeutlicht die Schwäche und Unmöglichkeit der menschlichen Generationenfolge, Jesus als den neuen Menschen hervorzubringen. Das Bekenntnis zur Jungfrauengeburt verdeutlicht darüber hinaus nicht nur die Schwäche, sondern auch die Destruktivität dessen, was wir Geschichte nennen. Nicht nur bringt die Geschichte nicht das Heil hervor, sondern vielmehr gilt: Allein in der Unterbrechung dessen, was wir Geschichte nennen, kann das Heil aufleuchten (Walter Benjamin).[45]

Ob es dabei überhaupt sinnvoll ist, mit dem Dual von Natur und Geschichte zu operieren, ist fraglich. Denn die menschliche Geschichte der Gewalt zeichnet sich nur allzu gut in die Natur ein, in der Leben stets auf Kosten anderen Lebens lebt. In diesem Sinne thematisiert das Bekenntnis zur Jungfrauengeburt nicht nur die Destruktivität der menschlichen Geschichte, sondern auch die der evolutionär gewordenen Natur. Das Bekenntnis wird so zum Anwalt einer Hoffnung »auf eine neue Wirklichkeit im ganzen, wie religiös und ethisch, so auch: natürlich«.[46] Damit wird deutlich, dass das Bekenntnis zur Jungfrauengeburt zwar kein notwendiges ist, dass es aber eine Wahrheit erschließt, die nicht verloren gehen sollte.

Diejenigen, die die Wesensgleichheit Christi mit allen anderen Menschen besser dadurch gewahrt sehen, dass Jesus Christus als ein natürlich gezeugter Mensch verstanden wird und die die Erzählungen von der Jungfrauengeburt auch aufgrund von deren begrenzter biblischer Bezeugung als Legenden verstehen, sollten zumindest das Sachanliegen dieser Legenden würdigen und aufgreifen können. Das Heil realisiert sich allein in der Unterbrechung von Natur und Geschichte. Der Mensch kann sich sein Heil nur gefallen lassen. Diejenigen aber,

---

Ethik, DBW 6, München 1992, 125–162, 245–299; DERS., Widerstand und Ergebung. Briefe und Aufzeichnungen aus der Haft. Vollständige Ausgabe versehen mit Einleitungen, Anmerkungen und Kommentaren, hg. v. C. Gremmels u. a., DBW 8, Gütersloh 2011, 34) ergänzen. Die Betonung des Zugleichs von Demut (Marias) und verantwortlichem Handeln (Josefs) entspricht übrigens auch Barths Sündenlehre, in der dieser entgegen der Tradition Sünde nicht nur als Hochmut (KD IV/1, § 60), sondern auch in der Gestalt der »Trägheit« (KD IV/2, § 65) thematisiert.

[45] Vgl. W. BENJAMIN, Zentralpark, in: DERS., Gesammelte Schriften I/2, hg. v. R. Tiedemann/H. Schweppenhäuser, Frankfurt a. M. 1974, 655–690, 683: »Dass es ›so weiter‹ geht, ist die Katastrophe. Sie ist nicht das jeweils Bevorstehende, sondern das jeweils Gegebene.«

[46] MARQUARDT, Das christliche Bekenntnis (s. Anm. 36), 93.

die mit Matthäus und Lukas von einer Jungfrauengeburt Christi ausgehen, sollten zugestehen können, dass biblisch ein Christuszeugnis ohne Bekenntnis zur Jungfrauengeburt möglich ist. Sie sollten sich nicht auf fehlleitende Bekenntniskämpfe einlassen, sondern vielmehr dazu beitragen, das theologische Sachproblem, nämlich die Verhältnisbestimmung von Schöpfung und Neuschöpfung, einer sachangemessenen Lösung zuzuführen. Wenn die Dogmatik zu einem solchen Umgang mit Differenzen beitragen kann, dann würde sie in der Tat eine vom inhaltlichen Verstehen her geprägte Toleranz ermöglichen, die nicht einfach ein Nebeneinander akzeptieren, sondern in ein gemeinsames Ringen um die theologische Sache führen würde.

4. Jesus als Bastard?

Ich möchte abschließend in das theologische Ringen um das rechte Verständnis Jesu Christi noch einen weiteren Gesprächspartner einführen, der in der Lage ist, unsere zu einfachen Alternativen aufzubrechen. Im Grunde genommen geht die hier skizzierte Diskussion davon aus, dass Jesus entweder Sohn einer Jungfrau oder aber der Beziehung Marias zu Josef entsprungen sei. Das wird deutlich, wenn Joseph Ratzinger 1968 in seiner »Einführung ins Christentum« formuliert: »Die Lehre vom Gottsein Jesu würde nicht angetastet, wenn Jesus aus einer normalen menschlichen Ehe hervorgegangen wäre.«[47] Dieser Aussage kann man zustimmen, doch müsste man sie m. E. noch weiter zuspitzen: Was wäre eigentlich, wenn die jüdische Polemik, »die Mutter Jesu sei von dem Zimmermann, der mit ihr verlobt war, verstoßen worden, weil sie des Ehebruchs überführt und von einem Soldaten namens Panthera schwanger geworden sei« (so Celsus),[48] wahr, wenn Jesus also nach jüdischer Tradition ein »Bastard«[49] gewesen wäre?[50] Selbst diese Überlieferung würde, wenn sie wahr wäre, nicht die Lehre von der Gottheit Jesu antasten. Die besondere Gestalt

---

47 Ratzinger, Einführung (s. Anm. 27), 225.

48 Nach Origenes, Contra Celsum/Gegen Celsus. Teilbd. 1, eingeführt und kommentiert von M. Fiedrowicz, übersetzt von C. Barthold, FC 50/1, Freiburg 2011, 259 (Contra Celsum 1,32).

49 P. Schäfer, Jesus im Talmud, Tübingen 2007, 37.

50 Diese Frage hat in einem spannenden Vortrag in einem Heidelberger Graduiertenseminar Sabine Wagner gestellt, deren Dissertation zum Thema hoffentlich noch erscheinen wird. Ihrem Vortrag verdanke ich auch den Hinweis auf die neuzeitliche Wirkungsgeschichte dieser Tradition.

der Zeugung würde dann die Kenosis des Gottmenschen Jesus Christus bezeugen – und verdeutlichen, dass der Logos nicht nur Mensch geworden ist, sondern als Mensch die Menschen dort aufgesucht hat, wo sie der Sünde erlegen sind, und ihre Sünde auf sich genommen hat. Die jüdische Polemik würde dann den Weg weisen zu einer kreuzestheologischen Interpretation der Geburt Jesu.

Hier zeichnet sich ein ganz neuer Denkraum ab, den es in Ruhe und mit Sorgfalt auszuloten gilt. Dabei werden wir auf die Dogmatik – im Sinne einer Kritik der Konstruktion unserer religiösen Vorstellungswelten – nicht verzichten wollen. Denn das religiöse Gedankenbildungen keineswegs harmlos sind, lässt sich gerade auch anhand der Spekulationen um die Umstände der Zeugung Jesu zeigen. So musste die jüdische Polemik, Jesus sei Sohn eines römischen Soldaten, im 19. und 20. Jh. dazu herhalten, aus Jesus einen Arier zu machen.[51] Die Vorstellung eines arischen Christus, an deren Bildung auch Theologen mitgewirkt haben, zählte auch zur Gedankenwelt Adolf Hitlers. Noch im Oktober 1941 notiert der Stenograph Heinrich Heims aus den Monologen im Führerhauptquartier: »Das Christentum war alles zerstörender Bolschewismus. Dabei hat der Galiläer, den man später Christus benannte (sic!), etwas ganz anderes gewollt. Er war ein Volksführer, der gegen das Judentum Stellung nahm. Galiläa war sicher eine Kolonie, in welcher die Römer gallische Legionäre angesiedelt haben, und Jesus war bestimmt kein Jude. Die Juden nannten ihn ja auch einen Hurensohn, den Sohn einer Hure und eines römischen Soldaten.«[52]

Gegenüber solchen theologischen Verwirrungen ist das Bekenntnis, dass Christus von Maria geboren sei, als zumindest implizites Bekenntnis zu lesen, dass unser Herr ein geborener Jude ist. Das Lu-

---

[51] Vgl. O. Arnhold, »Entjudung« – Kirche im Abgrund. Die Thüringer Kirchenbewegung Deutsche Christen 1928–1939 und das »Institut zur Erforschung und Beseitigung des jüdischen Einflusses auf das deutsche kirchliche Leben« 1939–1945, SKI 25/2, Berlin 2010, 715–725; R. Deines, Jesus der Galiläer. Traditionsgeschichte und Genese eines antisemitischen Konstrukts bei Walter Grundmann, in: ders. u.a. (Hg.), Walter Grundmann. Ein Neutestamentler im Dritten Reich, AKTG 21, Leipzig 2007, 43–131; M. Leutzsch, Karrieren des arischen Christus zwischen 1918 und 1945, in: U. Puschner/C. Vollnhals (Hg.), Die völkisch-religiöse Bewegung im Nationalsozialismus, Schriften des Hannah-Arendt-Instituts für Totalitarismusforschung 47, Göttingen 2012, 195–217 (jeweils mit weiterer Literatur).

[52] A. Hitler, Monologe im Führer-Hauptquartier 1941–1944. Die Aufzeichnungen Heinrich Heims, hg. v. W. Jochmann, Hamburg 1980, 96.

kasevangelium betont diesen Sachverhalt in besonderer Weise, indem es nicht nur Geburt und Namensgebung verbindet (Lk 1,31), sondern auch Namensgebung und Beschneidung (Lk 2,21). Die Verheißung des Engels erfüllt sich nicht einfach in der biologischen Geburt, sondern in der Namensgebung anlässlich der Beschneidung. Damit wird deutlich: Jesus gehört gerade als Retter, als Immanuel, als Gott mit uns in die Geschichte Israels. Das Leben Jesu ist ohne seine natürlich-kulturelle Umgebung nicht denkbar. Er lebt gerade auch sein öffentliches Leben, indem er in die Ämter Israels eintritt und diese mit neuem Leben erfüllt. Das nicht hinreichend zur Geltung gebracht zu haben, ist ein Desiderat unserer Bekenntnistradition.[53] Deshalb gehört es zu den Aufgaben der Dogmatik, auch solche Räume auszuloten, die von der Bekenntnistradition nicht erleuchtet oder auch bewusst ausgeblendet worden sind. Konkret wäre zu fragen, wie die Geschichte Israels in die Verhältnisbestimmung von Schöpfung und Neuschöpfung einzuzeichnen wäre.

5. Die Relevanz der Überlieferungen von der Geburt Jesu Christi für den christlichen Glauben

Die Geburt Jesu Christi steht an der Schnittstelle von Schöpfungslehre und Pneumatologie. Sie verdeutlicht zum einen das Wunder, dass jede Geburt ein kreativer Akt ist, der Neues ermöglicht. Die im ersten Artikel des Glaubensbekenntnisses nicht explizit thematisierte Kokreativität der Geschöpfe, die sich in den biblischen Schöpfungserzählungen zeigt, wird im Bekenntnis zur Geburt Jesu thematisch. Der Gottmensch Jesus Christus ist ganz und gar in die menschliche Existenz eingegangen und erschließt deren schöpferisches Potential. Zum anderen offenbart die Geburt Jesu Christi aus dem Heiligen Geist, dass das schöpferische Potential der menschlichen Gattung nicht hinreicht, das Heil der Menschheit hervorzubringen. Es bedarf des Heiligen Geistes, damit das evolutionär gewordene Leben derart neu konfiguriert wird, dass es zum Gleichnis des Reiches Gottes wird.

Zwischen Schöpfungslehre und Pneumatologie steht die Christologie – und die mit dieser unlösbar verbundene, wenn auch im zweiten Artikel unseres Glaubensbekenntnisses tendenziell unterbelichtete Soteriologie. Im Blick auf Jesus Christus erkennen wir sowohl die

[53] Vgl. dazu den Beitrag von K.-W. Niebuhr in diesem Band.

Grenze des geschöpflichen Lebens als auch die Verheißung, unter der es sich vollzieht. An dieser Stelle kann das Nebeneinander unterschiedlicher Überlieferungen von der Geburt Jesu fruchtbar gemacht werden. Das Bekenntnis zur Jungfrauengeburt erhellt nicht nur die Unfähigkeit der menschlichen Gattung, das Heil der Menschheit hervorzubringen, sondern darüber hinaus die Destruktivität der menschlichen Geschichte. Nur in der Unterbrechung dieser Geschichte kann das Heil zu den Menschen kommen. Dass das Heil aber wirklich zu den Menschen kommen kann, dass menschliches Leben heil werden kann, darauf verweisen insbesondere jene (johanneischen) Überlieferungen, die natürliche Zeugung und Geistgeburt verbinden. Wenn Jesus Christus als ein Mensch verstanden wird, der gezeugt worden ist wie wir, dann steht gerade er als der, der vom Himmel gekommen ist, dafür ein, dass auch wir neu (von oben) geboren werden können. Er selbst ist die verkörperte Antwort auf die skeptische Frage des Nikodemus, wie so etwas möglich sein solle (vgl. Joh 3,4).

Die Überlieferungen von der Geistgeburt Jesu tragen dazu bei, dass der christliche Glaube von den Menschen nicht zu gering (nämlich unter Ausblendung der ihnen vom Auferstandenen erschlossenen Möglichkeiten des Geistes Christi), aber auch nicht zu hoch (nämlich unter Ausblendung der Destruktivität der menschlichen Geschichte) denkt. Diesem Wissen um den Menschen, seine Möglichkeiten und seine Grenzen gleichermaßen, entspricht der Glaube, indem er sich (wie Maria) Gottes Handeln demütig gefallen lässt und (wie Josef) dem Handeln Gottes im verantwortlichen Handeln entspricht.

Reflexionen und Impulse zur Diskussion

Lina Hildebrandt-Wackwitz

1. Erwartungshorizont

Angehende Pfarrerinnen und Pfarrer werden auch heute noch auf der Basis der evangelisch-lutherischen Bekenntnisschriften ordiniert.[1] Das Apostolikum als eines der drei altkirchlichen Symbole ist Teil dieses Bekenntniskanons. Diese Symbole stehen nicht umsonst gleich zu Beginn der Schriftensammlung. Die Reformatoren und deren Nachfolger wollten dadurch ihre Kontinuität zur altkirchlichen Tradition gewahrt sehen. Ein Festhalten am apostolischen Glaubensbekenntnis stellt in ökumenischer Perspektive auch ein Zugehörigkeitsgefühl zu den Wurzeln der einen allgemeinen Kirche Jesu Christi dar.[2] Insbesondere das Apostolikum gilt heute »noch immer [als] die populärste Zusammenfassung dessen, was man als den Inhalt des christlichen Glaubens bezeichnen kann«.[3]

Dennoch führten einzelne Formulierungen dieses Bekenntnisses seit dem 16. Jh. immer wieder zu Diskussionen. Vor allem die Rede von der Jungfrauengeburt stieß auf Kritik, da sie als widervernünftig und mit den natürlichen biologischen Vorgängen als unvereinbar gilt.[4] Der Jungfrauengeburt kommt jedoch nicht nur im Apostolikum (und auch im Nizänum) eine Bedeutung zu, sondern auch in den erst im

---

[1] Der Kanon der evangelisch-lutherischen Bekenntnisschriften wurde 1580 nach langjährigen innerlutherischen Streitigkeiten im Konkordienbuch vorläufig festgelegt (Bekenntnisschriften der evangelisch-lutherischen Kirche [BSLK], vollständige Neuedition, hg. v. I. Dingel im Auftrag der Evangelischen Kirche in Deutschland, Göttingen 2014).

[2] Vgl. W. von Loewenich, Kritischer Bericht über Entstehung und Sinn des Apostolicums, in: G. Rein (Hg.), Das Glaubensbekenntnis. Aspekte für ein neues Verständnis, Stuttgart 1967, 7–10, 7.

[3] Ebd.

[4] W. Beinert, Jungfrauengeburt III. Dogmengeschichtlich, RGG[4] 4 (2001), 707 f.: »Erst in der Neuzeit, beginnend bei den Sozinianern des 16. Jh., werden v. a. seitens der hist.-krit. Exegese und der Naturwissenschaften, aber auch binnentheol. Einwände gegen die J. geltend gemacht, und zwar gegen die Faktizität (schmale Bezeugung, biologische Problematik) und Sinnhaftigkeit (Gefährdung der wahren Menschlichkeit Jesu, Ausdruck von Abwertung des Sexuellen).«

16. Jh. entstanden Bekenntnistexten wird explizit auf sie verwiesen. So heißt es etwa im dritten Artikel (*De filio Dei*) der Confessio Augustana (1530): »[E]s wirt gelert, das Gott der Son sey mensch worden, geporen aus Maria der reinen jungfrauen.«[5] Desgleichen wird im ersten Teil der Schmalkaldischen Artikel (1537) darauf hingewiesen, dass der Sohn »vom heiligen Geist on menlich zuthun empfangen und von der reinen, heiligen Jungfrauen Maria geboren sey«.[6] Die lutherischen Reformatoren scheinen diese Aussage demnach für traditionswürdig erachtet zu haben, wenn sie in dieser Häufigkeit Aufnahme im Bekenntniskanon erhielt.

Da die Bekenntnisformeln des Apostolikums, insbesondere die Rede von der Jungfrauengeburt, längst nicht mehr als selbstverständlich gelten, sind sie immer wieder aufs Neue erklärungs- und übersetzungsbedürftig. Versuche, sich dem Gehalt des Apostolikums kritisch zu nähern, gab es einige. Das wohl bekannteste Beispiel ist der sogenannte *Apostolikumstreit* von 1891.[7] Anlass für den Streit gab der Berliner Pfarrer Christoph Schrempf, der sich bei einem Taufgottesdienst weigerte, das Apostolikum zu verwenden, da Teile dieses Bekenntnisses gegen sein Gewissen sprachen.[8] Daraufhin wurde Schrempf vom kirchlichen Dienst suspendiert. Studierende nahmen sich der Sache an und baten den damaligen Berliner Kirchengeschichtsprofessor Adolf von Harnack um Stellungnahme zum Apostolikum. Harnack antwortete,

> »daß es der evangelischen Kirche ziemen würde, an die Stelle des Apostolikums oder neben dasselbe ein kurzes Bekenntnis zu setzen, das das in der Reformation und in der ihr folgenden Zeit gewonnene Verständnis des Evangeliums deutlicher und sicherer ausdrückte und zugleich die Anstöße beseitigte, die jenes Symbol in seinem Wortlaut vielen ernsten und aufrichtigen Christen, Laien und Geistlichen, bietet«.[9]

Gleichzeitig warnte Harnack vor den lauten Forderungen, das Apostolikum abzuschaffen. Dies würde »eine Vergewaltigung der evangelischen Christen bedeuten, die ihren Glauben voll und ohne Anstoß

[5] BSLK, CA III (s. Anm. 1), 96.

[6] BSLK, ASm, Vorrede, 1. Teil (s. Anm. 1), 726.

[7] Zum Apostolikumstreit, vgl. auch den Beitrag von R. Leonhardt in diesem Band.

[8] Vgl. Loewenich, Bericht (s. Anm. 2), 8.

[9] A. von Harnack, In Sachen des Apostolikums, in: K. Nowak, Adolf von Harnack als Zeitgenosse. Reden und Schriften aus den Jahren des Kaiserreiches und der Weimarer Republik, Teil 1: Der Theologe und Historiker, Berlin/New York 1996, 500–544, 501.

im Apostolikum ausgedrückt finden«.[10] Trotz der grundsätzlichen Forderung zur Bewahrung des traditionellen Bekenntnisses und der Überzeugung, dass sich letztlich alle Glaubensaussagen in den Formulierungen des Apostolikums wiederfinden ließen, lässt Harnack dies für *eine* Bekenntnisaussage nicht gelten: *Empfangen durch den Heiligen Geist, geboren von der Jungfrau Maria.* Laut Harnack liegt in diesem Satz »ein wirklicher Notstand vor für jeden aufrichtigen Christen, der dies Symbol als Ausdruck seines Glaubens brauchen soll und sich doch nicht von der Wahrheit jenes Satzes überzeugen kann«.[11]

Seither scheint es das Bemühen der Theologie ganz im Sinne Harnacks zu sein, das Apostolikum aufgrund seines »hohen religiösen Werte[s]«[12] in seiner Gesamtgestalt zu wahren und es immer wieder neu auszulegen. Ein weiterer Auslegungsversuch wurde im Jahr 1967 unter dem Titel »Plädoyer fürs Denken« versucht. Es handelte sich dabei um eine Radioreihe im Süddeutschen Rundfunk, bei der namhafte Vertreter der deutschsprachigen Theologie ihre Gedanken zum apostolischen Glaubensbekenntnis darlegten.[13] In den Ausführungen zur Jungfrauengeburt von Gerhard Gloege heißt es mit Verweis auf Harnack, dass es »kaum ein schwierigeres Problem [gäbe], für das heute das Denken zu plädieren hat«.[14] Gloege bezeichnet diese Bekenntnisaussage als *fromme Legende*, welche die Funktion erfülle »den Sinn des Geschehens einsichtig zu machen«.[15] Sie muss als Zeichen dafür verstanden werden, dass »die Geburt Jesu ein schöpferischer Akt Gottes in einem Sinne ist, der von keiner anderen menschlichen Geburt gilt«.[16]

Anhand dieser Eingangsbemerkungen wird deutlich, dass sich die klassische Frage nach dem Verhältnis von Glaube und Vernunft bei dem Doppelsatz zur Geistempfängnis und zur Jungfrauengeburt in besonderer Weise stellt. Da die Jungfrauengeburt von der Mehrheit der Gläubigen schlichtweg als unvernünftig erachtet wird, sprechen

---

[10] A. a. O., 502.

[11] A. a. O., 503 f.

[12] A. a. O., 502.

[13] Rein, Glaubensbekenntnis (s. Anm. 2). Zu den Vortragenden zählten u. a. Wolfhart Pannenberg, Jürgen Moltmann, Günter Bornkamm, Hans Conzelmann und Gerhard Ebeling.

[14] G. Gloege, »Empfangen vom Heiligen Geist, geboren von der Jungfrau Maria«, in: Rein, Glaubensbekenntnis (s. Anm. 2), 24–27, 24.

[15] A. a. O., 25.

[16] A. a. O., 26. Gloege verweist mit dieser Redewendung auf Paul Althaus.

viele Menschen heutzutage diesen Abschnitt nur widerwillig im gemeinsamen Gebet mit oder sie verzichten ganz darauf. In diesem Sinne hat sich seit dem Apostolikumstreit vor 125 Jahren wenig geändert.

Bei der Besprechung der folgenden Beiträge aus dem Neuen Testament und der Systematischen Theologie schwingt insofern die Grunderwartung mit, das Verhältnis von Dichtung und Wahrheit innerhalb dieser Aussage zu klären. Auch wenn es sich bei dem Doppelsatz nicht um eine historische Realität, sondern um eine Glaubensaussage handelt, so ist doch auch der christliche Glaube durchaus ein Glaube, der verstehen will *(fides quaerens intellectum)*.[17] Daher ist zu fragen: Ist mit der Rede von der Geistempfängnis und der Jungfrauengeburt ursprünglich tatsächlich ein biologischer Zeugungsakt gemeint? Handelt es sich nicht vielmehr um eine literarische Legendenbildung, die die Stellung Marias als sündlose und sexuell unbefleckte Frau aufwerten und dadurch gleichzeitig auch die Stellung Jesu Christi qua Geburt erhöhen will? Zu welchen Implikationen führt dies? Ist diese Bekenntnisformel aufgrund aktueller evolutionsbiologischer Erkenntnisse als veralteter Wunderglaube aufzugeben oder gibt es gewichtige Gründe dennoch an dieser Bekenntnisformulierung festzuhalten?

Sowohl der neutestamentliche Vortrag als auch die systematisch-theologischen Ausführungen nehmen die eingangs skizzierte Erwartungshaltung an einen Diskurs über die Geistempfängnis und Jungfrauengeburt ernst und versuchen dazu Stellung zu beziehen. Während sich die Darstellung von Holtz wesentlich mit dem ersten Teil des Doppelsatzes *Empfangen durch den Heiligen Geist, geboren von der Jungfrau Maria* beschäftigt, widmet sich Etzelmüller ausschließlich der zweiten Teilaussage. Dadurch nähern sich beide Vorträge nicht nur aufgrund ihrer unterschiedlichen fachlichen Disziplinen, sondern auch aufgrund ihrer inhaltlichen Zuspitzung auf sehr verschiedene Weise dem gebotenen Thema an. Beiden Vorträgen sind trotz ihrer Verschiedenheit drei inhaltliche Linien gemeinsam. Sie betonen einerseits, dass sich in der Rede von der Jungfrauengeburt das Thema von *Schöpfung und Neuschöpfung* widerspiegelt und heben damit andererseits die alttestamentliche Kontinuität hervor, die in der Jesusüberlieferung zum Ausdruck kommt.[18] Insgesamt verfolgen

---

[17] Dies bezieht sich auf den Spitzensatz aus dem *Proslogion* von Anselm von Canterbury: *fides quaerens intellectum* – »der Glaube sucht nach Einsicht«.

[18] Insbesondere Etzelmüller verweist auf die historische Verantwortung angesichts des Nationalsozialismus, die sich aus der Frage »War Jesus ein

beide Vorträge einen eher vermittelnden Ansatz, bei dem sie zwar die historischen Faktizität der Jungfrauengeburt infrage stellen, sie aber dennoch nicht gänzlich aufgeben, sondern ihr vielmehr einen theologischen Bedeutungsspielraum zuweisen.[19]

2. Zu Gudrun Holtz: »Die Geburt Jesu aus der Jungfrau Maria als Erweis der schöpferischen Macht des Wortes Gottes«

Holtz' Ausführungen zum Bekenntnis der Geistempfängnis und Jungfrauengeburt tragen den Untertitel »Die Geburt Jesu aus der Jungfrau Maria als Erweis der schöpferischen Macht des Wortes Gottes«. Sie entschließt sich gleich zu Beginn, sich nicht einer Engführung des Diskurses um die biologische und historische Glaubwürdigkeit dieser Bekenntnisaussage anzuschließen, sondern diese von vornherein unter einem anderen Blickwinkel zu interpretieren. Anhand einer Analyse der auf die Geburt und Herkunft Jesu referierenden Stellen arbeitet Holtz heraus, dass mit Ausnahme von Mt und Lk keine weiteren Bibelstellen auf eine Jungfrauengeburt verweisen. Diese setzen vielmehr eine natürliche Zeugung Jesu voraus. Aus der fehlenden biblischen Eindeutigkeit des neutestamentlichen Befunds in Bezug auf die Abstammung Jesu schließt Holtz die Historizität der Jungfrauengeburt aus.

Vor dem Hintergrund dieser Entscheidung stehen ihre gesamten Ausführungen unter der Perspektive des wirkmächtigen Schöpferwortes Gottes. Damit konzentriert sie sich allein auf die Aussage »empfangen durch den Heiligen Geist«. Holtz argumentiert, dass es nicht die Geburt selbst, sondern ihre Verheißung gewesen sei, die in dem hier relevanten »Credo-Satz verdichtet wurde[.]«. Gegen diese Annahme spricht, dass die Geburt Jesu durch eine Jungfrau sehr wohl im Bekenntnis thematisiert und über die Jahrhunderte hinweg als eigenständiger Glaubenssatz im apostolischen Bekenntnis tradiert wur-

Jude?« ergibt. Daher hält er es für notwendig, an der jüdischen Herkunft Jesu festzuhalten und ihn in den Verheißungsrahmen des Volkes Israel einzubetten.

[19] Keiner der Vortragenden spricht sich dafür aus, dass die Jungfrauengeburt lediglich als eine Legende, eine fiktive Überhöhung oder ein »›Theologoumenon‹ ohne historischen Gehalt« (H. Räisänen, Maria/Marienfrömmigkeit, I. Neues Testament, TRE 22 [1992], 115–119, 118) zu gelten habe.

de. Daher erscheint es fraglich, ob sich diese Formulierung allein auf die Verheißung des Schöpfers bezieht oder die Verheißung nur einen Aspekt dieser Bekenntnisaussage darstellt. Denn an die Behauptung von Holtz schließt sich unweigerlich die Frage an, ob es qualitativ einen Unterschied zwischen den einzelnen biblisch bezeugten Kindesverheißungen gibt und ob es sich nicht bei der Verheißung der Geburt Jesu – theologisch – um eine besondere Art der Verheißung handeln müsse. Holtz führt dazu als Vergleich die Sohnesverheißung an Abrahams Frau Sara an. Trotz vereinzelter Unterschiede zeigt Holtz Merkmale auf, die bei der Sohnesverheißung an Sara und Maria identisch angelegt sind. Ziel beider Darstellungen sei der theologische Verweis auf Gottes Schaffenskraft *ex nihilo*, »wo nach den Regeln der Natur kein Leben zu erwarten wäre«.[20] Den einzigen Unterschied zwischen den Verheißungen sieht Holtz darin, dass die Verheißung der Geburt Jesu allein Gottes Willen entspräche, keinem menschlichen.[21] Es erstaunt ein wenig, dass andere biblische Erzählungen von einer Sohnesverheißung keine Erwähnung finden, beispielsweise die Verheißung an Lea und Rahel (Gen 29,31–30,24), an Hanna (1 Sam 1,1–28) oder an Elisabeth (Lk 1,5–25). Auch in diesen Erzählungen geht es darum, dass es Gottes Beschluss ist, die Frauen fruchtbar zu machen und ihnen ein Kind zu schenken. Im Unterschied zu diesen Kindesverheißungen liegt doch der entscheidende qualitative Unterschied in der Geburt Jesu darin, dass Gott nicht nur Leben stiftet, sondern selbst Mensch wurde.

Es wird nicht ganz deutlich, welche Bedeutung der Glaube im Zuge der göttlichen Verheißung spielt. Einerseits betont Holtz, dass die Realisierung der Verheißung nicht »zwingend an die Zustimmung des Menschen bzw. an seinen Glauben gebunden« sei.[22] Andererseits wiederum behauptet sie, die göttliche Verheißung würde (nach Lk und Paulus) erst im Glauben empfangen.[23] Genauso wird der Glaube als Antwort auf die göttliche Verheißung interpretiert. Dies beschreibt Holtz in dem fünften Strukturmerkmal, das sie dem Schöpferwort zuteilt, als »*Wort, das eine Reaktion herausfordert*«.[24] Auch hier wird

[20] G. Holtz, »Kein Wort wird unwirksam sein, das von Gott kommt« (Lk 1,37). Die Geburt Jesu aus der Jungfrau Maria als Erweis der schöpferischen Macht des Wortes Gottes, in diesem Band, 123–147, 135.

[21] Ebd.

[22] A. a. O., 138.

[23] Vgl. a. a. O., 142.

[24] A. a. O., 137.

nicht präzisiert, auf welche Weise dieser Glaube entsteht: Ob der Glaube bereits selbst Gnadengeschenk Gottes ist, er aktive Entscheidung Marias ist oder ob es sich um eine göttlich-menschliche Interaktion handelt. In Anbetracht der Tatsache, dass Holtz den Fokus ihrer Darlegungen auf das Schöpferwort und dessen Realisierung legt, wäre eine Verhältnisbestimmung im Blick auf das Zustandekommen und die Funktion des Glaubens dienlich gewesen.

Das im Kontext der Geistempfängnis thematisierte Schöpferwort wird von Holtz auf zweifache Weise ausgelegt: Als Wort, das von Gott ausgeht und gleichsam schöpferisch tätig ist (vgl. Gen 1) und als Wort, das Gottes schöpferisches Handeln rein verbal ankündigt.[25] Damit wurde m. E. ein wesentlicher Aspekt des *Schöpferischen* des Wortes Gottes unterschlagen: Der »Erweis der schöpferischen Macht des Wortes Gottes« (so der Untertitel von Holtz' Beitrag) bedeutet doch unter Verweis auf den Johannesprolog auch, dass der göttliche Logos selbst in die Schöpfung eingetreten ist und auf diese Weise die Menschwerdung thematisiert:

> »Und das Wort ward Fleisch und wohnte mitten unter uns, und wir sahen seine Herrlichkeit, eine Herrlichkeit als des eingeborenen Sohnes vom Vater, voller Gnade und Wahrheit« (Joh 1,14).

In der Bekenntnisformel *empfangen durch den Heiligen Geist, geboren von der Jungfrau Maria* wird m. E. versucht, anhand dieser sprachlichen Figur mit der Vorstellung der Inkarnation Gottes umzugehen. Wie schwierig das Ringen um ein angemessenes Verständnis der Gestalt Jesu Christi ist, zeigt sich in den späteren christologischen Streitigkeiten und im Ringen um die Lehre von den zwei Naturen Christi. Es geht darum, wie die Vereinigung von Gott und Mensch in Christus, so wie sie im 4. Ökumenischen Konzil von Chalcedon festgehalten wurde, sprachlich zum Ausdruck kommen kann. Anhand dieses Desiderates lässt sich hoffentlich auch im Hinblick auf das Anliegen dieser Tagung, das Apostolikum im interdisziplinären Dialog zu diskutieren, zu einer weiteren fruchtbaren Diskussion zwischen Neuem Testament und Dogmatik anregen.

---

[25] Vgl. a. a. O., 130.

3. Zu Gregor Etzelmüller: »Dogmatische Perspektiven auf Geist- und Jungfrauengeburt«

Auch Etzelmüller geht in seinem Vortrag nicht auf den inkarnierten Logos ein. Er legt den Fokus allerdings auch nicht auf das Schöpferwort, sondern bezieht sich vielmehr auf die Jungfrauengeburt selbst, die er als *Stein des Anstoßes* bezeichnet. Er skizziert eindrücklich, inwiefern die Rede von der Jungfrauengeburt zwar kein bekenntnisnotwendiges, jedoch ein »bedenkenswertes Element unserer Bekenntnistradition«[26] sei. Damit stellt er in Rechnung, dass der Glaube an diese Bekenntnisaussage für Gläubige nach wie vor eine große Herausforderung ist und andererseits derselben Aussage doch ein tradierungswürdiger Aspekt innewohnt.

Einen wesentlichen Fokus richtet Etzelmüller, wie bereits erwähnt, auf das zentrale Verhältnis von Schöpfung und Neuschöpfung, das in der Geburt Christi aus dem Geist und aus Maria seinen Ausdruck findet. Diesem geht er mit Bezug auf den ersten Schöpfungsbericht weiter nach, indem er die dort beschriebene, schöpferische Eigenpotentialität der Gottesgeschöpfe betont. Dabei hebt er hervor, dass sich dieses Potential nicht in der Fortpflanzung als bloßer Artenreproduktion erschöpfe, sondern jede Geburt – ganz personal gedacht – als Möglichkeit eines Neuanfangs zu sehen sei. Durch die Geburt Jesu würde die Potentialität der Geschöpfe auf einzigartige Weise unterbrochen, indem sich in der Jungfrauengeburt das Heil Gottes auf einmalige und außerordentliche Weise ereigne. In diesen Unterbrechungen des alltäglichen Weltgeschehens eröffneten sich dank Gottes Heilszuwendung Räume für Neues. Dementsprechend versucht Etzelmüller eine Vermittlung zwischen dem Festhalten an einer natürlichen Zeugung Jesu und einer gleichzeitigen, heilsnotwendigen Geburt aus dem Geist, indem er sagt, »die übernatürliche Zeugung Christi [müsse] keineswegs *wider* die menschliche Natur sein, sie [könne] sich auch *in, mit und unter* der natürlichen Zeugung vollziehen«.[27] Dies begründet er mit der Einheit der Person Christi, die sich nicht dualistisch in Geist und Materie aufteilen ließe.

Etzelmüller geht in seinen Ausführungen, insbesondere im Zusammenhang der Zwischenleiblichkeit sehr stark auf die Menschheit Jesu ein, für die eine natürliche Geburt als konstitutiv gilt. Dabei

---

[26] G. ETZELMÜLLER, Dogmatische Perspektiven auf Geist- und Jungfrauengeburt, in diesem Band 149–166, 153.

[27] A. a. O., 158 (Hervorh. L. H.-W.).

wird m. E. ebenso wie beim Vortrag von Holtz der eigentliche Stein des Anstoßes dieser Aussage zu wenig bedacht, *dass nämlich Gott Mensch wurde*. Dies scheint mir doch noch ungeheuerlicher zu sein, als dass eine Jungfrau ein Kind zur Welt bringt. Durch die starke Betonung der Menschheit wird auf der anderen Seite riskiert, dass die Gottheit Jesu Christi vernachlässigt wird. Wenn aber nicht der Eindruck entstehen soll, dass nur die Menschheit Christi zentral sei oder vielmehr, dass dieser ganz nach antik-griechischem Vorbild eine Art Halbgott mit göttlichen und menschlichen Eigenschaften seiner Elternteile sei, dann muss doch gefragt werden, wie es zu verstehen ist, dass Christus wahrer Gott und wahrer Mensch zugleich sei, was in dem Doppelsatz von der Geistempfängnis und der Jungfrauengeburt zum Ausdruck kommt.

Die von Etzelmüller aufgeworfene provokante Formulierung »Jesus als Bastard?« trägt außer einer erheblichen Irritation nichts zu seiner eigentlichen Aussageabsicht bei. Er greift in seinem vorletzten Abschnitt auf diese jüdische Polemik zurück, die beabsichtigte, den gesellschaftlichen Status Jesu zu diffamieren. Etzelmüller fragt dabei nach, ob die Jungfrauengeburt Jesu notwendig für die Lehre von der Gottheit Jesu sei. Dies verneint er nicht nur, sondern er behauptet gleichzeitig, dass selbst eine solch diffamierende Darstellung das Potential zu einer fruchtbaren theologischen Interpretation geboten hätte und zwar in einer kreuzestheologischen Auslegung. Gott würde die Menschen dort aufsuchen, »wo sie der Sünde erlegen sind«.[28] In Zeiten zunehmend sensibilisierter Sprache erscheint es jedoch durchaus angebracht, gewisse Sachverhalte sprachlich angemessen zu beschreiben, solange sich dabei der Sinn nicht verändert. Dass Jesus dem Vorwurf ausgesetzt wurde, als uneheliches Kind bzw. als Kind aus einer illegitimen Beziehung geboren worden zu sein, beschreibt den identischen Sachverhalt, ohne mit Beleidigungen zu operieren, gegen die sich Etzelmüller meiner Ansicht nach selbst abgrenzen will.

Etzelmüller reißt im Zuge seiner Ausführungen zu diesem Punkt die Möglichkeit einer kreuzestheologischen Deutung der Geburt Jesu an, die er selbst als »ganz neue[n] Denkraum« bezeichnet, »den es in Ruhe und mit Sorgfalt auszuloten gilt«.[29] Vielleicht gelingt in zukünftigen Überlegungen, diesem spannenden Gedanken weiter nachzugehen.

---

[28] A. a. O., 164.
[29] Ebd.

4. Ausblick und Diskussionsanregung

Zusammenfassend sollen drei Aspekte genannt werden, die bislang noch nicht oder nur unzureichend zur Sprachen kamen, die aber in Bezug auf den Credo-Satz von der Geistempfängnis und der Jungfrauengeburt von diskussionswürdiger Bedeutung sind.

Zum einen wird wie bereits angedeutet zu wenig bedacht, dass in der Bekenntnisaussage »empfangen durch den Heiligen Geist, geboren von der Jungfrau Maria« das Problem der zwei Naturen Christi zur Sprache kommt. In der Entwicklung der Lehre von der Gottheit Christi und der Abgrenzung gegen jegliche adoptianistische Theorie musste sich die Frage aufdrängen, wie Gott Mensch werden konnte und ob es dafür nicht besonders ehrwürdige Bedingungen und Umstände bräuchte.[30] Gleichfalls musste mit der Betonung der Menschheit Christi unbedingt an einer natürlichen Herkunft festgehalten werden: Nur ein Wesen, das Anteil sowohl am Göttlichen als auch am Menschlichen hat, kann eine Heilsvermittlung zwischen Gott und Menschen leisten. In diesem Sinne ist der Titel der *Jungfrau Maria* nicht im Sinne einer sexuellen Unversehrtheit zu verstehen, sondern als metaphorischer Würdetitel, der herausstreicht, »dass in Jesus Christus Gott selbst Mensch geworden ist«.[31]

Des Weiteren wurde insbesondere von Holtz betont, dass Gottes Wille allein in Maria das Geschenk der Empfängnis bewirkt und Maria dies gläubig annimmt. Es gilt jedoch, diesen biblischen Befund – ganz im Sinne der Interdisziplinarität – dogmatisch weiterzudenken.[32] Denn auch wenn aus neutestamentlicher Sicht an der Historizität der Jungfrauengeburt gezweifelt wird, so muss es Gründe gegeben haben, dieses Erbe auch innerhalb der reformatorischen Theologie zu tradieren. Denn die Reformatoren hielten an der Rede von der

[30] S. dazu V. Stümke, Die Jungfrauengeburt als Geheimnis des Glaubens – ethische Anmerkungen, NZSTh 49 (2007), 423–444, 428: »In Ephesus wurde auf dem 3. ökumenischen Konzil 431 festgehalten, dass Maria als Gottesgebärerin […] zu bezeichnen sei. Dogmatisch sollte damit eine adoptianische Christologie ausgeschlossen werden; der Mensch Jesus wurde nicht erst während seines Erdenlebens zum Wort Gottes erhoben, sondern war schon vom Mutterschoß her wahrer Mensch und wahrer Gott.«

[31] A. Käfer, Glauben bekennen, Glauben verstehen. Eine systematisch-theologische Studie zum Apostolikum, Zürich 2014, 45.

[32] Diese Rückbindung stellt eine eher klassische Interpretation der Jungfrauengeburt dar, vgl. Beinert, Jungfrauengeburt (s. Anm. 4), 708.

Jungfrauengeburt als »Erhellung des Heilsmysteriums«[33] fest. Gleichzeitig können anhand dieser Glaubensaussage zwei reformatorische Erkenntnisse zum Ausdruck gebracht werden: Mit der Beschreibung des schöpfermächtigen Wirkens wird einerseits klar an die Exklusivpartikel der *sola gratia* erinnert. Die Zeugung Jesu geschieht demnach allein aus Gnade, ebenso wie Maria als Mutter Jesu allein aus Gnade erwählt wurde. Dies betont die Souveränität des göttlichen Handelns und Wirkens in der Geschichte. Gleichzeitig wird Maria durch die Verheißung zu einer Reaktion aufgefordert, die sie durch ihre Antwort »Mir geschehe, wie du gesagt hast« (Lk 1,38) als Vorbild im Glauben – *sola fide* – qualifiziert. »Nur in solchem Glauben kann die Kirche auch das Wunder, dass Gottes Wort in ihr und durch sie zur Welt kommen soll, immer aufs Neue empfangen und erfahren.«[34]

Ein letzter Aspekt, der unberücksichtigt geblieben ist, sind die dogmengeschichtlichen Implikationen,[35] die das Festhalten an der unbefleckten Empfängnis und der immerwährenden Jungfräulichkeit Mariens mit sich brachte.[36] Da Maria im Zuge der Dogmenausbildung vollständige Sündlosigkeit attestiert wurde, soll sie ihr erstes Kind frei von der Erbsünde zur Welt gebracht haben, was von großer Bedeutung für die Christologie war.[37] Ferner wurde betont,

---

33 Ebd.

34 Evangelischer Erwachsenen-Katechismus, 8. neu bearbeitete und ergänzte Auflage, im Auftrag der Kirchenleitung der VELKD hg. v. A. Brummer / M. Kießig / M. Rothgangel, Gütersloh 2010, 274.

35 Zu den vier mariologischen Dogmen, von denen nur das erste Dogma während der vier ersten ökumenischen Konzilien verabschiedet wurde und gesamtkirchliche Bedeutung hat, gehören: Maria als Gottesgebärerin (*theotókos*), die immerwährende Jungfrauenschaft (*semper virgo*), die unbefleckte Empfängnis (*immaculata conceptio*) und die Himmelfahrt Marias (*assumptio*); vgl. R. Frieling, Maria / Marienfrömmigkeit, III / 1 Dogmatisch-Evangelisch, TRE 22 (1992), 137–143, 142.

36 Darauf bezieht sich auch Stümke, Jungfrauengeburt (s. Anm. 30), 427 f.: »Nachdem zunächst nur die Jungfrauengeburt christologisch und apologetisch (Erfüllung der biblischen Verheißung) interpretiert wurde, dehnte sich das Interesse später auf die Person Maria und ihre sexuelle Askese aus. Zumindest die ersten drei Mariendogmen haben eindeutig gynäkologische Implikationen.«

37 S. dazu Frieling, Maria / Marienfrömmigkeit (s. Anm. 35), 140: »Der christologische Bezug des Dogmas von der *immaculata conceptio* besteht in der Überlegung, daß (a) Marias Freisein von der Erbsünde die sündlose menschliche Natur Christi ins volle Licht rückt und (b) daß Maria die ›Vor‹– oder ›Erst-Erlöste‹ ist, indem sie vorab das Heil erfuhr, das Christus erst am Kreuz bewirkte.«

dass Maria nicht nur vor der Geburt, sondern auch während und danach Jungfrau blieb und dies trotz der Tatsache, dass Jesus nach biblischem Befund Geschwister hatte. Dieser Umstand rückte die Sexualität für viele Jahrhunderte in starke Nähe zur Sündhaftigkeit und prägt dadurch bis heute das Bild der Frau als auch das Verständnis von Sexualität in weiten Teilen der christlichen Kirchen.[38] Wenn jedoch davon ausgegangen wird, dass menschliches Leben grundsätzlich als Geschenk Gottes anzuerkennen ist, dann kann an dem lebensbegründenden Fortpflanzungsakt an sich nichts Sündhaftes sein. Die Sündhaftigkeit eines Menschen besteht nicht darin, dass er Leben hervorbringt, sondern in einem verkehrten Gottesverhältnis, das sich wiederum in einem verkehrten Verhältnis zu sich selbst, sowie seiner Mit- und Umwelt kennzeichnet, aus der heraus dann gott- und lieblose Taten folgen.[39] Die Verbindung der Sexualität und der Geburt von Kindern aus illegitimen Beziehungen wurde aufgrund der starken Betonung der Reinheit und immerwährenden Jungfräulichkeit Marias derart mit der Sündhaftigkeit in Verbindung gebracht, dass sich dies bis heute nachhaltig auf die Selbst- und Fremdwahrnehmung von Frauen im christlichen Kulturkreis auswirkt. Eine stärkere Wahrnehmung dieser durchaus wichtigen, gesellschaftsrelevanten Implikation der Rede von der Jungfrauengeburt und ihrer »Negativ-Tradierung« hätte nicht unerwähnt bleiben sollen.

Im Rückblick auf den Apostolikumstreit vor 125 Jahren stehen wir heute nicht minder vor der Herausforderung, auch für die Praxis zu klären, welche Verbindlichkeit das apostolische Bekenntnis besitzt und welche Konsequenzen die Verweigerung seines Gebrauches im Zweifelsfall mit sich führen können. Daher ist die beständige Auslegung der einzelnen Bekenntnisaussagen die notwendige Grundlage für

---

38 Vgl. a. a. O., 142: »Zu recht werden heute durch die feministische Theologie einige Korrekturen an den traditionellen Konsequenzen des Marienbildes angebracht, die sich unter anderem in der einseitigen Fixierung der Frau auf die Mutterrolle, in der Überbetonung der Jungfräulichkeit, in der Sexualfeindlichkeit sowie überhaupt in der Rolle der Frau in der Gesellschaft und in der Rollenverteilung der Geschlechter zeigt.«

39 Vgl. dazu Käfer, Glauben (s. Anm. 31), 46: »Die These, dass Sünde aus diesem biologischen Prozess hervorgehen soll, nimmt das lebensbedrohliche Gewicht der Sünde nicht ernst. Dieses besteht in der Gottlosigkeit und Lieblosigkeit des Menschen. Solche Gott- und Lieblosigkeit kann sehr wohl das Entstehen eines Menschen bedingen und begleiten und sein Leben von Geburt an prägen. Sie ist aber keinesfalls durch den Geschlechtsakt als solchen verursacht.«

einen verantworteten Umgang jedes Einzelnen mit diesem traditionsreichen Vermächtnis. Die zuvor erbrachten Gedanken im Anschluss an die fruchtbaren Beiträge aus dem Neuen Testament und der Systematischen Theologie sollen für die weitere Auseinandersetzung als Anregung dienen.

Weiterführende Fragen

1. Was ist problematisch an der häufig gehörten Frage »Glauben Sie an die Jungfrauengeburt«? Wird die darin womöglich implizierte Bedeutung von »glauben« der Fülle des biblischen Glaubensverständnisses gerecht? Worin liegt der Unterschied zwischen dem Glauben an Gott den Vater bzw. Jesus Christus und dem Glauben an bestimmte Sachverhalte? Welche Dimension ist im Apostolikum gemeint?
2. Welche Bedeutung und Verbindlichkeit hat für Sie die Aussage von der Geburt des Gottessohnes aus der Jungfrau Maria? Können Sie der Annahme, diese Aussage sei »nicht im Sinne einer sexuellen Unversehrtheit zu verstehen, sondern als metaphorischer Würdetitel« (Hildebrandt-Wackwitz), etwas abgewinnen?
3. Im Markus- und Johannesevangelium fehlen Geburtsgeschichten, bei Johannes ist stattdessen von dem ewigen Schöpferwort Gottes die Rede, das in seiner Schöpfung »Fleisch« wird und unter uns Menschen »einwohnt« (Joh 1,14), wobei problemlos von Josef als dem Vater Jesu geredet werden kann. Ist diese Vorstellung von den Anfängen Jesu Christi nicht eine noch weitergehende, »mythologischere« Zumutung als die der Jungfrauengeburt? Wie können wir damit umgehen, dass biblisch offenbar unterschiedliche Sprachbilder von den Anfängen des Inkarnierten nebeneinander stehen?
4. Was ist der Unterschied zwischen einer Deutung Jesu Christi als *Geschöpf* des göttlichen Schöpferwortes und der Deutung Jesu Christi als des ewigen Schöpferwortes selbst? Bietet die traditionsgeschichtliche Rückführung der Jungfrauengeburt auf die Erzählung von der Geburt Isaaks und anderer »Wunderkinder« hier eine hinreichende Erklärung? – Vergleichen Sie hierzu das Apostolikum mit dem »gezeugt, nicht geschaffen« im Nizäno-Konstantinopolitanum.

III. »… gelitten unter Pontio Pilato, gekreuziget, gestorben und begraben«

Der Tod des ewigen Gottes und das ewige Leben der Menschen

Der dritte Abschnitt des zweiten Glaubensartikels thematisiert das geschichtliche Leiden und den Kreuzestod Jesu einschließlich seines Begräbnisses. Grundlage sind die Passionserzählungen der Evangelien und die Bekenntnisaussagen in den paulinischen (1 Kor 15,3–5) und anderen Briefen. Mit der Erwähnung des Leidens und der Nennung des Begräbnisses Jesu wird festgehalten, dass es sich um den Tod eines wirklichen Menschen handelte. Die Erwähnung des Pontius Pilatus hebt des Weiteren die geschichtliche Einbettung des Todes Jesu zu einer bestimmten Zeit und in einem bestimmten politischen Kontext hervor. Nicht eigens erwähnt, aber mit zu bedenken ist die in den neutestamentlichen Bekenntnisaussagen in unterschiedlichen Sprachformen entfaltete soteriologische Deutung des Todes Jesu.

Sachlich ist dabei die Frage impliziert, warum der Tod Jesu als zum Heil der Menschen wirksam verstanden werden kann. Die Antwort hängt an der Identität und Person des Gekreuzigten. Die Soteriologie ist mithin untrennbar verbunden mit der Christologie. In Aufnahme der biblischen Traditionen ist hier an Jesus als den messianischen Gesandten, den eschatologischen Bevollmächtigten, den Repräsentanten Gottes und damit an die einzigartige Beziehung zwischen Jesus und Gott selbst zu denken. Gemäß den altkirchlichen Bekenntnissen ist in Jesus – wahrer Gott und wahrer Mensch (Nizänum) – Gott selbst den Tod eines Menschen gestorben. Nur aufgrund dieser Voraussetzung kann der Kreuzestod Jesu den Menschen ewiges Leben eröffnen.

Der Tod des Gottessohnes und das ewige Leben der Menschen

Roland Deines

»[...] gelitten unter Pontio Pilato, gekreuziget, gestorben und begraben – Der Tod des ewigen Gottes und das ewige Leben der Menschen«: Der Gegensatz zwischen den beiden ursprünglichen Titelzeilen könnte nicht größer sein. Die erste beinhaltet eine historische Aussage, die kaum jemand bestreiten dürfte: Jesus von Nazareth wurde in Jerusalem, im Frühjahr des Jahres 30 n. Chr., von den Römern unter dem damaligen Prokurator Pontius Pilatus zum Tod am Kreuz verurteilt, wo er starb und anschließend begraben wurde. Einzig die Umstände seiner Bestattung sind umstritten, ob Einzelgrab, wie die Evangelienberichte voraussetzen, oder anonymes Massengrab, wie manche meinen als zeitgenössische Praxis annehmen zu müssen.[1] Entscheidend ist, dass die Aussage über Jesu Begräbnis zu den frühesten Bekenntnisaussagen überhaupt gehört (1 Kor 15,4; Apg 13,29), »weil es das notwendige Präludium zu seiner Auferstehung war«.[2] Ob Massen- oder Einzelgrab (wofür alle Quellen und eine zuverlässige historische Überlieferung, nicht zuletzt der Grabes- bzw. Auferstehungskirche in Jerusalem sprechen[3]) – es ändert nichts an der weithin akzeptierten historischen Gültigkeit der ersten Zeile.

---

[1] Vgl. M. HENGEL, Das Begräbnis Jesu bei Paulus und die leibliche Auferstehung aus dem Grabe, in: F. Avemarie/H. Lichtenberger (Hg.), Auferstehung – Resurrection. The Fourth Durham-Tübingen Research Symposium (Tübingen, September 1999), WUNT 135, Tübingen 2001, 119–183 = DERS., Kleine Schriften IV: Studien zur Christologie, hg. v. C.-J. Thornton, WUNT 201, Tübingen 2006, 386–450; zur Kritik an J. D. Crossan u. a., die sich gegen die Grablegungstradition aussprechen, s. a. a. O., 387 f.; s. weiter J. SCHRÖTER, Jesus von Nazareth. Jude aus Galiläa – Retter der Welt, BG 15, Leipzig 2006, 301–303; M. HENGEL/A. M. SCHWEMER, Jesus und das Judentum, Geschichte des frühen Christentums 1, Tübingen 2007, 619–621.

[2] J. N. D. KELLY, Altchristliche Glaubensbekenntnisse. Geschichte und Theologie, Göttingen 1972, 151; für nachneutestamentliche Bezugnahmen auf die Grablegungstradition bis zur Aufnahme in das römische Taufsymbol spätestens im 3. Jh. s. auch HENGEL, Begräbnis (s. Anm. 1), 404 Anm. 67.

[3] Vgl. dazu u. a. den israelischen Archäologen A. KLONER, Reconstruction of the Tomb in the Rotunda of the Holy Sepulchre According to Archaeo-

Die zweite Zeile dagegen ist eine theologische Aussage, die kaum jemand mehr ernst zu nehmen wagt. Oder vielleicht zutreffender, es ist eine theologische Aussage, die kaum jemand mehr interessiert. Das ewige Leben hat für viele mit dem wahren Leben so viel zu tun wie der Osterhase mit den Ostereiern. Der moderne Mensch braucht eine Krankenversicherung und die Gewissheit, dass er ohne zu leiden sterben kann und das am besten, wann und wie es ihm oder ihr passt. Darüber wird in ethischen und politischen Debatten zur Sterbehilfe gestritten, und das wichtigste Gut, das es zu verwalten und behalten gilt, sind die nötigen finanziellen Mittel für ein schmerz- und umstandsfreies Sterben. »Ewiges Leben«, zumal in Verbindung mit »de[m] Tod des lebendigen Gottes«, ist dagegen ein Gut, das sowohl in öffentlichen Diskussionen als auch in gegenwärtigen kirchlich-theologischen Debatten nur selten vorkommt. Talkshows lassen sich mit diesem Thema offenbar nicht bestreiten (aber auch keine Kirchentage und Jahreslosungen),[4] und der einzige Kontext, wo das Thema überhaupt noch gelegentlich am Rande erscheint, ist der unverhohlene Spott, wenn über die jenseitigen Belohnungen islamistischer Märtyrer zu berichten ist. Dass die Hoffnung auf das ewige Leben zu den entscheidenden Gütern des christlichen Glaubens gehört und einst seine Attraktivität maßgeblich mitbestimmte, ist heute in der westlichen Gesellschaft kaum noch nachvollziehbar.[5] Dieses Verstummen der christlichen Hoffnung auf das ewige Leben im öffentlichen Raum klingt umso lauter angesichts der technologischen, wissenschaftlichen und nicht selten auch pseudowissenschaftlichen Bemächtigung dieses Themas, das die Überwindung des Todes und entsprechende Selbst-

logical Finds and Jewish Burial Customs of the First Century CE, in: J. Pastor/M. Mor (Hg.), The Beginnings of Christianity, Jerusalem 2005, 269–278.

[4] Themen der letzten Jahre von Jahreslosungen und Kirchentagen zeigen, dass nahezu alle ein ethisches Thema haben, die Hoffnung über den Tod hinaus dagegen nicht vorkommt. Dagegen schrieb Friedrich Avemarie drei Monate vor seinem eigenen, frühen Tod: »Doch fast nirgends im Neuen Testament tritt die gelebte Gegenwart so sehr in den Vordergrund, dass die Perspektive der Erlösung darüber bedeutungslos würde und es dahin käme, dass sich die Sinnstiftung des christlichen Glaubens in der Lebensbegleitung erschöpfte« (F. Avemarie, Erlösungshoffnung und Lebensgestaltung im Neuen Testament, in: ders., Neues Testament und frührabbinisches Judentum. Gesammelte Aufsätze, hg. v. J. Frey/A. Standhartinger, WUNT 316, Tübingen 2013, 857–875, 857).

[5] Schon der Apologet Justin Martyr bekannte in der Mitte des 2. Jh., dass ihn vor seiner eigenen Bekehrung an den Christen vor allem ihre »Furchtlosigkeit vor dem Tod« faszinierte (Iust. 2 apol. 12,1).

optimierung (»human enhancement«) des Menschen als gegenwärtig wichtigstes Menschheitsziel verfolgt. Transhumanismus und Kryonik (Kältekonservierung bis technische Auferstehungstechniken zur Verfügung stehen) sind medial auf dem Vormarsch, wobei die intellektuelle Vorgeschichte bis weit in die Antike zurückreicht.[6] »Sterben muss man nicht mehr« ist die Kurzfassung dieser Zukunftserwartung, wie es der unter dem Pseudonym Kristjan Knall schreibende Autor, selbsternannte Gesellschaftskritiker und Selbstvermarkter plakativ, witzig und gottlos zum neuen Credo erhebt. Er bringt damit möglicherweise überspitzt zum Ausdruck, was nicht nur technikaffine Zeitgenossen denken und für die Zukunft im Hinblick auf ihre eigene »Ewigkeit« hoffen.[7] Die Kirchen dagegen zeigen sich von diesem Boom der Unsterblichkeit eher unbeeindruckt. Statt die Hoffnung auf das ewige Leben als Teil des Evangeliums öffentlichkeitswirksam und mit Zuversicht zu bezeugen, verwalten sie in ihren öffentlichen Stellungnahmen viel lieber das Diesseits und bemühen sich darum, es ein wenig menschenfreundlicher zu machen: Frieden, Gerechtigkeit und Bewahrung der Schöpfung ist die innerweltliche Trias, die anstelle von »Vergebung der Sünden, Auferstehung der Toten und das ewige Leben« das praktische Credo vieler Kirchen bestimmt,

---

[6] Auf die geistesgeschichtliche Traditionsgeschichte gehen ein: H.-G. Gassen/S. Minol, Die MenschenMacher. Sehnsucht nach Unsterblichkeit, Erlebnis Wissenschaft, Weinheim 2006; O. Hansmann, Transhumanismus – Vision und Wirklichkeit. Ein problemgeschichtlicher und kritischer Versuch, Berlin 2015. Vgl. außerdem P. von Becker, Der neue Glaube an die Unsterblichkeit. Transhumanismus, Biotechnik und digitaler Kapitalismus, Passagen Philosophie, Wien 2015. Auffällig ist, mit welcher Selbstverständlichkeit hier »Unsterblichkeit« als positives Schlagwort für die Vermarktung eingesetzt wird. Zu einer knappen theologischen Kritik s. M. Burdett, Technology and the Rise of Transhumanism. Beyond Genetic Engineering, Grove Ethics E175, Cambridge 2014.

[7] K. Knall, Transhumanismus on Ice. Ein Survivalguide für die Ewigkeit, München 2016, 3. Zum Autor s. den entsprechenden Wikipedia-Artikel. Inwieweit – neben der Kryonik – auch Organspenden, Gunter von Hagens »Körperwelten« und neue konservierende Formen der Bestattungskultur als Ausdruck des Willens nach einer den Tod überdauernden Existenz gesehen werden können, zeigt die Einleitung der Herausgeber in: D. Groß/S. Kaiser/B. Tag (Hg.), Leben jenseits des Todes? Transmortalität unter besonderer Berücksichtigung der Organspende, Todesbilder: Studien zum gesellschaftlichen Umgang mit dem Tod 9, Frankfurt a. M. 2016, 10–14. Aus der insgesamt beachtenswerten Reihe »Todesbilder« ist ferner Bd. 5 wichtig: D. Groß/B. Tag/C. Schweikardt (Hg.), Who Wants to Live Forever? Postmoderne Formen des Weiterwirkens nach dem Tod, Todesbilder 5, Frankfurt a. M. 2011.

wobei die Unterschiede zwischen evangelischen und katholischen Stellungnahmen auffallen.[8] Darum leidet auch die Vorfreude auf die

[8] Offiziellen Charakter bekam diese Forderung durch die sechste Vollversammlung des Ökumenischen Rates der Kirchen in Vancouver 1983, auf der die Mitgliedskirchen dazu aufgerufen wurden, in einen »konziliaren Prozeß gegenseitiger Verpflichtung (Bund) für Gerechtigkeit, Frieden und Bewahrung der Schöpfung einzutreten«. Seitdem ist diese Trias ein fester Bestandteil kirchlicher Verlautbarungen, s. dazu R. DEINES, Die Gerechtigkeit der Tora im Reich des Messias. Mt 5,13–20 als Schlüsseltext der matthäischen Theologie, WUNT 177, Tübingen 2004, 12–18. Eine Durchsicht der sechsseitigen »Liste der EKD-Texte (Stand Mai 2016)« von der Homepage der EKD (www.ekd.de) bestätigt dies eindrücklich. Da sind selbst »Die Manieren und der Protestantismus« ein Thema (EKD-Texte 79, 2004), aber in keiner Titelformulierung finden sich die Stichwörter »Ewigkeit«, »ewiges Leben«, »Unsterblichkeit«, »Leben nach dem Tod« o.ä. Am nächsten dran sind Stellungnahmen zu Patientenverfügungen (Sterben hat seine Zeit, EKD-Texte 80, 2005) und Sterbehilfe (Wenn Menschen sterben wollen. Eine Orientierungshilfe zum Problem der ärztlichen Beihilfe zur Selbsttötung, EKD-Texte 97, 2008). In »Sterben hat seine Zeit« wird im vorletzten Satz die christliche Einsicht benannt, »dass der Mensch nicht dazu bestimmt ist, zu vergehen, sondern in Gottes Ewigkeit vollendet zu werden« (a.a.O., 25). Ansonsten bleibt, trotz der Hervorhebung der seelsorgerlichen Dimension des Sterbens (a.a.O., 13f.) und der Betonung, dass »der Umgang mit Sterben und Tod« für die EKD »ein zentrales Thema« ist, »das erhebliche Auswirkungen auf das Menschenbild und das gesellschaftliche Miteinander hat« (a.a.O., 9), die Auferstehung und die Hoffnung auf das ewige Leben als Teil des christlichen Verständnis vom Menschen ohne Berücksichtigung; dasselbe gilt für »Wenn Menschen sterben wollen«: Es fehlt jeder Hinweis auf das, was möglicherweise nach dem Tod kommt. Die einzigen theologischen Hinweise (a.a.O., 27f.) bestimmen das Evangelium als hilfreiches Angebot »in der eigenen Lebensführung« (a.a.O., 28), nehmen aber die Hoffnung des Evangeliums im Hinblick einer Vollendung des Lebens nach dem Tod und durch den Tod hindurch nicht in den Blick. Bei N. WALTER, Geistliches Wort zur Organspende, Hannover 2012 (nur eine Seite, als Brief formuliert), wird zwar auf die Auferstehung Bezug genommen, aber offensichtlich in dem Bemühen, die Bereitschaft zur Organspende als die christlichere Option darzustellen, weil Menschen, die ihren Körper als »ein Geschenk Gottes« annehmen, diesen »aus Liebe zum Nächsten und aus Solidarität mit Kranken einsetzen« dürfen. Die Organentnahme, so wird versichert, verletze nicht die Würde und Ruhe der Verstorbenen. Zudem gilt: »Unsere Hoffnung auf die Auferstehung bleibt davon unberührt.« Erfreulich ist, dass die von EKD und katholischer Deutscher Bischofskonferenz herausgegebene Patientenverfügung (Christliche Patientenvorsorge. Handreichung und Formular der Deutschen Bischofskonferenz und des Rates der Evangelischen Kirche in Deutschland in Verbindung mit weiteren Mitglieds- und Gastkirchen der Arbeitsgemeinschaft Christlicher Kirchen in Deutschland, Hannover/Bonn/Frankfurt a.M. 2010) wenigstens im Vorwort auf die Gewissheit des christlichen Glaubens hinweist, »dass das Leben in

Reformationsfestspiele 2017, weil es eben damals durchaus und mit großem Eifer um »Vergebung der Sünden, Auferstehung der Toten und das ewige Leben« gegangen ist. Plastisch formulierte Luther den Zusammenhang im Großen Katechismus:

»Wenn man nu fragt: ›Was gläubst Du im andern Artikel von Jesu Christo?‹, antwort' aufs kürzste: ›Ich gläube, daß Jesus Christus, wahrhaftiger Gottessohn, sein mein HErr worden.‹ Was ist nu das, ›ein Herr werden?‹ Das ist's, daß er mich erlöset hat von Sunde, vom Teufel, vom Tode und allem Unglück. Denn zuvor habe ich keinen Herrn noch König gehabt, sondern [bin] unter des Teufels Gewalt gefangen, zu dem Tod verdammpt, in der Sunde und Blindheit verstrickt gewesen. Denn da wir geschaffen waren und allerlei Guts von Gott, dem Vater, empfangen hatten, kam der Teufel und bracht' uns in Ungehorsam, Sunde, Tod und alle Unglück, daß wir in seinem Zorn und Ungnade lagen, zu ewigem Verdammnis verurteilet, wie wir verwirkt und verdienet hatten. Da war kein Rat, Hülfe, noch Trost, bis daß sich dieser einige und ewige Gottessohn unsers Jammers und Elends aus grundloser Güte erbarmete, und von Himmel kam, uns zu helfen. Also sind nu jene Tyrannen und Stockmeister alle vertrieben, und ist an ihre Statt getreten Jesus Christus, ein Herr des Lebens, Gerechtigkeit, alles Guts und Seligkeit, und hat uns arme, verlorne Menschen aus der Helle Rachen gerissen, gewonnen, frei gemacht und wiederbracht in des Vaters Huld und Gnade und als sein Eigentumb unter seinen Schirm und Schutz genommen, daß er uns regiere durch seine Gerechtigkeit, Weisheit, Gewalt, Leben und Seligkeit.«[9]

Es ist darüber hinaus erhellend, in der Ausgabe der Lutherischen Bekenntnisschriften im Register die entsprechenden Begriffe nachzuschlagen – und auch zu sehen, was dort über »Frieden«, »Gerechtigkeit« und »Schöpfung« (oder auch »Freiheit«) zu lesen ist.[10] Denn

---

der Gemeinschaft mit Jesus Christus durch den Tod hindurch Bestand hat« (a.a.O., 5). Ein ausdrücklicher Hinweis auf die Auferstehung der Toten findet sich jedoch auch hier nicht. Alle diese Texte können über die Homepage der EKD (www.ekd.de) abgerufen werden. Der Enzyklika »Spe Salvi« von Papst Benedikt XVI, Über die christliche Hoffnung. Verlautbarungen des Apostolischen Stuhls 179, Bonn ³2008, fehlt ein evangelisches Gegenüber. In ihr wird, unter Aufnahme des Taufrituals, auf die Frage »Was gibt dir der Glaube?« geantwortet: »Das ewige Leben« (a.a.O., 18, s. auch 35), was dann als »Lern- und Übungsort der Hoffnung« bis hin zum »Gericht« (a.a.O., 51) und »Fegefeuer« (a.a.O., 56) entfaltet wird.

[9] BSLK, 651f.

[10] Für die Credo-Formulierungen genügt es, auf Luthers Katechismen hinzuweisen (BSLK 511f.651f.658f.). Zu »Friede« s. Register s.V. 1174: Es geht nahezu ausschließlich um den Frieden mit Gott, der durch »die Gottesgerechtigkeit« erlangt wird; zu »Gerechtigkeit« s. a.a.O., 1178f.; der gegenwärtige, gesellschaftlich profilierte Gerechtigkeitsbegriff kommt darin nur äußerst knapp als *iustitia civilis* (bzw. *philosophica, rationis, legis, carnalis*) vor;

da ist der Bezugsrahmen immer die Freiheit von Sünde und damit verbunden von Gericht und Strafe, woraus die Zuversicht für ein fröhliches, auch angesichts des Leidens und Sterbens getrostes und aktives irdisches Dasein gewonnen wurde. Die knapp 500 Jahre, die den gegenwärtigen Protestantismus vom soteriologischen Realismus dieser Bekenntnistexte trennen, erscheinen jedenfalls ungleich größer als die Distanz zwischen den Reformatoren und den neutestamentlichen Autoren.

Der »garstige Graben«, der sich zwischen der ersten und zweiten Zeile auftut, und damit zwischen der Gegenwart und den altkirchlichen bis hin zu den reformatorischen Bekenntnissen, lässt sich für die Jesusforschung anhand von Hermann Samuel Reimarus (1694–1768) aufzeigen, der im 18. Jh. seine »Apologie oder Schutzschrift für die vernünftigen Verehrer Gottes« verfasste. Sie wurden nach seinem Tod in Teilen als »Fragmente eines Ungenannten« von Lessing 1774–78 veröffentlicht und dann im 19. Jh. von David Friedrich Strauß noch einmal bekannt gemacht.[11] Darin behauptet Reimarus, dass Jesus »bey seiner Reformation des Jüdischen Aberglaubens[,] ausser der vernünftigen Religion« nicht auch noch »übernatürliche Geheimnisse eingeführt« habe (II.39), womit Reimarus in etwa alles meint, was mit Sünde, Rechtfertigung, Auferstehung der Toten und ewigem Leben zu tun hat (z.B. II.519). Mit anderen Worten: Echt jesuanisch ist, was der vernünftigen Religion entspricht, nämlich »die Regeln der innigsten Ehrfurcht gegen Gott, der hertzlichen Liebe gegen alle Menschen, selbst gegen die Feinde, und der Erstickung der Laster in ihrer ersten Quelle, nämlich den bösen Begierden« (II.25). Dies kulminiert in dem Doppelgebot der Liebe (II.30). Das ist die Botschaft von Jesus

»Gott fordert sie« doch »genügt sie nicht vor Gott« – so knapp formuliert ein Registereintrag gute Theologie! »Schöpfung« ist erwartungsgemäß kurz (a.a.O., 1205), weil das noch kein eigenes Thema war, die Verweise auf »Geschöpfe« und »Kreatur« sind ebenfalls zu beachten. Kurz und knapp aber auch hier ein theologischer Hauptsatz im Register: »Gott hat uns geschaffen, daß er uns erlöste und heiligte.«

[11] Der Text wurde vollständig erstmals 1972 veröffentlicht: H.S. Reimarus, Apologie oder Schutzschrift fuer die vernuenftigen Verehrer Gottes I u. II (2 Bde.), hg. v. G. Alexander, Frankfurt a.M. 1972 (die folgenden Zitate nach dieser Ausgabe). Zu Reimarus s. D. Klein, Hermann Samuel Reimarus (1694–1768). Das theologische Werk, BHTh 145, Tübingen 2009; zur Rezeptionsgeschichte (die schon vor Lessings Veröffentlichungen einsetzte) vgl. Klein, a.a.O., 169–200; zu D.F. Strauss, Hermann Samuel Reimarus und seine Schutzschrift für die vernünftigen Verehrer Gottes, Leipzig 1862, s. Klein, a.a.O., 196–200.

an alle Menschen, damit ist er »ein Lehrer des gantzen menschlichen Geschlechts« (II.25). Darüber hinaus war er als jüdischer Messias an der Errichtung einer Theokratie (II.27) für das jüdische Volk interessiert und das von ihm angekündigte Himmelreich ist der Versuch, das Volk davon zu überzeugen, ihn zum König zu machen (II.148). Dafür war Jesus nach Reimarus auch bereit, moralisch bedenkliche Trickserejen anzuwenden, etwa die Absprachen mit seinem Vetter Johannes, der bei der Taufe so tun sollte, als würde er ihn nicht kennen, »sondern es erst durch eine Stimme vom Himmel, (die doch keiner der Umstehenden hörte) und durch ein Gesichte, (das doch niemand sonst sahe) erfahren; und beide lobten sich hernach einander vor dem Volke« (II.175). Auch die Wunder Jesu sind inszenierte Schauspielereien von Personen, »die sich ihm zu willen blind, taub, stumm, lahm, krank, unsinnig stellen konnten« (ebd.). Sein Verhalten war jedenfalls so, »daß der hohe Raht nicht hat umhin können, so mit Jesu zu verfahren, wie er gethan hat, und daß dieser nicht unschuldig, sondern um seines eigenen Verbrechens willen gelitten hat.« Ohne Umstände zieht Reimarus daraus den Schluss: »Woraus zunächst folget, daß Jesus nicht für anderer Menschen, geschweige für der gantzen Welt Sünde gelitten habe, und daß sein Tod niemanden zur Tilgung seiner Sünde helffen könne« (II.176). Eine Bestätigung seiner Sicht findet Reimarus in dem verzweifelten letzten Ausruf am Kreuz »Mein Gott, mein Gott, warum hast du mich verlassen« (Mk 15,34, vgl. II.179):

> »Das war ein Geständniß, welches sich ohne offenbaren Zwang der Worte nicht anders deuten läst, als daß ihm Gott zu seinem Zweck und Vorhaben nicht geholffen, wie er gehoffet hatte. Es war demnach sein Zweck nicht gewesen, daß er leyden und sterben wollte; denn dazu hatte ihn ja das Verhängniß geholffen; sondern daß er ein weltlich Reich aufrichten und die Juden von ihrer Unterdrückung befreyen mögte. Darin war er von Gott verlassen worden.«[12]

Die Umdeutung Jesu in einen Erlöser, der statt Freiheit von den Römern Vergebung der Sünden und das Versprechen ewigen Lebens brachte, ist nach Reimarus die Folge eines Beschlusses seiner Jünger. Diese wollten nach dem Tod ihres Meisters nicht mehr zurück zu ihren Fischerbooten und Zollständen und stattdessen das süße Leben des gefeierten und von reichen Frauen alimentierten Lehrers fortsetzen (II.310). Dazu heckten sie in den fünfzig Tagen zwischen Ostern und Pfingsten, als sie »einmühtig bey einander gewesen« sind

[12] Vgl. II.174 die »achte Wahrheit«, wonach Jesus kein »leydender Erlöser« hatte sein wollen und dies seine Jünger zu seinen Lebzeiten auch in keiner Weise erwarteten (a. a. O., II.172).

(II.305), aus, wie sie die gescheiterte Mission Jesu mit ihren eigenen Hoffnungen auf ein besseres Leben ausgleichen konnten. Zu Nutze machten sie sich dabei die in ihrer jüdischen Mitwelt, wenn auch als Minderheitenposition vertretene Auffassung, dass der Messias vor der Restitution Israels und seiner sichtbaren, politischen Herrschaft »hätte zuerst, vermöge der prophetischen Weissagungen, für die Sünden der Menschen leyden müssen, und darnach lebendig wieder auferstehen« (II.305).[13] Voraussetzung für das Gelingen dieses apostolischen Plans war das Verschwindenlassen des Leichnams von Jesus, den die Jünger dann auch in der Nacht stahlen und verbargen. Ihr neues Lehrsystem brachten sie klugerweise erst nach 50 Tagen vor, weil bis dahin genug Zeit vergangen war, den Leichnam Jesu vollständig verwesen zu lassen. Niemand konnte also ihrer Behauptung widersprechen, er wäre auferstanden und ihnen vielfach erschienen. Der Erfolg, den sie damit hatten, überraschte sie selbst: »Blindgierige Enthusiasten« waren bereit, »ihr ganztes Vermögen zu einer Heilands-Casse, auf Rechnung einer überschwenglichen Belohnung« herzugeben; »so konnten sie sich, auf fremde Unkosten, unter den Dürftigen, gleich anfangs leichtgläubige Anhänger und Verehrer erwerben« und mit zunehmender Macht gingen sie daran, das ganze christliche System aufzubauen und »den Grund [...] zu derjenigen Gewalt« zu legen, »welche, unter dem Namen der Göttlichkeit, Vernunft und Gewissen gefesselt, und alle Obrigkeiten, Kayser und Könige unter die Füsse gebracht hat« (II.309).

Das Leiden und Sterben von Jesus als der notwendige Weg zum ewigen Leben ist für Reimarus nichts weiter als ein Betrug der Jünger. David Friedrich Strauß sprach anstelle von Betrug von positiver kreativer Mythenbildung aufgrund des Alten Testaments, und die neutestamentliche Wissenschaft ist ihm insofern gefolgt, dass – von wichtigen Ausnahmen abgesehen – die Kluft zwischen positivistisch eruierter historischer Wahrheit und der gewünschten theologischen Bedeutsamkeit durch eine verschleiernde Terminologie zumeist abgemildert wird.[14] Das ändert aber nichts daran, dass die Unterschei-

---

[13] Gegen diese Theorie stellte sich bereits David Friedrich Strauß, vgl. Klein, Reimarus (s. Anm. 11), 198.

[14] Zum theologisch defizitären Charakter eines naturalistisch reduzierten Geschichtskonzepts s. R. Deines, Can the ›Real‹ Jesus be Identified with the Historical Jesus? Joseph Ratzinger's (Pope Benedict XVI) Challenge to Biblical Scholarship, in: ders., Acts of God in History. Studies Towards Recovering a Theological Historiography, hg. v. C. Ochs/P. Watts, WUNT 317, Tübingen

dung zwischen der Verkündigung Jesu und dem verkündigten Jesus seit Reimarus zur entscheidenden Herausforderung für die Jesusforschung geworden ist.[15] Auf eine Kurzformel gebracht, ist Jesus entweder ein vorbildlicher Mensch und als solcher Lehrer, Prophet und/oder Wundertäter, der seiner Botschaft und Haltung bis zum gewaltsamen Märtyrertod am Kreuz treu blieb und dem es nachzueifern und von dem es zu lernen gilt; oder er ist der in die Welt gekommene Erlöser von Sünde, Tod und Teufel und als solcher Lehrer des Gottesreiches, Wundertäter und Gottessohn, der als Repräsentant Gottes unter den Menschen und zugleich als Stellvertreter der Menschen vor Gott handelte.

Wenn man Reimarus auch nicht in allem zustimmen kann, lässt sich doch kaum bestreiten, dass die Grunddaten seiner Erzählung der Entstehung des Christentums bis heute in der historischen Jesusforschung einen beträchtlichen Einfluss ausüben. Das zeigt sich u.a. daran, dass in den meisten Büchern zum historischen Jesus das Thema Sündenvergebung und ewiges Leben im Hinblick auf Jesu Leiden und Sterben überhaupt nicht thematisiert wird.[16] Sachlich stellt »Vergebung der Sünden« jedoch das entscheidende Zwischenglied zwischen dem Tod Jesu und dem ewigen Leben dar. Nach Röm 5,8 hat Gott seine Liebe »zu uns« dadurch erwiesen, »dass Christus für uns starb als wir noch Sünder waren« (συνίστησιν δὲ τὴν ἑαυτοῦ ἀγάπην εἰς ἡμᾶς ὁ θεός, ὅτι ἔτι ἁμαρτωλῶν ὄντων ἡμῶν Χριστὸς ὑπὲρ ἡμῶν ἀπέθανεν) und die entsprechenden Belege aus allen Teilen des Neuen Testaments lassen sich unschwer vermehren (s.u.). Das Sterben für »Sünder« ist aber nur dann eine frohe Botschaft, wenn man mit einem Gericht (und sei es nur innerweltlich verstanden) bzw. der Möglichkeit eines heillosen Lebens nach dem Tod rechnet. Denn das ewige Leben selbst

2013, 351–406; s. ebenso Deines, a.a.O., Jesus and the Jewish Traditions of His Time, 95–120, 118–120.

[15] Vgl. dazu z.B. G. Kittel, Die biblische Rede vom Sühnopfer Christi und ihre unsere Wirklichkeit erschließende Kraft, JBTh 9 (1994), 285–313; s. außerdem den knappen, äußerst hilfreichen Durchgang durch die Theologiegeschichte in: Für uns gestorben. Die Bedeutung von Leiden und Sterben Jesu Christi. Ein Grundlagentext des Rates der Evangelischen Kirche in Deutschland, hg. v. Kirchenamt der EKD, Gütersloh 2015, 57–123.

[16] Die Verdrängung dieses Themas zeigt sich u.a. auch darin, dass die RGG[4] keinen eigenen Artikel »Vergebung« hat, sondern das ganze Thema unter »Sünde/Schuld und Vergebung« abhandelt (der immerhin umfangreich und gehaltvoll ist). Es gibt zudem einen Artikel »Schuld I.–III.«

als Erwartung oder Hoffnungsgut stellt gerade *keine* Errungenschaft dar, die sich ursprünglich mit dem Christusgeschehen verbinden lässt.

Der im Titel intendierte Zusammenhang zwischen dem Tod des Gottessohnes und dem ewigen Leben der Menschen, muss darum auf die Frage hin präzisiert werden: Wie hat sich die Perspektive auf das ewige Leben verändert mit dem Tod dessen, der unter Pontius Pilatus am Kreuz gelitten hat, gestorben ist und danach begraben wurde? Denn die Hoffnung auf das ewige Leben fängt ja nicht erst mit der Kreuzigung an, sondern wurde innerhalb des Judentums schon jahrhundertelang in verschiedener Ausprägung vertreten.[17] Nach Josephus repräsentieren die drei jüdischen Parteien idealtypisch die drei Möglichkeiten: Kein Glaube an eine postmortale Existenz wird den Sadduzäern zugeschrieben, die Essener glauben nach Josephus an das Weiterleben der Seele, und die Pharisäer lehren die Auferstehung von den Toten.[18] Verbunden mit diesen Vorstellungen ist bei allen drei Parteien immer auch eine Unterscheidung zwischen den Verstorbenen: Selbst wer nicht an ein wie auch immer vorgestelltes persönlich-individuelles Weiterleben glaubte, der achtete doch gleichwohl auf den Namen, den er hinterließ. Ohne Nachruhm zu sterben, ohne Erinnerungen zu hinterlassen zu verhauchen oder gar mit Schmach oder Fluch beladen der Nachwelt im Gedächtnis zu bleiben, war selbst für die Bestreiter einer wie auch immer gearteten Nachtodexistenz ein zu vermeidendes Geschick, wie besonders das Sirachbuch zeigt.[19] Für die Essener gelangen die Seelen der Frommen (ἀγαθαῖς) zu einer Art Insel der Seligen »jenseits des Ozeans«, während die Schlechten (φαύλαις) in einer dunklen Grube ewig gequält werden (Flav.Jos.Bell. 2,155). Die Erwartung, wie sie für pharisäische Kreise angenommen werden kann, lässt sich am besten mit Dan 12,2 illustrieren: Die »im Erdenstaub Schlafenden werden auferstehen, diese zum ewigen Leben, jene

[17] Die derzeit wohl umfangreichste Materialsammlung bietet N. T. Wright, The Resurrection of the Son of God, Christian Origins and the People of God 3, London 2003; für eine knappe, materialreiche Darstellung s. Hengel, Das Begräbnis Jesu (s. Anm. 1), 406–439.

[18] S. dazu C. D. Elledge, Life after Death in Early Judaism. The Evidence of Josephus, WUNT II/208, Tübingen 2006. Für eine umfangreiche Zusammenstellung der Literatur zum Thema s. K.-W. Niebuhr, Tod und Leben bei Josephus und im Neuen Testament, in: C. Böttrich/J. Herzer (Hg.), Josephus und das Neue Testament. Wechselseitige Wahrnehmungen. II. Internationales Symposium zum Corpus Judaeo-Hellenisticum, WUNT 209, Tübingen 2007, 49–70, 52–54.

[19] Sir 37,26; 39,11; 41,6.11–12 u. ö.

aber zur schmachvollen ewigen Schande.«[20] Die Trennung verläuft zwischen den Gottlosen, den רשעים, und denen, die sich geläutert, gereinigt und bewährt haben (12,10). Das sind die, die »im Buch des Lebens« aufgezeichnet sind (12,1) und die aufstehen werden »zu ihrem Los am Ende der Tage« (12,13). Jüdischerseits ist also mit der Hoffnung auf eine postmortale Existenz immer die Erwartung einer Scheidung verbunden, bei der die Spreu vom Weizen, die Schafe von den Böcken, die Guten von den Bösen, die Gerechten von den Ungerechten getrennt werden. Von grundlegender Bedeutung ist dabei die Hoffnung, dass bei dieser Scheidung irdisches Unrecht oder irdisches Verkanntsein zurechtgebracht wird, dass also eindeutig wird, wer zur Spreu und wer zum Weizen gehört, d.h. wessen Leben von Gott als »recht« angesehen und wessen Leben verworfen sein wird. Der Mensch legt während seines irdischen Lebens den Grund für sein Geschick in der postmortalen Existenz. Eine Änderungsmöglichkeit seines Geschicks *post mortem* ist nicht vorgesehen.[21] Das Individuum kann zudem nur in sehr begrenztem Umfang in seinem Bemühen um eine positive Nachtodexistenz unterstützt werden, wie Dan 12,3 deutlich macht: Die Lehrenden weisen die anderen zur Gerechtigkeit und ermöglichen ihnen damit eine positiv verstandene Nachtodexistenz. Jesus hätte also auch in dieser Weise innerjudisch verstanden werden können: Als ein Lehrer, der durch seine Auslegung des Willens Gottes viele zur Gerechtigkeit führt und ihnen so den Weg zum ewigen Leben weist. Sein gewaltsames Geschick hätte, als Märtyrertod gedeutet, seiner Lehre zusätzliches Gewicht verleihen können, wie es – möglicherweise – beim qumranischen Lehrer der Gerechtigkeit der Fall

---

[20] Nicht völlig damit kompatibel ist allerdings Flav.Jos.Bell. 2,163, wonach nur die unsterblichen Seelen der Gerechten »in einen anderen Leib übergehen« (μεταβαίνειν δὲ εἰς ἕτερον σῶμα, vgl. Ant. 18,14). Entsprechend interpretiert auch O. Hofius, Die Auferstehung der Toten als Heilsereignis. Zum Verständnis der Auferstehung in 1 Kor 15, in: ders., Exegetische Studien, WUNT 223, Tübingen 2008, 102–114, den Abschnitt 1 Kor 15,20–23 so, »daß Paulus bei dem, was er im 15. Kapitel des 1. Korintherbriefs über die eschatologische Totenauferstehung sagt, durchweg die Auferstehung derer im Blick hat, die an Christus glauben« (a.a.O., 111), weshalb bei Paulus – anders als etwa bei Matthäus – »die Auferstehung der Toten [...] als ein *Heilsereignis* und *nur* als ein Heilsereignis verstanden« ist (a.a.O., 110); vgl. außerdem ders., Die Auferstehung Christi und die Auferstehung der Toten. Erwägungen zu Gedankengang und Aussage von 1 Kor 15,20–23, in: a.a.O., 115–131.

[21] Vgl. Lk 16,26f. Dass Jesus in der Unterwelt predigte (s. dazu die Beiträge von Marco Frenschkowski und Matthias Wüthrich in diesem Band) bedeutet innerjüdisch etwas grundsätzlich Neues.

war. Diese Interpretationsmöglichkeit innerhalb des Judentums verdient es, ausdrücklich festgehalten zu werden, weil sie zeigt, dass jüdischerseits im 1. Jh. n. Chr. Deutungskategorien für Jesu Leben und Sterben bereit lagen, so dass die Jünger nicht gezwungen waren, zu »übernatürlichen Geheimnisse[n]« (Reimarus) Zuflucht zu nehmen, um an der bleibenden Bedeutung ihres Lehrers festhalten zu können.

Der Zusammenhang zwischen Jesu Tod und dem ewigen Leben *der anderen* ist also überhaupt nur unter der gerade nicht selbstverständlichen Voraussetzung möglich, dass sein Tod als ein Geschehen betrachtet wird, das über sein eigenes Geschick hinaus Bedeutung auch für die nachtodliche Existenz anderer haben kann.[22] Diese Jesu Tod zugeschriebene Bedeutung lässt sich am knappsten in den neutestamentlichen ὑπέρ-Formulierungen erfassen (z. B. 2 Kor 5,21): »Gott hat den, der Sünde nicht kannte für uns zur Sünde gemacht, damit wir durch ihn die Gerechtigkeit Gottes werden« (τὸν μὴ γνόντα ἁμαρτίαν ὑπὲρ ἡμῶν ἁμαρτίαν ἐποίησεν, ἵνα ἡμεῖς γενώμεθα δικαιοσύνη θεοῦ ἐν αὐτῷ).[23] Das Mitsterben mit Jesus (Röm 6,1–11), als einem Vorgang, der vom eigenen Tod als Folge der Sünde befreit (Röm 6,23a), geht dem Mitauferstehen und damit dem ewigen Leben voran. Dieser Zwischenschritt ist entscheidend, denn christlicherseits ist das ewige Leben in erster Linie darum ein positives Hoffnungsgut, weil ihm die Ermöglichung der Vergebung der Sünde durch den Tod Jesu vorangestellt ist (Röm 6,17–23). Auch 1 Kor 15,14–19 verknüpft die

[22] Mt 27,51–53 kann vor diesem Hintergrund als eine besonders drastische Darstellung der mit Jesu Tod einhergehenden Veränderung in der Welt der Toten verstanden werden; eine subtilere Fassung desselben Motivs wäre dann Lk 23,43, das Versprechen Jesu an den Mitgekreuzigten, dass er noch heute mit ihm im Paradies sein werde. U. Mittmann-Richert, Der Sühnetod des Gottesknechtes. Jesaja 53 im Lukasevangelium, WUNT 220, Tübingen 2008, 89–91, betont zu Lk 23,41–43, dass Jes 53,11 f. der einzige biblische Text ist, der eine solche »Rettungsmöglichkeit« für andere Menschen durch den Tod hindurch zur Verfügung stellt. Zum ewigen Leben bei Paulus als ein Hoffnungsgut, das mit Jesu Tod und Auferstehung verbunden ist, s. o. Anm. 20, außerdem 1 Thess 5,9 f.; Röm 8,29–39 und dazu R. H. Bell, Individual Eschatology, in: C. Heilig / J. T. Hewitt / M. F. Bird (Hg.), God and the Faithfulness of Paul. A Critical Examination of the Pauline Theology of N. T. Wright, WUNT II/413, Tübingen 2016, 533–554.

[23] Vgl. dazu auch Joh 6,51: »Ich bin das lebendige Brot, welches aus dem Himmel herabkam; wer immer von diesem Brot isst, wird leben in Ewigkeit, das Brot aber, das ich geben werde, ist mein Fleisch für das Leben der Welt« (ἐγώ εἰμι ὁ ἄρτος ὁ ζῶν ὁ ἐκ τοῦ οὐρανοῦ καταβάς· ἐάν τις φάγῃ ἐκ τούτου τοῦ ἄρτου ζήσει εἰς τὸν αἰῶνα, καὶ ὁ ἄρτος δὲ ὃν ἐγὼ δώσω ἡ σάρξ μού ἐστιν ὑπὲρ τῆς τοῦ κόσμου ζωῆς).

Sündenvergebung aufs Engste mit Tod und Auferstehung von Jesus: »Ist Christus nicht auferstanden, dann ist sein Tod unmöglich die Heilstat Gottes zur Befreiung von den Sünden. Dann aber bestimmen die Sünden weiterhin das Sein der Glaubenden, so daß sie mit ihrem Sterben definitiv dem ewigen Tod verfallen sind«[24] – und damit an der Auferstehung als Heilsereignis nicht teilhaben können.

Doch, so würde Reimarus einwenden, was hat dies mit Jesus zu tun? Sind das nicht die »allerley Neuerungen« (II.518), die Paulus und die anderen Apostel als ihre eigene Lehre einführen und an die Stelle der »herrlichen Lehren Jesu« setzen, in denen es nicht um »fremde Genugthuung und Gerechtigkeit« geht, auf die der Gläubige sein Vertrauen setzt, als ob ihn dies »bessern und frömmer machen kann«. Jesus dagegen hat »die eigene Sinnes-Änderung« gelehrt und drängte »auf eine hertzliche Liebe Gottes und des Nächsten« (II.516). Dass Reimarus keinesfalls *ad acta* gelegt werden kann, zeigt sich daran, dass in der historischen Jesusforschung das Thema der *Sündenvergebung* – wenn überhaupt – nur im Zusammenhang der Heilung des Gelähmten (Mk 2,5 parr.) und der Fußwaschung durch die als »Sünderin« bezeichnete, namenlose Frau (Lk 7,47 f.) diskutiert wird. Dabei geht es dann in der Regel um Jesu messianischen Vollmachtsanspruch, Sünden zu vergeben und damit um die christologische Frage, ob er damit beansprucht, an Gottes Stelle zu handeln. Dagegen fragt die historische Jesusforschung nur selten danach, inwieweit die von Jesus beanspruchte Vollmacht zur Sündenvergebung von ihm selbst mit seinem Tod in Beziehung gesetzt wurde, wie es dann sofort in der nachösterlichen Traditionsbildung geschah.[25] In der Diskussion des Todes Jesu am Kreuz kommt das Thema Sündenvergebung

---

[24] Hofius, Die Auferstehung der Toten als Heilsereignis (s. Anm. 20), 105.

[25] Zu Jesu Anspruch Sünden zu vergeben als Teil seines prophetisch-messianischen Wirkens s. T. Hägerland, Jesus and the Forgiveness of Sins, MSSNTS 150, Cambridge 2012; zur Forschungsgeschichte s. Hägerland, a. a. O., 2–12. Für einen kurzen Überblick in der neueren Jesusliteratur s. J. H. Kwon, The Historical Jesus' Death as ›Forgiveness of Sins‹: A Comparative Study of Paul and Matthew, PhD diss., University of Nottingham 2015 (erscheint 2018 in WUNT II), 7–21. Die vielleicht bemerkenswerteste Ausnahme aus der mehrheitlichen Zurückhaltung, dem historischen Jesus interpretierende Aussagen in Bezug auf seinen Tod zuzutrauen, ist der atheistische Neutestamentler M. Casey, Jesus of Nazareth. An Independent Historian's Account of His Life and Teaching, London 2010. Für ihn steht außer Frage: »It is equally certain that he intended to die, and that he interpreted his death as an atoning sacrifice for the sins of Israel« (a. a. O., 408). Entscheidend für dieses Verständnis sind 2 Makk 7,37 f. und 4 Makk 17,20–22 (a. a. O., 406).

oder ewiges Leben zumeist nur als nachträgliches Interpretament vor.[26] Die Einsetzungsworte beim Abendmahl stammen nach mehrheitlicher Auffassung »nicht aus dem historischen Kontext des letzten Mahles selbst, sondern stellen eine selbständige urchristliche Interpretation dieses Mahles dar«.[27] Was darin positiv gefunden wird, ist Jesu »Wirken als einer Existenz für andere«.[28] In dieses umfassendere Verständnis einer »Existenz für andere« sei *ab einem bestimmten Zeitpunkt* (der allerdings in den meisten Darstellungen unterbestimmt ist und die Chronologie ignoriert[29]) auch die Auffassung seines Todes als eines Heilstodes für die Vergebung der Sünden integriert worden. Jesus selbst, der sein eigenes Geschick in dem der Märtyrerpropheten vorgebildet sehen konnte, habe dagegen »angesichts seines bevorstehenden Todes an der Überzeugung festgehalten, dass die Herrschaft Gottes angebrochen ist und sich weiter durchsetzen wird. Seinen sich abzeichnenden Tod hat er demnach nicht als Irrtum über seine Sendung oder als deren Scheitern betrachtet. Vielmehr kommt in Mk 14,25 die Überzeugung zum Ausdruck, dass sich sein persönliches Schicksal durch seinen Eingang in das Gottesreich vollenden wird.

[26] Dass Jesu Tischgemeinschaft mit den Sündern und sein Zuspruch der Sündenvergebung überhaupt nur aufgrund der »in seinem Tod beschlossene[n] Vergebung« verstanden werden kann, wird vor allem von Otfried Hofius herausgestellt, der pointiert formuliert, dass »die Gewährung der in seinem Tod begründeten Sündenvergebung [...] der *Sinn* seines irdischen Lebens« ist, (O. Hofius, Jesu Leben, Tod und Auferstehung nach dem Zeugnis des Neuen Testaments, in: ders., Neutestamentliche Studien, WUNT 132, Tübingen 2000, 1–18, 9); zum Verständnis von Jesu Tischgemeinschaft mit den Sündern als »Gewährung und Zueignung der Vergebung Gottes«, weil er selbst »auf dem Weg zum Kreuz ist«, s. ders., Jesu Tischgemeinschaft mit den Sündern, in: a.a.O., 19–37, 30f. (das zweite Zitat, 31, hat Hofius von J. Schniewind, Die Freude der Buße, KVR 32, Göttingen 1956, 74, übernommen).

[27] Schröter, Jesus (s. Anm. 1), 288; vgl. dagegen Casey, Jesus (s. Anm. 25), 433–435; Hengel/Schwemer, Jesus (s. Anm. 1), 583–586 (s. auch 570–575); Kwon, The Historical Jesus' Death (s. Anm. 25), 205–208.

[28] Schröter, a.a.O., 289. In diesem Sinn wird auch Mk 10,45 par. Mt 20,28 interpretiert, s. a.a.O., 295f.

[29] Vgl. dazu den klassisch gewordenen Aufsatz von M. Hengel, Christologie und neutestamentliche Chronologie. Zu einer Aporie in der Geschichte des Urchristentums (1972), in: ders., Studien zur Christologie (s. Anm. 1), 27–51; zur Wirkungsgeschichte und Einordnung in sein Gesamtwerk s. R. Deines, Pre-existence, Incarnation and Messianic Self-understanding of Jesus in the Work of Martin Hengel, in: M.F. Bird/J. Maston (Hg.), Earliest Christian History. History, Literature, and Theology. Essays from the Tyndale Fellowship in Honor of Martin Hengel, WUNT II/320, Tübingen 2012, 75–116, 89–96 = ders., Acts of God in History (s. Anm. 14), 407–445, 421–429.

Die bereits im Anbruch befindliche Gottesherrschaft wird sich demnach durch das Wirken derjenigen, die in seinem Namen und seiner Autorität wirken, weiter durchsetzen.«[30]

Vom ewigen Leben ist in diesem Zitat immerhin indirekt die Rede, indem Jesu Sterben als »Eingang in das Gottesreich« gedeutet wird.[31] Damit folgt Schröter der schon im Neuen Testament deutlich beobachtbaren Durchdringung von Reich-Gottes-Erwartung und ewigem Leben, wie sie etwa in der Perikope vom reichen Jüngling besonders deutlich ist: Alle drei Synoptiker lassen diesen nach den Bedingungen für das Ererben des ewigen Lebens fragen (Mk 10,17 parr. Mt 19,16; Lk 18,18), während im Anschluss daran die Jünger mit Jesus darüber diskutieren, wie schwer es für die Reichen sei, »in das Reich Gottes hineinzugehen« (Mk 10,23 parr. Mt 19,23; Lk 18,24); am Ende steht die Verheißung an die Jünger, dass sie um ihres Verzichts um Jesu willen das »ewige Leben« haben (Mk 10,30 parr. Mt 19,29; Lk 18,30).[32] Das Sterben Jesu hat für Schröter also in erster Linie als Konsequenz seiner unbedingten Hingabe an seine Sendung *Vorbildcharakter* und, so kann diese Position weiter ausgezogen werden, wer das Wirken Jesu für die Gottesherrschaft in seinem Sinne fortsetzt, der kann ebenfalls darauf vertrauen, in das himmlische Gottesreich aufgenommen zu werden. Nicht, weil Jesus für unsere Sünden starb, sondern weil er ein Vorbild abgab, dem man nacheifern kann.[33] Aus dieser Perspek-

---

[30] Schröter, Jesus (s. Anm. 1), 291; zu seinem Verständnis als Märtyrerprophet vgl. a. a. O., 272 f.

[31] Dass diese Spiritualisierung des Reich-Gottes-Begriffs mehrheitlich jedoch ebenfalls als nachösterliche Neudeutung des Verkündigungsinhalts von Jesus verstanden wird, bleibt in dem genannten Zitat unbeachtet.

[32] Vgl. auch Lk 18,29: Der Verzicht auf Familie geschieht nach Lukas »um des Reiches Gottes willen«, während Markus »um meiner oder des Evangeliums willen« (10,29) und Matthäus »um meines Namens willen« (19,29) bezeugen. Zum Zusammenhang von Reich Gottes und ewigem Leben s. V. Gäckle, Dimensionen des Heils. Die βασιλεία τοῦ θεοῦ in der Verkündigung Jesu und in den Briefen des Apostels Paulus, in: A. D. Baum / D. Häußer / E. L. Rehfeld (Hg.), Der jüdische Messias Jesus und sein jüdischer Apostel Paulus, WUNT II/425, Tübingen 2016, 175–225, 192–196.

[33] Dafür lassen sich sogar neutestamentliche Beispiele anführen, etwa Mk 8,34 f., allerdings nur ohne die Fortsetzung 8,37 f., wonach der Mensch eben – abgesehen von seiner Verbindung mit Jesus – kein »Tauschmittel« (τὸ ἀντάλλαγμα) zur Verfügung hat, um seine Seele / Leben zu retten. Dasselbe gilt für 1 Petr 2,20–23, das – bis auf ὑπὲρ ἡμῶν in V. 21 – ebenfalls im Sinne einer Vorbildchristologie gelesen werden könnte; die Fortsetzung in 2,24 f. macht allerdings deutlich, dass damit das neutestamentliche Bekenntnis radikal verkürzt wäre, denn das Ertragen des eigenen Leidens ist möglich, weil er selbst

tive ist es erst und ausschließlich die nachösterliche Erfahrung bzw. geistgewirkte Kreativität, die sich bemüht, Jesu Tod am Kreuz »als Bestandteil seines Weges zu deuten und damit in den Heilsplan Gottes einzuordnen«.[34] Geschieht hier aber dann nicht doch eine »kreative Mythenbildung« (Strauß, s.o.), die nachträglich versucht, aus dem Desaster am Kreuz eine Erfolgsmeldung zu machen?

Die Antworten auf diese Frage, wie sie innerhalb der neutestamentlichen Wissenschaft vorgebracht werden, scheiden sich vor allem an der Frage, inwiefern dieses *nachösterliche Verständnis* von Jesu Tod am Kreuz als Heilstod für andere von ihm selbst bereits zu seinen Lebzeiten initiiert wurde und er also bewusst diesen Tod erlitten und das Verständnis desselben für seine Jünger zumindest in Umrissen ermöglicht hat. Die theologische Klärung nach Ostern stünde in diesem Fall im Gefälle des im Wirken des irdischen Jesus Erkennbaren und wäre im Wesentlichen eine Verdeutlichung von etwas, das Jesus zumindest angedeutet hat. Davon zu unterscheiden (wenngleich in den konkreten Ausprägungen nicht immer scharf zu trennen) ist die Position, wonach die Heilsdeutung seines Todes teilweise oder ganz aus der nachösterlichen Erfahrung bzw. Perspektive abzuleiten ist. In diesem Fall müssen dann noch einmal zwei mögliche Positionen unterschieden werden:

(1) Jesu Tod als ein stellvertretender Heilstod für die Sünden der Welt ist ein erst durch Gottes Geist ermöglichtes neues Verständnis des Lebens Jesu, das aber – weil durch den Heiligen Geist gewirkt – in Übereinstimmung mit Gottes Willen steht.[35]

»unsere Sünden an seinem Leib auf das Holz hinaufgetragen hat« und seine Wunden uns heil gemacht haben.

[34] Schröter, Jesus (s. Anm. 1), 293.

[35] Eindrucksvoll vertreten ist diese Position durch A. Vögtle, Biblischer Osterglaube, neu hg. v. R. Hoppe, Neukirchen-Vluyn 1999. Pointiert fasst Rudolf Hoppe in seiner Einleitung: Anton Vögtle – Wegbereiter historischer Jesusforschung (a.a.O., 13–28), dies so zusammen: »Es kann keine Frage sein, daß der Skandal des Karfreitags, aber auch die innovative Initialzündung des Auferweckungsgeschehens faktisch eingeebnet würden, beidem geradezu die Spitze genommen wäre, wenn in der vorösterlichen Verkündigung Jesu die nachösterliche Christologie qualitativ schon enthalten wäre. Denn die ›Auferweckung Jesu‹ als theologische Aussage ist in den Augen Vögtles nicht nur eine Chiffre für den Rückgriff auf das Vermächtnis des irdischen Jesus, mit dem Ostergeschehen verbindet sich vielmehr ein neuer Offenbarungsschritt« (a.a.O., 20). Ein vergleichbares Argument wird von Larry W. Hurtado im Hinblick auf die göttliche Verehrung von Jesus gebraucht, der einerseits die enge historische und sachliche Zusammengehörigkeit von vorösterlichem Jesus und seiner nachösterlichen Verehrung (»exalted to heavenly status, sharing divine glory, and now designated the regnant Lord to whom all things should

(2) Die Deutung von Jesu Tod als Heilstod für andere stellt eine *Uminterpretation* des Wirkens Jesu dar, das ihm etwas unterstellt, was er selbst nicht wollte und wusste; verbunden damit ist häufig ein Verständnis der christologischen Entwicklung, durch die Jesus erst nachösterlich als Messias bzw. Gottessohn verstanden wurde (Jesusanity *versus* Christianity[36]). Paulus ist in dieser Sicht dann oft der zweite oder eigentliche Gründer des Christentums, der aus dem jüdischen Propheten Jesus einen halbheidnischen Gottessohn machte.

Nimmt man einen Text wie Mk 8,31 als Beispiel, dann zeigen sich die genannten Unterschiede deutlich: Die Aussage ist entweder Ausdruck von Jesu eigener Erwartung und seines eigenen Selbstverständnisses, dass er als Menschensohn vieles erleiden und von den Führern des Volkes verworfen, getötet und »am dritten Tag«[37] auferstehen »muss« (δεῖ),[38] oder sie ist Teil der Neuinterpretation seines

---

now give obeisance«) hervorhebt, gleichzeitig aber Wert darauf legt, dass dieses Verständnis erst durch »powerful religious experiences that struck the initial recipients with revelatory force« im Zusammenhang und Nachgang zur Auferstehung möglich waren (L. W. Hurtado, Resurrection-Faith and the ›Historical‹ Jesus, JSJH 11 [2013], 35–52, 49 f.).

[36] Zu dieser Unterscheidung s. R. Deines, Gerechtigkeit, die zum Leben führt. Die christologische Bestimmtheit der Glaubenden bei Matthäus, ZNT 18 (2015), 46–56, 47–49. Als Vertreter einer Vorbildchristologie s. W. Zager, Jesus aus Nazareth – Lehrer und Prophet. Auf dem Weg zu einer neuen liberalen Christologie, Neukirchen-Vluyn 2008. Was dabei am Ende übrig bleibt, entspricht weitgehend Reimarus' vernünftiger Religion: »Was an der geschichtlichen Gestalt Jesu auch für den modernen Menschen gültig bleibt, sind seine unbefangene Menschlichkeit, die durch ihn ermöglichte Erfahrung eines barmherzigen Gottes, das Doppelgebot der Liebe in seiner Konzentration auf das Wesentliche und die Eröffnung eines erfüllten Lebens« (a. a. O., 110). J. Moltmann, Der gekreuzigte Gott. Das Kreuz Christi als Grund und Kritik christlicher Theologie, München 1981, 90–95, charakterisiert die von Kant und Schleiermacher ausgehende Frage nach Jesus als »Jesulogie« im Unterschied zur Christologie.

[37] Zum traditionsgeschichtlichen Verstehensgrund der Aussage »nach drei Tagen« bzw. »am dritten Tag« s. Hengel, Das Begräbnis Jesu (s. Anm. 1), 399–401; Casey, Jesus (s. Anm. 25), 378 f.471–473. Casey weist darauf hin, dass die konkrete Weise der Auferstehung in der ursprünglichen Aussage noch anders verstanden werden konnte, als dies dann *post eventum* der Fall war.

[38] Zum Verständnis des heilsgeschichtlich notwendigen δεῖ s. R. Deines, Das Erkennen von Gottes Handeln bei Matthäus, in: J. Frey/S. Krauter/H. Lichtenberger (Hg.), Heil und Geschichte. Die Geschichtsbezogenheit des Heils und das Problem der Heilsgeschichte in der biblischen Tradition und in der theologischen Deutung, WUNT 248, Tübingen 2009, 403–441, 430–432. Dieses unscheinbare Wort bildet m. E. die Brücke über jenen »garstigen Graben« über den weder Reimarus noch Lessing hinwegkamen, dass

Geschicks nach seinem Tod. In diesem Fall gilt: »Weder Jesus selbst noch seine ersten Anhänger haben damit gerechnet, dass Gott ein derart grausames Schicksal für seinen Repräsentanten von Beginn an geplant hatte!«[39] Die soteriologischen Aussagen sind aus dieser Perspektive *a posteriori* geformt und ihre theologische Verbindlichkeit bzw. Autorität ruht damit nicht in Jesus selbst, sondern in der (mythenbildenden) Interpretationsleistung seiner Nachfolger. Diese Position, die man wohl als exegetische Mehrheitsposition annehmen kann, nimmt besonders die von Reimarus scharf herausgestellten und seither häufig wiederholten Schwierigkeiten ernst, dass nichts in dem Verhalten der Jünger während und unmittelbar nach der Passion darauf hinzuweisen scheint, dass sie mit diesem Ausgang oder gar mit Jesu Auferstehung gerechnet hätten.[40]

Historisch argumentierend könnte dagegen eingewandt werden, dass a) Auferstehung ein relativ vager Begriff ist, bevor die erste tatsächliche Auferstehung stattfand (vgl. Martha in Joh 11,23–24); b) dass die Wendung »nach drei Tagen« bzw. »am dritten Tag« einen undefinierbaren »apokalyptischen« Zeitraum darstellt, der nicht notwendig die Erwartung von 2–3 tatsächlichen 24-Stunden-Tagen implizierte (s.o. Anm. 37); c) dass der Horror der Kreuzigung mit der Zerstörung des physischen Körpers von Jesus eine solche vage Hoffnung – wenn sie denn da war – auch wieder hätte zunichtemachen können; d) andererseits müsste überlegt werden, ob die geplante Salbung des Leichnams Jesu durch die Frauen am Ostermorgen als Versuch gewertet werden kann, seine sterblichen Überreste zu bewahren, um so die Auferstehung überhaupt erst zu ermöglichen. Zudem kann man darauf hinweisen, dass die Jünger nach Lukas und Johannes nicht unmittelbar nach der Verhaftung und Kreuzigung Jesu aus Jerusalem geflohen sind, sondern sich dort versteckt hielten. Warum aber in der Höhle des Löwen ausharren, wenn es keine Hoffnung mehr gab und spätestens mit der Bestattung alles vorbei zu sein schien?[41] Man muss schließlich auch das dramatisch-erzählerische Interesse der Evangelisten

---

nämlich zufällige Geschichtswahrheiten als solche keinen ausreichenden Grund für notwendige Vernunftwahrheiten bilden können. Es sind eben für die Evangelisten keine »zufälligen Geschichtswahrheiten«, sondern heilsgeschichtlich notwendige, die den Weg in die Gemeinschaft mit Gott bilden. Darauf vor allem kommt es den biblischen Autoren an. Was bei Reimarus und Lessing und ihren Nachfolgern dagegen unreflektiert bleibt, ist die Frage, warum ein in der Geschichte und durch die Geschichte handelnder und sich offenbarender Gott seine Kommunikation mit seinen Geschöpfen unbedingt an »Vernunftwahrheiten« knüpfen sollte. Gegen die naive Annahme einer Universalisierbarkeit neuzeitlich-westlicher Vernunftstandards s. Deines, a.a.O., 408f.

[39] Schröter, Jesus (s. Anm. 1), 294.

[40] Apologie II.171f.180–183.209 u.ö.

[41] Man könnte einwenden, dass der Sabbat eine unverzügliche Flucht der Jünger verhinderte. Dagegen spricht jedoch, dass Lebensgefahr den Sabbat verdrängt; außerdem spricht Mt 24,20 von einer Flucht am Sabbat.

in Betracht ziehen, die an einem solchen starken Kontrast von Verzweiflung und überraschendem Neubeginn Interesse gehabt haben könnten (ähnlich den Psalmen mit ihrem »plötzlichen« Umschlag von Klage zum Bekenntnis).

Reimarus weist ferner darauf hin, dass sich Jesus durch sein Verbergen und Verlassen Jerusalems dem Verhaftetwerden und Sterben zu entziehen versuchte: »Wollte und sollte Jesus leyden und sterben: warum entweicht er denn beständig denen die ihn greiffen sollten? warum hält er sich noch zuletzt heimlich des Nachts an verborgenen Örtern auf, da es eines Verräthers brauchte seinen Aufenthalt und seine Person zu finden« (Apologie II.181). Auch Jesu Gebet in Gethsemane, dass dieser Kelch an ihm vorüber gehen möge, scheint nicht in die Vorstellung eines von Anfang an gewollten Sterbens zu passen. Diese Stellen können – ähnlich wie die Jüngerberichte – aber auch ganz anders verstanden werden (s. u.). Dennoch sind dies einige der echten Herausforderungen, die auch für eine historisch optimistischere Annäherung an die soteriologische Sinngebung der Passion Jesu nicht geleugnet werden können. Von der Gewissheit Luthers in seinem Lied »Nun freut euch, lieben Christen g'mein« (EG 341), in dem er Gottvater zu seinem Sohn im himmlischen Rat sagen lässt »fahr hin, meins Herzens werte Kron, und sei das Heil dem Armen und hilf ihm aus der Sünden Not, erwürg für ihn den bittern Tod und laß ihn mit dir leben« (Str. 5), ist in der historisch orientierten neutestamentlichen Wissenschaft jedenfalls wenig zu spüren. Daraus entsteht die Zurückhaltung, die Credo-Aussagen über Jesu Tod am Kreuz und damit die einzige historische Zeile des Credos zuversichtlicher mit den anderen Aussagen, insbesondere des dritten Teils – »die Vergebung der Sünden, die Auferstehung des Leibes und das ewige Leben« – zu verbinden.

Der wichtigste Unterschied zu Reimarus ist vielleicht, dass die gegenwärtige Forschung Jesus und den Aposteln keine ausgesprochenen Betrugsabsichten unterstellt, wenn die Unterscheidung zwischen Jesu eigener Botschaft (= dem verkündigenden Jesus) und dem urchristlichen Kerygma (= dem verkündigten Jesus) nach Ostern thematisiert wird. Dennoch gilt, dass die Verlegenheiten des soteriologischen Kerygmas, die Reimarus so schonungslos benannte, seitdem nicht kleiner geworden sind. So ergibt sich für die gegenwärtige neutestamentliche Wissenschaft ein erstaunliches Paradox. Auf der einen Seite eine erkennbare Reserviertheit, in Passion und Auferstehung Jesu das ausschlaggebende Integral seines Lebens und Wirkens zu sehen, weil dabei, so die Befürchtung, sein irdisches, »solidarisches« Wirken zugunsten der Kranken, Armen, gesellschaftlich Marginalisierten und Ausgegrenzten, also gerade die Elemente, in der Vorbildchristologien bzw. die Jesulogie ihre stärkste Motivation finden, zu kurz zu kommen scheint.[42] Auf der anderen Seite gibt es in den ältesten christlichen Überlieferungen keine Aussage, die stärker und eindeutiger als Kurzfassung dafür dienen kann, was die bleibende Bedeutung von Jesu Leben und Sterben ist, als dass »Christus für unsere Sünden gestorben ist nach den Schriften« (1 Kor 15,3). Dies ist die erste Zeile des von Paulus empfangenen und weitergegebenen »Evangeliums«. Es stammt aus der Zeit vor der Mitte des 1. Jh. und ist vielfältig in den übrigen neutestamentlichen Schriften variiert.[43] Für den vorliegenden Zusammenhang nach dem Tod Jesu und der Hoffnung auf das ewige Leben ist die genaue Bestimmung der Art und Weise, wie Jesu Wirken und Tod das Hindernis der Sünde und damit zusammenhängend des Todes als »Lohn der Sünde« (Röm 6,23), unschädlich machte (Umkehrruf, Vergebungszusage, Sühne, Versöhnung, Stellvertretung), von nachgeordneter Bedeutung, die zudem in ihrer Mehrdimensionalität nicht gegeneinander ausgespielt oder zwanghaft auf einen Begriff reduziert werden muss.[44] Stattdessen können die verschiedenen Konzeptualisie-

---

[42] Das weitgehende Fehlen dieser Themen in der Jesus-Trilogie von Joseph Ratzinger/Papst Benedikt XVI. war dann auch einer der wesentlichen Kritikpunkte an seiner Jesusdarstellung, vgl. dazu Deines, ›Real‹ Jesus (s. Anm. 14), 384–388; allerdings bleibt auch bei Ratzinger die soteriologische Bestimmtheit des Todes Jesu relativ blass.

[43] Zur Einordnung von 1 Kor 15,3 s. Hengel, Begräbnis (s. Anm. 1), 393 f. Grundsatzaussagen in kanonischer Reihenfolge, die alle den Zusammenhang von Jesu Tod mit der Vergebung der Sünden hervorheben: Mk 10,45 par. Mt 20,28; Mk 14,24 par. Mt 26,28; Lk24,46 f.; Joh 11,50 f.; 18,14 (s. auch 10,15.17); Apg 2,36–38; 3,18 f.; 5,31; 10,39–43; 13,38 f. (s. dazu 13,28 f.); Röm 3,25; 4,24 f.; 5,6.8; 6,6 f.10 f.23 (hier erstmals auch mit Bezug zum ewigen Leben); 1 Kor 15,3 f.; 2 Kor 5,15; Gal 1,1.4; Eph 1,7; Kol 1,19–22; 2,12–14; 1 Thess 5,10 (hier ist der Bezug zur Auferstehung der Gläubigen und der ewigen Gemeinschaft mit Jesus deutlich gegeben, s. 4,13–17); Tit 2,14; Hebr 9,12.15; 1 Petr 1,18 f.; 2,22–24; 3,18; 1 Joh 1,7; Apk 5,9 f. Dazu kommen die Stellen, in denen der erhöhte Jesus mit der Vergebung der Sünden verbunden ist: Apg 7,59 f.; Hebr 9,7–10,22. Zum »Ursprung der soteriologischen Deutung des Todes Jesu« in der vorpaulinischen Tradition und dann bei Paulus s. M. Hengel, Der stellvertretende Sühnetod Jesu, in: ders., Studien zur Christologie (s. Anm. 1), 146–184, 155–160.

[44] Vgl. dazu die Beiträge in: J. Frey/J. Schröter (Hg.), Deutungen des Todes Jesu im Neuen Testament, UTB 2953, Tübingen 2007. Besonders hilfreich darin der einleitende Beitrag von J. Frey, Probleme der Deutung des Todes Jesu in der neutestamentlichen Wissenschaft. Streiflichter zur exegetischen

rungen als einander ergänzende epistemologische Zugangsweisen angesehen werden, die sich darum bemühen, das zentrale Heilsereignis »gemäß den Schriften« einsichtig zu machen. Entscheidend ist, dass alle diese Aussagen darauf hinauslaufen, dass der Zugang zu einem glückseligen ewigen Leben erst und nur dadurch ermöglicht wurde, dass »Christus für unsere Sünden gestorben ist«. Der Sünde-Tod-Zusammenhang ist auf diese Weise – potentiell für alle Menschen – ein für alle Mal unterbrochen. Dies ermöglicht ein »seliges«[45] Leben in Gemeinschaft mit Gott schon in dieser Welt, das seine Fortsetzung und Vollendung in der dauerhaften Gemeinschaft mit Gott zusammen mit allen Glaubenden nach dem Tod findet.

Dazu kommt, dass es zu diesem engen Zusammenhang zwischen Jesu Tod – ausgedrückt durch Verweise auf sein Leiden, das vergossene Blut oder das Kreuz – und der Vergebung der Schuld keine vergleichbare Aussage im ganzen Neuen Testament gibt, die in derselben Weise die Bedeutung seiner Sendung und seines Wirkens zusammenfasst. An keiner Stelle werden etwa die Wunder Jesu oder sonst eine seiner Taten in einer »für euch/für uns«-Formulierung benannt. Die Bedeutung von Jesus ist in den Schriften des Neuen Testaments und den apostolischen Vätern nahezu ausschließlich[46]

Diskussion, in: a.a.O., 3–50. Gleich eingangs weist er darauf hin, dass der »Topos von dem in Christus – zentral in seinem Tod – gewirkten Heil bei fast allen neutestamentlichen Zeugen« vorkommt (a.a.O., 3). Vgl. auch Hofius, Jesu Leben, Tod und Auferstehung (s. Anm. 26), der den »breiten und grundlegenden *Konsens*« hervorhebt, »der durch unterschiedliche Akzentuierungen und je spezifische Ausprägungen im Einzelnen keineswegs relativiert oder gar beeinträchtigt wird« (a.a.O., 6). Konkret ist dieser Konsens darin zu finden, dass »es für den sündigen Menschen einzig und allein *aufgrund* des Todes und der Auferstehung Jesu einen Zugang zu dem heiligen Gott und zur Gemeinschaft mit ihm gibt« (a.a.O., 18).

[45] Inhaltlich lässt sich das nicht mehr zur Alltagssprache gehörende »selig« damit füllen, dass man sich an den Seligpreisungen des Matthäus (Mt 5,1–12) orientiert: Es ist ein Leben, das bestimmt ist von der zugesagten Zugehörigkeit zum »Himmelreich« (5,3.10, darin inkludiert ist für Matthäus das ewige Leben, s.o. Anm. 32), woraus »Trost« (5,4.12), Zuversicht (5,6) und Tatkraft folgen (5,5 f.), die geprägt sind von Erbarmen (5,5.7), Gerechtigkeit (5,6.10), Integrität (5,8) und Versöhnungsbereitschaft (5,5.9) auch angesichts widriger Umstände (5,10–12).

[46] Die einzige Ausnahme ist die Gabe des Heiligen Geistes als Vermittlung zwischen beiden Existenzweisen: Die Gabe des Geistes garantiert die unaufhebbare Gemeinschaft mit Gott schon jetzt, die vom Tod nicht aufgehoben wird. Die Gabe des Geistes – nach der Taufe zur Vergebung der Sünden – ist darum der Beginn und Garant des ewigen Lebens.

auf seinen Tod am Kreuz zur Vergebung der Sünden und auf seine Auferstehung bezogen, die wiederum die Auferstehung und das ewige Leben der Gläubigen begründen. Diese monumentale Einseitigkeit der neutestamentlichen Überlieferung, die nicht nur für die Briefe, sondern auch für die Evangelien gilt, ist auch in den frühen christlichen Bekenntnisformulierungen bis hin zum Apostolikum eindrücklich festgehalten worden.[47]

Es ist also nach diesen neutestamentlichen und frühen patristischen Aussagen kaum zu bestreiten, dass die Nachfolger Jesu von Anfang an, d.h. von den Jahren unmittelbar nach den Osterereignissen, das Leiden, Sterben und Auferstehen von Jesus in eine unmittelbare Beziehung zu sich selbst brachten. Die christliche Überzeugung, dass der Tod seinen Schrecken verloren hat (vgl. 1 Thess 4,13–18; Röm 8,38; 1 Kor 15,55–57; Hebr 2,15), basiert auf dem heilvollen Verständnis von Jesu Tod als einem Tod »für uns«: In Jesu Tod zeigt sich, dass Gott »für uns« ist (Röm 8,31; im Matthäusevangelium ist Gottes Mitsein mit seinem Volk mit der Vergebung der Sünden verbunden, vgl. Mt 1,21–23) und darum kann Paulus weiterfragen: »Der, der seinen eigenen Sohn nicht verschonte, sondern ihn für uns alle auslieferte, wie hätte er mit ihm uns nicht alles geschenkt?« Der Tod kann aber nur da seinen feindlichen Charakter verlieren, wo ein solcher mit ihm verbunden wurde. Darum muss zunächst näher bestimmt werden, was den Tod überhaupt bedrohlich macht. Für den modernen Menschen ist der Gedanke an den Tod begleitet von Überlegungen im Hinblick auf Altwerden, Leiden, Krankheit, Schmerzen, Siechtum, Demenz, Sterben. Die Schrecken des Todes liegen weitestgehend vor dem Tod und was danach kommt, bleibt unbestimmt und – wenn man Umfragen über das, was die Deutschen glauben, zu Rate zieht – spielt weder für Christen noch Nichtchristen eine große Rolle.[48] Im

---

[47] Vgl. u.a. 1 Clem 16,4–15 (Zitat von Jes 53,4–11 mit charakteristischen Änderungen); 49,6; 2 Clem 1,2; Barn 5,1–2 (erneut mit Zitat von Jes 53,5.7); Diog 9,2–5; IgnSm 1,1–2,1; 6,2; MartPol 17,2; Polyk 1,2.

[48] Für einigen Medienrummel sorgte im Dezember 2014 die Nachricht von einer Allensbach-Umfrage der Katholischen Bischofskonferenz. Dieser zufolge glauben 60 % nicht an ein ewiges Leben – während 25 % glauben, dass schwarze Katzen Unglück bringen. Wichtigste Schlagzeile war, dass in Deutschland mehr Menschen an UFOs als an das Jüngste Gericht glauben, vgl. dazu den Artikel von M. Günther, Diaspora, FAZ (28.12.2014, http://www.faz.net/-gpf-7xzc7). Zur Situation in der evangelischen Kirche s. die ebenfalls 2014 veröffentlichte V. EKD-Erhebung über Kirchenmitgliedschaft: Engagement und Indifferenz. Kirchenmitgliedschaft als soziale Praxis (www.

Neuen Testament ist dagegen die Angst vor dem Sterben bis auf eine wichtige Ausnahme ohne Bedeutung, während auf das, was nach dem Sterben kommt, großes Gewicht gelegt wird.[49] Die Angst vor dem Sterben ist nur für Jesus bezeugt, der im Garten Gethsemane mit seinem Vater darum ringt, dass dieser Kelch an ihm vorüber gehen möge. Vordergründig geht es dabei um die körperlichen und seelischen Grausamkeiten von Verhaftung, Verhör, Verurteilung und endlich Hinrichtung, was im Credo durch die Zeile »gelitten unter Pontius Pilatus« in die historische Realität Jerusalems im Jahr 30 verankert wird. Die Todesangst Jesu (Mk 14,34 par. Mt 26,38) zeigt, dass selbst jemand, der wie Jesus sich seines endlichen Angenommenwerdens bei Gott gewiss ist, angesichts von bevorstehenden und zu überstehenden Qualen den Mut verlieren kann. Das allein ist für alle diejenigen, die sich vor dem Tod fürchten, eine Ermutigung, sich den eigenen Ängsten zu stellen und aus dem Leiden Jesu eine Perspektive für das eigene Angefochtensein zu gewinnen, wie es bereits der Hebräerbrief tut (2,18; s. auch 1 Petr 4,1).

Wagt man es jedoch, dieses historische Geschehen aus der Perspektive einer Inkarnationschristologie zu denken, dann steht in diesem Gang ans Kreuz, in diesem Leiden und Sterben nicht nur das Heil der Welt, sondern Gottes eigenes Sein auf dem Spiel. Die Sendung des

---

ekd.de/download/ekd_v_kmu2014.pdf). Auch in dieser Studie fällt die Ausblendung eines Lebens nach dem Tod auf (s. außerdem oben Anm. 8): Um herauszufinden, welche Themen die Befragten als religiös ansehen, wurde ihnen »ein Set an religionsaffinen Themen« vorgelegt, das sie bewerten und gewichten konnten (a. a. O., 24 f.). Interessant sind dabei nicht nur die Ergebnisse, sondern auch die vorgelegte Auswahl an Themen, bei denen zwar »die Natur« und »der Tod« sowie eine Reihe von ethischen Themen vorkommen, zudem die Frage nach dem »Anfang der Welt« aber eben nichts, das über den Tod hinausgeht, so als ob »das Ende der Welt«, »das Jüngste Gericht« und »das Weiterleben nach dem Tod« noch nicht einmal potentielle religiöse Fragen seien. Die stärkste religiöse Gewichtung bekam am Ende »der Tod« (63 %), gefolgt von »Anfang der Welt« (65 %) und »Fragen von Sterbehilfe, Selbsttötung« (62 %). Das Thema »Schuld« liegt mit 53 % nur auf dem siebten und damit drittletzten Platz, aber damit immer noch vor »Gerechtigkeit, Freiheit, Frieden« auf dem vorletzten (51 %). »Die Natur« landet abgeschlagen auf dem letzten Platz (40 %). Bei den Gründen, warum Menschen in der Kirche sind, steht der Wunsch nach einer kirchlichen Bestattung an erster Stelle (a. a. O., 89), was deutlich zeigt, dass die Frage nach Tod und ewigem Leben für viele nach wie vor zentral ist.

[49] Dass die Angst vor dem Sterben nicht betont wird, schließt nicht aus, dass die Bedrohtheit und Vergänglichkeit des Lebens als leidvoll und schmerzhaft erfahren wurde, wie es Röm 8,18–23 eindrucksvoll zur Sprache bringt.

Sohnes vom Vater und die Bereitschaft des Sohnes, diese Beauftragung durch den Vater anzunehmen, den Gehorsam bis zum Tod am Kreuz auf sich zu nehmen und durchzuhalten (Phil 2,8, vgl. Hebr 2,13a mit Zitat aus Jes 8,17: »Ich will mein Vertrauen auf ihn setzen«), beinhaltet auf der historisch-menschlichen Ebene das große Wagnis des Scheiterns, da zum vollen Menschsein – und damit zur Menschwerdung – auch die Möglichkeit des Scheiternkönnens gehört, wie es die biblische Tradition vielfach beschreibt: Das erste Menschenpaar ist an seiner Gehorsamsaufgabe gescheitert, weil »Gott dem Menschen die Entscheidungsfreiheit als Vollendung der Gottebenbildlichkeit« gewährte. »Eine Freiheit zur Entscheidung aber wäre keine Freiheit, wenn der Mensch nicht auch an ihr scheitern könnte«, schreibt Eckart Otto mit Recht.[50] Die nachfolgende Menschengeneration wurde so verderbt, dass Gott die Flut kommen lässt und mit Noahs Nachkommen einen neuen Anfang macht; die Befreiten aus Ägypten erreichen nicht das verheißene Land, sondern erst die nachfolgende Generation; aber auch diese vermag das Land nicht der Verheißung gemäß einzunehmen; der erste König, den Gott über sein Volk erwählt, wird ob seines Ungehorsams verworfen (vgl. 1 Sam 15,22); mit David und seinen Nachkommen schließt Gott einen neuen Bund: Der König rückt ein in eine unvergleichliche Sohnesstellung in seinem Verhältnis zu Gott, aber auch da stehen am Ende Niedergang und Exil, so dass der Psalmist am Abschluss des dritten Psalmbuchs die Klage erhebt: »Herr, wo ist deine Gnade von einst, die du David geschworen hast in deiner Treue?« (Ps 89,50). Wenn aber selbst dieser Sohn, über den gesagt wird: »Du bist mein Sohn, heute habe ich dich gezeugt« (Ps 2,7), scheitern kann, dann gibt es auch für den Sohn, der im Gehorsam gegen den Willen des Vaters Mensch geworden und sich selbst erniedrigt bis zum Tod am Kreuz, keine Gewissheit, dass er diesen bis zum Ende durchhält. Gott riskiert in diesem Geschehen sein eigenes Selbst, seine eigene Integrität.[51] Das Leiden des Vaters in der Passion

[50] E. Otto, Das Gesetz des Mose, Darmstadt 2007, 20.

[51] Die Kenosislehre des 19. und frühen 20. Jh. war diesen Zusammenhängen auf der Spur; sie wurde jedoch sowohl von Seiten dogmatischer Orthodoxie als auch vom Fortschreiten der historisch-kritischen Methode in der Exegese an ihrer weiteren Entfaltung gehindert. Für die ersteren stellte sie einen »Verstoß gegen die Lehre von der Unveränderlichkeit Gottes« dar, für letztere einem dogmatischen Übergriff auf die historische Leben-Jesu-Forschung, die nichts anderes als den *Menschen* Jesus von Nazareth als Objekt wissenschaftlicher Forschung gelten ließ. Zu diesem faszinierenden Kapitel der Theologiegeschichte s. D. R. Law, Der erniedrigte Christus. Die lutherische

seines Sohnes ist ein wichtiges Element gegen karikierende Beschreibungen des Versöhnungsgeschehens, wonach Gott unbeteiligt auf die Bezahlung der Schuld durch den Tod Jesu wartete.[52]

Das freikaufende, erlösende Potential des Kreuzestodes ist nach neutestamentlicher Auffassung an die Sündlosigkeit Jesu gebunden; nur der, der von keiner Sünde wusste, konnte für andere zur Sünde gemacht werden (2 Kor 5,21); er hat als Unschuldiger den Fluch getragen (Gal 3,13) und »uns freigekauft« (ἡμᾶς ἐξηγόρασεν); er wurde versucht in jeder Weise aber »ohne Sünde« (χωρίς ἁμαρτίας, Hebr 4,15).[53] In den neutestamentlichen Aussagen über die Sündlosigkeit Jesu – ebenfalls ein Thema, das in keiner historischen Jesus-Darstellung erwähnt wird – geht es immer um die Erlösung der Menschen; es ist nicht in erster Linie eine Feststellung über das Sein Jesu, gar über seine göttliche Natur, sondern im Gegenteil, es ist die entscheidende Aussage über sein Menschsein, darin wo er den Nachkommen Abrahams »in jeder Beziehung […] gleich werden« musste (Hebr 2,17). Es ist der vollkommene Gehorsam des menschgewordenen Gottessohnes, der den Menschen als seinen Geschwistern die Erlösung bringt. Er hat, nach einer wohl sekundären, aber theologisch ungeheuer reichen Lesart von Hebr 2,9 »ohne Gott für alle den Tod geschmeckt« (χωρίς θεοῦ ὑπὲρ παντὸς γεύσηται θανάντου). Der von NA[28] angenommene ursprüngliche Text liest stattdessen χάριτι θεοῦ »durch Gottes Gnade« habe Jesus den Tod für alle geschmeckt. Unter dem Einfluss von Jesu Schrei am Kreuz, »Mein Gott, mein Gott, warum hast du mich verlassen« (Mk 15,34), ist die Lesart »ohne Gott«, die schon Origenes kannte, jedoch gut erklärbar.[54] Dahinter steht die theologische Über-

---

und anglikanische Kenotik im Vergleich, ZThK 111 (2014), 179–202 (Zitat 198).

[52] So auch in: Für uns gestorben (s. Anm. 15), 14f. 31–35. 78–86. Zur Notwendigkeit und Möglichkeit eines solchen vertieften Patripassianismus als *theologia crucis* s. Moltmann, Der gekreuzigte Gott (s. Anm. 38); U. Barth, Hermeneutik der Evangelien als Prolegomena zur Christologie, in: C. Danz / M. Murrmann-Kahl (Hg.), Zwischen historischem Jesus und dogmatischen Christus, Dogmatik in der Moderne 1, Tübingen, [2]2011, 275–305, 304; T. Root, Apathy or Passion? The New Testament View of God the Father at the Cross, Evangelical Quaterly 88 (2016), 3–21.

[53] Zu den neutestamentlichen Aussagen über die Sündlosigkeit Jesu s. M. Hengel, Der Kreuzestod Jesu Christi als Gottes souveräne Erlösungstat. Exegese über 2. Korinther 5,11–21, in: ders., Studien zur Christologie (s. Anm. 1), 1–26, 20f.; ders., Begräbnis (s. Anm. 1), 394f. mit Anm. 36.

[54] Zu dieser Lesart s. die ausführliche Diskussion bei H.-F. Weiss, Der Brief an die Hebräer, KEK 13, Göttingen 1991, 200–202.

zeugung, dass der Sünder im Tod »ohne Gott« ist, und indem Jesus »zum Sünder gemacht« wird, erträgt er die Gottverlassenheit des Gottlosen. Er ist durch seinen »Sohnesgehorsam in diese extreme Lage geraten«, weil er in dieser konkret erfahrenen Gottverlassenheit, wie Joachim Ringleben sagt, »seinem totalen Scheitern ins Auge« blickt: »Da die an Josua (hebr.: Jehoschua, griech.: Jesus) ergangene Verheißung, dass Gott ihn nicht verlassen werde (Jos 1,5 = Hebr 13,5b), sich an Jesus nicht zu erfüllen schien, bedroht die Frage nach seiner Gottverlassenheit den ganzen Sinn seines bisherigen Weges.«[55] Die Auslegung von Ringleben zu Jesu Verlassenheitsruf am Kreuz (Mk 15,34) ist im Zusammenhang seiner weiteren Beobachtung zu lesen, dass bis zu diesem Moment Jesu »Sein selber noch im Werden ist«.[56] Das impliziert, dass erst mit der Vollendung seines Lebens das verwirklicht wird, wozu er in diese Welt kam. Nimmt man diesen Gedanken auf, dann erklärt das auch die *relative*[57] Zurückhaltung des irdischen Jesus, über die »übernatürlichen Geheimnisse« (Reimarus), in diesem Fall die Sünden vergebende Wirkung seines Todes zu reden, solange dieser noch nicht »vollbracht« (Joh 19,30) und Scheitern an dieser Aufgabe darum noch möglich war.

Das eigentlich Dramatische dieses Erlösungsgeschehens hängt für die neutestamentlichen Autoren also daran, dass Jesus seinen Gehorsam bis ans Ende durchhält. Darum zeigen sich die Passionsberichte auch relativ uninteressiert an den Details des Leidens am Kreuz; die Schmerzen, die Jesus erlitten hatte, müssen die Leser der Evangelien imaginieren, sie werden nur selten erwähnt, etwa in Apg 2,24, wo rückblickend in der Pfingstpredigt des Petrus darauf ausdrücklich Bezug genommen wird: Gott hat Jesus auferweckt, indem er

---

[55] J. RINGLEBEN, Jesus. Ein Versuch zu begreifen, Tübingen 2008, 604.607.

[56] A. a. O., 507.

[57] Es ist im Grunde genommen sehr auffällig, wie zentral und vielfältig das Thema der Vergebung der Sünden in den Evangelien auftaucht, besonders wenn man bedenkt, dass der Messias traditionellerweise nicht mit der Vergebung der Sünden betraut ist: Mk 2,5 parr. Mt 9,2; Lk 5,20; Mk 3,28–30 parr. Mt 12,31 f.; Lk 12,10 (über die unvergebbare Sünde gegen den heiligen Geist); Mk 10,45 par. Mt 20,28; Mk 11,25 par. Mt 6,14 f.; Mt 1,21; 6,12 par. Lk 11,4 (Vaterunserbitte); Mt 18,23–35; Mt 26,28 (parr. Mk 14,23; Lk 22,20; 1 Kor 11,25); Lk 24,44–46; vgl. dazu HENGEL, Sühnetod (s. Anm. 43), 146–184, bes. 160–163; A. J. M. WEDDERBURN, The Death of Jesus. Some Reflections on Jesus-Traditions and Paul, WUNT 299, Tübingen 2013, 108: »[…] it was not expected that God's messiah would die, let alone by a form of death such as crucifixion. Even less would it then be expected that he would rise, or that his death would be regarded as salvific.«

die Schmerzen (Geburtswehen) des Todes auflöste, denn es war unmöglich, dass er (= Jesus) von ihm (= dem Tod) festgehalten werden konnte (ὁ θεὸς ἀνέστησεν λύσας τὰς ὠδῖνας τοῦ θανάτου, καθότι οὐκ ἦν δυνατὸν κρατεῖσθαι αὐτὸν ὑπ' αὐτοῦ). Der Tod konnte Jesus nicht festhalten, weil er ohne Sünde war. Das ist nicht gesagt in Apg 2, aber der Zusammenhang vom Tod als Folge der Sünde ist vorausgesetzt. Versucht man diese in den neutestamentlichen Schriften klar erkennbaren theologischen Überzeugungen mit dem historischen Geschehen der Passion zu verschränken, dann steht hier die Geschichte der Erlösung auf dem Spiel. Wenn Jesus den Gehorsam Gott gegenüber an einem Punkt abbricht, dann bekommt der Tod Macht über ihn, dann ist sein Leiden und Sterben nicht mehr »für uns«. Erst die Auferstehung ist die erfahrbare Bestätigung, dass der, der unter Pontius Pilatus gekreuzigt wurde, wirklich der ist, der dem Tod die Macht genommen hat, indem er in das Reich des Starken einbrach und ihm seine Beute raubte (Hebr 2,14; vgl. Mk 3,27 parr.) und so »Unvergänglichkeit« (2 Tim 1,10) ans Licht gebracht hat. Die Einsetzungszeremonie von Jesus als dem Lamm Gottes in der himmlischen Welt und der damit verbundene Jubel ist die Konsequenz dieser Theodramatik: Ihr wird in einem »neuen Lied« Ausdruck verliehen (Apk 5,1–14, vgl. besonders 5,9), welches die Mose-Exodus-Tradition aufnimmt:[58] durch das Meer (= Tod, Chaos) in das verheißene Land (= ewiges Leben). Weil der zweite Adam nicht gescheitert ist, darum herrscht Freude im Himmel. Nun erst kann die volle Wirksamkeit des vom irdischen Jesus nur antizipierbaren Heils verkündet und entfaltet werden. Mit der Inthronisation findet die in Dan 7,13 f. beschriebene Herrschaftsübertragung an den Menschensohn statt, der sowohl das gerechte Israel bzw. als zweiter Adam eine neue Menschheit als auch Gott selbst repräsentiert. Von hierher erklärt sich dann auch, dass der irdische Jesus Zeit und Stunde seiner Parusie (noch) nicht wissen konnte (Mk 13,32 par. Mt 24,36). Er war noch nicht verherrlicht worden, weil er seinen Gehorsam noch nicht bis zum Ende durchgehalten hatte, d.h. das Buch mit den sieben Siegeln konnte von ihm vor seiner irdischen Existenz und Bewährung noch nicht geöffnet werden, aber nun ist es offen, weil der »Löwe aus Juda« gesiegt hat (Apk 5,5).

Die hier skizzierte soteriologische Dramatik basiert auf einer ursprünglichen ontologischen Hochchristologie, wie sie in der his-

---

[58] Vgl. auch 14,3 und 15,3 f. S. dazu M. HENGEL, Die Throngemeinschaft des Lammes mit Gott in der Johannesapokalypse, in: DERS., Studien zur Christologie (s. Anm. 1), 368–385.

torisch orientierten neutestamentlichen Wissenschaft in der Regel nicht vertreten wird. Sie setzt die Inkarnation als ein historisches Anfangsdatum voraus, wobei die genauen Verhältnissetzungen für die Exegese offen bleiben können, weil die neutestamentlichen Texte hier zu keinen systematischen Aussagen drängen, die inhaltlich über die entsprechenden Bekenntnisaussagen hinausgehen. In einem solchen Verständnis einer auf Gott hin offenen Wirklichkeit lässt sich der Tod Jesu am Kreuz als ein Leiden und Sterben des ewigen Gottessohnes »für uns« verstehen; es lassen sich historisch Möglichkeiten erkennen, wie es zu den urchristlichen Bekenntnissen schon in der Anfangszeit kommen konnte, wonach Jesus für die Sünden der Menschen gestorben ist und wie damit in der Geschichte Gottes mit dieser Welt ein neuer Anfang gesetzt wurde.

Das vernichtende Urteil von Reimarus: »Wer aber der Welt das Leyden Jesu als ein Heilsmittel aufdringt, der quält vernünftige Menschen nur mit Widersprüchen, und verleitet die übrigen desto getroster zu sündigen«,[59] muss in dieser Frage also nicht das letzte Wort behalten. Aber zugleich gilt ebenfalls, dass sich jede Darstellung des Todes Jesu als eines Heilstodes den Anfragen, die Reimarus klassisch formuliert hat, zu stellen hat. Diese werden aber – dies als abschließende These – nur da überzeugend zurückgewiesen, wo man mit dem Philipperhymnus im Sterben Jesu nicht nur einen Märtyrer unschuldig leiden sieht, sondern den in die Welt gekommenen Gottessohn erkennt, der sein Leben »bis zum Tod am Kreuz« für andere lebt und hingibt.

---

[59] Reimarus, Apologie II (s. Anm. 11), 176.

Das Kreuz Jesu Christi als Wende

Hermeneutische Überlegungen zu Jesu Leiden und Sterben

Dirk Evers

Was hat der Verbrechertod des Menschen Jesus von Nazareth, der unter der Herrschaft von Pontius Pilatus ans Kreuz geschlagen wurde, mit dem Leben Gottes zu tun? Und was hat ein solcher Vorgang mit dem zeitlichen, endlichen und vielfach gefährdeten Leben von uns Menschen zu tun? Ich möchte mich dieser Fragestellung im Folgenden in sieben Schritten so nähern, dass ich zunächst einige grundsätzliche Überlegungen zum Problem einer Interpretation des Todes Jesu in der Neuzeit anstelle, wie sie sich aus der Ablösung traditioneller metaphysischer Ontologie und aus einem neuzeitlichen Verständnis von Geschichte ergeben. Der Hauptteil meiner Ausführungen wird dann einen Vorschlag entfalten, der den Tod des Menschen Jesus von Nazareth nicht als ontologisches Geschehen oder im Sinne einer sekundären religiösen Deutung, sondern als in einem umfassenden Sinne effektiv-kommunikatives Ereignis zu verstehen sucht. Das hat Auswirkungen auf das Gottesverständnis wie auf die Anthropologie in theologischer Perspektive. Der Zusammenhang mit der Frage nach dem ewigen Leben soll am Schluss wenigstens noch angedeutet werden.

1. Grundsätzliche Vorbemerkungen zum Problem einer Interpretation des Todes Jesu

1.1 Das Kreuz Jesu Christi als historisches Ereignis

Das Leiden und der Tod Jesu Christi bilden den zentralen Bezugspunkt der Jesuserzählungen des Neuen Testaments. Das war, als diese Ereignisse geschahen, alles andere als naheliegend. Leiden, Kreuz und Grablegung Jesu waren zunächst Ausdruck des Scheiterns einer Person, die die heilvolle Wende und das nahe Gottesreich für Israel und darüber hinaus für alle Menschen verkündet und ihr ganzes Leben von dieser Nähe her verstanden und gelebt hatte. Explizite und implizite Erwartungen an das mit dem Auftreten Jesu und von ihm selbst mit seiner Person verbundene kommende Gottesreich dürften mit dem Leidens- und Verbrechertod am Kreuz zerbrochen sein (vgl. Lk 24,21: »Wir aber hofften, er sei es, der Israel erlösen werde«). Die Erfahrungen des Auferstandenen und die damit einsetzende Verkündigung Jesu Christi als die tatsächlich von Gott her geschehene Wende der menschlichen Gottesferne führte zu einer Revision des Verständnisses von Leiden und Kreuz, ohne die Faktizität und Anstößigkeit dieser Geschehnisse etwa doketisch zu mildern. Leiden und Kreuz verliehen der Auferstehung als dem Ausgangspunkt des neutestamentlichen Zeugnisses vielmehr erst ihr eigentliches Gewicht, insofern die Auferstehung gerade des Gekreuzigten nicht als Relativierung oder Kompensation von Passion und Kreuzestod, sondern als deren Bestätigung zur Geltung gebracht wurde. Das Kreuz Jesu wird nun geradezu als »Integral seiner irdischen Existenz«[1] verstanden, als Hingabe des Einen für die Vielen. Als eben dieses Integral wird es in der Auferstehung Jesu bestätigt, und damit werden die Passionserzählungen, die Schilderungen des Weges Jesu bis hin zum Ereignis der Kreuzigung und der als Besiegelung eines definitiven Endes verstandenen Grablegung zum Zeichen des durch Jesu Leiden und Tod erworbenen Heils. Das Leiden Christi unter Pontius Pilatus, sein Sterben am Kreuz und seine Grablegung, also sein wirklicher, wahrhaftiger Tod, stehen seitdem für die Christenheit als das die Bedeutung Jesu Christi überhaupt zusammenfassende Zeichen der in ihm vollzogenen Versöhnung des Menschen mit Gott.

Passion und Kreuz sind zugleich der entscheidende Hinweis auf die Historizität der Person Jesus Christus. Die in diesem Beitrag zu verhandelnde Formel »gelitten unter Pontius Pilatus« ist die einzige Einordnung in die Weltgeschichte, die sich im Apostolikum findet.[2] Die Geschichte Jesu Christi macht sich am historischen Faktum der Kreuzigung in zeitlicher und politischer Bestimmtheit fest. Die Geschichte Jesu Christi ist deshalb alles andere als eine mythische Erzählung. Der den Mythos schon im antiken Verständnis charakterisierende

---

[1] E. JÜNGEL, Das Sein Jesu Christi als Ereignis der Versöhnung Gottes mit einer gottlosen Welt. Die Hingabe des Gekreuzigten, in: DERS., Entsprechungen. Gott – Wahrheit – Mensch. Theologische Erörterungen, München ²1986, 276–284, 283.

[2] Die andere Bemerkung in diese Richtung »geboren von der Jungfrau Maria« verweist eher auf die konkrete Menschlichkeit.

Satz des Sallust: »Dies geschah zwar niemals, ist aber immer«,[3] ist auf das Christuskerygma nicht übertragbar. Von daher entwickelt das Kreuz Jesu Christi mythologiekritische und metaphysikkritische Kraft. Das Leiden und Sterben eines konkreten historischen Menschen hat als das von Gott selbst bestätigte, ja das Gott selbst elementar involvierende Heilsereignis zu gelten. Das zeigt sich auch an den sakramentalen Vollzügen der christlichen Gemeinde, mit denen sie dieses Geschehen erinnert und vergegenwärtigt. Taufe und Abendmahl sind nicht wie im Mythos Realität stiftende Re-Inszenierungen desselben Geschehens, sondern Vergegenwärtigungen eines von ihnen unterschiedenen, vergangenen Geschehens.

Das frühe Christentum hat größtenteils der Versuchung widerstanden, das Leiden und Sterben des Christus und Gottessohnes als scheinbar zu verstehen. Auch die Auferstehung ist weder so verstanden worden, als ob damit Leiden und Sterben rückgängig gemacht werden sollten, noch als Relativierung des Kreuzestodes in seiner Brutalität und Faktizität. Kreuz und Auferstehung bilden die Gelenkstelle zwischen dem irdischen Jesus und dem Christus der Gemeinde, so dass von der Auferstehung ein interpretierendes und ursprüngliche Erwartungen korrigierendes Licht auf das Leben des Menschen Jesus von Nazareth fällt und umgekehrt der Auferstandene als der Gekreuzigte, als der Hingerichtete erscheint, der auf ewig mit seiner irdischen Geschichte und seinem irdischen Geschick verbunden bleibt. Von Ostern fällt für die erste Gemeinde und für alle an ihrem Geist Partizipierenden ein erhellendes Licht auf Leiden und Kreuzestod, das jedenfalls für alle, denen es einleuchtete, ein unerwartetes Verständnis von Leiden und Kreuz eröffnet.[4]

Das Leiden und Sterben Jesu fängt nach Ostern an, zur Gemeinde zu sprechen, ja der Beginn dieses gemeinsamen neuen Blicks von den Erfahrungen des Auferstandenen und seines Geistes her auf das Kreuzesgeschehen kann wohl als das Konstitutionsgeschehen der Gemeinde überhaupt gelten. Dabei gilt, dass nur im Rückgang auf Gott selbst und nur unter Verweis auf die Dynamik des Geistes die Heilsbedeutung dieses Geschehens aufgezeigt und die soteriologischen Im-

---

[3] Sallustius, De diis et mundo 4: *quidem nunquam facta sunt, sum semper sint.*

[4] Udo Schnelle hat die dadurch freigesetzte Dynamik als »*integrativen und innovativen*« Interpretationsvorgang bezeichnet, der disparate Vorstellungskreise zu integrieren und Neuorientierung hervorzubringen suchte (U. SCHNELLE, Theologie des Neuen Testaments, Göttingen [2]2014, 344).

plikationen des Bekenntnisses zum Christus entfaltet werden können. Kreuz und Auferstehung setzten theologische Produktivkräfte frei, die ein neues, letztlich trinitarisch differenziertes Gottesverständnis, ein differenziertes, anti-gnostisches Verständnis der Schöpfung und des Menschen und auch ein neues Verständnis von Heil, Sünde, Schuld und Erneuerung bis hin zu einer universalistischen Ethik mit umfassen.

1.2 Das Kreuz Jesu Christi als dem Menschen zugutekommendes Ereignis

Die zentrale Grundaussage des Leidens und des Kreuzes lautet: Christus hat nicht nur gelitten und ist gestorben, er ist *für uns* gestorben (*pro nobis*), so dass das Verhältnis von Gott und Mensch und damit dann auch das Verhältnis von Menschen untereinander zurechtgebracht wird. In dieses Geschehen sind nach dem Neuen Testament alle Gläubigen, darüber hinaus alle Menschen, ja sogar die ganze übrige Schöpfung einbezogen. Gerade wegen des Leidens, wegen Kreuz und Tod spricht das christliche Bekenntnis, wenn es von der Geschichte Jesu spricht, mit ihr auch von unser aller Geschichte.

Damit kommen im Kreuz Christi zwei unverzichtbare Momente zusammen. Es stellt einerseits einen von uns unabhängigen Vorgang *extra nos* dar, andererseits ist es im christlichen Verständnis ein alle Menschen zusammenschließendes und sie elementar betreffendes Ereignis, in das sich die Christen durch Geist, Glauben, Gemeinde, Versöhnung und Erneuerung in den Tiefen ihrer Existenz einbezogen wissen. Der den Menschen zugutekommende Kreuzestod Jesu wird im Neuen Testament also durchaus zunächst »als ein in *sich* bedeutsames Ereignis bezeichnet und beschrieben«.[5] Am Kreuz und im Tod Jesu Christi ereignet sich etwas für den Menschen, das »ganz und gar außer ihm, ohne ihn, ja gegen ihn«[6] geschieht und eben als dieses Ereignis ihm dann zugutekommt. Menschen erkennen, verstehen und realisieren, was sich im Kreuzesgeschehen vollzieht, sie nehmen seine Bedeutung wahr, generieren sie aber gerade nicht. Soll der Mensch als der Sünder, als der von Gott Entfremdete, mit dem

---

[5] K. BARTH, Rudolf Bultmann – Ein Versuch, ihn zu verstehen, in: DERS., Rudolf Bultmann – Ein Versuch, ihn zu verstehen/Christus und Adam nach Röm. 5, Zürich 1964, 7–65, 26.

[6] A.a.O., 27.

Kreuzesgeschehen gemeint sein, ist es entscheidend, dass nicht seine Deutung oder Zustimmung dem Kreuz allererst Bedeutung verleihen, sondern dass dem Ereignis des Kreuzes eine sachhaltige Komponente zu eigen ist, die nicht erst durch unsere Aneignung zu dem wird, was sie ist, sondern die als das, was sie ist, unsere Wahrnehmung, unsere Deutung, unseren Glauben, unser Verstehen provoziert. Andererseits wäre das Kreuz von vorn herein missverstanden, wenn es *ohne uns*, ohne seine Wirkung und also als nackte, uns nicht von vorn herein betreffende Tatsache verstanden würde. Das Kreuz Jesu Christi ist in den Zusammenhang menschlicher Geschichte eingebettet und geht daraus hervor. Und es bezieht Menschen in ihrer je individuellen Existenz, aber auch in ihrem gemeinschaftlichen Leben mit ein. Zum Kreuz gehört die Geschichte der Menschen wesentlich hinzu als der Resonanzraum, aus dem es hervorgeht, auf den es von vorn herein bezogen ist und in dem dieses Geschehen zu seinem eigentlichen Ziel kommt. Die Dynamik dieses Resonanzraumes des Christusgeschehens bezeichnet die christliche Theologie mit dem Wirken des Heiligen Geistes.

1.3 Die Frage nach der Bedeutung des Kreuzes Christi in der Neuzeit

Für die Christologie stellen sich damit in Bezug auf Leiden, Kreuz und Tod Jesu zwei Probleme: Wie ist der Vorgang der Versöhnung durch Jesu Tod am Kreuz *als solcher* genauerhin zu denken? Und inwiefern hat dieser Vorgang in christlicher Perspektive etwas mit dem Menschen, seiner Welt und seinem Selbst- und Wirklichkeitsverständnis zu tun? Es geht, verkürzt gesagt, um das Verhältnis von Faktum und Bedeutung.

Gestützt von der klassischen Erkenntnistheorie, dass Verstehen die Übereinstimmung der Erkenntnis des Verstandes mit dem Erkenntnisgegenstand bedeutet im Sinne einer *adaequatio intellectus ad rem*, hat die Tradition dieses Verhältnis so verstanden, dass es sich bei Menschwerdung, Passion und Kreuz zunächst um objektive Vorgänge handelt, die als solche die historische Person Jesus Christus betreffen, die mit dem göttlichen Logos als dem in ihr wirksamen Handelnden zu identifizieren ist. Die Anerkennung dieser Vorgänge ist dann nachträglich im Glauben, etwa im Stufenakt von *notitia*, *assensus* und *fiducia*, vom Menschen zu ratifizieren. Für das Verständnis der faktischen Seite des Heilsgeschehens gab es dabei verschiedene Modelle, wie etwa die Assumptionschristologie athanasianischer Prägung, nach der im Erlöser der Gottmensch erschienen war, der menschliche und göttliche Natur dadurch verband, dass in ihm der Logos die menschliche Natur annahm: »So wurde er auch Fleisch: nicht indem er sich in Fleisch verwandelte, sondern weil er um unsertwillen lebendiges Fleisch annahm und (so) Mensch wurde.«[7] Gregor von Nazianz hat dies später gegen Apollinaris von Laodicea durch das Axiom zur Geltung gebracht: »Was nicht angenommen ist, wird auch nicht geheilt; was mit Gott geeint wird, das wird auch gerettet.«[8] Der fundamentale soteriologische Akt besteht in der Annahme der menschlichen Natur durch den göttlichen Logos, in den alle Menschen infolge der ihnen gemeinsamen Natur einbezogen sind. Kreuz, Sterben und Auferstehung erscheinen dann als der Sieg des den Menschen mit sich vereinenden Logos über die Verderbensmächte von Sünde, Tod und Teufel, an der potentiell alle Menschen aufgrund der sie mir Christus verbindenden Natur Anteil haben können.

Eine fundamentale Alternative stellte dann im 11. Jh. Anselm von Canterburys Satisfaktionslehre einer Versöhnung Gottes durch das Opfer des Gottmenschen dar, die auch die Christologie der altprotestantischen Dogmatik entscheidend prägte. Danach geht es beim Kreuz Christi um den Vorgang der Genugtuung, die der Gottmensch stellvertretend für die gesamte Menschheit durch seinen freiwilligen Opfertod leistet. Dadurch, dass der Gottmensch stirbt, wird die Schuld des Menschengeschlechts durch eine Ersatzleistung abgegolten, so dass der eigentlich notwendig folgende ewige Tod der Menschen unterbleiben kann, ohne dass dadurch die Ordnung des Universums beschädigt wird. Diese Betonung der objektiven Seite der Versöhnung Gottes sieht sich allerdings mit einer Verschärfung des Problems der Vermittlung der Versöhnung konfrontiert. So musste Anselm den merkwürdigen Gedanken der *retributio*, der zum verdienstlichen Opfer Christi hinzutretenden Belohnung, seinem Konzept hinzufügen, durch die die Glaubenden am Verdienst Christi, an seinem *meritum*, schon hier und jetzt effektiv Anteil erhalten.[9]

---

[7] Athanasius, Brief an Epictetus, c. 8, Migne PG 26, 1064 A: οὕτω καὶ σὰρξ γέγονεν οὐ τραπεὶς εἰς σάρκα, ἀλλ' ὅτι σάρκα ξῶσαν […] ὑπὲρ ἡμῶν ἀνέλαβε[ν], καὶ γέγονεν ἄνθρωπος.

[8] Gregor von Nazianz, Ep. 101 ad Cledonium, Migne PG 37, 181 C-184 A: Τὸ γὰρ ἀπρόσληπτον, ἀθεράπευτον· ὃ δὲ ἥνωται τῷ θεῷ τοῦτο καὶ σώζεται.

[9] Über die Leistung der Satisfaktion für die Sünden der Menschen hinaus ist der gottmenschliche Erlöser einer zusätzlichen Belohnung würdig, die er dann an die Glaubenden verteilen kann: »Du wirst aber nicht dafürhalten, dass der, der Gott ein so großes Geschenk gibt, ohne Belohnung [*retributio*]

Beide Fragen (Um was für einen Vorgang handelt es sich und wie kommt er uns zugute?) sind in der Neuzeit noch einmal neu gestellt und mit deutlicher Kritik gegenüber der Tradition beantwortet worden. Diese Kritik gruppiert sich um drei Achsen:[10] 1. Die neuzeitliche, einem naturwissenschaftlichen Weltbild verpflichtete *Anthropologie* im Verbund mit einer Auflösung des metaphysischen *Gottesbegriffs* (Kant'sche Kritik) lassen die Zweinaturenlehre brüchig werden, so dass der objektivierte Vorgang einer Versöhnung von Gott und Mensch durch den Gottheit und Menschheit zusammenschließenden Menschensohn fraglich wird. 2. Die Vorstellung einer Versöhnung durch Genugtuung verliert an Plausibilität und erscheint als *moralische* Monstrosität und Zumutung: Schuld ist »keine *transmissible* Verbindlichkeit, […] sondern die *allerpersönlichste*, nämlich eine Sündenschuld«,[11] und selbstverständlich kann Gott auch ohne Opfer barmherzig sein, ohne seine eigene Schöpfungsordnung zu desavouieren. 3. Das neuzeitliche *Geschichtsverständnis* stellt den Zusammenhang zwischen dem Geschick Jesu Christi als historischem Geschehen und den Gläubigen späterer Zeiten infrage und konstatiert mit Lessings bekannten Worten einen »garstige[n] breite[n] Graben, über den ich nicht kommen kann, so oft und ernstlich ich auch den Sprung versucht habe«.[12]

Die neuzeitliche, liberale Christologie hat vor diesem Hintergrund von der Vorstellung eines objektiven, erst nachträglich dem Menschen zugutekommenden Geschehens Abschied genommen und stattdessen die Christologie gewissermaßen von den Füßen auf den Kopf gestellt: Die Christologie wird zu einer Funktion der Soteriologie.[13] Christus verdient den Ehrentitel des Sohnes Gottes, weil er mir hilft, nicht weil

---

bleiben dürfe« (Anselm von Canterbury, Cur deus homo II, 19). Und: »Denn vergeblich werden sie seine Nachfolger sein, wenn sie nicht an seinem Verdienste [*meritum*] teilhaben werden« (ebd.).

[10] Vgl. C. Danz, Grundprobleme der Christologie, Tübingen 2013, 109.

[11] I. Kant, Die Religion innerhalb der Grenzen der bloßen Vernunft, in: ders., Gesammelte Schriften Abt. 1: Werke VI, Berlin 1907, 1–202, 72.

[12] G. E. Lessing, Über den Beweis des Geistes und der Kraft, in: ders., Werke VIII, München 1976, 9–14, 13. Vgl. auch Hegels ironischen Tagebucheintrag aus Jena: Christus ist »schon so lange für unsere Sünden gestorben, daß es bald nicht mehr wahr ist« (J. Hoffmeister [Hg.], Dokumente zu Hegels Entwicklung, Hamburg ²1974, 358).

[13] So ausdrücklich Paul Tillich: »Christologie ist eine Funktion der Soteriologie« (P. Tillich, Systematische Theologie II, Berlin/New York ⁸1987, 163).

er eine gottmenschliche Person darstellt,[14] denn nach Wilhelm Herrmann wird »Glauben nicht geschaffen durch eine Tatsache, die sich historisch beweisen ließe«,[15] sondern durch die unmittelbare innere Gotteserfahrung. Eine entsprechende Theologie, »die so unsittlich ist, daß sie von Tatsachen redet, ›die Glauben fordern‹«, ist vielmehr als eine »Illusionstheologie« anzusehen. Es ist »die selbsterlebte Tatsache des sich offenbarenden Gottes, die den Glauben schafft«.[16] Damit vollzieht die neuzeitliche Christologie in Bezug auf theologische Gegenstände nach, was Kant für menschliche Erkenntnis überhaupt geltend gemacht hat: Unsere Erkenntnis kann sich nicht nach den Gegenständen, sondern »die Gegenstände müssen sich nach unserem Erkenntniß richten«,[17] so dass selbst der Vorgang objektiver, gegenständlicher Erkenntnis von den Gegenständen auf das Subjekt verschoben ist. Die »Struktur der Gegenstandswelt« ist dann, so hat Ulrich Barth das einmal zusammengefasst, »das Resultat der mentalen Aktivität des Bewußtseins«, so dass »Gott und die göttlichen Dinge nicht in diesen Bereich fallen« können. »Der Logik dieser ›kopernikanischen Revolution‹ zufolge kann Gott gar nicht anders gedacht werden denn als innerer Grund von Subjektivität.«[18]

Das kann sehr verschiedene, idealistische bis konstruktivistische Formen annehmen. Jedenfalls widerspricht die liberale Theologie der Moderne »der Auffassung der klassisch dogmatischen Tradition, christologische Aussagen als objektive und substantiale Wirklichkeitsbeschreibungen zu verstehen«,[19] sondern entwickelt sie aus der Eigen-

---

[14] Vgl. R. Bultmann: »Hilft er mir, weil er der Sohn Gottes ist, oder ist er der Sohn Gottes, weil er mir hilft?« (R. Bultmann, Das christologische Bekenntnis des Ökumenischen Rates, in: ders., Glauben und Verstehen II, Tübingen [5]1968, 246–261, 252). Bultmann tendiert zur zweiten Alternative. Das ist dann auch der Vorwurf, den Barth Bultmann gegenüber äußert, dass die Bedeutsamkeit des Kreuzes etwas sei, was ihm erst gewissermaßen nachträglich und durch das Kerygma zukommt, vgl. Barth, Bultmann (s. Anm. 5).

[15] W. Herrmann, Lage und Aufgabe der evangelischen Dogmatik in der Gegenwart, in: ders., Schriften zur Grundlegung der Theologie Teil II, München 1967, 1–87, 83.

[16] Herrmann, Lage (s. Anm. 15), 81.

[17] I. Kant, Kritik der reinen Vernunft [2]1787, in: ders., Gesammelte Schriften Abt. 1: Werke III, Berlin 1911, B XVII.

[18] U. Barth, Abschied von der Kosmologie. Welterklärung und religiöse Endlichkeitsreflexion, in: ders., Religion in der Moderne, Tübingen 2003, 401–426, 417.

[19] J. Lauster, Christologie als Religionshermeneutik, in: C. Danz/M. Murrmann-Kahl (Hg.), Zwischen historischem Jesus und dogmatischem Christus, Tübingen [2]2011, 239–257, 242.

art des religiösen Subjekts. Auch für einen Großteil gegenwärtiger deutschsprachiger protestantischer Dogmatik gilt, dass Christologie primär als die reflexive Gestalt christlichen Erlösungsbewusstseins entwickelt wird. Die nun im Mittelpunkt stehende Frage lautet: »Welche Rolle spielt Christus für den Aufbau je eigener religiöser Erfahrung?«[20] Nach Christian Danz ist »Christologie [...] somit weder ein Teilgebiet der theologischen Dogmatik noch beschreibt sie eine historische Person, sondern sie ist Ausdruck der Durchsichtigkeit des Selbstverhältnisses des Bewusstseins für dieses selbst in seinem individuellen Vollzug«.[21] Nicht die Aneignung des Kreuzes im Glauben ist hier das Problem (die Christologie ist ja nichts anderes als eben dieser Vorgang), sondern der objektive Bezug wird fraglich und damit zum einen die Frage nach dem Anhalt dieses Vorgangs an der faktisch-geschichtlichen Realität, zum anderen die Frage nach der Externitätsrelation (*pro nobis*) und dem Widerfahrnischarakter des Glaubens. Jörg Lauster verweist kritisch auf die offene Flanke dieser Konzeption, wenn er formuliert: »Die Frage ist, ob nicht der Sinnbildungsprozeß, den die Christologie betreibt, als Ideologie, als Illusion, als Projektion zu entlarven ist.«[22] War es in der Tradition der objektive Vorgang, zu dem dann Glauben und Aneignung hinzutraten, so wird nun auf das Faktum des christlich-religiösen Bewusstseins verwiesen, das zwar an geschichtlichen Vorgängen wie etwa einem mit Hilfe historischer Rekonstruktion ausweisbaren und mit geschichtlichen Wirkkräften versehenen Charakterbild seinen Anhalt finden mag,[23] das aber den ihm eigenen Gehalt gerade nicht aus der Geschichte, sondern aus der Unhintergehbarkeit der eigenen Struktur empfängt.

Problematisch ist dabei nicht nur die offene Frage nach dem *fundamentum in re* der Christologie, sondern auch, dass dies an den neutestamentlichen Texten vorbeigeht, die an Jesu eigener Frömmigkeit im Grunde nicht interessiert sind. Das gilt auch und gerade für Leiden, Kreuz und Sterben Jesu. Davon, wie Jesus seinen eigenen Tod verstanden und wie er ihn auf Gott und seine eigene Verkündigung bezogen hat, verraten uns die Texte – abgesehen von vermutlich nach-

---

[20] Lauster, a.a.O., 254.

[21] Danz, Grundprobleme (s. Anm. 10), 222.

[22] Lauster, Christologie (s. Anm. 19), 242.

[23] Ulrich Barth z.B. versteht den Jesus der Evangelien »als exemplarische Gestalt eines Gott hingegebenen Lebens« (U. Barth, Hermeneutik der Evangelien als Prolegomena zur Christologie, in: Danz/Murrmann-Kahl, Zwischen historischem Jesus und dogmatischem Christus [s. Anm. 19], 275–305, 303).

österlichen Extrapolationen – kaum etwas. Dafür sind sie fundamental daran interessiert, die dem Menschen von außerhalb seiner selbst zugutekommende Heilsbedeutung des Kreuzesgeschehens auch und gerade angesichts des Unverständnisses der Jünger herauszustellen.[24] Die *Pro-nobis*-Struktur dieses Geschehens ist in ihm selbst begründet, auch wenn es allererst durch Glauben, Gemeinde und Verkündigung nach Ostern sich realisiert und darin zu seinem Ziel kommen.

Eine deutungstheoretische Rekonstruktion der Christologie dürfte sich auch nur bedingt auf die reformatorische Theologie berufen können, insofern für Luther der fröhliche Wechsel und Tausch keinen Deute- oder Interpretationsvorgang, sondern ein reales Geschehen mit wirksamen Folgen darstellt.[25] Auch wenn zu beachten ist, dass sich die reformatorische Theologie der Tatsache bewusst war, dass Gott und Glaube »zuhauf«[26] gehören, ja nach Luther der Glaube gar als Schöpfer der Gottheit (*creatrix divinitatis*) bezeichnet werden kann, so gilt dies doch nicht *per se, sed in nobis*.[27] Dennoch liegt darin ein wesentliches Wahrheitsmoment subjektivitätstheoretischer Rekonstruktionen der Christologie in liberaler Prägung, dass die Realität des Glaubens nicht schlechthin von einer vermeintlich objektiven Realität des Christusgeschehens abgehoben werden kann, so dass zwar das Christusgeschehen und seine Aneignung zu unterscheiden sind, nicht aber auseinandergerissen und voneinander getrennt werden können. Eine erkenntnistheoretische Rückkehr zu einer objektiv-realistischen

---

[24] Eben die Objektivität des Vorgangs haben Tübinger Theologen in der Theologie des Sühnopfers versucht herauszustellen. Hartmut Gese, Peter Stuhlmacher, Otfried Hofius oder Bernd Janowski haben je auf ihre Weise gegen eine »subjektivistische« Auflösung des *pro nobis* argumentiert, die sie etwa bei Rudolf Bultmann meinten identifizieren zu müssen. Vgl. dazu I.U. Dalferth, Der auferweckte Gekreuzigte. Zur Grammatik der Christologie, Tübingen 1994, 237–315.

[25] Darauf hat Eilert Herms immer wieder hingewiesen und nun seinerseits versucht, den im Glauben sich vollziehenden Vorgang der Evidenzerfahrung der Wahrheit der Kreuzesbotschaft unter Einbeziehung der Affektenlehre bei Luther als Vorgang mit einem »effektiv umgestaltenden Charakter« (E. Herms, Luthers Auslegung des Dritten Artikels, Tübingen 1987, 73) zu rekonstruieren. Ein solches Wesen wie der Mensch, das wesentlich auf selbst nicht herstellbare Gewissheit angewiesen ist, wird beim Eintreten einer solchen, außerhalb seiner selbst begründeten Selbstgewissheit bis hinein in seine Affektstruktur effektiv umgestaltet. Herms verwendet dafür auch die auslegungsbedürftige Formel einer fremdbestimmten Selbstbestimmung.

[26] Vgl. BSLK 560.

[27] Vgl. dazu H.-M. Barth, Fides Creatrix Divinitatis, NZSTh 14 (1972), 89–106.

Adäquationstheorie dürfte sich sowohl von der reformatorischen Theologie als auch vom Einspruch neuzeitlicher Christologie her gerade nicht nahelegen.

2. Das Gott-Mensch-Verhältnis als kommunikatives Geschehen

Unsere bisherige Rekonstruktion der Frage nach der Bedeutung des Kreuzes Jesu lässt sich dahingehend vereinfachen und auf Grundlinien reduzieren, dass die Tradition die Christologie unter Bezug auf einen faktischen, geschichtlich identifizierbaren Prozess (Heilstatsachen) und damit in einer Perspektive der dritten Person entwarf. Umgekehrt versucht die liberale Position unter den Bedingungen der Neuzeit die Perspektive der ersten Person ins Zentrum zu rücken und im Sinne der transzendentallogischen Wende die Bedeutung des Todes Jesu als Selbstaufklärung und symbolische Darstellung des christlich-frommen Bewusstseins zu verstehen, das in der (historischen?) Person des Jesus von Nazareth allenfalls seinen Anlass, nicht aber seinen eigentlichen Gegenstand hat. Beide Zugänge haben ihre Aporien, beide haben aber auch ihre Wahrheitsmomente. Aus dem bisher Erörterten ergibt sich damit eine theologische Vermittlungsaufgabe. Es gilt, zwischen objektivierenden Perspektiven auf das Kreuzesgeschehen, die dieses als ein an sich gültiges, dem Menschen von außerhalb seiner selbst zugutekommenden Ereignis zur Geltung bringen, einerseits und eher deutungstheoretischen, sich auf die Struktur religiösen Bewusstseins berufenden Christologien andererseits zu vermitteln, die von der Einsicht ausgehen, dass ohne individuelle und gemeinsame Heils- und Glaubenserfahrungen Leiden und Sterben Jesu Christi nicht als Heilsgeschehen zu ihrem Ziel kommen und insofern der »Glaube für das Heilsgeschehen des Kreuzes ein sachlich und epistemisch konstitutives Moment«[28] darstellt. Eine solche Vermittlung möchten die folgenden Ausführungen versuchen. Sie sind dabei von der Überzeugung geleitet, dass dies nur dann geleistet werden kann, wenn Konzepte von Kommunikation und Partizipation ins Zentrum gestellt werden, die die Diastase von objektivem Geschehen in der Perspektive der dritten Person und subjektiv-reflexiver Interpretation in der Perspektive der

[28] Dalferth, Gekreuzigte (s. Anm. 24), 276.

ersten Person durch deren Einbettung in effektiv-kommunikative Beziehungen der zweiten Person unterlaufen.

Jesu Leiden und Sterben ist dann weder zu verstehen als abstrakter, objektiv-realistischer, »metaphysische« Heilstatsachen betreffender Vorgang, *über* den wir uns verständigen, noch ist er bloßer Anlass zu subjektiver, religiöser Selbstdeutung, *in* der wir zu uns selbst finden. Die Geschichte Jesu Christi mit dem Kreuzesgeschehen als ihrem Integral ist vielmehr als ein effektiv-kommunikativer Vorgang zu verstehen, durch den sich Gott in besonderer Weise dem Menschen vermittelt als der, der er auch außerhalb dieses historischen Ereignisses ist und darin neue Möglichkeiten menschlicher Existenz eröffnet. Menschen werden durch dieses Geschehen gewonnen für und eingewiesen in die christliche Lebensform, die ihrerseits wesentlich dadurch gekennzeichnet ist, dass sie für die gnädige Zuwendung, die ihr wiederfahren ist, bezeugend einsteht, sie auch anderen gewährt und sich selbst durch die Kommunikation des Evangeliums[29] in den Dienst des Gekreuzigten und Auferstandenen stellt. Das Wesen der Geschichte Jesu Christi und des Geschehens am Kreuz ist deshalb nur in Relationen der zweiten Person und also durch »ein Denken in Bezugsbereichen und relationalen Gemeinschaftskategorien«[30] aussagbar und fassbar. So wie die Geschichte Jesu Christi überhaupt haben auch Jesu Leiden, Kreuz und Sterben eine narrative kommunikative Gestalt, in der diese Geschichte nicht bloß über etwas informiert oder in der religiöser Sinn sich selbst interpretiert, sondern durch die die menschliche Existenz in eine göttliche Selbstbewegung mit einbezogen wird.

Das Kreuz Jesu Christi ist dann als Zusammenkommen von Gott und Mensch zu verstehen, bei dem beide Seiten dieses Zusammenkommens in Bewegung sind bzw. in Bewegung gebracht werden. An Jesus Christus wird als an einem Geschehen zum einen deutlich, wer Gott ist und was Gott bewegt, zum anderen, was den Menschen zum Menschen macht, wovon der Mensch bewegt wird und was seiner Existenz eine neue Wende zu geben vermag. Die Kurzformeln dafür lauten: *Gott ist als Schöpfer der Versöhner und der Erneuerer, der sich für den Menschen hingibt und ihn in Jesus Christus für sich*

---

[29] Vgl. zu dieser ursprünglich auf Ernst Lange zurückgehenden und in jüngster Zeit in der praktischen Theologie diskutierten Formel jetzt M. Domsgen/B. Schröder, Kommunikation des Evangeliums. Leitbegriff der Praktischen Theologie, Leipzig 2014.

[30] Dalferth, Gekreuzigte (s. Anm. 24), 302.

endgültig gewinnt, und der *Mensch ist das »Wesen der Wende«*,[31] dazu geschaffen, sich von der Liebe Gottes aus Hochmut, Trägheit und Elend[32] heraus- und zur Liebe hinreißen zu lassen. Wird Gott selbst als mit seinem Wesen am Leben, Leiden und Sterben Jesu beteiligt verstanden, dann folgt daraus auch eine »Dynamisierung der Wirklichkeit Gottes selbst«.[33] Ihr entspricht eine dynamische Wirklichkeit des von Gott durch Jesus angesprochenen und für Gott zu gewinnenden Menschen.

Das Kreuz ist deshalb nicht isoliert zu betrachten. Es ist als Geschehen zu unterscheiden von Schöpfung und Vollendung, aber zugleich auch Teil des Gesamtzusammenhangs des Daseins Gottes, mit dem dieser unserer Wirklichkeit gegenwärtig ist. Das Zusammen*kommen* von Gott und Mensch in Jesus Christus ist in das Zusammen*sein* von Gott und Schöpfung überhaupt eingebettet und damit unlösbar verbunden.[34] Gott als *Vater* ist als Grund der Wirklichkeit in einer zeitlosen Weise in allen natürlichen Prozessen und im Gefüge der Raumzeit gegenwärtig. In der Verlässlichkeit, Gleichförmigkeit und Reichhaltigkeit dieser Strukturen und der basalen Naturgesetze identifiziert der christliche Glaube Gottes Treue zu seiner Schöpfung und die Gewährung einer relativen Eigenständigkeit. Doch Gott wirkt in der Wirklichkeit auch als *Geist*, als kreative Kraft, die die Schöpfung inspiriert und provoziert zur Hervorbringung der reichen Gestalten biologischen Lebens bis hin zu ökologischen Netzwerken und sozialen Lebensformen. Leben unterscheidet sich vom Vorhandensein bloß materieller Dinge darin, dass es sich selbst gegenüber emphatisch ungleichgültig ist und leben *will* und darin die Geistdimension der Schöpfung realisiert.[35] Und schließlich wirkt Gott in der Wirklichkeit als *Sohn* durch sein rettendes Handeln, mit dem er das Schicksal der

---

[31] E. JÜNGEL, Zur Freiheit eines Christenmenschen. Eine Erinnerung an Luthers Schrift, in: DERS., Indikative der Gnade – Imperative der Freiheit, Tübingen 2000, 84–160, 135.

[32] Vgl. zu dieser Trias Karl Barths Versöhnungslehre (KD IV/1–3).

[33] K.-J. KUSCHEL, Geboren vor aller Zeit? Der Streit um Christi Ursprung, München 1990, 642 f.

[34] Vgl. D. EVERS, Contingent Reality as Participation, PTSc 2 (2015), 216–242, 238–240.

[35] Ich weise nur darauf hin, dass in den neutestamentlichen Texten auch die zunehmende Einsicht in die Bedeutung des Geistes zu beobachten ist (vgl. DALFERTH, Gekreuzigte [s. Anm. 24], 117 f.). Er wird durch die Geburtsgeschichte (Zeugung durch den Geist) schon in die Biographie Jesu einbezogen und dann mit den Schemata von Schöpfungsmittlerschaft, Präexistenz, Weissagung und Erfüllung u. a. m. verbunden. Damit wird das Geschichtsüber-

menschlichen Geschöpfe teilt und damit wendet. In Jesus Christus wird dieses Handeln Gottes offenbar und gegen die selbst verschuldete Verlorenheit des Menschen an die eigene Verschlossenheit, Gewalt und Sünde durchgesetzt. Hier wird wirklich und konkret identifizierbar und effektiv kommunizierbar, wie Gott es mit seinen Geschöpfen meint. Der Gesamtzusammenhang von Gottes Wirken überhaupt kann erst von Jesus Christus her wirklich verstanden werden, wie umgekehrt Jesus nur im Horizont von Gottes Heilshandeln als der verstanden wird, als den ihn die christliche Gemeinde bekennt.

3. Der Mensch als kommunikatives Wesen

Im Kreuz Jesu Christi, so können wir festhalten, zeigt sich die doppelte Bewegung von Gott zum Menschen und vom Menschen zu Gott in Form einer narrativ verdichteten Lebensbewegung des Menschen Jesus von Nazareth, die zugleich die sich selbst kommunizierende, sich mitteilende Bewegung Gottes zum Menschen ist. Wird Gott vom Leben und Geschick Jesu her verstanden, dann wird Gott »anhand eines Dritten«[36] gedacht, das die rettende Nähe Gottes verkörpert, ohne dass damit die Unsichtbarkeit Gottes aufgehoben würde, und das zugleich den Menschen in eine Bewegung setzt und in dieser hält, die ihn von sich selbst weg auf Gott und seine Mitmenschen hin öffnet. Das gewinnt vor dem Hintergrund neuzeitlichen Denkens anthropologische Plausibilität.[37]

In jüngster Zeit ist von entwicklungsbiologischer Seite darauf hingewiesen worden, dass die Besonderheit der menschlichen Lebensform auf diesem Planeten nicht in einer zum Tiersein des Tieres gewissermaßen hinzutretenden, additiv zu verstehenden Eigenart zu sehen ist, sondern in der besonderen *Art und Weise* als Mensch zu existieren, die sich wesentlich über kommunikative und soziale Zu-

---

greifende der Geschichte Jesu noch einmal entschränkt: Der Geist hat schon durch die Propheten geredet, er ist auch der Geist der Gemeinde etc.

[36] I. U. Dalferth, Bestimmte Unbestimmtheit, ThLZ 139 (2014), 3–36, 4.

[37] Was mit diesen Ausführungen intendiert ist, ist eine anthropologisch-phänomenale Beschreibung der Bedeutung des Kreuzesgeschehens für den christlichen Glauben und also die Identifizierung von gewissen, empirisch ausweisbaren Ankerpunkten, die vor allem die Relationalität der menschlichen Lebensform herausstellen. Nicht intendiert ist so etwas wie der apologetische Nachweis einer anthropologischen Unausweichlichkeit des Gottesglaubens.

sammenhänge vermittelt.[38] Der Mensch ist nicht als höherer Primat mit einigen kognitiven Zusatzmodulen im Sinne eines aus Körperlichkeit und Denken zusammengesetzten *animal rationale* zu sehen, sondern als eine kommunikativ-soziale Lebensform, in der Kooperation, wechselseitige Bezogenheit und Verlässlichkeit die Bedingung und die Vollzugsform menschlicher Lebensweise darstellen.

Dies wird etwa an der frühkindlichen Entwicklung deutlich, die als eine über Kooperation und Kommunikation sich vollziehende Einweisung und Einübung in die menschliche Lebensform verstanden werden kann. Während sechs Monate alte Säuglinge ihre Aufmerksamkeit nur entweder Gegenständen oder Personen zuwenden und also *dyadisch* agieren, beginnen sie mit etwa neun Monaten in *triadisch* strukturierte Situationen einzutreten, die der Leipziger Anthropologe Michael Tomasello Situationen *geteilter Aufmerksamkeit* (*joint attention*) genannt hat.[39] Kleinkinder beginnen die Aufmerksamkeit Erwachsener zu prüfen, ihren Blicken zu folgen, sich mit ihnen gemeinsam mit einem Gegenstand zu beschäftigen und die Aufmerksamkeit der Bezugsperson mit Hilfe deklarativer Gesten zu lenken. Umgekehrt beginnen Kinder zu verstehen, wenn Erwachsene versuchen, mit Hilfe von Gesten ihre Aufmerksamkeit auf etwas zu richten, dem sie sich mit dem Kind gemeinsam zuwenden wollen.

Aus Situationen gemeinsamer Aufmerksamkeit entwickelt sich, was Tomasello *geteilte Intentionalität* (*shared intentionality*) nennt. Es wird ein gemeinsamer Hintergrund geschaffen, vor dem die sozialen Zusammenhänge eine neue Qualität annehmen, die Qualität wechselseitiger Verpflichtung. Das umfasst u. a. Erwartungen an die Bereitschaft zur Kooperation und Kommunikation,[40] ein Wir-Bewusstsein (»so machen *wir* dieses oder jenes«), ein sich dazu in Bezie-

---

[38] Vgl. zum Folgenden D. EVERS, Menschsein zwischen Wahrheit und Wirklichkeit. Versuch einer anthropologischen Interpretation der Rechtfertigungslehre, in: I. U. Dalferth / A. Hunziker (Hg.), Seinkönnen. Der Mensch zwischen Möglichkeit und Wirklichkeit, Tübingen 2011, 253–272; sowie DERS., Incarnation and Faith in an Evolutionary Framework, in: N. H. Gregersen (Hg.), Incarnation. On the Scope and Depth of Christology, Minneapolis 2015, 309–329.

[39] Vgl. M. TOMASELLO, Joint Attention as Social Cognition, in: C. Moore / P. J. Dunham (Hg.), Joint Attention. Its Origins and Role in Development, Hillsdale, NJ 1995, 103–130.

[40] Zum Zusammenhang von Kooperation und Kommunikation vgl. auch M. TOMASELLO, Die Ursprünge der menschlichen Kommunikation, Frankfurt a. M. 2011.

hung setzendes Ich-Bewusstsein, geteilte Hintergrundannahmen über die Bedeutung von Situationen bis hin zu komplexen Narrativen und Diskursen. Durch all das verständigen sich Menschen über sich selbst, bilden sie eigene Überzeugungen aus, teilen sie diese mit und betten sie die wirkliche Welt gegenständlicher Erfahrung ein in komplexe Zusammenhänge von möglicher und unmöglicher Kontrafaktizität.

Und noch ein zweiter Aspekt ist von einiger Bedeutung. Kooperation und Kommunikation beruhen nicht primär auf direkter Mitteilung, sondern zeigen eine triadische Struktur. Wir werden dadurch zu menschlichen Personen, dass wir uns weder auf uns selbst zurückziehen noch uns unter Aufgabe unserer Eigenständigkeit an andere ausliefern, sondern indem wir gemeinsam nach der Bedeutung und Orientierung des Menschseins fragen und dies tun, indem wir uns gemeinsam unserer Welt und Wirklichkeit zuwenden. »Personen«, so hat Robert Spaemann diesen Vorgang beschrieben, »sind uns nur gegeben zusammen mit einer gemeinsamen Welt und so, dass wir sie verstehen, indem wir mit ihnen ›in die gleiche Richtung blicken‹, das heißt ihre Intentionen mitvollziehen«.[41]

In Bezug auf den Menschen ist vor diesem Hintergrund festzuhalten, dass er als »Wesen der Wende« als ein provozierbares und ständig provoziertes Wesen zu verstehen ist. Es ist für ihn konstitutiv, sich nicht einfach selbst zu haben, sondern nur so sein zu können, dass er von außerhalb seiner selbst auf sich angesprochen wird, dass er eingewiesen wird und mitgenommen in eine spezifische Lebensform des Menschseins. Eben darin hat Luther in *De servo arbitrio* die entscheidende Differenz des Menschen zum Tier gesehen. Er spricht von der Fähigkeit des Menschen, »durch den Geist hingerissen und mit der Gnade Gottes erfüllt zu werden [*aptus est rapi spiritu et imbui gratia Dei*] [...]. Diese Kraft nämlich, das heißt, die Befähigung [*aptitudinem*] oder wie die Sophisten sagen: eine dispositive Qualität [*dispositivam qualitatem*] oder eine passive Eignung [*passivam aptitudinem*], bekennen auch wir. Dass diese nicht den Bäumen und den Tieren beigelegt ist – wen gibt es, der das nicht wüsste? Denn Gott hat, wie man sagt, den Himmel nicht für Gänse geschaffen.«[42]

Menschen sind z.B. dadurch Menschen, dass sie geliebt werden und lieben können. Dazu gehört allerdings auch gleich die Kehrseite,

---

[41] R. Spaemann, Personen. Versuche über den Unterschied zwischen ›etwas‹ und ›jemand‹, Stuttgart ^{3}2006, 67.

[42] M. Luther, De servo arbitrio/Vom unfreien Willensvermögen (1525), LDStA 1 (2006), 219–661, 293.

denn gerade in dieser ihrer fundamentalen Externität sind Menschen auch irritierbar und korrumpierbar, so dass sie gerade in dieser Irritationsfähigkeit und durch ihren Externitätsbezug gefährdet sind. Zum Wesen der Wende, das Zuwendung braucht und zur Zuwendung fähig ist, gehört denn auch das andere: Menschen können hassen. Der Mensch ist faktisch »der einzige unter den Primaten«, der bis heute »die Tötung seiner Artgenossen planvoll, in größerem Maßstab und enthusiastisch betreibt«.[43] Gerade als ein solches Wesen der Wende, der Hinwendung, Zuwendung und faktischen Abwendung ist der Mensch in das Geschehen, für das Passion und Kreuz Christi als Zeichen des Zusammenkommens von rettendem Gott und sündigem Mensch stehen, einbezogen.

4. Das Kreuz Jesu als narrativ verdichtete Szene gemeinsamer Aufmerksamkeit und geteilter Intentionalität

Daran kann das Verständnis des Leidens und des Todes Jesu Christi als Mitteilung von und Einweisung in ein auf Gott bezogenes Leben anknüpfen. Der Fokus der gemeinsamen Aufmerksamkeit der christlichen Gemeinde ist das Kreuz Christi, das das Ereignis der Identifikation Gottes mit dem Menschen Jesus zur sinnfälligen Darstellung bringt. Durch die Ausrichtung auf die Geschichte Jesu Christi wird die Gemeinschaft der Glaubenden konstituiert und werden Menschen in den Glauben als Lebensform eingewiesen. Dabei sind nicht abstrakte Regeln und Gebote leitend, sondern die Einübung in die Intentionen Gottes, wie sie aus den Worten Jesu, dem Geschick des Christus und aus der biblischen Geschichte Gottes mit den Menschen überhaupt gewonnen werden können. Ich schlage deshalb vor, das Leiden, das Kreuz und den Tod Jesu Christi als narrativ verdichtete Szene geteilter Aufmerksamkeit und potentieller geteilter Intentionalität zwischen Gott und Mensch zu verstehen. Nicht menschliche und göttliche »Natur« werden zusammengeführt, sondern das Geschehen, das der dreieinige Gott selbst darstellt, bringt sich als das Geschehen zur Geltung, das das relationale Dasein, das das Menschsein des Menschen ausmacht, in seine Eigenbewegung einzubeziehen und zu verwandeln sucht.

---

[43] H. M. Enzensberger, Aussichten auf den Bürgerkrieg, Frankfurt a. M. [3]1994, 9.

Im Kreuz Christi verdichten sich das Handeln Gottes zugunsten des Menschen und die Situation des Menschen vor Gott auf anschauliche Weise. Um mit der oben eingeführten entwicklungspsychologischen Begrifflichkeit zu sprechen: Es handelt sich nicht um ein dyadisches Geschehen zwischen Gott und Mensch, sondern um ein triadisches, bei dem Gott und Mensch sich gemeinsam auf die Geschichte Jesu Christi beziehen, für die das Kreuz Christi als Integral steht, in dem diese Geschichte konzentriert versammelt ist. Im Kreuz Christi ist beides zur Stelle, die Aufmerksamkeit Gottes auf das Geschick des Menschen, ja sein Aushalten und Teilen dieses Geschicks, und die Gott auf sein Heil hin anrufende Aufmerksamkeit des Menschen auf das Handeln Gottes zugunsten des Menschen. Das Kreuz Christi als Szene einer von Gott und Mensch geteilten gemeinsamen Aufmerksamkeit ist als effektiv-kommunikative Aufklärung zu verstehen. Sie klärt sowohl auf über die Grundsituation des Menschen vor Gott als auch über die Treue Gottes gegenüber dem Menschen.

Martin Luther hat gerade darin die Bedeutung des Kreuzes gesehen, dass sich in seiner Betrachtung gewissermaßen der Vorgang der in Christus selbst zu unterstellenden Verbindung von Gottes Sein und menschlicher Existenz im Sinne einer *communicatio idiomatum* wiederholt. Ein Christenmensch bildet sich von einem sündigen und auf sich selbst fixierten Menschen zum begnadeten Sünder, indem er Christus als den tiefsten Abgrund und Spiegel des väterlichen Herzens[44] ansieht und in sich ein-bildet und auf diese Weise mit ihm und damit mit Gott in einen fröhlichen Wechsel und Tausch tritt: »[D]as ist gnade und barmhertzickeit, das Christus am Creutz deyne sund von dir nymmet, tregt sie fur dich und erwurget sie, und dasselb festiglich glauben und vor augen haben, nit drann zweyfellnn, das heyst das gnaden bild ansehen und ynn sich bilden.«[45] Die Pointe ist für Luther, dass hier sowohl Gott als auch der Mensch jeweils nicht aus sich selbst, also aus einem abstrakten Gottesbegriff oder aus der Selbstreflexion des Menschen in seinem eigenen Gewissen, sondern von einem Dritten, also von Jesus Christus und also von einem *Geschehen* her verstanden werden, das das Zusammenkommen und das Sich-Verbinden von Gott und Menschen in Form einer Geschichte erzählt.[46]

[44] Vgl. BSLK 660.

[45] M. Luther, Ein Sermon von der Bereitung zum Sterben, 1519, WA 2, 689.

[46] Vgl. zur Bedeutung der effektiv-kommunikativen Denkfigur der *communicatio idiomatum* für die lutherische Theologie J. A. Steiger, Die communi-

Passion und Kreuz Jesu Christi können als narrativ verdichtet bezeichnet werden, weil das Kreuz nach vorne und nach hinten über sich hinausweist. Das Kreuz Christi kann nur als das Kreuz des Menschen Jesus von Nazareth und es kann nur von der Auferstehung her als Handeln Gottes richtig verstanden werden. Die *Verkündigung Jesu* stellt den hermeneutischen Schlüssel für das Verständnis des Kreuzes und des Leidens Jesu bereit. Das Kreuz provoziert dazu, die Verkündigung Jesu von der Nähe des Gottesreiches und der Zuwendung Gottes zum verlorenen Menschen auf Jesus selbst anzuwenden, so dass Gott auch und gerade in dem Leiden und Sterben dieses Menschen seine Nähe und Zuwendung zur Geltung bringt. Vor allem aber ist die *Auferstehung* als Bestätigung der Pointe des Lebens Jesu Christi zu verstehen, das Gott und Mensch dadurch zusammenzuführen bestrebt war, dass es zugleich auf die Menschen in jeweils konkreter Gestalt (Jünger, Zöllner, Juden und Heiden, Zufallsbegegnungen, Pharisäer, Römer etc.) und auf Gott bezogen war, auf den dieses Leben wie ein einziger Hinweis ausgerichtet war, indem es penetrant, konsequent und bis in die Abgründe dessen, was Menschen Menschen antun, auf seiner Gnade und Zuwendung beharrte. Die Auferstehung ist die Bestätigung, dass diesem Leben eben diese Zusammenführung von Gott und Menschen gelungen ist. Die Auferstehung stellt nicht die Wiederbelebung des Leichnams Jesu dar, sondern die Aufnahme des konkret gelebten Lebens Jesu Christi in das Leben Gottes selbst. Damit erscheinen Leiden und Kreuz in einem neuen Licht, so dass sie als Geschehen des *definitiven* Zusammenkommens von Gott und Mensch verstanden werden und Menschen dies zu bezeugen beginnen. So erhält das Kreuz Jesu Christi Bedeutung für Gott selbst und unser Reden von ihm (5.), wird es zur Wende des Lebens von Menschen (6.) und verändert es das Verständnis des Todes des Menschen durch

catio idiomatum als Achse und Motor der Theologie Luthers. Der »fröhliche Wechsel« als hermeneutischer Schlüssel zu Abendmahlslehre, Anthropologie, Seelsorge, Naturtheologie, Rhetorik und Humor, NZSTh 38 (1996), 1–28. Darin sind im Übrigen Jesu Verkündigung und Jesu Passion und Kreuz strukturell analog, dass auch Jesu Gleichnisse Szenen gemeinsamer Aufmerksamkeit und geteilter Intentionalität entwickeln, die die Zuhörerinnen und Zuhörer in diese Szenen mit verwickeln, sie auf sie hin konzentrieren und auf eine Pointe hinführen, in der weltliche Vorgänge als Gleichnisse göttlicher Gnade und Zuwendung fungieren. Sie lehren die Wirklichkeit in einer bestimmten Weise und bezogen auf die eigene Existenz wahrzunehmen, und sie lehren dies so, dass darin zugleich Gottes Wirklichkeit in ihrer Dynamik zur Geltung gebracht wird.

die Begründung einer neuen Hoffnung über den Tod hinaus (7.). Das entfalten die folgenden drei Abschnitte.

5. Die Bedeutung des Todes Jesu für Gott und unser Reden von Gott

Im Kreuz hat die Christenheit von Anfang an nicht nur das Leiden und Sterben eines Menschen gesehen, sondern es verstanden als ein Geschehen, in dem Gott selbst die Sache des an die Sünde verlorenen Menschen dadurch zur Entscheidung bringt, dass er in dem Leiden und Sterben dieses Menschen die Gottesferne, Sünde und Todesverfallenheit des Menschen auf sich nimmt und zum Guten wendet. Die Gottesferne ist darin überwunden, dass Gott selbst inmitten von physischer Gewalt und religiöser Ausgrenzung versöhnend gegenwärtig ist, die Sünde des Menschen ist darin überwunden, dass Gott die Sünde entmachtet und dem Sünder durch Gnade und Geist nahe kommt und ihn annimmt, die Todesverfallenheit des Menschen wird dadurch überwunden, dass Gott selbst durch den Tod hindurch das Lebens des Menschen mit seinem eigenen Leben verbindet, indem Jesus Christus von den Toten auferstand »als Erstling unter denen, die entschlafen sind« (1 Kor 15,20). Dass im Leben, Leiden und Sterben Jesu Gott selbst gehandelt hat, gegenwärtig war und sich mitteilt, kann als der Grundimpuls des christlichen Glaubens verstanden werden. Die ersten Gemeinden haben das u.a. dadurch zum Ausdruck gebracht, dass sie den gestorbenen und auferstandenen Christus mit dem Kyrios-Titel im Sinne des Gottesnamens bezeichneten. Historisch dürfte wohl einigermaßen unstreitig sein, dass die Verehrung von Jesus als Kyrios sich nicht erst langsam entwickelt und schrittweise durch die Assimilation hellenistischer Vorstellungen durchgesetzt hat, sondern mit Ostern schlagartig klar geworden war, dass in Jesus Christus und in konzentrierter Form im Kreuz sichtbar und wirksam wird, was Gott selbst ausmacht: Gott ist rettende Liebe, Gott ist zurechtbringendes Gericht, Gott kommt dem Menschen dadurch neu nahe, dass er dessen Gottesferne an sich austrägt.

Leiden, Kreuz, Tod und Auferstehung Jesu sind deshalb zu verstehen als Ereignisse im Leben Gottes selbst.[47] Die Gottheit Gottes ist

---

[47] Vgl. I. U. Dalferth, Volles Grab, leerer Glaube? Zum Streit um die Auferweckung des Gekreuzigten, in: H.-J. Eckstein/M. Welker (Hg.), Die Wirklichkeit der Auferstehung, Neukirchen-Vluyn 2002, 277–309, 284.

in christlicher Perspektive nicht unter Absehung von der konkreten Geschichte dessen auszusagen oder zu denken, der das Reich Gottes verkündigte, die ihm von Menschen zugefügten Leiden erduldete, der unser aller Tod erlitt und von Gott durch den Tod hindurch in das göttliche Leben auferweckt wurde.[48] Insofern nimmt Gott selbst den Tod in sich auf, um sich in ihm als Gott zu erweisen, so dass das Kreuz klassische metaphysische Gottesvorstellungen in Frage stellt, die sich als Potenzierung, Verlängerung, radikale Negation oder Überbietung weltlicher Verhältnisse verstehen. In Bezug auf Gott und unser Gottesverständnis impliziert das Kreuz Christi so den »Tod« Gottes als eines unbewegten metaphysischen Wesens, als eines Inbegriffs moralischer Unnachgiebigkeit, als eines Symbols totalitärer Kontrolle und einseitiger Abhängigkeit.[49] Dem entspricht, dass der mit dem Gekreuzigten identifizierte Gott die menschliche Situation nicht durch einen externen Machterweis oder ein abstraktes Dekret, sondern von innen heraus, von ihrer Wurzel her und also konkret und radikal zu verwandeln sucht.

6. Die Bedeutung des Todes Jesu für das Leben des Menschen

Das Kreuz Jesu Christi konstituiert nicht nur ein kommunikativ-effektives Gottesverständnis, es zeigt eben damit auch auf, was in der menschlichen Existenz auf dem Spiel steht. Es zeigt die Sünde und ihre Macht in individueller und kollektiver Hinsicht, sowie das menschliche Scheitern am eigenen Wunsch nach versöhnter Gottesbeziehung, aber auch die das Menschsein des Menschen zurechtbringende Güte und Treue Gottes. Das Kreuz Jesu Christi verweigert damit eine vorschnelle Auflösung der Dialektik menschlicher Existenz in Gut und Böse. Wenn das Apostolikum bekennt »gelitten unter Pontius Pilatus«, dann ist dies eine Orts- und Zeitangabe, aber keine einsinnige Schuldzuweisung. Was die Evangelien vorrangig interessierte, war das

---

48 Vgl. J. Ringleben, Wahrhaft auferstanden. Zur Begründung der Theologie des lebendigen Gottes, Tübingen 1998, 166.

49 Vgl. Alfred N. Whiteheads bekannte Bemerkungen am Schluss von »Prozess und Realität«: Die christliche Liebe »legt das Schwergewicht weder auf den herrschenden Kaiser, noch auf den erbarmungslosen Moralisten oder den unbewegten Beweger. […] Liebe herrscht weder, noch ist sie unbewegt; auch ist sie ein wenig nachlässig gegenüber der Moral« (A. N. Whitehead, Prozeß und Realität. Entwurf einer Kosmologie, Frankfurt a. M. [5]2008, 613).

Leiden Christi zunächst als solches, ohne es durch moralische Empörung sogleich zu relativieren. Der einzig Unschuldige ist Jesus Christus selbst, und gerade er verteidigt und wehrt sich nicht, bis hinein in die Gottverlassenheit des Verbrechertodes. Zugleich erscheint er in den Evangelien als der in seiner Passivität einzig Überlegene und Freie. Alle anderen Beteiligten sind getrieben von Angst, individuellem Interesse und religiösem oder politischem Kalkül.

Dadurch offenbart das Kreuz den Machtcharakter der Sünde, der sich an Jesu Leiden und Tod durch das komplexe Zusammenspiel von Politik, Religion, Recht und öffentlicher Moral entlarvt.[50] Aus einer eigentümlichen Mischung aus Frömmigkeit, Aggressivität und Angst hat sich im Vorgang der Passion und der Hinrichtung Jesu die durch verschiedene Protagonisten repräsentierte Welt (das Synhedrium, das »Volk«, Pilatus, die Römer, ja selbst die Jünger) gegen das Zusammenkommen von Gott und Mensch in der Person und im Wirken Jesu gewendet, damit aber die erschreckende Situation der Gottesfeindschaft des Menschen erst recht zu erkennen gegeben. Insofern nun das Wort vom Kreuz das Leiden des unschuldigen Gerechten nicht als empörenden Justizirrtum darstellt, sondern als einen abgründigen Vorgang, der in einem geradezu unentwirrbaren Zusammenspiel von individueller, kollektiver und politisch-repräsentativer Verfehlung begründet ist, der aber in der Gestalt Jesu zugleich Gott so in die Hände spielt, dass er Sünde, Tod und Verhängnis von innen heraus aufzubrechen versteht, handelt es sich beim Kreuz Jesu Christi um einen kommunikativ-effektiven Vorgang fundamentaler *Unterbrechung*, einer *Wendung* menschlicher Existenz. Alles christliche Reden von Gott muss fundamental »durch die eschatologische Durchbrechungserfahrung bestimmt sein«,[51] für die Leiden, Tod und Auferstehung Jesu stehen.

Das Kreuz Christi stellt in christlicher Perspektive einen Riss im Gefüge der Welt des Menschen dar, durch den die Verhältnisse menschlicher Existenz in einem ansonsten »stahlharte[n] Gehäuse«[52] in ein neues Licht getaucht und als verändert und weiter veränderbar deutlich werden. Es setzt irritierende und vergewissernde, explorati-

---

[50] Vgl. dazu jetzt M. WELKER, Gottes Offenbarung. Christologie, Neukirchen-Vluyn ²2012, 179.

[51] DALFERTH, Volles Grab (s. Anm. 47), 212.

[52] Vgl. M. WEBER, Die protestantische Ethik und der Geist des Kapitalismus, in: DERS., Gesammelte Aufsätze zur Religionssoziologie I, Tübingen ⁵1963, 17–206, 203.

ve und imaginative, bestätigende und herausfordernde Momente in Bezug auf die menschliche Existenz frei. Indem es als Szene geteilter Aufmerksamkeit uns in die durch Gottes Möglichkeiten qualifizierte Wirklichkeit neu einweist, erhält unser Selbstverständnis sein menschliches Maß. Sich als alternativlos aufdrängende Selbstverständlichkeiten und Deutungswelten werden heilsam irritiert, ängstlich bezweifelte Gewissheiten werden neu konstituiert, bedeutsame Fragen und Spannungen werden von unbedeutsamen unterschieden u. a. m. Durch das Kreuz als Riss im Gefüge der Wirklichkeit kommen eine neue Beweglichkeit und eine neue Wachheit in die Welt des Menschen und spielt Gott uns neue Möglichkeit zu, die kein Mensch von sich aus erzeugen kann. Kein Mensch kann von sich aus sagen: »Mir sind meine Sünden vergeben.« Indem wir uns als Christen und als Gemeinde ausrichten auf das Kreuz, wird ein Fokus gemeinsamer Aufmerksamkeit hergestellt, der dieses neue Selbstverständnis einer Existenz als gerechtfertigte Sünder konstituiert und es sprachtheoretisch allererst möglich macht, assertorisch von Gott zu reden. Gemeinsam ausgerichtet auf das Kreuz Christi können wir einander Sünden vergeben, weil sie im Kreuz Christi vergeben *sind* und wir nachvollziehen, was darin vollzogen wurde. Die gemeinsame Aufmerksamkeit auf das Kreuz Christi kann so das Selbstverständnis menschlicher Existenz in einer ebenso heilsamen wie realistischen Weise neu orientieren. Es wäre aber an der Kreuzesbotschaft nicht länger die Vereinzelung des individuellen Sünders hervorzuheben, sondern deutlich zu machen, inwiefern der gemeinsame Bezug auf den in der Geschichte Jesu Christi anwesenden Gott ein versammelnder, Menschen ins rechte Verhältnis zueinander setzender Bezug ist. Vor dem Kreuz Jesu sind Menschen weder als Solitäre noch als gesichtslose Masse zu verstehen.

7. Die Bedeutung des Todes Jesu für den Tod des Menschen und sein ewiges Leben

Der Tod Jesu wirft ein Licht auch auf unseren Tod. Wenn das Apostolikum schlicht feststellt, Jesus Christus sei gekreuzigt, gestorben und begraben, dann stellt es fest, dass Jesu Leben wie das jedes Menschen endete, wenn auch mit einem gewaltsamen Tod. Diese Feststellung impliziert an sich keinen Protest gegen den biologischen Tod als solchen, sondern zunächst gegen den unzeitigen Tod, gegen das Leiden und die Gewalt, die in diesem Tod triumphieren. Der Tod gehört wesentlich zum biologischen Leben. Es ist evolutionsbiologisch gesehen geradezu eine Notwendigkeit, dass die Elterngeneration stirbt und Platz macht für nachfolgende Generationen. Auch existentiell ist die Begrenztheit menschlicher Existenz vieldeutig. Sie ist Antrieb zur Lebensgestaltung im Endlichen, aber auch Entlastung davon, ewig weitermachen zu müssen. Sie umfasst Trauer über den Abschied aus Gemeinschaft und zugleich Trost darin, anderen das Feld überlassen zu können. Die Theologie jedenfalls sollte weder aus einer (religiösen oder existentiellen) Überhöhung oder Skandalisierung des Todes Kapital schlagen wollen noch natürliche, menschliche Gelassenheit gegenüber dem Tod als unzulässige Verharmlosung betrachten.[53]

Der *gewaltsame* Tod Jesu zeigt jedoch die *Macht* des Todes. Im Tod sind wir an unserem Ende, im Tod geschieht nichts mehr. Er kann deshalb zum schlagenden, endgültigen Instrument der widergöttlichen Mächte werden, ja er kann sich selbst als endgültige Macht inszenieren und endliche Verhältnisse mit dem Siegel der Endgültigkeit versehen. Als solche Macht wird er im Neuen Testament personalisiert und von Paulus als »der letzte Feind« (1 Kor 15,26) apostrophiert, der Gottes Zuwendung ins Unrecht zu setzen sucht. Der Tod Jesu entmachtet den Tod, indem gerade auch in diesem unzeitigen und skandalösen Tod Gott selbst sich ereignet. Gott bestätigt sein Gottsein im Leiden und Sterben Jesu eben dadurch, dass er Leiden und Tod nicht verdrängt, sondern sich in ihnen und gegen ihre den Menschen von Gott entfremdende Macht als der behauptet, der er ist. Leiden und Tod stellen nicht mehr das endgültige Ende und die nichtende Vernichtung von etwas dar, sondern erweisen sich als für Gottes Möglichkeiten anschlussfähig. Eben dieses Verschlingen des Todes in den Sieg zeigt die Auferstehung Jesu. Sie ist nicht Protest gegen den Tod als solchen oder Rückgängigmachung des Todes, sondern Protest gegen die *Macht* des Todes, gegen sein Urteil, gegen seine (End-)Gültigkeit, gegen seinen Anspruch, das letzte Wort zu sein. Das Leiden und Sterben Jesu als Angelpunkt der Bewegung Gottes

---

[53] Ich erinnere an Dietrich Bonhoeffers bekannte Sätze: »Ich möchte von Gott nicht an den Grenzen, sondern in der Mitte, nicht in den Schwächen, sondern in der Kraft, nicht also bei Tod und Schuld, sondern im Leben und im Guten des Menschen sprechen. […] Der Auferstehungsglaube *ist* nicht die ›Lösung‹ des Todesproblems« (D. BONHOEFFER, Werke VIII: Widerstand und Ergebung. Briefe und Aufzeichnungen aus der Haft, hg. v. C. Gremmels/E. Bethge/R. Bethge, München 1998, 405 f.).

zum Menschen macht auch deutlich, dass letztlich jedes menschliche Leben Fragment bleibt, dass der biologische Tod das menschliche Leben weder zur Ganzheit vollenden, noch es dem letzten Nichts auszuliefern vermag. Alles menschliche Leben ist auf die Vollendung im ewigen Leben ausgerichtet, der Übergang aber von dieser unserer endlichen und vielfach gebrochenen Existenz hin zur Teilnahme am Leben Gottes selbst kann immer nur eine Tat Gottes und Geschenk seiner Gnade sein.

So beginnt das ewige Leben schon in diesem Leben, aber eben gerade damit, dass wir aufhören, unser Leben selbst gewinnen zu wollen, und uns stattdessen Gottes Gnade anvertrauen und anderen Menschen hingeben. Und eben damit wird das Kreuz als Bezugspunkt gemeinsamer Aufmerksamkeit und geteilter Intentionalität zwischen Gott und Menschen zur Einweisung in eine Gestaltung irdischer Verhältnisse, die den Tod als Macht relativieren und das Leben der Menschen so zu gestalten sucht, dass der Todesverfallenheit menschlicher Existenz so gut wie möglich gewehrt wird und stattdessen menschliches Leben auf die Ermöglichung gelebter Fülle hin ausgerichtet wird – das alles aber als vorläufig versteht und alles endgültige Urteil Gott überlässt. Das Kreuz Jesu Christi wird als kommunikativ-effektive Einweisung in die christliche Lebensform insofern nicht erst dann richtig verstanden, wenn wir die richtige Theorie dafür haben, sondern wenn wir in der rechten Weise davon Gebrauch machen und »es Anlaß zum Wechsel von einem selbstzentrierten zu einem gottzentrierten Leben gibt«.[54]

[54] Dalferth, Gekreuzigte (s. Anm. 24), 48.

Reflexionen und Impulse zur Diskussion

Alexander Dölecke

1. Überlegungen zum Thema

»... gelitten unter Pontio Pilato, gekreuziget, gestorben und begraben« – mit dieser Doppelzeile aus dem zweiten Artikel des Apostolikums ist die historische Dimension des Leidens und Sterbens Jesu am Kreuz von Golgatha bezeichnet. Durch die Nennung des römischen Statthalters sind die angedeuteten Ereignisse weltgeschichtlich verortet[1] und ist gar (neben der freilich als Jungfrau gekennzeichneten Maria) eine historische Person im Christus-Artikel des Bekenntnistextes namentlich identifiziert. Die faktischen Geschehnisse des aufsehenerregenden und gewaltsamen Kreuzestodes und des Begraben-Seins des jüdischen Wanderpredigers aus Nazareth dürften heute keinen überzeugenden Widerspruch mehr erfahren. Zu dieser Bekenntniszeile, die der Ebene der *historisch* fassbaren Aussage zuzurechnen ist, verhält sich hingegen die von den Herausgebenden des Bandes gewählte, sie interpretierende Titelzeile auf den ersten Blick einigermaßen spröde: Wenn diese den »Tod des ewigen Gottes und das ewige Leben der Menschen« fokussiert, wird sogleich im Aufruf der Heils- und Erlösungsbedeutung des Kreuzesgeschehens das zentrale christliche *Deutungsparadigma* dieses Ereignisses präsentiert.[2]

In der Tat, mit der genannten Passage des Apostolikums ist nicht allein die Mitte des Bekenntnistextes, sondern auch der Kern christlichen Bekennens aufgerufen.[3] Das Kreuzesgeschehen markiert das

---

[1] Vgl. K. BARTH, Dogmatik im Grundriß [1947], Zürich [10]2011, 128: »Dieser Name im Zusammenhang mit dem Leiden Christi macht es unüberhörbar klar: dieses Leiden Jesu Christi [...] geschah nicht im Himmel, nicht auf irgend einem fernen Planeten oder gar in irgend einer Ideenwelt, das geschah *in unserer Zeit*, mitten in der Weltgeschichte, in der sich unser menschliches Leben abspielt.«

[2] Dieses Verhältnis nennt Roland Deines zu Beginn seines Beitrags einen »Gegensatz« zwischen einer von einer großen Mehrheit unbestrittenen historischen Aussage einerseits und einer theologischen Aussage andererseits, die kaum mehr Anspruch auf Akzeptanz erheben könne.

[3] Ingolf U. Dalferth verweist darauf, dass die soteriologische Dimension der einzelnen Bekenntnisaussage über dessen Kontext eingespielt wird: »Erst

Zentrum des christlichen Glaubens und fungiert gar als eine alle anderen christlich-religiösen Bekenntnisaussagen präfigurierende Prädikation Gottes und des Menschen. Oder anders gewendet: Ohne das Kreuzesgeschehen würden alle anderen Aussagen ihren Zusammenhang verlieren. Die auf dieses Kreuzesgeschehen rekurrierenden Bekenntniszeilen verweisen einerseits auf die Inkarnation des Gottessohnes und dessen irdische Existenz, die von Leiden geprägt ist und konsequent auf sein Sterben auf Golgatha zuläuft,[4] und andererseits auf die alles umwertende Kraft der Offenbarung Gottes im Christus und das mit ihr gesetzte neue Leben des Menschen.

Im Kreuz – so versteht das glaubende Ich die historisch zunächst »neutralen« Ereignisse – zeigt sich die sich am Inkarnierten austobende Macht des Menschen dergestalt, dass der Schöpfer und Erhalter des Kosmos als ihr gegenüber ohnmächtig vorgestellt wird und das Kreuz derweil als Zeichen der Niederlage des göttlich Gesandten erscheinen muss. Mit dem Kreuz als Ausdruck von Schmach und Gottesferne bleibt dann auch auf Dauer die Schwäche und Sünde des Menschen verbunden.[5] In paradoxer Weise steht das Kreuz Christi jedoch zugleich für die Begrenztheit selbst der größten weltlichen Macht, die von der Allmacht der Liebe Gottes überwunden wird: »Darin […] erweist sich eben die Macht der Liebe Gottes als unübertrefflich und unnachahmlich groß, dass sie die Ohnmacht des

---

der Gesamtzusammenhang des Bekenntnisses und die Kontextualisierung dieser Ereignisse in einer (quasi-)narrativen Sequenz, die nicht nur Jesu Leben und Sterben, sondern auch das Handeln Gottes bei seiner Empfängnis, Auferweckung und Himmelfahrt umfaßt, geben einen Hinweis auf die soteriologische Relevanz dieser Ereignisse und lassen erkennen, warum Christen diesen Jesus als Christus und ihren Herrn bekennen« (I.U. Dalferth, Der auferweckte Gekreuzigte. Zur Grammatik der Christologie, Tübingen 1994, 237).

[4] Es sei nur kurz auf die Beobachtung hingewiesen, dass zwischen den Aussagen der Jungfrauengeburt und des Leidens unter Pontius Pilatus Jesu gesamte irdische Existenz, die mit den Stichworten Heilung, Gemeinschaftsstiftung, Schriftauslegung und Reich-Gottes-Botschaft bestenfalls schematisch umrissen sein kann, im Apostolikum ausfällt. Gilt diese dem Apostolikum als schlicht irrelevant und kommt ergo die irdische Wirksamkeit des inkarnierten Gottessohnes gar nicht vor im Bekenntnistext? Oder wird sie der Aussage »gelitten unter Pontius Pilatus« subsumiert, so dass Jesu irdische Lebensgeschichte als ganze bereits als Leidensweg ausgewiesen wird? Zu letztgenannter Deutung vgl. Barth, Dogmatik im Grundriß (s. Anm. 1), 119–126.

[5] Vgl. M. Welker, Gottes Offenbarung. Christologie, Neukirchen-Vluyn 2012, 174: »Das Kreuz offenbart die Sünde der Welt in ihrer abgründigen Gestalt. Es steht für den Triumph der Mächte der Welt über die Gegenwart und Offenbarung Gottes.«

Kreuzesleidens und den Tod nicht scheut.«[6] – Ohnmacht und Allmacht, menschliche Gottesferne und göttliche Liebestat, Niederlage und Neubeginn: Das Kreuz wird als Ausgangspunkt und Urgrund der Versöhnung begriffen. Es macht allem menschlichen Drängen und Verlangen, selbst wie Gott sein zu wollen, ein Ende[7] und etabliert ein neues Gottesverhältnis des Menschen, das die Aufhebung einer permanenten Trennung von Schöpfer und geschöpflicher Welt bedeutet und dem Tod insoweit seine bedrohliche Endgültigkeit nimmt. Der inkarnierte Gottessohn nimmt das Schicksal des von Gott getrennten Menschen auf sich und ermöglicht diesem die Erfahrung von Vergebung, Zugehörigkeit und einer vom Ewigen getragenen Liebe. Misstrauen und Mutlosigkeit des Menschen können ausgehend von der im Kreuz sich zeigenden Gottestat verwandelt werden in Treue und Gemeinschaft des Menschen mit Gott und untereinander.[8] Der auf sich selbst zentrierte und auf Selbstoptimierung zielende Mensch wird zu einem »gottzentrierten Leben« gerufen, wobei das Kreuz ihn lockt, das Leben »nicht nur in einem theoretischen Reflexionsverhältnis zu Gott, sondern in einem praktischen Lebensverhältnis zum Vater Jesu Christi zu fundieren«.[9] Vertrauen, Lieben und Hoffen finden im Kreuz Christi ihre unerschöpfliche Quelle und ihren Richtungssinn. Wie nirgends sonst drückt sich hier jenes *pro nobis* der Gottesbewegung aus, die sich in Jesus Christus die Tiefen der Welt erschließt.[10]

---

[6] A. Käfer, Glauben bekennen, Glauben verstehen. Eine systematisch-theologische Studie zum Apostolikum, ThSt. NF 9, Zürich 2014, 24.

[7] Vgl. Dalferth, Der auferweckte Gekreuzigte (s. Anm. 3), 43: »Unser Tun führt in der Tat in den Tod – was immer wir tun. Doch unser Ziel, Gott gleich zu sein, erreichen wir dennoch – wenn auch auf ganz andere als die von uns anvisierte Weise. Nicht durch unser Wissen, Planen und Tun, sondern durch Gottes – im Wortsinn zu verstehendes – Entgegenkommen. Dafür steht das Kreuz. Am Kreuz geht Gott auf unseren Urwunsch ein – und stellt alles auf den Kopf. Wir wollten sein wie Gott: unsterblich und wissend um Gut und Böse. Jetzt sind wir wie Gott, weil er am Kreuz wie wir wurde: sterblich und ohne Antwort auf die letzten Warum-Fragen […].«

[8] Vgl. Käfer, Glauben bekennen, Glauben verstehen (s. Anm. 6), 64: »Im Leiden und Sterben Jesu Christi begegnet er [d. i. Gott der allmächtige Schöpfer] dem sündigen Menschen in versöhnender Liebe. […] Dem Gotteszweifel […] begegnet er, indem er sich selbst ohnmächtig Leid und Angst ausliefert, um den Angefochtenen und Verzagten nahe zu sein, um ihr Vertrauen zu gewinnen und sie mit sich zu ewigem Leben zu führen.«

[9] Dalferth, Der auferweckte Gekreuzigte (s. Anm. 3), 48.

[10] Vgl. a. a. O., 45: »Während und weil wir im Drang, Gott gleich zu sein, unabsichtlich, aber unaufhaltsam von ihm weg und in den Tod drängen, begibt sich Gott absichtlich und ohne Vorbehalt dorthin, wo wir sind.«

Aufgrund seiner für das Gottesverhältnis jedes Einzelnen elementaren Bedeutung und des sich mit ihm verbindenden Anspruchs auf die Selbst- und Weltdeutung des Menschen ist das Kreuz Christi freilich von Beginn an zu einem Zeichen geworden, an dem sich die Welt scheidet: in jene, die in ihm Versöhnung, Sühne im Sinne einer Heilung des Zerstörten[11] und Rettung des eigenen Lebens wie der ganzen Welt erkennen, und in eine Gruppe solcher, die Anstoß daran nehmen, in einem Zeichen der sich austobenden Gewalt unüberbietbare Gottesnähe und die Tiefe der göttlichen Zuwendung zu den in Schuld verfallenen und verstrickten Menschen zu vernehmen, und die also nicht nur dem Symbol, sondern auch dem damit verbundenen Aussagegehalt unverständig gegenüberstehen. Dabei verläuft die Trennlinie nicht allein zwischen jenen, die sich als Christinnen und Christen verstehen, und solchen, die ihr Leben ohne Christus zu gestalten meinen. Vielmehr durchkreuzt das Kreuz auch die selbstinszenierten und selbstapotheotischen Gottes- und Selbstbilder derer, die der christlichen Lebensdeutung nahestehen. Nirgends anders denn am Kreuz »werden wir deutlicher und unausweichlicher darauf hingewiesen, dass Gott nicht nur ein weltanschauliches Ausstattungsaccessoire ist, das uns in einer zerrissenen und widersprüchlichen Welt zu einem Reim auf das Ganze verhilft«.[12] Anders gesagt: Das Bild des Menschen von Gott, der Welt und auch von sich selbst erfährt im Kreuz Christi eine Neubestimmung, die auf das Ganze menschlichen Glaubens und Lebens zielt und gleichwohl als solche durchgehend passiv konstituiert ist. Jede menschliche Mitwirkung am Heil, ergo an der Erschließung des durch Christus vermittelten Wirklichkeitsverständnisses, wird konsequent als ausgeschlossen erfahren und beschrieben.[13] Das sich im Kreuz Christi erschließende Gottes-, Welt-

[11] Vgl. hierzu M. Weinrich, Die Weisheit des Kreuzes. Annäherungen im Gespräch mit der Gemeinde, in: H.-P. Großhans u. a. (Hg.), Schuld und Vergebung (FS M. Beintker), Tübingen 2017, 417–430, 426–429, sowie ferner Dalferth, Der auferweckte Gekreuzigte (s. Anm. 3), 237–315; Welker, Gottes Offenbarung (s. Anm. 5), 179–194; J. Werbick, Gott-menschlich. Elementare Christologie, Freiburg i. Br. 2016, 176–191. – Für die Unverzichtbarkeit des Sühne- und Opferbegriffs bei der Deutung des Kreuzes plädiert B. Janowski, »Hingabe« oder »Opfer«? Zur gegenwärtigen Kontroverse um die Deutung des Todes Jesu, in: R. Weth (Hg.), Das Kreuz Jesu. Gewalt – Opfer – Sühne, Neukirchen-Vluyn 2001, 13–43.

[12] Weinrich, Die Weisheit des Kreuzes (s. Anm. 11), 419.

[13] Vgl. N. Slenczka, Die Christologie als Reflex des frommen Selbstbewusstseins, in: J. Schröter (Hg.), Jesus Christus, ThTh 9, Tübingen 2014, 181–241, 233.

und Selbstbild des Menschen sowie die sich aus seiner neu etablierten Gottesbeziehung ergebende Wirklichkeit eines Lebens in Vertrauen, Gerechtigkeit und Zuversicht kennzeichnet den Charakter einer die Kooperation des Menschen exkludierenden Gabe.

Die beiden vorstehenden Beiträge zur neutestamentlichen und zur systematisch-theologischen Deutung des Kreuzesgeschehens sind jeweils durchzogen von der das Apostolikum und seine Auslegung insgesamt kennzeichnenden Frage des Verhältnisses von historisch-öffentlicher und deutender Beschreibung des Christusgeschehens. Während diese Beobachtung zu Beginn des neutestamentlichen Beitrags – hier als »garstiger Graben« bezeichnet – in die Kategorien von historisch und theologisch gebracht wird, findet sie sich im systematisch-theologischen Text als Gegenüber von objektiv und subjektiv, von historischem Geschehen und Deutung dargestellt. Nicht erst in Zeiten zuweilen geforderter »notwendiger Abschiede«[14] ist die Deutungsebene jedenfalls umstritten und bedarf reflektierender und diskursiver Klärungen zum Verständnis dessen, was das Apostolikum knapp mit »[…] gelitten unter Pontio Pilato, gekreuziget, gestorben und begraben« verhandelt.

2. Zum Beitrag von Roland Deines

Nach einer im Ganzen bedenkenswerten Kritik gegenwärtiger kirchlicher Verkündigung, die jenseits- und ewigkeitsvergessen vor allem ethische Themen aufrufe und Fragen des innerweltlichen Friedens und der zwischenmenschlichen Gerechtigkeit zuungunsten einer lebendigen und trostvollen Explikation christlicher Hoffnung ins Zentrum ihrer öffentlichen Kommunikation rücke, wird im *neutestamentlichen Beitrag* dieser Einheit die Absenz der Themen Sündenvergebung und ewiges Leben in der historischen Jesusforschung markiert.[15] Gerade das neutestamentliche Zeugnis selbst aber nötige mit seinen »für euch«-Aussagen dazu, die soteriologische Dimension des Leidens und Sterbens Jesu sogleich mitzudenken. Dabei komme der Sünden-

[14] Vgl. K.-P. Jörns, Notwendige Abschiede. Auf dem Weg zu einem glaubwürdigen Christentum, Gütersloh [2]2005, bes. 286–341.

[15] Deines vollzieht diese Beobachtung methodisch in Aufnahme der bekannten, posthum als »Fragmente eines Ungenannten« durch Gotthold Ephraim Lessing veröffentlichten Schrift des Hermann Samuel Reimarus, deren Grundmotive der heutigen Exegese strukturell verwandt seien.

vergebung konstitutive Bedeutung zu, denn allein durch sie gewinne die bereits in vorneutestamentlicher Zeit angenommene nachtodliche Existenz die Qualität einer zu hoffenden und mit Freude zu erwartenden. Demgegenüber werde sie jedoch in der historischen Jesusforschung in der Regel allein im Kontext der Diskussion des jesuanischen Vollmachtsanspruches verhandelt und eben nicht in Verbindung mit der Bedeutung seines Todes als eines Geschehens für andere; demnach komme sie erst als nachösterliches Interpretament der von diesem Geschehen bereits erfassten Glaubenden in den Blick. Die gegenwärtige neutestamentliche Wissenschaft kennzeichne in der Folge ein »erstaunliches Paradox«:[16] Einerseits könne sie in Leiden, Sterben und Auferstehen des Inkarnierten vielfach nicht das Zentrum und Integral seines Wirkens sehen, weil so das mitmenschliche und insofern vorbildliche Handeln des einen gottwohlgefälligen Menschen deklassiert würde; andererseits stehe sie vor dem nicht zu leugnenden Befund, dass das obzwar mehrdimensional und pluriform entfaltete, in seiner Grundaussage gleichwohl eindeutige Bekenntnis zum Kreuzestod als Heilsgeschehen zur Vergebung der Sünden von den allerersten Tagen an konstitutives Element christlicher Selbstdeutung, Überlieferung und Verkündigung gewesen sei.

Zur Bearbeitung dieser »Verlegenheiten des soteriologischen Kerygmas«[17] verweist der neutestamentliche Beitrag sodann darauf, dass aus einer konsequent die Inkarnation Gottes in Jesus Christus denkenden Perspektive am Kreuz nicht nur das Heil der Welt, sondern – des ihr inhärenten Wagnisses eines möglichen Scheiterns wegen – auch Gottes eigenes Sein und Integrität auf dem Spiel stehe. Gegen alle Lesarten des Kreuzes als eines von einem fernen Gott erzwungenen Satisfaktionsgeschehens sei auf das »Leiden des Vaters in der Passion seines Sohnes«[18] ebenso zu verweisen wie auf das

---

[16] R. Deines, Der Tod des Gottessohnes und das ewige Leben der Menschen, in diesem Band 183–210, 201.

[17] Ebd.

[18] Deines, Tod (s. Anm 16), 206f. Er verweist an dieser Stelle auf den sich zur Heilsbedeutung des Kreuzes äußernden Grundlagentext der EKD, der mittels eines umfassenden theologiegeschichtlichen Durchgangs die verschiedenen Lesarten des Kreuzes Christi darstellt und betont: »Nicht Gott galt es durch das Versöhnungsgeschehen umzustimmen, sondern es galt, die Menschen neu und definitiv für Gott zu gewinnen« (Für uns gestorben. Die Bedeutung von Leiden und Sterben Jesu Christi. Ein Grundlagentext des Rates der Evangelischen Kirche in Deutschland, hg. v. Kirchenamt der EKD, Gütersloh 2015, 32).

Desinteresse der neutestamentlichen Texte an einer allzu konkreten Darstellung des Kreuzesleidens und einer demgegenüber beobachtbaren Zentralstellung des Gehorsams Jesu »bis zum Tode, ja zum Tode am Kreuz« (Phil 2,8). Insofern eigne der Inkarnation Gottes im Christus der Charakter eines »historischen Anfangsdatums«;[19] die liebende und bis ans Ende durchhaltende Hingabe Christi bilde den Sinngrund für eine Deutung des Kreuzes als eines Heilsgeschehens, die sich den kritischen Anfragen redlich stelle, sie aber letztlich zurückweisen müsse.

Gegenüber dieser Schlusspointe des neutestamentlichen Beitrags ist als Frage zu markieren, worin nun eigentlich genau Motiv und Gewinn einer Darstellung liegen können, die auf einer »ursprünglichen ontologischen Hochchristologie«[20] gründet. Obgleich sich Anknüpfungspunkte an eine soteriologisch orientierte Entfaltung des im Leben und Sterben Christi offenbaren Gottesgeschehens erkennbar gut ergeben, bleibt zu fragen, wo die Grenzen zwischen einer rein historischen und einer deutenden Wahrnehmung der Ereignisse, die uns selbst wiederum nur in gedeuteter Form zugänglich sind, liegen, wenn die Inkarnation Gottes im Christus dezidiert als historisches Anfangsdatum auch für eine historisch arbeitende Wissenschaft aufgerufen wird. Können heutige Leserinnen und Leser überhaupt noch dahin kommen, entscheiden zu können, ob Jesus und seine Schülerschaft selbst mit dem grausamen Schicksal des Inkarnierten gerechnet und ob sie sein Leben und Sterben selbst als Akt der liebenden Hingabe verstanden hatten? Mit Blick auf das Selbst- und Weltverstehen der Zeitgenossen Jesu dürfte wohl allerdings mit einer tiefen Krisenerfahrung angesichts der Hinrichtung ihres Gotteslehrers zu rechnen sein. Insofern scheint sich mit dem Aufkommen der in Christus gründenden Auferstehungshoffnung eine grundsätzliche Neujustierung der Deutung des Gekreuzigten als des Christus zu ergeben.[21] Aus der Aporie, das Christusgeschehen nur nachösterlich beschreiben zu können, kommen Bekennende und Auslegende jedenfalls nicht heraus.

Darüber hinaus fokussiert die Darstellung von Deines stark auf das Motiv der Sündenvergebung. In Abgrenzung zu jenen Auffassungen, die das Thema der Sündenvergebung allein im Kontext des messianischen Vollmachtanspruchs Jesu diskutieren, wird hier dafür

---

[19] Deines, Tod (s. Anm 16), 210.

[20] Ebd.

[21] Vgl. R. von Bendemann, Die Fülle der Gnade – Neutestamentliche Christologie, in: Schröter, Jesus Christus (s. Anm. 13), 71–118, 83–85.

plädiert, die Frage der Vollmacht zur Sündenvergebung auch mit dem eigenen Tod Jesu zu verbinden. Es müsse ausgehend vom neutestamentlichen Befund angenommen werden, dass das Sterben Jesu für unsere Sünden von diesem schon in der Zeit seines irdischen Wirkens selbst erkannt worden sei; der soteriologische Sinn seines Leidens für andere habe ihm also bereits vor Augen gestanden. Insofern begegne mit der Vergebung der Sünden das entscheidende Motiv des Christusgeschehens, unter das andere, elementar mit dem Kreuz verbundene Sprach- und Deutungsformen subordiniert werden. Zu fragen ist, ob diese tatsächlich nichts anderes als Entfaltungsformen des unbestreitbar zentralen Motivs darstellen oder ob mit ihnen – exemplarisch sei einzig auf die Deutung des Kreuzes als Befreiungsgeschehen verwiesen, mit dem etwa eine Analogie zum Gotteshandeln am und für das Volk Israel möglich wird – nicht doch Eigenes, nicht Verrechenbares ausgesagt werden kann.[22] Vor diesem Hintergrund mag es nachgerade als Gewinn erscheinen, dass sich das Apostolikum, wohlgemerkt nur in seinem zweiten Artikel, verbindlicher Aussagen zur Bedeutung des Kreuzesgeschehens enthält und so einen Deutungsraum für eine vielgestaltige Aufnahme neutestamentlicher Motive zum Verständnis des Kreuzesgeschehens eröffnet.

3. Zum Beitrag von Dirk Evers

Gleichsam anknüpfend an den neutestamentlichen entfaltet der *systematisch-theologische Beitrag* dieser Sektion das Kreuz Christi zunächst als historisches Ereignis, das im Licht des Ostergeschehens nicht nur zur Konstituierung der Gemeinde, sondern auch zu einem trinitarisch differenzierten Verstehen Gottes wie zu einer erneuerten Sicht des Menschen, seiner Schuld, seiner Erneuerung und seines Handelns in der Welt führe. Im Kreuz verbinde sich dabei ein Geschehen, das sich

[22] Vgl. a.a.O., 116: »Der Schatz neutestamentlicher Narrative, Metaphern, diskursiver Vorstellungen und Ausdrucksformen zeigt, dass die Bedeutung Jesu Christi nicht in einem einzigen Sprachspiel zu erschöpfen ist, vielmehr immer und je neu zur Versprachlichung und Verwirklichung drängt. [...] Vom Neuen Testament selbst her eröffnet sich damit ein Freiheitsraum, innerhalb dessen das Christusgeschehen in seiner Bedeutung in veränderten Zeiten und Situationen je neu durchzubuchstabieren ist, wobei auch innovativ-schöpferische Sprach- und Ausdrucksformen zu finden sind.« Vgl. ferner H. Fischer, Musste Jesus für uns sterben? Deutungen des Todes Jesu, Zürich 2008.

vollkommen außerhalb des menschlichen Eingriffs vollziehe, mit einer zugleich alle Menschen elementar betreffenden Bedeutung desselben, die auch dann bestehe, wenn einzelne oder alle Menschen ihm diese nicht zuerkennten.

Die Frage des Verhältnisses von gleichsam objektivem Heilsgeschehen und subjektiver Aneignung wird sodann in eigener Weise aufgenommen: Ist mit dem Kreuz nicht allein das Geschick dieses einen Juden vor zweitausend Jahren, sondern unser aller Geschichte verbunden, sei zu fragen, wie dieses Geschehen der Versöhnung der Welt, der Zurechtbringung der Beziehungen genauer zu denken und zu vermitteln sei. Dabei habe das neuzeitliche Denken die Antworten der Tradition einer Kritik unterzogen, die heutzutage redlich nicht unterlaufen werden dürfe. Neuzeitliche liberale Theologie habe in der Folge jedoch christologische Aussagen zunehmend allein als Reflexionsgestalten des religiösen Selbstbewusstseins verstanden; religionshermeneutische und subjektivitätstheoretische seien an die Stelle dogmatischer Reflexionen getreten. Christologische Aussagen würden hier nicht als objektive Wirklichkeitsbeschreibungen verstanden, sondern dienten der Selbstreflexion des religiösen Subjekts.[23] Insofern würden mit der Aufgabe des objektiven Bezugs zum einen der Anhalt dieses Reflexionsvorgangs an den historischen Geschehnissen um die Hinrichtung Jesu von Nazareth und an den neutestamentlichen Schwerpunktsetzungen und zum anderen die »Externitätsrelation« und der »Widerfahrnischarakter«[24] des Glaubens fraglich. Auch der

---

[23] Evers nimmt hier beispielhaft Bezug auf die Positionen von Jörg Lauster und Christian Danz (vgl. D. Evers, Das Kreuz Jesu Christi als Wende. Hermeneutische Überlegungen zu Jesu Leiden und Sterben, in diesem Band, 211–235, 217 Anm. 10 und 218 Anm. 19). In ähnlicher Weise formuliert auch Notger Slenczka mit programmatischer Absicht: »Die spezifisch christliche ›Rede von Christus‹ entpuppt sich als Moment der Rede des Christen von sich selbst« (N. Slenczka, Problemgeschichte der Christologie, in: E. Gräb-Schmidt/R. Preul [Hg.], Christologie, MJTh 23/MThSt 113, Leipzig 2011, 59–111, 60). Vgl. ebenso F. Wittekind, Soteriologische Christologie als wahrheitstheoretische Darstellung des Selbstverhältnisses im Glauben, in: R. Barth/A. Kubik/A. von Scheliha (Hg.), Erleben und Deuten. Dogmatische Reflexionen im Anschluss an Ulrich Barth (FS U. Barth), Tübingen 2015, 235–253.

[24] Evers, Kreuz (s. Anm. 23), 219. Man kann es auch anders formulieren: Während eine alleinige Fokussierung auf eine »vermeintlich objektive[.] Realität des Christusgeschehens« (a. a. O., 220) die Perspektive des glaubenden und sich das Christusgeschehen aneignenden Menschen außer Acht zu lassen droht – dieser Gefahr kann möglicherweise auch der neutestamentliche Beitrag

Bezug auf die Theologie der Reformatoren gehe mit einer rein subjektivitätstheoretischen Fassung der christologischen Aussagen weitgehend verloren.

Mit einem eigenen Vorschlag sucht der systematisch-theologische Beitrag dieses Kapitels zwischen einer auf objektive Geschehnisse rekurrierenden Christologie einerseits und einer rein subjektiven Aneignung derselben andererseits zu vermitteln, indem das Kreuzesgeschehen mit seinem Anredecharakter als effektiv-kommunikativer Vorgang wahrgenommen wird. Das Wesen des Kreuzes kennzeichne eine »narrative kommunikative Gestalt«,[25] die auf die Integration des Menschen in die Geschichte Gottes mit der Welt ziele. Gott selbst offenbare sich am Kreuz als leidend, richtend und treu; erst durch Christus könne das Wirken Gottes in seinem Zusammenhang von Schöpfungs-, Erlösungs- und Vollendungshandeln erschlossen werden. Zugleich zeige sich am Kreuz das wahre Wesen des menschlichen Daseins: Das diese Geschichte Christi vernehmende »Wesen der Wende«[26] finde sich in die Bewegung Gottes zum Menschen hin einbezogen, die dem Vernichtungswillen des Todes das letzte Wort durchschlagend bestreite.

Mit den aus der Entwicklungsbiologie entlehnten Figuren der »gemeinsamen Aufmerksamkeit« und der »geteilte[n] Intentionalität« könne das Kreuz als »narrativ verdichtete Szene« in den Blick genommen werden: Gott und Mensch beziehen sich gemeinsam auf die Geschichte Christi.[27] Im Kreuz zeige sich sowohl des Menschen Stand vor Gott als auch dessen bis in den Tod gehende Treue gegenüber dem Menschen; zugleich weise es über sich hinaus auf die Verkündigung und die Auferstehung Jesu.

Wie die Ausführungen präzise die mit dem Kreuzesgeschehen verbundenen Dimensionen der Gott-Mensch-Beziehung erfassen, so überzeugt in gleicher Weise der interpretative Vorschlag, im Kreuz Christi ein »effektiv-kommunikatives Ereignis«[28] zu sehen. Ob der Rekurs auf die Sprachfigur der »gemeinsamen Aufmerksamkeit«

---

nicht ganz entgehen –, bleibt ein rein subjektivitätstheoretisch gefasster Deutungsprozess ausschließlich auf der Seite des Menschen verhaftet.

[25] A. a. O., 222.

[26] A. a. O., 223, unter Bezugnahme auf eine Formulierung Eberhard Jüngels (E. Jüngel, Zur Freiheit eines Christenmenschen. Eine Erinnerung an Luthers Schrift, in: ders., Indikative der Gnade – Imperative der Freiheit, Tübingen 2000, 84–160, 135).

[27] Evers, Kreuz (s. Anm. 23), 227 f.

[28] A. a. O., 211.

für die Entfaltung des Gedankens notwendig ist, sei dahingestellt. Durch sie darf jedenfalls nicht das alles Wendende der Versöhnungstat Gottes und die fundamentale Unterbrechung des Weltenlaufs durch die Inkarnation Gottes im Christus und durch die Überwindung der Todesmacht in Kreuz und Auferstehung in den Hintergrund treten. Insofern kommen den Entfaltungen in den beiden Schlussabschnitten des Beitrags entscheidende Bedeutung zu: Durch das Kreuz als »Riss im Gefüge der Wirklichkeit«[29] werde die Welt erlöst und erneuert, werden Menschen zu einem Leben befähigt, das auf Gerechtigkeit aus ist und zwischenmenschliche Vergebung ermöglicht – ein Leben, das sie von sich aus nicht führen könnten. Die Christinnen und Christen gemeinsame Aufmerksamkeit auf das Kreuz hin orientiere sie aufeinander und auf die Ansage der neuen Welt Gottes.

Kritisch zu fragen ist allein, in welcher Weise das tiefe Zerbrechen der Gottesbeziehung des Inkarnierten – wie sie etwa in dem Psalm 22 entlehnten Gebet des Gekreuzigten (Mk 15,34) aufscheint – in das Konzept der gemeinsamen Aufmerksamkeit integriert werden kann und wie es Gott selbst in seinem Innenverhältnis tangiert. Im Gekreuzigten zeigt sich nämlich Gott selbst, genauer: Der Ewige selbst stirbt auf Golgatha den Verbrechertod.[30] Der vom Glaubenden am Kreuz als Gott Erkannte findet sich in äußerster Gottesferne vor. Das höchst Spannungsvolle, das im Ausruf der Gottverlassenheit zum Ausdruck kommt, muss jedenfalls in der Beschreibung des Kreuzesgeschehens aufgenommen werden.[31] Mit Blick auf die menschliche Seite kann

---

[29] A. a. O., 233.

[30] Geringfügig anders formuliert Evers: »Wird Gott selbst als mit seinem Wesen am Leben, Leiden und Sterben Jesu *beteiligt* verstanden, dann folgt daraus auch eine ›Dynamisierung der Wirklichkeit Gottes selbst‹« (a. a. O., 223). An anderer Stelle (a. a. O., 230) heißt es: »Dass im Leben, Leiden und Sterben Jesu Gott selbst gehandelt hat, gegenwärtig war und sich mitteilt, kann als Grundimpuls des christlichen Glaubens verstanden werden«, und »Gott selbst [nimmt] den Tod in sich auf […].« Die zitierten Formulierungen lassen die Radikalität des Gedankens, dass in Jesus Christus *Gott selbst* gelebt, gelitten hat und gestorben ist, etwas abgeschwächt erklingen. Jedoch gilt, wiederum mit Evers: »Leiden, Kreuz, Tod und Auferstehung Jesu sind […] zu verstehen als Ereignisse im Leben Gottes selbst« (a. a. O., 230).

[31] Vgl. Käfer, Glauben bekennen, Glauben verstehen (s. Anm. 6), 51: »Dieses Leid, der Zweifel an Gottes Allmacht und Zuwendung, das tiefste Elend der Gottlosigkeit wird am Kreuz von Gott selbst erlebt. Aus Liebe und in Liebe erleidet der Menschgewordene, der von Menschen als Sünder gekreuzigt ist, in seiner Ohnmacht das ganze Ausmaß der Sünde. Er erleidet am Kreuz die tiefste Not der Gottesferne oder vielmehr Gotteszweifel. […]

zudem gefragt werden, welchen Stellenwert der Klage als eigenem Kommunikationsmodus im Gottesverhältnis derer eingeräumt wird, denen das Kreuz als Vermittlung zwischen Gott und Mensch erscheint und die in die christliche Lebensform eingewiesen sind.

In ähnlicher Weise wie Deines, der die Vergebung der Sünden als zentrales Motiv des Kreuzesgeschehens benennt, bestimmt Evers den Menschen als unter der Macht der Sünde stehend und beschreibt Leiden und Tod des Inkarnierten unter Perspektive der Vergebung der Sünde, der »fundamentale[n] Unterbrechung, einer Wendung menschlicher Existenz«.[32] Dabei rekurriert Evers allenfalls ansatzweise auf eine Deutung des Todes Jesu als Sühne und Opfer. Dies könnte daran liegen, dass mit einer von gemeinsamer Aufmerksamkeit ausgehenden Lesart des Kreuzes eine doppelte Bewegung in den Blick genommen wird: Gott offenbart dem Menschen seine Nähe und Rettung, und der Mensch wird von Gott hineingenommen in eine Bewegung, die ihn für Gott und die Menschen öffnen lässt. Kommunikation und Kooperation sind folglich die zentralen Stichworte. Zu überlegen ist, ob hingegen – etwa mit Anschluss an andere zentrale Deutungsmuster des Todes Jesu – nicht stärker die bleibende Asymmetrie des Gott-Mensch-Verhältnisses, die auch nachösterlich und bis zur endgültigen Vollendung der Welt bestehen bleibt, betont werden müsste.

Zu prüfen ist zudem, ob mit der Betonung des Anredecharakters von Leid und Kreuz Christi der im Eingangsteil der Ausführungen angesprochenen Diastase wirklich aus dem Weg gegangen wird. Eine Überwindung der eigentlich, wie dargestellt, zusammengehörenden Dimensionen kann es letztlich nicht geben. Die vorgenommene Beschreibung des Verhältnisses von Gott und Mensch als kommunikatives Geschehen kommt nicht umhin, das Kreuz (zumindest auch) als reale Heilstat *extra nos* zu verstehen – und dies allein schon deshalb, weil Gott als personal handelnd gedacht wird. Wenn das Verhältnis von Gott und Mensch als Kommunikationsgeschehen begriffen wird, in das der Mensch durch die Inkarnation Christi hineingenommen wird, dann stellt die Wirklichkeit des Glaubens jedenfalls mehr und anderes dar als einen rein innersubjektiven Reflexions- und Interpretationsvorgang; Gott selbst ist dann als reales Gegenüber und die von ihm geschenkte Erlösung ist im Leben des Glaubenden als wirksame Folge der Gottesbegegnung zu verstehen. Auch die »ob-

Indem er selbst das Elend des Gotteszweifels erleidet, begegnen am Kreuz die Sünde des Menschen und die Liebe Gottes in unübertrefflich engster Weise.«

[32] Evers, Kreuz (s. Anm. 23), 232.

jektive« Seite des Kreuzesgeschehens bliebe freilich sinnlos, wenn ihr nicht die menschliche Aneignung des Heils korrespondierte. Insofern müssen die »objektive« und die »subjektorientierte« Dimension des Kreuzesgeschehens miteinander korrelieren. Wenn Evers mit seinem relationalen Ansatz entsprechend betont, dass beide Aspekte zwar zu unterscheiden, jedoch konsequent zusammenzuhalten sind – das Christusgeschehen und seine Aneignung durch den Glauben des Menschen –, dann kann dies nur unterstrichen werden. Um das Bild von Evers aufzunehmen: Für ein Verständnis des Gott-Mensch-Verhältnisses in der zweiten Person bedarf es also sowohl der ersten als auch der dritten Person.

4. Das Kreuz als Ort der Liebe Gottes

Das Kreuz regt nicht allein zum diskursiven Austausch über interpretierende Deutungen an, es fordert Menschen zur Stellungnahme und Antwort auf. Die Radikalität der Inkarnation Gottes im Christus zeigt sich im Kreuz in unüberbietbarer Weise. Es stellt die menschliche Rede von Gott vor die Herausforderung, Gott immer wieder neu zu denken. Daraus ergibt sich die bleibende Unruhe, der Anstoß und Skandal, die Irritation, die sich mit dem Kernbestand des christlichen Glaubens verbinden.[33]

Das Kreuz zeigt den sich in die Geschichte der Menschen involvierenden Gott,[34] und es führt dem Menschen seine Beschaffenheit vor Augen. Er steht unter der Macht von Gebrochenheit und Sünde und

---

[33] Vgl. Weinrich, Die Weisheit des Kreuzes (s. Anm. 11), 429 f.

[34] Vgl. Werbick, Gott-menschlich (s. Anm. 11), 198. Im Wesentlichen unberücksichtigt geblieben ist in den referierten und in den vorliegenden Überlegungen, dass mit Jesus von Nazareth nicht irgendein, sondern ein »israelitischer Mensch und als solcher eines jeden Menschen Bruder« (K. Barth, Das Geschenk der Freiheit. Grundlegung evangelischer Ethik, ThSt 39, Zollikon-Zürich 1953, 5) gestorben ist. Diesen Zusammenhang zu erhellen, wäre Aufgabe weitergehender Reflexionen; er ist im Beitrag von Karl-Wilhelm Niebuhr (in diesem Band 85–101) näher entfaltet worden. Als Beispiel für eine Deutung des Apostolikums, die das Jude-Sein Jesu ernstnimmt und das Credo vor dem im 20. Jahrhundert wiederentdeckten Horizont einer Verbundenheit von Kirche und Israel liest, sei allein verwiesen auf F.-W. Marquardt, Gott – Jesus – Geist und Leben. Das Glaubensbekenntnis erläutert und entfaltet [1999], hg. von D. Marquardt, Tübingen [2]2005. Vgl. ferner insgesamt F. Crüsemann/V. Theissmann (Hg.), Ich glaube an den Gott Israels. Fragen und Antworten zu einem Thema, das im christlichen Glaubensbekenntnis fehlt, Gütersloh 1999.

findet sich zugleich auch als zu Liebe und Zuwendung hingerissen. Durch die Geschichte Christi vermittelt Gott sich in authentischer Weise als der Liebende und eröffnet dem Menschen so neue Existenzmöglichkeiten jenseits seiner Verstrickung in Angst, Not und Schuld. Das Bekenntnis zum Gekreuzigten nimmt den Menschen und seine Geschichte hinein in die Geschichte Jesu als des Christus – sie sind wechselseitig ineinander verwoben. Indem der Kreuzestod des inkarnierten Gottessohns als eine *pro nobis* geschehene Gottestat erscheint und geglaubt wird, wird der Mensch hineingenommen in die Geschichte Gottes mit der Welt. Die knappe Formulierung des Apostolikums geht also über eine schlichte Nennung biographischer Fakten des Lebens und Sterbens Jesu hinaus,[35] sie eröffnet dem Menschen vielmehr die ganze Heilsgeschichte und bringt die zwischen Gott und Mensch geschehene und immer neu geschehende Kommunikation auf den Punkt. Im Kreuz als dem Ort der Gnade und Gerechtigkeit Gottes zeigt sich seine Liebe zu den Menschen in ihrer ganzen überwältigenden Tiefe.[36]

---

[35] Vgl. DALFERTH, Der auferweckte Gekreuzigte (s. Anm. 3), 238: »Das nüchterne Referat seines Lebens im Bekenntnis will von vornherein etwas anderes sein als eine biographische Skizze der längst vergangenen Geschichte des Juden Jesus.«

[36] Vgl. Für uns gestorben (s. Anm. 18), 19.

Weiterführende Fragen

1. Wie kann es sein, dass der Ort tiefsten Elends, das Kreuz Christi, der Ort des Heils wird? Genügt es, das Kreuzesgeschehen als mitleiderregendes Bild vor Augen zu stellen oder hier den verkannten Märtyrer als ethisches Vorbild zu sehen? Genügt es, die biblischen Deutungskategorien als verbindlich vorauszusetzen, so dass keine vermittelnde Neuinterpretation mehr notwendig ist?
2. Was geht verloren, wenn bestimmte Entwürfe im Kreuzesgeschehen nur noch ein Geschehen in Bezug auf die je eigene Subjektivität sehen und ein »damaliges« historisches Geschehen nicht mehr als ein »objektiver«, d. h. außerhalb des glaubenden Subjekts vorgegebener Bezugspunkt des Glaubens in den Blick kommt?
3. Wie können wir den Zugang zu diesem Geschehen über den historischen Abstand hinweg gewinnen, so dass die Geschichte und das Kreuz Jesu für uns lebensbestimmende Relevanz haben? Welche Bedeutung hat hierbei die persönliche, individuelle Erfahrung, welche die Zeugengemeinschaft der Kirche (durch die Zeiten)? Wie können biblische Texte wie z. B. der Passionsbericht des Johannesevangeliums mit seinen eingestreuten Deutungen des Kreuzesgeschehens (Erhöhung, Verherrlichung, Königtum) eine »Sehschule« bieten, hinter dem vor Augen geführten Geschehen eine tiefere Wahrheit zu erkennen? Bedenken Sie hierzu den Text des Eingangschors zur Johannespassion von Johann Sebastian Bach: »Zeig uns durch deine Passion, dass du, der wahre Gottessohn, zu aller Zeit, auch in der größten Niedrigkeit, verherrlicht worden bist!«

IV. »… niedergefahren zur Höllen« / »… hinabgestiegen in das Reich des Todes«

Gott und Teufel, Satan und der Inkarnierte

Die erstaunliche Weiterführung des Credos thematisiert nach dem Begräbnis und vor der Auferstehung Jesu seinen Abstieg an die untersten Orte der Welt, in das Totenreich, in Aufnahme einer lediglich in 1 Petr 3,19 und Eph 4,9 belegten Vorstellung. Damit wird der Frage, was der Gottessohn zwischen seinem Tod und seiner Auferstehung »tat«, besondere Aufmerksamkeit gewidmet. Im Hintergrund steht die Frage nach der Tragweite des Kreuzesgeschehens. Betrifft dieses lediglich die Menschen jener Zeit, betrifft es nur die Christinnen und Christen seitdem, betrifft es auch die bereits verstorbenen Frommen Israels, die Sintflutgeneration oder gar in kosmischer Weite die ganze Schöpfung?

Mit der Übersetzung des griechischen und lateinischen Apostolikumstextes stellt sich die Frage, ob die deutsche Übersetzung »Hölle« im Sinne eines Strafortes für die Verdammten oder die neutralere Wiedergabe des revidierten Textes im Sinne eines Aufenthaltsortes der Toten angemessener ist. Sachlich heftig diskutiert wird vor allem seit der Reformationszeit die Frage, ob der Eingang Christi ins Totenreich ein letzter Schritt seiner Erniedrigung ist oder umgekehrt der Triumph über »Hölle, Tod und Teufel« und damit ein Erweis seiner universalen Herrschaft. Damit hängen weitere Fragen zusammen: Wie ist das Verhältnis zwischen Christus und dem Tod, Christus und dem »Bösen« als dem Gottwidrigen und Gottfernen zu bestimmen? Welche Macht ist nach dem Christusgeschehen dem Bösen noch zuzuerkennen? Problematisch wird eine Bestimmung des Verhältnisses von Gott und »Teufel« im Sinne eines Dualismus grundsätzlich dann, wenn damit Gottes Allmacht und die Universalität der Herrschaft Christi in Frage gestellt wird.

Hinabgestiegen in das Reich der Toten

Jenseitsmythen, Christologie und der Weg der Seele

Marco Frenschkowski

Auch der langjährige Predigthörer wird sich vermutlich nur mühsam erinnern, je eine Predigt über den Abstieg Jesu in die Unterwelt, in das Reich der Toten gehört zu haben. Das Theologumenon löst Verlegenheit aus: Es ist in der Sprache und Denkform des Mythos formuliert, es berührt sich mit Jenseitsimaginarien, einem Thema, vor dem (nicht nur) protestantische Theologie in der jüngeren Zeit immer zurückgeschreckt ist, und es stellt im Neuen Testament ohne Frage nur ein Randthema dar. Dennoch ist nach der hier vertretenen Auffassung eine völlige Marginalisierung des Themas unangemessen, weil es eine mythologische Antwort auf Fragen darstellt, die real und nach wie vor virulent sind, nicht zuletzt derjenigen nach der Gerechtigkeit Gottes und dem potentiellen Heilszugang für jene Menschen, die das Evangelium zu ihren Lebzeiten nicht haben hören können. Der Abstieg Jesu in das Reich der Toten ist Mythologie. Es soll aber gleich zu Beginn – obwohl wir dann in den religionsgeschichtlichen Diskurs hinüberwechseln werden und die Hintergründe dieses Stoffes aufzuhellen versuchen – eine dezidiert theologische Aussage vorangestellt werden. Der Abstieg Jesu in das Reich der Toten ist nach der im Folgenden zu begründenden These sinnvolle und nachsprechbare Mythologie. Der *Descensus ad inferos* impliziert wichtige und nachvollziehbare Aussagen soteriologischer Art, die vollständig und unverkürzt nur in der Sprachform des Mythos ausgedrückt werden konnten und können.

Unsere Suche nach einem Verständnis des *Descensus ad inferos* wird also nur so möglich sein, dass wir zugleich nach dem Charakter mythischer Aussagen in der Christologie fragen, bzw. diese weitere hermeneutische Frage als Wegbegleiter gelten lassen. Nun ist ja erstaunlicherweise das alte Streitthema der Entmythologisierung als Stichwort aus der theologischen Debatte etwa der jetzt Theologie Studierenden (z. T. auch der Kirchen) weithin verschwunden. Schrifthermeneutik und Schriftautorität werden bevorzugt anhand ethischer und anderer Themen diskutiert, nicht unbedingt anhand mythologischer Narrative. Das gilt aber eher für das Schlagwort als für die Sache. Diese ist präsent wie eh und je, und wie könnte es anders sein? Rudolf Bultmanns Fragen waren ja in ihrer Radikalität nicht nur legitim, sondern notwendig, auch wenn sich seine Antworten nicht mehr auf dem Niveau bewegen, auf dem heute der Mythosbegriff verhandelt werden kann. Wir kommen später noch kurz auf diesen Aspekt zurück.

Zwar warnt die *Formula Concordiae* 1577 ausdrücklich davor, über den Gegenstand des Descensus im Glaubensbekenntnis (wie wir vielleicht sagen würden, »abgehoben«) zu diskutieren:

> »Nachdem aber dieser Artikel, wie auch der vorhergehende, nicht mit den Sinnen, noch mit der Vernunft begriffen werden kann, sondern muß allein mit dem Glauben gefaßet werden: ist unser einhellig Bedenken, daß solches nicht zu disputiren, sondern nur aufs einfältigste geglaubet und gelehret werden solle; inmaßen D. Luther seliger in der Predigt zu Torgau Anno 33. etc. solchen Artikel ganz christlich erkläret, alle unnützliche, unnothwendige Fragen abgeschnitten, und zu christlicher Einfalt des Glaubens alle frommen Christen vermahnet. Dann ist es gnug, daß wir wißen, daß Christus in die Hölle gefahren, die Hölle allen Gläubigen zerstöret, und sie aus der Gewalt des Todes, Teufels, ewiger Verdamnis des höllischen Rachens erlöset habe. Wie aber solches zugangen, sollen wir sparen bis in die andre Welt, da uns nicht allein dies Stück, sondern auch noch anders mehr geoffenbaret, das wir die einfältig geglaubt, und mit unser blinden Vernunft nicht begreifen können« (FC I, 9).[1]

Trotz dieser Vorbehalte, die auch spätere evangelische Dogmatiken oft daran gehindert haben, über diesen Artikel ausführlicher nachzudenken,[2] wollen wir eine Annäherung doch versuchen, und zwar in dem folgenden Beitrag aus exegetischer und religionsgeschichtlicher Sicht. Dazu blicken wir sozusagen von der Alten Kirche her auf das Neue Testament, skizzieren also zuerst einige relevante Passagen aus frühen Bekenntnissen und anderen altkirchlichen Texten und ihrem theologischen Umfeld, um uns dann dem Neuen Testament selbst und im Schlussteil einigen allgemeineren und hermeneutischen Fragen zuzuwenden.[3] Dieses Verfahren hat den Vorteil, dass wir von

---

[1] Ausgaben: Die Bekenntnisschriften der evangelisch-lutherischen Kirche, herausgegeben im Gedenkjahr der Augsburgischen Konfession 1930, Göttingen 1930, [12]1998; I. Dingel (Hg.), Die Bekenntnisschriften der Evangelisch-Lutherischen Kirche. Vollständige Neuedition, Göttingen 2014.

[2] Vgl. etwa aus der altprotestantischen Orthodoxie Johann Gerhard, Loci theologici I, Berlin 1863 (Neuausgabe nach der Erstausgabe Jena 1610), 600 (Locus quartus caput XIV, 312).

[3] Aus der Literatur (Auswahl): C. Clemen, Niedergefahren zu den Toten. Ein Beitrag zur Würdigung des Apostolikums, Gießen 1900; F. Loofs, Descent

den sehr viel deutlicheren altkirchlichen Passagen her die Stoffe und Motive formulieren können, nach deren Vorstufen wir dann in einem zweiten Schritt im Neuen Testament Umschau halten.

In den frühen Bekenntnis- bzw. Credoformeln[4] der Alten Kirche ist anfänglich noch nicht vom Abstieg in die Unterwelt die Rede. Üblich ist die Formulierung »auferstanden von den Toten«, auf welche die Erhöhung bzw. das Sitzen zur Rechten des Vaters folgt. In den einfacheren Bekenntnisformeln ist zwar auch allgemein von der Auferstehung der Toten die Rede, dies aber erst im dritten pneumatologischen Teil des Credos. Sieht man die aus der Alten Kirche erhaltenen Bekenntnisse und Credoformeln durch, wie sie im *Enchiridion symbolorum definitionum et declarationum de rebus fidei et morum* gesammelt sind, oder noch ausführlicher bei August Hahn in

---

to Hades, in: J. Hastings (Hg.), Encyclopaedia of Religion and Ethics 4 (1911), 654–663; DERS., Christ's descent into Hell, in: Transactions of the Third International Congress for the History of Religions II, Oxford 1908, 290–301 (Loofs leugnet die Relevanz der religionsgeschichtlichen Bezüge); J. KROLL, Gott und Hölle. Der Mythos vom Descensuskampfe, Leipzig 1932 (Reprint Darmstadt 1963); W. BAUER, Das Leben Jesu im Zeitalter der neutestamentlichen Apokryphen, Tübingen 1909 (Reprint Darmstadt 1967), 243–251 (materialreich und nach wie vor wichtig); B. REICKE, The Disobedient Spirits and Christian Baptism. A Study of 1. Petrus III, 19 and Its Context, Kopenhagen 1946; W. BIEDER, Die Vorstellung von der Höllenfahrt Jesu Christi, Zürich 1949; W. MAAS, Gott und die Hölle. Studien zum Descensus Christi, Einsiedeln 1979; F. GIETENBRUCH, Höllenfahrt Christi und Auferstehung der Toten: ein verdrängter Zusammenhang, Münster u. a. 2010; R. BAUCKHAM, Descent to the Underworld, AnBDict 2 (1992), 145–159; DERS., The Fate of the Dead. Studies on the Jewish and Christian Apocalypses, Leiden 1998, 19–38.44–48; C. COLPE, Jenseitsfahrt II (Unterwelts- oder Höllenfahrt), RAC 17 (1996), 466–489, hier 476–482; E. KOCH, Höllenfahrt Christi, TRE 15 (1986), 455–461; G. FRANK, Christ's Descent to the Underworld in Ancient Ritual and Legend, in: R. J. Daly (Hg.), Apocalyptic Thought in Early Christianity, Grand Rapids 2009, 211–226; E. SCHRAGE, Descendit Ad Inferos: and Belial Sued Jesus Christ for Trespass, in: Critical Studies in Ancient Law, Comparative Law and Legal History. Essays in Honour of Alan Watson, Oxford 2004, 353–363; H. W. ATTRIDGE, Liberating Death's Captives. Reconsideration of an Early Christian Myth, in: J. E. Goehring u. a. (Hg.), Gnosticism and the Early Christian World in Honor of James M. Robinson, Forum Fascicles 2, Sonoma, CA, 1990, 103–115. Kommentarliteratur wird jeweils zu den Stellen genannt.

[4] Über früheste Credoformeln und ähnliche formelhafte Wendungen vgl. exemplarisch H. CONZELMANN, Grundriß der Theologie des Neuen Testaments, München [3]1976, 81–90.106 f. u. ö.; F. HAHN, Theologie des Neuen Testaments, Bd. 1: Die Vielfalt des Neuen Testaments, Tübingen 2002, 132–140. Dieses Material trägt zu unserem Thema nichts bei.

der »Bibliothek der Symbole und Glaubensregeln der Alten Kirche«, dann wird der Sachverhalt rasch deutlich.[5] Es ergeben sich aber auch überraschende Beobachtungen. In ältesten Formen des Credos in der *Traditio apostolica* (DH 10, frühes 3. Jh.) heißt es: *et crucifixus sub Pontio Pilato et mortuus est et sepultus, et resurrexit die tertia vivus a mortuis, et ascendit in caelis et sedit ad dexteram Patris, venturus iudicare vivos et mortuos* – »und gekreuzigt unter Pontius Pilatus und gestorben und begraben, und auferstanden am dritten Tag als Lebender von den Toten, und aufgefahren in den Himmel und sitzt zur Rechten des Vaters, kommend zu richten die Lebenden und die Toten«. Das Bekenntnis hat Frageform (*credis* statt *credo*), setzt also die Taufsituation voraus.[6] Ähnlich in anderen frühen Formen des Apostolikumtyps, etwa im *Codex Laudianus* (DH 12), in der *Explanatio symboli* des Ambrosius von Mailand (DH 13) oder Augustins *sermo Guerlferbytanus primus* (14). Immerhin, in einer Fassung von 404 n. Chr., in der *Expositio in symbolum* des Tyrannius Rufinus (DH 16, Hahn § 36) heißt es dann zum ersten Mal in einem großkirchlichen Bekenntnis *descendit ad inferna*. Wir kennen damit das Bekenntnis der Gemeinde des italienischen Aquileia, wobei Rufinus (bekannt als Übersetzer des Origenes und anderer Werke griechischer Theologie) gelegentlich die Abweichungen römischer und orientalischer Bekenntnisse erwähnt, aber für seinen Kommentar explizit in erster Linie doch das lokale Bekenntnis zu Grunde legt.

In arianisierenden (genauer homöischen) Bekenntnissen ist der Abstieg zur Hölle (εἰς ᾅδου oder εἰς ᾅδην) schon um 360 n. Chr. belegt. Insbesondere ist es das 4. Bekenntnis von Sirmium (das sog. »datierte Bekenntnis« von 359), das eigentlich als eine Art Kom-

[5] H. Denzinger, Kompendium der Glaubensbekenntnisse und kirchlichen Lehrentscheidungen. Enchiridion symbolorum definitionum et declarationum de rebus fidei et morum, hg. v. P. Hünermann, Freiburg i. Br. u. a. [44]2014 (hier abgekürzt: DH, mit Textnummer); A. Hahn, Bibliothek der Symbole und Glaubensregeln der Alten Kirche, hg. v. L. Hahn, mit einem Anhang von Adolf Harnack, Breslau [3]1897 (hier abgekürzt: Hahn). August Hahn lehrte übrigens 1826–1832 in Leipzig (wo er auch schon 1810–1813 studiert hatte), dem Ort der Konferenz, welche dieser Band dokumentiert. Seine Sammlung der altkirchlichen Glaubensbekenntnisse ist bis heute nicht ersetzt, auch wenn viele Einzeltexte in neuen Ausgaben vorliegen. Berühmt wurde er durch den »Hahnenschrei«, der alle (aus seiner Sicht ungläubigen) Rationalisten zum Austritt aus der Kirche aufforderte.

[6] Das Material zur Sache aus den liturgischen Traditionen muss hier bis auf diesen frühen Beleg ausgespart werden. Vgl. aber etwa Kroll, Gott (s. Anm. 3), 12–22 u. ö.

promiss- und Versöhnungsformel zwischen den verschiedenen arianisierenden, semi-arianischen (homöischen) und nichtarianischen Gruppen gedacht war, das hier offenbar innovativ gewirkt hat (Hahn § 163).[7] Die gesamte Bekenntnisbildung von Sirmium wurde reichsweit zur Kenntnis genommen, wie »eine Trompete, die von einem Ende des Imperiums zum anderen gehört wurde«[8] (hier ist freilich das sog. 2. Bekenntnis gemeint).[9] Wir müssen die Details hier nicht diskutieren. In den späteren griechischen Bekenntnissen heißt es meist κατελθόντα εἰς τὰ κατώτατα, was ähnlich vage ist wie die lateinische Ausdrucksweise. Das Bekenntnis von Sirmium hatte allerdings eine üppigere und mythologischere Ausdrucksweise gewählt: καὶ εἰς τὰ καταχθόνια κατελθόντα, καὶ τὰ ἐκεῖσε οἰκονομήσαντα, ὃν πυλωροὶ ᾅδου ἰδόντες ἔφριξαν[10] – »Er fuhr zur Unterwelt herab und ordnete, was sich dort befand, und die Türhüter der Hölle erkannten ihn und waren voll Schrecken.« Damit wird auf eine ausgeführte Höllenfahrtsmythologie angespielt, was bei den späteren großkirchlichen Bekenntnissen kaum je mehr der Fall ist. Immerhin ist das Descensus-Motiv als solches in den jüngeren gallischen und spanischen Bekenntnissen häufig, etwa bei Ildefon von Toledo (DH 23), im *Missale Gallicanum Vetus* (DH 27) oder im Bekenntnis von Aquileia um 390 n. Chr. Rufinus bezeugt ausdrücklich, dass die Formulierung *descendit ad inferna* im römischen Bekenntnis seiner Zeit noch nicht enthalten gewesen sei, zumal es inhaltlich gleichbedeutend mit *sepultus* sei (*commentarius in symbolum apostolorum* 18; PL 21, 356 [CChr.SL 20, 154 f.]). Die vom Kaiser erzwungene Synode von Nike in Thrakien 359 (die aber zu den eigentlichen Streitpunkten nur nichtssagende Kompromisse zustande brachte) sagt: καὶ εἰς τὰ καταχθόνια κατελθόντα (Hahn § 164),

[7] Ausführliche Diskussion bei J. N. D. Kelly, Altchristliche Glaubensbekenntnisse. Geschichte und Theologie, Göttingen 1972, 284–289 (mit Abdruck des Textes). Dieses Bekenntnis war ursprünglich lateinisch verfasst (ist in dieser Form aber nicht erhalten); griechisch wird es bei Athanasius de synodis 8; Socrates h. e. 2,37 und anderen zitiert; vgl. Hahns Kommentar zur Stelle. T. Barnes, Athanasius and Constantius. Theology and Politics in the Constantinian Empire, Cambridge, MA, 1993, 231 f., hat plausibel gemacht, dass streng genommen nur die Synode von Sirmium 351 n. Chr. eine Synode im eigentlichen Sinn gewesen ist (und die sog. »1. Synode von Sirmium« überhaupt nur auf einem Missverständnis der Quellen beruht).

[8] H. M. Gwatkin, Studies of Arianism, Oxford ²1900, 162, zit. nach Kelly, Glaubensbekenntnisse (s. Anm. 7), 284.

[9] Diese Texte, da nicht »rechtgläubig«, sind natürlich in DH nicht abgedruckt, wohl aber bei Hahn.

[10] Text: Kelly, Glaubensbekenntnisse (s. Anm. 7), 286.

die wenig spätere Synode von Konstantinopel 360 wieder etwas ausführlicher: καὶ εἰς τὰ καταχθόνια κατεληλυθότα ὅν τινα καὶ αὐτὸς ὁ ᾅδης ἔπτηξεν – »Er ist hinabgefahren in die Unterwelt, wo selbst die Hölle sich ihm beugte« (Hahn § 167).

Die Formulierungen *descendit ad inferna* und *ad inferos* konkurrieren dabei noch lange Zeit. Auch in den alten östlichen Bekenntnisformeln verhält es sich ähnlich. Die entsprechenden älteren Formeln etwa bei Euseb, Kyrill von Jerusalem und bei Epiphanius (DH 40–45) sprechen noch nicht von einer Höllenfahrt. Am Anfang stehen in jedem Fall die Formulierungen in den semiarianischen Bekenntnissen, aber umstritten war die Sache kaum, und die großkirchlichen Bekenntnisse folgten rasch. Das pseudo-athanasianische *Quicumque*, einer der wichtigsten Bekenntnistexte der Alten Kirche, bietet den Descensus dann in der sachlich reduzierten Form, die auch für die späteren Bekenntnisse typisch ist: *Qui passus est pro salute nostra, descendit ad inferos: tertia die resurrexit a mortuis* [...] – »Der gestorben ist für unser Heil, hinabgestiegen in die Tiefen: am dritten Tag auferstanden von den Toten.«[11]

Im Rekurs auf die Auferstehung sind die Toten, nicht der Tod der Bereich, aus dem heraus Jesus auferstanden ist. Was hat Jesus bei den Toten getan? Die Konstitutionen der ägyptischen Kirche, koptisch und äthiopisch erhalten (DH 62 f.), antworten in ihrem Glaubensbekenntnis, das nach der Taufe zu sprechen ist: Er hat die Gefesselten befreit. Auch das ist Abbreviatur einer komplexeren Mythologie. Dass die Unterwelt feste Tore und damit Aspekte einer Burg oder eines Gefängnisses hat, ist ja seit alters ein sehr häufiges Bild (schon Apk 1,18; vgl. Ps 107,14–16), das letztlich aus altorientalischer Mythologie stammt und z. B. schon in der bekannten sumerischen Unterweltfahrt der Inanna (bzw. ihrer assyrischen und neubabylonischen Variante, Ištars Fahrt in die Unterwelt) begegnet. Diese Tore kann nur öffnen, wer dazu die Schlüssel hat (oder die Tore einreißt). Von Schlüsseln, die er vom Hades errungen hat, ist aber in Bezug auf Jesus nicht die Rede (Mt 16,18 bleibt wohl fern;[12] allenfalls Apk 1,18 könnte hier in Frage

[11] Hahn § 150. Die griechischen Fassungen sind nur Übersetzungen aus dem Lateinischen. Entstanden ist dieses später so einflussreiche Bekenntnis wohl in Südgallien oder Nordafrika, wahrscheinlich erst deutlich nach 540 n. Chr. Vgl. zur Herkunft der einzelnen Formulierungen V. H. Drecoll, Das Symbolum Quicumque als Kompilation augustinischer Tradition, ZAC 11 (2007), 30–56.

[12] Zu Mt 16,18 f. aus religionsgeschichtlicher Sicht nach wie vor W. Köhler, Die Schlüssel des Petrus, ARW 8 (1905), 214–243. Das Bild der Todes-

kommen[13]). Das Bild ist eher gewalttätig akzentuiert: Jesus bricht in das Totenreich ein, indem er Schloss und Riegel zertrümmert, und er kann es darum auch wieder verlassen. Ausgeführt wird das z.B. bei dem frühen syrischen Autor Aphrahat dem. 22,4f.: Hades will die Tore der Unterwelt vor Christus besonders sichern, doch dieser zerbricht sie mit brachialer Gewalt und plündert das Totenreich, während der Tod selbst heftig jammert.[14] Ähnlich später viele andere. Athanas.virg. 16 hat in einer poetischen Passage eine Schilderung der Ereignisse gar dem personifizierten Hades selbst in den Mund gelegt.[15] Das Stundengebet zur zwölften Stunde solle ihm zufolge besonders dieses Themas gedenken. Noch ausführlicher schildert der Apologet Firmicus Maternus etwa 346 n. Chr. oder wenig später das Geschehen: »Christus, der Sohn Gottes, hat all das erduldet, um das Menschengeschlecht von den Schlingen des Todes zu erlösen, um das Joch der harten Gefangenschaft zu beseitigen, um den Menschen dem Vater zurückzugeben, um nach Sühne der Beleidigung den Menschen mit Gott in glücklicher Versöhnung zu verbinden, um die Frucht der

---

pforten ist natürlich auch jüdischen Texten vertraut, etwa Jes 38,10; SapSal 16,13; 3 Makk 5,51; PsSal16,2; 1QH 6,24 (Maier: XIV, 24); vgl. auch im weiteren Sinn Auferstehungstexte wie Apg 2,23f.; 3,15; Röm 10,7; 1 Thess 1,10; Hebr 13,20 u.ö. Zu den Pforten der Unterwelt im paganen Bereich vgl. etwa Hom.Il. 5,646; 8,367; 23,71; Hom.Od. 14,156; Theognis 709; Theokr. 2,160; Lucretius De rer. nat. 3,67; 5,373; Statius silv. 5, 3,257; Properz 4,11 etc.; dazu Kroll, Gott (s. Anm. 3), Register 536 s.v. Zerbrechen der Tore und passim; O. Weinreich, Religionsgeschichtliche Studien, Darmstadt 1968, 274–283 u.ö. Auch R. Eisler, Orpheus the Fisher. Comparative Studies in Orphic and Early Christian Cult Symbolism, London 1921; ders., Orphisch-Dionysische Mysteriengedanken in der christlichen Antike, Leipzig 1925, hat kuriose Beobachtungen zur Sache. In der antiken Magie spielt das Thema eine große Rolle, was wir hier nicht darstellen können (z.B. Lukian Menipp 6; weiteres Material dazu schon bei Kroll). Ein drastisches Beispiel, wie der Descensus direkt im christlichen Zauberwesen Verwendung findet, bietet das Papyrusfragment von Gizeh, das R. Reitzenstein, Das iranische Erlösungsmysterium, Bonn 1921, 264–266 (Anmerkungsteil) und Weinreich, Studien, 280f., besprechen. »Schlüssel des Hades« kennt z.B. auch Ps.-Apollodor bibl. 3,12; 6,10.

[13] So etwa Kroll, Gott (s. Anm. 3), 10.

[14] Deutsch: Aphrahat, Unterweisungen II. Übersetzung von Peter Bruns, Freiburg i.Br. u.a. 1991 (FC 5/2), 501f. Der syrische Autor behandelt das Thema öfter, z.B. auch dem. 1, 15; 17, 10; 14, 31 (vgl. dazu a.a.O., B.I, 50). S. zur Symbolik der Unterwelttore gerade in der Descensusmythologie der syrischen Literatur R. Murray, Symbols of Church and Kingdom, Cambridge 1975 (Reprint Piscataway, NJ 2004), 324–329.

[15] Vgl. zum Text Kroll, Gott (s. Anm. 3), 56f.

verheißenen Auferstehung durch sein eigenes Beispiel zu zeigen. Es hat der Sohn Gottes getan, was er vorher versprochen hatte, er schloss die Tore der Unterwelt und warf mit Überwindung des Todes den harten Gesetzeszwang nieder. In drei Tagen wurde von ihm die Schar der Gerechten gemustert und versammelt, damit nicht länger über sie ein ungerechter Tod herrsche, damit nicht das Verdienst der Gerechten infolge langer Verzweiflung zusammensinke. Er zerbrach die ewigen Riegel, die ehernen Tore fielen auf Christi Geheiß zusammen. Siehe, es erbebte die Erde und erschüttert in ihren Grundfesten, erfuhr sie die Macht des gegenwärtigen Christus. Vor der vorherbestimmten Zeit beschleunigt das Tagesende die kreisförmige Drehung der Welt, und die Sonne neigt in beschleunigtem Lauf sich zur Nacht, bevor noch der Zeitraum der täglichen Stunden vollendet ist. Siehe, die höchsten Spitzen des Vorhangs zerreißen und das Dunkel der Nacht hüllt den Erdkreis in stärkere Finsternis. Alle Elemente gerieten beim Ringen Christi in Verwirrung, damals nämlich, als er zum ersten Male einen Menschenleib gegen die Tyrannei des Todes ausrüstete. Drei Tage hindurch wurde in diesem Kampf gerungen, bis der Tod in seiner arglistigen Macht überwunden und gebrochen wurde« (*de errore profanarum religionum* 24).[16]

In den alten Credo-Formeln, die Konsensformeln sind, keine individuellen Glaubensformeln (*credimus*, nicht: *credo*, πιστεύομεν, nicht: πιστεύω), und die jede poetische Ausschmückung vermeiden, ist dagegen, wie wir gesehen haben, nur in sehr allgemeinen Formulierungen von der Unterwelt bzw. dem Bereich der Toten die Rede. Es wird keine konkrete Mythologie evoziert, und es liegt der Ton erkennbar auf den Toten selbst, bei denen Jesus gewesen ist, nicht auf einer spezifischen Jenseitstopographie. Zahlreiche in diesem Sinn formelhafte Beschreibungen des Weges Christi sprechen auch später noch nicht eigens »topographisch« vom Abstieg in die Unterwelt, sondern benennen nur das »mythische Faktum«. Ein Beispiel ist der Cento der Faltonia Betitia Proba, ein kurioses und raffiniert-manieriertes christliches Lehrgedicht aus dem 4. Jh., das christliche Inhalte bzw. eine Art biblischer Geschichte in Vergilversen formuliert.[17] Hier wird zu Beginn eine Art Summarium des Lebens Jesus gegeben (V. 7–12), das in die Worte einmündet: *reditumque sepultae / mortis et ascensum*

[16] Übersetzung nach Frühchristliche Apologeten Bd. 2. Übersetzt von J. Leitl / A. Müller, BdK I / 14, München 1913.

[17] Vgl. dazu jetzt S. Schottenius, Cullhed, Proba the Prophet. The Christan Virgilian Cento of Faltonia Betitia Proba, Mn.S378, Leiden 2015.

pariter su regna petentis (V. 11 f.). Aber später, V. 631–639, wird dann doch noch auf die Höllenfahrt Bezug genommen (offenbar auch auf die Auferstehung der Gerechten aus Mt 27,51–53), im Zuge der Schilderung von Passion und Auferstehung. Man sieht hier gut, dass dieses Motiv zwar nicht im Mittelpunkt der christologischen Heilsnarration steht, aber doch an passender Stelle eingespielt werden kann.

In der lebendigen Frömmigkeit der Alten Kirche spielt der Descensus insgesamt dennoch eine etwas größere Rolle, als aus den Credoformeln und Bekenntnissen allein zu entnehmen sein könnte. In Visionsberichten wird er narrativ entfaltet und mit sehr verschiedenem Anschauungsmaterial gefüllt. Im Petrusevangelium, das die Auferstehung Jesu narrativ ohne die Scheu der kanonischen Evangelien ausgestaltet, ist in einer kurzen Bemerkung von der Predigt Jesu vor den Verstorbenen in der Unterwelt die Rede (10,41 f.).[18] Der Brief des Ignatius an die Magnesier 9,2 spricht von der messianischen Erwartung der Propheten. Jesus selbst hätte diesen als Lehrer gepredigt und sie auferweckt. Auffällig ist die Vergangenheitsform. Man merkt, wie fluktuierend die Vorstellungen sind: Später führt Jesus die Gerechten des alten Bundes in das Paradies, hier werden sie auferweckt. Die Stelle ist leider alles andere als klar: Wir können von einer Mythologie in *statu nascendi* sprechen. Nach Hermas sim 9, 16,5, predigen und taufen gar die verstorbenen Apostel und Lehrer den vormals Verstorbenen, und Justin (Iust.dial. 72,4) behauptet eine Heilspredigt Christi im Totenreich unter Heranziehung eines nicht identifizierbaren Jeremiazitates: »Der Herr, der heilige Gott Israels, gedachte seiner Toten, die in der Grabeserde schlafen, und er stieg zu ihnen hinab, um ihnen die frohe Botschaft seines Heiles zu bringen.« Den gleichen (im kanonischen Alten Testament nicht vorhandenen) Text zitiert interessanterweise Irenäus (Iren.haer. 3, 20,4) als Jesajawort; 6, 22,1 und Iren.demonstr. 78 ebenfalls als Jeremiawort und schließlich 5, 31,1 anonym (vgl. zur Sache auch Iren.haer. 4, 27,2). Solche falschen und vielleicht einfach erfundenen Schriftzitate sind bei den frühen Kirchenvätern bekanntlich gar nicht selten; Justin zitiert an der gleichen Stelle etwa noch eine ebenfalls nicht auffindbare Esra-Stelle. Gnostiker – was wir hier nur en passant erwähnen – konnten das Mythologumenon einer Predigt Jesu in der Unterwelt problemlos rezipieren; vermutlich unterlegten sie das Motiv mit

---

[18] Text und Übersetzung: T.J. Kraus/T. Nicklas (Hg.), Das Petrusevangelium und die Petrusapokalypse. Die griechischen Fragmente mit deutscher und englischer Übersetzung, GCS NF 11, Berlin/New York 2004.

symbolischen Bedeutungen. So in den »Lehren des Silvanus« (NHC VII, 4, p. 103,34–104,14), im Testimonium Veritatis (NHC IX, 3 p. 32,33–33,2) oder in der »Dreigestaltigen Protennoia« (NHC XIII, 1 p. 36,4–5), die in einem vielleicht rituellen Zusammenhang eine Katabasis der namengebenden Protennoia »in die Mitte der Unterwelt« kennt, offenbar ein weisheitliches Thema (vgl. sofort zu Sirach). Das kann hier nicht im Detail verfolgt werden. In den primär syrisch überlieferten Oden Salomos, einer christlichen Hymnensammlung wohl des 2. Jh., ist es Christus selbst, der spricht: »Er, der mich hinabführt aus der Höhe und mich herausführt aus den Tiefen, und er, der die Mittleren versammelt und sie mir hinzufügt, ist der, welcher meine Feinde und Widersacher zerstreute. Er, der mir solche Macht gab über die Fesseln, dass ich sie löste, ist der, welcher durch meine Hände den siebenköpfigen Drachen stürzte. Und du stelltest mich auf seine Wurzel, dass ich seinen Samen vernichtete« (Hymnus 22 nach der syrischen Fassung, Übersetzung Michael Lattke).[19] Das ist vielfach auf einen Descensus bezogen worden,[20] eventuell verbunden mit einem Kampf gegen einen Unterweltdrachen. Der beste Kenner des Textes, Michael Lattke, ist allerdings zurückhaltend gegenüber dieser Deutung.[21] Immerhin wird der Descensus später oft mit dem Sieg über den Satan verbunden, obwohl dieser nach Lk 10,18 früher zu datieren wäre. In der lateinischen (d. h. Vulgata-)Fassung des Buches Sirach (nur in dieser) findet sich zu Sir 24,32 (45 des lat. Textes) die kuriose Stelle: *penetrabo inferiores partes terrae et inspiciam omnes dormientes et inluminabo sperantes in Deo* – »Ich werde gelangen zu den untersten Teilen der Erde und prüfen alle Schlafenden und die auf Gott Hoffenden erleuchten.« Es spricht die Weisheit Gottes, die hier sozusagen die Höllenfahrt Christi vorwegnimmt. Die Passage ist kaum christlich, sondern geht auf eine verlorene jüdische Version zurück. Descensus- und Katabasis-Passagen besitzt das Alte Testament natürlich noch an anderen Stellen, aber sie haben auch in christlicher Lektüre keine christologischen Bezüge, während sich diese zu der genannten Sirach-Passage leicht einstellen konnten. Nach Hiob 38,17b ist es menschenunmöglich, die Tore der Unterwelt als

---

19 FC 19 (1995), 160.

20 So ausführlich Kroll, Gott (s. Anm. 3), 36–44, der auch andere Texte der Oden Salomos heranzieht.

21 Ausführlicher M. Lattke, Odes of Solomon. A Commentary, Hermeneia, Minneapolis, MN 2009, 309–323.

Lebender zu sehen; der Text wurde später auch christologisch in unser Vorstellungsfeld gezogen.[22]

Ob auch schon Mt 27,52f. in diesem ganzen Kontext zu verstehen ist? »Und die Erde erbebte und die Felsen zerrissen, und die Gräber taten sich auf und viele Leiber der entschlafenen Heiligen standen auf und gingen aus den Gräbern nach seiner Auferstehung und kamen in die heilige Stadt und erschienen vielen« (Übersetzung Luther 84). Jesu Tod hat Auswirkungen auf das Totenreich, und es sind gerade die entschlafenen Heiligen, also offenbar die Gerechten des alten Bundes, die auferstehen. Leider bleibt die Matthäusstelle ziemlich änigmatisch.[23] Sie bot aber später eine Handhabe, den Descensus speziell mit den Gerechten des alten Bundes zu verbinden.

Ein sehr viel ausführlicheres, einflussreicheres und volkstümliches Zeugnis für eine wirkliche Höllenfahrt Jesu ist das sogenannte Nikodemusevangelium, dessen erster Teil unter dem Namen Pilatusakten bekannt ist, und das in lateinischen, griechischen, koptischen, syrischen und anderen, stark divergierenden Fassungen tradiert ist, und das zu den einflussreichsten apokryphen Texten überhaupt gehört. Mit ihm betreten wir deutlich den Bereich volkstümlicher Vorstellungen zur Sache in der Alten Kirche. Die ältesten Teile dieses Textes gehen vielleicht auf das 4. Jh. zurück (Epiphanius ist ein früher Zeuge; Wien lat. 563, ein Palimpsest aus dem 5. Jh., ist die älteste erhaltene Handschrift). Kapitel 17–26, der Teil, der uns interessiert, ist aber wohl noch deutlich jünger als der Haupttext (und in den orientalischen Versionen nicht enthalten). Die lateinischen Handschriften reichen hier nur ins 9. Jh. zurück (die griechischen ins 12. Jh., die aber von lateinischen Fassungen abhängen). Ein erster Zeuge ist aber doch schon vielleicht Cäsarius von Arles (etwa 470–542), der u.a. das älteste Kloster nur für Nonnen im Westen begründete und der ein bedeutender Volksprediger gewesen ist. Die betreffende Osterpredigt ist zwar im Corpus der Augustinus-Predigten (Ps.Aug.serm. 160 [PL 39, 2059–2061]) erhalten, stammt aber fast sicher und nach

[22] Vgl. R. Gounelle, Le frémissement des portiers de l'Enfer à la vue du Christ. Jb 38:17b et trois symboles de foi des années 359–360, in: Le Livre de Job chez les pères, Strasbourg 1996, 177–214.

[23] Vgl. J. Herzer, Auferstehung und Weltende als Rätsel? Zur Funktion und Bedeutung von Mt 27,51b–53 im Kontext der matthäischen Jesus-Erzählung, in: C. Böttrich u. a. (Hg.), Evangelium Ecclesiasticum – Matthäus und die Gestalt der Kirche (FS C. Kähler), Leipzig 2009, 115–144.

allgemeiner Einschätzung von Cäsarius.[24] Der genaue literarische Bezug dieser Predigt auf das Nikodemusevangelium ist jedoch umstritten; und bei früheren Anspielungen auf den Descensus ist kein zwingender Bezug zu dem Apokryphon gegeben.[25] Der Stoff lief sicher in verschiedenen, sachlich aber sehr ähnlichen Fassungen um, so dass genaue Aussagen zu den literarischen Beziehungen schwierig sind. (Nach anderen benutzt freilich schon der etwas frühere Homercento der Kaiserin Augusta Eudokia Material aus dem Nikodemusevangelium.)[26] Für die westlich-mittelalterliche religiöse Imagination wurde der apokryphe Text dann immens einflussreich: Er fokussiert gewissermaßen das Traditum zum Thema. Erst das Tridentinum hat seinen Einfluss zurückgedrängt. Hier wird nun ausführlich aus dem Mund zweier Zeugen (Simeon und Lucius Carinus) erzählt, wie Jesus in die Unterwelt gelangt und die Schlösser und Riegel des dunklen Reiches zerbricht. Satan versucht den Herrscher der Unterwelt, der ähnlich dem alten Gott Hades geschildert wird, dazu zu überreden, Jesus als Gefangenen festzuhalten, wenn er in der Unterwelt ankäme. Das lehnt dieser ab. Diese Unterwelt hat noch eher Züge des Hades als der Hölle.[27] Verschiedene Propheten und Patriarchen sprechen von ihrer Hoffnung auf den Erlöser. Adam erzählt kurz von Seths berühmter Suche nach dem Öl des ewigen Lebens, das nur in geogra-

---

[24] Die Predigt ist auch im Corpus der Predigten des Martin von Laon erhalten (PL 208, 925–932), und Passagen aus ihr sind in den Text späterer Fassungen des Nikodemusevangeliums hinübergewandert, vgl. Z. Izydorczyk, The Unfamiliar Evangelium Nicodemi, Manuscripta 33 (1989), 169–191, hier 180. Man sieht, wie kompliziert die Überlieferungsverhältnisse solcher Stoffe sind. Vgl. weiter zur Tradierung der genannten Predigt Clavis Patristica Pseudepigraphorum Medii Aevi. Opera homiletica 1. Pars A: Praefatio, Ambrosius – Augustinus, hg. v. J. Machielsen, Turnhout 1990, 178–179 nr. 945; R. Gregoire, Les homéliaires du moyen âge. Inventaire et analyse des manuscrits, Rerum ecclesiasticarum documenta. Series maior, Fontes 6, Rom 1966, 48.155.

[25] Vgl. etwa J. E. Cross, Two Old English Apocrypha and Their Manuscript Source. ›The Gospel of Nicodemus‹ and ›The Avenging of the Saviour‹, CSASE 19, Cambridge 1996, 43–46, und ausführlich zur westlichen Rezeption J. J. Campbell, To Hell and Back. Latin Tradition and the Literary Use of the ›Descensus ad inferos‹ in Old English, Viator 13 (1982), 107–158.

[26] So etwa K. Greschat, Gelehrte Frauen des frühen Christentums. Zwölf Porträts, Standorte in Antike und Christentum 6, Stuttgart 2015, 209 Anm. 1086.

[27] Vgl. M. Schärtl, Das Nikodemusevangelium, die Pilatusakten und die »Höllenfahrt Christi«, in: C. Markschies u. a. (Hg.), Antike christliche Apokryphen in deutscher Übersetzung. Bd. I/1, Tübingen 2012, 239.

phischer Nähe des Paradieses zu finden ist. Nach Jesu triumphalem Einzug in der Unterwelt reicht er Adam die Hand und richtet ihn auf. Satan aber wird gebunden und in der Hölle gefesselt: Offenbar teilt der Verfasser Augustins Idee, dass die Gegenwart der Kirche das tausendjährige Reich sei, in dem der Teufel noch wirksam, aber doch schon gebunden ist. Jesus zieht dann nicht minder triumphal mit den Gerechten ins Paradies ein. Dort begegnen ihm einige wenige heilsgeschichtliche Figuren, die an diesem Ort schon eine lange Wartezeit zugebracht haben, Henoch und Elias, und aus den jüngsten Ereigniszusammenhängen auch der Schächer am Kreuz. Die ganze Narration definiert die prägende Gestalt, in der die Höllenfahrt Christi Gegenstand der christlichen Kunst, der Mysterienspiele des Mittelalters und der Frömmigkeit wurde. Dogmatiker wie Thomas von Aquin reflektieren dann die Frage, wen Jesus genau mit ins Paradies genommen habe, und in welchen Regionen des nach katholischer Lehre des Mittelalters ja fünfgeteilten Jenseits Jesus gewesen sein könnte.[28] Die gesamte Jenseitsimagination des Nikodemusevangeliums (diese Titelform ist allerdings erst mittelalterlich) entspricht ungefähr bereits den in Spätantike und Mittelalter herrschenden Ideen, wie sie auch

[28] Summa theologica 3 quaest. 52 a. 2c, 1. 5–8: In die Hölle der Verdammten sei Christus *überführend*, in das Fegefeuer *hoffnungsgebend*, und in den Limbus patrum von der Erbsünde *erlösend* eingezogen. Bei Nikolaus von Kues u.a. predigt Jesu auch den Verdammten zur Rettung (ohne dass eine förmliche Allversöhnung gelehrt würde). Vgl. M. Herzog, »Descendit ad inferos«: Strafleiden oder Unterweltkrieg? Ein Beitrag zur Wirkungsgeschichte der Höllenfahrtlehre des Nikolaus von Kues (ThPh 71/3), Freiburg i. Br. 1996. Schon 745 widerspricht Papst Zacharias der Lehre eines schottischen Presbyters Clemens, Christus habe in der Unterwelt alle Seelen gerettet, die Gerechten des alten Bundes ebenso wie die gottlosen Heiden. Auf der 3. Sitzung der Synode von Rom (25. Oktober 745) wird diese Lehre als häretisch verurteilt (DH 587). Vgl. schon die 4. Synode von Toledo (633 n. Chr.): *Descendit ad inferos, ut sanctos, qui ibidem tenebantur, erueret, devictoque mortis imperio resurrexit* (DH 485). Die später gelegentlich ausgesprochene Idee, Christus habe dabei die Hölle vollständig zerstört, wurde von Benedikt XII. in seinem berühmten »Brief an die Armenier« von 1341 verworfen (DH 1011) und hat seitdem keine größere Rolle gespielt. Das 4. Laterankonzil 1215 nennt den Weg Jesu durch die Niedrigkeit den »Weg des Lebens« (DH 801). Über Variationen einer Allversöhnungslehre, die wir hier nicht behandeln können, s. jetzt das weiterführende Buch von I. Ramelli, The Christian Doctrine of Apokatastasis. A Critical Assessment from the New Testament to Eriugena, SVigChr 120, Leiden 2013. Ramelli zeigt, dass diese Konzepte in der Alten Kirche doch weiter verbreitet waren, als es die bisherige Theologiegeschichtsschreibung hat wahrnehmen können.

von Gregor dem Großen in den *Dialogi de vita et miraculis patrum Italicorum* ausgeführt wurden, der wichtigsten einschlägigen Schrift. Die Qualen der Hölle werden freilich schon in der Petrusapokalypse Mitte des 2. Jh. eingehend geschildert, nach gemeinantiken Vorbildern, oder in der ägyptischen Elia-Apokalypse, die auf das 3. Jh. zurückgehen wird, und anderen Texten. Von der Petrusapokalypse abhängig ist die sehr schlichte Katabasisvision einer Frau ActThom 54–58 (die Hölle ist dort v. a. der Ort derer, die ihre Jungfräulichkeit nicht bewahrt haben). Auch von einem Kampf zwischen Jesus und einem personifizierten Hades ist gelegentlich die Rede, etwa in der Passio Bartholomaei. Ein Dämon spricht zum Apostel Bartholomäus:

Cessate miseri sacrificare mihi, ne peiora patiamini quam ego, qui catenis igneis religatus sum ab angelis Iesu Christi, quem Iudaei crucifixerunt putantes cum posse morte detineri. Ille autem ipsam mortem, quae regina nostra est, capituauit, et ipsum principem nostrum, maritum mortis, uinculis ignitis uinxit et tertia die uictor mortis et diaboli resurrexit et dedit signum crucis suae apostolis suis [...] (Passio Bartholomaei 6 bzw. 14).[29]
»Ihr Unglücklichen! Hört auf, mir Opfer darzubringen, wenn ihr nicht Schmerzen größer als die meinen kennen lernen wollt, der ich mit Feuerketten gebunden bin von den Engeln Jesu Christi. Ihn haben die Juden gekreuzigt, da sie dachten der Tod könne ihn festhalten. Aber er hat den Tod (mors) gefangengesetzt, unsere Königin, und unseren Fürsten selbst, ihren Gemahl, und zwar mit feurigen Fesseln, und am dritten Tag ist er als Sieger über den Tod und den Teufel auferstanden und hat seinen Aposteln das Zeichen des Kreuzes gegeben [...].«

Der Text stammt nach allgemeiner Einschätzung aus dem 4. Jh., ohne dass sich dafür sehr verlässliche Argumente benennen ließen. Jünger als das 5. Jh. ist er aber sicher nicht. Die Idee, Tod und Teufel zum Ehepaar zu erklären, ist recht apart. Auf christliche Sarkophagen und in der Katakombenmalerei, die für ein solches Thema aus der christlichen Kunst am ehesten in Frage kämen, und von denen doch manches aus vorkonstantinischer Zeit erhalten ist, wird der Descensus Christi noch nicht visualisiert. Sehr häufig sind allerdings Darstellungen eines Jona-Zyklus, der oft aus drei Bildern besteht.[30] Das ist auffällig, weil

[29] R. A. Lipsius/M. Bonnet (Hg.), Acta apostolorum apocrypha II/1, Leipzig 1898 (Nachdruck Hildesheim u. a. 1990), 141. Die wohl jüngere griechische Fassung müssen wir hier nicht zitieren.

[30] G. Koch, Frühchristliche Sarkophage, Handbuch der Archäologie, München 2000, 154–156; E. Stommel, Zum Problem der frühchristlichen Jonasdarstellungen, JAC 1 (1958), 112–115; W. Wischmeyer, Das Beispiel Jonas. Zur kirchengeschichtlichen Bedeutung von Denkmälern frühchristlicher Grabeskunst zwischen Theologie und Frömmigkeit, ZKG 92 (1981),

dieses Motiv in der späteren Kunst deutlich seltener wird. Das liegt allerdings auch an einer zunehmenden Diversifikation christlicher Themen in der Kunst ab dem 5. Jh.

Trotz dieses altkirchlichen Befundes, den wir hier nur skizziert haben, ist die Zahl neutestamentlicher Anknüpfungen einer eigentlichen Lehre vom *Descensus ad inferos* gering. Otto Böcher hat in seinem RGG-Artikel zur Sache betont, dass es keinen wirklich eindeutigen neutestamentlichen Beleg für eine Predigt Jesu im Totenreich gibt; ähnlich andere.[31] Die wichtigste für unseren Topos in Anspruch genommene Stelle ist ohne Frage 1 Petr 3,19, zusammen mit 4,6.[32] Diesem Text wenden wir uns daher jetzt zuerst zu. Der Zusammenhang ist als christologisches Lied oder wohl genauer als eine formelhafte Bekenntnisaussage anzusprechen: ὅτι καὶ Χριστὸς ἅπαξ περὶ ἁμαρτιῶν ἔπαθεν, δίκαιος ὑπὲρ ἀδίκων, ἵνα ὑμᾶς προσαγάγῃ τῷ θεῷ θανατωθεὶς μὲν σαρκί, ζῳοποιηθεὶς δὲ πνεύματι· ἐν ᾧ καὶ τοῖς ἐν φυλακῇ πνεύμασιν πορευθεὶς ἐκήρυξεν ἀπειθήσασίν ποτε, ὅτε ἀπεξεδέχετο ἡ τοῦ θεοῦ μακροθυμία ἐν ἡμέραις Νῶε κατασκευαζομένης κιβωτοῦ εἰς ἣν ὀλίγοι, τοῦτ' ἔστιν ὀκτὼ ψυχαί, διεσώθησαν δι' ὕδατος […] (V. 18–20). Dazu im gleichen Brief 4,6: εἰς τοῦτο γὰρ καὶ νεκροῖς εὐηγγελίσθη, ἵνα κριθῶσιν μὲν κατὰ ἀνθρώπους σαρκί, ζῶσιν δὲ κατὰ θεὸν πνεύματι. Wie öfter ist die genaue Abgrenzung des Abschnitts schwierig, seine Einbindung in den Kontext komplex, und es ist auch nicht deutlich, ob ein dem Briefautor vorgegebener fixierter Text vorgelegen haben

---

161–179; J. Dresken-Weiland, Bild, Grab und Wort. Untersuchungen zu Jenseitsvorstellungen von Christen des 3. und 4. Jahrhunderts, Handbuch zur Geschichte des Todes im frühen Christentum und seiner Umwelt, Regensburg 2010, 96–118. Für die spätere Zeit vgl. etwa M.-O. Loerke, Höllenfahrt Christi und Anastasis. Ein Bildmotiv im Abendland und im christlichen Osten, Dissertation, Universität Regensburg 2003.

[31] O. Böcher, Höllenfahrt Jesu Christi I. Neues Testament, RGG[4] 3 (2000), 1855 f. Vgl. ders., Höllenfahrt Jesu Christi III. Kunstgeschichtlich, a. a. O., 1858–1860. J. Kremer, Höllenabstieg Christi. I. Neutestamentlich, LThK3 5 (1996), 237, spricht davon, es gäbe im Neuen Testament für eine solche Vorstellung »nur einzelne Anhaltspunkte«.

[32] Aus der Kommentarliteratur vgl. besonders N. Brox, Der erste Petrusbrief, EKK 21, Zürich/Neukirchen-Vluyn [4]1993; J. H. Elliott, 1 Peter. A New Translation with Introduction and Commentary, AncB 37 B, New York u. a. 2000; K. H. Schelkle, Die Petrusbriefe. Der Judasbrief, HThK 13, Freiburg i. Br. 2002; P. J. Achtemeier, 1 Peter. A Commentary on First Peter, Hermeneia, Minneapolis, MN 1996; R. Feldmeier, Der erste Brief des Petrus, ThHK 15/1, Leipzig 2005. Vgl. auch K.-H. Ostmeyer, Taufe und Typos. Elemente und Theologie der Tauftypologien in 1. Korinther 10 und 1. Petrus 3, WUNT 2/118, Tübingen 2000.

könnte. Deutlich an diesen frühen Bekenntnisformeln ist, dass sie das Heilswerk als Abbreviatur einer Narration zur Darstellung bringen. Das Heilswerk ist also eine Geschichte, nicht z.B. ein zeitloses Zugewandtsein Gottes zu den Menschen oder eine Eigenschaft Gottes. Schon die ergiebigen Textvarianten dieses Abschnitts (etwa »Hades« für »Gefängnis«) beweisen, dass man mit seinen Aussagen gerungen hat bzw. diese vereindeutigen wollte.[33] Falls der ebenfalls zitierte Vers 1 Petr 4,6 sachlich dazu zu nehmen ist, was ich mit Reinhard Feldmeier und anderen (gegen Norbert Brox u.a.) glaube, dann hat Jesus den Geistern in der Unterwelt gepredigt. Κηρύσσειν aber meint im Neuen Testament üblicherweise ein Heilsgeschehen, d.h. die Evangeliumspredigt.[34] In der Rezeptionsgeschichte hat es drei Deutungen der Predigt Jesu in der Unterwelt gegeben: als heilbringende Evangeliumspredigt, als überführende Gerichtspredigt oder aber als proklamatorische Predigt mit epiphanialen Zügen. Es kann aber doch wohl nicht darum gehen, dass Jesus den Geistern in der Unterwelt als Richter ihr Gericht ankündigt. Das hätte auch wenig Sinn: Sie sind ja schon gefangen in der Unterwelt. Von einer umfassenden Heilspredigt hätte aber doch wohl deutlicher gesagt werden müssen, wen sie eigentlich betrifft und was daraus für diese Geister folgt. Am ehesten kommt für den 1. Petrusbrief daher wohl die dritte Bedeutung in Betracht, die sich mit epiphanial-proklamatorischen Motiven im Kontext der Himmelfahrt und Erhöhung Jesu berührt. Dennoch lässt die schwebende Ausdrucksweise interpretatorische Weiterentwicklungen offen; wir kommen darauf zurück.

Wer sind nun die Geister, denen Jesus in der Unterwelt begegnet und denen er predigt? Vier Antworten sind es, die im Prinzip auf diese Frage gegeben wurden (eine umfassende Auslegungsgeschichte kann hier nicht gegeben werden):[35] Die gefangenen gefallenen Wächterengel bzw. Dämonen von Gen 6,1–4, eventuell einschließlich ihrer Kinder mit menschlichen Frauen, in etwas weiterem Sinn die Gene-

---

[33] Vgl. Feldmeier, Petrus (s. Anm. 32), 133f. Die Varianten siehe am vollständigsten in: Novum Testamentum Graecum Editio Critica Maior IV. Die katholischen Briefe. Teil 1, 2. Lieferung. Die Petrusbriefe, hg. v. B. Aland u.a., Stuttgart 2000, 165.

[34] Vgl. G. Friedrich, κῆρυξ κτλ., ThWNT 3 (1938), 682–717, bes. 706 zu 1 Petr 3,9 (Inhalt der Verkündigung sei dem Duktus des Kontextes entsprechend die Heilsbotschaft).

[35] A. Merkt, 1. Petrus, Teilbd. 2, Novum Testamentum Patristicum 21/2, liegt (als umfassende Dokumentation der altkirchlichen Rezeption) noch nicht vor; Teilbd. 1 (Göttingen 2015) behandelt den Text noch nicht.

ration der Sintflut, die Gerechten des alten Bundes, und schließlich: alle Toten, d.h. alle vor Christus Verstorbenen. Die letztere Deutung legt sich im Text nicht wirklich nahe und hätte deutlicher gesagt werden müssen. Dennoch liegt sie auf einer durch den Text immerhin suggerierten Linie: Wie die Verlorenen und Geretteten der Sintflut im Kontext typologisch auf die Taufe als Heilszeichen gedeutet werden, so wird man auch die verlorene Generation der Sintflut typologisch auf alle Verlorenen, d.h. die Bewohner der Hölle deuten dürfen. Wir kommen darauf zurück. Die Patriarchen und damit wohl auch die anderen Gerechten des alten Bundes werden im Neuen Testament dagegen im Paradies verortet (Mt 8,11 par. Lk 13,28f. aus Q; v.a. Lk 16,22–30). Auch eine Deutung auf die Gerechten des alten Bundes dürfte sich von daher also nicht nahelegen, zumal sie auch aus dem Wortlaut keineswegs folgt und eher eine Verlegenheitsauskunft darstellt (in der Alten Kirche ist diese Deutung dennoch möglich, wie wir gesehen haben).[36] Ein Zusammenhang mit der Sintflut- und Wächterengelmythologie liegt dagegen deutlicher auf der Hand,[37] zumal diese im antiken Judentum wie auch in frühen Christentum in breiter Streuung und an vielen Stellen begegnet, etwa auch als Rezeption der Henochliteratur, die von Christen eifrig gelesen wurde und die im Judasbrief und bei vielen Kirchenvätern zitiert wird.[38] Das passt v.a. eher zum Sintflut-Tauf-Kontext innerhalb des 1. Petrusbriefes (1 Petr 3,20f.). Aber die Details sind umstritten. Predigt Jesus also den verlorenen Menschen dieser vergangenen Zeit (bzw. ihren Seelen

---

[36] Vgl. weitere Stellen bei Bauer, Leben (s. Anm. 3), 248. Jesus predigt den Propheten und Patriarchen und tauft sie sogar in der antignostischen Epistula Apostolorum 27 (Mitte des 2. Jh.). Vgl. als neuste Synopse der erhaltenen koptischen und äthiopischen Fassungen J.V. Hills, The Epistle of the Apostles, Early Christian Apocrypha 2, Santa Rosa, CA 2009, 54, und zum Motiv der Taufe der Verstorbenen während des Descensus s. J.-N. Pérès, Le baptême des patriarches dans les Enfers, Études théologiques et religieuses 68 (1993), 341–346. Zufolge Markion befreit Jesus im Hades die Gerechten *außer* den jüdischen Propheten und Patriarchen, die ihm nicht glauben wollen und darum in der Hölle bleiben müssen (Bauer, Leben [s. Anm. 3], 250).

[37] Vgl. zu dieser etwa A.Y. Reed, Fallen Angels and the History of Judaism and Christianity. The Reception of Enochic Literature, New York 2005; C. Auffahrt u.a. (Hg.), The Fall of the Angels, Leiden 2004; L. Stuckenbruck, The Myth of Rebellious Angels, WUNT 335, Tübingen 2014.

[38] Ausführlich begründet besonders bei Brox, Petrusbrief (s. Anm. 32), 171–175.

im Hades)?[39] Oder nicht eher den gefallenen Engeln selbst?[40] Aber welchen Sinn sollte es haben, gerade diese auszuwählen (s.o.)? Interessant ist dazu immerhin, dass auch in der Henochtradition (1 Hen 10–15 u.a.) der Mensch Henoch zwischen den Wächterengeln und Gott im Vorfeld von deren Bestrafung und Einkerkerung vermittelt.

Möglicherweise ist die Konstellation des 1. Petrusbriefes weniger eine rudimentäre oder nur andeutungsweise evozierte Mythologie, sondern eher eine Mythologie *in statu nascendi*, im Akt des Entstehens selbst. Wenn Jesus in der Unterwelt war – und wo hätte er nach seinem Tod sonst sein sollen –, so muss er dort etwas getan haben. Und wenn er etwas getan hat, muss das eine Relevanz für das Heilswerk haben. Diese sachliche Notwendigkeit konnte sich mit verschiedenen Mythologumena verbinden, bewegte sich aber anfänglich eher am Rande der heilsgeschichtlichen Narration, der christlichen »master story«, wenn wir so sagen dürfen. Es wird dabei bleiben, dass der Text ein Problem zumindest mythologisch andenkt, nämlich: Was geschieht mit den vor Christus und der Heilspredigt Verstorbenen? Diese Frage wird zwar, wie es scheint, von dem Verfasser des Briefes noch nicht systematisch reflektiert. Dennoch scheint mir allein in die-

---

39 So z.B. Friedrich, κῆρυξ (s. Anm. 34), 706. Vgl. zur ganzen Frage auch die patristischen Belege bei Bauer, Leben (s. Anm. 3), 248f.

40 Vgl. dazu auch ältere religionsgeschichtlich orientierte Autoren wie R. Reitzenstein, Das mandäische Buch des Herrn der Größe und die Evangelienüberlieferung, Sitzungsberichte der Heidelberger Akademie der Wissenschaften, Philosophisch-Historische Klasse Jg. 1919, Abh. 12, Heidelberg 1919, 30; W. Bousset, Zur Hadesfahrt Christi, ZNW 19 (1919/20), 50–66 (dessen letzter zu Lebzeiten publizierter Aufsatz) und dazu wiederum Rudolf Bultmanns zustimmende Rezension ThLZ 47 (1922), 194–196, der auch auf Reitzenstein verweist. Reitzenstein hat sich des Themas noch mehrfach angenommen, u.a.: Das iranische Erlösungsmysterium, Bonn 1921, 84–92.112–115; ders., Iranischer Erlösungsglaube, ZNW 20 (1921), 1–23; ders., Gedanken zur Entwicklung des Erlöserglaubens, HZ 126 (1922), 1–57. Vgl. etwas anders H. Gunkel, Zum religionsgeschichtlichen Verständnis des Neuen Testaments, FRLANT 1, Göttingen 1903, 72f. In die Reihe dieser religionsgeschichtlich aufgeschlossenen Forscher gehört auch der etwas jüngere klassische Philologe Josef Kroll (s.o. zu seiner 1932 erschienen Studie zur Sache), der später als kompromissloser Gegner der Nationalsozialisten nach dem Zweiten Weltkrieg als Rektor wesentlich den Wiederaufbau der Universität Köln organisiert hat. Seine Studie zum flankierenden Motiv des Descensuskampfes kann hier nicht umfassend diskutiert werden; sie bleibt eine wichtige Herausforderung der primär theologiegeschichtlich orientierten Arbeiten.

ser Richtung eine mögliche Fortsetzung der Aussage in unsere Gegenwart hinein möglich (dazu noch einmal am Schluss dieses Beitrages).

Andere Texte flankieren den 1. Petrusbrief in seinem Nachdenken über Jesu Zeit zwischen Tod und Auferstehung. Auch zufolge Apg 2,27.31 bleibt Jesus nicht im Hades: Also ist er zuvor einmal dort gewesen (nach Ps 16,10 LXX). Lk 23,34 (»heute wirst Du mit mir im Paradiese sein«) setzt allerdings voraus, dass Jesus unmittelbar nach seinem Tod bereits im Paradies ist. Solche Texte wird man natürlich nicht gegeneinander ausspielen dürfen. Sie veranschaulichen Jesu Durchgang durch den Tod auf je etwas andere Weise (vgl. Joh 5,24). Allenfalls herangezogen werden kann aus dem Neuen Testament noch Eph 4,8–10: διὸ λέγει· ἀναβὰς εἰς ὕψος ᾐχμαλώτευσεν αἰχμαλωσίαν, ἔδωκεν δόματα τοῖς ἀνθρώποις. τὸ δὲ ἀνέβη τί ἐστιν, εἰ μὴ ὅτι καὶ κατέβη εἰς τὰ κατώτερα [μέρη] τῆς γῆς; ὁ καταβὰς αὐτός ἐστιν καὶ ὁ ἀναβὰς ὑπεράνω πάντων τῶν οὐρανῶν, ἵνα πληρώσῃ τὰ πάντα. Doch dürften die Niederungen der Erde hier eher symbolisch antithetisch zur Erhöhung des Christus genannt sein, ohne dass sich eine erkennbare mythische Narration damit verbindet. Die Idee des Descensus kann im Hintergrund stehen, ohne dass sich wirklich Eindeutiges sagen lässt. Eher liegt der Ton darauf, dass der kosmische Christus allen Raum, Höhe und Tiefe, durchmisst.[41]

In den Evangelien wird man außer der genannten etwas änigmatischen Stelle der matthäischen Passionsgeschichte v. a. noch an das Jona-Zeichen denken dürfen (Mt 12,38–40; 16,4; Lk 11,29 f.). Wie sich Jona drei Tage im Bauch des Fisches befindet, so wird Jesus drei Tage in der Unterwelt sein. So wurde dieses Wort jedenfalls schon auf der redaktionellen Stufe des Matthäusevangeliums gehört, im Kontext einer jüdischen Tradition, die den Bauch des Fisches symbolisch auf die Unterwelt bezieht (schon Jona 2,1–2.7–8 LXX; wohl auch 3 Makk 6,8). Das Jonawort legt den Ton aber nicht darauf, was dort, in der Unterwelt, passiert. In diesem Sinn, als bloße Verweise auf etwas Selbstverständliches (der tote Jesus ist natürlich bei den Toten: Wo sollte er sonst sein?) gehören diese Texte nur in das weitere Vorfeld des eigentlichen Descensus. Doch zieht das Thema, ist es einmal ausgesprochen, sofort weiterführende Fragen und Imaginationen an sich. Wir haben einige exemplarische Stimmen benannt, um das Potential des Stoffes etwas auszuloten. Eine Geschichte des *Descensus*

[41] LOOFS, Descent (s. Anm. 3), 662, will dazu wahrscheinlich machen, dass die Descensus-Lehre auch in der inneren Systemlogik des Hebräerbriefs liegt (der sie nicht explizit nennt). Das müssen wir hier nicht diskutieren.

ad inferos zwischen Mythologie und Theologie kann an dieser Stelle natürlich nicht gegeben werden. Und nur en passant können wir noch erwähnen, dass es in der jüdischen antichristlichen Literatur eine Gegengeschichte zum Descensus gibt: Nach dem babylonischen Talmud (bGit 56b-57a) wird Jesus (im Gegensatz zu anderen Übeltätern, deren Strafe begrenzt ist) alle Ewigkeit in der Hölle verbringen müssen, wobei seine spezielle Strafe darin besteht, in kochenden Exkrementen sitzen zu müssen. Peter Schäfer hat diese groteske Hassfantasie einer ausführlichen Interpretation unterzogen und vor allem gezeigt, dass ihr Bezug auf Jesus (gegen den Zweifel Johann Maiers) deutlich zur ursprünglichen Textgestalt des Talmud Babli gehört und keine spätere Eintragung darstellt.[42]

Wir kehren noch einmal unter etwas weiteren Gesichtspunkten zum Neuen Testament zurück. Die klassische neutestamentliche Perikope über einen Descensus und Ascensus Jesu in einem allerdings etwas anders gelagerten Sinn, der Philipperhymnus Phil 2,5–11, artikuliert den Tod Jesu am Kreuz als seine tiefste, gehorsam getragene Erniedrigung. Da allerdings im Folgenden von der Verehrung des Kyrios Jesus durch alle Mächte der Erde, des Himmels und der Unterwelt die Rede ist, wird man auch hier als Selbstverständlichkeit anzunehmen haben, dass Jesus als Toter bei den Toten ist. Der Philipperhymnus ist also durchaus bereits ein indirektes Zeugnis für eine soteriologische Deutung des Weges Jesu, der von Gott in die Inkarnation,[43] von dieser in die Erniedrigung des Kreuzes einschließlich des Seins bei den Toten, und von da in einer Tat Gottes in die Erhöhung führt und zur Verleihung des Namens, der über alle Namen ist, des Gottesnamens. Es gehört zur Systemlogik des evozierten Bildes, dass Jesu Weg von ganz oben nach ganz unten führt, und von da wieder zu Gott selbst.[44] Damit ist auch die Grundbewegung des

[42] P. Schäfer, Jesus im Talmud, Tübingen 2007, 167–189, und zum textkritischen Problem 276.

[43] In diesem Kontext wäre der konzeptuelle Unterschied zwischen Inkarnation und Epiphanie in den Blick zu nehmen. Das kann an dieser Stelle nicht diskutiert werden.

[44] Messianische Bewegungen können die äußerste Selbsterniedrigung einer messianischen Figur sehr verschieden zur Darstellung bringen. Bei den jüdischen Sabbatianern und Frankisten ist dies etwa die Konversion Schabbatai Zwis zum Islam, die als bewusst gewählter Abstieg in das Reich der Qlipoth (der dunklen Seite der Gottheit) interpretiert wird (in diesem Sinn wird auch das »Auf-sich-Nehmen der Sünden« nach Jes 53 gedeutet). Vgl. G. Scholem, The Messianic Idea in Judaism and Other Essays on Jewish Spirituality, New

Credos vorgezeichnet, das ja eine Narration, eine Gesamtgeschichte der Welt *sub specie aeternitatis* aufspannt.

Descensus-Narrationen sind dabei, wie wir nun noch kurz thematisieren wollen, nicht nur Ausdruck einer frühchristlichen oder altkirchlichen Christologie, sondern zugleich auch ein Reflex relevanter Seelenvorstellungen und Jenseitsimaginationen, als deren Korrelat sie gedeutet werden müssen. Wer oder was steigt in die Unterwelt hinab? Eine Seele, ein Schatten, ein Gespenst oder ein ganzer Mensch, dessen Leib dann eben auch im Totenreich ist, insofern er in das Grab gelegt wird? (Diese letztere Position versucht noch Aug.ep. 164, 2,3 [PL 33, 709] zu widerlegen.)[45] Insofern, im Licht dieser flankierenden anthropologischen Parallelen, eignet Descensus-Mythen auch eine mysterienhafte Seite: Sie beschreiben einen Weg, den potentiell auch derjenige geht, der den Descensus rituell oder mystisch imaginiert. Die verschiedenen angesprochenen Möglichkeiten sind nun aber nicht unbedingt als sich ausschließende Modelle zu interpretieren, selbst wenn ihnen divergierende Menschenbilder zugrunde zu liegen scheinen. Konkurrierende Seelenvorstellungen[46] und sehr verschiedene Anthropologien koexistieren in gelebter Religion oft problemlos. Survivals älterer Konzepte und Modelle bestehen neben jeweils »neueren« Modellen. Ältere Modelle haben dabei oft den Charakter sakraler Sprache, sie evozieren ein hieratisches Imaginarium.[47] Dieser Sachverhalt lässt sich gut an bildlichen Darstellungen der Seele in antiker und eben auch altchristlicher Kunst sehen. Ganz verschiedene Darstellungsweisen sind möglich: der Schmetterlingstyp, der Mumientyp, der Homunculus-Typ, der angelomorphe Typ. Oft »ähnelt« die

---

York 1971, 145 und passim; DERS., Sabbatai Zwi. Der mystische Messias, Frankfurt a.M. 1992, 927f.934.944.958. Die Vorstellung, eine äußerste Erniedrigung des Messias wäre eine allein christliche Idee, kann sich nur bei Unkenntnis der jüdischen Geschichte einstellen.

[45] Diese Auffassung taucht später immer einmal wieder auf. Vgl. I. N. KARMIRES, He Christologike heterodidaskalia tou 16 aionos kai eis hadou kathodos tou Christou, Nea Sion 30 (1935), 11–26.65–81.154–165; S. D. NERSESSIAN, An Armenian Version of the Homilies on the Harrowing of Hell, Dumbarton Oaks Papers 8 (1954), 201.203–224.

[46] Vgl. mit Literatur M. FRENSCHKOWSKI, Seele, EdM 12 (2007), 476–489 (auch zum Folgenden).

[47] Vgl. dazu weiter ausholend M. FRENSCHKOWSKI, Sicht der Wissenschaften und Religionen. 2. Religionswissenschaft, in: H. Wittwer/D. Schäfer/A. Frewer (Hg.), Sterben und Tod. Geschichte – Theorie – Ethik. Ein interdisziplinäres Handbuch, Stuttgart/Weimar 2010, 15–27; DERS., Glaube an eine Fortexistenz nach dem Tod, in: a.a.O., 203–214.

Seele dem Verstorbenen (vgl. Apg 12,15), stellt also sozusagen einen feineren Körper für diesen dar.

Ähnliches gilt *mutatis mutandis* für Jenseitsszenarien. Sie nähren sich zwar aus definierten Traditionen, sind aber doch breit gestreut und können problemlos koexistieren. So wirken ältere Vorstellungen eines freudlosen Schattenreichs (Hades, Scheol) nach, die aus der Zeit vor einer ethischen Differenzierung des Jenseits stammen. Daneben sind die neueren Motive eines ethisch differenzierten Jenseits lebendig,[48] die sich schließlich in den Bildern von Himmel und Hölle stabilisieren, in einem Prozess, der erst allmählich im Laufe der Alten Kirche einen Endpunkt erreicht. Texte wie *Passio Perpetuae et Felicitatis* zeigen, wie divergent hier die Imaginarien auch im frühen Christentum noch sein können.[49] Seit Albrecht Dieterich[50] ist immer wieder gezeigt worden, wie intensiv sich das Christentum hier in antiken Rahmenvorgaben bewegt und auch orphische, pythagoreische, dionysische und andere Stoffe rezipiert. Hades, Gehenna und Abyssos sind oft nicht wirklich unterscheidbar, obwohl die Begriffe je eigentlich einen anderen Bedeutungsschwerpunkt haben. Der ethisch wenig differenzierte Hades und die eigentliche Hölle (Gehenna) und der Abgrund der bösen Geister (Abyssos) gehen ineinander über; auch andere archaische Begriffe wie Tartaros oder Erebos sind in altkirchlicher Literatur nach wie vor möglich und in ihrem genauen Inhalt oft wenig präzise.

Katabasisszenarien und -narrationen kennen die antiken Literaturen in großer Zahl, von Odysseus und Orpheus zu Aeneas, Pythagoras und vielen anderen.[51] Ganze Auflistungen von Unterwelt-

---

[48] Ethisch differenzierte Jenseitsbilder entstehen religionsgeschichtlich am Wechsel einer Kultur der Scham und Ehre zu einer Kultur der Schuld und Unschuld. Es gehört zu den zentralen religionsgeschichtlichen Verschiebungen der jüngeren Neuzeit, dass mit der Rückkehr zu einer Kultur der Scham und Ehre (in der der Einzelne das ist, was er oder sie vor anderen ist) auch das ethisch differenzierte Jenseits aus der populären Jenseitsimagination verschwunden ist: Wir kommen »alle in den Himmel«, der eben damit seine Züge als »Ort der Gerechten« verliert. Zu anderen Verschiebungen in jüngeren Jenseitsimaginationen am Rande der christlichen Kirchen vgl. meine genannte Studie.

[49] Vgl. dazu jetzt etwa Dresken-Weiland, Bild (s. Anm. 30); vgl. ergänzend A. Merkt, Himmel, Paradies, Schalom. Tod und Jenseits in antiken christlichen und jüdischen Grabinschriften, Regensburg 2012.

[50] A. Dieterich, Nekyia. Beiträge zur Erklärung der neuentdeckten Petrusapokalypse, Leipzig 1893 (2. Auflage 1913, Nachdruck Stuttgart 1969).

[51] Vgl. die in ihrer Vollständigkeit m. W. nicht übertroffene Auflistung aller griechischen und römischen Katabasis-Texte bei R. Ganschinietz, Katabasis,

fahrenden sind etwa Hyginus fabul. 48, bei Ver.Aen. 6,119 f. (nachgeahmt Statius Theb. 8,53–60) und bei Lukian de luctu 5 erhalten. Die Katabasis hat in diesen Erzählungen oft initiatorische Züge, obwohl sie immer auch mit einem konkreten Zweck verbunden ist. Das verbindet sich mit der Beobachtung, dass in archaischen religiösen Kontexten (die lange vor unseren Textzeugen liegen) die Kathodos oft einen Hauptinhalt der Berufung des schamanischen Typs darstellt. Auch das Mädchen Psyche in Apuleius' Roman muss im Rahmen ihrer Aufträge in die Unterwelt hinabsteigen, um Aphrodite eine Dose mit einer Schönheitscreme zu bringen (6, 19–21), ehe sie schließlich zum Himmel aufsteigen darf. Das Motiv ist dabei märchenhaft verfremdet und hat zudem den Charakter einer Prüfung. In jüdisch-apokalyptischen Szenarien kann die Schau der Unterwelt komplementär neben die der himmlischen Welt treten; die Textpragmatik dieser Schilderungen ist weniger paränetisch-mahnend, sondern eher vergewissernd, dass es mit den Bösen ein böses Ende nimmt und man selbst auf der richtigen Seite steht (»es rentiert sich nicht, böse zu sein«).[52] Gerade die überaus reiche griechische und römische Katabasis-Literatur liefert einen Referenzrahmen, wie man sich so etwas wie einen Abstieg in die Unterwelt vorstellen konnte. Auch hierbei koexistieren wieder sehr verschiedene Vorstellungen. Umstritten war, ob man solche Katabasis-Narrationen allegorisch-symbolisch zu verstehen habe. Clemens Alexandrinus strom. 5, 14, 103,1–6 (vgl. 9, 58,6) bietet etwa eine Allegorese des Er-Mythos in Platons Republik (der philosophisch einflussreichsten Katabasis; vgl. auch Proklos in remp. 2, 120,16 f.). Iren.haer. 1, 9,4 tradiert ein interessantes Homercento zur Katabasis des Herakles. Auch Plutarch quaest.conv. 9, 5,2 will den Er-Stoff symbolisch verstehen. Auch in magischen Ritualen sind Katabasis-Elemente häufig.[53] Man war sich keineswegs einig über die Deutung dieser Geschichten, aber die Narrationen als solche waren allgemein bekannt.

In welches Totenreich könnte Jesus dann im Rahmen antiker weltbildhafter Vorgaben hinabgestiegen sein? Jenseitsimaginarien haben es an sich – das ist eine zentrale religionsgeschichtliche Einsicht, die

---

PW X/2 (1919), 2395–2448.

[52] Vgl. M. Himmelfarb, Tours of Hell. An Apocalyptic Form in Jewish and Christian Literature, Philadelphia 1983.

[53] Vgl. H. D. Betz, Fragments from a Catabasis Ritual in a Greek Magical Papyrus, in: ders., Hellenismus und Urchristentum. Gesammelte Aufsätze I (zu PGM 52), Tübingen 1990, 147–155.

wir noch einmal aussprechen müssen –, dass sie ebenfalls in deutlich divergierenden Formen nebeneinander bestehen können. In der gleichen Gesellschaft, in der gleichen Ethnie, ja im gleichen Menschen können sehr unterschiedliche Vorstellungen von einer Existenzweise nach dem Tod (den paradoxen Begriff »Leben nach dem Tod« vermeiden wir) koexistieren. Moderne aufklärerische Überzeugungen und Differenzierungen, denen zufolge das Jenseits kein »Ort« sei, sondern ein »Zustand« (o. ä.), müssen für die frühchristliche Welt fernbleiben: Sie setzten im Grund den Neuplatonismus voraus. Es ist völlig selbstverständlich (auch im 1. Jh.), dass man das Jenseits »erreichen« kann, dass es ein Ort ist. Daher erzählen pagane, jüdische und christliche Geschichten von Menschen, die als Lebende dort gewesen sind, wie Orpheus, Herakles, Aeneas. Das ist noch im Mittelalter eine gängige Überzeugung, wie die Traditionen über Patrick's Purgatory zeigen, den irischen Jenseitseingang und Wallfahrtsort, der auf Befehl Papst Alexander VI. 1497 geschlossen und zugemauert wurde, an dem im Mittelalter aber verschiedene Jenseitsreisen lokalisiert wurden (1632 wurde der gesamte Höhleneingang verbaut). Zugleich gibt es Orte des Übergangs, an denen das Totenreich ganz nahe ist, Grotten, Höhlen, dunkle Teiche, Vulkane. Diese Idee ist in der Antike allgemein verbreitet. Die heißen Quellen bei Tiberias etwa sind nach rabbinischer Literatur deshalb so heiß, weil sich die Hölle dort so nahe an die Oberfläche drängt, und eine Legende erzählt, dass man durch den »Seelenbrunnen« im Garten Gethsemane das Klagen der Verdammten hören kann, wenn man genau lauscht.[54] In Hermione auf der Peloponnes gaben die Bewohner ihren Toten keinen Obolus mit, da das Totenreich dort so nahe sei (Strabon 8, 6,12 spricht von einem Abkürzungsweg). In Bostra in Nordarabien gab es einen weitberühmten Unterwelteingang (καταβάσιον), verbunden mit einem Orakelheiligtum, das Damascius *vita Isidori* 199 ausführlich beschreibt. In Magnesia am Mäander lag ein Eingang der Unterwelt, in Tainaron, wo Herakles den Kerberos heraufgeschleppt haben soll, ebenso in Cumae (das Vergil weltberühmt machte) usw. Ganschinietz in seiner grundlegenden Studie über die Katabasis nennt zahlreiche solcher Orte aus antiken Quellen. Gerade auch aus Italien sind mehrere Lokalitäten mit »Nähe« zur Unterwelt in der Kaiserzeit reichsweit bekannt. Dennoch haben solche Stätten eine altertümliche Aura, wie

[54] G. Klameth, Die neutestamentlichen Lokaltraditionen Palästinas in der Zeit vor den Kreuzzügen. II. Die Ölbergüberlieferungen 1. Teil (nach dem Hagiopoliten Epiphanius), Münster i. W. 1923, 72f.

das biblische Gehinnom, das ja eigentlich auch ein konkreter Ort ist. (In rabbinischer Zeit wurde die Gehenna dem Trend der Zeit folgend aber aus der Unterwelt in die Zwischenwelt zwischen Erde und Himmel verlegt.)[55]

Wir kommen damit zu einer vielleicht überraschenderen Einsicht. Ein Jenseits, dass »unten« liegt, ist im 1. Jh. weithin als altmodisch empfunden worden. Der Ort der Seelen ist der Himmel, vor allem die Milchstraße und der Mond. Zwar »gibt« es noch das alte, unten oder weit entfernt liegende[56] Jenseits des Hades, aber die tatsächliche Hoffnung richtet sich auf einen Aufstieg zu den Göttern in die himmlische Welt. Plutarchs Jenseitsmythen, vor allem De facie in orbe lunae,[57] sind hier eine ergiebige Quelle, auch wenn ihr mythisch-symbolischer Charakter in der platonischen Tradition beachtet sein muss. Weitere Zeugnisse liefern uns v. a. die Grabinschriften, unsere wichtigsten Zeugen für konventionalisierte, aber doch variable Jenseitserwartungen.[58] Jenseitsimaginarien lagern sich sozusagen wie die Schichten einer archäologischen Ausgrabungsstätte über- und nebeneinander ab. Insofern hat es im 1. Jh. einen archaischen Klang, wenn Jesus zu den Toten »nach unten« fährt. »Unten« als Ort der Toten wird immer mehr von »oben« überlagert, und das alte ethisch undifferenzierte Jenseits (Scheol, Hades) ist längst durch Vorstellungen eines gegliederten, ethisch differenzierten Jenseits ersetzt. Tertullian muss in Karthago ausführlich die Auffassung verteidigen, die Seelen der Toten zögen in eine Unterwelt, da doch die Philosophen lehrten, dass sie in den Himmel führen, und das längst unter Gebildeten die herrschende Auffassung geworden war (Tert.an. 55).[59] Das gilt auch für die Seelen der Gerechten: Nur die Märtyrerseelen gelangen direkt in

---

55 Vgl. M. Küchler, Jerusalem. Ein Handbuch und Studienreiseführer zur Heiligen Stadt, Göttingen 2007, 753–759.

56 Der Wechsel des »vertikalen« zu einem »horizontalen« Jenseits liegt in Griechenland am Übergang der archaischen zur klassischen Zeit, aber auch hier wirken die alten Ideen untergründig weiter. Bei Homer muss man sich zum Jenseitsübergang in das Land der Kimmerier begeben, wo stets Dunkel und Nebel herrschen. Vgl. L. Radermacher, Das Jenseits im Mythos der Hellenen, Bonn 1903.

57 Vgl. Ganschinietz, Katabasis (s. Anm. 51), 2427; P. Capelle, De luna stellis lacteo orbe animarum sedibus, Halle 1917.

58 Besonders hilfreich ist R. Lattimore, Themes in Greek and Latin Epitaphs, Urbana III, 1942; vgl. weiter Dresken-Weiland, Bild (s. Anm. 30).

59 J. Waszink, Q. Septimius Florens Tertullianus, De anima. Ed. with Introduction and Commentary, Amsterdam 1947 (Reprint Hildesheim u. a. 2007), 553–564, zu allen Aspekten des Textes.

den Himmel, während alle anderen in der Unterwelt auf die Auferstehung warten müssen.[60] Diese ist gegen Platon kein gegen den Himmel hin offener, aber tiefgelegener Ort (kein Mistkübel, wie Tert.an. 55,1 sagt), sondern eine wirkliche Höhle im Gestein der Erde, unter der freilich noch weitere Abgründe liegen. Die materielle Realität dieses Ortes wird von Tertullian sehr massiv verteidigt. Die Unterwelt des Descensus ist also nach dieser Sicht nicht »symbolisch«, sehr wohl aber ein Stück sakraler Kosmologie, das für Tertullian gegen den Konsens der Gebildeten verteidigt wird.

Dem entspricht die Einsicht, dass sakrale Topographien oft »altmodisch-hieratisch« formuliert werden. Der Verfasser dieser Studie hat das andernorts für die Johannesoffenbarung diskutiert, die ein physisches Weltbild sozusagen als sakrales Zitat benutzt, das längst nicht mehr der geglaubten Welt des 1. Jh. entspricht.[61] Ähnlich hat der Abstieg in die Unterwelt von vornherein einen sakralen Klang: Er drückt seine Aussage in einem tradierten Weltbild aus, das nicht den längst stärker differenzierten und vor allem skeptisch flankierten Gedanken über ein Jenseits entspricht. Es ist ein sehr altertümliches Totenreich, in das Jesus »hinabsteigen« muss, ein Ort, der zumindest für diese Traditionen noch Züge der Hades bzw. der Scheol trägt. Nach AscJes 4,21; 11,19 (christlich, frühes 2. Jh.) fährt Jesus nach dem äthiopischen Text in die Scheol, was nach 10,8 gerade nicht heißt in die Hölle (so explizit aber nur im äthiopischen Text).[62] Das ist freilich eine Einzelstelle.

Jenseitsbilder korrelieren zudem immer mit Seelenmodellen. Sie können gewissermaßen als deren Funktion beschrieben werden und selbstverständlich auch umgekehrt. Wir müssen uns dabei für die ältere Zeit frei machen von der Vorstellung der einen Seele, die unsterblich dem einen Körper korreliert. Antike und archaische Anthropologien, sofern sie nicht durch die Fokussierung des Platonismus gegangen sind, kennen oft sehr verschiedene Teile dessen, was den Menschen ausmacht. Fast alle antiken religiösen Diskurse besitzen

---

[60] Zur privilegierten Position der Märtyrerseelen (nicht der Gerechten allgemein!), die sich im 2. Jh. öfter findet, vgl. WASZINK, Tertullianus (s. Anm. 59), 554.

[61] Vgl. M. FRENSCHKOWSKI, Chinesische Seide in der Johannesoffenbarung. Ein Beitrag zum geographischen Horizont der Apokalypse, in: M. Labahn / M. Karrer (Hg.), Die Johannesoffenbarung. Ihr Text und ihre Auslegung, ABG 38, Leipzig 2012, 311–327.

[62] Ascensio Isaiae Textus, CChr.SA 7, hg. v. P. Bettiolo / E. Norelli u. a., Turnhout 1995, 70 f. 110 f. 122 f. 376 f. 422 f. 432 f.

komplexe Anthropologien, anders gesagt mehrere, ja tatsächlich zahlreiche Seelen oder Seelenanteile, oder, formulieren wir genauer: anthropologische Konzepte. Bekanntlich kann schon Homer davon sprechen, dass ein schattenhaftes εἴδωλον des Herakles im Hades ist, während gleichzeitig ein anderer Seelenteil bei den Göttern wohnt.[63] Sehr ähnlich kann Sib 8,310–312 in einem langen christologischen Gedicht (V. 251–336, wohl spätes 2. Jh.) von Christus gleichzeitig behaupten, er habe nach seinem Tod drei Tage schlafend gelegen und zugleich den Toten im Hades gepredigt, obwohl diese Ideen nicht wirklich harmonieren.[64]

In diesem Sinn kennt auch das frühe Christentum neben dichotomischen und trichotomischen Anthropologien ganz selbstverständlich den gemeinantiken Gespensterglauben, der sich mit reflektierten Anthropologien eigentlich schlecht verträgt (z. B. EvNik 15,6; Mk 6,49; Mt 14,26; Lk 24,37); es kennt auch die bleibende Verbindung zwischen totem Körper und dem, der einst in diesem Körper war: So kommt es sehr rasch zur Reliquienfrömmigkeit, die es in Ansätzen auch im Judentum gegeben hat. Sogar die noch archaischere »external Soul« ist als Survival gut nachzuweisen, und die altorientalische »Nähe« zwischen Grab und Unterwelt klingt zumindest nach. Daneben treten aber bruchlos modernere und philosophisch reflektiertere Modelle. Wenn wir fragen, was aus dem Menschen nach seinem Tod wird, wohin es mit der Seele geht, so kann die Antwort nur überaus komplex ausfallen und muss die verschiedenen anthropologischen Konzepte berücksichtigen, die christlicherseits erst nach dem Neuen Testament im Gespräch mit der Philosophie in die ausformulierte systematische Idee der einen unsterblichen Seele zusammenfinden. Nach Num 16,31–34 fahren Korach, Datan und Abiram noch lebendig und leiblich in die Scheol: Hier wird besonders deutlich, dass diese ein Ort, kein spiritueller Zustand ist. Für den Rationalisten Josephus ist das natürlich absurd: Er lässt ein Erdbeben geschehen, das er naturkundlich recht präzise beschreibt (Ant. 4,51) und das nach seiner Deutung Gott nur deshalb schickt, weil Mose ihn gebeten hatte, Korach und seiner Rotte zur Warnung des Volkes ein möglichst auffälliges, ungewöhnliches Ende zu bereiten. Aber selbst in der christlichen Hagiographie wird diese Szene ohne Umdeutung noch

[63] Hom.Od. 11,601–604.

[64] Oder sollte man auf einer anders gelagerten, tiefenpsychologischen Ebene in solchen Stellen eine Affinität zwischen Traumreich und Totenreich finden?

gelegentlich nachgeahmt, etwa Vita St. Patricii 33, oder im Schlussteil der apokryphen Philippusakten (ActPhil 26–29),[65] wo Philippus einen hebräischen Fluch ausspricht, der die Sünder leibhaftig in die Hölle fahren lässt (ein Verhalten, das dem Apostel einen schweren Tadel durch Christus und eine »Strafzeit« außerhalb des Paradieses einträgt). Eine solche Unterweltnarration hat im 1. Jh. schon den Schauer des Altertümlichen und Mythischen – und lebt doch ungebrochen weiter. Daher ist auch die Frage nur partiell zu beantworten, was sozusagen in die Hölle fährt, wenn sich Jesus in dieser aufhält. In der Zeit der christologischen Zwistigkeiten hießen die beiden wichtigsten Antworten: die Seele des Menschen Jesus oder der göttliche Logos, der die Stelle dieser Seele einnimmt. In Joh 20,17 zeigt das Verbot, Jesus anzufassen (oder festzuhalten), wie komplex man sich die Vorstellungsfelder im 1. Jh. zu denken hat (wen oder was genau darf Maria Magdalena nicht anfassen?). Es macht aber auch keinen Sinn, Probleme an die frühen Texte heranzutragen, die in diesen offenbar noch nicht reflektiert werden. Der 1. Petrusbrief jedenfalls reflektiert nicht, als was Jesus in der Unterwelt präsent ist.

Wir wenden uns einem weiteren hermeneutischen Aspekt des Descensus-Szenarios zu. Jesu Abstieg in die Unterwelt ist mythische Rede. Mythen sind Geschichten vom Ursprung. Sie erzählen nicht einfach, was einmal gewesen ist, sondern was immer ist. So hatte ein berühmter neuplatonischer Philosoph, Sallust (bzw. Salustios, nicht mit dem Historiker gleichen Namens zu verwechseln), den Mythos im 4. Jh. definiert: ἐγένετο μὲν οὐδέποτε, ἔστι δὲ ἀεί (De diis et mundo 4,9, ed. A. D. Nock) – Mythos also sei, »was niemals war, aber immer ist«.[66] Wenn man eine solche jüngere Definition auf unser Ideenfeld anwenden will, dann redet der Descensus von Jesu Verhältnis zum Tod und den Toten, nicht nur von der Frage, wo er sozusagen den Karsamstag zugebracht haben könnte. Diese Interpretation setzt aber den Neuplatonismus schon voraus; sie transferiert den Mythos. Mythen können nicht vollständig übersetzt werden in eine nichtmythische Sprache, wohl aber umspielt, erklärt und weitergeführt. Sie

---

[65] Übersetzung: F. Bovon / C. Matthews, The Acts of Philip. A New Translation, Waco, TX 2012, 101 f.

[66] Interessanterweise knüpft jetzt auch Ulrich Luz in seiner Theologischen Hermeneutik des Neuen Testaments, Neukirchen-Vluyn 2014, 427, zum Thema Mythos an diese Definition an, die man natürlich historisch kontextualisieren muss. Sallust setzt wie gesagt den Neuplatonismus voraus und wäre etwa im 1. Jh. noch kaum verständlich gewesen.

konkurrieren nicht mit naturwissenschaftlichen Konzepten, sie konkurrieren aber sehr wohl mit- und untereinander. Das tun sie, indem sie verschiedene Welten ausspannen und uns fragen, in welcher wir uns wiederfinden, in welcher wir uns beheimaten können. Mythen schaffen Heimat, sie beheimaten ihre Trägerinnen und Träger im Universum. Ihr Symbolkosmos beschreibt und schafft eine je eigene Welt, in der wir leben, arbeiten, uns imaginativ einrichten können. Schöpfungsmythen z.B. leisten das in besonderer Weise, indem sie Geschichten über das Ganze der Welt sind.[67]

Wenn Jesu Abstieg in die Unterwelt mythische Rede ist, so heißt das, dass hier anschaulich-mythisch von etwas Realem gesprochen wird, wovon sich in theologischer Begriffssprache nur verkürzt sprechen lässt. Verkürzt heißt nicht: unzutreffend. Aber der Mythos ist eine Redeweise, deren diskursiver Aspekt die Aussage nicht erschöpft. Jesus ist in der Machtsphäre des Todes, da, wo der Tod bisher uneingeschränkt geherrscht hat, wo Menschen nur noch in äußerster Machtlosigkeit und Leblosigkeit existieren, eben: tot. Diese Unterwelt ist der Bereich der Toten, Jesus ist also bei den Toten, so wie er wenige Tage zuvor bei den Lebenden im Palästina des 1. Jh. war. Inwiefern diese Toten in der Zeit sind, inwiefern ihr Sein ein Bewusstsein kennt, sind Fragen, die schon die Alte Kirche beschäftigt haben (vgl. die nestorianische Lehre vom Totenschlaf). Indem er bei den Toten ist, ist er auch dort der Messias und Heilbringer, der den Tod überwindet, die Gefangenen befreit und als erster Gottes Reich in Bewegung setzt. Zugleich wird Jesu irdisches Leben in eine mythische Gesamtnarration integriert, die zwei weitausholende Bewegungen vereint, die wir aus dem Philipperhymnus kennen: von ganz oben nach ganz unten und von dort wieder hinauf in die göttliche Sphäre.

Der Descensus Christi ist zugleich eine soteriologische Fokussierung des Weges der Seele, wie sie sich im platonischen Modell darstellt. Diesem Modell zufolge (bekannt etwa aus dem Er-Mythos, Platon rep. 10,614 A–621 D) durchlebt die Seele (bzw. ihr »vernünftiger«, unsterblicher Seelenteil) ein Drama, eine kosmische Geschichte.[68] Diese führt von »oben«, von der Welt der Götter, verbunden mit (unterschiedlich langer) Ideenschau, in das irdische Leben hinab.

---

[67] Über Schöpfungsnarrationen vgl. zusammenfassend M. FRENSCHKOWSKI, Schöpfung, EdM 12/1 (2005), 170–180; DERS., Theogonie, EdM 13 (2010), 479–483.

[68] Vgl. als neuere zusammenfassende Darstellung (auch mit Forschungsreferat) M. ERLER, Platon, Ueberweg II/2, Basel 2007, 375–390.

Nach dem Tod als Trennung von Leib und Seele gerät die Seele in den Hades und ein Gerichtsgeschehen, aus dem sie neuerlich in die Welt der Leiblichkeit aufsteigen kann. Befreit sie sich von den Fesseln des Irdischen, kann sie letztlich aufsteigen in die Welt der Götter, in deren Gemeinschaft sie ihre Vollendung findet. Diese Bewegung der Seele wird hier nicht als »Einfluss« auf das christologische Schema behauptet, sondern als anthropologisches Szenario von struktureller Affinität. Die Bewegung führt sozusagen von ganz oben nach ganz unten und dann wieder hinauf und hat dabei den Charakter einer individuell variierten dramatischen Geschichte, also einer pathosgeladenen Narration. Christus kommt wie die platonische Seele aus einer göttlichen Transzendenz, steigt herab bis ins Totenreich und schließlich wieder hinauf zur Gottheit. In beiden Fällen ist die irdische Existenzweise eine Zwischenstation, und das »Eigentliche« erfüllt sich in einem Weg durch diese Zwischenstufen. In beiden Fällen ist das Heilsgeschehen das Durchwandern eines kosmischen Raumes, kein Bleiben oder Verweilen. Aber nur dieser äußere Rahmen ist gleich: Jesu Weg ist eine Selbstentäußerung mit folgender Rehabilitierung und Erhöhung, in gewisser Nähe zur antiken Apotheose. Die platonische Seele dagegen gerät durch ein Strafgeschehen in den materiellen Körper und muss sich ihren Weg zurück in die himmlische Welt verdienen. Dabei wählt sie eine Schutzgottheit und durchläuft ein mysterienhaft-initiatorisches Geschehen (mit z. T. schicksals- und rätselhaften Zügen), während Christus eine Sendung, einen Auftrag erfüllt. Sowohl er selbst als auch Gott sind dabei Subjekt des Geschehens, während die platonische Seele ihre Subjekthaftigkeit im Grunde erst wiedergewinnen muss. Es geht also bei unserer Beobachtung keinesfalls um einen behaupteten platonischen Einfluss (dieser wird im Christentum erst im 2. Jh. spürbar), sondern um eine Affinität kultureller Leitimaginationen in zwei antiken Gedankensystemen, in zwei »großen Erzählungen«, um Jean-François Lyotards berühmten Ausdruck zu verwenden. Der Weg Christi ist nun insofern – um eine These zu formulieren – die soteriologische Fokussierung des Weges der Seele im platonischen Modell. Das ist, um das noch einmal zu betonen, nicht in einem traditionsgeschichtlichen Sinn gemeint, sondern im Sinn einer sachlichen Analogie. Es darf immerhin vermutet werden, dass diese Analogie zur Plausibilität des »Weges Christi« für ein antikes Publikum beigetragen hat, wie ihn das Credo vor Augen malt. Auch etwa das Johannesevangelium sieht Christi Weg nicht grundsätzlich anders.

Was bedeutet es, wenn eine Gesellschaft die Bewegung von ganz oben nach ganz unten, und wieder hinauf nach ganz oben an so zentralen Stellen ihres religiösen Imaginariums findet? Statuswechsel, Abstieg und Aufstieg werden damit zu zentralen kulturellen Themen. Paulus sieht den Weg Christi als ethisches Vorbild. Aber was besagt das für die Identität von Menschen, deren »große Erzählung« aus diesem Primärszenario lebt? Ich lasse die Frage unbeantwortet. Weniger Affinität besteht zur Epiphanie der Göttersage: Bei dieser liegt der Ton auf der Erscheinung der Gottheit in der Welt, nicht auf einem Weg zwischen Menschenwelt und Götterwelt.[69] Die Epiphanie hat nicht die dramatische Struktur, welche der Weg Christi im Credo hat. Eher weitläufige Bezüge bestehen auch zum Motivfeld der antiken Jenseitsreise, zu dem wir weiter oben schon einiges gesagt haben. In Lukians Philopseudeis (Titel wohl ursprünglich pluralisch) 22f. wird ein Blick in das Jenseits der Unterwelt durch einen Eukrates erzählt, die aber primär ein in literarischen Bezügen gestalteter Ort ist (wohl v. a. nach Herakleides Pontikos).[70] Das ganze beginnt mit einer Epiphanie der Zaubergöttin Hekate in einem Weinberg, die Eukrates mit einem magischen Ring verscheuchen kann. Vergils Äneis Buch 6 ist bekanntlich die ausführlichste Jenseitsschilderung der lateinischen Literatur überhaupt, in der Homers Nekyia modernisiert und mit pythagoreischen, orphischen und anderen Ideen ausgestaltet wird. In der lateinischen Literatur des 1. und 2. Jh. sind solche epischen Jenseitsszenarien häufig (Statius Thebais 4,406–551; Silius Italicus Punica 13,393–895). Man darf sie aber nach dem Gesagten nicht einfach als Ausdruck der aktuellen Jenseitsideen lesen; dafür sind die Grabinschriften ergiebiger. Es lässt sich also ein breites Motivfeld benennen, an das der Descensus Jesu hätte anknüpfen können. Doch wurde diese Möglichkeit nur wenig genutzt. Jesus wird, sehr auffällig, nie der große Offenbarer über die Geheimnisse der Toten: Das Motiv hat einen ganz anderen theologischen Ort.

Die theologische Dignität des Mythologumenons vom Abstieg Jesu in die Unterwelt, in das Reich der Toten liegt darin begründet, dass es einerseits die Radikalität der Selbstentäußerung des Gekreuzigten zur Sprache bringt, andererseits eine Perspektive auf die notwendige

---

[69] Vgl. zuletzt G. Petridou, Divine Epiphany in Greek Literature and Culture, Oxford 2015; V. Platt, Facing the Gods. Epiphany and Representation in Graeco-Roman Art, Literature and Religion, Greek Culture in the Roman World, Cambridge 2011.

[70] Vgl. Ganschinietz, Katabasis (s. Anm. 51), 2415.

Frage eröffnet, wie das partikulare und geschichtlich entstandene Evangelium Gottes Heilsbotschaft für alle Menschen aller Zeiten sein kann.[71] Die Universalität des Evangeliums (auch für die Zeit vor seiner Verkündigung) kann nur behauptet werden, wenn dieses die Lebenden und die Toten erreicht. So hatte schon Clemens Alexandrinus das ganze Motiv verstanden (strom. 6, 6, 45,5f.; adumbr. in I Petr. 4,6; I Ioa. 2,2). Christus selbst tritt dort ein, wohin kein Mensch, keine Predigt und keine Kirche reichen können. Zugleich wird damit Gott als Gott des Lebens und der Lebendigen zur Sprache gebracht. Das Evangelium verweigert jede Freundschaftserklärung dem Tod gegenüber. Die Weisheit Salomos sagt: »Gott hat den Tod nicht geschaffen« (1,13). Dieser sei viel mehr durch den Neid des Teufels in die Welt gekommen. Für Paulus ist der Tod der letzte Feind Gottes, der in der Weltvollendung zunichte gemacht werden wird (1 Kor 15). Der *Descensus ad inferos* bringt Christi Heilswerk als universales Geschehen der Todüberwindung zur Geltung. Dabei darf dieses Theologumenon, das als Mythologumenon aufritt, dennoch nicht als Variation einer Allversöhnungslehre missverstanden werden, welche die Freiheit des Menschen aufhebt und aus Gott einen himmlischen Stalker macht, der es nicht ertragen kann, dass eine Kreatur zu ihm nein sagt. Die notwendige und sinnvolle Rede von Himmel und Hölle bleibt bestehen, wenn Christus selbst den Toten predigt. Gerade als mythische Rede beantwortet der Descensus eine Frage, die wir nicht vollständig diskursiv-begrifflich stellen können, und die darum eine Antwort in den Bildern des Mythos erfordert.

[71] Damit ist der Auffassung von Loofs, Descent (s. Anm. 3), 662f. (und anderen) widersprochen, die Descensuslehre sei zwar genuin christlich, könne aber als antiquierter und beschwerlicher Artikel des Glaubens nicht mehr nachgesprochen werden und müsste folglich aus dem Credo gestrichen werden. Eine solche Selbstdispensierung der Theologie von ihrer Erklärungs- und Übersetzungsaufgabe kann nach dem Gesagten nicht in Betracht kommen.

Eine systematisch-theologische Sinnsuche im Blick auf das Bekenntnis zum Descensus Jesu Christi

Matthias D. Wüthrich

Der Glaubensartikel von der Höllenfahrt Jesu Christi im Apostolikum stößt bei kirchlich Distanzierten meist auf Befremden und Unverständnis und löst selbst in der protestantischen Theologie eine gewisse Verlegenheit aus. Hans Urs von Balthasars tiefsinnige, mystisch-spekulative Karsamstagstheologie hat diese Verlegenheit aus protestantischer Sicht wohl eher noch verstärkt als gemildert und die Kritik Adolf von Harnacks, der den Descensus als eine »vertrocknete Reliquie«[1] verspottet hat, oder Rudolf Bultmanns, der ihn für »(e)rledigt«[2] hielt, ist zwar leiser geworden, aber nicht verstummt. Natürlich ist es wichtig darauf hinzuweisen, dass das Apostolikum noch immer in der kirchlichen Praxis und Ordnung verankert ist, dass ihm große ökumenische Bedeutung zukommt und dass die Kirchen gegenwärtig vermehrt traditionelle Bekenntnisse wie das Apostolikum auch in der Erwachsenenbildung verwenden – zur Förderung der spirituellen Sprachfähigkeit des christlichen Glaubens.[3] Doch diese Hinweise vermindern die erwähnte Verlegenheit im Blick auf den Descensus nicht, sondern steigern sie eher noch. Will man sich der Verlegenheit stellen, so muss man nach dem Sinn dieses Glaubensartikels fragen. Und das ist es, was im folgenden Beitrag unternommen wird. Er fragt *nach der heutigen theologischen Plausibilität bzw. nach einem vor der Gegenwart verantwortbaren Sinn*[4] *der apostolischen Bekenntnisaussage von der Höllenfahrt Jesu Christi.* Um diese Frage zu beantworten bieten sich m. E. drei traditionelle Deutemotive an, die genaueren Nachdenkens

---

[1] A. VON HARNACK, Marcion. Das Evangelium vom fremden Gott, Darmstadt 1960 ([2]1924), 130.

[2] R. BULTMANN, Neues Testament und Mythologie. Das Problem der Entmythologisierung der neutestamentlichen Verkündigung, in: Kerygma und Mythos I, hg. v. H.W. Bartsch, Hamburg 1951, 15–48, 17.

[3] Vgl. im schweizerischen Kontext die Bekenntnissammlung: Reformierte Bekenntnisse. Ein Werkbuch, hg. v. einer interkantonalen Initiativgruppe unter der Leitung von Matthias Krieg, Zürich [2]2011.

[4] Der hermeneutisch verwendete Begriff »Sinn« bezeichnet hier nicht nur einen semantischen Gehalt, sondern auch seine Plausibilität und Zweckmäßigkeit (für die gegenwärtige Theologie).

bedürfen: das Siegesmotiv (Kapitel 1.), das Leidensmotiv (Kapitel 2.) und das Predigtmotiv (Kapitel 3.).

Bevor diese Motive gründlicher erörtert werden, muss jedoch eine hermeneutische Vorbemerkung gemacht werden: Der Descensus bewegt sich in der Sprach- und Denkform des Mythos und hat als solcher im Verlaufe der Geschichte verschiedene Ausgestaltungen erfahren. Vor dem Hintergrund der Entmythologisierungsdebatten im 20. Jh. erforderte schon allein der systematisch-theologische Umgang mit solchen Mythen eine eigene Abhandlung. Sie kann in diesem Beitrag nicht geleistet werden. Soviel sei aber doch klargestellt: Systematische Theologie vollzieht sich im Medium des diskursiven Logos und ihre Rechenschaftsablage zielt auf begriffliche und metaphorische Präzision. Sie ist dabei stets rückgebunden an Formen basaler religiöser Sprache wie den Mythos. Solche Formen bleiben der systematischen Reflexion gegenüber auf kreative Weise widerständig. Sie generieren stets einen Sinnüberschuss, der sich begrifflich nicht einholen lässt und hinter dem jede systematisch-theologische Deutung zurückbleibt. Sofern der Mythos vom Descensus Christi jedoch nicht nur Eingang in die ältere Bekenntnissprache (Apostolikum/Athanasium) der Kirche, sondern auch in die dogmatische Lehrbildung gefunden hat, wird er auch Gegenstand direkter systematischer Reflexion. Die vorliegende systematisch-theologische Deutung richtet sich nicht auf die antiken Spielarten und Analogien des Descensus, sondern auf seinen Sinn im Kontext der Bekenntnisaussagen des Apostolikums – und das wiederum so, dass dabei in erster Linie die Rezeption innerhalb der protestantischen Theologie berücksichtigt wird. Es geht also um eine systematisch-theologische Deutung in Bezug auf seine Deutungen im Protestantismus. Dieses vermittelte Vorgehen erscheint uns insofern adäquat, als keiner der neutestamentlichen Texte »einen sicheren exegetischen Anhalt für die Ausbildung der Anschauung von der Höllenfahrt bietet«,[5] die protestantische Rezeption jedoch die Möglichkeit einer kreuzestheologischen Auslegung nahelegt, die wiederum ins Zentrum neutestamentlicher Theologien führt.

---

[5] E. Koch, Höllenfahrt Christi, TRE 15 (1986), 455–461, 455. Vgl. auch den Beitrag von Marco Frenschkowski in diesem Band.

1. Jesus Christus gegen Teufel, Tod und Hölle – das Siegesmotiv

So verhalten sich Martin Luther gegenüber Höllenfahrtsgemälden geäußert hat, er hat doch ihren Nutzen für den einfachen Glauben anerkannt. So meint er in seiner 1533 gehaltenen Torgauer Predigt: »Denn solch gemelde zeiget fein die krafft und nutz dieses Artikels, darumb er geschehen, gepredigt und gegleubt wird, wie Christus der Hellen gewalt zustoret und dem Teuffel alle seine macht genomen habe.«[6] In Christi Vernichtung der Hölle und der Entmächtigung des Teufels kommt ein klassisches Motiv der Descensusinterpretation zur Sprache, das ich – in schwacher Anknüpfung an Gustaf Aulén[7] – als *Siegesmotiv* bezeichnen möchte. Seine eindrücklichste kunstgeschichtliche Artikulation findet sich auf den orthodoxen Anastasis-Ikonen. In Luthers Auslegung des Glaubensartikels der Höllenfahrt wird das Siegesmotiv für eine Glaubenspraxis stark gemacht, die sich der Bildlichkeit des Descensus bewusst ist.

Wie erwähnt kommt das Siegesmotiv bei Luther durch einen doppelten Sieg, nämlich über die Hölle und den Teufel, zum Ausdruck. Traditionell bildeten Hölle und Teufel semantische Elemente eines mythisch aufgeladenen Geflechts des Bösen, in dessen Zentrum die Sünde stand. Auch die ihr folgenden Übel, und v. a. der Tod, gehörten zu diesem Geflecht.[8] Wie auch immer Sünde, Tod, Teufel und Hölle im Einzelnen verstanden und relationiert wurden, sie gehörten zum semantischen Hintergrund des traditionellen Descensus, besonders des Siegesmotivs.

Fragt man nach dem Sinn des Descensus für die gegenwärtige Systematische Theologie, so muss man darum auch nach der Tragfähigkeit und Plausibilität der hier vorgezeichneten Rede vom Bösen (in einem weiten Sinn verstanden) fragen. Ein Blick auf die Theologiegeschichte zeigt, dass jenes Geflecht des Bösen in der Neuzeit und der

---

[6] WA 37, 63,30–32.

[7] Vgl. G. AULÉN, Die drei Haupttypen des christlichen Versöhnungsgedankens, ZSTh 8 (1930), 501–538, wobei Aulén beim hier im Fokus stehenden klassischen, an der Christus-*victor*-Thematik orientierten Versöhnungstypus nicht spezifisch an den Descensus denkt.

[8] So spricht Luther immer wieder vom Bösen, indem er es als Geflecht von Sünde, Tod und Teufel fasst – vgl. etwa die Rede von der »Erlösung von Sünden, Tod und Teufel« in WA 35, 477,6–9 oder im Kleinen Katechismus (BSLK 506.511.515). Vgl. im Kontext der Höllenfahrt auch die Trias »Tod, Teufel, Hölle« (WA 37, 66,40 f.).

Moderne auseinandergebrochen ist. Die Plausibilität des Geflechts und seine spezifische Rationalität und Beziehungslogik wurden weltanschaulich unterspült. Das sei hier in der gebotenen Kürze an *drei Entkopplungen*, die das Verständnis der Sünde erfahren hat, typologisch erläutert:

1. Sünde und Teufel werden entkoppelt durch die Eliminierung des Teufels. Der Teufel, der erste große Sünder, der penetrante Versucher, Lügner und Meister der Verwechslung von Gut und Böse, der dem Menschen buchstäblich auf den Leib rückte, ihn in seinen Bann zog, ihm die Hölle im Leben wie im Tod heiß machte – dieser Teufel wurde neuzeitlich begraben. Damit verschwand eine der menschlichen Sünde präveniente Macht, die seine Sünde nicht nur evoziert, sondern zugleich ihre Erkenntnis verschleiert und sie so stabilisiert hat. Der Teufel ist aus dem modernen Denken verschwunden, er steckt heute bestenfalls noch im Detail. Sein Verschwinden lässt sich mehrheitlich auch in der Theologie beobachten. Repräsentativ für diese moderne Tendenz darf die Aussage Schleiermachers gelten: »Die Vorstellung vom Teufel, wie sie sich unter uns ausgebildet hat, ist so haltungslos, dass man eine Überzeugung von ihrer Wahrheit niemandem zumuten kann.«[9] Es kam zwar in der Theologie des 20. Jh. zu einem seltsamen *revival* der Dämonologie, doch nur selten wurden dabei all die klassischen Merkmale der alten Satanologie repristiniert.

2. Die Sünde wurde entkoppelt von Leiden, Übel und Tod. Wohl werden das *malum morale*[10] und das *malum physicum* (bzw. das *malum naturale*) in der Moderne nicht vollständig auseinander gerissen. Noch immer konnte das *malum physicum* als Folge des *malum morale* verstanden werden. Doch diese Folgerelation wurde als weltimmanente gedacht. Das Übel ist nicht extern vermittelte Strafe Gottes, sondern sich aus den gut eingerichteten Strukturen der Welt ergebende Wirkung des Bösen. Gerade das Erdbeben von Lissabon im Jahre 1755 hatte freilich auch aufgezeigt, dass es ein *malum physicum* gibt, das nicht direkt in solche weltimmanente Folgerelationen eingespannt werden kann. Es bildete sich ein Bereich natürlicher Ka-

---

[9] F. Schleiermacher, Der christliche Glaube nach den Grundsätzen der evangelischen Kirche im Zusammenhange dargestellt, Bd. 1, aufgrund der 2. Aufl. neu hg. v. M. Redeker, Berlin [7]1960, Leitsatz zu § 44, 211.

[10] Ich setze hier Sünde und *malum morale* der Einfachheit halber gleich. Aus theologischer Sicht ist freilich zu betonen, dass zumindest die reformatorisch betonte Ursünde – im Gegensatz zu den sich aus ihr ergebenden Sünden (im Plural) – gerade keine moralische, sondern eine transmoralische Größe ist.

tastrophen, der nicht mehr moralisch verrechnet und rückgebunden werden konnte. Die jüdische Philosophin Susan Neiman hat die hier aufbrechende Entkoppelung von *malum morale* und *malum physicum* zum Signum der modernen Philosophiegeschichte erhoben.[11] Auch diese Entkoppelung lässt sich paradigmatisch bei Schleiermacher beobachten: Das gesellige Übel ist für ihn eine direkte, *unmittelbare* Folge der Sünde. Das natürliche Übel hingegen – wie Schmerz und Tod – hängt nur *mittelbar* mit der Sünde zusammen. Objektiv betrachtet entsteht das natürliche Übel nicht aus der Sünde, das ist nur subjektiv der Fall: Der sündige Mensch versteht das natürliche Übel als Sündenstrafe.[12] Das Verdikt Schleiermachers ist doch beachtlich: Die traditionelle Rede vom Tod als Sündenfolge erscheint nun selbst als Ausdruck sündiger Selbstauslegung.[13] Die Theologie des 20. Jh. ist Schleiermacher in der Unterscheidung eines natürlichen Todes von einem subjektiv interpretierten Sündentod weitgehend gefolgt und hat damit auch diese Entkopplung faktisch ratifiziert. Dasselbe könnte auch von Übel, Leiden und Schmerz gesagt werden, der Tod bildet da nur die Zuspitzung.

3. Sünde ist *incurvatio*, selbstverkrümmte Trennung von Gott, die Hölle bildet die topographisch-eschatische Manifestation und fixierte Ratifikation dieser Trennung. Nicht der *limbus infantium* oder der *limbus patrum*, auch nicht das *purgatorium* als Ort der Abbüßung zeitlicher Sündenstrafen, aber doch zumindest die Feuerhölle ist der Sündenpfuhl, in dem sich die Sünde ewig perpetuiert.[14] Doch mit der neuzeitlichen Erosion des mittelalterlichen Weltbildes wurde auch die ewige Hölle eliminiert – oder sagen wir vorsichtiger: entlokalisiert, existentialisiert, spiritualisiert[15] oder durch eine schlechthinnige An-

---

[11] S. Neiman, Das Böse denken. Eine andere Geschichte der Philosophie, Frankfurt a. M. 2004, 76 et passim.

[12] Schleiermacher, Glaube (s. Anm. 9), bes. § 76.2, 416 f.

[13] Dass und wie der Zusammenhang von Sünde und Tod noch in der reformatorischen Theologie vorausgesetzt ist, zeigt z. B. die Frage 42 des Heidelberger Katechismus.

[14] Zu den lehramtlichen Elementen des Höllenverständnisses in der katholischen Theologie vgl. W. Sparn, Hölle V. Dogmatisch, RGG[4] 3 (2000), 1850–1852, 1850.

[15] Man vgl. dazu etwa Johannes Brenz' Votum für einen illokalen, präsentischen *descensus ad inferos spiritualis*; vgl. M. Herzog, »Descensus ad inferos«. Eine religionsphilosophische Untersuchung der Motive und Interpretationen mit besonderer Berücksichtigung der monographischen Literatur seit dem 16. Jahrhundert, FTS 53, Frankfurt a. M. 1997, 303.

nihilation der Sünder[16] oder eine Allversöhnung ersetzt und aus der futurischen Eschatologie immer mehr verdrängt. Die Hölle als Ort der Sündenstrafe geriet in der Aufklärung selbst ins moralische Zwielicht und konnte ihren ethischen Maßstäben nicht mehr genügen. Ihre theologische Infragestellung ließe sich wiederum exemplarisch an Schleiermacher aufzeigen.[17]

Was ist durch all die genannten Entkopplungen (und Eliminierungen) geschehen? Man könnte von einer Isolierung der Sünde gegenüber den ihr vorlaufenden und nachfolgenden *malum*-Gestalten sprechen. Die Isolierung führte zu *semantischen Reduktionen* und einer stärker anthropozentrisch-moralischen Umcodierung des Sündenbegriffes. Die Reduktionen betreffen m. E. die schöpfungstheologische Einbettung der Sünde, sie betreffen v. a. ihre leiblichen, kosmischen Manifestationsseiten. So stand zum Beispiel der Teufel – traditionell ja selbst ein Geschöpf – gerade gut für die leiblichen Anfechtungen des Menschen wie des Kosmos insgesamt. Er versinnbildlichte ein destruktiv verselbständigtes Moment in der Schöpfung, das sich eschatologisch bis in die Hölle hinein verlängert in Form von ewigen psychischen und physischen Qualen.

Die skizzierten Entkoppelungen führten nicht nur zu Reduktionen im Sündenbegriff, sondern auch zu eigentümlichen *Leerstellen* in der Rede vom Bösen (in einem weiten Sinn). Konnte der solchermaßen reduzierte, »entkoppelte« moderne Begriff der Sünde die Erfahrungen des Bösen noch abbilden und artikulieren? Zumindest im Blick auf die beiden Weltkriege im 20. Jh. muss diese Frage verneint werden. Die erwähnten Leerstellen in der Rede vom Bösen führten im Blick darauf zu einer beklemmenden Sprachnot der Theologie. Das Ungenügen des restringierten Sündenbegriffs und die Sprachnot der Theologie zeigten sich in einem seltsamen *revival* der Dämonologie im 20. Jh. So meinte etwa Helmut Thielicke nach Kriegsende: »Wir Christen in Deutschland haben von ferne das ›Tier aus dem Abgrund‹ gesehen; wir haben sehr nahe bei den Dämonen gewohnt; und wir bilden uns

[16] So schon bei Hobbes, der in seinem »Leviathan« doch immerhin gegen den Spott der Aufklärung an der Hölle festhält (vgl. B. Lang, Hölle IV. Kirchengeschichtlich, RGG[4] 3 [2000], 1848–1850, 1849).

[17] Vgl. seine Ansicht über die ewige Verdammnis im Anhang von § 163 in: Schleiermacher, Glaube, (s. Anm. 9), 437–439, sowie seine gänzliche Zurückweisung des Topos der Höllenfahrt (während Auferstehung, Himmelfahrt und Wiederkunft Christi immerhin noch als von mittelbarem Nutzen für die Dogmatik angesehen werden), vgl. a. a. O., § 99.1, 82–84.

auch heute nicht ein, dass sie ausgetrieben seien.«[18] Und Hans Asmussen nahm die Rede von den Dämonen an der Bruderratstagung vom 21.–23. August 1945 explizit auf und meinte in einer Vorlage: »Dämonisch ist die Macht, welche deutsche Menschen in den letzten Jahren zu all jenen Greueltaten trieb«, und er sah »die Dämonien sich nackt auf uns stürzen«.[19] Zu diesem seltsamen *revival* der Dämonologie kann man auch Paul Tillichs Rede vom Dämonischen, Karl Barths Lehre vom Nichtigen und in gewisser Weise auch die v.a. amerikanische Diskussion um die »principialities and powers«[20] rechnen.

Mit der eben vorgenommenen Analyse der Rede vom Bösen im neuzeitlich-modernen Denken soll keine Deutung im Sinne einer »Abfallsgeschichte« suggeriert werden. Ich will nicht hinter Schleiermacher zurück. Die Frage ist freilich, ob man angesichts der abgründigen Erfahrungen des vergangenen Jahrhunderts bei ihm stehen bleiben kann und nicht über ihn hinaus denken müsste. Es steht zumindest zu vermuten, dass man erst dann auch die unerträgliche infernale Destruktivität verstehen wird, die den Hintergrund des Bildes von der Höllenfahrt Christi geprägt hat und den sie uns in Erinnerung ruft. Meine diesbezügliche These lautet: *Wenn man den Deutungen der Höllenfahrt Christi und seiner Besiegung von Teufel, Tod und Hölle noch einen Sinn abgewinnen will, dann ist das nur möglich, wenn man eine kritische Rekonstruktion des Geflechts des Bösen vornimmt, das in ihrem Hintergrund steht, und zwar eine Rekonstruktion, die nicht bei neuzeitlich-modernen Infragestellungen desselben stehen bleibt, sondern ohne sie in ihrem Recht zu beschränken über sie hinausdenkt.*

Es ist an dieser Stelle nicht möglich eine solche Rekonstruktion vorzunehmen. Doch es soll wenigstens angedeutet werden, in welche Richtung da zu denken wäre. Ich orientiere mich dabei an Karl Barths Lehre vom Nichtigen, die er in KD III/3 in § 50 entfaltet hat. Dabei soll diese Lehre nicht – wie es oft getan wurde – als vorgezogene Hamartiologie, sondern als kritische und kreative Bearbeitung der neuzeitlich entstandenen Leerstellen in der Rede vom Bösen inter-

---

[18] H. Thielicke, Die Kirche inmitten des deutschen Zusammenbruchs, ihre Beurteilung der Lage und ihre Ziele, in: G. Besier/J. Thierfelder/R. Tyra (Hg.), Kirche nach der Kapitulation, Bd. 1: Das Jahr 1945 – eine Dokumentation, Stuttgart u.a. 1989, Dok. 66, 203–209, 205.

[19] Zit. nach J. Thierfelder, »Wir haben sehr nahe bei den Dämonen gewohnt.« Geschichtsdeutungen deutscher Kirchenmänner nach dem Ende des zweiten Weltkrieges, GuL 12 (1997), 72–81, 75f.

[20] Dazu T. Zeilinger, Zwischen-Räume – Theologie der Mächte und Gewalten, Forum Systematik 2, Stuttgart u.a. 1999, 33–113.

pretiert werden.[21] Sie ist darum aufschlussreich für die vorliegende Thematik. Barth wird hier also expliziter neuzeittheoretisch gelesen, als ihm vielleicht selber lieb gewesen wäre. Auf jeden Fall wird er nicht als neoorthodoxer Theologe gelesen.[22]

Der Ausdruck *»das Nichtige«* ist Programm. Barth signalisiert damit schon sprachlich, dass es hier um einen Phänomenkomplex geht, der kaum mehr in den Bahnen traditioneller Rede vom Bösen ausgelegt werden kann. Der opake Begriff fungiert gleichsam als Marker für die Uneinholbarkeit der abgründigen Negativerfahrungen der beiden Weltkriege. Der Begriff des Nichtigen bildet nach Barth einen Oberbegriff für verschiedene Gestalten des Bösen: Barth unterscheidet zwischen einem *moralisch* Nichtigen, das er als Sünde und Schuld fasst, und einem *physisch* Nichtigen, unter dem er die früheren Begriffe Übel, Tod, Teufel, Chaos und Hölle subsummiert.[23] Das physisch Nichtige begleitet und folgt dem moralisch Nichtigen nicht nur,[24] sondern geht ihm an gewissen Punkten auch voran[25] – ohne dass Barth damit die Schuldfähigkeit und Verantwortung des Menschen aufgeben würde. Barth baut in der Lehre vom Nichtigen das traditionelle theologische Reden vom Bösen radikal um, und zwar so, dass sie den neuzeitlich-modernen Infragestellungen Rechnung trägt. Das sei exemplarisch an Barths Umgang mit der traditionellen Satanologie erläutert. Im Folgenden sollen die wichtigsten Transformationen aufgezählt werden, die Barth mit der Lehre vom Nichtigen an ihr vornimmt:

1. Das Nichtige ist kein Geschöpf Gottes, auch nicht in seiner teuflischen oder dämonischen Gestalt, wie es noch der traditionelle Teufel und die gefallenen Engel waren. Es ist weder Gegengott noch Geschöpf, sondern eine dritte Wirklichkeit *sui generis*.

2. Das teuflisch Nichtige darf darum nicht mit den guten, geschaffenen Engeln zusammengedacht werden. Dämonologie und Angelologie sind strikt zu unterscheiden. Es kann keinen *locus »de angelis bonis et malis«* mehr geben.

---

21 Vgl. M. D. Wüthrich, Gott und das Nichtige. Eine Untersuchung zur Rede vom Nichtigen ausgehend von § 50 der Kirchlichen Dogmatik Karl Barths, Zürich 2006, 20–24, v. a. 215–263.

22 So ein gängiges Urteil, dem sich selbst Paul Tillich (Systematische Theologie Bd. I u. II [1958], New York 1987, 11 f.), wenngleich etwas differenzierter, anschloss.

23 KD III/3, 347.353.

24 KD III/3, 353.

25 Vgl. z. B. KD III/3, 359, das *malum afflictionis*.

3. Weil beide nicht zusammengedacht werden dürfen, gab es auch nie einen Urstand, in dem gute und potentiell sündige Engel vereint gewesen wären. Barth denkt überhaupt nicht mehr in den heilsgeschichtlichen Strukturen von Urstand und Fall – übrigens auch im Blick auf die Sünde des Menschen nicht.

4. Barth denkt das Nichtige auch in seiner teuflischen Gestalt kaum mehr in personalen Kategorien.

5. Das teuflisch Nichtige wie das Nichtige überhaupt ist in Jesus Christus schon besiegt. Es kommt allererst scharf in den Blick, wo es im Lichte des Sieges Jesu Christi gesehen wird. Es gibt keinen natürlich-theologischen Zugang zum Bösen, es gibt keine Evidenz des wirklich Bösen. Barths Zugang zum Nichtigen ist streng christologisch.

Für Barth existiert darum auch die alte Frage *unde malum?* nicht. Es gibt für ihn keinen spekulativen Rückgang hinter den Sieg Jesu Christi, wie er ihn in der Bibel bezeugt sieht. Und so muss man letztlich auch die *Herkunft* des Nichtigen nur von seiner Überwindung, von seiner Besiegung in Jesus Christus her denken: Nur weil und sofern das Nichtige gemäß der Bibel in Christus bekämpft und besiegt wird, nur als solchermaßen Ungewolltes »ist« es auch.

6. So und nur so kann man dann auch die schwer nachvollziehbare Behauptung Barths verstehen, das Nichtige habe seinen »Grund in Gottes Unwillen«.[26] Man darf diese unkonventionelle Aussage nur als abgeleitete, regulative Grenzaussage verstehen. Ihr Ziel ist es zu behaupten, dass das Nichtige zwar nicht von Gott geschaffen ist, aber trotzdem unter seiner Herrschaft steht, wo seine destruktiven Eruptionen die Sünde als einzelne Tat mächtig übersteigen. Ihr Ziel ist es zudem, deutlich zu machen, dass Gott sich zum Nichtigen nie anders verhält als in einem Gegensatz.[27] Gott ist *gegen* das Nichtige, er handelt nicht *verborgen* in, mit und unter dem Nichtigen, Gott handelt nicht *sub contrario* unter einer Satansmaske![28]

---

[26] KD III/3, 416, vgl. 406.

[27] Vgl. KD III/3, 346.

[28] Diese Charakterisierung, die schon bei E. JÜNGEL, Die Offenbarung der Verborgenheit Gottes. Ein Beitrag zum evangelischen Verständnis der Verborgenheit des göttlichen Wirkens, in: DERS., Wertlose Wahrheit. Zur Identität und Relevanz des christlichen Glaubens. Theologische Erörterungen III, BevTh 107, München 1990, 163–182, 178, herausgearbeitet wird, müsste freilich weiter differenziert werden. Immerhin kann Barth das Nichtige auch als »Gottes Knecht« bezeichnen (KD III/3, 425) und ereignet sich die Verderbnis durch das Nichtige – gemäß Leitsatz des § 50 – »[u]nter Gottes Ver-

Die stichwortartige Aufzählung zeigt deutlich, dass schon nur im Blick auf das physisch Nichtige in seiner teuflischen Gestalt kein Stein auf dem andern bleibt. Barths neuzeitkritische Transformationen der Satanologie stehen selbst auf dem anerkannten Boden der neuzeitlichen Eliminierung des Teufels.[29] Ähnlich radikale Transformationen könnten bei Barth auch im Blick auf das Nichtige als Tod und Hölle[30] rekonstruiert werden.

Ich ziehe ein erstes Fazit: Will man die Deutung der Bekenntnisaussage von der Höllenfahrt Christi unter spät- oder postmodernen Bedingungen reinterpretieren, so ist das nur möglich, wenn man auch das Geflecht des Bösen, auf das sie bezogen ist, einer kritischen Rekonstruktion unterzieht, einer Rekonstruktion, die den neuzeitlich-modernen Infragestellungen desselben standhält. Barths Lehre vom Nichtigen ist dazu insofern geeignet, als sie ein subtiles Geflecht von verschiedenen interdependenten Gestalten des Nichtigen zu denken versucht und darin die traditionellen Lehren von Teufel, Tod und Hölle nicht einfach eliminiert, sondern radikal transformiert. Die Lehre vom Nichtigen ermöglicht es, eine Deutung des negativen Hintergrundes des Siegesmotives der Höllenfahrt Christi für unsere Gegenwart zurückzugewinnen und theologisch zu plausibilisieren. Wir werden diesen interpretativen Zugewinn im nun folgenden Kapitel jedoch noch präzisieren und relativieren müssen.

2. Die Qual der Gottverlassenheit – das Leidensmotiv

Zuerst ist ein Blick auf die reformatorische Theologie, besonders auf Martin Luther und Johannes Calvin, zu werfen. Wie haben sie den Descensus gedeutet?

Sowohl Luther wie Calvin haben existentiale Höllenfahrtsdeutungen vorgelegt. Ich möchte sie hier unter der Kategorie des *Leidensmotives* zusammenfassen. Etwas vereinfacht behaupten Luther und Calvin: Das Leiden und die Gottverlassenheit Jesu in Gethsemane und vor allem am Kreuz sind bereits die Höllenfahrt. Bei Luther ist diese Aussage Frucht einer subtilen christologischen Auslegung

fügung« (KD III/3, 327). Zudem fungiert das Nichtige bei Barth zuweilen als Instrument des Gerichtes Gottes – über das Nichtige!

[29] Zur zeitgenössischen Kontextualisierung der Transformationen vgl. Wüthrich, Gott (s. Anm. 21), 216–249, bes. 228–245.

[30] Zum Tod vgl. Wüthrich, Gott (s. Anm. 21), 259–261; zur Hölle s. u.

von Psalm 22. Luther interpretiert den Kreuzesruf »Mein Gott, mein Gott, warum hast Du mich verlassen!« ohne doketische Brechungen als Verzweiflungsschrei und tiefsten Punkt der Erniedrigung Christi. So von Gott verlassen zu sein, bedeutet Abstieg in die Hölle.[31] Jesus Christus leidet in seinem Tod die Hölle. Luther vertritt diese existentiale *Descensus*-Deutung neben der eingangs erwähnten und bildlichen Interpretation der Höllenfahrt im Sinne des Siegesmotives (s.o. unter 1.). Beide Interpretationen, die bildlich-symbolische wie auch die existentiale, stehen nebeneinander und sind für Luther auch glaubenspraktisch vereinbar.[32]

Während Luthers Äußerungen zur Auslegung des Descensus im Apostolikum durch antispekulative Zurückhaltung, aber doch auch eine gewisse glaubenspraktische Wertschätzung gekennzeichnet sind,[33] übt Calvin unerbittliche Kritik an der traditionellen Auslegung. Er meint: »Ich sehe also gar nicht, wie man dann in späterer Zeit hier [sc. im Blick auf die Höllenfahrt Christi] an einen unterirdischen Ort denken konnte, dem man noch den Namen ›limbus‹ gab. Obgleich diese Fabel von berühmten Leuten erdacht ist und auch heute noch von vielen ernstlich als Wahrheit verteidigt wird, so ist sie doch eben bloß eine Fabel. Es ist kindisch, die Seelen der Verstorbenen in ein Gefängnis eingesperrt zu denken.«[34] Doch auch Calvin bestreitet nicht, dass uns im Descensus des Apostolikums »ein heilsames und nicht zu verachtendes Geheimnis«[35] entgegentritt. Er schlägt darum eine diesem angemessenere Deutung vor: In der apostolischen Aussagenreihe »gelitten [...], gekreuziget, gestorben und begraben,

---

[31] WA 5, 606,39–607,1. Zu dieser Interpretation vgl. auch W. Maas, Schwierigkeiten mit dem Glaubensartikel »Abgestiegen zu der Hölle«, in: H.U. von Balthasar (Hg.), »Hinabgestiegen in das Reich des Todes«. Der Sinn dieses Satzes in Bekenntnis und Lehre, Dichtung und Kunst, München/Zürich 1982, 9–24, 21f.

[32] So auch Maas, a.a.O., 23f.

[33] Luthers Zurückhaltung gegenüber einer spekulativen theologischen Ergründung des Descensus dokumentiert sich nicht nur in der eingangs zitierten Torgauer Predigt von 1533 (WA 37, 62–72), sondern z.B. auch WA 46, 305–313.

[34] Inst. II, 16,9. Die lateinische Fassung wird im Folgenden zitiert nach Johannis Calvini, Opera selecta, Bd. I–V, hg. v. P. Barth/D. Scheuner/W. Niesel, (Bd. III–V in 2. Aufl.) München 1926–1962, abgekürzt: OS. Bei der zitierten Stelle handelt es sich um OS III, 493,27–494,4. Calvins Radikalität im Blick auf die Illokalität der Hölle ist umso bemerkenswerter, als er – anders als Luther – noch an einem lokalen Himmelsverständnis festhält.

[35] Inst. II, 16,8 (OS III, 492,8f.).

niedergefahren zur Hölle«[36] würden sich die Aussagen bis zum Begräbnis auf das vor aller Augen liegende öffentliche Leiden des *Leibes* Jesu Christi beziehen, während das nachfolgende »niedergefahren zur Hölle« auf die unsichtbaren inneren Qualen seiner *Seele* während seiner Passion und in seinem Kreuzestod referiere.[37] Der Artikel über den Descensus spricht also nicht über ein Ereignis im Nachgang zum Begräbnis, sondern charakterisiert retrospektiv gleichsam die Innenseite des Leidens und Sterbens Jesu Christi. So wird der Descensus auch bei Calvin zum existentialen Ausdruck für »die entsetzlichen Ängste, die seine [sc. Jesu Christi] Seele umschlangen«.[38] Und wie bei Luther wird dieser innere Schmerz auch bei Calvin am Schrei der Gottverlassenheit Jesu (Ps 22,2) plastisch dargestellt.[39] Schließlich finden sich bei Calvin innerhalb des Leidensmotives am Rande auch Aussagen über einen Sieg Jesu Christi. Die höllischen Ängste ergreifen ihn nämlich »nicht derart [...], daß er von ihnen überwältigt wurde; nein, er hat mit der Macht der Hölle gekämpft, sie unterworfen und gebrochen«.[40]

Luthers und Calvins Verständnis der Höllenfahrt ist also gemeinsam, dass sie eine existentiale Deutung im Sinne des Leidensmotives vertreten, die sich auf das Diesseits des Todes Jesu bezieht, und dass sie daneben (Luther) oder damit verbunden (Calvin) auch eine Deutung im Sinne des Siegesmotives vornehmen.

In der altprotestantischen Orthodoxie zeigt sich jedoch wieder ein verstärktes Interesse an einer postmortalen Deutung des Descensus. Anders als bei den Reformatoren treten dabei verstärkt konfessionelle Differenzen auf. Sie betreffen in erster Linie[41] die Frage, ob die Hölle sich auf ein Ereignis vor oder nach dem Tod bezieht und auf die Frage,

---

[36] Zit. nach der deutschen Fassung des Apostolikums in den lutherischen Bekenntnisschriften, BSLK 21.

[37] Inst. II, 16,10 (OS III, 495,1–27). Es wäre zu fragen, ob Calvin durch diese anthropologische Dualisierung nicht den leiblichen Aspekt der Hölle untergräbt.

[38] J. Calvin, Genfer Katechismus, Fr. 65, zit. nach Der Genfer Katechismus von 1545, in: Calvin Studienausgabe Bd. 2: Gestalt und Ordnung der Kirche, hg. v. E. Busch u. a., Neukirchen-Vluyn 1997, 1–135, 35. Ganz ähnlich formuliert es später auch der Heidelberger Katechismus in Fr. 44.

[39] Inst. II, 16,11 (OS III, 496,12 f.).

[40] J. Calvin, Der Genfer Katechismus (s. Anm. 38), Fr. 69,37. Vgl. auch Inst. II, 16,11 (bes. die Begriffe *victoria* und *triumphus*, OS III, 497,6).

[41] Als weitere Frage müsste die personale, leib-seelische, gott-menschliche Verfasstheit Jesu Christi in der Hölle angesehen werden (so schon FC Art. IX, BSLK 813).

ob der Gekreuzigte oder erst der Auferstandene zur Hölle gefahren ist (was bedeutet, dass das Leidensmotiv und das Siegesmotiv einander als Alternativen gegenübergestellt werden).

Während die Konkordienformel in Anlehnung an Luther immerhin noch offen lässt, ob sich die Höllenfahrt vor oder nach Christi Tod zugetragen hat und ob sie dem Sieg oder Leiden Christi zuzurechnen ist,[42] setzt sich in der altlutherischen Dogmatik ab dem 17. Jh. die (nicht bildlich verstandene) Vorstellung durch, die Höllenfahrt Christi erfolge zwischen seiner Lebendigmachung im Grabe und seiner Auferstehung und sei der erste Akt seiner Erhöhung, der zugleich ein Sieg und Triumph über Teufel, Tod und Hölle bedeute (der Descensus wird also dem *status exaltationis* zugerechnet).[43] Anders die altreformierte Dogmatik: Sie verstand die Höllenfahrt Christi als Teil seines Leidens und als Tiefpunkt seiner Erniedrigung und plädierte entsprechend dafür, den Descensus dem Stand der Erniedrigung (*status exinanitionis*) zuzuordnen. Dabei bezeichnete die Höllenfahrt »einerseits (*proprie*) die Wirklichkeit des menschlichen Todes Christi und seines Begräbnisses und andrerseits (*metaphorice*) die Qual, welche Christus, als er das Strafgericht Gottes empfand, in seiner Seele erlitt und überhaupt die allertiefste Erniedrigung« durch die Überlieferung an den Tod.[44] In der reformierten Tradition findet sich jedoch auch die direkte, nicht bildlich verstandene Vorstellung eines postmortalen Leidens*descensus* in die Hölle.[45]

Gibt es für eine zeitgemäße protestantische Theologie eine Möglichkeit, diese konfessionellen Differenzen zu überwinden, ohne damit auch gleich das Bekenntnis zum Descensus Christi in liberal-theologischer Manier über Bord zu werfen?

---

[42] FC Art. IX, BSLK 812 f.

[43] Vgl. H. Schmid, Die Dogmatik der evangelisch-lutherischen Kirche. Dargestellt und aus den Quellen belegt, neu hg. v. H. G. Pöhlmann, Gütersloh (1979) [12]1998, 246.255 f., sowie W. Pannenberg, Grundzüge der Christologie, Gütersloh 1964, 281.

[44] H. Heppe, Die Dogmatik der evangelisch-reformierten Kirche. Dargestellt und aus den Quellen belegt, neu hg. v. E. Bizer, Neukirchen-Moers 1935, 388.392–395.

[45] Vgl. der Große Westminster-Katechismus zu Fr. 50, in: E. F. K. Müller (Hg.), Die Bekenntnisschriften der reformierten Kirche, Theologische Studien-Texte 5 (1903), Waltrop 1999, 618.

Ich meine, dass Barths Lehre vom Nichtigen, wenn man sie in einem weiten Sinne versteht und rekonstruiert,[46] eine solche Möglichkeit bietet – auch wenn er selber diese Möglichkeit so nicht explizit gemacht hat und die Höllenfahrt in der barthschen Theologie kein systematisches Gewicht besitzt. Barth versteht die Höllenfahrt Christi als »Ausdruck«[47] für das sich an Jesus Christus stellvertretend vollziehende Strafgericht, für die höllischen Qualen und die erfahrene Gottverlassenheit in seinem Kreuzestod.[48] Das Kreuz ist Jesu Christi bittere Endstation auf seinem Weg in die Fremde. Einen weiterführenden, tiefergehenden, abgründigeren Weg gibt es nicht und braucht es nicht. Mit dieser Betonung des Leidensmotivs im Blick auf die Höllenfahrt steht Barth ganz in der oben skizzierten altreformierten Tradition. Doch seine Christologie erschöpft sich nicht im Leidensmotiv. Bekanntlich hat Barth in KD IV/1 und IV/2 die altprotestantische Ständelehre so umgebaut, dass der Stand der Erniedrigung und der Stand der Erhöhung als simultane und komplementäre Bewegungen innerhalb der Christologie auszulegen sind (die in KD IV/3 ihr ihnen gegenüber eigenständiges Integral finden).[49] Es gelingt Barth so, sowohl das reformierterseits betonte Leidensmotiv wie das stärker lutherisch geprägte Siegesmotiv zu verbinden:[50] Als erniedrigter Gott und erhöhter Mensch *erleidet* Jesus Christus das Nichtige und *besiegt* es zugleich. Trotzdem wäre es verfehlt, in Barths Interpretation der Höllenfahrt Christi eine Aufsummierung altprotestantischer Descensusmotive zu sehen. Denn anders als in der altprotestantischen Orthodoxie ist die Höllenfahrt ihm zufolge kein heilsgeschichtlich isoliertes,

---

[46] Ich gehe im Folgenden davon aus, dass die Sündenlehre in KD IV als Element der Lehre vom Nichtigen zu lesen ist, was sich auch begrifflich ohne Mühe nachzeichnen ließe.

[47] K. Barth, Dogmatik im Grundriß (1947), Zürich [8]1998, 137.

[48] Vgl. a.a.O., 137.139f.

[49] Barth ordnet die zwei Stände chiastisch den zwei Naturen Christi zu und lässt die Lehren von Person und Ständen sich gegenseitig auslegen: Jesus Christus ist wahrer, versöhnender Gott (»Herr«) in seiner Erniedrigung und wahrer versöhnter Mensch (»Knecht«) in seiner Erhöhung. Aus dem ursprünglichen »Stand« wird nun eine Geschichte: Der Weg des Sohnes Gottes in die Niedrigkeit, in die Fremde (KD IV/1) und sodann die Heimkehr des Menschensohnes durch seine Erhöhung (KD IV/2).

[50] Zum Siegesmotiv in Barths Apostolikumauslegung vgl. ders., Dogmatik (s. Anm. 47), 140 (»Es ist vollbracht!«) sowie 141–144. Die Verbindung von Leidens- und Siegesmotiv bei Barth hebt auch hervor D. Lauber, Barth on the Descent into Hell. God, Atonement and the Christian Life, Barth Studies, Aldershot/Burlington 2004, 1–41, bes. 9.39f.

postmortales Erlösungsereignis. Zudem ist der in ihren Bildern zum Ausdruck kommende Sieg nicht vom Kreuz ablösbar: Jesus Christus erleidet und besiegt das Nichtige *in seinem Kreuzestod*.[51] Für Barth bildet das Bekenntnis zur Höllenfahrt letztlich nicht mehr als »an interpretative key that unlocks the meaning of the crucifixion«.[52] Insofern steht Barths Verständnis den existentialen Deutungen von Luther und Calvin doch sehr nahe.

Wir hatten im vorangehenden Kapitel als Fazit festgehalten, dass sich die apostolische Bekenntnisaussage von der Höllenfahrt Christi unter spätmodernen Bedingungen nur dann reinterpretieren lässt, wenn man das Geflecht des Bösen, auf das sie bezogen ist, einer kritischen, modernen Rekonstruktion unterzieht. Und wir haben gleichzeitig festgestellt, dass Barths Lehre vom Nichtigen für diese Rekonstruktion geeignet ist. In diesem Kapitel hat sich nun herausgestellt, dass sich im Rahmen einer Rekonstruktion der Lehre vom Nichtigen nicht nur das Sieges-, sondern auch das Leidensmotiv der Höllenfahrt zur Sprache bringen lässt und beide Motive verbunden werden können. Barths Verständnis der Höllenfahrt lässt sich so auslegen, dass damit nicht alte innerprotestantische Gräben aufgerissen werden müssen, sondern vielmehr – im Sinne einer innerprotestantischen Ökumene – an die sich nahestehenden Positionen von Luther und Calvin angeknüpft werden kann. Zudem steht eine kreuzestheologische Explikation des Descensus dem Zentrum neutestamentlicher Theologien wesentlich näher als eine Deutung, die diesen Bezug nicht direkt vornimmt.

Dieser interpretative Zugewinn für eine spätmoderne Auslegung des Descensus muss aber sogleich präzisiert (1) und relativiert (2) werden:

---

[51] Vgl. Barth, Dogmatik (s. Anm. 47), 141. An gewissen Stellen kann Barth auch sagen: Jesus Christus erleidet und besiegt das Nichtige in seiner Inkarnation, seinem Kreuzestod und seiner Auferstehung (vgl. z. B. KD III/3, 346, wo Barth meint, dass man das wirklich Nichtige in Jesu Christi Geburt, Tod und Auferstehung erkennt). Auch Hans Urs von Balthasar hat sich vehement gegen eine triumphalistische Descensusinterpretation ausgesprochen und immer wieder hervorgehoben, dass es nicht um einen triumphalen Siegeszug Christi durch den Hades geht, sondern um Jesu Christi kraftloses, schwaches Mit-einsam-Sein mit den Toten. Vgl. dazu W. Maas, Gott und die Hölle. Studien zum Descensus Christi, Sammlung Horizonte 14, Einsiedeln 1979, 244–256, bes. 252. Darin, dass der Descensus nicht vom Kreuz abgelöst gedacht werden kann, liegt jedoch eine bleibende Differenz zwischen Barth und Balthasars Karsamstagstheologie (so auch Lauber, Barth [s. Anm. 50], 40).

[52] Lauber, Barth (s. Anm. 50), 40.

1. Zu präzisieren ist zunächst Barths Höllenverständnis. Aufgrund seines streng christologischen Zugangs behauptet Barth, dass nur Jesus Christus die *wirklich* teuflische Macht, den *wirklichen* Sündentod und so auch die *wirkliche* Hölle erleidet und besiegt.[53] Es gibt nach Barth keine weltanschaulich zugängliche, vorfindliche Hölle *vor, neben* oder *nach* Jesu Christi Kreuzestod.[54] Nur *in* diesem Kreuzestod gibt es sie wirklich und in ihm wird sie zugleich vernichtet – und zwar objektiv vernichtet wie alle andere Gestalten des Nichtigen. Jesus ist Sieger![55] Nach seinem Sieg ist das Nichtige nur noch ein »fliehender Schatten«.[56]

Barth verzichtet also nicht nur auf die Annahme einer jenseitigen Höllenfahrt Jesu Christi, er lehnt auch – anders als die Reformatoren[57] – die Vorstellung einer jenseitigen Hölle ab. Und für uns Menschen bedeutet das zugleich: »Wir *müssen* nicht mehr zur Hölle fahren. Und wir sollen auch nicht mehr zur Hölle fahren *wollen*.«[58] Das ist eine Feststellung, die unter den spezifischen *erwählungstheologischen* und *zeittheoretischen* Bedingungen von Barths Christologie[59] nicht nur allen Menschen *post*, sondern bereits *ante Christum* gilt! Unter diesen Bedingungen bedarf es keiner nachträglichen postmortalen Universalisierung der Erlösung, denn diese geschieht bereits im Kreuzestod. Damit entfällt ein entscheidender Motivationsgrund für die Vertretung des herkömmlichen Descensus.

Barth steht mit seiner Ablehnung einer infernalen Jenseitstopologie in der modernen Theologie durchaus nicht allein. Versteht man die Hölle mit Barth als radikales Ausgeschlossensein von Gott[60] oder mit Joseph Ratzinger als *die* Einsamkeit des Menschen schlechthin,

---

[53] Vgl. KD III/3, 347.

[54] So muss man m.E. auch Barths Exegesen zum Tod im Neuen Testament lesen, vgl. KD III/2, 733f., vgl. auch KD II/2, 551.

[55] KD III/3, 421, vgl. KD IV/3, 188.

[56] KD III/3, 419.

[57] Nach Luther bedeutet der Sieg Jesu Christi über Teufel, Tod und Hölle nicht eine schlechthinnige Annihilierung der Hölle, sondern ihre Vernichtung und Zerstörung *pro me* im Glauben, so dass uns die Hölle nicht mehr schaden und überwältigen kann – freilich: »die Helle an sich selbs die Helle bleibt« (WA 37, 66,15, vgl. WA 37, 66,10–20).

[58] K. Barth, Credo. Die Hauptprobleme der Dogmatik, dargestellt im Anschluß an das Apostolische Glaubensbekenntnis (1935), Zollikon-Zürich 1948, 84.

[59] Zur Erwählungslehre vgl. KD II/2, zu Barths spezifischer Zeittheologie vgl. v.a. KD III/2, § 47.

[60] Vgl. Barth, Dogmatik (s. Anm. 47), 139.

in die die Liebe nicht mehr vordringen kann,[61] so lässt sich die Hölle unter der Annahme einer relationalen Raumtheorie höchstens als diesseitige existential-räumliche *incurvatio*, als abgründige Implosion des psychisch-physischen Lebens- und Beziehungsraumes verstehen[62] und wird eine kosmologische Bestimmung nicht nur unvorstellbar, sondern auch undenkbar.[63]

2. Nach der bisherigen affirmativen Rekonstruktion von Barths Lehre vom Nichtigen müssen abschließend auch ihre Grenzen zur Sprache kommen: Die Lehre vom Nichtigen transportiert – nicht zuletzt durch die erwähnte christologische Zuspitzung – ein paar Probleme, die es nicht geraten sein lassen, sie als solche ohne Modifikation und kritische Überarbeitung zu adaptieren.[64] Im Blick auf das Verständnis der Hölle stellt sich dabei zum Beispiel die Frage, ob durch die Behauptung, dass Jesus Christus allein die wirkliche Hölle durchlebt hat, den übrigen Menschen nicht das Recht abgesprochen wird, das, was sie in ihrem Leben als »Hölle« deuten und erfahren, von sich aus als ultimativ und unüberbietbar zu empfinden, selbst wenn diese Empfindung vorläufig sein mag und sich retrospektiv vielleicht in einem neuen Licht darstellen wird.

Wir haben hier den Versuch unternommen, im Anschluss an reformatorische Deutungen des Descensus und im Rahmen einer Rekonstruktion von Barths Lehre vom Nichtigen das apostolische Bekenntnis zur Höllenfahrt Jesu Christi systematisch-theologisch zu interpretieren. War das nicht ein allzu angestrengter Versuch, Plausibilitäten zu generieren, wo längst keine mehr vorhanden sind? Selbst wenn es uns gelungen sein mag, jenen Descensus unter spätmodernen Bedingungen systematisch-theologisch denkbar zu machen, bleibt die Frage: Worin besteht der theologische und der glaubenspraktische

---

[61] J. Ratzinger, Einführung in das Christentum. Vorlesungen über das Apostolische Glaubensbekenntnis, München 1968, 247f. Auch Ratzinger verzichtet auf eine kosmologische Bestimmung der Hölle.

[62] Vgl. dazu M.D. Wüthrich, Raum Gottes. Ein systematisch-theologischer Versuch, Raum zu denken, FSÖTh 143, bes. 87.

[63] Auch Wilhelm Maas legt die räumlichen Konnotationen der Hölle daseinshermeneutisch und nicht im Sinne einer kosmischen Jenseitstopologie aus, vgl. ders., Gott (s. Anm. 51), 200f.; bei Hans Urs von Balthasar »durchwandert« der Christus die Hölle »spurenlos, weil es in der Hölle und im Totsein weder Richtung noch Zeit gibt« (H.U. von Balthasar, Erster Blick auf Adrienne von Speyr, Einsiedeln 1968, 11).

[64] Vgl. dazu meine Kritikpunkte in: Wüthrich, Gott (s. Anm. 21), bes. 335f.337–375.

Mehrwert der Aussage von der Höllenfahrt Christi, sei es nun unter dem Gesichtspunkt des Leidensmotives oder des Siegesmotives?

Was die Interpretation des *Leidensmotivs* angeht, besteht – gemäß der obigen Interpretation – der Mehrwert der Höllenfahrtsaussage darin, dass sie wider allen Doketismus die ungeschönte Wirklichkeit des Kreuzes Christi und die Schwere seines stellvertretenden Erleidens des Nichtigen versinnbildlicht. Wobei mit dem Begriff des Nichtigen angezeigt wird, dass es sich dabei nicht allein um die Schwere der menschlichen Sünde handelt, sondern um eine Leib und Seele vernichtende, lebensfeindliche Macht und Destruktivität von teuflisch-höllischer Abgründigkeit. Schon Calvin unterstreicht, dass in Jesu Christi Kreuz auch ein »Trost« steckt: Das ist *für uns* geschehen, wir müssen und sollen das – selbst in unserer Kreuzesnachfolge – nicht noch einmal durchleiden.[65] Und Luther sieht in der Zueignung der Anfechtung, die Christus stellvertretend am Kreuz als »Hölle« erlitt, die Möglichkeit der Überwindung der eigenen Anfechtung.[66]

Was die Interpretation des *Siegesmotivs* angeht, besteht der Mehrwert der Höllenfahrtsaussage darin, dass sie die Endgültigkeit des Sieges über das Nichtige zum Ausdruck bringt. Auch darin liegt ein Trost: Die abgründige Macht des Nichtigen ist durch Christi Sieg gebrochen, es hat keine wirkliche oder zumindest keine *letzte* Gewalt mehr über uns, wir sind davon befreit. Der christliche Glaube ist von daher eine zutiefst freudige Angelegenheit.

Ich möchte zum Schluss noch auf ein weiteres traditionelles Motiv des Descensus zu sprechen kommen, das systematisch-theologisch bedenkenswert ist.

---

[65] Vgl. Inst. II, 16,10f. (OS III, 495,1–497,7; vgl. bes. *consolatio* a.a.O., 495,3).

[66] So treffend W. Sparn, Höllenfahrt Jesu Christi II. Dogmengeschichtlich und dogmatisch, RGG[4] 3 (2000), 1856–1857, 1857.

3. Proklamation des Heils im Reich des Todes[67] – das Predigtmotiv

Die opaken Aussagen in 1 Petr 3,19f. und 4,6 wurden nachneutestamentlich zur Vorstellung einer Predigt Jesu im Totenreich ausgebaut.[68] Bei den Adressaten der Predigt ging die Tendenz in der Alten Kirche und in der katholischen Tradition dahin, die alttestamentlichen *Gerechten* als Hörer vorzustellen – seien sie nun das ganze israelische Bundesvolk oder nur eine alttestamentliche Elite bestehend aus Patriarchen und Propheten.[69] Gemäß der altlutherischen Lehrbildung hingegen bildet sich der Adressatenkreis des Descensus nicht aus Individuen der vorchristlichen Vergangenheit, sondern im Blick auf die christlich *Glaubenden* in der Zeit *nach* dem Auftreten Jesu. Der Akzent liegt hier jedoch nicht auf der Errettung aus der Hölle, sondern auf der *Bewahrung* vor ihr durch Christi Descensus. Christus ist zur Hölle gefahren, damit er sie *pro me* zureißt, auch wenn es die Hölle für die Unglaubenden noch geben mag.[70]

Sehr grob kann man sagen, dass die Westkirche eher zu einem descensustheoretischen Heilspartikularismus tendierte, während die Ostkirche – wie schon die typologisch gestalteten Ikonographien zeigen – eher einen Heilsuniversalismus vertrat. Die heilsuniversalistische Deutung dürfte sich mittlerweile durchgesetzt haben. Zu ihren Vertretern gehört zum Beispiel Wolfhart Pannenberg. Als *Bildrede* bringe die Predigt Jesu im Totenreich die Bedeutung der universalen Wirksamkeit des stellvertretenden Fluchtodes Jesu auch für diejenigen zum Ausdruck, »die der Christusbotschaft gar nicht oder nur oberflächlich begegnet sind«. Der Descensus besage, »dass die Menschen

---

67 Während wir uns im Blick auf das Sieges und Leidensmotiv an die in den lutherischen Bekenntnisschriften dargebotene Übersetzung »niedergefahren zur Hölle« gehalten haben (BSLK 21), orientieren wir uns sprachlich im Blick auf das Predigtmotiv an der ökumenischen Übersetzung »hinabgestiegen in das Reich des Todes«. Trotz weitgehender Konvergenz bedient letztere einen etwas anderen Bildbereich und scheint mir gerade für das Predigtmotiv angemessener. Zu den Entstehungshintergründen der ökumenischen Fassung vgl. auch Maas, Schwierigkeiten (s. Anm. 31), 13–17.

68 Zuweilen war später auch die Rede von der Taufe oder von der eucharistischen Präsenz Christi. Zur infernalen Sakramentsspendung vgl. Herzog, »Descensus« (s. Anm. 15), 286–289.

69 A. a. O., 253f. 275f.

70 Vgl. die in BSLK, 1052, zitierten Aussagen aus Luthers Torgauer Predigt sowie Herzog, a. a. O., 276.

außerhalb der sichtbaren Kirche vom Heil nicht automatisch ausgeschlossen sind«.[71]

Zwei Zwischenbemerkungen zu Pannenbergs Deutung: 1. Zunächst ist ihm darin zuzustimmen, dass eine direkte, *nichtbildliche* Verwendung auch im Blick auf das Predigtmotiv nicht in Frage kommt. Denn sie käme einer »prolongativen Verdiesseitigung des ›Jenseitigen‹« gleich, zumal sie mit der schiefen Annahme von postmortalen Freiheits- und Entscheidungsprämissen im Blick auf die Bekehrungsmöglichkeit durch die Predigt operiert und mit einer »schlechten Temporalisierung« verbunden ist.[72] 2. Es bleibt freilich zu fragen, ob selbst das *Bild* von der Predigt Jesu im Totenreich geeignet ist, jenen Heilsuniversalismus auszudrücken und seine Inhalte zu evozieren. Denn das Bild legt an sich nicht einen Heilsuniversalismus nahe, sondern nur die an die postmortale Bekehrung gebundene *Möglichkeit* eines Heilsuniversalismus. Zudem bleibt das Bild im Blick auf die Adressaten reduktiv: Selbst wenn die Predigt tatsächlich allen *ante Christum* Verstorbenen gelten sollte, bleibt die Frage, ob es – angesichts der riesigen Menge von Menschen, die auch *post Christum* nicht in Beziehung zu ihm gebracht wurden und werden – nicht nur einer »Solidarität nach rückwärts«,[73] sondern auch einer Solidarität nach vorwärts[74] bedürfte. Eine Solidarität nach vorwärts, die auch die *post Christum* Verstorbenen Nichtglaubenden und Kleingläubigen (und wer gehörte da eigentlich nicht dazu?) einschließt. Die Frage wäre also, ob das Predigtbild nicht auch in dieser Hinsicht einen reduktiven Heilsuniversalismus suggeriert. Ein vertieftes Nachdenken über die ins Bild des Predigtmotives gefasste universale Reichweite der Erlösung in Jesus Christus müsste diese Reichweite auf jeden Fall israeltheologisch, religionstheologisch und im Blick auf den Atheismus gründlicher bedenken.

Es wurde oben gefragt, worin der theologische und der glaubenspraktische Mehrwert des Descensus Christi besteht. In Anschluss

[71] Pannenberg, Grundzüge (s. Anm. 43), 280; vgl. auch ders., Das Glaubensbekenntnis – ausgelegt und verantwortet vor den Fragen der Gegenwart, Gütersloh [3]1979, 102 f.

[72] So J. C. Janowski, Allerlösung. Annäherung an eine entdualisierte Eschatologie, NBST 23/2, Neukirchen-Vluyn 2000, 560.

[73] So – im Anschluss an W. Benjamin – J. B. Metz, Glaube in Geschichte und Gesellschaft. Studien zur praktischen Fundamentaltheologie, Mainz [3]1980, 63.

[74] Zu dieser prospektiven Wendung des Predigtdescensus vgl. Janowski, Allerlösung (s. Anm. 72), 559 f.

an Pannenberg und andere heilsuniversalistische Auslegungen kann man sagen: Unter dem Gesichtspunkt des Predigtmotives besteht der Mehrwert in der Bestärkung der Gewissheit der universalen Reichweite des Heilswirkens Jesu Christi.

Ich fasse zusammen: Wenn man dem Bekenntnis von der Höllenfahrt Christi noch einen heute angemessenen Sinn zusprechen will, so sind vor allem drei traditionelle Motive hervorzuheben: das Leidensmotiv, das Siegesmotiv und das Predigtmotiv: *Der Descensus ist dann auf den Kreuzestod Jesu Christi zu beziehen und zu deuten als Bild für die Schwere und Wirklichkeit von Jesu Christi Erleiden des Nichtigen (Leidensmotiv), für die Endgültigkeit des proleptischen Sieges über das Nichtige (Siegesmotiv) sowie für seine universale soteriologische Reichweite (Predigtmotiv).* Kurz: Der Descensus versinnbildlicht die »Manifestation der Vollkommenheit und Universalität des Heilswerks Christi«.[75] Von Harnack und Bultmann sind damit m. E. widerlegt: Der Descensus ist keine »vertrocknete Reliquie« und man kann schwerlich behaupten, dass er für Kirche und Theologie (noch auch für die Kulturwissenschaften[76]) »erledigt« ist.

[75] So schon im Blick auf die Alte Kirche MAAS, Schwierigkeiten (s. Anm. 31), 17.

[76] Vgl. M. Herzog (Hg.), Höllen-Fahrten. Geschichte und Aktualität eines Mythos, Irseer Dialoge 12, Stuttgart 2006, sowie die nicht nur theologisch, sondern auch religionsphilosophisch und literaturgeschichtlich materialreiche Sammlung an Descensusmotiven in: DERS., »Descensus« (s. Anm. 15).

Reflexionen und Impulse zur Diskussion

Friederike Kunath

Mit dem Satz von der Höllenfahrt Christi betreten wir besonderes Gelände innerhalb des zweiten Apostolikumsartikels. Dieser Satz ist eine späte Zutat und hat zudem sehr schwer auszuwertende neutestamentliche Bezüge. Ihm ist damit eine besonders starke Vieldeutigkeit zu eigen, die so weit reicht, dass ich als Impuls für die Diskussion nur eine einzige Frage stellen möchte: Worum geht es eigentlich bei der Höllenfahrt Christi im Credo? Nach einer kurzen zusammenfassenden Gegenüberstellung der beiden Beiträge soll diese Frage in vier Richtungen angedacht werden, wobei ich mit einer eigenen Überlegung beginne und anschließend Aspekte aus den Vorträgen aufgreife. Ein kurzes Fazit beschließt die Response.

1. Zusammenfassende Gegenüberstellung der Beiträge von Marco Frenschkowski und Matthias Wüthrich

Marco Frenschkowski gibt in seinem neutestamentlichen Beitrag einen breiten Überblick über die frühchristlichen Bezugstexte und religionsgeschichtlichen Kontexte des »Descensus Christi«. Voran stellt er Überlegungen zu »Sprache und Denkform des Mythos«.[1] Frenschkowski zufolge stellt das Motiv »eine mythologische Antwort auf Fragen dar, die real und nach wie vor virulent sind«.[2] Worin besteht für Frenschkowski die Relevanz der mythologischen Rede von der Höllenfahrt Christi? Frenschkowski hebt folgende Aspekte hervor: die heilbringende Gegenwart Christi bei den Toten, was Überwindung des Todes bedeute; die Integration des irdischen Lebens Jesu in eine mythische Gesamtnarration (von ganz oben nach ganz unten und wieder zurück); die Radikalität der Selbstentäußerung des Gekreuzigten; die Universalität der Heilsbotschaft (wohin keine

[1] M. Frenschkowski, Hinabgestiegen in das Reich der Toten. Jenseitsmythen, Christologie und der Weg der Seele, in diesem Band 255–286, 255.

[2] Ebd.

menschliche Predigt reicht) und somit die Universalität der Todüberwindung.[3]

Der systematisch-theologische Vortrag von Matthias Wüthrich setzt bei den Verstehensschwierigkeiten ein, die nicht erst heutige Zeitgenossen mit der Höllenfahrt Christi haben dürften.[4] Wüthrich legt seiner Darstellung eine sehr klare Struktur zugrunde und bearbeitet nacheinander drei s. E. zentrale und auch für heutiges kritisches Nachdenken gut übersetzbare Motive: 1. Siegesmotiv, 2. Leidensmotiv, 3. Predigtmotiv.

Wüthrich identifiziert, entsprechend dem Untertitel des Themas, »Gott und Teufel, Satan und der Inkarnierte«, »Hölle« und »Teufel« als zwei Elemente des traditionell eng verwobenen »Geflechts des Bösen«, »in dessen Zentrum die Sünde stand«[5] und zu dessen Folgen der Tod gehörte. Wüthrich diagnostiziert im Auseinanderbrechen dieses Geflechts in der Neuzeit den Hauptgrund für die Unverständlichkeit des Descensus-Motivs. Zentral ist dabei der Begriff der Sünde, dann auch allgemeiner der des Bösen. Darin zeigt sich bereits eine wichtige Verschiebung gegenüber Frenschkowski, bei dem v. a. der Begriff des Todes als roter Faden dient, weniger derjenige von Hölle, Bösem, Satan oder gar Sünde.

2. Die Verortung der Höllenfahrt: Zwischen Passion und Auferstehung?

Der Quellenbefund ist komplex: In den ältesten Bekenntnis- und Credoformeln kommt der Satz nicht vor, Frenschkowski sieht aber eine Spur zur Auferstehungsformulierung »auferstanden von den Toten«.[6] Explizit findet sich die Aussage jedoch erst im 4./Anfang des 5. Jh. in Credotexten,[7] besonders wichtig ist das 4. Bekenntnis von Sirmium 359. Hier heißt es:

---

[3] Vgl. Frenschkowski, a. a. O., 285 f.

[4] M. D. Wüthrich, Eine systematisch-theologische Sinnsuche im Blick auf das Bekenntnis zum Descensus Jesu Christi, in diesem Band 287–307, 287.

[5] Wüthrich, a. a. O., 289.

[6] Vgl. Frenschkowski, Hinabgestiegen, 257.

[7] 404 n. Chr. in der *Expositio in symbolum des Tyrannius Rufinus*, vgl. Denzinger/Hünermann 16; in arianischen Bekenntnissen bereits um 360 n. Chr.

καὶ εἰς τὰ καταχθόνια κατελθόντα, καὶ τὰ ἐκεῖσε οἰκονομήσαντα, ὃν πυλωροὶ ᾅδου ἰδόντες ἔφριξαν[8] – »Er fuhr zur Hölle herab und ordnete, was sich dort befand, und die Türhüter der Hölle erkannten ihn und waren voll Schrecken.«

Damit werde, so Frenschkowski, »auf eine ausgeführte Höllenfahrtsmythologie angespielt, was bei den späteren großkirchlichen Bekenntnissen kaum je mehr der Fall ist«.[9] Für die häufigeren, kurzen Varianten des Satzes – »hinabgestiegen in die Hölle« oder »zu den Toten«, was beides noch lange variiert – ist bemerkenswert, dass Rufin festhält, dies sei gleichbedeutend mit *sepultus* – »begraben«. Im Unterschied zu Frenschkowskis Einstieg über die Auferstehungsformel zeigt sich hier eine Anbindung an Tod und Begräbnis.

Diese Beobachtung verweist auf einen grundsätzlichen Aspekt, der in beiden Vorträgen nicht eigens angesprochen wird, m. E. jedoch zu bedenken ist. Der Satz vom Niederfahren Christi in die Hölle bzw. vom Herabsteigen in das Reich des Todes steht im Credo in einem narrativen Zusammenhang. Er folgt auf Leiden, Tod und Begräbnis Christi und geht seiner Auferstehung von den Toten am dritten Tage voraus. Auch wenn das Verhältnis zwischen diesen Ereignissen, die natürlich ihrerseits je narrative Abbreviaturen darstellen, nicht expliziert wird, scheint es naheliegend, eine zeitliche Abfolge anzunehmen. Tod und Begräbnis sind dann von der Höllenfahrt aus gesehen der Einstieg Christi in die Unterwelt resp. das Totenreich, das er mit der Auferstehung wieder verlässt.

Darf man daraus folgen, dass in der Logik des Credos die Höllenfahrt Christi etwas bedeutet, das zwar einerseits in einem engen Zusammenhang mit Tod, Begräbnis und Auferstehung steht, aber andererseits diesen gegenüber etwas Eigenes bezeichnet und nicht darin aufgeht? Dafür könnte sprechen, dass der Satz erst relativ spät in das Credo eingeht und sich zwischen Begräbnis und Auferstehung schiebt. Dass es um mehr als eine Explikation von Begräbnis und/oder Auferstehung geht, legen sodann Sprache und Struktur des Credos nahe, die äußerst sparsam sind und nicht auf Redundanzen hindeuten. Die Auskunft Rufins, der Satz sei gleichbedeutend mit »begraben«, scheint mir eine Verlegenheitsauskunft zu sein und kann auf keinen Fall seine Integration in das Credo erklären.

Von dieser Beobachtung her ist die Ausdeutung im Gefolge Barths, die die Höllenfahrt letztlich als Illustration des Kreuzesgeschehens

---

[8] Text bei J. N. D. Kelly, Altchristliche Glaubensbekenntnisse. Geschichte und Theologie, Göttingen 1972, 286.

[9] Frenschkowski, Hinabgestiegen, 259.

sieht, anzufragen. Müssen wir nicht versuchen, ihr noch stärker etwas Eigenes abzugewinnen?

Die Einbettung zwischen Begräbnis und Auferstehung ist zumindest in einigen der älteren Texte zu beobachten, die zu dieser Vorstellung anzuschauen sind: Petrusevangelium 10, die kurze Notiz im Rahmen der Auferstehungsszene, wo vom aus dem Grab kommenden Kreuz her die bejahende Antwort auf die Frage erfolgt: »Hast du den Entschlafenen gepredigt?«, ist hierin ganz deutlich, auch wenn sonst wenig Klares von diesem kurzen Text zu sagen ist. Vielleicht ist dies ein Fall des auch anderweitig beobachteten Phänomens einer ergänzenden Fortschreibung der kanonischen Evangelien durch die apokryph gewordenen – denn in allen vier neutestamentlichen Evangelien besteht zwischen Begräbnis und dem Auffinden des leeren Grabes eine zeitliche Lücke, die nicht eigens gefüllt wird. Dann könnte die Aufgabe, der Gegenwart des toten Gottessohnes in der Unterwelt einen eigenen Inhalt abzugewinnen, ein wichtiger Impulsgeber gewesen sein. Ebenfalls zwischen Begräbnis und Auferstehung eingespannt ist der Höllenabstieg im Nikodemusevangelium 17–26, wo er zudem breit narrativ entfaltet wird – freilich als rückblickende Erzählung durch die auferweckten Söhne des Simeon, die von den Ereignissen in der Unterwelt *nach* Auferstehung und Erscheinung Jesu erzählen.

Dagegen ist die Lage in 1 Petr 3,19 anders: »[…] getötet nach dem Fleisch, lebendig gemacht nach dem Geist, in welchem er auch hinging und den Geistern im Gefängnis predigte«. Hier folgt die Aussage vom Hingehen zu den Geistern auf diejenige von der Auferstehung. Von einem Abstieg ist zudem keine Rede. Dies könnte eine Verbindung mit der Erhöhung Christi nahelegen, was zugleich hieße, dass die Geister im Gefängnis *oben*, nicht unten zu suchen sind.[10] Dies würde mit 1 Petr 3,22 zusammen passen, wo von der Machtstellung des *Erhöhten* über Engel, Gewalten und Kräfte die Rede ist. In 1 Petr 3,19 könnten dementsprechend die gefangenen Wächterengel bzw. Dämonen gemeint sein und nicht Geister von Verstorbenen.[11] Hier läge somit ein älteres Motiv vor, die Machtübernahme des Erhöhten über verschiedene Geistmächte, wie es auch schon Phil 2,9 f. repräsentiert. 1 Petr 3,19 wäre dann gegen seine Rezeption ursprünglich eine andere

---

[10] Vgl. M. Williams, The Doctrine of Salvation in the First Letter of Peter, SNTS.MS 149, Cambridge 2011, 195.203 f.; B. Reicke, The Disobedient Spirits and Christian Baptism, Kobenhavn 1946, 115–117.

[11] Vgl. mit 1 Hen 15,8–10; 18,12–16; vgl. Williams, a.a.O., 200.202–204.

Form des Siegmotivs gewesen – bei dem der Sieg Christi über das Böse nicht mit einem Abstieg in die Hölle und nicht mit dem »Karsamstag« verbunden ist. Bei einer solchen Interpretation ist 1 Petr 3,19 sehr weit entfernt von der Vorstellung eines Descensus.

Eine Interpretation von 1 Petr 3,19 im Sinne des Descensus wird freilich von Frenschkowski vertreten. Er sieht 1 Petr 3,19 mit 1 Petr 4,6 zusammen und bezieht diese Stellen auf eine Predigt des begrabenen Christus an die Toten in der Unterwelt. Dabei sei eine »proklamatorische Predigt mit epiphanialen Zügen« gemeint, was sich mit »epiphanial-proklamatorischen Motiven im Kontext der Himmelfahrt und Erhöhung Jesu berührt«.[12] Die Toten seien einerseits auf die Sintflutgeneration bezogen und typologisch auf alle Toten zu deuten – andererseits sei jedoch der deutlichen Bezugnahme auf die Wächterengelmythologie in der Henochliteratur zu folgen.[13] Wie dies zusammen zu denken ist, lässt Frenschkowski offen; er nennt 1 Petr 3,19 eine Mythologie *in statu nascendi*:[14] »Wenn Jesus in der Unterwelt war – und wo hätte er nach seinem Tod sonst sein sollen – so muss er dort etwas getan haben. Und wenn er etwas getan hat, muss das eine Relevanz für das Heilswerk haben. Diese sachliche Notwendigkeit konnte sich mit verschiedenen Mythologumena verbinden, bewegte sich aber anfänglich eher am Rande der heilsgeschichtlichen Narration.«[15]

Doch was heißt *in statu nascendi* genau? Noch einmal: Frenschkowski geht davon aus, dass sich der Satz von der Predigt Jesu im Geist auf ein Geschehen zwischen Begräbnis und Auferstehung bezieht. Heißt das, dass 1 Petr 3,19 eine andere Geschehensreihenfolge voraussetzt, als der Textverlauf präsentiert, dass also »lebendig gemacht« im Sinn von »auferstanden, das Grab verlassen« erst *nach* der Predigt in der Unterwelt zu verorten wäre? Oder heißt das umgekehrt, dass »lebendig gemacht im Geist« in der Unterwelt zu denken ist, in der der nun lebendige Christus dann sogleich predigt? Dies wäre ein deutlicher Unterschied zur ausgeführten Mythologieerzählung im Nikodemusevangelium, wo keine Auferweckung des toten Christus erzählt wird, sondern sein Begräbnis im Grunde ein triumphaler Einzug in die Unterwelt ist. Es stellt sich dann die Frage, ob wir hier wirklich zwei Entwicklungsstufen auf dem Weg zu einer ausgeführten

[12] Frenschkowski, Hinabgestiegen, 270.
[13] Vgl. a.a.O., 272.
[14] Ebd.
[15] Ebd.

Mythologie vor uns haben oder nicht eher zwei ganz unterschiedlich konstruierte Mythologien.

Die Verortung der Höllenfahrt spielt im neutestamentlichen Beitrag auch bei einem weiteren Text eine wichtige Rolle: Ein roter Faden ist bei Frenschkowski das Moment des »Abstiegs«, das – passend zum Credo – zusammen mit dem Aufstieg im Rahmen des Wegmotivs gedeutet wird. Prominent für diesen Aspekt ist Phil 2,5–11, wo von Erniedrigung und Erhöhung Christi die Rede ist. Aus der Verehrung des Erhöhten durch die Mächte der Unterwelt ergebe sich Frenschkowski zufolge, dass innerhalb des Wegmotivs auch das Sein bei den Toten (wiederum als »Selbstverständlichkeit«) vorausgesetzt sei. Doch begründet nicht schon und sogar viel eher die Machtstellung des Erhöhten über alle Geschöpfe deren anbetendes Niederfallen? Dann wäre Phil 2 kein Text über eine Höllenfahrt Christi.

3. Geht es um Leiden und Erniedrigung Christi?

Ein zentraler Aspekt in beiden Beiträgen zur Höllenfahrt ist die Verbindung mit der Erniedrigung und dem Leiden Christi. Prominent für diesen Punkt ist im neutestamentlichen Beitrag wiederum Phil 2,5–11. Von Phil 2 her kann nämlich das Moment der äußersten Erniedrigung Christi (»er entäußerte sich selbst und ward gehorsam bis zum Tod«) eingebracht werden, das sich dann auch im Fazit des neutestamentlichen Vortrags, also als einer der wichtigsten Aspekte des Höllenfahrtmotivs findet. Nach Wüthrich korrespondiert dieses Motiv sachlich dem Leidensmotiv, wenn auch ohne Bezug auf Phil 2. Trotz dieser Koinzidenz möchte ich die Angemessenheit dieser Deutung anfragen.

In Phil 2 jedenfalls ist m. E. die Verbindung zwischen dem Erniedrigungsmotiv und der Höllenfahrt resp. dem Sieg über die Mächte nicht erkennbar. Die Erniedrigung bringt Christus gehorsam ans Kreuz, aber bringt sie ihn auch in die Unterwelt? Die Macht über die unterirdischen Mächte erhält er vielmehr durch seine Erhöhung. Von Phil 2 her scheint beides deutlich unterschieden; die eigentümliche Verbindung zwischen dem Tiefpunkt des Weges Jesu und seinem Sieg über das Böse, wie es im Credo vorliegt, ist demgegenüber eine deutliche Weiterentwicklung. Es ist auffällig, dass in den breiter ausgeführten Höllenfahrtstexten, Petrusevangelium und Nikodemusevangelium, der Aspekt des Leidens Christi keine Rolle spielt. Seine Präsenz in der Totenwelt scheint davon völlig frei zu sein, sie ist vielmehr eine triumphale Einnahme der Unterwelt.

Das Leidensmotiv spielt auch bei Wüthrich eine zentrale Rolle. Barth verstehe in altreformierter Tradition, die den Descensus dem *status exinanitionis* (Tiefpunkt der Erniedrigung) zurechnete, anders als die Lutheraner (erster Akt der Erhöhung), »die Höllenfahrt Christi als ›*Ausdruck*‹ für das sich an Jesus Christus stellvertretend vollziehende Gericht, als Ausdruck für die höllischen Qualen und die erfahrene Gottlosigkeit in seinem Kreuzestod. Das Kreuz ist Jesu Christi bittere Endstation auf seinem Weg in die Fremde. Einen weiterführenden, tiefergehenden, abgründigeren Weg gibt es nicht und braucht es nicht.«[16] Für Barth seien Erniedrigung und Erhöhung verwoben als simultane Bewegungen, zugleich jedoch sei die Höllenfahrt nicht als eigenständiges, postmortales Ereignis gefasst, sondern interpretiere letztlich den Tod Christi. Allerdings: Dass die Höllenfahrt aber ein eigenständiges postmortales Ereignis ist, liegt m. E. von der Perspektive des Credos aus nahe.

4. Geht es um die Predigt Christi? – Wo, an wen und mit welchem Ziel?

Noch schwieriger ist die Lage beim Predigtmotiv (Wüthrich) resp. dem Heilszugang derer vor Christus (Frenschkowski). Einerseits bringt dieser Gedanke am stärksten das Proprium der Höllenfahrt zur Sprache, das nicht in den übrigen Ereignissen des Credos schon enthalten ist. Hier liegt definitiv keine reine Illustration der Todes- oder Auferstehungsaussage vor, was man letztlich sowohl vom Leidens- als auch vom Siegesmotiv sagen könnte. Andererseits besteht hier aber mit Blick auf die Texte ein anderes Problem: Es gibt nahezu konträre Ausformungen des Motivs und keinerlei Übereinstimmungen darüber, *wer* Adressat der Predigt Jesu ist und *was* diese Predigt enthält. Eine Deutung als Heilsbotschaft an alle Toten vor Christus ist im Petrusevangelium möglich – jedoch wird hier der Inhalt der Predigt nicht expliziert. Dagegen ist eine solche Deutung in 1 Petr 3,19 m. E. eher unwahrscheinlich. Hier liegt eine Verbindung mit 1 Petr 3,22 und damit eine Auslegung auf dem Hintergrund der Henochtradition nahe, womit eine Deutung im Sinne einer Verkündigung Christi an

[16] WÜTHRICH, Sinnsuche, 300.

böse Geister, die seinen Sieg über diese festhält, vorzuziehen ist (also keine Heilsbotschaft an die Geister selbst gemeint ist).[17] 1 Petr 4,6 (die Verkündigung an die Toten) steht in einem anderen Kontext: Naheliegend ist ein Bezug auf Christen, die in der Zeit der Briefkommunikation bereits tot sind, aber zu Lebzeiten das Evangelium gehört haben.[18]

Auch das Nikodemusevangelium und latSir zeigen eine wichtige Differenzierung: Nicht alle Höllenbewohner sind betroffen, sondern allein die herausragenden Frommen des Alten Testaments bzw. die auf Gott Hoffenden. Eine Deutung der Art: »Es sollen auch die Toten, die nichts von Christus wissen, von ihm erfahren« (so evtl. im Petrusevangelium), ist somit kaum möglich. Wie soll vor diesem Hintergrund der Satz im Credo verstanden werden? Hier scheint mir die Summierung von Verstehensmöglichkeiten nicht befriedigend, da sie nicht kompatibel sind.

Das Predigtmotiv wird bei Wüthrich ohne Bezug auf Barth entfaltet. Es steht somit recht eigenständig neben dem Sieg- und Leidensmotiv. Entfaltet aus 1 Petr 3,19; 4,6, seien in der Geschichte verschiedene Adressatenkreise für die Predigt Christi im Totenreich benannt worden (Alte Kirche: Gerechte, Patriarchen und Propheten; Altlutheraner: Christlich Glaubende nach dem Auftreten Jesu). Durchgesetzt habe sich eine heilsuniversalistische Deutung (etwa bei Pannenberg). Damit bestehe der Mehrwert der Höllenfahrt mit Blick auf das Predigtmotiv »in der Bestärkung der Gewissheit der universalen Reichweite des Heilswirkens Jesu Christi«.[19]

Bei diesem Motiv ist zurückzufragen, wie mit den unterschiedlichen, letztlich unvereinbaren Ausformungen theologisch umzugehen ist. Das Problem wird noch dadurch verstärkt, dass die einzigen neutestamentlichen Bezugstexte (1 Petr 3,19; 4,6) extrem unklar sind. Muss man vielleicht der nachneutestamentlichen Entwicklung, bis in die Gegenwart hinein, ein größeres Gewicht einräumen? Denn wie kann eine so offene Textstelle, sei sie auch kanonisch, Orientierungspunkt für heutige Theologie sein? Oder gibt es eine Möglichkeit, die Offenheit bzw. Unklarheit selbst in der theologischen Reflexion einzuholen?

---

[17] Vgl. Williams, Doctrine (s. Anm. 10), 205–208.
[18] Vgl. a. a. O., 218.
[19] Wüthrich, Sinnsuche, 307.

5. Geht es um den Triumph Christi – worüber?

Wie Frenschkowski ausführt, spielte der Descensus Christi in »der lebendigen Frömmigkeit der Alten Kirche […] eine etwas größere Rolle, als aus den Credoformeln und Bekenntnissen zu entnehmen sein könnte«.[20] Der Text, der am ausführlichsten die Höllenfahrt erzählt und der für »die westlich-mittelalterliche religiöse Imagination […] immens einflussreich«[21] wurde, ist das Nikodemusevangelium resp. die Pilatusakten, Kap. 17–26. Das bestimmende Motiv in diesem Text ist dasjenige des Triumphes Christi über Satan, den Herrscher der Unterwelt.

Hierzu lässt sich Wüthrichs These stellen, dass der Descensus in einem Geflecht aus den Vorstellungen von Tod, Sünde und Teufel verstanden werden müsse.[22] Dass die Verbindung von Tod und Teufel zentral ist, belegt das Nikodemusevangelium. Dennoch spielt dieser Aspekt bei Frenschkowski keine Rolle, in seinem Fazit kommt der Teufel nicht vor. Das dämonologische Moment ist dagegen bei Wüthrich von herausragender Bedeutung: »Wenn man den Deutungen der Höllenfahrt Christi und seiner Besiegung von Teufel, Tod und Hölle noch einen Sinn abgewinnen will, dann ist das nur möglich, wenn man eine kritische Rekonstruktion des Geflechts des Bösen vornimmt […], die nicht bei neuzeitlich-modernen Infragestellungen desselben stehen bleibt, sondern ohne sie in ihrem Recht zu beschränken über sie hinausdenkt.«[23]

Eine solche Rekonstruktion sei mit Barths Rede vom »Nichtigen« angebahnt: »Der opake Begriff fungiert gleichsam als Marker für die Uneinholbarkeit der abgründigen Negativerfahrungen der beiden Weltkriege. Der Begriff des Nichtigen bildet nach Barth einen Oberbegriff für verschiedene Gestalten des Bösen.«[24] Damit liegt ein neuzeitlich-modernes Pendant zum »Geflecht des Bösen« vor, das Wüthrich als Hintergrund des Descensus-Motivs ausgemacht hatte. Die Barthsche Neudefinition der Rede vom Bösen bringt v. a. eine streng christologische Fokussierung mit sich: »Aufgrund seines streng christologischen Zugangs behauptet Barth, dass nur Jesus Christus die *wirklich* teuflische Macht, den *wirklichen* Sündentod und so auch

20 Frenschkowski, Hinabgestiegen, 263.
21 A. a. O., 266.
22 Vgl. Wüthrich, Sinnsuche, 289 f. 296.
23 A. a. O., 293.
24 A. a. O., 294.

die *wirkliche* Hölle erleidet und besiegt. Es gibt nach Barth keine weltanschaulich zugängliche, vorfindliche Hölle *vor*, *neben* oder *nach* Jesu Christi Kreuzestod. Nur *in* diesem Kreuzestod gibt es sie wirklich und in ihm wird sie zugleich vernichtet – und zwar objektiv vernichtet wie alle andere Gestalten des Nichtigen. Jesus ist Sieger! Nach seinem Sieg ist das Nichtige nur noch ein ›fliehender Schatten‹.«[25]

Der Mehrwert der Reformulierung des *Descensus* mithilfe des Barthschen Begriffs des »Nichtigen« ist nach Wüthrich ein doppelter: Mit Blick auf das Leidensmotiv versinnbildliche die Höllenfahrtsaussage »wider allen Doketismus die ungeschönte Wirklichkeit des Kreuzes Christi und die Schwere seines stellvertretenden Erleidens des Nichtigen«.[26] Darin stecke mit Calvin und Luther zugleich ein »Trost«, da die Glaubenden die Hölle nun nicht mehr selbst durchleiden müssten und so eigene Anfechtungen überwinden könnten.[27] Im Blick auf das Siegesmotiv betone die Höllenfahrt die »Endgültigkeit des Sieges über das Nichtige«,[28] gleichfalls ein Trostmotiv.

Die Herangehensweise über die Neudeutung des Bösen resp. der »Hölle« bringt genau jenes Plus zur Geltung, das dem Credosatz etwas Eigenes verleiht, über Tod und Auferstehung Jesu hinaus. Dabei sind die konkreten, massiven Erfahrungen des Bösen in den Weltkriegen (verallgemeinerbar auf Chaos-, Leiderfahrungen usw.), die ja bei Barth im Hintergrund stehen, explizit in Anschlag zu bringen, denn nur auf diesem Hintergrund wird die Tragweite der vollständigen Integration in das Kreuzesgeschehen sichtbar. Die Rede davon, dass das Böse nur als Besiegtes im Kreuz Christi existent sei, wird durch das faktische Erleben des Bösen m. E. gegen Barths Rhetorik ausgeglichen.

Daraus ergibt sich dann jedoch als Frage an den Neutestamentler: Welche realen Erfahrungen sind im Hintergrund der Ausgestaltung des Motivs denkbar? Kann man neben der Frage nach dem Schicksal der vor Christus Verstorbenen nicht auch andere, als Wirkungen des Teuflischen, Dämonischen gedeutete Erfahrungen annehmen? Oder bewegen wir uns nur im Bereich der Literatur, wo bestehende Texte das Imaginieren und Weiterspinnen in einer von konkreten Erfahrungen abgekoppelten Welt anregen? Und eine weitere Frage ergibt sich: Kann man von der auf das Böse bezogenen Deutung nicht auch eine

---

[25] A. a. O., 302.
[26] A. a. O., 304.
[27] Vgl. ebd.
[28] Ebd.

Linie zur Thematik der Überwindung des Dämonischen/Satans im Wirken des irdischen Jesus ziehen? Exorzismen, die Satanssturzvision, der Beelzebulstreit kommen dann in den Blick. Dann würde der Satz von der Höllenfahrt einen zentralen Aspekt des Wirkens Jesu in das Credo integrieren, das dieses ja ansonsten ausspart.

6. Fazit

Der Credosatz über den Abstieg Christi in die Hölle steht, so zeigen die Beiträge von Frenschkowski und Wüthrich, in einem vielfältigen Netz von Bezügen in die neutestamentliche Vorgeschichte einerseits und die theologiegeschichtliche Nachgeschichte andererseits. Dabei muss konstatiert werden, dass nur sehr schwer ein Kern dessen auszumachen ist, worum es bei der Höllenfahrt Christi geht. Die jeweiligen Kontextualisierungen sind so unterschiedlich, dass häufig schon die Zuordnung zu dem gemeinsamen Thema, der Höllenfahrt, strittig ist. Dazu kommt als besondere Schwierigkeit, dass zu diesen strittigen Bezügen die wenigen neutestamentlichen Belegstellen gehören.

Geht man von der Einbettung des Satzes im Credo aus, ist ein enger Zusammenhang mit dem Geschehen von Tod und Auferstehung Jesu zu erkennen, in das sich die Höllenfahrt hineinschiebt. Struktur und Sprache des Credos lassen vermuten, dass die Aussage einen eigenen Fokus hat und nicht nur eine Illustration der beiden anderen Aspekte ist. Doch worin besteht dieser Fokus? Darauf gibt das Credo selbst keine Antwort. Bei den frühchristlichen Texten zur Höllenfahrt zeigt sich, dass nicht alle denselben Zusammenhang mit Tod und Auferstehung Jesu erkennen lassen. Die zentralen biblischen Belegstellen (1 Petr 3,19; 4,6) lassen sich dafür nicht heranziehen, ja dort ist schon der Bezug auf eine Tätigkeit Christi in der Unterwelt unklar. Erst im apokryphen Petrusevangelium und dann deutlich später in der ausführlichen Schilderung des Nikodemusevangeliums steht die Höllenfahrt zwischen Tod und Auferstehung Jesu.

Ein zweiter Bereich, die Verknüpfung der Höllenfahrt mit dem Leiden Christi, muss ebenfalls differenziert werden. Ob der von Frenschkowski herangezogene neutestamentliche Haupttext für das Thema der Erniedrigung Christi, Phil 2,5–11, überhaupt in den Kontext der Höllenfahrt gehört, ist fraglich. Die Herrschaft Christi über die Mächte der Unterwelt ist jedenfalls explizit nur mit dem Vorgang der Erhöhung verbunden, nicht mit seiner Erniedrigung in den Tod.

Ursprüngliche Textintention und mögliche Rezeptionen wären hier aus meiner Sicht deutlicher zu unterscheiden. Auffällig ist zudem, dass die ältesten klaren Höllenfahrtstexte, das Petrusevangelium und das Nikodemusevangelium, gerade keinen besonderen Wert auf das Leiden Christi legen. Hier scheint vielmehr ein triumphales Motiv vorzuliegen.

Beim markanten Motiv der Predigt Christi in der Unterwelt sind wiederum die neutestamentlichen Hauptbelege 1 Petr 3,19 und 4,6 unklar. Es ist aus meiner Sicht plausibel, dass es nicht um eine Verkündigungspredigt an die Verstorbenen geht, sondern um eine Gerichtsrede an dämonische Mächte, was zum näheren Kontext in 1 Petr 3 passt.

Auch beim Motiv des Triumphes Christi ist erneut auf die unterschiedlichen Fokussierungen auf den Tod/die Toten vs. den Teufel zu verweisen, die sich in den Beiträgen von Frenschkowski und Wüthrich zeigen. Das Motiv des Sieges Christi über den Teufel bzw. dämonische Mächte ist im Neuen Testament vom exorzistischen Wirken Jesu an präsent, aber erst in der nachneutestamentlich entstehenden Höllenfahrtsmythologie mit einem Ereignis zwischen Begräbnis und Auferstehung verbunden. Hier zeigt sich eine Linie, die noch über den schier unerschöpflichen neutestamentlichen Beitrag hinaus erwähnt werden kann.

All das zeigt: Hinter dem Satz von der Höllenfahrt Christi im Credo liegen offenbar unterschiedliche, uneinheitliche Hintergründe. Ist es befriedigend, diese einfach zu summieren, obwohl dies nur ein weiteres Verständnis der Höllenfahrt darstellt und die Spitzen einzelner, v.a. frühchristlicher Entwürfe einebnet? Die besondere theologiegeschichtliche Lage dieses Credosatzes böte aus meiner Sicht vielfältige Diskussionsansätze für ein exegetisch-systematisches Gespräch. Der schwerwiegendste Vorbehalt ist wohl, gerade wenn man diesen Satz mit den anderen Credosätzen vergleicht, die relativ schwache kanonische Anbindung und die große Rolle von Volksfrömmigkeit. Das Neue Testament scheint in Gestalt von 1 Petr 3,19 erst sekundär als Schriftbeleg hinzuzutreten. Kann man sagen, dass erst aus der Perspektive einer entwickelten Höllenfahrtsmythologie der dunkle Satz von der Predigt Christi an die Geister ein Beleg für die Höllenfahrt und für das, was dort geschah, wurde? Wie aber, und damit schließt diese Response, wäre dieses Phänomen hermeneutisch und theologisch einzufangen?

Weiterführende Fragen

1. Bilder von Teufel und Hölle faszinieren offenbar bis heute, wie in Werbung, Film und Populärkultur erkennbar ist. Inwiefern spiegeln sich darin Aspekte der menschlichen Wahrnehmung von Bedrohung und Angst? Im Gegensatz zur Spekulation früherer Zeiten ist die neuere Theologie im Blick auf diese Aspekte der Wirklichkeitswahrnehmung erstaunlich sprachlos geworden. Wäre es nicht wertvoll, diese Aspekte nicht aus unserer Welt und Sprache zu verdrängen, weil gerade im Benennen und Aussprechen eine Befreiung von der Belastung durch sie erfolgen kann?
2. Malen wir nicht alle gern den Teufel an die Wand? Werden Politiker und Zustände nicht oftmals leichthin dämonisiert, wobei einerseits die Gefahr der falschen Zuschreibungen lauert und andererseits die Illusion genährt wird, selbst auf der Seite des Guten zu stehen?
3. Was bedeutet es, dass ein biblisch eher marginaler Sachverhalt im Credo eine so prominente Stellung erhalten hat?

Weiterführende Fragen

V. »… am dritten Tage auferstanden von den Toten, aufgefahren gen Himmel«

Das Auferstehen dessen, der Fleisch geworden ist

Mit der Aussage, dass der Gekreuzigte am dritten Tage auferstanden sei, nimmt das Credo die vielfältigen Zeugnisse über Christi Auferweckung aus den frühen Bekenntnisformeln (1 Kor 15,3–5) und den vier kanonischen Evangelien auf. Dabei ist in den neutestamentlichen Zeugnissen zunächst nur von Jesu Auferweckung durch Gott die Rede, in späteren Zeugnissen, die Jesu Gottsein betonen, auch von seiner Auferstehung, wobei dann die Schwierigkeit besteht, wie zugleich Jesu wahres Menschsein festgehalten werden kann. Mit der weiterführenden Aussage von Jesu Himmelfahrt wird in besonderem Bezug auf den lukanischen Bericht (Lk 24; Apg 1) der Aspekt des universalen Herrschaftsantritts des Auferstandenen und Erhöhten thematisiert.

Sachlich stellen sich damit Fragen nach der Geschichtlichkeit und dem Realitätsgehalt der Auferstehung Jesu, nach der spezifischen Bedeutung der Leiblichkeit des Auferstandenen und nach dem Modus seiner Gegenwart als Auferstandener. Implikation des Auferstehungsbekenntnisses ist, dass sich in Christus die schöpferische Allmacht Gottes Leben schaffend erwiesen hat.

Im Blick auf die Rede von der Himmelfahrt wird besonders diskutiert, ob Christus als Erhöhter in einer besonderen Lokalität verortet ist oder umgekehrt ubiquitär vorgestellt werden muss. Zu bedenken ist weiter die Relevanz der Herrschaft des Auferstandenen als der Realisierung der Herrschaft Gottes in Bezug auf das Geschehen der Welt, ihrer Mächtigen und der Machtansprüche von Menschen.

Biblisch-theologische Reflexionen zum Bekenntnis zur Auferstehung Jesu Christi

Jörg Frey

1. Vorbemerkung

Das Bekenntnis zur Auferstehung oder Auferweckung Jesu Christi von den Toten bildet den historischen Kern und die theologische Mitte des christlichen Glaubens. Wäre dieses Bekenntnis nicht »wahr«, so sagt es schon Paulus, dann wäre der Glaube der Glaubenden – und damit letztlich auch unser Glaube – »leer«, ohne realen Grund, damit auch soteriologisch ohne Wirkung und insgesamt nutzlos (1 Kor 15,12–20). Immer wieder hat darum die exegetische Diskussion über die Auferstehung Jesu zu der Frage geführt, ob eine bestimmte historische oder hermeneutische Einschätzung der Auferstehung Jesu Christi und ihrer Zeugnisse faktisch als eine Leugnung dieses Bekenntnisses und damit als Häresie oder gar Apostasie vom christlichen Glauben anzusehen sei. Dies war der Fall in den heftigen Diskussionen um die Theologie Rudolf Bultmanns und seiner Schüler in den 1960er und 1970er Jahren[1]

[1] S. dazu grundlegend R. Bultmann, Neues Testament und Mythologie. Das Problem der Entmythologisierung der neutestamentlichen Verkündigung, in: H.-W. Bartsch (Hg.), Kerygma und Mythos I. Ein theologisches Gespräch, Hamburg 1948, 15–48, 41–48, mit der These, dass die Auferstehung Jesu kein historisches Ereignis sei und daher auch nicht als »beglaubigendes Mirakel« aufgefasst werden dürfe. Sie sei vielmehr ein »mythisches Ereignis«, das die eschatologische Bedeutsamkeit des Kreuzes für den Glauben zur Sprache bringe. S. zusammenfassend auch ders., Theologie des Neuen Testaments, 9. Aufl., durchges. u. erg. v. O. Merk, Tübingen [9]1984, 305; ders., Das Verhältnis der urchristlichen Christusbotschaft zum historischen Jesus, SHA 3/1960, in: ders., Exegetica. Aufsätze zur Erforschung des Neuen Testaments, hg. v. E. Dinkler, Tübingen 1967, 445–469, wo Bultmann letztlich dem Satz, dass Jesus »ins Kerygma« auferstanden sei, zustimmt (a. a. O., 469). Eine gründliche Reflexion in der Linie Bultmannscher Theologie bietet W. Marxsen, Die Auferstehung Jesu als historisches und als theologisches Problem, Gütersloh 1964. Eine schroffe systematische Gegenposition formulierte W. Künneth, Theologie der Auferstehung, München 1951. Die Diskussion bis zu den 1960er-Jahren ist dokumentiert bei B. Klappert (Hg.), Diskussion um Kreuz und Auferstehung. Zur gegenwärtigen Auseinandersetzung in Theologie und Gemeinde, Wuppertal 1967; eine zusammenfassende Darstellung und Diskussion der Position Bultmanns bietet A. Fetzer, Auferstanden ins

ebenso wie in dem medienwirksamen Streit um Gerd Lüdemanns Auferstehungsbuch von 1994.[2]

Gleichwohl muss die Rede von der Auferstehung Jesu von den Toten verstanden werden, wenn sie nicht zu einer formelhaften und damit gleichermaßen leeren Phrase verkommen soll. Dieses Verstehen berührt historische und religionsgeschichtliche Sachverhalte ebenso wie die Frage nach dem damals und heute gegebenen Verständnis von Wirklichkeit, d.h. weltanschauliche Aspekte. An dieser Stelle ist das Gespräch zwischen Exegese und systematischer Theologie unverzichtbar.

Eine Klärung der Möglichkeiten und Grenzen historischer Aussagen sowie des Sachgehalts und der Implikationen der neutestamentlichen Zeugnisse ist besonders notwendig angesichts der immer wiederkehrenden Versuche, das Ärgernis der Auferstehung Jesu von den Toten im Horizont eines je zeitgenössischen Wirklichkeitsverständnisses wegzuerklären, um so die Akzeptanz einer bestimmten Form des christlichen Glaubens *ohne* die anstößige Auferstehung zu retten. Eine solche apologetische Absicht eignet gerade den kritischen Interpretationen der neutestamentlichen Zeugnisse, von der Scheintodhypothese in der Zeit der Aufklärung und des Idealismus, über die von Rudolf Bultmann akzeptierte Formel, Jesus sei »ins Kerygma auferstanden«,[3] oder die Erklärung, die Auferstehungsaussage stehe

---

Kerygma? Rudolf Bultmanns existentiale Interpretation der Auferstehung, in: H.-J. Eckstein/M. Welker (Hg.), Die Wirklichkeit der Auferstehung, Neukirchen-Vluyn 2002, 93–110.

[2] G. Lüdemann, Die Auferstehung Jesu. Historie, Erfahrung, Theologie, Göttingen 1994; popularisiert in: ders./A. Özen, Was mit Jesus wirklich geschah. Die Auferstehung historisch betrachtet, Stuttgart 1995, mit der provokanten These: »Das Grab Jesu war nicht leer, sondern voll, und sein Leichnam ist nicht entwichen, sondern verwest« (a.a.O., 127). Der Streit hat gezeigt, dass mit dieser These nach wie vor öffentliche Aufmerksamkeit zu gewinnen ist, wenngleich das Werk Lüdemanns mit Ausnahme der psychologisierenden Deutung der Osterereignisse als visionär aktualisierter Erinnerung an den sündenvergebenden Jesus wenig Neues brachte. Signifikant ist freilich, dass Lüdemann dann selbst den an ihn herangetragenen christentumskritischen Weg beschritt bis zu seinem letztendlichen »Abschied von Jesus«, s. G. Lüdemann, Der große Betrug. Und was Jesus wirklich sagte und tat, Lüneburg 1998, 9–18. Vgl. zur Auseinandersetzung mit Lüdemanns Thesen aus systematischer Perspektive B. Oberdorfer, »Was sucht ihr den Lebendigen bei den Toten?« Überlegungen zur Realität der Auferstehung in Auseinandersetzung mit Gerd Lüdemann, in: Eckstein/Welker, Wirklichkeit der Auferstehung (s. Anm. 1), 165–182.

[3] S. dazu die Hinweise in Anm. 1.

letztlich für den Glauben, dass »die Sache Jesu« weitergehe,[4] bis hin zu der von Gerd Lüdemann vorgebrachten Erklärung der österlichen Erscheinungen als Ergebnis einer innerpsychischen Aufarbeitung des »Christuskomplexes« des Paulus bzw. als ein Stück Trauerarbeit und Schuldverarbeitung des Petrus.[5] Bei all diesen Versuchen bleibt der Eindruck, dass die – natürlich schon im Urchristentum wahrgenommene – Herausforderung des Auferstehungsbekenntnisses und seine Anstößigkeit in einer problematischen Weise reduziert und die Wirklichkeit der Auferstehung nach Maßgabe eines modernen Wirklichkeitsverständnisses eingeebnet wird.

2. Voraussetzungen der Rede von der Auferstehung Jesu von den Toten

Die wichtigsten Voraussetzungen der Rede von der Auferstehung oder Auferweckung Jesu von den Toten liegen in der biblisch-frühjüdischen Tradition, insbesondere in der Apokalyptik und den von ihr beeinflussten Strömungen des Judentums der Zeit Jesu. Im Rahmen dieser Sprachtradition und des damit gegebenen Vorstellungsrahmens haben die urchristlichen Zeugen ihre Widerfahrnisse gedeutet und versprachlicht, so sehr früh in dem Bekenntnis zu dem »Gott, der […] Jesus von den Toten auferweckt hat« (Röm 4,24; vgl. 10,9), in dem das traditionell-jüdische Bekenntnis zu dem »Gott, der die Toten auferweckt« (Röm 4,17; 2 Kor 1,9; vgl. das Achtzehn-Bitten-Gebet) aufgenommen und präzisierend abgewandelt wird: Das traditionell erwartete Endgeschehen der Auferweckung der Toten hat sich demnach jetzt an einem »Exemplar« ereignet: dem als Messiasprätendent von den Römern gekreuzigten und begrabenen Jesus von Nazareth. Dies wird bekannt als ein Handeln des Gottes Israels, der sich durch sein Handeln in der Auferweckung Jesu neu eschatologisch offenbart hat und nun dadurch geradezu definiert werden kann. Der Glaube gilt eben dem »Gott, der Jesus von den Toten auferweckt hat« (vgl. Röm 10,9). Das urchristliche Bekenntnis zur Auferweckung Jesu

[4] So die These bei W. Marxsen, Die Auferstehung Jesu (s. Anm. 1), 35; vgl. ders., Die Auferstehung Jesu von Nazareth, Gütersloh 1968, 129, demzufolge es »völlig unerheblich« sei, »wie Petrus nach Karfreitag zu seinem Glauben an Jesus kam«.

[5] So die These bei Lüdemann, Die Auferstehung Jesu (s. Anm. 2), 111 f. und 127 f.

durch Gott ist insofern (menschliche) Deutung von Widerfahrnissen in einem spezifischen religiösen und – wenn man so will – weltanschaulichen Kontext.

2.1 Die Herausbildung des Auferstehungsglaubens

Der Glaube an die Auferstehung eines Toten ist freilich alles andere als selbstverständlich. Dies gilt nicht nur für die griechisch-römische Welt, sondern auch für die israelitisch-frühjüdische Tradition, in der sich die Hoffnung auf eine Totenauferstehung erst spät und gegen vielfältige Widerstände herausbilden konnte. Während die Kulturen der Umwelt in Ägypten und Mesopotamien, aber auch die autochthonen Religionen der Levante vielfältige Vorstellungen von der Totenwelt und vom Kontakt mit ihr hatten, blieb der alttestamentliche Glaube demgegenüber lange spröde und restriktiv: Jedenfalls »in der offiziellen Religion […] bestand eine strikte Trennung zwischen JHWH, dem Gott des Lebens, und den Toten.«[6] Das Totenreich lag außerhalb des Machtbereiches dieses Gottes (was freilich nicht ausschließt, dass in der Haus- und Familienfrömmigkeit Kontakte mit der Welt der Toten praktiziert wurden).

Wohl erst in nachexilischer Zeit wurde diese Grenze auch in der judäischen Tradition positiv überschritten, indem auf der Basis der Erfahrungen von Klage und Rettung in späten weisheitlichen Psalmen von der Unsterblichkeit der Gottesbeziehung gesprochen wird, d.h. von Gott, der seinen Gerechten auch jenseits des Todes zu sich aufnehmen werde (Ps 19,9f.; 49,16; 73,23–26).[7] Auf der Basis von Bildern der kollektiven Erneuerung Israels (Ez 37) finden sich in der späten Prophetie der hellenistischen Zeit dann auch kühne Aussagen

---

[6] K. Liess, Auferstehung (AT), WiBiLex, online unter http://www.bibelwissenschaft.de/stichwort/14249; s. weiter H. Gese, Der Tod im Alten Testament, in: ders., Zur biblischen Theologie, Tübingen ³1989, 31–54; E. Zenger, Das alttestamentliche Israel und seine Toten, in: K. Richter (Hg.), Der Umgang mit den Toten. Tod und Bestattung in der christlichen Gemeinde, QD, Freiburg u.a. 1990, 132–152; A.A. Fischer, Tod und Jenseits im Alten Orient und im Alten Testament, Neukirchen-Vluyn 2005; B. Janowski, Der Gott Israels und die Toten. Eine religions- und theologiegeschichtliche Skizze, in: ders., Die Welt als Schöpfung. Beiträge zur Theologie des Alten Testaments 4, Neukirchen-Vluyn 2008, 266–304.

[7] S. grundlegend C. Barth, Die Errettung vom Tode in den individuellen Klage- und Dankliedern des Alten Testaments, hg.v. B. Janowski, Zürich ²1987; weiter K. Liess, Der Weg des Lebens. Psalm 16 und das Lebens- und Todesverständnis der Individualpsalmen, FAT II/4, Tübingen 2004.

über ein künftiges Auferstehen der »Leichname« (Jes 26,19, deutlicher in der LXX), und schließlich findet sich in Dan 12,1–3 auch die Erwartung einer »doppelten« Auferstehung von Gerechten und Frevlern im Rahmen des Endgeschehens.[8]

Diese apokalyptischen Vorstellungen stehen im Horizont der Erfahrung von Unrecht und der Martyrien von Gerechten. Deren Auferweckung dient damit der Theodizee: Es geht um die Herstellung der im irdischen Leben noch nicht zustande gekommenen Gerechtigkeit, um den nicht zugeteilten Lohn für die Bekenner und Märtyrer und um die nicht ergangene Strafe für die Frevler. Die Leiblichkeit der Auferweckung verbürgt dabei, dass leiblich erlittenes Unrecht angemessen kompensiert wird. Dabei ist noch nicht gleich an eine »allgemeine« Auferstehung gedacht, gelegentlich sind nur die Gerechten im Blick (1 Hen 91,10; 93,2), gelegentlich besonders Auserwählte (oder Märtyrer) und daneben besondere Übeltäter. Auch zeigen die Konzeptionen eine breite Vielfalt: Gerechte können wie Sterne am Himmel leuchten oder wie Engel zum Lichterheer erhoben werden (1 Hen 104,1–6; Dan 12,3), und die im Leben unbestraft gebliebenen Gewalttäter sollen z. T. nur erwachen, um ihr Unrecht zu erkennen und so »zuschanden« zu werden.[9] Erst später wird dann formuliert, dass die Erde alle ihre Toten wieder zurückgeben muss (1 Hen 51,1; 4 Esra 7,32; 2 Bar 50,1–3). Bilder vom leiblichen Status der Auferweckten werden dann z. T. bis ins Physiognomische konkretisiert: Wenn das Verborgene offenbar wird, sollen die Guten glänzend erstehen, die Bösen hingegen hässlich erscheinen (2 Bar 51,2–3). Skep-

[8] Wohl etwas früher ist die »Aufbewahrung der Seelen« von (ausgewählten) Gerechten und Frevlern in Felsenkammern in 1 Hen 22 belegt. Zur frühjüdischen Herausbildung von Auferstehungsvorstellungen s. G. W. E. Nickelsburg, Resurrection, Immortality, and Eternal Life in Intertestamental Judaism, HThS, Cambridge, MA, 1972; H. C. C. Cavallin, Life after Death. Paul's Argument for the Resurrection of the Dead in I Cor 15, I. An Enquiry into the Jewish Background, CB.NT 7:1, Lund 1974; U. Kellermann, Auferstanden in den Himmel. 2 Makkabäer 7 und die Auferstehung der Märtyrer, SBS 95, Stuttgart 1979; C. Setzer, Resurrection of the Body in Early Judaism and Early Christianity, Leiden 2004; T. Nicklas/F. V. Reiterer/J. Verheyden (Hg., mit H. Braun), The Human Body in Death and Resurrection, DCLY 2009, Berlin/New York 2009; A. L. A. Hogeterp, Expectations of the End. A Comparative Traditio-Historical Study of Eschatological, Apocalyptic and Messianic Ideas in the Dead Sea Scrolls and the New Testament, STDJ 83, Leiden 2009.

[9] So vermutlich Dan 12,2 im Anschluss an Jes 66,24; vgl. auch 1 Hen 22,13.

tische Zurückhaltung gegenüber der Auferstehungsaussage gibt es auch, doch beschränkt sich diese auf einzelne Schriften und Gruppen (Kohelet, Ben Sira, die Sadduzäer, das philosophisch geprägte 4. Makkabäerbuch und v.a. den mittelplatonisch geprägten Ausleger Philo von Alexandrien). Insgesamt erfasste der Auferstehungsglaube v.a. infolge der Religionskrise unter Antiochus IV. Epiphanes in Texten seit der Makkabäerzeit (z.B. programmatisch 2 Makk 7)[10] immer breitere Kreise. So wurde er zum festen Glaubensgut der Mehrheit des palästinischen Judentums um die Zeitenwende, mithin auch des Umfeldes Jesu und seiner ersten Nachfolger.

Sachlich ist festzuhalten, dass im palästinischen Judentum und wohl auch im Bildungs- und Denkhorizont des Paulus[11] Auferstehung der Toten als ein *kollektives* Handeln Gottes am *Ende* der Tage verstanden wurde, eine *leibliche* Wiederherstellung oder Verwandlung, nicht ein je individuelles oder rein geistiges Geschehen der Verewigung oder eine Befreiung der Seele des Einzelnen. Die Auferstehung eines einzelnen, auch einer messianischen Gestalt, ist in vorchristlichen Konzepten nicht belegt; sie war nicht Teil des religiösen Verstehensrepertoires der palästinischen Zeitgenossen Jesu.[12]

2.2 Konsequenzen für die Auferstehungsvorstellung bei Paulus

Auf diesem Hintergrund erklärt sich ein doppelter Sachverhalt, der für unseren frühesten christlichen Zeugen, den Apostel Paulus, festzustellen ist: Zunächst ist die Auferstehung der Toten – wie auch die Auferstehung des gestorbenen und begrabenen Jesus (1 Kor 15,3–5) – für Paulus nur in einer leiblichen Dimension denkbar.[13] Eine Trennung

---

[10] Vgl. weitere Belege 2 Makk 12,37–45; TestSim 6,7; TestJud 25,1–4; TestBen 10,5–11.

[11] S. dazu J. Frey, Der vorchristliche Paulus. Die religiöse Prägung: Weisheit, Apokalyptik, Schriftauslegung, in: F.W. Horn (Hg.), Paulus Handbuch, Tübingen 2013, 59–66.

[12] Dies gilt auch für den Jüngerkreis Jesu: Die historisch wohl ernst zu nehmende Flucht der Jünger nach der Kreuzigung zeigt, dass diese nicht in der Lage waren, das Geschehen einzuordnen. Die synoptischen Leidens- und Auferstehungsweissagungen dürften daher in ihrem auf die Auferstehung bezogenen Teil erst nachösterlich formuliert sein, s. dazu J. Frey, Probleme der Deutung des Todes Jesu in der neutestamentlichen Wissenschaft, in: J. Frey/J. Schröter (Hg.), Deutungen des Todes Jesu im Neuen Testament, UTB 2953, Tübingen 2012, 3–50, 45 f.

[13] S. dazu ausführlich M. Hengel, Das Begräbnis Jesu bei Paulus und die leibliche Auferstehung aus dem Grabe (2001), in: ders., Studien zur Christo-

zwischen der leiblichen Existenz und einem von dieser abtrennbaren Ich, einem Personkern oder einer Seele, ist für Paulus sowohl anthropologisch als auch ethisch nicht akzeptabel.[14]

Den hellenistisch-römisch geprägten Adressaten des Paulus in Korinth war die jüdisch-apokalyptische Vorstellungswelt wohl schwer nachvollziehbar, missverständlich und letztlich wenig attraktiv,[15] und das Gleiche gilt wohl für die meisten nichtjüdischen Adressaten der frühchristlichen Verkündigung. Diese Vermittlungsprobleme waren dem Apostel wohl bewusst. Schon in seinem frühesten erhaltenen Brief thematisiert er Missverständnisse im Blick auf verstorbene Gemeindeglieder (1 Thess 4,13–18).[16] Und wenn er in 1 Kor 15,35–49 den Korinthern mit großem argumentativem Aufwand eine (gewiss ganz andere, aber doch dezidiert) *leibliche* Gestalt des Auferstehungslebens plausibel zu machen versucht, kommt dabei sein Wissen um die Bildhaftigkeit und Unzulänglichkeit unserer irdischen Vorstellungen klar zum Ausdruck. Dennoch ist der Gedanke der Leiblichkeit des Lebens der Auferstandenen für ihn ebenso wenig verzichtbar wie der Gedanke der Leiblichkeit der Auferstehung des Gekreuzigten und Begrabenen (1 Kor 15,3–5).

Ein zweiter Sachverhalt ist ebenso wesentlich: Für Paulus wie für die frühen palästinisch-jüdischen Zeugen ist die Auferweckung Jesu Christi ein Spezialfall der allgemeinen Totenauferweckung. Das zeigt sich an der Art, in der Paulus das jüdische Gottesbekenntnis zu dem Gott, der die Toten auferweckt, im Blick auf das Ereignis der Auferweckung Jesu umformuliert. Diese ist nicht ein von der allgemeinen Totenauferweckung abzuhebendes Geschehen, sondern in der Auferweckung Jesu hat diese schon begonnen, so dass in der Auferweckung des einen auch die Auferweckung aller Übrigen verbürgt ist.

---

logie. Kleine Schriften IV, hg. v. C.-J. Thornton, WUNT 201, Tübingen 2006, 386–450.

[14] Diese enge Verbindung von Leibesleben und Gottesbezug wird in 1 Kor 6,12–20 ethisch zur Geltung gebracht.

[15] Die »Leugnung« der Auferstehung in der korinthischen Gemeinde ist wohl aus solchen Schwierigkeiten zu erklären. S. zur »griechischen« Schwierigkeit mit dem Auferstehungsgedanken D. Zeller, Der erste Brief an die Korinther, KEK 5, Göttingen 2010, 458. Die Gesprächspartner des Paulus könnten sich Auferstehung »als leibhaftige Rückkehr der Verstorbenen in dieses irdische Dasein« vorgestellt und eine solche abgelehnt haben.

[16] Es wurde diskutiert, ob Paulus bei seinem Aufenthalt in der Gemeinde evtl. gar nicht von der Auferstehung der Toten geredet habe. Plausibler ist aber, hier mit Missverständnissen seitens der Adressaten zu rechnen, denen diese Vorstellungswelt fremd und schwer zugänglich war.

So kann Paulus in der typologischen Gegenüberstellung von Adam und Christus formulieren, dass – wie durch *einen* (= Adam) der Tod über das Menschengeschlecht kam – auch durch *einen* (= Christus) die Auferstehung der Toten kommt (1 Kor 15,21–22; Röm 5,17). Die Auferweckung eines einzigen Toten kann in diesem Denken gar nicht für sich stehen und nur individuell dem Messias Jesus gelten, sie ist vielmehr der Anfang, die Vorhut jenes eschatologischen Geschehens und so der Anbruch des endzeitlichen Gotteshandelns, das zur Durchsetzung der universalen Gottesherrschaft führt (1 Kor 15,28). Nur so kann Jesu Auferweckung als die eschatologische Wende der Welt gedeutet werden. Der individuellen »Vergöttlichung« eines Gerechten oder Heroen bzw. der Erhebung der Seele desselben in himmlische Sphären könnte eine solche Tragweite nie zugeschrieben werden.

Welche Bedeutung hat es vor diesem Hintergrund, dass die frühe Kirche in ihrer Bekenntnisbildung dezidiert nicht der Interpretation dieses Ereignisses im Sinne der Unsterblichkeit oder gar Weiterwanderung der Seele oder der Apotheose des verstorbenen oder lebenden Kaisers folgen konnte, sondern den engen Zusammenhang zwischen der Auferstehung des Fleischgewordenen und der Auferstehung »des Fleisches« beibehalten und festgeschrieben hat? Es ist nicht zu übersehen, dass das apokalyptische Weltverständnis mit seiner eschatologischen Orientierung und seinem kollektiven Paradigma hier eine zentrale Rolle einnimmt. Gleichwohl hat sich die frühe Kirche auch und gerade im 2. und 3. Jh. entschieden, nicht auf Vorstellungen zu verzichten, die in diesem Horizont schwer vermittelbar waren.

Ein Verständnis der Auferstehung Jesu im Horizont solcher universalistisch-eschatologischen Denkvoraussetzungen kann davor schützen, dass die Bedeutung der Rede von der Auferstehung Jesu Christi fatal verkürzt wird. Wenn etwa die Auferweckung Jesu nur als die individuelle Aufhebung seines Todesgeschicks oder als die Bekräftigung der heilvollen Bedeutung dieses Todes verstanden würde, bliebe ihre Tragweite unterbestimmt: Dieses Ereignis will nicht weniger als die *Wende der Welt* sein, das vorweggenommene Ende der Geschichte, der Durchbruch der Herrschaft Gottes. Jede Deutung, die hinter diesem Anspruch zurückbleibt, wird den Zeugnissen nicht gerecht. Auch wenn man die Auferstehung Jesu lediglich als ein Wunder ansieht, das seine Göttlichkeit oder Sendung beglaubigt, bleibt man hinter dem Anspruch der Texte zurück. Und wenn man die leibliche Dimension dieses Geschehens aus weltanschaulichen Gründen negiert, bleibt fraglich, was dieses Geschehen dann noch mit dem konkreten menschlichen Leben und Leiden zu tun haben kann. Damit würde die Ganzheitlichkeit des Heils nicht mehr hinreichend zur Sprache gebracht. Der beschriebene apokalyptische Denkrahmen ist insofern nicht nur historisch grundlegend, sondern auch für ein sachlich angemessenes Verständnis des Geschehens der Auferweckung Jesu Christi unverzichtbar.

2.3 Auferstehung als Inthronisation: Der apokalyptische Horizont

Die Tragweite der Auferstehungsaussage wird darin deutlich, dass diese in zentralen neutestamentlichen Zeugnissen nicht einfach als Rückkehr des toten Jesus in den Raum des irdischen Lebens, sondern grundlegend als Erhöhung des Gekreuzigten »zur Rechten Gottes« (Apg 2,33; 5,31), als Verherrlichung mit göttlicher Herrlichkeit (Joh 17,1; vgl. 13,31 f.) oder Inthronisation zum Antritt seiner universalen Herrschaft (Phil 2,9) zur Darstellung gebracht wird. Allein Lukas hat diesen Zusammenhang mit seiner Himmelfahrtserzählung narrativ gedehnt und mit seiner »Historisierung« der Himmelfahrt als eines eigenständigen Ereignisses das Missverständnis nahegelegt, als wäre Jesus am Ostertag für 40 Tage in ein gewöhnliches irdisches Leben zurückgekehrt. Freilich steht diesem Verständnis auch schon bei Lukas entgegen, dass der Auferstandene in der Emmauserzählung (Lk 24,13–35) nicht einfach mit den physischen Augen identifizierbar und somit irdisch »verfügbar« ist, sondern nur aufgrund einer spezifischen Selbsterschließung erkannt wird, ebenso bei seinem Erscheinen im Jüngerkreis (Lk 24,36–43; vgl. Joh 20,19–24). Sachlich verbindet sich daher mit der Auferweckung Jesu grundsätzlich seine Inthronisation in eine himmlische, göttliche Machtstellung: Der Philipperhymnus erwähnt im unmittelbaren Anschluss an den Kreuzestod die Erhöhung und die Verleihung des Namens »über alle Namen« (Phil 2,9), d. h. des Kyrios-Namens, und damit die Einsetzung des Erhöhten in seine universale Herrschaft, und Paulus kann in Röm 8,34 hymnisch die Auferweckung unmittelbar mit der *sessio ad dexteram* und dem Eintreten des Erhöhten »für uns« verbinden. Hinter diesen Aussagen steht traditionsgeschichtlich die frühe christologische Lektüre von Psalmen wie Ps 110,1, dem wohl wichtigsten Text für die Ausbildung der frühen Christologie.[17] Bei Johannes ist

[17] S. dazu M. Hengel, »Setze dich zu meiner Rechten!« Die Inthronisation Christi zur Rechten Gottes und Psalm 110,1, in: ders., Studien zur Christo-

schließlich sogar die Geistverleihung an die Jünger – das »johanneische Pfingsten« – auf den Ostertag datiert (Joh 20,22f.), und schon die johanneische Darstellung der Kreuzigung Jesu ist als paradoxe Erhöhung bzw. Inthronisation des wahren Königs in seine Herrschaft (Joh 18,36f.) stilisiert.[18] In der österlichen Erzählperspektive des Johannesevangeliums wird deutlich, dass Jesu Auferstehung die Rückkehr (Joh 13,1–3) bzw. den Aufstieg (Joh 20,17) zum Vater und den Beginn der soteriologischen Wirksamkeit des Erhöhten impliziert und ohne diese Aspekte in ihrer Tragweite nicht hinreichend verstanden wäre. Die Auferstehung Jesu ist definitiv etwas anderes als die Wiederbelebung eines Leichnams oder dessen Rückkehr in ein altes, irdisches Leben. Zwischen Lazarus (Joh 11) und Jesus (Joh 20) besteht eine entscheidende Differenz, auf die der Evangelist gerade durch subtile Textverknüpfungen hinweist.[19] Jesu Auferweckung ist daher auch mehr als die Bekräftigung seiner Verkündigung oder seiner »Sache«. Sie ist die Einsetzung Jesu Christi zur Herrschaft über die Welt. Sachlich gehören daher Ostern und Himmelfahrt (und auch Pfingsten) zusammen.

3. Die Deutung der Erscheinungen Jesu als Auferweckung

3.1 Eine »historische Tatsache«?

Doch nun müssen wir der geschichtlichen Überlieferung nachgehen, denn das Neue Testament situiert Jesu Auferweckung in Raum und Zeit, in der irdischen Geschichte Jesu von Nazareth, nach seiner Kreuzigung und seinem Begräbnis, »am dritten Tag« (1 Kor 15,3–5). Es ist nach den überlieferten Bekenntnissen weder mythisch-zeitlos (wie etwa die Rede von sterbenden auferstehenden Gottheiten in einigen antiken Mysterien, die sich an den Zyklus der Vegetation anlehnt)

---

logie. Kleine Schriften IV, hg. v. C.-J. Thornton, WUNT 201, Tübingen 2006, 281–367.

18 S. dazu J. Frey, Jesus und Pilatus. Der wahre König und der Repräsentant des Kaisers im Johannesevangelium, in: G. van Belle/J. Verheyden (Hg.), Christ and the Emperor, BTS 20, Leuven 2014, 337–393, 385–389.

19 Während Lazarus gebunden aus dem Grab gerufen wird und erst losgebunden werden muss (Joh 11,44), erkennt der österliche Zeuge gerade, dass der Auferstandene die Leichenbinden geordnet zurückgelassen hat (Joh 20,6–8). Während Lazarus wiederbelebt ist und wieder stirbt, demonstriert Jesus hier seine Lebensmacht.

noch in dem Sinne überirdisch, dass es lediglich in einer höheren oder rein-geistigen Sphäre angesiedelt wäre. Auferweckt wurde ja nicht ein Geistwesen, sondern konkret der Gekreuzigte, der Jesus von Nazareth, dem seine Schüler zuvor nachgefolgt waren, der als Heiler und Verkündiger der Herrschaft Gottes gewirkt hatte und als Messiasprätendent gekreuzigt worden war – »unter Pontius Pilatus«, wie das Apostolikum, die Geschichtlichkeit betonend, formuliert. Das neutestamentliche Auferstehungszeugnis will also dezidiert keine »Christusmythe« sein, es ist von dem konkreten Leben und dem noch konkreteren Tod Jesu nicht zu abstrahieren, und der Auferstandene erweist seine Identität mit dem Gekreuzigten gegenüber seinen Jüngern an leiblichen Zeichen (Lk 24,40; Joh 20,20 f.). Der Osterglaube besteht demnach gerade darin, dass erkannt wird, dass der nun Begegnende kein anderer ist als der Gekreuzigte, den Jüngern Bekannte.[20]

Aber handelt es sich dann um ein »historisches Ereignis«[21] oder gar eine »historische Tatsache«?[22] Wenn man dies festhalten will und die Kategorie »historisch« dabei keine Leerformel und keine allein für diesen Sachverhalt definierte Kategorie sein soll, dann sind auch hier die Kriterien anzuwenden, die in einer allgemeinen Geschichtswissenschaft für historische Ereignisse gelten können – und hier kommen wir über die berühmten Feststellungen von Ernst Troeltsch letztlich nicht hinaus: Solche Ereignisse sind prinzipiell nachprüfbar (und kritisierbar), sie stehen stets in Wechselwirkung mit anderen Ereignissen und können von uns letztlich nur in Analogie zu anderen, uns bekannten Ereignissen erfasst werden.[23] Was die Wende der Welt oder gar das Ende der Welt zu sein beansprucht, fällt notwendigerweise aus solchen Kategorien heraus. Exakte Analogien dazu gibt es nicht, antike Zeugnisse von zum Leben erweckten Heroen oder Gottheiten oder von der Himmelfahrt des Kaisers könnten dieses Geschehen

[20] Dazu J. FREY, »Ich habe den Herrn gesehen« (Joh 20,18). Entstehung, Inhalt und Vermittlung des Osterglaubens nach Johannes 20, in: A. Dettwiler/U. Poplutz (Hg.), Studien zu Matthäus und Johannes/Études sur Matthieu et Jean (FS J. Zumstein), AThANT 97, Zürich 2009, 267–284, 279.

[21] So dezidiert W. PANNENBERG, Grundzüge der Christologie, Gütersloh ²1966, 95.

[22] So der provokative Buchtitel bei H. HEMPELMANN, Die Auferstehung Jesu Christi – eine historische Tatsache?, Wuppertal 1982.

[23] S. die grundlegende Abhandlung von E. TROELTSCH, Ueber historische und dogmatische Methode in der Theologie (1908), in: DERS., Zur religiösen Lage, Religionsphilosophie und Ethik. Gesammelte Schriften II, Tübingen 1913, 729–753.

nicht wirklich erklären, und auch ein innerweltlicher Wirkzusammenhang ist hier gerade nicht vorausgesetzt. Ganz abgesehen davon wäre ein historisches Ereignis, das als faktisch nachgewiesen oder zu 99 % plausibel gemacht werden könnte, nur etwas, das man kopfnickend zur Kenntnis nehmen könnte (und müsste!), um dann wieder zur Tagesordnung überzugehen. Ein Anstoß zum Glauben ginge daraus nicht hervor, zumindest solange man festhält, dass Glaube etwas anderes ist als das bloße Für-wahr-Halten von mehr oder weniger glaubhaften Sachverhalten. D. h. aber, die Kategorie der »historischen Tatsache« bleibt eine fatale *Unterbestimmung* der Auferweckung Jesu von den Toten. Die biblischen Texte beanspruchen, dass darin viel *mehr* als ein bloß historisches Ereignis geschah.

Es ist auffällig, dass das Neue Testament dieses Geschehen nicht unmittelbar berichtet. Der früheste »Augenzeugenbericht« findet sich erst im apokryphen Petrusevangelium wohl gegen Ende des 2. Jh., wo die römischen Grabwächter und die jüdischen Hohenpriester (kurioserweise am Sabbat) vor dem Grab Jesu lagern und beobachten, wie zwei Engel herabsteigen und dann drei Gestalten aus dem Grab zum Himmel fahren, die mittlere größer als die beiden anderen, und ein sprechendes Kreuz diesen noch nachfolgt (EvPetr 35–42). Doch interessanterweise hat diese *demonstratio ad oculos* dann keine Folgen für den Glauben der Betrachter.[24] Hier liegt nur ein Spektakel vor, keine Wende der Welt. Die kanonisch gewordenen Zeugnisse hingegen führen die Auferstehung nicht vor Augen, aber sie beschreiben deren Wirkungen und Tragweite sehr viel nachdrücklicher und weitreichender.

3.2 Die neutestamentlichen Überlieferungen

Ich kann die textlichen Sachverhalte hier nur kurz benennen: Alle neutestamentlichen Schriften setzen letztlich die Auferweckung Jesu von Nazareth und ihre Folgen voraus. An expliziten Zeugnissen unterscheiden wir[25]

---

[24] In der theologisch recht schlichten Darstellung des EvPetr wiederholt der Hauptmann zwar die Worte des markinischen Centurio (Mk 15,39): »Wahrhaftig, er war Gottes Sohn!« (EvPetr 45), doch kann Pilatus den Soldaten befehlen, nichts weiter zu sagen. Weder sie noch andere werden von dem Geschehen angerührt.

[25] S. dazu auch den Überblick bei G. Theissen/A. Merz, Der historische Jesus, Göttingen 1996, 422–424.

a) Erzählungen: *die Ostererzählungen* der kanonischen Evangelien, die sich noch einmal aufteilen in:

α) die *Überlieferung vom leeren Grab*, d.h. Erzählungen über die Auffindung des leeren Grabes bzw. die Nichtauffindung des Leichnams (Mk 16,1–8 parr.), und

β) *Erscheinungsberichte*, d.h. Berichte über die Erscheinung Jesu als des Auferstandenen vor einzelnen Personen oder Personengruppen (Petrus [Lk 24,34; Joh 21,15–19], den zwei Jüngern vor Emmaus [Lk 24,13–35], einem größeren Kreis von Jüngern [Mt 28,16–20; Lk 24,36–47; Joh 20,19–24; 21,1–14], Maria Magdalena [Joh 20,11–18] und Thomas [Joh 20,25–29]).

Diese Erzählungen sind im Detail unterschiedlich hinsichtlich der Zeugen und der Umstände, sie enthalten jedoch zum einen Akte des Wiedererkennens, insofern der Erscheinende (als zunächst Unbekannter) erkannt wird als der Vertraute, der »Herr«, der Gekreuzigte, zum anderen, teilweise mit dem Wiedererkennen verbunden, einen Akt der Beziehungsstiftung bzw. der Wiederannahme, insofern die Jünger nach ihrem Versagen erneut Vertrauen fassen und ihren Glauben aussprechen, sowie damit verbunden einen Akt der Sendung oder Beauftragung. Österliche Erscheinungen, die die Betroffenen unbeteiligt oder in einer neutralen Beobachterrolle beließen, kennt das Neue Testament gerade nicht.

b) In narrativen und nicht-narrativen Texten finden sich *formelhafte Bekenntnisse* oder *summarische Aussagen* über die Auferweckung Jesu und sein Erscheinen. Die literarisch ältesten Bekenntnisse finden sich in den Paulusbriefen, dabei sind einige als von Paulus rezipierte ältere Tradition erkennbar (so 1 Kor 15,3–5), d.h. sie dürften in die Zeit vor der Abfassung der Briefe, in die frühen Griechisch sprechenden Gemeinden und wohl ursprünglich nach Palästina zurückgehen.

α) Die wohl älteste Form ist die einfache Auferstehungsformel »Gott hat Jesus von den Toten auferweckt« (Röm 10,9; 1 Kor 6,14; 15,15; als partizipiale Prädikation Röm 4,24; 8,11; 2 Kor 4,14; Gal 1,1; Kol 2,12) – in der das Subjekt stets Gott ist, der an Jesus handelt.

β) Diese Aussage ist in Doppelformeln kombiniert mit der Sterbeaussage »gestorben und auferstanden« (1 Thess 4,14; 2 Kor 5,15) oder der Dahingabeaussage »dahingegeben und auferweckt« (Röm 4,25). Andere Formeln kombinieren die Auferweckung und die gegenwärtige Hoheitsstellung Jesu. Die ausführlichste, wenngleich wohl nicht älteste vorpaulinische Tradition in 1 Kor 15,3–5 verknüpft Tod, Begräbnis, Auferweckung und Erscheinung (vor Kephas und den Zwölfen), und eben mit dieser Erscheinung parallelisiert Paulus dann auch seine eigene Christusvision (1 Kor 15,8). Ebenso formelhaft, aber in den narrativen Rahmen eingebettet, ist das Bekenntnis in Lk 24,34, das Jesu Auferstehung und seine Erscheinung vor Petrus benennt.

γ) Hinzu kommen die sog. Leidensweissagungen Mk 8,31; 9,31; 10,33f. parr., in denen im Rahmen eines Passionssummariums an die Ansage der Auslieferung und Tötung Jesu eine Aussage seiner Auferstehung »nach drei Tagen« angefügt ist.

Zwischen der Formeltradition und den Erzählüberlieferungen gibt es zahlreiche Parallelen, so z.B. dass Petrus zuerst eine Erscheinung Jesu empfangen habe (1 Kor 15,5; Lk 24,34), dass eine solche aber auch den Zwölfen bzw. dem Jüngerkreis zuteil geworden sei (1 Kor 15,5; vgl. 15,7; Mt 28,16–20; Lk 24,36–47; Joh 20,19–24). Die Christusvision des Paulus wird in der Apostelgeschichte (9; 22; 26) dreimal variierend erzählt, während der Apostel selbst nur in knappen Verweisen auf sie bzw. ihren Erkenntnisgehalt verweist (1 Kor 9,1; 15,8; Gal 1,16 etc.). Für die von Paulus ebenfalls erwähnte Erscheinung vor Jakobus (1 Kor 15,7) wird in der judenchristlichen Erzähltradition (EvHebr = Hier.vir.ill. 2) dann die Priorität reklamiert, ebenso in anderen Texten für Maria Magdalena.[26] Die von Paulus erwähnte Erscheinung vor den »500 Brüdern« (1 Kor 15,7) ist sonst unbezeugt, wenn man sie nicht mit der Pfingsterzählung (Apg 2) verbinden will. Die Beauftragungs-Erzählungen haben Parallelen in den Aussagen des Paulus über seine Berufungsvision. Das leere Grab wird in der Formeltradition nicht explizit erwähnt, wenngleich in 1 Kor 15,3–5 die Abfolge »gestorben / begraben / auferweckt / erschienen« deutlich den Gedanken einer Auferweckung des Begrabenen aus dem Grab nahelegt.[27]

Literarisch ist klar, dass die paulinischen und v.a. vorpaulinischen Texte die älteste Tradition repräsentieren, die wohl noch in die Zeit der frühen Griechisch sprechenden Gemeinde und z.T. auf semitische

---

[26] So v.a. im Maria-Evangelium, wo Maria eine geheime Offenbarung empfängt und von Jesus »mehr geliebt« ist als alle anderen. Dabei lassen sich bereits Auseinandersetzungen (um spätere Führungsrollen) erkennen. Denkbar ist freilich, dass eine frühe Tradition einer Protophanie vor Maria hinter Joh 20,11–18 und Mt 28,9f. stand, die später unterdrückt wurde (s. dazu Theissen/Merz, Jesus [s. Anm. 25], 434f.).

[27] S. dazu Hengel, Begräbnis (s. Anm. 13), 396–405.

Formulierungen zurückgehen.[28] Schon die älteste aramäische Überlieferung wie z. B. der Maranatha-Ruf der Urgemeinde, den Paulus in 1 Kor 16,22 als offenbar den Korinthern bekanntes Fremdwort wiedergibt,[29] setzt voraus, dass der so Angerufene nicht tot, sondern lebendig ist und als »Herr« in göttlicher Herrlichkeit und Machtstellung angerufen werden kann.[30] Paulus nimmt hier Traditionen auf, die noch relativ nahe an die ersten Zeugen und die grundlegenden Ereignisse heranführen.

Die *historische* Auswertung kann zunächst feststellen, dass die Formeltradition sowohl Einzel- als auch Gruppenerscheinungen bezeugt, was dann auch von der traditionsgeschichtlich davon unabhängigen Erzählüberlieferung bestätigt wird. Paulus hat die von ihm genannten Zeugen Petrus, aber auch weitere aus den zwölf Aposteln wie etwa den Zebedaiden Johannes sowie den Herrenbruder Jakobus persönlich gekannt, so dass man feststellen kann, dass an der »subjektiven Authentizität« dieser Zeugnisse »kein Zweifel« besteht.[31] Er selbst als ehemaliger Verfolger wie auch die anderen Zeugen – Petrus als Verleugner, Jakobus als vormals skeptischer leiblicher Bruder Jesu – bezeugen in den hier bezeichneten Geschehnissen eine sie überwältigende Erfahrung und Lebenswende. Die Erzählüberlieferungen sämtlich sind jünger und natürlich von der nachösterlichen Geschichte mitgeprägt. Dass eine Erscheinung in der Gruppe der Jünger erfahren wurde, ist aber aufgrund der Koinzidenz von Formel- und Erzählüberlieferung ebenfalls plausibel.[32] Die Erscheinungen Jesu vor einzelnen Zeugen (Petrus, Jakobus, Paulus) sind davon unabhängig zu bewerten.

3.3 Die historischen Fragen und ihre Aporien

Es sind insbesondere drei Fragen, die die Diskussion beherrscht haben und zu denen hier zumindest kurz Stellung zu nehmen ist: Wie kam es

[28] S. zur Analyse der vorpaulinischen Texte zuletzt D. HÄUSSER, Christusbekenntnis und Jesusüberlieferung bei Paulus, WUNT II/210, Tübingen 2006.

[29] Vgl. auch Apk 22,20 und Did 10,6.

[30] Die Bedeutung dieser sehr früh nach der Kreuzigung einsetzenden Verehrung Jesu in Anrufung und Bitte für die frühe Herausbildung einer »hohen« Christologie hat besonders L. W. HURTADO, Lord Jesus Christ. Devotion to Jesus in Earliest Christianity, Grand Rapids 2003, herausgestellt.

[31] So THEISSEN/MERZ, Jesus (s. Anm. 25), 428.

[32] So a. a. O., 433.

zum Osterglauben? Wie sind die Erscheinungen zu erklären? Und – oft als die »Gretchenfrage« gewertet: War das Grab Jesu leer?

Dabei gilt grundsätzlich: Dem eigentlichen Geschehen der Auferweckung Jesu können wir uns historisch nur von ihren »Rändern« annähern: zum einen von der Seite der vorausgehenden Ereignisse der Passion Jesu und unserer Einsicht in die Situation der Jünger und Zeugen, und zum anderen von der Seite der danach bezeugten Ereignisse der Erscheinungen und der bald losbrechenden missionarischen Dynamik. Vom Auferweckungsgeschehen selbst ist letztlich nur ein »Rand«[33] der historischen Analyse zugänglich; dazwischen bleibt ein deutungsoffener Raum.

Hinsichtlich der Voraussetzungen des Geschehens ist zunächst festzuhalten, dass in der Verkündigung des irdischen Jesus eine Reihe von Hinweisen auf die Hoffnung auf die Auferweckung der Toten begegnen, am klarsten in der Perikope über die Sadduzäerfrage und Jesu Antwort (Mk 12,18–27 etc.).[34] Im Umkreis Jesu, bei seinen Jüngern und wohl auch von ihm selbst dürfte dieser Glaube an die endzeitliche Auferstehung der Toten geteilt worden sein.

Andererseits brachten Jesu Gefangennahme und Kreuzigung den Jüngerkreis in eine tiefe Krise: Das historisch kaum bezweifelbare Faktum der Jüngerflucht nach seiner Festnahme (Mk 14,50; vgl. Joh 16,32) und die wohl bald nach seiner Kreuzigung erfolgte Rückkehr der Jünger nach Galiläa zeigen, dass Jesu Anhänger aufgrund seiner Wirksamkeit oder seiner Lehre offenbar nicht in der Lage waren, das Geschehen der Kreuzigung positiv einzuordnen oder im Horizont ihres Auferstehungsglaubens zu verstehen.[35] Weder die Schrift und die religiösen Traditionen Israels noch die ihnen erinnerlichen Worte Jesu konnten ihnen in dieser Situation der Enttäuschung und Verängstigung eine Erklärung bieten, die sie von der Flucht und von

[33] S. dazu B. Klappert, Diskussion um Kreuz und Auferstehung. Aspekte des Auferstehungsgeschehens, in: ders. (Hg.), Diskussion um Kreuz und Auferstehung, Wuppertal 1967, 9–52, 45: »Die Auferstehung impliziert einen historischen Rand, sie wird aber nicht von diesem impliziert.«

[34] S. dazu und zur historischen Einschätzung der Perikope nach wie vor grundlegend O. Schwankl, Die Sadduzäerfrage (Mk. 12,18–27 parr). Eine Exegetisch-theologische Studie zur Auferstehungserwartung, BBB 66, Frankfurt a. M. 1987.

[35] Dies rät zur Vorsicht gegenüber allen Versuchen, die nachösterlichen Deutungen allzu linear aus den Überlieferungen über die Worte und Taten des Irdischen abzuleiten.

der Rückkehr in ihre galiläische Heimat abgehalten hätte.[36] Dass der Jüngerkreis dann doch bald wieder in Jerusalem zusammenkam, vielleicht am nächsten Wochenfest oder schon vorher, muss auf Ereignissen beruhen, die sie aus dieser Situation wieder herausholten. Die sehr bald losbrechende Dynamik der neuen messianischen Bewegung, der aufbrechende Geist-Enthusiasmus und die Überzeugung, jetzt in der Zeit des endzeitlich anbrechenden Gotteshandelns zu leben, setzen Impulse voraus, die sich aus der Situation der Jünger vor und unmittelbar nach der Kreuzigung nicht ohne Weiteres erklären lassen. Welche Impulse können dies sein? Was kann den Jüngerkreis wieder nach Jerusalem und zusammen geführt haben oder was kann Petrus (?) veranlasst haben, den Kreis wieder um sich zu sammeln? Man kann hier am ehesten auf visionäre Erfahrungen, eben die Erfahrung von Erscheinungen des Auferstandenen, verweisen.

Diese österlichen Erscheinungen sind in den frühen Bekenntnisaussagen schon vorausgesetzt (vgl. 1 Kor 15,5). Sie sind einerseits von Einzelpersonen (Petrus, Jakobus, Paulus) und andererseits von verschiedenen Jüngergruppen bezeugt. Diese Pluralität lässt sich nicht ohne Weiteres auf eine einzelne Figur reduzieren, etwa auf Petrus, dessen Vision dann – wie Gerd Lüdemann meint – als innerpsychische Verarbeitung eines Schuldkomplexes zu erklären sei. Während uns die Erscheinung vor Petrus nirgendwo näher beschrieben wird, gibt Paulus Hinweise auf den Sachgehalt seiner Christophanie, die nach seinem eigenen Anspruch den früheren Erscheinungen vor Petrus und den anderen Aposteln analog und v.a. gleichwertig sein soll (1 Kor 15,8). Paulus bietet zwar keine eigene Erzählung seiner Erfahrung, wie sie dann Lukas in der Apostelgeschichte erzählt (Apg 9; 22; 26), er charakterisiert seine Christophanie aber inhaltlich als Offenbarung und Erkenntnisakt (Gal 1,12.16), als Begnadigung und Beauftragung (1 Kor 15,9f.). Daneben kann Paulus auch von einer Lichterscheinung sprechen (2 Kor 4,6) wie Lukas in Apg 9, oder gar ganz schlicht und gegenständlich behaupten, er habe »den Herrn gesehen« (1 Kor 9,1).

Für Paulus ist dies ein Widerfahrnis aus dem göttlichen Bereich, der »Herr« ist der Erhöhte, er erscheint nicht aus dem Grab, sondern von der »Rechten Gottes«. Dieser Charakter der Selbstoffenbarung des Auferstandenen aus dem göttlichen Bereich ist in entsprechender

[36] Die Auferstehungsaussagen in den Leidensweissagungen (Mk 8,31; 9,31; 10,31–33) dürften wohl erst nachösterlich diesen hinzugefügt worden sein. Die Jünger konnten nicht mit Jesu Auferstehung rechnen.

Weise auch in den Wiedererkennungsszenen der Erscheinungsberichte vorausgesetzt, die Jesu Erscheinung bzw. das Erkennen als ein unverfügbares Ereignis zur Darstellung bringen, das nur bestimmen Menschen zuteil wird, aber nicht allen und jederzeit zugänglich ist (vgl. Lk 24,30 f.). Die Erscheinungsberichte verbinden theophane Elemente und die korrespondierende menschliche Reaktion der Furcht und auch des Zweifels. Die Identität des Erscheinenden und die Implikation und Konsequenzen des Widerfahrnisses sind dabei nicht unmittelbar deutlich. Vielmehr spiegeln alle Erscheinungsberichte eine gewisse Ambivalenz: Sie wissen um die Möglichkeit, dass hier ein Phantasiebild, ein Gespenst oder gar ein Totendämon begegnen könnte (Lk 24,30), und die Angst, die die Jünger dabei befällt, wird nicht verschwiegen. Bei Lukas und Johannes ist es ein Akt des Wiedererkennens anhand leiblicher Zeichen (Anrede, Friedensgruß, Zeigen der Wundmale), durch die diese Angst erst in Freude und Glauben verwandelt wird. Darin spiegelt sich der Sachverhalt, dass die Deutung dieser Widerfahrnisse zunächst wohl nicht festlag, sondern offen war. Auch die Erscheinungen lieferten den Zeugen keine unumstößlichen Beweise, sondern bedurften selbst der Interpretation.[37]

Damit relativiert sich auch die heftig diskutierte Frage, welcher Realitätsgehalt diesen Erscheinungen zukommen mochte. Geht es hier um bloß subjektive Visionen,[38] geht es um gleichzeitige, aber voneinander unabhängige visionäre Ereignisse bei mehreren Personen? Wie intersubjektiv oder kollektiv sind diese Widerfahrnisse? Der Versuch, die Lücken der historischen Beweiskette durch tiefenpsychologische Konjekturen zu schließen, wie ihn zuletzt Gerd Lüdemann unternommen hat, ist hier wohl methodologisch kaum statthaft, zumal schon die Reduktion der Zeugnisse auf die Erfahrung einer einzigen Gestalt (Petrus) problematisch ist.

---

[37] Die in fundamentalistischen Kreisen kursierende Vorstellung, dass diese Erscheinungen als Demonstration der Macht Gottes ihre Adressaten einfach überwältigt hätten, übersieht, dass es auch bei den ersten Zeugen um einen Glauben geht, der die Angst überwindet und zu einer personalen Antwort im Leben durchdringt. Das bloße »Erschlagensein« von einer überwältigenden Realität würde eine solche Antwort nicht ermöglichen. Eine solche Vorstellung widerspricht im Übrigen zutiefst dem von Jesus verkündigten Bild des liebenden Gottes.

[38] Dieser Erklärungsversuch geht schon auf David Friedrich Strauss zurück, s. die Analyse bei H. Kessler, Sucht den Lebenden nicht bei den Toten. Die Auferstehung Jesu in biblischer, fundamentaltheologischer und systematischer Sicht, Würzburg 1995, 161–173.

In der Tat lässt sich aus den erhaltenen Zeugnissen keine konkretere Vorstellung über das Wie dieser Erscheinungen des auferstandenen Gekreuzigten rekonstruieren; die Behauptung der urchristlichen Zeugen lässt sich weder historisch noch empirisch mehr kontrollieren. Dennoch ist festzuhalten, dass diese Zeugen einmütig davon überzeugt sind, dass sie nicht einer Illusion oder einem Phantasma erlagen, sondern dass in diesen Widerfahrnissen der ihnen bekannte, geschichtliche Jesus von Nazareth begegnet ist. Daraus folgt die Einsicht, dass Gott in neuer Weise schöpferisch an seinem gekreuzigten Messias gehandelt hat. Systematisch-theologisch ist damit der fundamentale Aspekt des *extra nos* des Heilsgeschehens berührt.

Historisch ist angesichts der oben skizzierten Voraussetzungen festzuhalten, dass die ersten Zeugen die ihnen zuteilgewordenen Erscheinungen im Lichte des Glaubens an die Auferweckung der Toten und dann im Sinne der Auferweckung des Gekreuzigten gedeutet haben: als Gottes Tat, die er an dem Gekreuzigten gewirkt hat. Daraus konnte im Rahmen des zeitgenössischen apokalyptischen Denkens die Konsequenz gezogen werden, dass die endzeitlichen Geschehnisse, die Totenauferweckung und das Wirken des endzeitlichen Geistes, mit diesem Geschehen begonnen haben. Daraus – wohlgemerkt aus einer *gedeuteten* Erfahrung – konnte erst jene Dynamik entstehen, in der sich die Botschaft von dem auferweckten Gekreuzigten und der Glaube an den Anbruch des eschatologischen Gotteshandelns in der frühesten Zeit nach Jesu Kreuzigung ausbreitete. Erst durch einen solchen Impuls konnte aus den enttäuschten und verängstigten Jüngern eine Schar geistbewegter Verkündiger entstehen. Dieser Impuls selbst, das Ostergeschehen, ist in seinem Kern historisch nicht erfassbar, sondern nur von seinen erfassbaren »Rändern« her zu postulieren.

Von hier aus ist dann noch einmal die Frage des leeren Grabes zu bedenken, um die sich die neuere Diskussion besonders gemüht hat.[39] Ist Ostern nur dann »wahr«, wenn das Grab leer war, so dass die Erklärung, der Leichnam Jesu sei wohl einfach verwest, einer Leugnung des Glaubens und der Auferstehung Jesu gleichkäme? Ist das leere Grab historisch und theologisch nötig? Wäre dieses Faktum

---

[39] Grundlegend ist nach wie vor die Abhandlung von H. von Campenhausen, Der Ablauf der Osterereignisse und das leere Grab, SHAW.PH 4/1952, Heidelberg [4]1977; dazu s. auch J. Adam, Das leere Grab als Unterpfand der Auferstehung Jesu Christi. Der Beitrag Hans von Campenhausens, in: Eckstein/Welker, Wirklichkeit der Auferstehung (s. Anm. 1), 59–76.

eines supranaturalistisch verschwundenen Leichnams das »Wunder«, das die Wahrheit des Glaubens beweisen könnte? Doch stellt sich hier sofort wieder die Frage, ob ein derart bewiesener oder beweisbarer Glaube überhaupt noch Glaube wäre.

Nun kann man historisch einerseits argumentieren, dass für Paulus – als einen Pharisäer, der den Glauben an die leibliche Auferstehung der Toten teilte – das Grab kaum »voll« gewesen sein kann: Paulus spricht ausdrücklich von der Auferweckung des Gekreuzigten *und* Begrabenen.[40] Man kann darauf hinweisen, dass das Begräbnis der Toten in Palästina religiöse Pflicht war und dass Grabstätten von Gerechten und Märtyrern teilweise verehrt wurden,[41] und es wohl schwer möglich gewesen wäre, Jesu Auferstehung zu verkündigen, wenn sein Grab bekannt und vorzeigbar intakt gewesen wäre.[42]

Freilich lässt auch das leere Grab unterschiedliche Deutungen zu: Eine Verwechslung der Grabstätte, ein Leichendiebstahl (vgl. Mt 28,13), eine Umbettung (Joh 20,13), die physische Wiederbelebung eines (evtl. Schein-)Toten, der dann anderswo weitergelebt haben könnte, oder »eine Entrückung unvorstellbarer Art«.[43] Das leere Grab als solches bietet keinen Grund für einen tragfähigen Glauben an Jesu Auferweckung. Historisch mögen manche Gründe für das Phänomen eines leeren Grabes sprechen, doch bleibt dessen Deutung weiterhin ambivalent.

Das Fazit dieser historischen Überlegungen ist brüchig: Das Ostergeschehen soll dezidiert ein Geschehen in Raum und Zeit sein, es ist die Auferweckung des Gekreuzigten und Begrabenen von den Toten – und es geht zugleich über Raum und Zeit hinaus, insofern es zugleich die Erhöhung und Inthronisation des gekreuzigten Messias Jesus ist, seine Einsetzung in eine Macht- und Ehrenstellung zur Rechten Gottes. Historische Beweisführung kann allenfalls die erste Dimension erfassen, den »historischen Rand«, hingegen geht der Anspruch der Texte über die Dimension des Historischen hinaus. Wo man die Wahrheit der Zeugnisse an das Leersein des Grabes oder die Objektivität der Visionen des Auferstandenen bindet, erfasst

[40] 1 Kor 15,3–5; s. dazu HENGEL, Begräbnis (s. Anm. 13), 405.

[41] S. dazu die klassische Arbeit von J. JEREMIAS, Heiligengräber in Jesu Umwelt, Göttingen 1958.

[42] S. die Argumentation pro und contra bei THEISSEN/MERZ, Jesus (s. Anm. 25), 435–439.

[43] Vgl. M. WELKER, Die Wirklichkeit der Auferstehung, in: Eckstein/Welker, Wirklichkeit der Auferstehung (s. Anm. 1), 311–332, 314.

man letztlich nur die Dimension des Innerweltlich-Historischen, man suggeriert eine Eindeutigkeit, die sich aufgrund der Quellenlage nicht mehr erreichen lässt, und läuft dabei zugleich Gefahr, den Anspruch der Osterzeugnisse fatal zu verkürzen.

Historische Reflexion kann allenfalls versuchen, den Hintergrund der Dynamik der ersten Verkündigung und mithin die Konstituenten des Osterglaubens zu erheben. Dieser ist aus der vorösterlichen Situation der Jünger, aus der Verkündigung Jesu oder aus dem religiösen Traditionsbestand des zeitgenössischen Judentums allein nicht ableitbar, so sehr die religiösen Traditionen und auch die Jesusverkündigung dazu beitragen, diesen Glauben in einem Konzept (»Auferstehung der Toten«) zu formulieren. Der entscheidende Impuls zum Osterglauben ist daher in den Osterereignissen zu sehen, insbesondere in den Erscheinungen des Auferstandenen, die früheren Nachfolgern wie auch einstigen Skeptikern (Jakobus) zuteilwurden. Aber auch die Zeugnisse dieser Erscheinungen bieten letztlich nur gedeutete Erfahrung und keinen unmittelbaren Zugang zur Wirklichkeit der Auferstehung Jesu.

Diese Unverfügbarkeit des »eigentlichen« Ostergeschehens korrespondiert mit dem Sachverhalt, dass Glaube (und gerade der Glaube an den Auferstandenen) nach urchristlichem Zeugnis keine bloße Kenntnisnahme oder Anerkennung von aufzeigbaren Sachverhalten ist, erst recht kein Vergewaltigtsein von einer überwältigenden göttlichen Machtdemonstration, sondern Angenommen- und Berufensein durch den auferstandenen Herrn, das sich in der dankbaren, personalen Antwort äußert.

4. Christologische Implikationen

4.1 Ostern und die Deutung des Todes und des Lebens Jesu

Für die neutestamentliche Sicht der Person Jesu Christi ist die Auferweckung von entscheidender Tragweite. Es ist schwer vorstellbar, dass ohne dieses Ereignis bzw. ohne die Botschaft von der Auferweckung des Gekreuzigten der Kreuzestod Jesu nachhaltig als bedeutsam oder gar als heilvoll hätte angesehen werden können. Wäre keine österliche Kunde erschollen, wären die Anhänger Jesu nach einiger Zeit wieder endgültig zur Tagesordnung zurückgekehrt. Einige hätten ihn vielleicht noch weiter verehrt, wie dies ja auch im Blick auf Johannes den Täufer geschah. Sie hätten Jesu Beseitigung auf finstere Ränke seiner Gegner und die gottlose Justiz der römischen Besatzer zurückgeführt, aber der Kreis seiner Getreuen hätte sich wohl bald ausgedünnt, kaum ausgebreitet.

Erst von der Osterbotschaft her wurde es notwendig, neu über den Sinn dieses Todes nachzudenken. Freilich wurde durch die Osterereignisse zunächst das Rätsel des Todes Jesu noch verschärft. Der Gekreuzigte war ja nicht irgendein Verbrecher, auch nicht mehr nur einer aus der langen Reihe eschatologischer Propheten oder Messiasprätendenten. Dass der, den Gott nicht im Tode gelassen, sondern auferweckt und zum Herrn eingesetzt hat, zuvor in den Tod »dahingegeben« worden war (Röm 4,25), bedurfte umso mehr einer Erklärung. Von hier aus also ist die enorme Deutungsaktivität zu erklären, die das frühe Urchristentum prägt und die eine Vielzahl unterschiedlicher, sich ergänzender Deutemodelle hervorgebracht hat.[44]

Von Ostern aus wurde dann der Weg des irdischen Jesus erneut in seiner Bedeutung erhellt, und es ist nicht zufällig, dass alle narrativen Berichte über diesen Weg letztlich (mehr oder weniger stark) im Licht des Ostergeschehens gedeutet sind. Nur weil er der Auferstandene ist, der Herr, dem die Macht im Himmel und auf Erden gegeben ist, durch die seine Erhöhung, seine Verkündigung und sein heilvoll wirksamer Tod in Kraft gesetzt sind, ist es statthaft, ihm zu folgen, an ihn zu glauben und auf ihn als den eschatologischen Retter zu hoffen.

Dabei spielt der aus der frühjüdischen Apokalyptik kommende Aspekt der Leiblichkeit der Auferstehung (der Toten wie auch Jesu selbst) eine wesentliche Rolle. Für Paulus ist – im Unterschied zu einigen seiner hellenistisch geprägten Leser in Korinth – diese Leiblichkeit ein unverzichtbarer Gedanke. Dabei geht es nicht um krude Materialität. Paulus weiß sehr wohl um den ganz anderen Charakter der Auferstehungswirklichkeit und um die Bildhaftigkeit der Rede von eschatologischen Sachverhalten. Dem Apostel geht es dabei in erster Linie um die Konsequenzen der Christuszugehörigkeit im irdischen Leben: Die Gottesherrschaft in Christus führt zum leiblichen Gehorsam und bestimmt das konkrete Leben im menschlichen Leib und in menschlichen Sozialformen (1 Kor 6). Das irdisch-konkrete Leben, praktizierte Liebe ebenso wie erlittenes Leid, ist nicht zu vernachlässigen, sondern wird eschatologisch gewürdigt. Das Verständnis der

---

[44] S. dazu J. Frey, Probleme der Deutung des Todes Jesu (s. Anm. 12), 44–50.

Osterbotschaft hat auch Konsequenzen für die Anthropologie und die Ethik.

4.2 Auferstehung und Inkarnation – die Umkehrung der Denkrichtung

Die Erörterung der Auferstehung Jesu Christi könnte hier enden. Doch ist angesichts der Einbettung der Bekenntnisaussage in das Apostolikum noch ein Problem zu bedenken, das in der Überschrift über diesen Teil des vorliegenden Bandes mit der Formulierung »Das Auferstehen dessen, der Fleisch geworden ist« markiert ist. Der zweite Artikel des apostolischen Glaubensbekenntnisses spricht in seiner am Weg des Gottessohnes orientierten Denkbewegung ganz selbstverständlich von der Auferweckung des Gottessohnes, der Fleisch geworden ist und als fleischgewordener Gottessohn gelitten hat und gestorben ist. Nicht nur das Leben und Sterben Jesu, sondern auch seine Fleischwerdung und mithin seine dieser vorausliegende göttliche Existenz werden als Vorgeschichte seiner Auferstehung aufgezählt, so dass sich die Frage nach dem Verhältnis von Auferstehung und Inkarnation oder – weitergehend – nach dem Verhältnis der in der Erhöhung Jesu vermittelten göttlichen Herrlichkeit und der vorgängigen Herrlichkeit des Präexistenten stellt.

Damit folgt das christologische Bekenntnis einer Denkbewegung, die insbesondere in den johanneischen Schriften ihren klassischen Ausdruck gefunden hat: Das ewige, göttliche Wort »wurde Fleisch« (Joh 1,14),[45] und der Fleischgewordene, Gekreuzigte und Auferweckte ist eben immer auch schon der Präexistente, der Logos, ja »Gott« (Joh 1,1.18; 20,28).[46] Damit wird in christologischer Überbietung der älteren Evangelien verdeutlicht: Jesus Christus war nicht einfach nur ein menschlicher Gesandter Gottes, ein Prophet oder Messias, sondern der ewige Sohn des Vaters, dessen Herrlichkeit auf seinem irdischen Weg, z.B. in seinen »Zeichen« (Joh 2,11) offenbart wird.

---

[45] S. dazu J. Frey, Joh 1,14, die Fleischwerdung des Logos und die Einwohnung Gottes in Jesus Christus. Zur Bedeutung der »Schechina-Theologie« für die johanneische Christologie, in: B. Janowski/E. E. Popkes (Hg., unter Mitarbeit von S. Hertel und C. Wiest), Das Geheimnis der Gegenwart Gottes. Zur Schechina-Vorstellung im Judentum und Christentum, WUNT 318, Tübingen 2014, 231–256.

[46] Zum Verständnis der johanneischen Präexistenzaussagen s. jetzt F. Kunath, Die Präexistenz Jesu im Johannesevangelium. Struktur und Theologie eines johanneischen Motivs, BZNW 212, Berlin 2016.

So jedenfalls stellt es das vierte Evangelium in seiner programmatisch österlichen Darstellungsperspektive vor Augen.

Dabei weiß der Evangelist, dass die Zeitgenossen Jesu in ihrer Mehrheit in diesen Zeichen die wahre Würde Jesu nicht erfassen konnten (Joh 12,37–43). Seine Herrlichkeit stand seinen Zeitgenossen nicht vor Augen, vielmehr ist sie erst aufgrund der Ereignisse von Tod und Auferstehung Jesu bzw. in der »Erinnerung« durch den Geist-Parakleten (Joh 14,25 f.) erschlossen, und erst so werden die im Evangelium erzählten Taten Jesu zu sprechenden bzw. literarisch gestalteten und »erlesbaren« Zeichen seiner Herrlichkeit. Die Rede von der Herrlichkeit des irdischen Jesus und des Präexistenten, wie sie im vierten Evangelium vorliegt, basiert ihrerseits auf den Osterereignissen und der durch sie initiierten und dann weitergeführten christologischen Erkenntnis.

Wäre die Auferweckung bzw. Erhöhung Jesu und Rückkehr zum Vater ein Geschehen, das notwendigerweise erfolgen musste, um den himmlischen Logos und Gottessohn wieder aus der temporären Gefangenschaft durch irdische oder unterirdische Mächte zu befreien, dann wäre sie gerade nicht die Wende der Welt, sondern lediglich die Wiederherstellung dessen, was von Anfang an galt. Dann wären auch Jesu Menschsein und sein Tod nicht wirklich und für das Heil der Menschen ohne Relevanz, und seine Auferstehung wäre lediglich die Behebung eines temporär eingetretenen »Unfalls« im göttlichen Geschehen. Eine konsequente Lektüre des Johannesevangeliums von der Präexistenzherrlichkeit her, wie sie provokativ Ernst Käsemann vorgeschlagen hat,[47] führt in zahlreiche Aporien, so dass es angemessener erscheint, die johanneischen Aussagen über Jesu Herrlichkeit von der in Kreuz und Auferstehung erfolgten »Verherrlichung« (vgl. Joh 13,31 f.; 17,1) her zu lesen.[48]

Historisch ist demgegenüber festzustellen, dass die Rede von der Göttlichkeit Jesu und damit auch von der Inkarnation des Got-

---

[47] E. Käsemann, Jesu letzter Wille nach Johannes 17, Tübingen 1966 ([4]1980). S. zur Auseinandersetzung damit J. Frey, Die ›theologia crucifixi‹ des Johannesevangeliums, in: A. Dettwiler/J. Zumstein (Hg.), Kreuzestheologie im Neuen Testament, WUNT 151, Tübingen 2002, 169–238, sowie ders., Die Herrlichkeit des Gekreuzigten. Studien zu den johanneischen Schriften 1, hg. v. J. Schlegel, WUNT 307, Tübingen 2013, 485–554.

[48] Dazu grundlegend J. Frey, »… dass sie meine Herrlichkeit schauen« (Joh 17,24). Zu Hintergrund, Sinn und Funktion der johanneischen Rede von der δόξα Jesu, NTS 54 (2008), 375–397, sowie ders., Die Herrlichkeit des Gekreuzigten (s. Anm. 47), 639–662.

tessohns bzw. des göttlichen Logos erst aufgrund eines längeren christologischen Denkprozesses möglich wurde, der auch mit dem Johannesprolog noch keineswegs abgeschlossen ist. Die Rede von der Inkarnation geht also der österlichen Erkenntnis nicht voraus, sondern ist eine Konsequenz dessen, was durch das Ostergeschehen deutlich wurde.

Das christologische Bekenntnis kehrt insofern den Gang der christologischen Erkenntnis um und formuliert das als Vorgeschichte, was zumindest noetisch in die Nachgeschichte des Auferstehungsbekenntnisses gehört. Ausgehend von der Auferstehung Jesu als eines leiblichen und zugleich universal relevanten Geschehens, einer Vorwegnahme der eschatologischen Auferweckung der Toten, lässt sich dann die Inkarnation als das Wunder denken, dass Gott sich auf die menschliche Lebenswirklichkeit, das »Fleisch« einlässt, um eben diesem »Fleisch« die Erlösung zu schaffen. Im Horizont des apokalyptischen Denkens, das hinter der Entstehung des Auferstehungsglaubens steht, bedeutet dies, dass das Heilsgeschehen in Christus dazu dient, dass auch in den menschlichen Lebensbezügen Heil entsteht und dass Leid und Tod überwunden werden, eben weil die Auferweckung Jesu Christi der Beginn der endgültigen Erlösung ist.

Die ewige Gegenwart der Liebe Gottes, die mit dem Erscheinen des auferstandenen Gekreuzigten offenbar wird, setzt dessen Kreuzestod und die Menschwerdung Gottes voraus. Inkarnation, Tod und Auferstehung Christi können nur in ihrer Bezogenheit aufeinander als Heilszuwendung Gottes verstanden werden. Denn dass der Inkarnierte die unverbrüchliche Liebesgemeinschaft vergegenwärtigt, die im Kreuzestod das äußerste Menschenleiden nicht scheut, es aber überwindet, das wird angesichts des Auferstandenen deutlich. Durch die Liebeszuwendung Gottes, die der gekreuzigte Auferstandene manifestiert, kann ein Mensch Auferstehung mitten im Leben selbst erleben. Er erlebt sich dann in seinem Leid durch den Inkarnierten begleitet und aufersteht mit ihm zur ewigen Gemeinschaft mit Gott. Und also ist es ihm möglich, die Wahrheit der Auferstehung Christi zu bekennen.

Erlebte Auferstehung

Systematisch-theologische Reflexionen zum Bekenntnis der Auferstehung Christi[1]

Anne Käfer

Dass Gott in Christus Fleisch geworden und auferstanden sei, das ist dem christlichen Glauben altbekannt. Und auch die Streitereien um die Frage, wie es denn sein könne, dass er tatsächlich auferstanden sei, der Menschgewordene, auch die sind altbekannt. Altbekannt sind die vertrackten Gedanken über den Auferstandenen, der mit Haut und langen braunen Haaren im Himmel sitzt und, wie eine Studentin bemerkte, doch wenigstens ein Bein herunterbaumeln lasse.

Altbekannt ist all dies, und wie erfrischend scheint es da zu sein, wenn ein systematischer Theologe unserer Tage schreibt, dass das Altbekannte in der sogenannten Moderne endlich ein für allemal erledigt sei. So hält Christian Danz fest: »Der tradierte christologische Lehrbegriff […] hat sich unter den Erkenntnisbedingungen der Moderne als revisionsbedürftig erwiesen. Der neuralgische Punkt der alten Christologie liegt in der Zweinaturenlehre.« Sie bilde »einen verfehlten Ansatzpunkt für die christologische Reflexion«, der nun endlich überwunden worden sei: »Die Entwicklungsgeschichte der Christologie der Moderne führte zu deren zunehmender Innenverlagerung. Das Christusbild beschreibt keine äußere historische Wirklichkeit mehr, sondern ist selbst der Ausdruck der reflexiven Struktur des Glaubensaktes.«[2] Nach Danz ist Christus »das Bild des sich in seinem reflexiven Bezug auf sich selbst verständlich gewordenen Selbstverhältnisses. Das auf Kreuz und Auferstehung zentrierte Christusbild beschreibt und stellt den Glauben als ein reflexives Verstehen des Verstehens dar. Christologie ist somit weder ein Teilgebiet der theologischen Dogmatik noch beschreibt sie eine historische Person, son-

---

[1] Zu ähnlichem Thema ist unter dem Titel »Stal sa človekom a vstal z mŕtvych: Úvahy ku kristologickým otázkam viery« bereits ein Aufsatz von Anne Käfer erschienen, in: Testimonia theologica, Ročník IX (2015), 14–22.

[2] Vgl. C. Danz, Grundprobleme der Christologie, UTB 3911, Tübingen 2013, 193.

dern sie ist der Ausdruck der Durchsichtigkeit des Selbstverhältnisses des Bewusstseins für dieses selbst in seinem individuellen Vollzug.«[3]

Die Loslösung von jeglichem Christus mit Fleisch und Blut wird von Danz als die moderne Lösung auf alte Fragen konstatiert. Mit dem Abschied vom Christus scheint mir jedoch das genuin christliche Erlösungs- und Heilsverständnis zugleich verabschiedet zu sein. Ist dies jedoch tatsächlich im Sinne »moderner« Theologie, den Erlöser und sein Erlösungswerk für eine zeitgebundene und darum längst veraltete Annahme zu halten? Verhandelt die »moderne« Theologie, die sich als christliche bezeichnet, denn einen anderen Gegenstand und hat sie ein anderes Sachanliegen als den menschgewordenen Gott und das mit seinem Leben, Sterben und Auferstehen vollzogene Erlösungsgeschehen?

Für den christlichen Glauben als christlichem Glauben bleibt es m. E. entscheidend, dass es der Inkarnierte ist, der als der Auferstandene Heil erleben lässt. An dieser Überzeugung will ich im Folgenden festhalten und zu beschreiben suchen, was gemeint ist, wenn es heißt, dass der Menschgewordene auferstanden sei. Was bedeutet diese Christus-Aussage, wenn sie einerseits nicht als nachträgliches Reflexionsergebnis eines je individuellen Selbstverhältnisses verstanden, aber andererseits auch nicht schlicht als autoritativ verbürgte allgemeingültige Satzaussage für wahr gehalten wird? Denn, wie gezeigt werden soll, kann diese Aussage nur dann heilsbedeutsam sein, wenn sie das Leben des einzelnen Menschen von Grund auf betrifft.

Um meine Antwort darzulegen, werde ich der Auferstehung Christi im Zusammenhang mit dem Menschgewordensein Gottes in Jesus Christus nachdenken. Es scheint mir, dass die Relevanz der Auferstehung besonders deutlich wird mit Blick auf das Menschgewordensein des Auferstandenen, und umgekehrt scheint die Bedeutung der Inkarnation umso klarer zu werden, je mehr sich die Bedeutung der Auferstehung erschließt. Dementsprechend werde ich unter Zuhilfenahme klassischer Autoren der protestantischen Tradition[4] sowohl der Bedeutung der Inkarnation als auch dem Verstehen der Auferstehung nachgehen.

---

[3] Vgl. a. a. O., 222.

[4] Als Autoren sind Martin Luther und Friedrich Schleiermacher gewählt, weil sie zwei deutlich voneinander unterschiedene Antworten auf die Frage nach der Relevanz der Auferstehung geben, die als solche stringent formuliert sind und deren Vergleich hilfreich ist, die Bedeutung der Auferstehung des Menschgewordenen zu beschreiben.

Meine Ausführungen nehmen ihren Ausgang bei Überlegungen zum Menschgewordensein Gottes (1.). In einem zweiten Abschnitt werde ich dem Geschehen der Auferstehung nachdenken (2.). Und drittens werde ich den Zusammenhang zwischen Menschgewordensein und Auferstehung thematisieren, der sich m. E. für denjenigen erschließt, der Auferstehung selbst erlebt (3.).

1. Das Menschgewordensein des Auferstandenen

Die Aussage, dass Gott Mensch geworden ist, impliziert die Annahme, dass in einem Menschen der Schöpfer seinen menschlichen Geschöpfen auf unüberbietbare Weise nahegekommen ist. Mit seiner Menschwerdung hat der Schöpfer selbst jegliche Distanz zwischen Schöpfer und Geschöpf überwunden. Gleichwohl bleibt die Differenz zwischen beiden erhalten.

Um die Einsicht in die unbeschränkte Zuwendung Gottes zu seinen Geschöpfen zu beschreiben, die die unaufhebbare Unterschiedenheit zwischen Gott und Mensch keineswegs nivelliert, wurde in der protestantischen Tradition unter anderem auf die Unterschiedlichkeit göttlicher und menschlicher Eigenschaften abgehoben. Eigenschaften, die Gott dem Dreieinigen zugeschrieben werden, sind vor allem seine Allmacht und damit verbunden seine Allwissenheit, seine Allgegenwart sowie seine Ewigkeit. Allmacht kommt demjenigen zu, der unabhängig ist vom Hier und Dort, von Vergangenheit, Gegenwart und Zukunft. Der Allmächtige ist darin allmächtig, dass er grundlegend über Raum und Zeit verfügt. In seiner allgegenwärtigen und ewigen Allmacht weiß und bestimmt er im ewigen Vorhinein raum-zeitlich bedingte Lebensvollzüge.

Dem menschlichen Dasein geben Raum und Zeit die Möglichkeit, die eigene individuelle Identität auszubilden. Das menschliche Geschöpf ist eben dieses eine, das hier und jetzt seine je eigene Geschichte lebt. Aus dieser Geschichte als dem Bildungsweg seiner Identität entkommt es nicht. Dabei erlebt sich das menschliche Geschöpf immer wieder auch als ohnmächtig ausgeliefert an Vergangenes, an Leid oder Schuld, die jetzt und hier belasten. Oder es fühlt sich gefangen in der Angst vor dem, was die ihm unverfügbare Zukunft bringen wird. Solches Ausgeliefertsein wird als lebensfeindlich, gar tödlich erlebt und macht die Gegenwart zu Zeiten zum Ort der Verzweiflung und Verlassenheit.

Obwohl menschliche und göttliche Eigenschaften uneinholbar voneinander verschieden sind, sind nach christlicher Bekenntnistradition in Christus Gott und Mensch in ungetrennter und unzerteilter Weise vereinigt.[5] Dass diese Gemeinschaft von Gott und Mensch nicht nur ungetrennt, sondern zudem untrennbar ist, davon geht Martin Luther aus. Nach Luther bleibt der Menschgewordene nach seiner Auferstehung wahrer Mensch in Ewigkeit. Der Menschgewordene sei zu ewigem Leben auferstanden. Für diese Überzeugung argumentiert Luther mit seinen Ausführungen zur *communicatio idiomatum* und im Rahmen seines Abendmahlsverständnisses. Weil der Menschgewordene durch den Eigenschaftenaustausch ebenso wie an der göttlichen Eigenschaft der Allmacht[6] auch an göttlicher Allgegenwart Anteil habe, sei die Realpräsenz des ungetrennten Christus im Brot und Wein des Abendmahls verbürgt.[7]

---

[5] S. hierzu das Bekenntnis von Chalcedon in: Die Bekenntnisschriften der Evangelisch-Lutherischen Kirche. Vollständige Neuedition, hg. v. I. Dingel im Auftrag der Evangelischen Kirche in Deutschland, Göttingen 2014 (Abk.: BSELK), 1613,15–23: »Jhesum Christum, den eingeborenen Sohn und Herren, erkennen wir in zweien naturen unvermischet, unverwandelt, unzertrennet oder unzerteilet und unabgesondert also, das der Naturen underscheid in keinem wege durch die Persönliche vereinigung auffgehaben sey, Sondern das viel mehr beider Naturen eigenschafften behalten werde und in eine Person zusammen kommen, nicht als in zwo Personen zertheilet oder zertrennet, Sondern wir erkennen einen einigen Christum, unsern Herrn, der zugleich der eingeborene Sohn oder das wort des Vaters und auch warer Mensch ist.«

[6] S. dazu M. Luther, Von den Konziliis und Kirchen, WA 50, 488–653, 589,22–26 und 589,33–590,1: »Christus ist Gott und mensch in einer Person, darumb, was von jm gered wird als menschen, das mus man von Gott auch reden, Nemlich, Christus ist gestorben, Und Christus ist Gott, drumb ist Gott gestorben, Nicht der abgesonderte Gott, sondern der vereinigte Gott mit der Menscheit.« »Widerumb was man von Gott redet, mus auch dem menschen zugemessen werden, Nemlich, Gott hat die welt geschaffen und ist allmechtig, Der mensch Christus ist Gott, darumb hat der mensch Christus die welt geschaffen und ist allmechtig.«

[7] Luther hält in seiner Schrift »Vom Abendmahl Christi. Bekenntnis« (WA 26, 241–509, 314,23/24) fest, »das Christus leib ym hymel und ym abendmal sey«. Die Gegenwart Christi in den Elementen des Abendmahls begründet Luther damit, dass Christus »ein unzertrennete person mit Gotte [ist], Wo Gott ist, da mus er auch sein, odder unser glaube ist falsch, Wer wil aber sagen odder dencken, wie solchs zu gehe? […] Weil es denn uns unbekand und doch war ist, so sollen wir seine wort nicht ehe leucken, wir wissen denn zubeweisen gewis, das Christus leib aller dinge nicht muege sein, wo Gott ist« (a.a.O., 336,18–25). S. zu Luthers Verständnis der Idiomenkommunikation und des Abendmahls ausführlich A. Käfer, Inkarnation und Schöpfung. Schöpfungs-

Ungetrennt und untrennbar wird die Gemeinschaft von Gott und Mensch in Jesus Christus vorgestellt. Denn diese Gemeinschaft, die der Inkarnierte verkörpert, bringt die ewige Liebe Gottes zum Ausdruck. In ihr und durch sie kommt Gott dem Menschen unübertrefflich nah. Diese Stiftung von Nähe ist in Gottes Liebe begründet, die auf dauerhafte Gemeinschaft mit dem Menschen zielt.[8] Dementsprechend ist sie gerade auch im Auferstandenen, der »gen Himmel« fuhr, nicht aufgelöst. Vielmehr wird ihr durch die Überwindung des Kreuzestodes, die der Auferstandene vor Augen stellt, das Siegel ihrer Untrennbarkeit aufgeprägt.

Gegen Luthers Idee der *communicatio idiomatum* kann eingewendet werden, dass sie weder das Menschsein noch das Gottsein Christi ausreichend beachte. Denn das Menschsein eines Menschen zeichnet sich durch räumliche und zeitliche Begrenztheit aus, das Gottsein Gottes aber durch Ewigkeit und Allgegenwart. Und so scheint ein allgegenwärtiger Mensch ein unmöglicher Widerspruch in sich zu sein, bei dem vermischt wird, was nicht vermischt werden sollte.

Friedrich Schleiermacher erhebt diesen Einwand gegen die lutherische Theologie.[9] Er geht deshalb davon aus, dass in Christus nicht menschliche und göttliche Eigenschaften kommuniziert würden, sondern das Wesen Gottes inkarniert sei. In Christus sei Gottes Wesen, Gottes ewige Liebe inkarniert und zum Heil der Geschöpfe gegenwärtig.[10] Nach Schleiermacher ist es nicht eigentlich die Gemeinschaft von Gott und Mensch in Christus, die Gottes Liebe manifestiert. Vielmehr

---

theologische Voraussetzungen und Implikationen der Christologie bei Luther, Schleiermacher und Karl Barth, TBT 151, Berlin/New York 2010, v.a. 33–39.56–66.

[8] S. dazu M. Luther, Der Große Katechismus, Von dem Glauben, Dritter Artikel, BSELK 1068,7–10: Luther geht davon aus, dass das Handeln des dreieinigen Gottes darauf aus sei, mit dem Menschen zusammenzukommen; »er hat uns eben dazu geschaffen, das er uns erlösete und heiligte und uber das, das er uns alles geben und eingethan hatte, was im Himel und auff Erden ist, hat er uns auch seinen Son und heiligen Geist geben, durch welche er uns zu sich brechte«.

[9] Luthers Rede von der Idiomenkommunikation widerspricht nach Schleiermacher dem Konzilsbeschluss von Chalcedon. S. dazu F. Schleiermacher, Der christliche Glaube nach den Grundsätzen der evangelischen Kirche im Zusammenhange dargestellt. Zweite Auflage (1830/31), hg. v. R. Schäfer, Berlin/New York 2008 (Abk.: CG; Verweise unter Angabe von Paragraph, Absatz und Seite) 96, 1,65 und 97, 5,87–89.

[10] S. dazu Schleiermacher, a. a. O., 96, 3,69; 97, 3,82.

offenbare sich diese, indem sie im Menschgewordenen einwohne und dessen Leben und irdisches Tätigsein bestimme.[11]

Über die Frage, wie das Vereinigtsein von Gott und Mensch in Christus zu denken ist, gehen die vorgestellten theologischen Positionen auseinander. Einigkeit, und dies ist m. E. entscheidend, besteht jedoch darin, dass die Vereinigung von Gott und Mensch in der Person des Inkarnierten Gottes ewige Liebe zum Ausdruck bringt. Der *Erweis der Liebe des Schöpfers* gegenüber seinen menschlichen Geschöpfen ist die Pointe des Menschgewordenseins Gottes.

Dass diese Liebe unbedingt und uneingeschränkt ist, das wird deutlich am Kreuz. Denn hier manifestiert sich, dass Gottes Liebe sogar Leiden und Tod nicht scheut, um dem Menschen nahe zu sein. Nach Schleiermacher wird gerade im Kreuzestod des Inkarnierten die Manifestation der Liebe Gottes in vollendeter Weise deutlich. Im »Leiden bis zum Tode erscheint uns die sich selbst schlechthin verläugnende Liebe«.[12]

Das Kreuz steht für den Ort größten Leidens, weshalb Gottes Liebe sich hier in ihrem größten Ausmaß zeigt. Die Frage aber, an der die theologischen Positionen erneut auseinandergehen, ist nun diese: Erscheint Gottes Liebe, die im Inkarnierten Gestalt hat, im Kreuzesleiden deshalb in größtem Ausmaß, weil hier zum Ausdruck kommt, dass Gott wahrhaft Mensch geworden ist und also zu leiden und zu sterben vermag, um dem Menschen nahe zu sein?

Oder kommt die Liebe Gottes angesichts des Kreuzes vielmehr dann in ihrem größten Ausmaß zu Bewusstsein, wenn demjenigen, dem das Kreuz vor Augen steht, dieses als das Kreuz des Auferstandenen erscheint? Ist nicht erst mit der Auferstehung des Gekreuzigten die letzte Distanz zwischen Gott und Mensch überwunden, die Distanz, die in ewiger Gottesgemeinschaft aufgehoben ist?

---

[11] S. dazu Käfer, Inkarnation (s. Anm. 7), 149–151.

[12] Schleiermacher, CG 104, 4,142. In Christi »Leiden bis zum Tode erscheint uns die sich selbst schlechthin verläugnende Liebe; und in dieser vergegenwärtigt sich uns in der vollständigsten Anschaulichkeit die Art und Weise, wie Gott in ihm war, um die Welt mit sich zu versöhnen«. Das Leiden Christi lasse diesen erkennen »als den unmittelbarsten Theilhaber der ewigen Liebe, welche ihn gesendet und ausgerüstet hat« (ebd.).

2. Die Auferstehung des Menschgewordenen

Für Martin Luther ist ganz klar, dass erst die Auferstehung des Gekreuzigten die Liebe Gottes in ihrem ganzen Ausmaß zu erkennen gibt. Entsprechend bezeichnet er sie als »das heubtstueck Christlicher lere«.[13] Doch dies, dass mit der Auferstehung des Menschgewordenen die letzte Distanz zwischen Gott und Mensch überwunden ist, dies kann einem Menschen nur dann heilsbedeutsam sein, wenn er davon weiß. Nur dann kann Gottes Heilszuwendung Heilsbedeutung für den Einzelnen haben, wenn sie ihm mit Worten der Verkündigung und sakramentalen Zeichen vermittelt und als Wahrheit gegenwärtig wird.

Wie aber kann die Wahrheit der Auferstehung des Menschgewordenen überzeugend vermittelt, gar belegt und bewiesen werden? Auf der Suche nach Antwort wenden sich Theologinnen und Theologen an biblische Autoren, insbesondere an Paulus, der doch als einer der ersten von dieser Auferstehung zeugt.

Insbesondere auf Paulus wird rekurriert, um die Auferstehung des Menschgewordenen als wahr zu belegen. Wie aber kann die Glaubensaussage des Paulus, Christus sei auferstanden, verifiziert werden?

Jedenfalls kann es nicht die Autorität des Paulus sein, die zur Verifikation seiner Glaubensaussage herangezogen wird. Denn die Autorität des Paulus als Verkünder des Auferstandenen wird eben mit seinem Bekenntnis zur Auferstehung des Inkarnierten, der ihm als Auferstandener begegnet sei, begründet. Dabei beruht das Bekenntnis zur Auferstehung Christi in den Briefen des Paulus wie in anderen biblischen Texten nicht darauf, dass jemals ein Mensch den Vorgang der Auferstehung beobachtet hätte. Stets wird von Erscheinungen des Gekreuzigten, bei denen dieser als Lebendiger begegnet, auf dessen Auferstehung rückgeschlossen. Eine solche Erscheinung wird auch von Paulus bezeugt; er selbst will den Menschgewordenen als Auferstandenen gesehen haben. Mit dieser Erscheinung begründet er die Wahrheit seiner Verkündigung.[14]

---

[13] M. Luther, Predigt vom 22.09.1532, WA 36, 524,32/33. S. auch WA 36, 526,15–19: Jesus Christus sei zu dem Zweck auferstanden, »das dadurch der tod uberwunden wuerde, und wir aus dem selben dahin bracht, das wir ewig mit jm leben sollen, Denn weil er unser heubt ist, und wir sein leib und glieder, so mus er durch seine aufferstehung uns auch aufferwecken und jnn ein new, ewig leben setzen.«

[14] S. 1 Kor 15,1–11.

Um nun aber nicht im Zirkelschluss zu kreisen, in dem die Vertrauenswürdigkeit und Autorität des Paulus immer nur mit dessen Selbstaussage belegt werden kann, muss die Wahrheit der Auferstehung von der Autorität des Paulus unabhängig sein. Überhaupt kann das Heil eines Menschen nicht daran hängen, dass er den Aussagen des Paulus über die Heilszuwendung Gottes Glauben schenkt, weil sie Aussagen des Paulus sind. Denn der Inhalt der Heilszuwendung ist nicht der Apostel, sondern Gottes Wirken in Christus und am einzelnen Menschen. Christlicher Glaube beruht dementsprechend nicht auf dem Für-wahr-Halten von Satzaussagen menschlicher Autoritäten. Wie auch könnte darauf vertraut werden, dass Paulus die Wahrheit schreibt, wenn die Wahrheit selbst dem Lesenden nicht einsichtig ist? Nur dadurch, dass Gott selbst an einem Menschen wirkt, wie er an Paulus wirkte, kann jener selbst erleben und bestätigen, dass Paulus Gottes Heilszuwendung zutreffend beschreibt. Gleichwohl ist solche Wahrheitsbestätigung stets dadurch sowohl ermöglicht als auch herausgefordert, dass der Apostel Gottes Heilszuwendung verkündigt. Erst seine Botschaft vom Heilshandeln Gottes gewährt denjenigen, die von ihr hören oder lesen, die Liebe Gottes in Christus erkennen zu können.

Die von Paulus verkündigte Heilszuwendung Gottes wird dann als wahr erkannt, wenn sich der Heilszuwender selbst als Heilszuwender zu erkennen gegeben hat. Denn es handelt sich bei der Heilszuwendung Gottes nicht um eine Zuwendung, wie sie auch von Menschen stammen und durch Menschen gewirkt werden könnte, sondern um die Gabe des Heils, das in der Überwindung todverfallenen Lebens besteht. Dieses kann nur Gott selbst verbürgen und dem Einzelnen zu erleben geben.

Auch Luther rekurriert auf die Ausführungen des Paulus, insbesondere auf das 15. Kapitel des 1. Korintherbriefes. Dabei übersieht er nicht, dass Paulus die Auferstehung Christi mit der allgemeinen Auferstehung der Toten in einer Weise in Beziehung setzt, die die Auferstehung Christi in eine Reihe mit der Auferstehung anderer Toter stellt. Nach Luthers Übersetzung heißt es in 1 Kor 15,13: »Gibt es keine Auferstehung der Toten, so ist auch Christus nicht auferweckt worden.«[15]

---

[15] Zur Übersetzung s. Die Bibel nach der Übersetzung Martin Luthers, Bibeltext in der revidierten Fassung von 2017.

Paulus scheint hier die Annahme der Auferstehung Christi an die Annahme einer allgemeinen Totenauferstehung zu binden, die er für zutreffend hält. Luther hält im Blick auf diese Verbindung allerdings fest, dass auch die Rede vom Zusammenhang der Auferstehung Christi mit der allgemeinen Totenauferstehung einen ungläubigen Menschen nicht zum Glauben an die Auferstehung bringen werde. Der Schluss von der allgemeinen Auferstehung auf die Auferstehung des Gekreuzigten wie auch der umgekehrte Schluss von der Auferstehung Christi auf die allgemeine Totenauferstehung werde nicht überzeugen; »wenn man einem Heiden solchs sagt, so helt er von einem soviel als vom andern, gleubt eben so wenig, das Christus aufferstanden sey, als das wir aufferstehen«.[16]

Hinter Luthers Bemerkung über den Ungläubigen steht die Frage, wie es denn dann aber dazu kommen kann, dass ein Mensch an den Auferstandenen glaubt. Damit ist der Blick auf die erkenntnistheoretischen Voraussetzungen des Glaubens an die Auferstehung Christi gerichtet. Wie kann erkannt werden, dass Christus auferstanden ist? Diese Frage impliziert Zweierlei: Zum einen sucht sie nach der Erkennbarkeit der Auferstehung Christi. Zum zweiten will sie wissen, wie ausgemacht werden kann, dass es sich um die Auferstehung Christi handelt. Wodurch zeichnet sich diese vor anderen Auferstehungen aus? Gibt etwa sie und erst sie und sie allein den Gekreuzigten als den Inkarnierten und damit die Liebe Gottes zu erkennen?

Bei Schleiermacher finden sich Antworten auf diese Fragen. Er ist davon überzeugt, dass Christus seinen Jüngern als der inkarnierte Gottessohn bereits vor seinem Tod und Auferstehen bekannt gewesen sei. Entsprechend könne auch allen späteren Generationen Christuserkenntnis unabhängig von der Auferstehung Christi durch das Offenbarungswirken Gottes widerfahren.[17]

---

[16] Luther, Predigt (s. Anm. 13), WA 36, 525,27–29.

[17] Das Leiden Christi hält Schleiermacher nicht für »ein primitives Element« in der Heilswirksamkeit des Erlösers. »Und dies hat auch seine Richtigkeit, weil sonst keine vollkommne Aufnahme in die Lebensgemeinschaft mit Christo, aus welcher sich Erlösung und Versöhnung vollkommen begreifen lassen, möglich gewesen wäre vor dem Leiden und Tode Christi« (CG 101, 4,117). Eben dies aber sei bei den Jüngern Christi der Fall gewesen. Auch erkannten nach Schleiermacher die Jünger »den Sohn Gottes, ohne etwas von seiner Auferstehung und Himmelfahrt zu ahnden, und dasselbe können wir auch von uns sagen: so wie auch die von ihm verheißene geistige Gegenwart [...] durch keine von diesen beiden Thatsachen vermittelt wird« (CG 99, 1,95).

Schleiermacher zweifelt zwar nicht an der Auferstehung Christi, wie es Luthers ungläubiger »Heide« tut. Er nennt sie eine Tatsache, wie sie für alle Toten angenommen werden könne. Doch er verneint eine besondere Heilsbedeutung dieser Auferstehung. Heilsbedeutung wäre nämlich nur dann gegeben, wenn die Tatsache der Auferstehung Christi das wahre Gottsein Christi offenbarte. Die Auferstehung des Gekreuzigten sei jedoch nicht hilfreich zur Vergegenwärtigung und Erkenntnis der Person Christi, in der Gottes Liebe inkarniert sei. Diese These begründet Schleiermacher mit der Annahme einer allgemeinen Totenauferstehung, von der sich die Auferstehung Christi nicht unterscheide, in deren Rahmen sie vielmehr als Tatsache gelten könne.[18] Die Art und Weise, wie Paulus die Auferstehung Christi mit der allgemeinen Totenauferstehung in Beziehung setzt, zeige, dass auch er »sie keinesweges in einem ausschließlichen Zusammenhange mit dem eigenthümlichen Sein Gottes in Christo denkt«.[19] Im Wissen um die allgemeine Totenauferstehung könne der Auferstehung und ebenso der Himmelfahrt Christi keine außergewöhnliche Bedeutung und keine Heilsbedeutung zukommen.[20] Die Inkarnation des Gottessohnes, nicht aber die Auferstehung des Inkarnierten ist nach Schleiermacher das entscheidende Ereignis in der Heilszuwendung Gottes zu seinen Geschöpfen. Die Inkarnation Gottes werde einem Menschen zum Heilsereignis, wenn der Inkarnierte, in dem das Sein Gottes einwohne, sich selbst diesem Menschen mitteile und ihn dadurch in seine Gemeinschaft aufnehme.[21] Das geschehe, indem sich Christus einem Menschen verinnerliche und ihn dadurch aus Gottlosigkeit oder vielmehr Gottvergessenheit erlöse.[22] Bei seiner erlösenden Tätigkeit komme er dem Menschen nahe bis in dessen Seele, und er

---

[18] Schleiermacher, CG 161, Hauptsatz, 474: »Christus hat nicht nur die unter seinem Volk herrschende Vorstellung von Auferstehung der Todten theils in bildlichen Reden, theils auch lehrend sanctionirt, sondern er schreibt auch in seinen Reden sich selbst diese Auferwekkung zu.«

[19] A.a.O., 99, 1,96.

[20] S. a.a.O., 99, 2,97: »Der Glaube an diese Thatsachen ist [...] kein selbständiger zu den ursprünglichen Elementen des Glaubens an Christum gehöriger, so daß wir diesen nicht könnten als Erlöser annehmen oder das Sein Gottes in ihm erkennen, wenn wir nicht wüßten, daß er auferstanden und gen Himmel gefahren wäre. [...] Dieser Glaube ist auch nicht aus jenen ursprünglichen Elementen abzuleiten, so daß wir schließen könnten, weil Gott in Christo war, so hätte er müssen auferstehen und gen Himmel fahren.«

[21] S. v.a. a.a.O., 100, 2,106.

[22] S. a.a.O., 11, 2,96.

beseele den jeweiligen Menschen mit der Liebe Gottes, von der er selbst erfüllt sei.[23]

Diese Annahme hebt hervor, dass für die Gottesbeziehung eines Menschen Gottes Zuwendung zum Menschen maßgeblich ist. Diese Zuwendung und Distanzüberwindung ist durch die Menschwerdung Gottes geschehen. Nach Schleiermacher bildet die *Erscheinung* Gottes in Raum und Zeit *als Menschgewordener* den Grund dafür, dass Christus einen Menschen mit Gottes Liebe erfüllen und so zu einem Leben in versöhnter Gottesbeziehung bringen kann. Die Erscheinung Gottes in Raum und Zeit als Menschgewordener bedingt nach Schleiermacher die Offenbarung der Liebe Gottes, die einen Menschen zum Glauben an Gott befreit.

Dieser These steht die Annahme gegenüber, dass erst die *Erscheinung* Gottes in Raum und Zeit *als Auferstandener* Heil und Erlösung bedeute. Es wird hierbei davon ausgegangen, dass erst die Auferstehung Christi das Heil gewährt, das Gott durch seine Menschwerdung den menschlichen Geschöpfen vermitteln will. Dass oder inwiefern diese Annahme zutreffend ist, davon wird nun in zwei Hinsichten gehandelt.

3. Die Erkenntnis des auferstandenen Inkarnierten im Leben des Einzelnen und im Leben der Kirche

3.1 Die Erkenntnis des auferstandenen Inkarnierten im Leben des Einzelnen

Nach Schleiermacher genügt es zum Heil des Menschen, dass Gott in Christus als Mensch geboren wurde und als Menschgewordener erlösend wirkt, indem er sich selbst einem Menschen mitteilt. Diese Vermittlung der Liebe Gottes durch den Inkarnierten soll ausreichend dazu sein, dass ein menschliches Geschöpf zu »neuem« Leben, zu einem Leben in Gemeinschaft mit Gott gelangt.

Schleiermachers Überlegungen, die gerade dies hervorheben, dass im Inkarnierten Gottes Liebe Gestalt geworden ist, lassen jedoch m. E. außer Acht, dass das ganze Ausmaß dieser Liebe erst durch die Überwindung des Todes deutlich wird. Erst in der Überwindung des Kreu-

[23] S. a. a. O., 100, 2,108. Das Beseeltsein durch den Erlöser ist nach Schleiermacher in biblischen Texten ausgedrückt, in denen »von dem Sein und Leben Christi in uns« die Rede sei (a. a. O., 100, 1,105).

zestodes zeigt sich die ewige Liebe, die der Inkarnierte verkörpert, als ewige und entsprechend unzerstörbar. Auch durch den Tod wird sie nicht aufgehalten. Sie erweist sich gerade dadurch als ewig treue Liebe, dass sie über den Kreuzestod hinaus dem Menschen als Liebe zum Menschen erscheint. In den *Erscheinungen des Auferstandenen*[24] offenbart sie sich. In ihnen wird das Wesen Gottes anschaulich als sein Streben nach einer Gemeinschaft mit den Geschöpfen, in der Leid und Tod überwunden sind. Erst die Erscheinung des Auferstandenen, die nach biblischem Zeugnis das Bekenntnis der Auferstehung Christi bedingt, gewährt die Erkenntnis, dass der Auferstandene der Menschgewordene ist. Nur als Mensch konnte Christus sterben und also auferstehen. Nur aber aufgrund seines Gottseins kann der Menschgewordene als der Auferstandene erscheinen und so den Lebensvollzug Christi (Inkarnation, Tod und Auferstehung) als Erweis der Gott wesentlichen Liebe offenbaren.[25]

Dadurch, dass der Inkarnierte den Tod überwindet, eröffnet er die ewige Gemeinschaft der Geschöpfe mit Gott auch von Seiten des Menschen. Nicht allein Gott wendet sich seinen Geschöpfen zu, indem er in Raum und Zeit eingeht, um schließlich auch in Leid und Tod bei ihnen zu sein. Dadurch, dass Christus als Auferstandener begegnet, weckt er Vertrauen auf Gottes lebenwirkende Liebe und eröffnet so erst die Glaubensbeziehung des Menschen zu Gott. Dies, dass der Auferstandene erscheint und sein Erscheinen zur Erkenntnis der Liebe Gottes und zum Glauben an sie führt, das unterscheidet die Auferstehung Christi von der Auferstehung aller anderen Toten. Wie aber gibt sich Gott hierbei zu erkennen und wie wird er erkannt?

Christuserkenntnis, Gotteserkenntnis geschieht allein dann, wenn Gott sich selbst zu erkennen gibt. Diese Tätigkeit wird in der christlichen Tradition Gott dem Heiligen Geist zugeschrieben.[26] Es muss Gottes unmittelbares Wirken am einzelnen Menschen sein, das bewirkt, dass der Auferstandene nicht nur gesehen, sondern hierbei auch

---

[24] Vgl. hierzu v.a. I.U. DALFERTH, Volles Grab, leerer Glaube? Zum Streit um die Auferweckung des Gekreuzigten, ZThK 95 (1998), 379–409.

[25] Hervorzuheben ist hierbei, dass die Auferstehung Christi auf der Auferweckung durch Gott beruht. Die Auferstehung des Menschgewordenen gründet darin, dass der Schöpfer ihn vom Tod auferweckt. Denn es kann um des wahren Menschseins Christi willen nicht angenommen werden, der Tote würde sich selbst auferwecken. Vgl. hierzu C. SCHWÖBEL, Auferstehung II. Dogmatisch, RGG^4 1 (1998), 924–926, v.a. unter b.

[26] S. u.a. M. Luther, Der Große Katechismus, Von dem Glauben, Dritter Artikel, BSELK 1058–1070.

die Wahrheit der todüberwindenden Liebe Gottes eingesehen wird. Ein Mensch kann Bilder vom Auferstandenen wohl sehen und von ihm lesen oder hören, einsehen jedoch und als Wahrheit vernehmen kann er sie erst dann, wenn er im eigenen Leben am eigenen Leib ein Auferstehen erlebt. Nur dann ist sein Glaube an den Auferstandenen mehr als ein Für-wahr-Halten der Rede des Apostels und mehr als ein Für-möglich-Halten der Auferstehung des Gekreuzigten. Dann ist ihm selbst die Auferstehung Ereignis geworden und damit die Gewissheit gegeben, dass Gott aus dem Tod auferweckt und Auferstehung wirkt.

Das durch Gott gewirkte Selbsterleben von Auferstehung mitten im Leben widerfuhr bereits denen, die nach biblischer Überlieferung als erste den Auferstandenen verkündigten, nachdem er ihnen erschienen war. Sie erlebten, dass Christus sie nicht verlassen und alleingelassen hatte, obwohl er gekreuzigt worden war. Ihre Trauer und Verzweiflung über seinen Verlust, Todestraurigkeit und das Gefühl von Ausweglosigkeit angesichts des Kreuzes wurden durch die Vergegenwärtigung des Auferstandenen überwunden; die Last der Vergangenheit wurde in seiner Gegenwart aufgehoben, und das Leben erschien ihnen neu. Dieser Vorgang, solches Erleben ist exemplarisch geschildert in der Erzählung der Emmausjünger,[27] die in ihrer Todesbetrübnis blind sind für die Wahrheit. Auf ihrem Weg in den Abend hinein erkennen sie nicht, dass der Auferstandene mit ihnen geht.

Einen Ausweg aus ihrem Weg in die Dunkelheit gewährt allein Gott selbst, als er sie einsehen lässt, was sie bereits hätten sehen können, nämlich, dass er mit ihnen geht, ob sie darum wissen oder nicht. Ihnen scheint er für immer verschwunden und verborgen zu sein, solange ihre Augen gehalten sind.[28] Als sie aber Einsicht in seine Liebe und seine todüberdauernde Gemeinschaftsabsicht erhalten, die das Brotbrechen beim gemeinsamen abendlichen Mahl symbolisiert, sind sie wie umgewandelt und kehren um nach Jerusalem.[29] Ihre Lebenswende, ihre eigene Auferstehung aus Todesbetrübnis und vermeintlicher Verlassenheit geht mit ihrer Erkenntnis der Auferstehung Christi einher, den sie von da an als Auferstandenen verkündigen. Denn ihre eigene Auferstehung konnte ihnen ja nur der eröffnen, der selbst ein Mensch, aber nicht vom Tod gebunden ist. Nur ein Mensch konnte ihnen in ihrem menschlichen Leiden nahe sein und

27 S. Lk 24,13–35.
28 S. Lk 24,16.31.
29 S. Lk 24,30–33.

sie auf ihrem Leidensweg begleiten.[30] Wiederum konnte nur der, der zu ewigem Leben auferstand und ihnen wegen seines Gottseins *und* durch das Wirken Gottes offenbar geworden ist, die todüberwindende Gottesliebe beim gemeinsamen Mahl vergegenwärtigen.

Die genannten Annahmen des Mensch- und Gottseins Christi sowie des göttlichen Heilswirkens im Geist sind m. E. unbedingt nötig, um christliche Heilsvermittlung zu beschreiben. Auch wenn die Beschreibung des Menschseins Gottes, sei es durch die *communicatio idiomatum*, sei es in der Weise, die Schleiermacher wählt, stets kritisch hinterfragt werden kann und sollte, ist doch unbedingt daran festzuhalten, dass Gott durch sein offenbarendes Wirken in Christus nichts anderes erschließt als eben sein Wirken aus Liebe. Dabei stellt die historische Konkretion dieses Liebeserweises zu bestimmter Zeit an bestimmtem Ort in bestimmter Person die Nichtbeliebigkeit der Zuwendung Gottes dar. Gottes unverbrüchliche Liebe ist in ihrer Einzigartigkeit von universaler Heilsbedeutung. Gleichwohl ist das Heil nicht abhängig von der Beweisbarkeit der historischen Situation des Christusereignisses. Jegliche Beweisführung würde in einen Widerstreit autoritativer Behauptungen führen, nicht aber dazu, die in Raum und Zeit verwirklichte Liebe Gottes zu erleben. Es ist einzig Gott, der die Einsicht wirken kann, dass er als Menschgewordener kam, um aus todverfallenem Leben zu befreien. Der Verweis auf das heilswirksame Wirken Gottes in der Person Christi steht deshalb andererseits auch der Annahme entgegen, Christus sei »das Bild des sich in seinem reflexiven Bezug auf sich selbst verständlich gewordenen Selbstverhältnisses«.[31] Vielmehr ist das einzigartige Christusgeschehen der durch Gott gewirkte Inhalt des Evangeliums, bei dessen Verkündigung Gott allein und einzig nach seinem Willen einem Menschen ein neues Gottesverhältnis eröffnet.[32]

Die Begegnung mit dem Auferstandenen erlebt ein Mensch, der sich von Gottes ewiger Liebe mitten im Leben durch Leiden und Tod hindurchgeführt weiß. Was der einzelne Mensch als Tod mitten im Leben erlebt oder im Rückblick als solchen bezeichnet, das ist dem Erleben des jeweiligen Menschen überlassen. Es sind aber wohl in der

---

[30] S. Lk 24,15–24.

[31] S. zu diesem Zitat von DANZ, Grundprobleme (s. Anm. 2), 193.

[32] Eine besondere Herausforderung besteht hierbei allerdings darin, sowohl das auferweckende Wirken des Schöpfers, das Erscheinen des Auferstandenen und das Sehenlassen des Auferstandenen durch Gottes Geistwirken in trinitarischer Stringenz zu denken (s. dazu schon Anm. 25).

Vergangenheit Leid und Schuld oder die Angst vor der kommenden Zukunft, die erleben lassen, dass das gegenwärtige Leben schon gar nicht mehr lebendig ist. Das Verfallensein an den Tod als den Ort, in den die Vergangenheit drängt und dem die Gegenwart nicht entkommt, weil die Zukunft beängstigend bevorsteht, wird durch die Auferstehung überwunden.[33]

Die armselige Existenz des Toten stellt das Kreuz Christi vor Augen. Hier ist deutlich, wie sehr ein Mensch darunter leiden kann, an den Raum seines Daseins gebunden und in endlicher Zeit gefangen zu sein. Die Erkenntnis, sich aus dieser Bedrängnis so wenig selbst befreien zu können wie aus dem Tod, geht der Erlösung voraus, die dann als Auferstehung zu neuem, ewigem Leben erlebt wird.[34] In der je eigenen Auferstehung mitten im Leben, die Raum und Zeit nicht beseitigt, jedoch nicht länger bedrängend erleben lässt, wird der verkündigte Christus offenbar als Erlöser aus Bedrängnis, Verzweiflung und Gottesferne. Es wird die ewige Liebe des Auferstandenen als wahr erkannt, weil sie auch aus der größten Distanz, die Gott gegenüber bestehen kann, zur versöhnten und seligen Gemeinschaft mit Gott befreit.

3.2 Die Erkenntnis des auferstandenen Inkarnierten im Leben der Kirche

Es ist die Kirche, in der die an biblischen Zeugnissen orientierte Verkündigung, das Bekenntnis und die sakramentale Feier der Auferstehung Christi ihren Ort haben. Dass die ewige Liebe, die in Christus Gestalt hat, gegenwärtig ist, weil der Inkarnierte auferstand, das symbolisiert insbesondere das Sakrament der Taufe.

Der den Einsetzungsworten folgende Wasserritus der Taufe symbolisiert den Weg durch den Tod im Leben hin zum ewigen Leben, den der Menschgewordene vorausgegangen ist. Das Untertauchen des Täuflings unter Wasser bedeutet in lutherischer Tradition den Tod des Täuflings. Das Wiederauftauchen aus dem Wasser bedeutet die Auferstehung des Täuflings hin zu ewiger Gottesgemeinschaft.[35]

---

[33] Da nur ein Toter auferweckt werden kann, scheint ohne das Erleben des Todes das Erleben von Auferstehung nicht möglich zu sein.

[34] Nach Schleiermachers Theologie kann Erlösung nicht als Auferstehung erlebt werden; sie wird vielmehr in Analogie zur Inkarnation gesehen (s.o. 360f.) und entsprechend v.a. als »Wiedergeburt« beschrieben (Schleiermacher, CG 107–109).

[35] Vgl. hierzu M. Luther, De captivitate Babylonica ecclesiae praeludium, WA 6, 484–573, 534,3f.: »*Significat* [...] *baptismus duo, mortem et resurrec-*

Im Anschluss an Luther wird die Taufe unabhängig davon vollzogen, ob der Täufling die dargestellte Zuwendung Gottes erkennt oder nicht. Ganz gleich, ob einem Menschen der Auferstandene bereits erschienen ist, wird ihm Gottes ewige Liebe zugewendet.

Die Heilszuwendung Gottes zum Menschen ist dem christlichen Heilserleben immer schon vorgängig. Eben deshalb kann sie – zu gegebener Zeit – einem Menschen gegenwärtig werden. Gegenwärtig aber wird sie einem Menschen erst dann, wenn er sie selbst erlebt und also als wahr erkennt. Das Erleben der Befreiung aus Ohnmacht und Verlassenheit durch Gott geschieht im geistgewirkten Vertrauen auf den Auferstandenen, der zugleich durch das eigene Auferstehungserleben als wahrhaft Auferstandener eingesehen wird.

Die Erkenntnis dieser Wahrheit erfährt Erinnerung und Bestärkung im Sakrament des Abendmahls. Wieder ist die Heilszuwendung als vorgängig symbolisiert. In Brot und Wein wird dem Glaubenden der Tod des Inkarnierten dargestellt, der als überwundener Tod in den dargereichten Lebensmitteln genossen wird. Im Abendmahl wird die lebengebende Liebe Gottes empfangen, die so wenig wie das Leben selbst in der Verfügbarkeit des Menschen steht. Damit nicht vergessen wird, dass allein die Liebe Gottes heilvolles Leben geben kann, ist es nötig, immer wieder daran zu erinnern, dass sich Gottes Liebe bereits als lebenliebend erwiesen hat. Entsprechend ist bei der Feier der Sakramente das bereits vollzogene Christusgeschehen zu verkünden, dessen Wirksamkeit zwar erst nachgängig im Einzelnen erlebt werden kann. Doch nicht das Erleben konstituiert nachträglich ein Heilsereignis, vielmehr vermag es das bereits widerfahrene und verkündigte Heilsereignis zu verifizieren.[36]

---

tionem, hoc est, plenariam consumatamque iustificationem.« S. dazu M. Luther, Auslegung des dritten und vierten Kapitels Johannis in Predigten, WA 47, 1–231, 81,4–14: »Henge dich nur an den Sohn durch den glauben, der den tod uberwunden und dem Teuffel den Bauch zu rissen hatt, [...] so wirstu durch den Tod und Teuffel reissen [...]. Halts fur die warheit, das wunderwerck, das Gott die welt geliebet hat, und sage: Ich gleube an den Sohn Gottes und Marien, der ans Creutz geschlagen ist und erhohet worden. Do wirstu erfharen, das du widergeborn bist, den der Tod und Sunde werden dich nicht mehr verklagen und keinen schaden noch leidt oder wehe thun, den wer an den Sohn gleubet, der wird das ewige leben haben.«

[36] Mit dieser Aussage nehme ich die Überlegungen zur Frage nach der heilsvermittelnden Autorität des Paulus wieder auf (s. o. 357 f.) und stelle sie gegen die einleitend zitierte These (s. o. 351 f.) heraus.

4. Abschluss

Die ewige Gegenwart der Liebe Gottes, die mit dem Erscheinen des auferstandenen Gekreuzigten offenbar wird, setzt dessen Kreuzestod und die Menschwerdung Gottes voraus. Inkarnation, Tod und Auferstehung Christi können nur in ihrer Bezogenheit aufeinander als Heilszuwendung Gottes verstanden werden. Denn dass der Inkarnierte die unverbrüchliche Liebesgemeinschaft vergegenwärtigt, die im Kreuzestod das äußerste Menschenleiden nicht scheut, es aber überwindet, das wird angesichts des Auferstandenen deutlich. Durch die Liebeszuwendung Gottes, die der gekreuzigte Auferstandene manifestiert, kann ein Mensch Auferstehung mitten im Leben selbst erleben. Er erlebt sich dann in seinem Leid durch den Inkarnierten begleitet und auferstehet mit ihm zur ewigen Gemeinschaft mit Gott. Und also ist es ihm möglich, die Wahrheit der Auferstehung Christi zu bekennen.

Reflexionen und Impulse zur Diskussion

Nicole Oesterreich

»Bildet nicht auch das Geheimnis der Auferstehung, weil nicht verstanden, bei den Ungläubigen fortwährend den Gegenstand ihres Gespräches und ihres Spottes?«[1] Nicht erst dieses Zitat von Origenes, sondern etwa auch die Erzählung von Paulus auf dem Areopag in Athen – um nur zwei Beispiele zu nennen – machen anschaulich, dass schon die frühen Christen den zentralen Inhalt ihres Glaubens gegen den Spott und die Kritik ihrer Zeitgenossen zu verteidigen hatten. Daran hat sich über die Jahrhunderte kaum etwas geändert; seit Beginn der Aufklärung in Europa hat sich die Situation eher noch zugespitzt. Angefangen von den Ausführungen von Hermann Samuel Reimarus[2] zieht sich die Kritik am Auferstehungsglauben in langer Linie über Ludwig Feuerbach[3] und Friedrich Nietzsche[4] hin zu den »Neuen Atheisten«[5] unserer Tage. Der Eingriff eines Gottes gegen die Naturgesetzlichkeit des biologischen Todes ist unmöglich zu glauben.[6] Dennoch bezeugen Christen bis heute in ihren Glaubensbekenntnissen genau dies: ὅτι ἐγήγερται τῇ ἡμέρᾳ τῇ τρίτῃ κατὰ τὰς γραφὰς – »dass er auferweckt wurde am dritten Tag gemäß den Schriften« (1 Kor

[1] Or.Cels. 1,7: Ἀλλὰ καὶ μὴν νοηθὲν τὸ περὶ τῆς ἀναστάσεως μυστήριον, θρυλλεῖται γελώμενον ὑπὸ τῶν ἀπίστων.

[2] Eine intensive Auseinandersetzung bietet R. Deines, Der Tod des Gottessohnes und das ewige Leben der Menschen, in diesem Band.

[3] Feuerbach deutet die Visionen der Jünger als Produkte ihrer Fantasie, vgl. L. Feuerbach, Das Wesen des Christentums, Leipzig 1841, 175.

[4] Vgl. F. Nietzsche, Der Antichrist, in: Nietzsche Werke – Kritische Gesamtausgabe VI, hg. v. M. Montinari / G. Colli, Berlin 1969.

[5] Richard Dawkins als einer der prominentesten Vertreter der »Neuen Atheisten« urteilt sehr polemisch über die Vorgänge um die Auferstehung: »Presumably what happened to Jesus was what happens to all of us when we die. We decompose. Accounts of Jesus's resurrection and ascension are about as well-documented as Jack and the Beanstalk« (R. Dawkins, You Ask The Questions Special. The scientist, author and campaigning atheist answers your questions, such as »What would you say at the gates of heaven?«, http://www.independent.co.uk/news/people/profiles/richard-dawkins-you-ask-the-questions-special-427003.html – Zugriff am 17.03.2016).

[6] Vgl. die kurze Zusammenfassung der Problematik bereits vor dem Hintergrund alttestamentlicher Todesvorstellungen bei J. Frey, Biblisch-theologische Reflexionen zum Bekenntnis zur Auferstehung Jesu Christi, in diesem Band 325–349, 326.

15,4). Die Aufsätze von Jörg Frey und Anne Käfer stellen darum zu Recht die Frage in den Mittelpunkt ihrer Überlegungen, wie die Rede von der Auferstehung Jesu vor dem Hintergrund der Tradition heute so formuliert werden könnte, dass ihre Bedeutung für den Glauben verstehbar wird.

1. Zu Jörg Frey: »Biblisch-theologische Reflexionen zum Bekenntnis zur Auferstehung Jesu Christi«

Jörg Frey knüpft in gewisser Weise an Origenes an, wenn er darauf insistiert, dass die Rede von der Auferstehung Jesu verstanden werden müsse, um keine leere Phrase zu sein.[7] Das Verstehen ist nicht nur notwendig für den Glauben der Christen selbst, sondern auch für das Gespräch und die Auseinandersetzung mit Glaubensfernen »im Horizont eines je zeitgenössischen Wirklichkeitsverständnisses«.[8] Nur wer selbst verstanden hat, kann auch sprachfähig werden. Nicht erst für Menschen unserer Gegenwart, sondern auch für die frühen Christen war der Glaube an die Auferstehung eines Toten und damit auch der Toten allgemein nicht selbstverständlich. Das zeigen nicht zuletzt die Diskussionen in der frühchristlichen Literatur über den historischen Fakt der Auferstehung selbst, wie auch ihrer genauen Erklärung.[9]

Frey deutet die Auferstehungsvorstellung der ersten Christen konsequent im Kontext frühjüdischer Apokalyptik. Dabei sei die Vorstellung einer allgemeinen Totenauferstehung erst spät zu einer gewissen Verbreitung gelangt. Die Feststellung, dass die Vorstellung von der Auferstehung einer einzelnen Person, nicht einmal einer messianischen Gestalt, in vorchristlichen Texten nicht belegt ist, ist ein zentraler Punkt in Freys Argumentation.[10] Die Vorstellung verdanke sich daher der Deutung tatsächlicher »Widerfahrnisse« durch die Jünger vor eben jenem Hintergrund apokalyptischen Glaubens. Daher ist im Neuen Testament von der Auferweckung Jesu stets als Spezialfall der allgemeinen Totenauferweckung die Rede. Sie ist kein singuläres Ereignis, sondern Vorbote der allgemeinen Auferstehung der Toten.

---

[7] Vgl. ebd.

[8] Ebd.

[9] Einige prominente Beispiele sind schon 1 Thess 4,13–18; 1 Kor 15,35–49; Tert.res.

[10] Vgl. Frey, Reflexionen (s. Anm. 6), 328.

Dieses Verhältnis von Jesu Auferstehung zur allgemeinen Auferstehung der Toten am Ende der Zeiten muss nach Frey unbedingt im Blick behalten werden, um nicht die Bedeutung der Auferstehung Jesu unzulässig zu verkürzen. In der Vorstellung der ersten Christen sei mit der Auferstehung Jesu ein grundlegender Wandel der Welt verbunden.[11] Damit gehe die Auferstehung Christi nicht nur einen bestimmten Personenkreis etwas an, sondern die ganze Welt. Dementsprechend ist die Auferstehung Christi für die Autoren des Neuen Testaments keine bloße Wiederkehr eines Toten ins (irdische) Leben, sondern seine »Einsetzung [...] zur Herrschaft über die Welt«.[12] Der auferstandene Jesus ist eben kein Geist oder Wiedergänger, wie der Vorwurf einiger Christengegner der Antike lautete.[13] Diese Vorstellung wird besonders von Lukas explizit abgelehnt (24,39). In den Erscheinungserzählungen bei Lukas erkennen die Jünger zwei Mal Jesus nicht als den, den sie kannten. Erst beim Brechen des Brotes und bei der Schriftauslegung wird Jesus von den Jüngern als inthronisierter und damit veränderter und zugleich derselbe Christus erkannt. Selbst die Erscheinung vor den Emmausjüngern schützt diese nicht davor, bei der nächsten Begegnung doch die offenbar naheliegende Erklärung zu suchen, dass sie den Totengeist Jesu vor sich hätten. Auch Lukas' Bemerkung über den Unglauben verwundert: »Als sie aber noch ungläubig waren vor Freude und staunend« (ἔτι δὲ ἀπιστούντων αὐτῶν ἀπὸ τῆς χαρᾶς καὶ θαυμαζόντων, Lk 24,41). Die Erscheinung des menschlichen Jesus führt die Jünger nicht unmittelbar zum Glauben, sondern zu einer Art von (Wiedersehens-)Freude und zum Staunen. Nicht das Wunder, nicht das Spektakel, sondern Brotbrechen und Schriftauslegung begründen nach Lukas den Glauben an den auferweckten und inthronisierten Christus. Damit liefert Lukas die Vorlage für die Feststellung Freys, die Auferstehung als historisches Ereignis sei eine Unterbestimmung: Einerseits wolle die Auferstehung viel mehr sein als ein solches historisches Ereignis, nämlich die Wende der Welt, und andererseits liefere eine historische Tatsache gerade keinen Anstoß zum Glauben, sondern höchstens zum ungläubigen Staunen.

---

[11] Vgl. a.a.O., 332.

[12] A.a.O., 334.

[13] Vgl. Or.Cels. 7,35. Interessant ist an dieser Stelle, dass Celsos die scheinbar zufälligen Einzelerscheinungen des Auferstandenen den Göttererscheinungen in Klaros und Lebadeia als unterlegen gegenüberstellt, weil diese leibhaftige Göttererscheinungen wären. Die dortigen Götter könnten von denjenigen, die das begehrten, gerufen werden und seien demnach keine zufälligen Begegnungen wie die Erscheinungen des Auferstandenen.

Dennoch werden den Zeugnissen der ältesten Überlieferung Erscheinungszeugen beigegeben, um die Glaubwürdigkeit sicherzustellen. So werden die Frauen und Simon Petrus namentlich genannt, die den zurückgerollten Stein und das leere Grab sahen (Maria von Magdala und eine andere Maria in Mk 16,1; Lk 24,10; Mt 28,1; Simon Petrus in Lk 24,12) sowie eine Engelerscheinung hatten,[14] aber auch viele weitere Zeugen für Erscheinungen an unterschiedlichen Orten mit verschiedenen Personen (Mt 28,9 f. vor Maria von Magdala und der anderen Maria; Lk 24 vor den Emmausjüngern und schließlich vor den Elf; 1 Kor 15,5 vor Petrus und dann vor den Zwölf, unabhängig davon Paulus usw.). Bei den Erscheinungen handelte es sich also nicht nur um subjektive Einzelvisionen, sondern gemäß den Überlieferungen machten mehrere Personen gleichzeitig und auch unabhängig voneinander an unterschiedlichen Orten ähnliche Erfahrungen.

Mit diesen Aspekten ist bemerkenswerterweise ein Motiv antiker Literatur verwandt, das unter anderem mantischen Träumen, aber auch Visionen eine gewisse Objektivierung dadurch beilegt, dass mehrere Figuren den gleichen Traum haben.[15] Es zeigt sich darin eine gewisse Ambivalenz der neutestamentlichen Texte zur Auferstehung, dass auch wenn das historische Ereignis der Auferstehung als solches für den Glauben nur eine geringe Rolle spielen sollte, es offenbar doch Zeugen braucht, um eben zumindest Aspekte dieses Ereignisses zu verbürgen, wobei den Erscheinungen eine Schlüsselstellung zukommt.

Was historisch über die Auferstehung Jesu gesagt werden kann, fasst Frey folgendermaßen zusammen: Obwohl nicht nur Jesus selbst, sondern auch seine Anhänger an die Auferstehung der Toten geglaubt hätten, seien letztere aber mit der überlieferten Lehre nicht in der Lage gewesen, die Kreuzigung positiv zu deuten, so dass sie nach Galiläa geflüchtet seien. Dort habe es aber Impulse gegeben, die die neue Bewegung ins Rollen gebracht hätten, die Frey als »visionäre Erfahrungen« beschreibt.[16]

Problematisch sind solche Visionen erst im Rahmen der nachaufklärerischen Pathologisierung solcher Geschehnisse im mitteleu-

---

[14] Neben den beiden genannten, von denen die eine in Mk 16,1 und Lk 24,10 als Mutter des Jakobus charakterisiert wird, kennt Mk noch Salome, die bei Lk Johanna heißt. Lk fügt noch eine unbekannte Menge von Frauen an, die sie begleiteten. Joh hat nur Maria von Magdala, Zeugen des leeren Grabes werden bei ihm aber Simon Petrus und der Lieblingsjünger.

[15] Dieses Motiv findet sich z. B. in Apuleius, Metamorphoses 21,19, in etwas abgewandelter Form in Apg 10.

[16] Vgl. FREY, Reflexionen (s. Anm. 6), 341.

ropäischen Raum geworden, an der insbesondere Sigmund Freud beteiligt war. Die Erscheinungen wurden als subjektive Erlebnisse diskreditiert, als trauerbedingte Wahnvorstellungen oder schlicht als Lügen gedeutet.[17] Wie Frey zu Recht notiert hat, beruhen solche Urteile auf bestimmten Wahrnehmungen von Wirklichkeit und folgen bestimmten Weltanschauungen.[18] Im globalen Maßstab und zeitübergreifend gesehen, lässt sich beispielsweise feststellen, dass die Realität und Bedeutung religiöser Erfahrungen gemeinhin kaum angezweifelt wurde und wird. Dabei drehen sich die Fragen bezüglich der Visionen häufiger um die Herkunft (War es wirklich die Person, die sich zeigte, die die Vision gewissermaßen verursachte? Wurde die Vision von einer negativen Macht verursacht?) und um deren Deutung. Um noch einmal Celsos als Beispiel für die Antike zu erwähnen: Er zweifelt nicht die Möglichkeit an, dass Gottheiten den Menschen erscheinen können. Problematisch stellt sich für ihn vor allem die Behauptung der Auferstehung eines aus seiner Sicht erbärmlichen Menschen dar, der nicht einmal mehr ein Geist, sondern nach dem Ende der Erscheinungen nur noch eine Leiche gewesen sei.[19] Für die Jünger hingegen scheinen diese Begegnungen mit dem Auferstandenen in den Visionen eine so große Kraft freigesetzt zu haben, dass sich deren Leben mitunter vollständig änderte. Dass galiläische Fischer in der Mittelmeerwelt umher zogen, um zu missionieren, dass durch diese Verkündigung die Visionen auch für andere noch eine lebensverändernde Kraft entfalten konnten, ist im Rahmen antiker Religionsgeschichte eine Besonderheit.

Frey weist zu Recht darauf hin, dass die Erscheinungen von Anfang an interpretationsbedürftig und nicht einfach »überwältigende[.] göttliche[.] Machtdemonstration[en]« gewesen seien.[20] Diese Interpretation konnte nur im Rahmen des Wissens und des religiösen Deutungshorizontes der Jünger und Jüngerinnen erfolgen, d.h. im Sinne des Glaubens an die Auferweckung der Toten. Nach Frey sahen die Zeugen und Zeuginnen in den Erscheinungen nicht nur einen Eingriff des Himmlischen ins Irdische, sondern den Beginn eines radikalen Weltenwandels: In der Auferstehung Jesu sei Leid und Tod überwunden, weil sie der Anfang einer endgültigen Erlösung sei.[21]

---

17 Vgl. Anm. 3–5.
18 Vgl. Frey, Reflexionen (s. Anm. 6), 326 f.
19 Vgl. Or.Cels. 8,36.
20 Vgl. Frey, Reflexionen (s. Anm. 6), 345.
21 Vgl. a.a.O., 349.

Die apokalyptisch gedeuteten Visionen der Jünger und Jüngerinnen sind damit nicht nur für sie selbst von Bedeutung, sondern auch für alle anderen, die nicht selbst Empfängerin oder Empfänger einer Erscheinung waren. Dies ist es, was Paulus in Röm 10,8 f. prägnant zusammenfasst: »Dies ist das Wort des Glaubens, das wir predigen, dass, wenn du mit deinem Mund Jesus als Herrn bekennst und glaubst in deinem Herzen, dass Gott ihn von den Toten auferweckt hat, du errettet werden wirst.«[22]

Die historischen »Fakten« rund um die Auferstehung lassen sich recht knapp zusammenfassen: Vermutlich war das Grab Jesu leer, mehrere Jüngerinnen und Jünger hatten Visionen, die sie als göttliche Offenbarung zum Verbleib Jesu im apokalyptischen Kontext deuteten. Diese Visionen hatten zur Folge, dass sich nicht nur eine Gemeinschaft aus den Jüngern und Jüngerinnen formte, sondern selbst ungebildete galiläische Fischer sich aufmachten, um ihre Botschaft im römischen Reich zu verbreiten.

Schwieriger zu beantworten ist die von Frey als Horizont seiner Überlegungen aufgeworfene und dezidiert hermeneutische Frage nach der Plausibilität dieser Botschaft unter heutigen Voraussetzungen der christlichen Verkündigung. Frey spricht nicht ohne Grund von den Aporien der historischen Fragen.[23] Das Verstehen der Auferstehungstexte im Kontext der zeitgenössischen Apokalyptik lässt zunächst besser verstehen, wie dieser Glauben generiert wurde. Damit ist der Kontext der Interpretationen der historischen Fakten durch die Jüngerinnen und Jünger erhellt. Für ein besseres Verständlich-Machen der Auferstehung Jesu im Kontext einer modernen Gesellschaft hilft dieser Ansatz aber noch nicht weiter, vielmehr ist damit eine hermeneutische Aufgabe gestellt. Der nach der Überzeugung der Erscheinungszeugen mit der Auferstehung Jesu begonnene Weltenwandel ist unter den Bedingungen der Welt nur schwer zu vermitteln. Was ist also das Besondere an der Rede von der Auferstehung Jesu für den einzelnen Menschen – im Rückblick auf den Glauben der Osterzeuginnen und -zeugen und unter den Bedingungen der vielfältigen weltanschaulichen Voraussetzungen heute? Mit dieser Frage beschäftigt sich der Aufsatz von Anne Käfer.

---

[22] Vgl. auch 1 Kor 15,11; Apg 13,33.

[23] Vgl. Frey, Reflexionen (s. Anm. 6), Abschnitt 3.3.

2. Zu Anne Käfer: »Erlebte Auferstehung. Systematisch-theologische Reflexionen zum Bekenntnis der Auferstehung Christi«

Vor dem Hintergrund der These, dass Menschwerdung und Auferstehung Christi sich gegenseitig bedingen, beginnt Anne Käfer ihre Betrachtung der Auferstehung mit einem Abschnitt über die Inkarnation, ein Impuls, den auch Frey am Schluss seiner Ausführungen aufgegriffen hatte.[24] Inkarnation versteht Käfer zunächst grundsätzlich als Überwindung der Distanz zwischen Schöpfer und Geschöpf. Um diese Distanz zu überwinden, muss der Christus göttliche und menschliche Eigenschaften vereinen. Um zu erläutern, wie das zu denken sein könnte, zieht sie zwei Autoren heran: Luther und Schleiermacher. Das Besondere an Luthers Konzept sei, dass Christus in Ewigkeit wahrer, auferstandener Mensch bleibe, weil die Gemeinschaft von Gott und Mensch nicht nur ungetrennt in Christus sei, sondern auch untrennbar. Christus bleibe auch nach seiner Auferstehung wahrer Mensch. Die Gemeinschaft von Gott und Mensch in einer Person bringe auf diese Weise die Liebe Gottes zum Ausdruck. Dafür verwende Luther den Gedanken der *communicatio idiomatum*, des Eigenschaftsaustausches zwischen den beiden Naturen. Schleiermacher hingegen kritisiere die Vermischung göttlicher und menschlicher Eigenschaften: Ein allgegenwärtiger Mensch sei unmöglich zu denken. Schleiermacher versuche die Göttlichkeit des Menschen Jesu darin zu beschreiben, dass Gottes Liebe als sein Wesen im Menschen Jesus wohne und dessen irdisches Leben und Handeln bestimme. Die Übereinstimmung beider Konzepte bestehe darin, dass sich in der Inkarnation die Liebe Gottes zu den Menschen zeige, was besonders im Leiden und Sterben Christi am Kreuz zum Ausdruck käme.

Auch wenn diese Übereinstimmung zwischen Luther und Schleiermacher im Blick auf die Bedeutung der Inkarnation einiges für sich hat,[25] so ist doch fraglich, ob sie der biblischen Tradition von Tod und Auferweckung Christi als Ausdruck der Liebe Gottes gerecht wird. Das Leiden und Sterben Christi ist nach neutestamentlichem Zeugnis für die Jüngerinnen und Jünger zunächst ein Erlebnis tiefster Ver-

---

[24] Vgl. a.a.O., Abschnitt 4.2.

[25] Vgl. die Konzepte von Jürgen Moltmann, z.B. in: Trinität und Reich Gottes. Zur Gotteslehre, Gütersloh 1986. Er geht davon aus, dass sich im Mitleiden Gottes am Kreuz die ganze Liebe Gottes erweist, die er als Heiligen Geist definiert.

zweiflung. Erst die Erscheinungen des Auferstandenen geben ihnen den Schlüssel für das Verständnis des Lebens und Sterbens Jesu und damit auch des Weges zum Heil.

Nach Käfer entspreche Luther diesem Grundprinzip, für den ganz klar sei, dass erst die Auferstehung das ganze Ausmaß der Liebe Gottes zu verstehen gebe. Allerdings könne diese Liebe nur dem Menschen zum Heil geraten, der davon weiß und dem sie durch Wort und Sakrament vermittelt wird. Das entspricht in etwa der urchristlichen Tradition, wonach das Heil des Einzelnen durch Mission, Taufe und Abendmahl sowie dem richtigen Lebenswandel gesichert wird. Der Kern der Botschaft ist dabei in erster Linie die Auferstehung Christi, wie die ältesten Credos und z. B. Röm 10,8 f. zeigen.

Im Anschluss an die Ausführungen über Luthers Verständnis stellt Käfer die Frage, von der auch Frey ausgegangen war: »Wie aber kann die Wahrheit der Auferstehung des Menschgewordenen überzeugend vermittelt, gar belegt und bewiesen werden?«[26] Unscharf bleibt hier zunächst die Definition von Wahrheit. Ist damit eine Art »objektive Richtigkeit« eines für den Menschen schlichtweg unbegreiflichen Vorgangs gemeint? Oder eher die Tatsache, dass die Auferstehung nicht nur für das Individuum, sondern – wie ausweislich der frühchristlichen Überlieferung – für die ganze Menschheit eine Bedeutung hat? Berechtigt ist die Frage nach der überzeugenden Vermittlung der Auferstehungsbotschaft, die in den Bereich der praktischen Theologie oder präzisier, der theologischen Hermeneutik fällt. Käfer verweist bei der Antwort der Frage nach dem »Beweis der Wahrheit« der Auferstehung darauf, dass argumentativ in der Regel auf Paulus zurückgegriffen würde, um die Auferstehung Christi zu belegen. Dort sei sie aber eine Glaubensaussage, was die Frage impliziert, wie eine solche verifiziert werden könne.[27] Aus dieser Frage ergeben sich folgerichtig zwei Probleme. Zum einen die Frage, ob eine Glaubensaussage überhaupt verifiziert oder bewiesen werden muss bzw. inwiefern sie verifiziert werden könnte. Käfer kommt zu ihrer Einsicht, dass die Wahrheit der Auferstehung anders als über die biblischen Schriften geschehen müsse, indem sie Theologinnen und Theologen vor einem Zirkelschluss warnt, wenn sie sich auf die Autorität Paulus bezögen, um seine Glaubensaussage zur Auferstehung zu verifizieren. Diese Kritik scheint sinnvoll, wenn man sich bei der Untersuchung der Auf-

[26] A. Käfer, Erlebte Auferstehung. Systematisch-theologische Reflexionen zum Bekenntnis der Auferstehung Christi, in diesem Band 351–367, 357.

[27] Vgl. ebd.

erstehungsaussagen tatsächlich nur auf Paulus bezieht, wird aber der Vielfalt der biblischen Überlieferung nicht gerecht. In der Tat scheint die Figur des Apostels Paulus bei einem oberflächlichen Blick auf das Neue Testament die zentrale Figur und eine der direkten authentischen Stimmen zu sein, die wir aus dem Urchristentum vernehmen. Eine eingehendere Betrachtung bringt jedoch eine Vielschichtigkeit der Zeugnisse zutage, die es wahrzunehmen gilt. Paulus war keineswegs der einzige Zeuge einer Erscheinung des Auferstanden, auch nicht der einzige Missionar und schon gar nicht unumstritten. Das älteste Bekenntnis, das uns in 1 Kor 15,5b–7 überliefert ist, stammt nicht von Paulus selbst, sondern wird von ihm bereits als Tradition übernommen. Insofern sollte man neben Paulus auch die Stimmen der Jüngerinnen und Jünger hören, die uns nicht direkt, sondern über die Briefe von Paulus und anderer Autoren, die Evangelien und andere frühe christliche, auch nichtkanonische Schriften erreichen.[28] Auch Paulus selbst begründet seine oft schwierige missionarische Tätigkeit nicht allein mit dem singulären Erlebnis der Erscheinung, sondern mit dem ganzen Wirken Gottes an ihm und den Früchten seiner Arbeit.[29] Trotzdem haben Christen und Christinnen, die selbst keine Erscheinung des Auferstandenen hatten, nur die Möglichkeit, die Interpretationen der Erscheinungen der Jüngerinnen und Jünger, die sie durch das Neue Testament erreichen, als Bekenntnis- und Glaubensgrundlage ernst zu nehmen (vgl. Röm 10,8 f.). Die Frage bleibt: Wie kann das gelingen?

Nach Luther überzeugt einen Nichtchristen auch der Zusammenhang zwischen Christi Auferstehung und der allgemeinen Auferstehung nicht. Käfer deutet diese Feststellung auf die erkenntnistheoretischen Voraussetzungen für den Glauben an die Auferstehung:

[28] Vgl. dazu den Beitrag von Andreas Lindemann in diesem Band. Ergänzend dazu das bekenntnisartige Material bei Ignatius, z.B. IgnTrall 9; IgnMagn 11; IgnSm 1. Interessant ist dabei, dass der Bezug auf die Augenzeugenschaft bestimmter Autoritäten nach deren Tod sehr bald herausfällt, dafür aber die zeitliche Einordnung »unter Pontius Pilatus« dazu tritt. Die Apostel werden dafür bei den Apostolischen Vätern von Zeugen der Auferstehung zu Vorbildern im Glauben und der Geduld (vgl. 1 Clem 5,3–7).

[29] Vgl. Röm 1,5 Paulus empfing von Christus χάριν καὶ ἀποστολὴν – »Gnade und Apostelamt«; 1 Kor 15,10: χάριτι δὲ θεοῦ εἰμι ὅ εἰμι – »Ich bin, was ich bin, durch die Gnade Gottes.« Paulus sieht die Apostel und damit sich selbst als Sklaven Gottes, als Narren (1 Kor 4,10), als Abfall und Abschaum (1 Kor 4,13). In 1 Kor 9,1 thematisiert Paulus, dass er den Herrn sah und die Korinther die Früchte seiner Arbeit als Apostel sind.

Erst diese gibt die Liebe Gottes zu erkennen.[30] Dies entspricht der Einsicht, dass erst die Auferstehung den Jüngern die völlige Bedeutung dessen erschließt, was sie mit Jesus erlebt haben.[31] Selbst in den Evangelien als relativ späte Zeugnisse dieses Prozesses finden sich noch deutliche Spuren davon. Die Erzählungen über die Jünger im Markusevangelium drehen sich immer wieder um deren Unverständnis zu Lebzeiten Jesu.[32] An zentralen Stellen wie der Verklärung und dem Gebet in Gethsemane werden die späteren »Säulen« der ersten Gemeinden, Petrus, Jakobus und Johannes, als schwache und unfähige Personen dargestellt, die die Situation nicht begreifen. Nicht zuletzt ist auch Markus' Konzept des Messias- bzw. Gottessohngeheimnisses ein Versuch, mit der Frage umzugehen, warum den Zeitgenossen Jesu nicht schon zu Lebzeiten klar war, wen sie da vor sich hatten.[33]

Umso erstaunlicher ist es nach Käfer, dass Theologen wie Schleiermacher die »besondere Heilsbedeutung dieser Auferstehung«[34] bestreiten. Für ihn sei das entscheidende Ereignis die Inkarnation, weil sich nur darin und nicht in der Auferstehung Christi »das wahre Gottsein Christi offenbarte«.[35] Der Inkarnierte teile sich selbst mit, komme dem Menschen nahe bis in dessen Seele und erfülle diese mit Gottes Liebe. Davon setzt sich Käfer zu Recht entschieden ab und geht davon aus, dass die Erscheinung Jesu als Auferstandener für den Glauben maßgeblich bleibe. Damit kommt sie zur ihrer Ausgangsfrage zurück, wie diese Erscheinung Bedeutung für den heutigen Christen oder die heutige Christin haben kann. Ihr Vorschlag klang oben schon kurz an:

---

30 Vgl. Käfer, Erlebte Auferstehung (s. Anm. 26), 357 f.

31 Oder wie es Frey, Reflexionen (s. Anm. 6), 349, formuliert: »Die Rede von der Inkarnation geht also der österlichen Erkenntnis nicht voraus, sondern ist eine Konsequenz dessen, was durch das Ostergeschehen deutlich wurde.«

32 Vgl. Mk 4,41; 6,51 f.; 8,17–21.32 f.; 9,6 u. ö.

33 Bei Johannes wird konsequent der Paraklet als Interpret der Wahrheit und damit auch der Ereignisse und Umstände im Leben Jesu eingeführt, die sonst unverständlich wären, vgl. Joh 14,26; 16,13.

34 Käfer, Erlebte Auferstehung (s. Anm. 26), 360.

35 Vgl. schon Iren.haer. 5, 16,2 f. Irenäus bezieht allerdings Inkarnation und Leiden aufeinander: »Doch nicht nur auf die genannte Weise offenbarte der Herr den Vater und sich, sondern auch durch sein Leiden. Er hob nämlich den im Anfang am Holze geschehenen Ungehorsam des Menschen auf, indem er ›gehorsam wurde bis zum Tode, bis zum Tode aber des Kreuzes‹« (Des heiligen Irenäus fünf Bücher gegen die Häresien. Aus dem Griechischen übersetzt von E. Klebba, Bibliothek der Kirchenväter I/3, München 1912). Die Auferstehung selbst als das heilbringende Ereignis tritt bei Irenäus zurück zugunsten von Inkarnation und Leiden.

»Ein Mensch kann Bilder vom Auferstandenen wohl sehen und von ihm lesen oder hören, einsehen jedoch und als Wahrheit vernehmen kann er sie erst dann, wenn er im eigenen Leben am eigenen Leib ein Auferstehen erlebt. Nur dann ist sein Glaube an den Auferstandenen mehr als ein Für-wahr-Halten der Rede des Apostels und mehr als ein Für-Möglich-Halten der Auferstehung des Gekreuzigten.«[36]

Diese These setzt voraus, dass es für den (»richtigen«) Glauben mehr braucht als ein Für-wahr-Halten der Rede des Apostels Paulus, die ja die Auferstehungsbotschaft und die Erklärung ihrer heilsgeschichtlichen Bedeutung zentral enthält und als solche auch heute zugänglich macht. Gegen diese Art von Glauben wird ein Erleben gesetzt, das Käfer als das Gefühl des Getragenseins von Gott durch das Leiden hindurch beschreibt, ein Erleben der Auferstehung »im eigenen Leben am eigenen Leib«.[37] Ist aber dieses Erleben nicht eher das Ergebnis eines Vertrauens auf die Aussagen des Neuen Testaments über die Konsequenzen der Erscheinungen des Auferstandenen und deren Interpretation? Anders gesprochen: Um das eigene Erleben als Auferstehungserleben zu begreifen, kommt man nicht umhin, die biblischen Aussagen hermeneutisch zu reflektieren, wie Frey in seinem Aufsatz deutlich gemacht hat. Somit kann die Wahrheit der Auferstehung nur für den über das religiöse Erleben einer Auferstehung verifiziert werden, der bereits von der Deutung der Auferstehungsvisionen durch die Jünger gehört hat und offen ist, sich ihr anzuschließen, ihr gewissermaßen einen Vertrauensvorschuss zu gewähren.

Nach Paulus ist das Für-wahr-Halten und die Zuordnung des religiösen Erlebens, wie Käfer richtig bemerkt,[38] keine menschliche Eigenleistung, sondern eine Gabe des Geistes: »Denn wer von den Menschen weiß, was im Menschen ist, als nur der Geist des Menschen, der in ihm ist? So hat auch niemand erkannt, was in Gott ist, als nur der Geist Gottes« (1 Kor 2,11).[39] Als biblisches Beispiel für das Erleben einer »Auferstehung mitten im Leben«[40] nennt Käfer die Perikope von den Emmausjüngern (Lk 24,13–35), »die in ih-

---

[36] Käfer, Erlebte Auferstehung (s. Anm. 26), 363.

[37] Ebd.

[38] Vgl. ebd.

[39] Vgl. 2 Kor 4,13 f.: »Da wir aber denselben Geist des Glaubens haben gemäß dem Geschriebenen: ›Ich glaubte, deshalb redete ich,‹ glauben auch wir, deshalb auch reden wir, wissend, daß der, der erweckt hat den Herrn Jesus, auch uns mit Jesus erwecken und hinstellen wird mit euch.« Vgl. auch Eph 1,17.

[40] Käfer, Erlebte Auferstehung (s. Anm. 26), 363.

rer Todesbetrübnis blind sind für die Wahrheit«.[41] Lukas berichtet, dass die Augen der Jünger festgehalten wurden, dass sie nicht ihn erkannten (Lk 24,16), aber nicht dessen Ursache. Das scheint ihn für die Erzählung weniger zu interessieren, als der Zeitpunkt und die Umstände der Erkenntnis. Erst nach der Schriftauslegung auf dem Weg beim Brechen des Brotes werden die Augen der Jünger geöffnet und im gleichen Moment verschwindet Jesus. Lukas zielt damit auf die Vergegenwärtigung des Auferstandenen beim Abendmahl und der Beschäftigung mit der Schrift als den hermeneutischen Voraussetzungen des Verstehens. Die Gemeinschaft der Christusglaubenden wird damit gleichsam zu einer Interpretationsgemeinschaft. Die Erkenntnis der Jünger in dem Moment, als ihnen die Augen aufgehen, ist aber sogleich eine Erkenntnis des Vergangenen, denn im Moment der Erkenntnis verschwindet Christus. Das Wissen um die Bedeutung und die Unvermeidbarkeit des Todes Jesu, die Lukas seinen Christus anhand verschiedener Stellen aus dem Alten Testament darlegen lässt, geht der Vergegenwärtigung Christi im Abendmahl voraus, aber erst während der Begegnung beim Abendmahl lässt Gott die Jünger Jesus als auferstandenen Christus erkennen. Nach Lukas braucht es also neben dem Wissen aus der Schrift das Wirken Gottes durch den Geist und die Gemeinschaft der Christen beim Abendmahl als Vergegenwärtigung der Geschichte Jesu, damit der Einzelne die weltverändernde Bedeutung der Auferstehung begreifen kann. Die Taufe wurde schon recht früh zur Voraussetzung für die Teilnahme am Abendmahl[42] und korreliert mit der Gabe des Geistes. Käfer thematisiert dann auch zu Recht in ihrem vorletzten Abschnitt über die Erkenntnis des auferstandenen Inkarnierten im Leben der Kirche.

Ein Aspekt ist den Ausführungen Käfers noch hinzuzufügen: Nach Paulus ist die nun schon irdisch greifbare Veränderung der Welt für die Christinnen und Christen eben jene Ausgießung der Liebe Gottes durch den Geist und die darin begründete Richtungsänderung des Lebens weg von der Sünde hin zum Geist (vgl. Röm 5,5; 8). Er formuliert das in 2 Kor 1,21 f.: Gott hat den Geist als »Unterpfand/Anzahlung« (τὸν ἀρραβῶνα τοῦ πνεύματος) in die Herzen gegeben als Teilhabe am zukünftigen Heil und zugleich als Verwandlung der irdischen Wirklichkeit (2 Kor 5,1–5). Für Paulus ändert sich durch die

[41] Ebd.

[42] So schon in den Canones des Hippolyt von Rom aus dem ausgehenden 2. Jh. oder frühen 3. Jh.

Gabe des Geistes die Geisteshaltung und der geistliche Status des und der Einzelnen grundsätzlich; sozial und ethnisch definierte Kategorien haben in dieser Hinsicht keine Bedeutung mehr (Gal 3,28). Diese Geisteshaltung ermöglicht die Einheit und die Liebe in der Gemeinde (vgl. 1 Kor 12,13). Diese Veränderung wird für die Glaubenden Realität im konkreten Lebensvollzug, in der Liebe und den Charismen, bis hin zu besonderen geistlichen Gaben wie Glossolalie und Prophetie. Neben der Schriftauslegung, dem Abendmahl und der Taufe ist also auch die Gemeinschaft der Ort, an dem sich die Wahrheit der Auferstehung für die Glaubenden ereignet. Dennoch setzt die richtige Interpretation des Erfahrenen und der Erweis, dass darin Gottes Geist wirksam ist, die Kenntnis und Annahme der Auferstehungsbotschaft voraus, sonst sind sowohl Abendmahl, Taufe, die Inhalte der Schrift und die besondere Art der Gemeinschaft nicht zu verstehen. Käfer kritisiert den alleinigen Bezug auf die neutestamentliche Deutung der Begebenheiten um die Auferstehung und setzt daneben ein eigenes Erleben, um eine Art Unmittelbarkeit der Auferstehung zu erreichen. Diese Unmittelbarkeit wäre aber nur dann gegeben, wenn die Interpretation als Auferstehung erfolgt, was nur möglich ist, wenn diese Deutungsmöglichkeit bekannt ist und angenommen wird. Eine Kommunikation mit Außenstehenden ist damit nicht oder nur schwer möglich, zumal die Deutung als Auferstehung nur für das eigene Erleben, nicht aber für anderes Erleben gelten kann.

Wenn aber das Ereignis der Liebe Gottes in der neutestamentlichen Tradition durch die Rede von der Auferweckung zum Ausdruck gebracht wird und die hermeneutische Basis der Menschen ihre eigene Lebens- und Welterfahrung widerspiegelt, müssen sie nicht die Auferstehungserfahrung Jesu oder die Visionen der Jünger teilen, um glauben zu können.

3. Fazit

Für die frühen Christusgläubigen waren die Erscheinungen nach dem Tod Jesu ein Ereignis, das nicht nur ihr eigenes Leben radikal veränderte, sondern für das sie, wie Frey deutlich macht, aus ihrem apokalyptischen Kontext heraus eine universale Bedeutung annahmen und diese Interpretation ihrer Verkündigung zugrunde legten. Für Paulus und auch andere Autoren des Neuen Testaments (z. B. Lukas) waren die zu diesem Zeitpunkt (noch) sichtbaren Auswirkungen die Wirkungen des Heiligen Geistes in Form von Charismen und Wundern, die dem einzelnen Christen und der einzelnen Christin die umfassende Bedeutung der Auferstehung deutlich machen konnten, weil sie darin (und nicht nur darin) den Geist als »Angeld« der Vollendung am Wirken sahen (vgl. 2 Kor 5,5). Wie 1 Kor 15,12 im Kontext des Briefes zeigt, war dabei die Ausrichtung der Auferstehungshoffnung keineswegs unstrittig; die Wirkungen des Geistes konnten auch ohne eine Auferstehungshoffnung auf den erhöhten Christus zurückgeführt werden.

Die Unmittelbarkeit der Auswirkungen des Geistes verlor sich über die Dauer der Geschichte der Kirche, auch wenn sie immer wieder in ihren Nischen hervorbrach, so dass heute andere Formen gefunden werden müssen, wie die Bedeutung der Auferstehung Christi für Menschen unserer Zeit begreiflich gemacht werden kann. Vom Neuen Testament her und in der Geschichte der Kirche kam den Ritualen der Kirche, besonders der Taufe und dem Abendmahl, eine ganz besondere Bedeutung bei der Verdeutlichung der Auferstehungsbotschaft zu. Angesichts der eingangs skizzierten Herausforderungen und der von Frey und Käfer gestellten notwendigen Fragen nach den Möglichkeiten einer Plausibilisierung der Auferstehungsbotschaft wäre eine wichtige Aufgabe von Theologie und Kirche, den Kern dieser Botschaft in ihrem sakramentalen Handeln so einzuholen, dass sich Menschen mit ihrem Glauben darin erkennen und andere zum Gauben eingeladen werden. Wenn die Realität der Auferstehung sich nicht im Festhalten eines Für-wahr-Haltens der Wiederbelebung eines Leichnams zeigt, sondern sich in der konkreten Wirkung des Geistes erschließt, dann ist ein Weg zum Gespräch gebahnt, der sich nicht in Auseinandersetzungen um eine naturalistisch verkürzte Weltsicht verliert und die Visionen der Jüngerinnen und Jünger am Anfang dieses Weges nicht als Abweichung von der Norm und damit pathologisches Geschehen definiert.

Die Theologie sollte, anstatt sich dieser zwar Objektivität beanspruchenden, aber doch letztlich konstruierten und idealistischen Weltsicht zu unterwerfen, den Blick auf die Realität des Menschen in der Welt und seiner Hoffnung erweitern. Diesen Ansatz verfolgt Ingolf Dalferth: Die Theologie sei »weder eine empirische oder historische Wirklichkeitswissenschaft noch eine Möglichkeitswissenschaft«, sondern »*Glaubensverantwortung*«.[43] Für Dalferth ist die

[43] I. U. Dalferth, Volles Grab, leerer Glaube? Zum Streit um die Auferweckung des Gekreuzigten, ZThK 95 (1998), 379–409, 382.

Rede von der Auferstehung nicht zuerst eine Rede von Jesus oder von den Interpretationen der Jünger, sondern von Gott selbst.[44] Dalferth geht von zwei historischen Tatsachen aus, nämlich vom Tod Jesu am Kreuz und den Berichten von den Erscheinungen, die in ihrer sich ausschließenden Gegensätzlichkeit ernst zu nehmen seien, und deren Widerspruch vor dem Hintergrund des Glauben an das Handeln Gottes gelöst wird,[45] insofern Gott als Urheber der Visionen gilt.[46] Damit definiert Dalferth die Rede von der Auferstehung Jesu als Auflösung des Dilemmas zwischen jenen beiden Erfahrungen, die die Jüngerinnen und Jünger mit Jesus hatten, dass er tot und auch lebendig war.[47] Dalferth lenkt damit zugleich den Fokus weg von einer irgendwie physisch gearteten Vorstellung von Auferstehung hin zu den Konsequenzen der Erfahrung des Lebendigseins Jesu: Die Rede von der Auferstehung sei eine Rede von Gott und damit auch über den Menschen.[48] Durch die Auferstehung habe es nicht nur einen fundamentalen Wandel der Welt gegeben, wie auch Frey in seinem Aufsatz deutlich macht, der die Hoffnung eines Christen auf »die von aller Entstellung durch Sünde und Schuld befreite, unverstellte Gegenwart Gottes«[49] begründe, sondern auch eine Art Bewahrheitung der

---

[44] Vgl. a.a.O., 386.

[45] Vgl. a.a.O., 389.

[46] Vgl. a.a.O., 393. Mit den neueren Erkenntnissen aus den Neurowissenschaften in Bezug auf die Entstehung und Ausprägung des »normalen« Wachbewusstseins wäre dabei zu fragen, warum beispielsweise Visionen aufgrund ihrer Subjektivität oder Abweichung vom »normalen« Wachbewusstsein weniger »wirklich« sein sollten. Für die Betroffenen beanspruchen solche mystischen Erfahrungen Realität, vgl. D. Vaitl, Veränderte Bewusstseinszustände. Grundlagen – Techniken – Phänomenologie, Stuttgart 2012, 193. Zu Recht bemerkt Dalferth, Volles Grab (s. Anm. 43), 392, dass psychologische Aspekte einen Rekurs auf Gottes Handeln nicht ausschließen und betont zugleich, dass Gott damit gerade keine »Lückenbüßerrolle« zugewiesen werde: »Warum sollte Gott nicht durch Visionen sich und seine Gegenwart zur Geltung bringen? Warum sollte Gott nur dann theologisch Beachtung verdienen, wenn er zur Erklärung von etwas benötigt wird, was anderweitig nicht oder noch nicht erklärt werden kann?« Wenn die Theologie damit rechnet, dass es einen Gott gibt, warum rechnet sie nicht damit, dass Visionen und Auditionen eine Möglichkeit sein könnten, wie dieser Gott mit Menschen kommuniziert? Bis heute hat die Erforschung von mystischen Erfahrungen zwar Bedingungen bestimmt, die es wahrscheinlicher machen, dass solche Erfahrungen auftreten, jedoch keine endgültige Ursache für das spontane Auftreten dieser komplexen Phänomene gefunden.

[47] Vgl. Dalferth, a.a.O., 401.

[48] Vgl. a.a.O., 403.

[49] Vgl. a.a.O., 404.

Lehre Jesu von Gott als dem liebenden Vater. Vielleicht könnte die Rede von der Hingabe und Auferweckung Jesu als Moment der größtmöglichen Vaterliebe eine anschlussfähige Deutung für Christinnen und Christen, aber auch für Außenstehende sein, wenn die Rede von der Auferstehung sinnvoll gefüllt und in die heutige Sprache übersetzt werden soll.[50]

Käfer versucht das mit ihrem Ansatz bei der Auferstehung im je eigenen Leben. Im Kontext eines christlichen Lebens lässt sich das in vielerlei Hinsicht plausibilisieren, doch die Erfahrung einer Auferstehung mitten im Leben kann nur individuell gemacht werden. Sie kann nicht verallgemeinert werden, weil das »Wie« der Erfahrung und die Möglichkeiten ihrer Deutung offen und verschieden bleiben. Das gilt auch für die von Frey hervorgehobene Einsicht in die Bedeutung der Auferstehung als Beginn des Weltenwandels. Die Überwindung etwa von Leid im eigenen Leben heißt im Zweifelsfall zu lernen, mit dem Leiden zu leben. Vom Sieg Christi über den Tod, von seiner Auferstehung als apokalyptischem Weltenwandel zu sprechen, bleibt schwierig und strittig. Ob z. B. in der Kommunikation mit Menschen ohne christlichen Hintergrund eine theologische Argumentation, wie Käfer sie vorschlägt, ausreicht, bleibt fraglich. Mit den historischen und theologischen Klärungen ist das Gespräch über die Auferstehung Jesu und die Auferstehung der Toten nicht zu Ende, sondern beginnt erst.

---

[50] Davon zeugt der überraschende Welterfolg des Romans »Die Hütte – ein Wochenende mit Gott« von William P. Young (W. P. Young, The Shack. Where Tragedy Confronts Eternity. A Novel, Newbury Park, CA 2007), der in Aufnahme der Theologie Moltmanns einen Patripassianismus vertritt.

Weiterführende Fragen

1. Gerade in Anbetracht der Auferstehungsbotschaft ist die Frage nach dem Glauben zentral: Was wird aus evangelischer Sicht unter Glauben verstanden? Geht es um ein bloßes Für-wahr-Halten (*assensus*) von Aussagen auf das Zeugnis von Autoritäten (erste Zeuginnen und Zeugen, die Autorität der Kirche) hin?
2. Wieweit können historische Begründungen in der Frage der Auferstehung tragen? Was besagt der Sachverhalt, dass sich die Botschaft von Jesus so schnell nach Ostern und in vielfältiger Weise ausbreitete?
3. Welche Bedeutung hat der existentielle Erweis der Wahrheit der Osterbotschaft? Inwiefern ist dieser unverfügbare existentielle Erweis die Grundlage dafür, dass es zum (Vertrauens-)Glauben (*fiducia*) an den Auferstandenen kommen kann?

VI. »... sitzend zur Rechten Gottes, des allmächtigen Vaters«

Göttliche Allmacht und menschliche Freiheit

Die Bekenntnisaussage von der *sessio ad dexteram* nimmt die neutestamentlichen Aussagen über die Erhöhung und Inthronisation des Auferstandenen (Phil 2,9f.) »zur Rechten« Gottes (Apg 2,34; 5,31; vgl. 7,55f.; in Aufnahme von Ps 110,1) und damit seine Einsetzung in die Herrschaft über den ganzen Kosmos auf. Was zuvor in der Aussage über Jesu »Himmelfahrt« bildhaft beschrieben ist, wird nun als Status proklamiert. In der Throngemeinschaft des Sohnes mit dem Vater (Apk 5,6) kommt zur Sprache, dass der Gekreuzigte von Gott ins Recht gesetzt ist (1 Tim 3,16); damit wird zugleich die Heilswirksamkeit von Tod und Auferstehung Jesu in Kraft gesetzt. Die Rede vom »allmächtigen Vater« nimmt zwei Prädikationen aus dem ersten Glaubensartikel wieder auf, die in der biblischen Tradition zwar je für sich, aber nicht in dieser Verbindung begegnen.

Sachlich ist damit die Frage gegeben, wie sich Gottes Allmacht und seine väterliche Liebe zusammen denken lassen, insbesondere angesichts des Leidens in der Welt. Wie lassen sich angesichts des Weltgeschehens und der vielfältigen Erfahrungen von Unrecht die genannte göttliche Allmacht und menschliches Handeln im Zusammenhang verstehen? Die Aussage von der *sessio ad dexteram* stellt auch vor die Frage nach dem Verhältnis des erhöhten Christus zum Vater und nach dem Verhältnis der Herrschaft Christi zur Herrschaft Gottes des Vaters.

Gottes Allmacht und die Ermächtigung des Menschen[1]

Reinhard Feldmeier

»Und der allmächtige Vater entrafft ihn durch hohles Gewölke
Im Vierrossegespann, zu den strahlenden Sternen ihn führend.«

Das ist kein apokrypher Text über die Himmelfahrt Jesu Christi, den ich auf einem »uralten Papyrus« gefunden hätte. Dieser Zweizeiler stammt zwar aus der Zeit Jesu, aber er steht für jedermann zugänglich in den Metamorphosen des Ovid (Ov.met. 9,271 f.) und beschreibt die Erhöhung des Herakles. Als der Halbgott, der sich durch seine Mühen und Leiden als *vindex terrae*, als »Befreier der Erde« erwiesen hatte (Ov.met. 9,241), seinem Leiden durch das vergiftete Gewand des Nessos auf dem Scheiterhaufen ein Ende setzt, wird er von seinem »allmächtigen Vater« Zeus unter die Gestirne versetzt – die ideale Verkörperung des antiken *per aspera ad astra*, der Vergöttlichung als Lohn für ausgestandene Mühen und Leiden.

Die Nähe zu unserem Credo »aufgefahren in den Himmel, sitzend zur Rechten Gottes, des allmächtigen Vaters« ist schon frappierend, und es ist auch keineswegs auszuschließen, dass den frühen Christen, wenn sie im Anschluss an den als Weissagung verstandenen Ps 110,1[2] von dem nach seinen Taten und seinem Tod zur Rechten seines allmächtigen Vaters erhöhten Gottessohn sprachen, auch solche Mytheme in den Sinn kamen. Umso mehr stellt sich die Frage, was die Vorstellung einer *sessio ad dexteram* in unserem Glaubensbekenntnis zu suchen hat und was die Erhöhung eines Menschen zur Rechten des

[1] Das Folgende knüpft an Gedanken an, die ich in unserer Gotteslehre (R. Feldmeier/H. Spieckermann, Der Gott der Lebendigen. Eine biblische Gotteslehre, TOBITH 1, Tübingen 2011, 149–202) sowie in der Studie Macht – Dienst – Demut. Ein neutestamentlicher Beitrag zur Ethik, Tübingen 2012, ausgeführt habe. Die Zuspitzung auf das Mythem des Sphärenwechsels ist Teil meiner Forschungen im Rahmen der von der Altorientalistin Annette Zgoll geleiteten DFG-Forschergruppe STRATA (*Stra*tifikationsanalysen mythischer Stoffe und Texte in der Antike). An wenigen Stellen, an denen es mir sinnvoll schien, wurde die mündliche Form des Vortrags beibehalten.

[2] »Der Herr sprach zu meinem Herrn: Setze dich zu meiner Rechten, bis ich deine Feinde zum Schemel deiner Füße mache«; zum Verständnis als Weissagung vgl. Mk 12,36 par.

Allmächtigen für unser Menschsein bedeutet. Dieser Frage soll hier nachgegangen werden, und zwar – wie es der Untertitel verlangt – im Spannungsfeld von göttlicher Allmacht und menschlicher Freiheit.

1. Umstrittene Allmacht

Dieser Fragestellung entsprechend soll hier zunächst mit dem ersten Artikel des Credos begonnen werden, mit dem Bekenntnis zum allmächtigen Vater. Eine der eindrücklichsten Erfahrungen während meiner Zeit in Tübingen war die Verleihung des Dr.-Leopold-Lucas-Preises an Hans Jonas. Durch eine bedrückende Koinzidenz – sowohl die Mutter des Preisstifters als auch die Mutter des Preisempfängers waren als Jüdinnen in Auschwitz ermordet worden – sah sich der jüdische Philosoph herausgefordert, vor einer deutschen theologischen Fakultät über den »Gottesbegriff nach Ausschwitz« zu sprechen. In Anlehnung an das *Zimzum* der Kabbala, der Selbstbeschränkung Gottes als Bedingung der Möglichkeit von Schöpfung, forderte er den konsequenten Abschied von der Vorstellung eines allmächtigen Gottes, der auch in solchen Gräueln als wirksam geglaubt wird. Nur wenn auf die göttliche Allmacht verzichtet werde, könne noch an die Güte Gottes geglaubt werden, der, wie der Philosoph in seinem »Stück unverhüllt spekulativer Theologie« präzisiert, es bei der Schöpfung riskiert hat, seine Geschöpfe in die Eigenständigkeit zu entlassen. Solches war nötig, denn nur wenn der Schöpfer sich selbst beschränkt, kann das Geschöpf als eigenständiges Wesen existieren: »Ohne diese Rücknahme in sich selbst könnte es kein anderes außerhalb Gottes geben, und nur sein weiteres Zurückhalten bewahrt die endlichen Dinge davor, ihr Eigensein wieder ins göttliche ›alles in allem‹ zu verlieren.«[3] Göttliche Absolutheit und menschliche Eigenständigkeit schließen sich deshalb nach Jonas aus, und damit auch die Allmacht Gottes und die Freiheit des Menschen.

Mir wurde damals zum einen klar, dass ich nicht mehr einfach den »Herren, der alles so herrlich regieret« (EG 316,2) loben kann, ohne mich diesen Anfragen zu stellen. Andererseits aber fand ich die Preisgabe des Vertrauens, dass »bei Gott kein Ding unmöglich« ist, wie im Neuen Testament wiederholt betont wird, für einen Christen-

[3] H. Jonas, Der Gottesbegriff nach Auschwitz. Eine jüdische Stimme, st 1516, Baden-Baden 1987, 46.

menschen ebenso wenig akzeptabel. Denn im Zentrum der Botschaft Jesu steht ja die anbrechende Herrschaft Gottes, der Gottessohn tritt auf mit der Vollmacht seines Vaters, seine Wunder heißen »Machttaten«, und seine Überzeugung, dass die Toten auferstehen, begründet er mit der δύναμις θεοῦ (Mk 12,24–27 par.). Eben diese Macht Gottes zeigt sich für Paulus im Evangelium, durch sie besiegt der »Kyrios«, d.h. Christus als der Herr den Tod als den »letzten Feind« (1 Kor 15,26). Und die Offenbarung kann sich das Abwischen aller Tränen nur vom Allmächtigen erhoffen, der »die kaputt macht, die die Erde kaputt machen« (Apk 11,18). Selbst an der einzigen Stelle im Neuen Testament, an der Paulus im Zusammenhang seiner Kreuzestheologie von der Schwäche Gottes spricht, da formuliert er das Paradox, dass dieses »Schwache Gottes stärker ist als [alle Stärke] der Menschen« (1 Kor 1,25). Das Vertrauen in die Macht Gottes ist also unverzichtbarer Bestandteil der neutestamentlichen Frohbotschaft.

Die paulinische Rede vom »Schwachen Gottes« enthält nun allerdings schon einen Hinweis auf das, was im Folgenden entfaltet werden soll: Wenn für die Rede von der Macht Gottes bei aller Überlegenheit doch auch ein Moment der Schwäche konstitutiv ist, dann muss sie etwas anderes sein als die *via eminentiae* verabsolutierte Macht der Gewalt, etwas anderes als die totalitäre Dominanz, die Jonas der Allmachtskonzeption unterstellt.

Schaut man – solchermaßen sensibilisiert – noch einmal in das Neue Testament, so fällt als Erstes auf, dass dort nirgends verobjektivierend von »Allmacht« gesprochen wird. In der Johannesoffenbarung wird vielmehr von dem Allmächtigen gesprochen, und diese Personalisierung der Rede von der Allmacht zeigt schon an, dass es dort nicht um die Idee absoluter Übermacht geht, sondern um eine Prädikation des göttlichen Retters. Noch bedeutsamer ist die Beobachtung, dass die Offenbarung mit ihrem wiederholten Bezug auf den Allmächtigen im neutestamentlichen Kanon einen Sonderfall darstellt: Bis auf eine Ausnahme[4] meiden die übrigen Schriften bei den Benennungen Gottes nicht nur die Kategorie des Allmächtigen, sondern auch nahezu alle anderen Machtprädikate. Obgleich im Zentrum von Jesu Botschaft die Königsherrschaft Gottes steht, wird Gott nicht König genannt. Kyrios, »Herr«, das in der Septuaginta weit mehr als 6000-mal das Tetragramm wiedergibt, wird auf

---

[4] In 2 Kor 6,18 wird das Prädikat aufs engste mit der göttlichen Vaterschaft verbunden; vgl. dazu FELDMEIER/SPIECKERMANN, Gott (s. Anm. 1), 187–190.

den Gekreuzigten übertragen. Auch andere Herrscherprädikate, die im zeitgenössischen Judentum gebräuchlich sind,[5] sind selten oder fehlen ganz. Offenbar war man sich der Gefahr bewusst, dass ein mit Machtprädikaten bezeichneter Gott leicht als Prädikatsbegriff für Übermacht missverstanden werden kann und mied deshalb entsprechende Attribute.

Sieht man nun weiter, wo und wie von Gottes Macht und Vermögen gesprochen wird, so ist eine formgeschichtliche Beobachtung wichtig: Wenn etwa Jesus in Gethsemani betet: »Abba, Vater, alles ist dir möglich« (Mk 14,36), so spekuliert er nicht über eine bindungslose göttliche *potentia absoluta*, sondern er wendet sich vertrauensvoll an die unbegrenzten Möglichkeiten seines himmlischen Vaters. Das ist für das biblische Theologumenon der Macht Gottes charakteristisch. Wie schon im Alten Testament und im Antiken Judentum[6] ist auch im Neuen Testament der Sitz im Leben der Aussagen über Gottes unbegrenzte Möglichkeiten die Bitte, der Zuspruch, die Vertrauensäußerung oder das Bekenntnis.[7] Es geht bei Gottes Herrschaft um personal bestimmte Rettermacht, und diese hebt nicht die menschliche Freiheit auf, sondern ermöglicht sie. Entsprechend gebraucht Jesus die vom Vater verliehene Vollmacht nie zur Selbstdarstellung – Beglaubigungswunder lehnt er durchweg ab. Seine ἐξουσία setzt er nur ein, um Kranken und Schwachen aufzuhelfen und Besessene zu befreien. Seine Macht, so sagt er prägnant, ist im Gegensatz zu den Machthabern dieser Welt nicht die Dominanz des Unterdrückers, sondern die Autorität des Dienenden (Mk 10,42–45 par.).

Die von Jonas postulierte Selbstbegrenzung der göttlichen Macht findet sich also bereits im Neuen Testament. Aber schon für Jesus bedeutet solche Selbstbegrenzung keineswegs Ohnmacht; sie stellt vielmehr eine alternative Form der Macht dar, welche gerade dadurch Einfluss gewinnt, dass sie die Eigenständigkeit des Gegenübers nicht aufhebt, sondern sie befördert. In diesem Sinn muss daher erst im Begriff der Macht differenziert werden, ehe über Sinn und Unsinn der Rede von Gottes Macht und Allmacht geurteilt wird.

[5] Vgl. 3 Makk 2,2 f.: μόναρχος, δεσπότης, δυνάστης oder ἐπικρατῶν.
[6] Vgl. dazu Feldmeier/Spieckermann, Gott (s. Anm. 1), 175–180.
[7] Vgl. Mk 9,23 par.; 10,27 par.; Lk 1,37; Apk 11,17.

2. Die *sessio ad dexteram* als Heilsgeschehen

Im Kontext eines solchen Machtdiskurses hat das Bekenntnis der Erhöhung des Gekreuzigten zur Rechten des Vaters eine mehrfache Pointe:

1. Zum einen zeigt sie, dass der eine Gott Israels, der als der Herr des Himmels und der Erde bekannt wird, diese Herrschaft nicht als μόναρχος für sich behält, sondern dass er sie teilt, indem er den Menschen Jesus zu seinem Throngenossen macht. Mehr noch: Nach dem Philipperhymnus, dem vielleicht ältesten Text, der die Erhöhung Christi besingt, verleiht er ihm sogar seinen eigenen »Namen über jedem Namen«, so dass dem Gekreuzigten nun die Ehrung der kosmischen Mächte zuteilwird, die im alttestamentlichen Prätext Jes 45,23 allein dem einen und einzigen Gott gebührt. Seine Herrlichkeit erweist dieser Gott nach dem Hymnus darin, dass er den Gekreuzigten zum »Allerhöchsten« einsetzt, wie man das ganz ungewöhnliche ὑπερ-ύψωσεν von Phil 2,9 wörtlich übersetzen muss.

2. Der da aber zum »Allerhöchsten« eingesetzt wird, ist kein Herakles, der schon zu seinen Lebzeiten seine göttlichen Gene demonstrierte, so dass durch die Erhöhung nur seine übermenschliche Natur bestätigt und vollendet würde. Erhöht wird nach Phil 2,6–11 vielmehr der, der es gerade nicht für ein »gefundenes Fressen« hielt, göttlich zu sein. Im markanten Gegensatz zum ersten Adam, der sein wollte wie Gott und so für sich und für alle, die an seiner *libido dominandi*[8] teilhaben, das Paradies verspielt hat, hat dieser neue Adam sich all seiner Hoheit entäußert und bis zum denkbar tiefsten Punkt erniedrigt. Dessen Einsetzung zum Kyrios und damit zum »Allerhöchsten« ist Gottes Antwort auf den Machtverzicht.

3. Was der Philipperhymnus kühn als ein innergöttliches Geschehen entfaltet, das findet sich in bekenntnismäßigen Formulierungen über das ganze Neue Testament verteilt. Dabei wird dann aber immer wieder deutlich gemacht, dass die Pointe dieses Geschehens in der Soteriologie liegt. Schon im Kontext des Philipperbriefes weist der Hymnus auffallend enge sprachliche Bezüge zu Phil 3,20 f. auf,[9] wo Paulus

---

[8] Bernhard von Clairvaux, De consideratione ad Eugenium papam, 3. Buch I,2: *nam nullum tibi venenum, nullum gladium plus formido, quam libidinem dominandi* – »denn ich fürchte für dich kein Gift, kein Schwert mehr als die Lust am Herrschen«.

[9] Es sind dies die Prädikation Kyrios Jesus Christos (2,11/3,20), die Wortfelder ταπεινός κτλ. (2,3.8/3,21), σχῆμα κτλ. (2,7/3,21), μορφή κτλ.

auf den Kyrios Jesus Christos als den aus dem Himmel kommenden Retter (σωτήρ) verweist, »der den Leib unserer Niedrigkeit verwandeln wird, gleichgestaltet dem Leib seiner Herrlichkeit gemäß der Wirkkraft (ἐνέργεια), die ihn befähigt, sich[10] das All zu unterwerfen«.

Schön ist hier noch einmal zu sehen, dass die göttliche Macht über das All Rettermacht ist und als solche Bedingung der Möglichkeit von Erlösung qua Neuschöpfung. Der zur Rechten Gottes Erhöhte vertritt uns ja vor Gott, so dass uns nichts mehr von seiner Liebe scheiden kann, wie Paulus in Röm 8,34 f. unterstreicht. Die mit den Begriffen δύναμις, ἐνέργεια, κράτος und ἰσχύς wiedergegebene göttliche Macht, die bei der Erhöhung Christi zur Rechten Gottes wirksam ist, wird nach Eph 1,18–23 in den Glaubenden wirksam.[11] Der 1. Petrusbrief betont, dass durch den auferweckten, zur Rechten Gottes aufgefahrenen und dort über die Engel, Mächte und Gewalten herrschenden Christus die Rettung geschieht (1 Petr 3,21 f.). Im Johannesevangelium bringt der in den Himmel Gefahrene den Seinen ewiges Leben (Joh 3,11–16), im Hebräerbrief wird das Sitzen zur Rechten Gottes mit dem Selbstopfer Christi für die Sünden verbunden, durch das er die Glaubenden vollendet (Hebr 10,12–14), und in der Offenbarung des Johannes ist es das mit Gott zusammen angebetete Lamm (Apk 5,13 f.), welches die Erneuerung der Welt heraufführt (Apk 21,1–7).

Gemeinsam ist allen diesen Schriften, dass Jesus durch seine Erhöhung nicht von der Welt und den Seinen getrennt wird, sondern vielmehr ihnen in neuer Weise nahekommt – als Fürsprecher, Retter, Beistand. Das wird noch einmal besonders deutlich bei der Inszenierung der Erhöhung als Himmelfahrt im Doppelwerk des Lukas. Bezeichnend ist schon, dass jener Vorgang eben nicht Himmelfahrt genannt wird, sondern ἀνάλημψις, die »Aufnahme« (und zwar durch den himmlischen Vater). Damit wird der personale Charakter dieses Geschehens unterstrichen. Zugleich betont auch Lukas, dass Jesus dadurch in neuer Weise bei den Seinen gegenwärtig ist, indem er sie mit Gottes Kraft begabt: »Und siehe, ich will auf euch die Verheißung meines Vaters herabsenden. Ihr aber bleibt in der Stadt, bis ihr ausgerüstet werdet mit der Macht aus der Höhe« (Lk 24,49). Als Verheißung der »Macht des Heiligen Geistes« wird dies in Apg 1,8

(2,6.7/3,21), πᾶς κτλ. (2,9.10.11/3,21) und οὐρανός κτλ. (2,10/3,20) sowie δόξα (2,11/3,21).

[10] Für das sprachlich näherliegende »ihm«, das dann wohl nur auf Gott bezogen werden könnte (vgl. 1 Kor 15,26–28), fehlt im Kontext der Bezug.

[11] Vgl. auch Eph 6,10–18.

wiederholt und in der Pfingstgeschichte narrativ entfaltet. Damit noch einmal zur Macht.

3. Nicht Entmachtung, sondern Ermächtigung

Nicht erst seit »Lord of the Rings« wissen wir, dass Macht korrumpiert und dass absolute Macht absolut korrumpiert. Besonders die jung zu schier unbegrenzter Macht gekommenen Kaiser Caligula und Nero boten den frühen Christen in dieser Hinsicht reiches Anschauungsmaterial. Ein untrügliches Zeichen des Verfallenseins an die Macht ist, dass sie nicht mehr freiwillig abgegeben werden kann – die vielen Tyrannen dieser Welt legen bis heute davon beredtes Zeugnis ab. Auf diesem Hintergrund ist es zuhöchst aufschlussreich, dass die biblische Rede von der göttlichen Macht auf zwei Protagonisten bezogen wird, die in radikaler Weise auf ihre Eigenmächtigkeit verzichten: Der Gottessohn »äußert sich all seiner G'walt, wird niedrig und gering, und nimmt an eines Knechts Gestalt, der Schöpfer aller Ding« – um Phil 2,6–8 mit den Worten des Weihnachtsliedes (EG 27,3) wiederzugeben. Der Vater wiederum gibt diesem neuen Adam, der sich bis zum Tod am Kreuz erniedrigt hat, seinen Namen und damit die bislang von ihm allein eingenommene Position des Weltenherrn. Der solchermaßen Erhöhte wiederum, so könnte man im Anschluss an die Ausführungen in 1 Kor 15,21–28 fortfahren, nützt die so gewonnene Macht dazu, Gottes Herrschaft aufzurichten, indem er alle lebensfeindlichen Mächte vernichtet mit dem erklärten Ziel, dass wieder der Vater »alles in allem« ist.

Dieser alternative Charakter der nicht selbstsüchtig vereinnahmten, sondern in Zuwendung geteilten göttlichen Macht, die Paulus hier mithilfe einschlägiger Mytheme in dem innergöttlichen Verhältnis von Vater und Sohn verankert, entspricht seiner eigenen Erfahrung mit der Macht Gottes, wie er sie v.a. im 2. Korintherbrief immer wieder beschreibt. Aus diesem sei hier die »Narrenrede« 2 Kor 11f. herausgegriffen, in der Paulus aus der Perspektive der sich am Kreuz offenbarenden Macht Gottes eine Art Resümee seines Lebens zieht.[12] Anlass ist der Vorwurf anderer Apostel, dass sich seine angebliche Autorisierung durch Christus nicht durch beeindruckendes Auftreten

[12] Vgl. zum Ganzen U. HECKEL, Kraft in Schwachheit. Untersuchungen zu 2. Kor 10–13, WUNT II/56, Tübingen 1993.

verifizieren lasse. Wer Gott hinter sich hat, so die Argumentation der Gegner, bei dem müsse erkennbar sein, dass er gleichsam online mit dem Himmel ist. So aus seiner eigenen Gemeinde herausgedrängt, steckt der Apostel in einer Zwickmühle, denn er will einerseits die von den »Überaposteln« (2 Kor 11,5) bezirzte Gemeinde wieder für sein Evangelium gewinnen, sich aber andererseits nicht mit seinen Gegnern einen Wettkampf im Selbstruhm liefern, durch den er diesen in der Sache recht geben und damit seine Kreuzestheologie Lüge strafen würde. Paulus löst das Dilemma mit einem rhetorischen Meisterstück, jener »Narrenrede«, in der er zwar immer wieder eindrucksvolle Machttaten und Erlebnisse dartut, aber diese zugleich mit ihrer Präsentation als törichtes Rühmen destruiert und dabei die Problematik eines solchen »Sich-Aufblasens« betont, das anderen ihre Unterlegenheit demonstriert und so die Gemeinde nicht aufbaut, sondern zerstört. Deswegen rühmt er sich seiner Schwäche, welche ihn sensibel macht für die Schwächen der anderen: »Wer ist schwach, und ich bin nicht schwach? Wer hat Grund zur Empörung, und ich brenne nicht?« (2 Kor 11,29). Diese Bereitschaft zum Mitleiden, die notwendigerweise mit Verletzlichkeit einhergeht, hat den Apostel befähigt, eine ganz erstaunliche Anzahl von Frauen und Männern (wir kennen allein 50 mit Namen!)[13] so zu motivieren, dass sie ihn als Mitarbeiter bei seiner weltumspannenden Mission aktiv unterstützten. Doch die Frage der Schwäche und Stärke berührt nicht nur das »horizontale« Verhältnis zum Nächsten, sondern auch und zuerst das »vertikale« zu Gott. Denn die »Selbstaufblähung« drängt nicht nur die Mitmenschen an den Rand, sondern lässt auch Gott keinen Raum und damit auch keine Möglichkeit, den Menschen so mit seiner Kraft zu erfüllen, dass sich in ihm »das Schwache Gottes« als stärker erweist als die Stärke der Menschen.

Deshalb schließt der Apostel seine Narrenrede gerade nicht mit den Dingen, deren er sich in den Augen der Korinther rühmen könnte, nicht mit seinen Wundern, die er unter ihnen gewirkt hat (2 Kor 12,12; vgl. Röm 15,19), nicht mit seiner bekannten Christuserscheinung, und selbst von seiner Himmelsreise, die ihn immerhin bis ins dritte Paradies entrückt hat (2 Kor 12,3 f.), spricht er nur distanzierend in der dritten Person. Stattdessen schließt er seine Rede provokativ mit der Antigeschichte eines Scheiterns ab. Wie schon bei Jesus

---

[13] Vgl. E. Ebel, Das Missionswerk des Paulus, in: O. Wischmeyer (Hg.), Paulus. Leben – Umwelt – Werk – Briefe, UTB 2767, Tübingen/Basel ²2012, 119–128, 125.

in Gethsemani geht es auch hier um ein dreimaliges Gebet, das nicht erhört wurde: Die Bitte um Befreiung von einer Krankheit, die der Apostel den »Pfahl im Fleisch« nennt. Paulus kann diese Niederlage zu seinen Gunsten anführen, weil Christus selbst die Ablehnung der Bitte mit der Zusage seiner machtvollen Gegenwart gerade in der Schwachheit des Apostels kommentiert hat: »Dir genügt meine Gnade, denn die *Macht* vollendet sich in Schwachheit« (2 Kor 12,9a). Was zunächst die Vorwürfe einer schwachen Spiritualität des Apostels zu bestätigen scheint, wird zur Bewährung seiner Stärke, die aus der Verbindung mit seinem erhöhten Herrn kommt, so dass Paulus folgern kann: »Deshalb will ich mich lieber meiner Schwachheiten rühmen, damit bei mir die Macht Christi einwohnt« (2 Kor 12,9b). So kann der Apostel zuletzt sogar den scheinbar paradoxen Schluss ziehen: »So oft ich schwach bin, bin ich mächtig« (2 Kor 12,10).

Wenn Paulus so von Gottes Macht spricht, dann macht er nicht aus der Not eine Tugend, denn er kann ja gerade aufgrund jener ihm »einwohnenden« Macht Christi auf seinen ungeheuren Missionserfolg hinweisen: Als er den 2. Korintherbrief schreibt, ist er im Begriff, das römische Reich seinem gekreuzigten Herrn zu unterwerfen »in der Macht (ἐν δυνάμει) von Zeichen und Wundern, in der Macht (ἐν δυνάμει) des Geistes Gottes«, wie er in Röm 15,19 sagt. Solche Macht ist freilich keine »fleischliche« Macht (2 Kor 10,3 f.), sondern eine, die als geistliche Macht von Gott verliehen ist und über die er folglich nicht wie über eine Zauberkraft eigenmächtig verfügt, sondern die nur im Zusammensein mit Gott und in der Beziehung zu anderen sich als Macht erweist, als eine »Vollmacht«, die ihm vom Herrn verliehen wurde, um »zu erbauen und nicht zu zerstören« wie der Apostel gleich am Eingang der Auseinandersetzung betont (2 Kor 10,8) und am Ende des Briefes noch einmal unterstreicht (2 Kor 13,10). So »hilft der Geist unserer Schwachheit auf«, wie der Apostel im Römerbrief sagt (Röm 8,26), oder wie er in Gal 3,5 schreibt: »[Gott] gewährt euch den Geist und bewirkt in euch Machttaten (δυνάμεις).« Selbst der des Kämpfens müde (Phil 1,23) und im Gefängnis äußerlich machtlose Apostel kann deshalb in Phil 4,13 nachgerade provokativ formulieren: »Ich bin zu allem fähig durch den, der sich in mir als Macht erweist.« Wie elementar für den Apostel diese Erfahrung einer seiner Schwäche einwohnenden Macht Gottes war, zeigt sich daran, dass er sie mit einem eigenen Wort auf den Begriff bringt: ἐνδυναμοῦν, das Zueignen von Macht, die »Ermächtigung«, ein Gedanke, der über die amerikanische Gemeindepsychologie als *empowerment* Eingang in moderne Management- und Sozialhilfekonzepte gefunden hat.[14]

Paulus ist nicht der einzige, der im Neuen Testament Gottes Macht als zugeeignete versteht: »Alles ist möglich dem, der glaubt« spricht Jesus dem verzweifelten Vater zu (Mk 9,23; vgl. 10,27), der Epheserbrief entfaltet das im Bild der geistlichen Waffenrüstung (Eph 6,10–17) und in der Offenbarung werden diejenigen, die ausgeharrt haben, zu Herrschern und Richtern auf Thronen (Apk 20,4). In gewisser Weise kann man das gesamte Neue Testament lesen als die Geschichte eines Machtkampfes zwischen zwei einander entgegengesetzten Ausprägungen von Macht: Da ist auf der einen Seite die zerstörerische Eigenmächtigkeit der Gewalt, die sich vom ersten Buch des Neuen Testaments, vom Kindermord in Bethlehem (Mt 2,16–18) bis zum letzten, der vom Blut der Heiligen trunkenen Hure Babylon in der Apokalypse (Apk 17,6) austobt und die am Kreuz scheinbar den Sieg erringt. Diese verabsolutierte, im Eigeninteresse gebrauchte Macht wird Jesus in der Versuchungsgeschichte vom Teufel angeboten. Indem er sie ablehnt, macht der Gottessohn deutlich, dass seine Herrschaft nicht von der Art dieser Welt ist (Joh 18,36). Vielmehr ist die von ihm bzw. in seinem Namen ausgeübte Macht eine geistliche Kraft, sie ist nicht die *potestas* der Gewalt, sondern die *auctoritas* des Dienenden (Mk 10,42–45).

4. Die Allmacht des Vaters und die Freiheit der Gotteskinder

Damit zum Verhältnis von göttlicher Allmacht und menschlicher Freiheit. Wenn das Credo die Allmacht dem Vater zuschreibt, der in Christus zum »Gott für uns« geworden ist und uns mit seinem Sohn »alles schenkt« (Röm 8,32), dann muss auch das Prädikat παντοκράτωρ als eine dem endlichen Menschen zugutekommende Eigenschaft dieses Vaters gedeutet werden.

Gestatten Sie mir hierzu zunächst etwas Philologie. Die geläufige Übersetzung von παντοκράτωρ mit »allmächtig« verengt den Assoziationshorizont im Blick auf das reine Machtdenken. Das Verb κρατεῖν

[14] Vgl. K. Blanchard/J. P. Carlos/A. Randolph, Management durch Empowerment. Das neue Führungskonzept. Mitarbeiter bringen mehr, wenn sie mehr dürfen, Hamburg 1999.

bedeutet nicht nur herrschen, sondern auch – so Liddell/Scott – *to hold in the hand, to repair, to make good.*[15] Das hat Augustinus bereits dazu veranlasst, *Pantokrator* nicht mit *omnipotens* (allmächtig), sondern mit *omnitenens* (allerhaltend) zu übersetzen; gleiches tut die syrische Übersetzung des Neuen Testaments. Zudem ist παντοκράτωρ ein *nomen actionis*, es geht also nicht primär um eine göttliche Eigenschaft, sondern um ein Tätig-Sein (das entsprechende *nomen qualitatis*, das Allmacht als Eigenschaft bezeichnet, ist das im paganen Bereich vorkommende παγκρατής, während παντοκράτωρ Bibelgriechisch ist). Daher könnte man παντοκράτωρ am besten umschreiben mit den Worten jenes Spiritual, mit dem die schwarzen Sklaven Amerikas die Macht ihres Gottes gepriesen haben: *He's got the whole world in his hand.* Michel Foucault hat das die pastorale Macht des biblischen Gottes genannt.[16]

Als Kraft, die unserer Schwachheit aufhilft, kann diese Macht schon jetzt erfahren werden, wie der Apostel an seinem eigenen Beispiel deutlich macht. Aber es handelt sich eben nicht um die Zauberkraft eines *Deus ex machina*, sondern um die Macht des Gekreuzigten, die ihre Wirksamkeit im Mitleiden entfaltet (Röm 8,17; vgl. 2 Kor 4,10–12), in der teilnehmenden Verletzlichkeit (2 Kor 11,29). Zu ihr gehören daher nicht dic schnellen Lösungen, sondern die Geduld und das Ertragen (vgl. Kol 1,9–11). Dietrich Bonhoeffer hat diese geistliche Kraft – und das klingt wie eine Replik auf Jonas *avant la lettre* – dahingehend präzisiert, dass Gott »durch seine Ohnmacht in der Welt Macht und Raum gewinnt«.[17]

Eine solche väterliche Macht blendet nicht aus, dass die ganze Schöpfung noch stöhnt und seufzt und der Erlösung harrt (Röm 8,18–22), sie überhört nicht den klagenden Schrei der Opfer: »Wie lange noch, o Herr« (Apk 6,10). Insofern enthält das Bekenntnis zum *All*mächtigen immer auch einen eschatologischen Vorbehalt: Dass Gottes Herrschaft wirklich stärker ist als alles, was hier und heute noch Macht beansprucht, das muss er selbst erst noch erweisen. Insofern ist das Bekenntnis der Allmacht des Vaters, wie sie sich im ersten Artikel findet, nur möglich im Modus der Hoffnung, die

[15] H. G. Liddell/R. Scott, A Greek-English Lexicon, 991.

[16] M. Foucault, Omnes et singulatim. Zu einer Kritik der politischen Vernunft, in: ders., Schriften in vier Bänden (Dits et écrits), Bd. 4, Frankfurt a. M. 2005, 160–198, bes. 167–181.

[17] D. Bonhoeffer, Widerstand und Ergebung. Briefe und Aufzeichnungen aus der Haft, Dietrich Bonhoeffer Werke Bd. 8, München 1998, 535.

nicht selten ein Hoffen gegen alles Hoffen ist (Röm 4,18). Dennoch ist solche Hoffnung nicht bloßes Wunschdenken; vielmehr stärkt die von den Psalmisten über Paulus bis hin zu Martin Luther King[18] immer wieder gemachte Erfahrung, dass »der HERR meine Stärke ist«, dass »ich alles vermag durch den, der mich mächtig macht«, trotz aller Anfechtungen getragen von dem Vertrauen, dass die Herrschaft Gottes, um deren Kommen wir täglich im Herrengebet bitten, sich endgültig durchsetzen und der himmlische Vater »alles in allem« sein wird (1 Kor 15,28).

Weil das vom Vater gesagt wird, bedeutet solches »alles in allem« nicht die Aufhebung aller endlichen Freiheit in eine göttliche Totalität hinein, wie Hans Jonas unterstellt, sondern es bezeichnet, wie der Gebrauch der gleichen Wendung drei Kapitel vorher (1 Kor 12,6) zeigt, die Begabung des Menschen durch den seine Kraft mitteilenden Gott. Gottes Geist als die Gestalt seiner ermächtigenden Macht stellt deshalb nicht eine Begrenzung der menschlichen Freiheit dar, sondern ist die Bedingung ihrer Möglichkeit: »Wo der Geist des Herrn ist, da ist Freiheit« (2 Kor 3,17). Deshalb kann der 1. Petrusbrief das Oxymoron bilden, dass die Christen als Sklaven Gottes Freie sind (1 Petr 2,16). Und deshalb haben die amerikanischen Sklaven den Gott, *who's got the whole world in his hand*, nicht als Einschränkung ihrer Freiheit empfunden, sondern als Grundlage ihrer Hoffnung auf Befreiung von der menschlichen Unterdrückung gepriesen: *Let my people go*.

Dass solche Freiheit, die aus der Bindung an Christus resultiert, dann ihrerseits verbindliche Folgen hat und zum Dienst am anderen verpflichtet, wird von Paulus immer wieder betont, vor allem im Galaterbrief (Gal 5,13 f). Das aber ist das Thema des folgenden Kapitels. Hier sollen noch einmal die Implikationen der Erhöhung Christi im Kontext des zweiten Glaubensartikels bedacht werden.

---

[18] Vgl. seine Predigt mit dem »Brief des Paulus an die amerikanischen Christen«, mit der er 1956 seinen Mitkämpfern um Bürgerrechte zuruft, dass ihr Weg zwar ins Leiden gehen kann, dass sie auf diesem aber die Erfahrung machen werden, dass unbewaffnete Liebe die stärkste Macht der Welt ist. Vgl. A Knock at Midnight. Inspiration from the Great Sermons of Martin Luther King, Jr., hg. v. C. Carson, New York 1998, 414–420.

5. Beschluss: Trinitarische Überlegungen

Bei einer Pfarrkonferenz fragte mich ein Kollege, der leidenschaftlich im interreligiösen Dialog engagiert war: »Könnten wir das mit der zweiten Person der Trinität nicht einfach lassen? Wir glauben doch alle, dass Gott nur einer ist. Und seien wir doch einmal ehrlich: Jesus war doch nicht Gott, sondern er war – wie Moses und Mohammed auch – ein menschlicher Mittler des einen und höchsten Gottes.« Und um es dem Exegeten schmackhaft zu machen, fügte er gleich die Bibelstelle hinzu: Jesus habe doch selbst im Johannesevangelium gesagt: »Der Vater ist größer als ich.« Das klingt nach einer verführerisch einfachen Abkürzung, Hindernisse der Verständigung zu umgehen. Aber jeder erfahrene Bergsteiger und jeder ordentliche Theologe weiß, dass Abkürzungen, die verführerisch einfach scheinen, Wege sind, auf denen man abstürzt. So auch hier.

Zunächst habe ich den Fragesteller darauf hingewiesen, dass Jesus im gleichen Evangelium unmittelbar im Anschluss an die Stelle, die er eben zitiert hat (Joh 10,29), auch sagt: »Ich und der Vater sind eins« (Joh 10,30; vgl. 17,11), oder: »Wer mich sieht, sieht den Vater« (Joh 14,9; vgl. 12,45), ja dass Jesus bei Johannes sogar dreimal Gott genannt wird (Joh 1,1.18; 20,28). Aber mit der bloßen Zitierung von Bibelstellen ist ja noch nichts gewonnen, wenn man nicht den guten Sinn der Rede von der Erhöhung Christi versteht.

Und hier ist zu sagen: Wenn man von einem Gott spricht, der sich eines Mittlers bedient, um sich der Welt mitzuteilen, um sich zu »offenbaren«, dann ist dieser Gott oben und wir sind unten. Es geht also um eine Hierarchie, die der Mittler – gegebenenfalls durch weitere Zwischenmächte wie die Engel oder die Kirche ergänzt – überbrückt, wobei das Machtgefälle nicht in Frage gestellt wird, wie man schon im Neuen Testament an 1 Tim 2,5 f. sehen kann. Zu diesem Gott muss man aufsteigen. Wenn dagegen derjenige, der den Weg der äußersten Erniedrigung bis ans Kreuz gegangen ist, zur Rechten Gottes erhöht ist, und Gott ihm seinen eigenen Namen verliehen hat, dann ist ein solches hierarchisches Denken, das von der Entgegensetzung von oben und unten, von himmlisch und irdisch, von göttlich und menschlich bestimmt ist, durchbrochen. »Er wird ein Knecht und ich ein Herr, das mag ein Wechsel sein«, um noch einmal das Weihnachtslied zu zitieren (EG 27,5).

Martin Luther hat es in einem hübschen Gleichnis ausgedrückt: Es war einmal ein frommer Mann, der wollte schon in diesem Leben in den Himmel kommen. Darum bemühte er sich ständig in den Werken der Frömmigkeit und Selbstverleugnung. So stieg er auf der Stufenleiter der Vollkommenheit immer höher empor, bis er eines Tages mit seinem Haupte in den Himmel ragte. Aber er war sehr enttäuscht: Der Himmel war dunkel, leer und kalt. Denn Gott lag auf Erden in einer Krippe.[19]

Gott lag in der Krippe, weil er gerade in der Niedrigkeit als Gott gegenwärtig war. Nochmals: Das ist nicht einfach nur Ohnmacht. In der Annahme der Niedrigen übt dieser Gott, so sagt es das Magnifikat kurz vor der Geburt in der Krippe, »Gewalt mit seinem Arm«, er hat »die Mächtigen vom Thron gestoßen und die Niedrigen erhöht« (Lk 1,51 f.). Denn der Gott, der den Gekreuzigten zum Allerhöchsten eingesetzt hat, ist nicht die Spitze eines Machtgefüges, wie dies auch der *pater omnipotens* in der eingangs zitierten Passage bei Ovid ist, sondern er ist schöpferische Liebesmacht, welche diese Wirklichkeit *de profundis* verwandelt. Seine Hoheit äußert sich nun darin, dass er in Christus den Niedrigen erhöht, seine Gerechtigkeit darin, dass er in Christus den Sünder gerecht spricht (Röm 3,26), seine Heiligkeit darin, dass er in Christus den Heillosen heiligt (1 Kor 1,2; 6,11 u. ö.), und seine Lebendigkeit darin, dass er die Toten lebendig macht (Röm 4,17; 8,11; 1 Kor 15,22).

Oder nochmals im Blick auf unser Thema formuliert: Durch den »Geist des Sohnes« verwandelt Gott die gefallenen und so sich selbst verfallenen Geschöpfe – Sklaven, wie Paulus sie nennt – in das Bild seines Sohnes (Röm 8,29; Phil 3,21; 2 Kor 3,18; vgl. 1 Kor 15,49.52 f.) und macht sie so zu seinen Kindern und Erben (Gal 4,4–7; Röm 8,14–17). *In summa:* Die Gemeinschaft mit dem allmächtigen Vater macht frei, weil er – zusammen mit dem zu seiner Rechten inthronisierten Sohn – die zu ihm Gehörenden erhöht. Seine Macht entmachtet deshalb nicht, sondern sie ermächtigt.

---

[19] Zitiert nach U. Feldmeier, GottesStille. Heilsbronner Impulse für eine Spiritualität der Ökumene, Nürnberg/Neuendettelsau 2011, 215.

Allmächtige Herrschaft und die Freiheit der Christgläubigen

14 Thesen

Martin Wendte

»Allmächtige Herrschaft und die Freiheit der Christgläubigen«: Diese Formulierung benennt in existentieller Hinsicht ein Lebensthema, das zu immer neuem Bedenken der eigenen Lebensgeschichte und der Geschichtsverläufe Anlass gibt. Manche dieser Überlegungen haben einen lobenden oder dankenden Duktus: Wie wunderbar hat Gott die Welt eingerichtet, dass ich in fröhlicher Freiheit mein Leben gestalten kann! Manche dieser Überlegungen haben einen fragenden Duktus: Wie genau habe ich mir das vorzustellen, dass der allmächtige Gott dem Menschen Freiheit gewährt – konkurriert Gottes Allmacht nicht vielmehr mit menschlicher Freiheit? Wiederum andere dieser Überlegungen haben einen klagenden oder anklagenden Duktus: Hätte Gott – wenn er allmächtig ist und der liebende Gott des Christentums – nicht die Verwundung dieses Kindes verhindern müssen? In existentieller Hinsicht gibt das Thema des Aufsatzes somit Anlass zu Lob und Bitte, Dank und Klage: und zu vertiefter, letztlich vielleicht unabschließbarer (Selbst)Reflexion.

Mit dem Thema des Aufsatzes wird damit in intellektueller Hinsicht eine Frage benannt, deren umfassende Beantwortung mindestens eine eigene Monographie verlangt. Im begrenzten Rahmen dieses Aufsatzes will ich mich dennoch nicht bloß auf einige Detailprobleme fokussieren. Vielmehr soll ein Netzwerk an übergreifenden Aussagen entwickelt werden, um grundlegende Aspekte des Themas in ihren Zusammenhängen vor Augen zu führen. Die wichtigsten Zusammenhänge und Verweise sind in den Thesen selbst explizit gemacht. Die Hauptintention dieser Aussagen besteht darin, den fragenden Duktus des Umgangs mit dem Thema aufzunehmen und damit zu erhellen, in welchen Formen Gott seine Allmacht einsetzt, um menschliche Freiheit zu ermöglichen. Dabei wird dargelegt, dass bereits Gottes Wesen so zu denken ist, dass es Allmacht und Liebe zugunsten der Liebe verbindet. Entsprechend sind Gottes Eigenschaften solche, die geschöpfliches Sein schaffen und zu eigener Freiheit ermächtigen (Thesen 1 bis 4). Sodann wird genauer dargelegt, wie der dreieinige Gott durch die Schöpfung, Ökonomie und den Staat (Thesen 5 bis 9) sowie durch Jesus Christus und durch die Kirche hindurch für Menschen Freiheitsräume eröffnet, welche Lob und Dank als Grundduktus des Umgangs mit der Frage gerechtfertigt sein lassen (Thesen 10 bis 12). Von diesem hellen Bild her werden die dunkleren, klagenden und anklagenden Fragen umso dringlicher, die in abschließenden Überlegungen bedacht werden (Thesen 13 und 14). Dieser übergreifende Bogen des Aufsatzes lässt eine Vielzahl von Detailfragen unbeantwortet und weist damit auf ein Hauptcharakteristikum dieses Textes hin: Gerade weil auch die Erläuterungen der Thesen meist recht thetisch sind, will der Text weitere Gespräche eröffnen und zu Nachfragen einladen.

Formal in der Form von vierzehn Thesen samt kurzer Explikation stehen meine Überlegungen dabei material in lutherischer Traditionslinie und zugleich im Horizont der Renaissance trinitarischer Theologie. Letztere sucht im Gefolge von Barth und Rahner, dann Pannenberg und Jüngel und nun einer Vielzahl gegenwärtiger TheologInnen nicht nur Gott als dreieinigen zu denken, sondern die gesamte Theologie daraufhin zu reflektieren, was sich verändert, wenn Gott als trinitarischer gedacht wird. Um diese Überlegungen zu vertiefen und zu strukturieren, greife ich des Weiteren auf Grundzüge von Überlegungen derjenigen philosophischen Theologie zurück, welche im Anschluss an Charles Sanders Peirce eine kategoriale Semiotik entwickelten. Diese ist triadisch differenziert und unterscheidet das Universum der Erstheit von dem der Zweitheit und dem der Drittheit. Das Bedenken der Wirklichkeit vom dreieinigen Gott her lässt sich in hilfreicher Weise verbinden mit dem Bedenken der Wirklichkeit als strukturiert durch drei Universen der Erfahrung: Die Erstheit kommt in ausgezeichneter Weise Gott dem Vater zu, die Zweitheit dem Sohn und die Drittheit dem Geist. Erstheit steht u. a. für neue Möglichkeits- oder Freiheitsräume, und um diese genauer zu beschreiben, wird auch auf gegenwärtige Überlegungen zum Spiel und zur Liminalität zurückgegriffen. Das Ziel aller dieser Überlegungen ist es, in den Grundlinien ein differenziertes und damit phänomennahes Bild desjenigen Zusammen- und Widerspiels von menschlicher Freiheit und Unfreiheit mit göttlicher Allmacht zu skizzieren, das die Christgläubigen zwischen den Zeiten im angefochtenen Glauben erfahren.

1. Thesen 1–4: Gottes Allmacht der Liebe als kommunikative Wesenseigenschaft

1. In erkenntnistheoretischer Hinsicht werden die folgenden Thesen aus der Glaubensperspektive gewonnen. Diese richtet sich auf die Offenbarung Gottes in Jesus Christus in ihrer Vermittlung durch die Bibel und ihre Explikation durch die Tradition. Letztlich gründet sie damit in der Offenbarung. Aus der Offenbarung wird ersichtlich, was in ontologischer Hinsicht gilt: Die Offenbarung Gottes in Jesus Christus ist als Selbstoffenbarung zu fassen. Gott offenbart in Jesus Christus, wie er seinem Wesen nach ist. Damit gilt auch, dass Gottes Handeln Ausdruck seiner Eigenschaften und seines Wesens ist und dass Werk (Handeln), Wille (Eigenschaften) und Wesen Gottes nicht zu trennen sind. Diese formale Bestimmung der Offenbarung als Selbstoffenbarung bringt nun in materialer Hinsicht die Einsicht mit sich, dass »Gott Liebe ist« (1 Joh 4,8). Gottes Wesen als Liebe vollzieht sich in der immanenten Trinität als perichoretisches Zusammen-Spiel der drei Personen der Trinität.

Aufgrund des begrenzten Formates dieses Aufsatzes werden die Thesen unterschiedlich ausführlich kommentiert. Diejenigen Thesen, die mir recht unstrittig zu sein scheinen, werden nur mit allerknappsten Erläuterungen oder Referenzen versehen. Bei anderen, strittigeren Punkten versuche ich in den Erläuterungen einige Argumente oder zumindest Hinweise auf Referenzautoren für meine Position vorzutragen und die dargelegten Äußerungen zu präzisieren.

Da mir die erste These zumindest im Rahmen der Renaissance trinitarischer Theologie recht unstrittig zu sein scheint und entsprechend auch in führenden Lexika dargelegt wird,[1] sei zu ihr nur das Folgende angemerkt. Wenn man eingedenk der Einsicht, dass nur Gott angemessen von Gott redet, die Theologie mit der Offenbarung in Jesus Christus beginnen möchte,[2] so ist die Offenbarung Gottes in Jesus Christus als Selbstoffenbarung zu fassen. Dies besagt in

[1] Vgl. C. Schwöbel, Gott V. Dogmatisch, RGG[4] 3 (2000), 1113–1126.

[2] Es scheint mir im Gefolge von Hegel und Schelling durchaus möglich zu sein, auch vom Ausgangspunkt einer philosophischen Theologie her Gott als dreieinigen zu begreifen, s. dazu M. Wendte, Die Gabe und das Gestell. Luthers Metaphysik des Abendmahls im technischen Zeitalter, Collegium Metaphysicum 7, Tübingen 2013, 333–356. Die Möglichkeiten der Kon-

materialer Hinsicht, dass Gottes Wesen als Liebe zu fassen ist. Diese Grundbestimmungen sind in exegetischer Hinsicht breit belegt und beziehen sich dabei auf den Gott des Neuen wie des Alten Testaments gleichermaßen. Wie Feldmeier und Spieckermann in aller gebotenen exegetischen Detailliertheit klargemacht haben, spricht sich in der begrifflichen Wesensdefinition Gottes in 1 Joh 4,8.16 (»Gott ist Liebe«) das Wesen des Vaters Jesu Christi aus.[3] Nach Ansicht der neutestamentlichen Autoren wie nach Ansicht heutiger Exegese kann dieses Wesen in dynamischer Identität mit dem Wesen des Gottes Israels gesehen werden, da der Gott Israels gerade der Vater Jesu Christi ist. Um das zu verdeutlichen, verbinden die Anfänge des Markus- und des Johannesevangeliums das Leben Jesu mit den Gottesgeschichten des Alten Testaments. Ähnlich verfährt auch das Matthäusevangelium mit seinem Stammbaum, dessen »Immanuel« (Mt 1,23) Jes 7,14 zitiert. Dynamisch ist die auf diese Weise betonte Identität deshalb, da laut dem Neuen Testament die mit der Liebe mitgegebene Allmacht im Vater Jesu Christi wohl eine etwas andere Zuordnung zum Wesen der Liebe erhält, als es laut dem Alten Testament für den Gott Israels zu notieren ist; dazu Näheres unter These 2.

Gottes Wesen der Liebe ist keine eigenständige Entität, welche abgesehen von den drei Personen der Trinität existiert. Vielmehr hat Gottes Wesen sein Dasein in den Personen und ihrer Beziehung aufeinander. Die Personen aber sind – anders als endliche Personen – nicht begrenzt, und – anders als in bestimmten neuzeitlichen Verständnissen von Person – nicht durch ihre quasi-autonome Individualität bestimmt, sondern sie sind relational. Dies gilt (bei aller Differenz) für göttliche wie für menschliche Personen. Sie »existieren«, d.h. mit Richard von St. Viktor: Sie bestehen aus zwei Dimensionen, *ex*- und *sistere*.[4] D.h. sie bestehen (*sistere*) auf ihre je eigene Art, in ihrer Individualität und Besonderheit als diese jeweiligen Personen. Dazu gehört wesentlich, dass sie nicht aus sich selbst sind, sondern dass sie von, aus und durch andere Personen sind und wiederum selbst auf diese hin angelegt sind (*ex*). Die Verbindung zwischen den drei

sonanzen einer philosophischen und einer von der Offenbarung in Christus startenden Theologie können hier nicht weiter bedacht werden.

[3] R. Feldmeier/H. Spieckermann, Der Gott der Lebendigen. Eine biblische Gotteslehre, Topoi Biblischer Theologie 1, Tübingen 2011, 126–140.

[4] S. dazu M. Mühling, Gott ist Liebe. Studien zum Verständnis der Liebe als Modell des trinitarischen Redens von Gott, MThSt 58, Marburg 2000, 161.

Personen der Trinität ist eng und dynamisch. Sie ist als *Perichorese* zu denken.

2. Mit der Tradition kann die metaphysische Eigenschaftsreihe Gottes (Allmacht, Allgegenwart) und die personale Eigenschaftsreihe Gottes (Liebe, Treue) unterschieden werden. Da Gottes Selbstoffenbarung sein Wesen als Liebe erweist, kann der Credo-Satz »sitzend zur Rechten Gottes, des allmächtigen Vaters« als eine Bestimmung der Zuordnung der zwei Eigenschaftsreihen Gottes begriffen werden: Gott bestimmt sich somit selbst frei dazu, dass seine Allmacht Allmacht der Liebe ist. Damit bestimmt Gott sich auch frei dazu, dass Gottes Liebe allmächtig und daher tatsächlich göttlich ist. Der Credo-Satz besagt damit, dass die metaphysische Eigenschaftsreihe die personale qualifiziert und ihr nicht eigenständig entgegensteht (siehe aber Thesen 13 und 14).

Gott kommen Eigenschaften zu, die man die »metaphysischen Eigenschaften« nennen kann.[5] Denn die Tradition philosophischer Theologie entwickelt eine Reihe von Eigenschaften, die Gott zuzusprechen sind, wenn Gott denn tatsächlich gegenstandsgemäß – als Gott – bedacht werden soll: Gott wird nur dann tatsächlich als Gott gedacht, wenn niemand mächtiger ist als er, wenn er also in einem näher zu qualifizierenden Sinne allmächtig ist, zudem heilig, ewig, allwissend etc. Auch die Bibel schreibt diese Eigenschaften Gott zu. Das Alte Testament bestimmt Gott dergestalt, dass Yahwe – als dem Zentrum des Alten Testaments – diese Eigenschaften zukommen.[6] In Jesus Christus wird vollends sichtbar, was sich im Alten Testament entwickelt und was sich im Alten Testament als Einsicht entwickelt: Yahwe, der allmächtig ist, ist seinem Wesen nach als Liebe zu bestimmen (siehe These 1).

Mit Luther kann Gott dasjenige freie Willensvermögen zugeschrieben werden, das dem Menschen als Geschöpf gerade nicht zukommt. Das heißt, dass Gott ohne ihm externe Vorgaben sich selbst in seinem Wesen als der bestimmen kann, der er sein möchte und ist. Wie etwa Barth und Schelling betonen, hat Gott der Vater sich frei dazu ent-

[5] Vgl. Schwöbel, Gott V. (s. Anm. 1), 1124; von der Sache her auch W. Pannenberg, Systematische Theologie, Bd. 1, Göttingen 1988, 416–425.

[6] Feldmeier/Spieckermann, Gott (s. Anm. 3), 21–25.

schieden, dass Gott Liebe ist.[7] Gottes Wesen wird von seinen personalen Eigenschaften bestimmt. Gott bindet damit seine metaphysischen Eigenschaften wie vor allem seine Allmacht in unveränderlicher Selbstbestimmung – und damit: auf ewig – an die personalen Eigenschaften wie seine Liebe, Treue, Barmherzigkeit etc. Gottes Liebe wird damit zugleich als allmächtig qualifiziert: als solche, die sich gegen alle Widerstände durchsetzen wird und das von ihr intendierte Reich Gottes errichten wird.

Damit ist die Vorstellung abgewehrt, dass Gottes Allmacht bedeutet, abstrakt einfach alles oder alles zu können, was nicht selbstwidersprüchlich ist (wie etwa das Schaffen eines Dreiecks, dessen Winkelsumme nicht 180 Grad ist). In der neutestamentlichen Versuchungsgeschichte (Mt 4,1–11) wird eine solche abstrakte Allmacht vielmehr gerade als teuflisch qualifiziert: Sie kommt vom *dia-bolos*, dem Durcheinanderwerfer. Der Teufel bringt Unordnung in diejenige gute Ordnung, in welcher göttliche Allmacht als die der Liebe bestimmt ist.

3. Als Ausdruck seines Wesens der Liebe sind Gottes Eigenschaften kommunikative Eigenschaften auf nicht-kommunikativen Grund: Gottes Allmacht äußert sich darin, dass sie kategorial Anderes – Geschöpfe, vor allem den Menschen – ermächtigt zu freiem Sein und Tun. Dabei schafft Gottes Macht das, was er ermächtigt, allererst selbst. Gerade das Neue Testament bezeugt, dass die Vollzugsform der Allmacht der Liebe oftmals (in weltlicher Perspektive) Selbstzurücknahme ist, die sich auch als Ohnmacht und Selbsthingabe äußert.

Im sachangemessenen Anschluss an den Römerbrief (etwa Röm 3,26) hat Luther in seiner Darstellung seines reformatorischen Durchbruchs im Vorwort der *opera latina* von 1545 betont, dass alle Eigenschaften Gottes kommunikative Eigenschaften sind:[8] Gott ist darin gerecht,

---

[7] Nähere Explorationen dieses Sachverhalts werden gleichermaßen von F.W.J. von Schelling, Urfassung der Philosophie der Offenbarung, Bd. 1,1, Philosophische Bibliothek 445a, Hamburg 1992, wie von K. Barth, KD II/1, Zollikon-Zürich [4]1958, angestellt. Mit M. Mühling, Liebesgeschichte Gott. Systematische Theologie im Konzept, Forschungen zur systematischen und ökumenischen Theologie 141, Göttingen u.a. 2013, 153, kann man dies »Gottes Kontingenzbewältigung« nennen: Es ist die Selbstfestlegung Gottes als bestimmter.

[8] Vgl. M. Luther, Lateinisch-deutsche Studienausgabe, Bd. 2: Christusglaube und Rechtfertigung, 2, Leipzig 2006, 505–507 (WA 54, 186,4–6,10–14).

dass er den Gottlosen gerecht macht, den Kraftlosen kräftig etc. Damit ist deutlich, dass göttliche Macht und menschliche Macht oder Freiheit nicht auf einer Ebene stehen und miteinander in Konkurrenz treten. Vielmehr sind sie kategorial voneinander verschieden, und die göttliche Allmacht der Liebe ist Grund (und Grenze) menschlicher Macht und Freiheit. Gott begründet (und begrenzt) menschliche Macht in vielgestaltiger Weise in Schöpfung, Versöhnung und Vollendung; und es ist die methodische Pointe dieses Aufsatzes, diese Vielgestaltigkeit etwas genauer zu skizzieren.

Doch ehe das passiert, sei die kommunikative Macht Gottes weiter bestimmt. Im Gegensatz zu menschlichen Eigenschaften kommuniziert Gott das Gute am Gegenüber aus dem Nichts (Röm 4,17b) oder aus dem Gegenteil. Klassisch findet sich diese Einsicht bei Luther formuliert, in der 28. These der Heidelberger Disputation: »Die Liebe Gottes findet das für sie Liebenswerte nicht vor, sondern erschafft es. Die Liebe des Menschen entsteht aus dem für sie Liebenswerten.«[9]

Zugleich gibt es einen nicht-kommunikativen Grund der Eigenschaften Gottes:[10] Gottes Allmacht ermächtigt den Menschen, aber sie macht den Menschen nicht allmächtig. Vielmehr macht Gottes Allmacht den Menschen auf geschöpfliche Weise mächtig, inklusive des Bewusstseins, dass der Mensch nicht allmächtig ist. Somit ist Gottes Allmacht Ausweis seiner Gottheit – und diese ist nicht kommunizierbar. Gottes Allmacht ermöglicht Gott, Menschen zu ermächtigen und ist in präzise dieser Hinsicht gerade nicht-relational.

Ein besonderer Ausweis der ermächtigenden Macht Gottes besteht darin, dass sie sich mit Selbstzurücknahme verbindet, welche Anderes sein lässt und in den Dienst nimmt. So schafft sie ihr Anderes und gibt ihm Raum zu sein (siehe These 5). Sie handelt auch an und durch ihr Anderes hindurch und kann sogar ihr Anderes werden, nämlich weltliche Macht und auch weltliche Ohnmacht (siehe These 10). Dies ist gerade Ausweis göttlicher Allmacht. Denn wenn die göttliche Allmacht sich nicht auch durch weltliche Macht oder durch weltliche Ohnmacht vollziehen könnte, dann würde sie an weltlicher Macht oder Ohnmacht eine Grenze finden und wäre dadurch nicht mehr allmächtig. Göttliche Allmacht kann sich somit durch weltliche Macht und Ohnmacht hindurch vollziehen, um wahre Allmacht und damit sie selbst zu sein. Aus Schrift und Tradition lernen wir, dass sich die

---

[9] Vgl. M. Luther, Lateinisch-deutsche Studienausgabe, Bd. 1: Der Mensch vor Gott, 1, Leipzig 2006, 60 f. (WA 1, 365,1–3).

[10] S. dazu Schwöbel, Gott V (s. Anm. 1), 1124 f.

göttliche Allmacht in genau dieser dem Denken gemäßen Weise vollzieht. Gottes »Kraft ist in den Schwachen mächtig« (2 Kor 12,9), etwa im leidenden und gekreuzigten Christus. Das Gegenüber Gottes wird damit nicht als Gegner behandelt und klein gemacht, sondern verschont und eingeladen, an der göttlichen Liebe teilzuhaben. Es wird zu eigenem Lieben ermächtigt. Dafür handelt Gott innerhalb der Strukturen der Geschöpflichkeit und nicht gleichsam als *deus ex machina* von außen kommend. Wichtig ist jedoch festzuhalten, dass dieses Eingehen in die Geschöpflichkeit und damit die Form der präzisen Verborgenheit und Ohnmacht gerade Vollzugsform von Gottes Allmacht ist und nicht ihre Rücknahme. Denn auf diese Weise setzt Gott durch, dass das Reich Gottes auf Erden Realität gewinnt und sich gegen alle Widerstände durchsetzt.

Diese Pointe trifft sich mit der inkarnatorischen Grundintention dieses Aufsatzes und wird in den folgenden Thesen weiter verfolgt werden. Dennoch bleibt diese Vollzugsform für die Gegenwart oftmals eine Anfechtung und Ausdruck von Gottes Verborgenheit, genauer: von Gottes *präziser* Verborgenheit (gegenüber seiner nicht-präzisen, undefinierten Verborgenheit in seinem Welthandeln, siehe dazu These 13). Denn mit der Vollzugsform von weltlicher Macht und Ohnmacht geht oftmals einher, dass es schwer ist, Gottes machtvolles Handeln überhaupt als eben dieses – als Handeln *Gottes* – zu identifizieren. Noch schwerer ist es bisweilen, daran zu glauben, dass dieses weltlich scheinbar so ohnmächtige Handeln die Weise ist, in der der *allmächtige* Gott das Kommen seines Reiches realisiert. Trotzdem ist laut Luther bekanntlich genau in dieser Weise Theologie zu treiben: als *theologia crucis*. Wie Luther in der Heidelberger Disputation (1518) festhält (19.–21. These): »Nicht der wird mit Recht ein Theologe genannt, der das unsichtbare Wesen Gottes erblickt, das durch das erkannt wird, was gemacht ist – sondern wer das Sichtbare und die dem Menschen zugewandte Rückseite Gottes erkennt, die durch Leiden und das Kreuz erblickt wird. – Der Theologe der Herrlichkeit nennt das Übel gut und das Gute ein Übel. Der Theologe des Kreuzes sagt, was die Sache ist.«[11]

4. Die von Gott geschenkte Freiheit des Menschen ist als geschaffene und gefallene (5.–9. These), aber auch als versöhnte (10.–12. These) in den Blick zu nehmen. Entsprechend kommt auch die Bedeutung dessen, was Gottes Allmacht der Liebe ist, in Bezug auf Schöpfung

[11] Luther, Studienausgabe Bd. 1 (s. Anm. 9), 52–54.

und Versöhnung in differenzierter Weise in den Blick: Gott handelt in spezifischer Weise in der Schöpfung, um menschliche Freiheit zu ermögliche, so wie er in spezifischer Weise in Jesus Christus und in der Kirche handelt. – Bei aller Differenziertheit ist jedoch Gottes Freiheit ermöglichende Allmacht der Liebe in Schöpfung und Versöhnung gleichermaßen durch drei Charakteristika geprägt. Bei Beachtung des Grundsatzes, dass opera trinitatis ad extra sunt indivisa, *können sie jeweils einer Person der Trinität appropriiert und mit einem Universum der Erfahrung (Deuser/Peirce) in Beziehung gebracht werden. Erstes Charakteristikum: Der Mensch ebenso wie die Schöpfung als Ganze ist bleibend von der lebensermöglichenden Gegenwart Gottes abhängig (*praesentia operosa *des Geistes, Drittheit). Zweites Charakteristikum: Diese lebensermöglichende Gegenwart Gottes vollzieht sich ebenso wie die gesamte Machtausübung Gottes vermittels endlicher Entitäten, zu denen dann auch die Institutionen gehören, also Kirche, Ökonomie und Staat (Sohn, Zweitheit). Drittes Charakteristikum: Zugleich spricht sich Gott immer neu aus und spielt durch die erwähnten Formen immer neu unvorhersehbar Neues in die Wirklichkeit ein (Röm 4,17; Vater, Erstheit); zu diesen drei Dimensionen siehe v.a. Thesen 5 (Schöpfung), 10 (Christologie) und 11 sowie 12 (Ekklesiologie). Mit Luther seien die drei Universen der Erfahrung in folgender Weise näherbestimmt: Gott übt in allen Universen der Erfahrung seine Allmacht worthaft, durch Kommunikation aus, wobei auch Dinge und Menschen wort-ähnlich sind.*

Ehe in den folgenden Thesen das jeweils spezifische Profil des Handelns Gottes in Schöpfung, Versöhnung und Vollendung charakterisiert wird, sollen in dieser These einige Charakteristika dargelegt, die Gottes Handeln in Schöpfung, Versöhnung und Vollendung gleichermaßen kennzeichnen. Um diese gemeinsamen Charakteristika genauer zu fassen, seien Einsichten herangezogen, die im amerikanischen Pragmatismus und dort vor allem bei Charles Sanders Peirce zu finden sind und von Hermann Deuser weiterentwickelt wurden, die sich aber auch bei Hegel und Schelling finden und die sich etwa durch die gegenwärtigen wahrheitstheoretischen Überlegungen von Anton Friedrich Koch stützen lassen:[12] Die Wirklichkeit – Natur und Geschichte ebenso wie die Wirklichkeit Gottes – ist durch drei »Uni-

[12] S. nur H. Deuser, Religionsphilosophie, Berlin 2009, 260–505, sowie A. F. Koch, Versuch über Wahrheit und Zeit, Paderborn 2006, 144–201.

versen der Erfahrung« geprägt, welche Erstheit, Zweitheit und Drittheit genannt werden können oder auch These, Antithese und Synthese (Hegel) bzw. die drei Potenzen (Schelling). Diese drei Universen der Erfahrung bezeichnen gleichsam Dimensionen an derselben Wirklichkeit, nicht drei verschiedene Wirklichkeiten. Die drei Universen der Erfahrung sollen im Folgenden kurz dadurch näher bestimmt werden, dass sie in kosmologischer, ontologischer, anthropologischer und wahrheitstheoretischer Hinsicht skizziert werden; die Ergebnisse dieser Überlegungen werden dann in einer Tabelle zusammengefasst:

Erstheit bezeichnet in kosmologischer Hinsicht den Ursprung von Wirklichkeit zu Beginn des Kosmos und immer neu in der Entwicklung des Kosmos, wenn Neues entsteht. Erstheit verweist somit bereits in kosmologischer Hinsicht auf einen kreativen Möglichkeitsraum, aus dem Wirklichkeit entsteht. In ontologischer Hinsicht bedeutet sie die Ermöglichung und den Ursprung, aber auch die Offenheit der Dinge für ihr Interpretiertwerden. In anthropologischer Hinsicht ist damit vor allem die Gefühlsdimension des Menschen angesprochen, da der Mensch sich vor allem in dieser Weise dem kreativen Möglichkeitsraum öffnet und mit ihm umgeht. Entsprechend zielen einige Wahrheitstheorien auf den Erstheits-Aspekt von Wirklichkeit: diejenigen Wahrheitstheorien aus der phänomenologischen Tradition und vor allem von Heidegger her, die Wahrheit als Sich-Zeigen, als Un-Verborgenheit (*aletheia*) oder Offenbarung bedenken. Wenn mit der theologischen Tradition Gott der Vater als Quelle und Ursprung der Gottheit (*fons et origo*) und Quelle allen Lebens benannt wird, so wird man die Erstheit dem Vater appropriieren können (auch wenn sie durch den Geist vermittelt wird).

Zweitheit bezeichnet in kosmologischer Hinsicht die Gegenständlichkeit der Dinge, also ihre Verfasstheit, die besagt, dass sie widerständig und relativ eigenständig sind. In ontologischer Hinsicht bezeichnet sie entsprechend die Dinge in ihrer »Härte«: Der Stuhl vor mir ist zwar Teil einer relationalen Ontologie, aber darin zugleich auch relativ eigenständig. Daher tut es mir weh, wenn ich gegen ihn gegenlaufe. In anthropologischer Hinsicht wird diese relative Eigenständigkeit der Dinge vor allem mit dem Denken bearbeitet. Die klassische Wahrheitstheorie, die etwa von Thomas von Aquin vertreten wird, bezieht sich auf Wirklichkeit unter dem Aspekt der Zweitheit. Denn sie fasst Wahrheit als Korrespondenz auf, also als Übereinstimmung des Denkens mit demjenigen Seienden, über das eine Aussage gemacht wird. Das aber impliziert, dass das Seiende in relativer Eigenständigkeit existiert. – Gott dem Sohn, der in relativer Eigenständigkeit und Gegenständlichkeit als Mensch in der Welt lebte, kann Zweitheit appropriiert werden.

Drittheit bezeichnet in kosmologischer Hinsicht die Prozessualität und Regelhaftigkeit der Wirklichkeit und damit in ontologischer Hinsicht die Regeln, also Naturgesetze und auch die Gebrauchbarkeit der Dinge. In anthropologischer Hinsicht wird somit auf das Praxismoment abgezielt. Diejenigen Wahrheitstheorien, die etwa im Anschluss an Hegel Wahrheit als Kohärenz fassen oder auch (bei aller Differenz) gewisse Stränge des Pragmatismus, welche Wahrheit als Ausweis des Funktionierens fassen, können der Drittheit zugeordnet werden. Es dürfte einleuchten, dass dem Heiligen Geist, dem belebenden Band der Liebe (*vinculum trinitatis*) und der *praesentia operosa* (Bernhardt)[13] Drittheit appropriiert werden kann (auch wenn sich bei ihm regelgeleitetes und spontan-kreatives [Erstheit, vom Vater her] Beleben selbst verbinden).

	Erstheit	**Zweitheit**	**Drittheit**
Kosmologie	Ursprung von Wirklichkeit aus einem Möglichkeitsraum	Gegenstände	Prozesse
Ontologie	Ermöglichung, auch: das Unbedingte; Ursprung der Kreativität; die Dinge zeigen sich	Wirklichkeit; Die Dinge sind »an sich« und bestimmbar	Regelhaftigkeit; die Dinge sind gebrauchbar
Anthropologie	Gefühl	Denken (Theorie)	Handeln (Praxis)
Wahrheit	Als Offenbarung	Als Übereinstimmung	Als Kohärenz
Personen der Trinität	Vater	Sohn	Heiliger Geist

Diese drei Universen der Erfahrung charakterisieren die gesamte Wirklichkeit und somit auch gleichermaßen Dimensionen an Schöpfung, Versöhnung und Vollendung. In den angedeuteten Appropriationen zu den drei Personen der Trinität werden damit zugleich Weisen

[13] R. Bernhardt, Gottes Allmacht und die Freiheit der Schöpfung, in: M. Lasogga (Hg.), Die christliche Rede von Gott in fundamentaltheologischer, homiletischer und liturgischer Perspektive, Hannover 2012, 39–64, 59.

angesprochen, in denen der dreieinige Gott im Zusammenspiel von sich als den drei Personen in Schöpfung, Versöhnung und Vollendung agiert. Das bedeutet für unser Thema: Die gesamte Schöpfung und auch der Mensch – sowohl als gefallener wie als versöhnter – ist nicht nur in Bezug auf die anfängliche Schöpfung, sondern bleibend von der machtvollen, lebensermöglichenden Gegenwart Gottes abhängig, von der *praesentia operosa* des Geistes, um überhaupt leben und handeln zu können (Heiliger Geist, Drittheit).

Diese lebensermöglichende Gegenwart Gottes vollzieht sich ebenso wie die gesamte Machtausübung Gottes vermittels endlicher Entitäten. Diese sind die »Mittel und Rohre« (Luther), die Gott nutzt, um an der Schöpfung zu handeln: Gott handelt vermittels der Schöpfung an der Schöpfung. Gott lässt die Erde Pflanzen hervorbringen (Gen 1,11) etc. Gott handelt dabei auch durch die Institutionen, also durch Kirche und die Ökonomie, zu der nach dem Fall der Staat hinzukommt (Näheres zu den Institutionen siehe These 8). Zudem bringt Gott auch Versöhnung und Vollendung vermittels geschaffener Entitäten, nämlich vermittels von Jesus Christus und der Kirche (Sohn, Zweitheit).

Zugleich spricht sich Gott immer neu aus und spielt durch die erwähnten Formen immer neu unvorhersehbar Neues in die Wirklichkeit ein: Indem er zu Beginn der Schöpfung und in der Schöpfung selbst immer Neues schafft (was in der Biologie etwa mit dem Begriff der Emergenz gefasst wird), indem er Jesus Christus taufte und von den Toten auferweckte, und indem er gottlosen Sündern Glauben schenkt (Röm 4,17; Vater, Erstheit).

Das gemeinsame Handeln des dreieinigen Gottes in Schöpfung, Versöhnung und Vollendung ist darüber hinaus durch ein weiteres Charakteristikum gekennzeichnet, das Luther eigens betont: Die drei Universen der Erfahrung sind in ihrer Worthaftigkeit zu fassen, da Gott selbst Gespräch ist und worthaft an der Welt handelt. Erstheit heißt dann: Gott ruft die Dinge durch sein Wort ins Sein. Zweitheit heißt, dass die Dinge selbst wort-ähnlich, nämlich z. B. in Sprache fassbar, sind, und Drittheit, dass der Umgang mit ihnen sich auch wesentlich im Gespräch vollzieht.[14]

---

[14] Zur Worthaftigkeit des Handelns Gottes s. umfassend WENDTE, Gabe (s. Anm. 2), 397–412.

	Vater (Erstheit)	Sohn (Zweitheit)	Geist (Drittheit)
Schöpfung	Creatio ex nihilo durch das Wort; Emergenz	Schöpfung vermittels endlicher Entitäten, die selbst wort-ähnlich sind	Belebende und erhaltende Kraft des Geistes
Versöhnung	Taufe Jesu durch das Wort, Einbrechen des Reiches Gottes durch Jesu Taten und Worte, Auferweckung	Versöhnung vermittels einer endlichen Entität (des Wortes Gottes, Jesus Christus)	Belebende und erhaltende Kraft des Geistes
Vollendung	Glaubenserwecken bei Menschen durch das Wort	Vollendung vermittels einer endlichen Entität (der Kirche als der creatura verbi und Verkünderin des Wortes)	Belebende und erhaltende Kraft des Geistes

Bevor in differenzierterer Weise nachverfolgt wird, wie das machtvolle Handeln Gottes in Schöpfung, Versöhnung und Vollendung im Einzelnen genauer zu fassen ist, kann somit festgehalten werden: Der dreieinige Gott setzt seine an die Liebe gebundene Macht in Schöpfung, Versöhnung und Vollendung gleichermaßen dergestalt zur Ermöglichung menschlicher Freiheit ein, dass er belebend und erhaltend im Geist präsent ist (Drittheit), dabei vermittels endlicher Entitäten agiert (Zweiheit) und immer neu freiheitseröffnende Neuheit einspielt (Erstheit).

2. Thesen 5–9: Die Freiheit des Menschen: von Gott geschaffen und erhalten, durch Ökonomie und Staat gestützt, in der Übereinstimmung mit dem eigenen, in Geschichten verstrickten Selbst ausagiert

5. *Da Gott sich als dreieiniger selbst genug und in sich selbst Andersheit ist, kann er durch sein schöpferisches Wort frei Neues und Anderes schaffen, welchem eigene Formen der Freiheit zukommt* (creatio ex nihilo). *Gott ist darin allmächtig, dass er Neues, Anderes schafft und damit zugleich unmittelbare Formen seiner Gegenwart und Machtdurchsetzung zurücknimmt.*

Gott schafft die Welt und gibt ihr den Raum, überhaupt zu sein. Das ist der erste Ausweis dessen, dass er seine lebensschöpferische Allmacht der Liebe in Nähe zu den Geschöpfen (siehe These 6), aber in verschiedenen Formen der Selbstzurücknahme ausagiert (These 3).[15]

*6. Menschliche Freiheit vollzieht sich als personale Freiheit eines Geschöpfes in kommunikativen Relationen. Damit lebt er in einem Rahmen, der ihm vorgegeben ist: darin, dass der Mensch als Leib in die Schöpfung eingebunden ist, und darin, dass er als Sozialwesen in Beziehung zu anderen Menschen und zu Gott steht. Gerade in diesem Beziehungsgeflecht ist der Mensch Person mit eigenem Charakter und der ihm eigenen Reflexionsfähigkeit. Der Mensch als Person mit eigenem Charakter ist durch die Geschichten geprägt und geformt, in denen sich seine Beziehungen zu Gott, der Schöpfung, den Mitmenschen und sich selbst ausagieren und die der Mensch als Knotenpunkt dieser Geschichte zugleich ist. Gott agiert seine Allmacht der Liebe in der Erhaltung dieses dem Menschen Freiheit ermöglichende Beziehungsgeschichten dergestalt aus (*creatio continua*), dass er in der Schöpfung bleibend lebensspendend und ordnungserhaltend gegenwärtig ist (Geist, Drittheit); dass er geschöpfliche Entitäten – welche in sich worthaft sind – benutzt, um andere Entitäten daraus hervorgehen zu lassen (als created co-creators, Zweitheit; siehe auch These 8), und dass er dabei auch überraschend Neues einspielt (Erstheit), so dass die Schöpfung – Natur und Geschichte – nicht vollständig determiniert ist.*

Der Mensch als Person ist ein Beziehungswesen. Als leiblich verfasstes Gottebenbild steht der Mensch dergestalt in Relation zu Gott, zu den Mitmenschen, zur Schöpfung und zu sich selbst, dass er sich in diesen Beziehungen immer schon vorfindet. Der Mensch ist dabei immer schon von Gott angesprochen, da Gott ihn ins Leben ruft und anspricht. In einer Terminologie Luthers gesprochen: Der Mensch befindet sich in dem Stand der Kirche »ohne Mauern«;[16] derjenigen Kirche also, die vor aller Institutionalisierung das Ins-Leben-Gesprochensein und Angesprochensein des Menschen durch Gott bezeichnet (zu den Institutionen siehe These 8).

Als Kreuzungspunkt in diesem Beziehungsgeflecht zu Gott, den Mitmenschen, der Schöpfung und sich selbst ist der Mensch Person.

---

[15] S. dazu auch BERNHARDT, Allmacht (s. Anm. 13), 46.

[16] S. dazu O. BAYER, Martin Luthers Theologie. Eine Vergegenwärtigung, Tübingen [3]2007, 115–118.

Als Person ist der Mensch in jeweils eigener, unverwechselbarer Weise durch seine Beziehungen geprägt, welche sich durch die Zeit hindurch entfalten. Der Mensch ist somit durch die Geschichten geprägt, in die er sich hineinverwickelt vorfindet und die er dann selbst gestaltet. Diese Prägung hat eine eigene Ordnung: Primär ist der Mensch durch seine Geschichte mit Gott geprägt, die sich auch durch die vielen Geschichten vollzieht, die der Mensch mit anderen Menschen hat und die – an sich genommen – demgegenüber sekundär sind. Gerade in und durch diese Beziehungs-Geschichten kommt dem Menschen ein eigener und unverwechselbarer Charakter zu, ein Selbst. Als Person kommt dem in Beziehungen und Geschichten verstrickten Menschen zugleich relative Eigenständigkeit zu: Er selbst agiert in seinen Geschichten auf ihm eigene Art. Charakter und Eigenständigkeit äußern sich auch in seiner Reflexionsfähigkeit.

Dennoch führt diese relative Eigenständigkeit innerhalb der Beziehungs-Geschichten nicht dazu, dass der Mensch – oder irgendein Geschöpf – ohne die ständige Aktivität des dreieinigen Schöpfers leben könnte. Im Anschluss an Luther ist Gottes *creatio continua* so zu denken, dass Schöpfung und Erhaltung aufs engste verbunden sind: Das Geschöpf ist von Anfang an und bleibend von Gottes Allmacht der Liebe abhängig. Denn in, mit und unter geschöpflichen Größen, die selbst wiederum andere geschöpfliche Größen hervorbringen und fördern (Zweitheit), agiert Gott selbst. Luther präsentiert diese Einsicht in einem wuchtigen Text: »Die Göttliche gewalt aber mag und kan nicht also beschlossen und abgemessen sein. Denn sie ist unbegreifflich und unermeslich, ausser und uber alles, das da ist und sein kan. Widderumb mus sie an allen orten wesentlich und gegenwertig sein, auch ynn dem geringesten bawmblat. Ursach ist die: Denn Gott ists, der alle ding schafft, wirckt und enthellt durch seine allmechtige gewalt und recht hand, wie unser glaube bekennet. […] Sol ers aber schaffen vnd erhalten so mus er daselbst sein vnd seine creatur so wol ym aller ynnwendigsten als ym aller auswendigsten machen vnd erhalten. Drumb mus er ia ynn einer iglichen creatur ynn yhrem allerynnwendigsten, auswendigsten umb vnd umb, durch vnd durch, vnden vnd oben, forn vnd hinden selbs da sein, das nichts gegenwertigers noch ynnerlichers sein kan, ynn allen Creaturn, denn Gott selbs mit seiner gewallt (Denn er ists, der die haut macht, […] Er ists auch der das marck ynn den gebeinen macht […].«[17]

[17] WA 23, 133,26–137,17. Vgl. WENDTE, Gabe (s. Anm. 2), 421–425.

Gottes Schöpfung und Erhaltung verbindende Aktivität äußert sich nun nicht nur darin, dass er lebensspendend und ordnungserhaltend in derjenigen Schöpfung präsent ist, die ist (Drittheit) und durch die er die Schöpfung selbst hervorbringt und fördert (Zweitheit). Vielmehr äußert sie sich auch darin, dass er jeweils Neues in die Natur und Geschichte einspielt: Erstheit. Hier kann nicht die strittige Debatte darüber nachverfolgt werden, inwieweit und unter welchen Perspektiven die Schöpfung eine geschlossene Kausalkette darstellt. Es spricht aber vieles dafür, dass »[d]as geschaffene Seiende [...] ein dynamischer Zusammenhang von regelgeleiteten Prozessen und Spontaneität [ist], in dem genuin Neues auftreten kann«.[18] Dieses Neue tritt auf der Mikroebene als Ursachenlosigkeit und auf der Makroebene etwa als Emergenz auf. Damit aber scheint die Dynamik der Schöpfung nicht vollständig aus ihren Antezedenzbedingungen ableitbar und determiniert zu sein. Die Dynamik der Schöpfung ist somit nach dem Modell von Geschichte zu denken – als Geschichte des Kosmos.

Die Geschichte der Menschen und jedes einzelnen Menschen ist Teil von dieser Geschichte des Kosmos. Sie ist auch davon geprägt, dass der allmächtige Gott der Liebe dem Menschen jeweils neue, von ihm nicht erwartete und erwartbare Möglichkeitsräume des Handelns zuspielt. Dies hat eine Innen- und eine Außenseite. So sind die kreativen Ideen und Sichtweisen, die der Mensch hat, Ein-fälle: Sie fallen in ihn ein, weil sie von Gott kommen, der Quelle der Kreativität. Neben dieser kreativen Öffnung der Innenseite des Menschen spielt der dreieinige Gott dem Menschen auch in der Begegnung mit der Außenwelt neue Spiel-Räume zu. Oft in, mit und durch die Begegnung mit anderen Menschen eröffnet Gott dem Menschen Situationen und neue Freiheiten, die nicht aus den Antezedenzbedingungen ableitbar sind (Erstheit) und in denen der Mensch dann seine Ideen verwirklichen kann. Diese Spiel-Räume werden dem Menschen von Gott und damit in derjenigen Beziehungs-Geschichte zugespielt werden, die für das Selbst des Menschen bestimmend ist. Daher erfolgt die Gestaltung dieser neuen Spiel-Räume gerade in Übereinstimmung

---

[18] C. Schwöbel, Sein oder Design – das ist hier die Frage. Christlicher Schöpfungsglaube im Spannungsfeld von Evolutionismus und Kreationismus, in: B. Janowski/F. Schweitzer/C. Schwöbel (Hg.), Schöpfungsglaube vor der Herausforderung des Kreationismus, Theologie Interdisziplinär 6, Neukirchen-Vluyn 2010, 120–171, 156.

mit dem wahren Selbst des Menschen und ist damit Ausdruck seiner Freiheit. Dieser Freiheitsbegriff sei weiter bedacht:

7. Menschliche Freiheit erstreckt sich nicht auf die Freiheit des Willensvermögens, wohl aber auf die Handlungsfreiheit. Handlungsfreiheit bedeutet, dass der Mensch in Übereinstimmung mit seinem Selbst handelt. Er ist somit zu dieser Handlung weder innerlich noch äußerlich gezwungen, noch erfolgt sein Handeln zufällig. Das durch seine vielfältigen Beziehungs-Geschichten geprägte Selbst des Menschen, mit dem in Übereinstimmung der Mensch frei handelt, wird durch sein Willensvermögen bestimmt, welches der Mensch nicht selbst frei bestimmen oder verändern kann. Es wird von Gottes allmächtiger Liebe bestimmt, indem der Mensch in der ihn prägenden Beziehungs-Geschichte mit Gott von Gott angeredet wird und er so im Glauben sein Herz an Gott hängen kann (Kirche als Schöpfungs-Institution). Menschliche Freiheit ist somit »Passivitätsaktivität« (Dalferth). Der Mensch wird von Gottes Macht (passiv) dazu ermächtigt, dass er selbst frei (in Übereinstimmung mit dem, der er ist) seine Geschichte in vielen Geschichten ausagieren kann. Dabei hat er dann auch immer wieder Wahlfreiheit.

Im Folgenden werden zwei Begriffe von Freiheit unterschieden. Freiheit kann als Wahlfreiheit verstanden werden: Morgens habe ich die Wahl, Tee oder Kaffee zu trinken. Freiheit kann aber auch als Übereinstimmung mit sich selbst verstanden werden. Eine menschliche Handlung ist dann frei, wenn der Mensch sie selbstbestimmt – durch sein Selbst bestimmt – vollzieht. Sie ist also dann frei, wenn sie dem entspricht, wie der Mensch selbst ist und durch seine Geschichten und Beziehungen geworden ist oder wenn sie seinem Charakter entspricht. Er wird somit nicht durch äußeren Zwang (wie eine Pistole am Kopf) oder inneren Zwang (wie eine Alkoholsucht, die der Mensch allerdings zugleich auch will, siehe dazu These 9) dazu gezwungen; die Handlung erfolgt aber auch nicht aus bloßem Zufall.[19]

[19] Es würde den Rahmen eines Aufsatzes endgültig sprengen, wenn ich den Versuch unternehmen würde, die Folgefragen dieser Position und die Auseinandersetzungen etwa mit Alternativen wie den Libertariern zu führen; s. dazu aber F. Hermanni, Metaphysik. Versuche über letzte Fragen, Collegium Metaphysicum 1, Tübingen 2011, 94–115. S. auch Mühling, Liebesgeschichte (s. Anm. 7), 258–267.

Zuerst sei der zweite Freiheitsbegriff weiter verfolgt: Freiheit besteht in der Übereinstimmung mit sich selbst. Das eigene Selbst kann allerdings nur Gott bestimmen, nicht der Mensch. Im Anschluss an Grundeinsichten lutherischer Anthropologie[20] ist der Mensch intern so verfasst, dass er von seinem Herz und seinen Affekten oder seinem Selbst (seinem Charakter) bestimmt wird, welches seine Vernunft und dann auch seine Handlungen bestimmt. Das Herz selbst aber kann der Mensch nicht selbst nochmal bestimmen. Diese lutherische Position lässt sich auch philosophisch plausibilisieren: Denn wie sollte der Mensch sein Selbst selbst bestimmen? Würde er das eigene Selbst durch ein weiteres Selbst bestimmen – durch ein Selbst höherer Ordnung, das hinter oder unter seinem Selbst steht –, so käme die Frage auf, wie dieses Selbst höherer Ordnung bestimmt ist: Es kommt zum unendlichen Regress. Soll er somit einfach so aus sich selbst sein Selbst schaffen oder ändern? Wer das annimmt, »übersieht die subjektive und möglicherweise auch *objektive Unhintergehbarkeit des Selbst.* Ich kann den Kernbestand meines eigenen Selbst nicht als etwas von mir unterscheidbares betrachten [...], denn diese Betrachtung beruht auf der selbstwidersprüchlichen Vorstellung, ich könnte ein anderer sein und im Kern dennoch ich selbst bleiben.«[21] Das Willensvermögen wird somit bleibend von Gott angeredet und bestimmt, und dabei wird das Willensvermögen des Menschen ebenso wie seine davon abhängige Vernunft zu kreativer Aktivität animiert: zur »Passivitätsaktivität«.[22]

Das Herz oder der Wille des Menschen bestimmt dann die Vernunft des Menschen und beide bestimmen seine Handlungen. Allerdings ist dieses Bestimmen nicht quasi-mechanistisch zu denken. Vielmehr eröffnet das so oder so bestimmte Herz der Vernunft einen Raum, den die Vernunft auf verschiedene Weise explorieren kann. Daraus ergeben sich dann auch verschiedene Handlungsmöglichkeiten, bei denen der Mensch oftmals Wahlfreiheit hat, auf die eine oder andere Weise zu agieren, siehe dazu weiter These 8 und 9.

---

[20] S. dazu Wendte, Gabe (s. Anm. 2), 412–420.

[21] Hermanni, Metaphysik (s. Anm. 19), 114.

[22] I. U. Dalferth, Mere Passive. Die Passivität der Gabe bei Luther, in: B. K. Holm / P. Widmann (Hg.), Word – Gift – Being. Justification – Economy – Ontology, Religion in Philosophy and Theology 37, Tübingen 2009, 43–71, 64.

8. Der Mensch ist Leibwesen. Damit der Mensch frei – in Übereinstimmung mit sich selbst – handeln kann, hat Gott mit der Schöpfung die Institution der Ökonomie mitgegeben. Nach dem Fall setzt Gott seine Allmacht der Liebe dadurch zur Bewahrung der Freiheit der Menschen vor Gewalt und Chaos ein, dass er die Menschen in der Institution des Staates leben lässt, welche durch eine lebendige Zivilgesellschaft gestützt wird. Dieses Handeln Gottes zur Linken zielt darauf, sein Handeln zur Rechten in der Institution der Kirche und somit seine Lenkung und Leitung durch das Wort zu gewährleisten (siehe auch Thesen 10–12).

Damit der Mensch in seiner Geschichte frei – in Übereinstimmung mit sich selbst – handeln kann, müssen die leiblichen Voraussetzungen seiner Existenz gesichert sein. Dies wird durch Ökonomie und Staat gewährleistet. Ökonomie und Staat sind somit Aspekte derjenigen sich geschichtlich entwickelnden geschöpflichen Zweitheit, die Gott schafft, erhält und in den Dienst nimmt, um menschliche Freiheit zu ermöglichen. Ökonomie und Staat werden – gemeinsam mit der Kirche – in lutherischer Tradition als Institutionen oder als Stände bezeichnet.[23] Im Bewusstsein der problematischen Geschichte dieses Begriffs wurde er in jüngerer Zeit unter zwei Perspektiven für eine neue Verwendung geöffnet. Beide Perspektiven sind sich darin einig, dass keine hierarchisch-konservative Gesellschaftsordnung in der Form eines neuen Mittelalters oder eines neuen Ständestaates zu revitalisieren ist. Vor allem sollen auch nicht die Eigengesetzlichkeiten von gesellschaftlichen Teilbereichen verabsolutiert werden. Vielmehr liegen hiermit Orte strukturierter Kommunikation vor, die Erwartungssicherheit gewährleisten.

Zugleich betont die erste Perspektive die anthropologische Dimension der Institutionen. Laut ihr nimmt die Ständelehre Aufgabenbereiche in den Blick, in denen alle Menschen unabweisbar zu agieren haben und in der der Glaubensgehorsam in der Welt gelebt wird.[24]

---

[23] Zum Hintergrund von Luthers Verständnis der drei Stände vgl. R. SCHWARZ, Luthers Lehre von den drei Ständen und die drei Dimensionen der Ethik, LuJ 45 (1978), 15–34.

[24] Dieser Aspekt von Luthers Ständelehre wurde prominent von Dietrich Bonhoeffer, Ernst Wolf und neuerdings von Eilert Herms weiterentwickelt. Bei aller angedeuteten Nähe gibt es zumindest zwischen Bonhoeffer und Herms in Methode und Inhalt auch gravierende Differenzen. Bonhoeffer erhebt aus dem biblischen Zeugnis, dass es vier Mandate gibt: Ehe und Familie, Kirche, Staat sowie Kultur und Arbeit. Mandate werden definiert als »der konkrete,

Für unseren Zusammenhang ist die zweite Perspektive wichtiger, die von Hans G. Ulrich betont wurde und die auch bei Luther selbst im Zentrum der Aufmerksamkeit steht.[25] Dabei werden die Stände als Orte des differenzierten Zusammenspiels vom Handeln Gottes mit dem des Menschen beschrieben: als Orte, an denen der Mensch in seinem Tun des Handelns Gottes gewahr wird und dementsprechend selbst handelt. Dadurch wird in der Ständelehre das fundamentale Thema reformatorischer Theologie verhandelt.

Als Leibwesen lebt der Mensch seit seiner Schöpfung im Stand der Ökonomie, der der Daseinssicherung dient. Nach dem Fall setzt Gott auch den Staat ein. Er hat dafür Sorge zu tragen, dass die Macht-

---

in der Christusoffenbarung begründete und durch die Schrift bezeugte göttliche Auftrag, die Ermächtigung und Legitimierung zur Ausrichtung eines bestimmten Gebotes, die Verleihung göttlicher Autorität an eine irdische Instanz. Unter Mandat ist zugleich die Inanspruchnahme, die Beschlagnahmung und Gestaltung eines bestimmten irdischen Bereichs durch das göttliche Gebot verstanden« (D. BONHOEFFER, Ethik DBW 6, hg. v. E. Feil/C. J. Green u.a., München 1992, 392). Mandate sind somit die von Gott eingesetzten Orte, an denen das göttliche Gebot gehört wird und an denen in der Welt im Glaubensgehorsam dem Gebot entsprochen wird – es sind Orte, an denen der Anspruch der Christuswirklichkeit, für das ganze Leben bestimmend zu sein, ausagiert wird. – In einiger Nähe dazu definiert Ernst Wolf (der zugleich ein Lehrer von Hans Ulrich ist): »Institutionen sind soziale Daseinsstrukturen der geschaffenen Welt als Einladung Gottes zu ordnender und gestaltender Tat in der Freiheit des Glaubensgehorsams gegen sein Gebot. […] Hier kommt man aus der Alternative heraus, in der die sogenannte Ordnungstheologie der freien Entscheidung des Menschen zur Ordnung nicht Rechnung zu tragen vermag, andererseits der personalistische Aktualismus dem Dauercharakter, der Verbindlichkeit oder Sicherheit des Rechtes nicht entsprechen kann« (E. WOLF, Sozialethik. Theologische Grundfragen, Göttinger Theologische Lehrbücher, Göttingen 1975, 173). – Eilert Herms hingegen entwickelt sein Verständnis der Schöpfungsordnung im Rahmen von transzendental-phänomenologischen Überlegungen zur menschlichen Freiheit. Menschliche Freiheit ist bedingte Freiheit; »die absolute Bedingung endlicher Freiheit ist die Schöpfungsordnung. […] Das ist die *Ordnung des Bestehens der Praxissituation endlicher Freiheit*« (E. HERMS, Die Lehre von der Schöpfungsordnung, in: DERS., Offenbarung und Glaube. Zur Bildung des christlichen Lebens, Tübingen 1992, 446 f.). Ihr sind unabweisbar – und somit geschichtlich invariant, also für alle Gesellschaftsformen aller Zeiten grundlegend – vier Grundaufgaben mitgegeben, welche Mandate genannt werden können: »die interaktionelle Sicherung des Stoffwechsels, […] der Befolgung von Interaktionsregeln […], die interaktionelle Gewinnung von technisch orientierendem Wissen […] und die interaktionelle Gewinnung von ethisch orientierendem Wissen« (a. a. O., 448).

[25] S. dazu H. G. ULRICH, Wie Geschöpfe leben. Konturen evangelischer Ethik, Ethik im theologischen Diskurs 2, Münster ²2007, 104–121.

förmigkeit der Beziehungen, die menschliches Leben auch prägt, nicht in Gewalt umschlägt. In der Moderne wird deutlich, dass politisches Leben sich nicht nur im Staat vollzieht, sondern durch eine lebendige Zivilgesellschaft getragen und weiterentwickelt wird, von der die Kirche ein Teil ist.

Mit Luther stellt das menschliche Leben in der Ökonomie und im Staat keine Selbstzwecklichkeiten dar. Vielmehr dienen sie – bei allem relativen Eigenwert – dem Leben in der Kirche. Mit dem berühmten Bild Luthers gesprochen: Gottes Regiment zur Linken – der Staat – dient seinem Regiment zur Rechten, der Kirche. Gottes Schöpfungs- und Erhaltungshandeln schließt Ökonomie und Staat somit nicht selbstzweckhaft in sich ab, sondern es ist so in sein Heilshandeln eingeordnet, dass das Schöpfungs- und Erhaltungshandeln dem Heilshandeln dient.[26] Nach dem Fall (These 9) vollzieht sich das Heilshandeln Gottes so, dass Jesus Christus die Sünde überwindet (These 10) und die Menschen in der Kirche am Heil Anteil haben lässt (These 11 und 12).

9. Mit dem Fall hängt der Mensch sein Herz an andere Größen als Gott: an weltliche Entitäten und/oder an sich selbst. Sünde vollzieht sich damit als Perversion, weil der Mensch denjenigen weltlichen Geschichten, in die er verstrickt ist, Priorität einräumt gegenüber der Geschichte Gottes mit ihm, welche sich durch die weltlichen Geschichten vollzieht. Faktisch fällt er damit in Unfreiheit, die sich in pervertierten Strukturen (gefallener Drittheit), Misstrauen gegenüber anderen Menschen und sich selbst (gefallene Zweitheit) und Hoffnungslosigkeit oder Selbstüberschätzung (gefallene Erstheit) äußert. Der Mensch kann sich (sein Selbst) nicht selbst daraus befreien.

Die Ursünde bezeichnet den Vorgang, dass sich die Grundausrichtung des Menschen verändert: Er lässt sich ganz bestimmen von den weltlichen Beziehungsgeschichten, in denen er steht (von der Beziehung zu anderen Menschen, zu bestimmten Dingen und vor allem zu sich selbst). Diese weltlichen Beziehungsgeschichten, die Mittel und Rohre sind für die Beziehungsgeschichte des Menschen mit Gott, rücken an die erste Stelle. Somit vollzieht sich die Ursünde als Perversion: als

[26] S. dazu auch W. Härle, Luthers Zwei-Regimenten-Lehre als Lehre vom Handeln Gottes, MJTh 1 (1987), 12–32; bekanntlich vertritt auch Barth diese These, s. etwa K. Barth, Christengemeinde und Bürgergemeinde, ThSt(B) 20, Zollikon-Zürich 1946.

Verdrehung des Primären und des Sekundären, welches in richtiger Ordnung das Selbst des Menschen in ihm heilsamer Weise prägt.

Die Ursünde vollzieht sich zugleich als Tat des Menschen und als Macht, die den Menschen bestimmt. Zum einen wird der Mensch hineingerissen in die Sünde. Der Sünde ist ein Machtcharakter zu eigen (Röm 7,14–25), der sich vielleicht in besonderer Deutlichkeit am Phänomen der Sucht zeigt. Zum anderen bestimmt die Ursünde das Personenzentrum des Menschen und damit auch das Herz und den Willen des Menschen, so dass dieser auch selbst dasjenige will, was er beim Sündigen tut. Obwohl der Mensch damit seinem (gefallenen) Selbst entspricht und obwohl er dies auch willentlich vollzieht, ist das Sündigen dennoch keine Freiheitstat. Das liegt nicht nur an dem Machtcharakter, der der Sünde auch zukommt. Es liegt vor allem daran, dass dasjenige Selbst, dem der Mensch in der sündigen Tat entspricht, durch Perversion gekennzeichnet ist und sich somit faktisch gegen die Bedingungen der Möglichkeit der eigenen Freiheit wendet. Denn es erkennt die allmächtige Liebe Gottes, die menschliche Freiheit allererst ermöglicht (siehe Thesen 4–7), nicht als grundlegend für das eigene Leben an. So verwundert es nicht, dass sich die Ursünde in Phänomenen der Unfreiheit äußert und zu ungerechten Strukturen wie Rassismus oder Sexismus (gefallener Drittheit) ebenso führt wie zu Misstrauen oder Vergötterung von anderen Menschen, Dingen, Institutionen oder sich selbst (gefallene Zweitheit) und Hoffnungslosigkeit (nichts Gutes wird mir mehr passieren) oder Selbstüberschätzung (ich muss die gute Zukunft ganz allein hervorbringen) gegenüber der Zukunft (gefallene Erstheit).

3. Thesen 10–12: Jesus Christus und die Kirche als Spiel-Ort neuer Möglichkeitsräume

10. Befreiung von der Wurzel der Sündenmacht bringt das fleischgewordene Wort Jesus Christus. In, mit und unter den vielen weltlichen Beziehungs-Geschichten, in denen Jesus lebt, gibt Jesus Christus dabei der Beziehung zu Gott dem Vater Priorität und ist darin frei. In Jesus Christus setzt sich damit die allmächtige Liebe Gottes mithilfe des lebensspenden Geistes (Drittheit) in vermittelter, inkarnierter Weise, durch Machttaten sowie bisweilen in der Form der Ohnmacht durch (Zweitheit). Dadurch realisiert sich exemplarisch bereits das Reich Gottes auf Erden (Erstheit). In Kreuz und Auferstehung ereignet sich an Jesus Christus selbst diejenige Wirklichkeit, die Jesus auch in seinen Gleichnissen zur Welt brachte und die besagt, dass Gott gerade das Kleine, das Beschädigte und Zerstörte zu wahrem Leben erweckt. In Jesus Christus bricht somit Gottes Allmacht der Liebe die scheinbare Letzt-Macht von Sünde und Tod, der Freiheit der Menschen zugute. – Dabei zeigt sich, dass Gottes Allmacht auch durch Züge der Reziprozität zu weltlicher Macht und Freiheit bestimmt ist. Denn in Jesus Christus lässt Gott sich auf endliche Macht und Freiheit ein. Er setzt sich ihnen aus bis hin zum Kreuz und schreibt sich diese kontingenten Ereignisse selbst als wesentlich zu. Dennoch wird Gott dadurch nicht allererst konstituiert. Dank Gottes des Vaters als Quelle verliert Gott dadurch auch nicht seine Fähigkeit, die Welt zu ihrem Ziel zu führen, Gott zu loben.

Jesus Christus ist darin frei, dass er in Übereinstimmung mit seinem wahren Selbst handelt. In der Personeneinheit von göttlicher und menschlicher Natur agiert er auf der Welt in Übereinstimmung mit derjenigen geistvermittelten Beziehung zum Vater, in der er steht und die er selbst ist. Durch Heilungen und Mahlgemeinschaften, Gleichnisse und Streitgespräche bringt er das Reich Gottes auf Erden. Das Reich Gottes ist die Wirklichkeit neuer Möglichkeitsräume. Sie befreit die Menschen leiblich, seelisch, in ihrer Gottesbeziehung und sozial davon, auf die unfreien Realitäten der Vergangenheit festgelegt zu sein, und sie spielt ihnen eine sie überraschende Überfülle des Lebens zu (Erstheit).

Jesus Christus bringt das Reich Gottes nicht nur durch Machttaten, sondern auch in der Form weltlicher Schwäche: dergestalt, dass Christus das Böse erleidet. Seine vom Vater verliehene Allmacht vollzieht sich auch als Ohnmacht: Seine *potentia* vollzieht sich auch als *patientia*.[27] Um den letzten Punkt hervorzuheben: Mit der Inkarnation und dann verstärkt durch das Kreuz wird deutlich, dass Gottes Allmacht nicht nur darin besteht, Anderem Raum zu geben und Anderes zu schaffen, zu erhalten und zu bewahren – Gott ist nicht nur bleibend Grund für weltliche Entitäten. Vielmehr setzt er sich seinem Anderen auch aus und wird davon beeinflusst. Es entsteht eine dialektische, wechselseitige Beziehung; mit Hegel gesprochen:

[27] S. dazu auch J. BAUKE-RUEGG, Aporien der Allmacht. Wandlungen im Verständnis eines Gottesprädikats, EK 30 (1997), 278–280, sowie DERS., Gottes Macht und die Gewalt der Menschen, BThZ 20 (2003), 179–195.

Gott baut seine Substantialität ab und wird ebenso sehr Subjekt, und diese Subjektwerdung ist für Gott wesentlich: Er schreibt sie seinem Wesen zu. Um es in der Kombination von zwei biblischen Bildern auszudrücken: Derjenige, der zur Rechten Gottes sitzt, trägt an seinen Händen die Wundmale des Kreuzes (Joh 20,20). Diese Zentraleinsicht der Christologie lässt sich zu einer allgemeinen Regel erweitern, die das Handeln Gottes beschreibt (siehe dazu bereits These 4): Gott vermittelt sein Heil nicht jenseits, sondern in, mit und unter geschöpflichem Leben und damit etwa auch in, mit und unter der Vielfalt der Kulturen.[28] Dieses Vorgehen, das seinem Wesen als Liebe als dem Eingehen auf den anderen entspricht, ist ihm gerade wesentlich: Gott lässt sich und sein Evangelium davon geformt sein. Inhalt und Form sind so miteinander verbunden, dass dieser Inhalt (Gott für die Menschen) nur in dieser Form (geprägt auch von der Auseinandersetzung mit den Menschen, geprägt von den Kulturen etc.) Wirklichkeit sein will. So wahr diese gleichsam hegelianisierenden Aspekte des Evangeliums sind, so sehr bleibt – gleichsam mit Schelling gegen Hegel – das Folgende festzuhalten: Diese reziproke Beziehung zur Welt konstituiert nicht Gott in seiner Gottheit, sondern lassen diese allein Gestalt gewinnen.[29] Die Dialektik von Evangelium und Kultur, von Gottes Liebe und ihrer weltlichen Vermittlungsform ist asymmetrisch, zugunsten des Evangeliums. Gott ist auch darin allmächtig, dass er bereits vor der Schöpfung er selbst ist – und sich gerade deshalb auf diese einlassen kann. Die Welt oder die Inkarnation dienen nicht der Konstitution Gottes. Und die Welt kann letztlich die universale, sichtbare Durchsetzung der Allmacht Gottes und des Reiches Gottes nicht verhindern.

11. In ausgezeichneter Weise erfährt der Mensch die in Christus realisierte, befreiende Macht der Liebe in der und als Kirche, welche Geschöpf des Wortes ist. Denn mithilfe des Geistes (Drittheit) vermittelt sich Gottes allmächtige Liebe durch die Medien der Heilsvermittlung: durch das Wort in seiner zweifachen Gestalt von Gesetz und Evangelium sowie durch die Sakramente als den »leiblichen Worten«

---

[28] S. dazu auch M. Wendte, Viele Kulturen – ein Christus. Wie normativ sind westliche Christologien im globalen Kontext?, NZSTh 57 (2015), 155–178.

[29] S. dazu etwa M.D. Krüger, Göttliche Freiheit. Die Trinitätslehre in Schellings Spätphilosophie, Religion in Philosophy and Theology 31, Tübingen 2008, 275–301.

(Bayer), welche zugleich die »Pforten zum Himmel« (Jenson) sind (Zweitheit). Dadurch werden die Menschen Christgläubige (Erstheit) und die Kirche Spiel-Raum versöhnter Freiheit. Der Gottesdienst ist Ort des Heiligen Spiels oder des liminalen Freiraumes, in dem in ritualtheoretischer Perspektive alte Rollen verlassen und neue Spiel-Räume einer neuen Gemeinschaft Wirklichkeit werden, welche auch den Gottesdienst im Alltag prägen. Anders gesagt: »Sitzend zur Rechten Gottes, des allmächtigen Vaters« ist auch als Ortsangabe zu lesen. Christus ist in ausgezeichneter Weise in der Kirche, dem Leib Christi, gegenwärtig.

Christus fährt in den Himmel und sitzt zur Rechten Gottes. Im Anschluss an Luthers radikaler Dissoziierung von Theologie und Kosmologie ist der Himmel (*heaven*) kein Ort im Raum »da oben« (im *sky*), und dass Christus »sitzend zur Rechten« ist, meint somit nicht, dass Christus an einen extraterrestrialen Punkt hin verschwunden ist.[30] Vielmehr ist Gottes Rechte an allen Orten zu finden – sie ist allgegenwärtig –, da ohne sie die Schöpfung nicht erhalten wird. Zugleich hat Gott zugesagt, an einigen Orten in ausgezeichneter Weise gegenwärtig zu sein: beim heilbringenden Wort und den Sakramenten. Mit Luther sei die Christologie von der dynamischen Personeneinheit der göttlichen und der menschlichen Natur her gedacht und damit die wechselseitige Anteilgabe der Eigenschaften, die Idiomenkommunikation, vertreten.[31] Aufgrund der Personeneinheit bekommt die menschliche Natur Anteil an den Eigenschaften der göttlichen Natur, etwa an der Allgegenwart. Somit ist auch Jesus Christus allgegenwärtig und in ausgezeichneter Weise bei Wort und Sakrament, bei der Kirche, zu finden. In dieser Hinsicht ist die Kirche der Leib Christi (dem Christus als das Haupt auch immer kritisierend gegenübersteht), und Wort und Sakrament sind Orte realer Gottesbegegnung (wenn es Gott gefällt). Der Gottesdienst wird zur »Pforte zum Himmel«,[32] an der neuer Glaube aus dem Nichts entstehen kann.

Zur näheren Bestimmung dieser Erstheitsaspekte scheint es mir zum einen hilfreich zu sein, auf ritualtheoretische, zum anderen auf spieltheoretische Überlegungen zurückzugreifen; beides kann hier

---

[30] S. dazu Wendte, Gabe (s. Anm. 2), 439–445.

[31] S. dazu a. a. O., 434–439.

[32] S. dazu R. Jenson, On the Ascension, in: M. Welker/C. Jarvis (Hg.), Loving God with our Minds. The Pastor as Theologian, Grand Rapids, MI, 2004, 331–340, 336.

wiederum nur angedeutet werden. Ritualtheoretische Rekonstruktionen des Gottesdienstes im Rückgriff auf Victor Turner machen deutlich, dass der Gottesdienst durch das machtvolle Wort Gottes zum liminalen Raum wird.[33] Liminale Räume sind durch drei Charakteristika bestimmt. In ihnen werden alte Rollen abgelegt und überwunden, es kann Kritik an Unterdrückung laut werden und vor allem entstehen neue, überraschende Gemeinschaften. Diese neuen Gemeinschaften realisieren sich zeichenhaft in der Feier des Abendmahls. Dort relativieren eine Reihe von Menschen ihre Alltags-Rollen (als Vater, als Single, als Berufstätiger, als Hausbesitzer). Sie begeben sich mit Menschen, durch die sie im Alltag durch Rolle und Milieu getrennt sein mögen, in einen großen Kreis und verkörpern so – durch den Empfang des Heiligen Abendmahls – für kurze Zeit eine neue Gemeinschaft: die Gemeinschaft der (Ge)Heilig(t)en.

Dadurch können neue Geschichten zwischen Menschen entstehen, neue Beziehungen und Dynamiken. Die Dynamiken dieser neuen Gemeinschaft – ihre Erstheits-Aspekte – lassen sich als Spiel-Raum begreifen. Spiele sind nichts Kindisches. Spiele sind vielmehr ernsthafte und freudvolle Erkundungen manchmal ungeahnter Wirklichkeiten – nicht regellos, aber explorativ im Übergang von Bekanntem zu verlockend Neuem. Daher wohnt ihnen eine österliche Dimension inne: Im Spiel ist (dem Menschen) mehr möglich, als er vorher dachte. Es wird ihm ein Möglichkeitsraum zugespielt, den er ohne vorschnelle Verzweckungsabsichten erforscht. Dabei erforscht er immer auch sich selbst mit. Denn wer spielt, ist ganz im Spiel und ganz bei sich. Und bisweilen auch bei Gott, der sich mitunter selbst zum Mitspieler macht und es dem Menschen ermöglicht, die Welt in seiner Perspektive zu sehen.[34]

12. Vermittels Wort und Sakrament erhalten die Christgläubigen in effektiver Rechtfertigung Anteil an der allmächtigen Liebe Gottes, indem »nicht ich, sondern Christus in mir wohnt«. So werden sie ihres Heils gewiss und können frei handeln, also in Übereinstimmung mit demjenigen Selbst (These 6), das nun von Christus und vom

---

[33] S. dazu S.-Y. Lee, From a Liminal Place. An Asian-American Theology, Minneapolis, MN 2010. S. auch M. Meyer-Blanck, Gottesdienstlehre, NThG 17, Tübingen 2011, 40–51.

[34] S. etwa C. Seibert, Vom Spielerischen in der Religion (aufrufbar unter http://www.herbstkonferenz.info/archiv2013/), der dabei auch Überlegungen vom Peirce zum Spiel aufnimmt, die jener mit Erstheit verbindet.

Geist bestimmt wird und das gerade so ihnen selbst entspricht. Auch eingedenk dessen, dass der Christgläubige simul iustus et peccator *bleibt, bringt das eine faszinierende Steigerung von Handlungsmöglichkeiten gegenüber den nicht-Christgläubigen mit sich. Denn es bedeutet Befreiung von den inneren und äußeren Zwängen: von Schuld, struktureller Sünde und dem sklavischen Schielen auf weltliche Anerkennungsverhältnisse. Die Affekte des Menschen werden somit in befreiender Weise umgeformt. Vor allem bringt es Freiheit zum Explorieren jener neuen kommunikativen Spiel-Räume, die Gott der Welt jenseits all dessen, was Menschen erwarten oder hoffen, je neu zuspielt. Diese Spiel-Räume sind nicht – im Gefolge der Rationalität des Spätkapitalismus – als abstrakte Steigerung von Möglichkeiten zu denken. Vielmehr sind es Räume, in denen der Mensch in der seiner eigenen Geschichte entsprechenden Art und Weise christförmig werden kann.*

Im Gottesdienst verwirklicht sich erneut, was sich in der Taufe grundlegend vollzog. Gottes Allmacht befreit Menschen von alten Unfreiheiten und ermöglicht es, dass sie nicht mehr festgelegt sind auf die Verhaltensmuster, auf die Fehler und auf die Schuld der Vergangenheit. Darüber hinaus eröffnet er ihnen ungeahnte Spielräume: kreative Möglichkeitsräume, die sie für sich und in Gemeinschaften explorieren.

Dieser Vorgang wird bisweilen auf zwei Weisen missverstanden. Zum einen könnte man meinen, dass der Mensch – indem er von Christus bestimmt wird – nun in einer ihm nicht gemäßen Weise fremdbestimmt wird. Zum anderen könnte man meinen, dass die Steigerung der Spielräume in abstrakter Weise in einer quantitativen Steigerung von Möglichkeiten besteht. Beide Missverständnisse sollen kurz kommentiert werden:

Der Mensch erlangt neue Möglichkeitsräume, wenn die Glaubenden von Christus und seinem Geist bestimmt sind, der nun in ihnen wohnt.[35] Von Christus und seinem Geist bestimmt zu werden bedeutet keineswegs, dass der Glaubende von einer ihm fremden Macht fremdbestimmt wird, so dass er ein heteronomes Leben führen würde. Vielmehr steht Christus für das wahre Menschsein, für ein Menschsein also, das auch unter den Bedingungen des Falls seine Geschichte in richtiger Beziehung zu Gott und den Menschen gelebt hat. Der

[35] S. dazu auch FELDMEIER/SPIECKERMANN, Gott (s. Anm. 3), 228–233.

Geist steht dafür, dass der jeweilige Mensch mithilfe Gottes dieses wahre Menschsein in der ihm entsprechenden – seiner bestimmten Geschichte entsprechenden – Weise realisiert. Somit realisiert sich durch Christus und den Geist im Christgläubigen in ausgezeichnetem Maße, was Gottes Eigenschaften auszeichnet: dass sie das Geschöpf zur Realisierung seiner – der ihm von Gott immer neu verliehenen und daher ihm eigenen – besten Möglichkeiten verhelfen. Gerade indem der Mensch von Christus und dem Geist bestimmt wird, kommt er zu seinem Eigensten.

Der den Gläubigen bestimmende Christus bestimmt ihn dergestalt, dass er darin kräftig ist, dass er den Glaubenden kräftigt etc. Vor allem kräftigt er den Glauben des Glaubenden, und das heißt zweierlei: Er baut das Innenleben des Glaubenden um und den Umgang mit der Außenwelt. Der Umbau des Innenlebens bezeichnet eine lebenslange Bildung der Affekte und des Herzens des Menschen hin zu einer vertrauensvolleren, hoffnungsvolleren und liebevolleren Beziehung zu Gott und zu sich selbst, der durch den Umgang mit der Bibel und durch Meditation und Gebet Richtung und Tiefe erhält. Das impliziert immer auch die Befreiung von unfrei machenden Verfasstheiten des Herzens. Wichtiges Element dessen ist es, dass der Mensch von seinen sklavischen Abhängigkeiten gegenüber weltlicher Anerkennung, Sozialprestige etc. frei wird. Demgegenüber übt der Mensch ein, von Gottes gnädiger Anerkennung her zu leben. Anders gesagt: Der Mensch wird frei davon, sich von den weltlichen Geschichten, in die er verstrickt ist, ganz bestimmen zu lassen, und frei dafür, sich von Gottes Geschichte mit ihm prägen zu lassen.

Der sich immer erneuernde Umgang mit der Außenwelt vollzieht sich dergestalt, dass Christus dem Glaubenden die Kraft, das Vertrauen und die erneuerte Wahrnehmungsfähigkeit – das neue Sehen – schenkt, um die der Schöpfung von Gott zugespielten, immer überraschenden Möglichkeitsräume zu erkennen und ihnen entsprechend zu handeln. Das Explorieren dieser Möglichkeitsräume meint nicht, dass dem Christgläubigen eine abstrakte Steigerung von Möglichkeiten zugespielt wird. Das hieße, die Rationalität des technologisch getriebenen Spätkapitalismus mit der der Heiligung gleichzusetzen. Es geht somit nicht um abstrakt quantitativ mehr Möglichkeiten, sondern um qualitativ bestimmte Möglichkeitsräume, in denen der Mensch seine Christförmigkeit exploriert. Diese realisiert sich in neuer Selbstannahme und ungeahnt gerechten und kreativen Interaktionen und Sozialformen. Indem die neue Selbstannahme und die kreativen Interaktionsformen dem vom Christus bestimmten, vom Geist neu geformten Charakter des Menschen entsprechen, ist der Glaubende in der Geschichte des Explorierens dieser neuen Spiel-Räume frei (siehe These 6).

4. Thesen 13–14: Das Gegeneinander von Gottes Welt- und Heilshandeln – Allmacht Gottes gegen die Freiheit der Christgläubigen, und die stellvertretende Vermittlung der Kirche

13. Von der Offenbarung in Jesus Christus her (These 1) wurde bestimmt, dass Gottes kommunikative, die Freiheit der Christgläubigen ermöglichende Allmacht der Liebe sich gegenwärtig als Erhaltung der Schöpfung (These 5 und 6), Bewahrung vor dem Bösen etwa durch den Staat (These 8) sowie durch Lenkung und Führung durch das Wort (These 10–12) ausagiert. Gerade von daher setzen Erfahrungen von Mangel und Not (gegen die Erhaltung), von Chaos und Gewalt (gegen die Bewahrung) und von Unglaube (gegen die Lenkung durch das Wort) und damit gegenwärtige Erfahrungen, die Menschen zu äußeren und inneren Zwängen und Unfreiheiten führen, ernste Anfragen mitten ins Gottesbild und führen zur Anfechtung. Auch hier handelt tatsächlich Gott, wenn auch oft indirekt und verborgen unter dem Gegenteil. Somit steht Gottes Welthandeln seinem Heilshandeln auch entgegen, und Gottes Allmacht ist voreschatologisch nicht allein als Qualifikation seiner Liebe, sondern auch als Ausdruck der von Menschen nicht vollständig aufhellbarer Majestät zu begreifen (siehe These 2): Gott als deus absconditus, *der Möglichkeitsräume auf harte Art verschließt. Da dessen Verborgenheit aber in eigener Weise unbestimmt ist, kann nicht prinzipialisiert werden, in welcher Weise Gott in abgründigen Weltereignissen präsent ist. Um ein angemessenes Verstehen ist jeweils situativ zu ringen.*

Gottes Allmacht der Liebe realisiert sich, indem Gott die Schöpfung erhält, vor dem Bösen bewahrt und durch sein Wort lenkt und führt. Gerade aufgrund dieser Einsicht führen Erfahrungen von Mangel und Not (gegen die Erhaltung), von Chaos und Gewalt (gegen die Bewahrung) und von Unglaube (gegen die Lenkung durch das Wort) zur Anfechtung, die von der Frage ihren Ausgang nimmt: Ist Gottes

Allmacht so umfassend zu denken, dass sie allem zugrunde liegt, was passiert?

Um dieser Frage auf den Grund zu gehen, sind weitere Differenzierungen hilfreich. So spricht viel dafür, dass Gott Böses zulässt. Zudem gibt er – als der Schöpfer und Erhalter allen Lebens – den bösen Geschöpfen auch Lebenskraft, ohne die diese nicht existieren könnten. Mit Luther gesprochen: »Weil Gott alles bewegt und wirkt, bewegt und wirkt er notwendigerweise auch im Satan und im Gottlosen. Er wirkt in ihnen so, wie jene sind und wie er sie vorfindet.«[36] Recht unumstritten ist darüber hinaus auch eine spezifischere Aktivitätsform Gottes: Bisweilen agiert Gott in besonderen Situationen seinen Zorn aus. Der Zorn Gottes ist dabei als das Ernstnehmen seiner Liebe zu verstehen, die sich in spezifischer und verständlicher Form gegen genau denjenigen wendet, der sich in spezifischer und erkennbarer Form gegen seine Liebe wendet.[37]

Fraglich hingegen ist Folgendes: Impliziert die Rede von der Allmacht Gottes darüber hinaus, dass Gott in weiteren Weisen als der Zulassung und des Lebensenergiegebens und in anderen Formen als in seinem verständlichen Zorn in abgründige Ereignisse involviert ist? Gibt es also – mit Ratschow gesprochen – neben dem »Heilshandeln« Gottes auch ein aktives »Welthandeln« Gottes, das Gott mit abgründigen Ereignissen in Beziehung setzt?[38] Eine Reihe gewichtiger biblischer Stimmen sind wohl genauso zu verstehen. So kann Gott als Versucher dargestellt werden (Gen 22), gar als Feind des Menschen (1 Sam 16,14; Ps 88; Klgl 3,1–6), der dessen Spielräume einschränkt und zerstört, und als Tyrann (Hiob).

Luther hat Argumente entwickelt, die ihn dazu bringen, Heils- und Welthandeln Gottes auch gegeneinander stehen zu lassen. In Aufnahme traditioneller Bestimmungen zur metaphysischen Eigenschaftsreihe sagt Luther, dass es zu Gottes Gottheit gehört, allmächtig zu sein. Und Allmacht heißt hier in einem umfassenden Sinn, dass Gott »alles in allen (wirkt), auch in den Gottlosen, indem er alles, was er allein geschaffen hat, auch allein bewegt, treibt und fortreißt durch die Bewegung seiner Allmacht. [...] So wirkt mit ihm auch alles Gottlose zusammen.«[39]

[36] Luther, Studienausgabe Bd. 1 (s. Anm. 9), 465.

[37] Vgl. BAYER, Theologie (s. Anm. 16), 177.

[38] Vgl. C.H. RATSCHOW, Das Heilshandeln und das Welthandeln Gottes, in: Von den Wandlungen Gottes. Beiträge zur systematischen Theologie. Zum 75. Geburtstag hg. v. C. Keller-Wentorf/M. Repp, Berlin u. a. 1986, 182–243.

[39] Luther, Studienausgabe Bd. 1 (s. Anm. 9), 571.

In *De servo arbitrio* stützt und begründet Luther diese Überlegungen durch seine Position zum unfreien Willen: Die Annahme dieser starken Allmacht ist auch Implikat der Lehre vom unfreien Willen, und diese ist Implikat der Lehre, dass alles aus Gnade geschieht und Christus nicht umsonst gekommen ist. Christus kam, weil der Mensch sich nicht allein erlösen kann. Denn der Mensch hat gegenüber Gott einen unfreien Willen, und hätte der Mensch einen freien Willen, hätte Christus nicht kommen müssen. Da somit der Wille des Menschen unfrei ist, ist anzusetzen, dass Gott alles lenkt. Er ist somit in dieser Form als allmächtig anzusetzen, und diese Einsicht gilt für alles irdische Geschehen, nicht nur für die Heilsereignisse.

Wenn man diese Betonung Luthers in den übergreifenden Duktus seiner späten Theologie (als der Theologie ab 1524) einordnet, so stellt sie gleichsam die dunkle Rückseite des in der Schöpfungsfülle und vor allem im Abendmahl so nahen und aktiven Gottes dar. Bereits in Bezug auf Schöpfung und Erhaltung betonte Luther ja, dass Gott jedem Baumblatt näher ist als dieses sich selbst und ihm die Energie dazu gibt, sich zu entwickeln (siehe dazu These 6). Erkennbar wird diese Nähe Gottes in aller Schöpfung durch die Offenbarung Gottes in Jesus Christus, und sie gilt in ausgezeichneter Weise für die sakramentale Gegenwart Jesu Christi in der Taufe und im Abendmahl. Um diese Nähe und Aktivität Gottes auch für die Sakramente aussagen zu können, betont Luther, dass der Himmel kein Ort im Raum »dort oben« ist, sondern die Weise, in der Gott nun gegenwärtig ist. Gott ist in realer Präsenz zu denken und im Abendmahl IST das Brot aufgrund des geistgestärkten Tatwortes der Einsetzungsworte tatsächlich Leib Christi. Von Christus aus wird deutlich, dass Gott in den Sakramenten realpräsent ist und dass er der gesamten Wirklichkeit als Schöpfer und Erhalter näher ist, als diese sich selbst ist.

Die abgründigen Weltereignisse stellen dann gleichsam die dunkle Rückseite dieses nahen Gottes dar. Oder etwas direkter formuliert: Eine Theologie wie die Luthers, die soviel Aufwand betreibt und Kreativität entwickelt, um Gott in alle Weltereignisse und das Sakramentsgeschehen »hineinzurechnen«, kann Gott nicht einfach aus den abgründigen Weltereignissen »herausrechnen«. Vielmehr ist mit Ratschow festzuhalten: »Ist die Voraussetzung ernst gemeint, daß Gott in allem Geschehen verborgen am Werke ist, seine Kreatur erhaltend zu bewahren, dann setzt jeder Unfall wie jeder Mangel eine ernste Frage mitten in das Gottesbild.«[40]

Bedenkt man diese ernste Frage weiter, so kommt Gott unter der Perspektive in den Blick, die Luther mit *deus absconditus* bezeichnete. Damit ist dreierlei gemeint. Erstens: Gottes Allmacht ist voreschatologisch nicht allein Allmacht der Liebe, sondern zugleich auch Allmacht, die alles lenkt. Gottes Willen ist dabei nicht vollständig begreifbar. Gott widerfährt dem Menschen in irreduzibel verschiedener, voreschatologisch nicht miteinander in Einklang zu bringender Weise, liebend-zugewandt in Christus einerseits und mit seinem undurchdringlichen Willen handelnd andererseits. Um mit Luthers berühmten Worten diese zweite Weise näher zu charakterisieren: »Der in seiner Majestät verborgene Gott beklagt weder den Tod noch hebt er ihn auf, sondern wirkt Leben, Tod und alles in allem.«[41] Damit ist Gott selbst in schrecklicher Verborgenheit präsent: als *deus absconditus*, verborgener Gott. Somit wird Gott auch unverständlich und gibt Anlass zur Klage, wie etwa Jenson betont. Wenn Gott in dieser Weise allmächtig ist: Warum ändert er dann nicht die Herzen der Ungläubigen; warum hat er die Verletzung dieses Kindes nicht verhindert?[42]

Zweitens: Zugleich handelt es sich bei *deus absconditus* nicht um einen zweiten Gott neben Gott und auch keine symmetrisch anzunehmende Seite Gottes, die in Gott den gleichen »Raum« einnimmt wie sein Herz voller Liebe. *Deus absconditus* bezeichnet keinen zweiten Gott neben dem *deus revelatus*, da die Annahme eines zweiten Gottes nicht mit der Annahme der Gottheit Gottes in seiner Allmacht zu vereinbaren ist: Gäbe es einen zweiten Gott neben Gott, so wäre die Gottheit des allmächtigen Gottes auf wesentliche Weise unterminiert. Zudem würde sich in prinzipientheoretischer Hinsicht die Frage stellen, welcher Gott denn nun der eine und damit der grundlegende – das Prinzip – ist. *Deus absconditus* bezeichnet aber auch keine *symmetrisch* andere Seite Gottes, weil das die Bestimmung der Selbstoffenbarung Gottes in Jesus Christus auf unangemessene Weise unterlaufen würde. *Deus absconditus* bezeichnet vielmehr zuerst einmal die Grenze theologischen Verstehens – aber die Grenze theologischen Verstehen *Gottes*, der alle Menschen und auch die Christ-

---

[40] Ratschow, Heilshandeln (s. Anm. 38), 209.

[41] Luther, Studienausgabe Bd. 1 (s. Anm. 9), 405 (WA 18, 685,21–23).

[42] S. dazu auch R. Jenson, Luther's Contemporary Theological Significance, in: D. McKim (Hg.), The Cambridge Companion to Martin Luther, Cambridge 2003, 272–288, 278 f.

gläubigen dunkel angeht. Und gerade um der Gottheit Gottes willen ist die Einheit Gottes anzunehmen, so dass Gott in sich auch *deus absconditus* vereint und diese ungebundene Allmacht tatsächlich ihm selbst zuzuschreiben ist. Die Einheit Gottes aber ist als »zerfallend« anzunehmen, dazu in der letzten Bemerkung mehr.[43]

Drittens: *Deus absconditus* ist tatsächlich Gott, der eine Gott, der die Christen damit angeht. Aber die Christen finden an ihm eine Grenze des Fragens, die sie nicht überschreiten können. *Dass* Gott als *deus absconditus* seinen Willen durchsetzt, wissen die Gläubigen – und das geht die Christen etwas an. *Warum* er es so will, wissen sie nicht. Stattdessen sollen sie zum offenbaren Gott (*deus revelatus*) in Christus fliehen und sich an seine Gnade und seine Gebote klammern. Hier begegnen sie dem Gott, der das Böse nicht will, und der den Menschen unterstützt, wenn er selbst das Böse bekämpft. »Vater, Sohn und Heiliger Geist« bleiben somit die eigentlichen Namen Gottes (*nomen proprium*). Daneben ist Gott aber auch verborgene Majestät in erschreckender Allmacht, und diese ist nicht als Zeichen seiner Liebe einordbar.

Zwei Bemerkungen mögen die skizzenhaften Ausführungen zu dieser These beenden, eine mit seelsorgerlicher Abzweckung und eine, die den Status der hier vorgelegten Überlegungen betrifft. Zur seelsorgerlichen Abzweckung: Die nicht mit der Liebe verrechenbare Allmacht ist einerseits erschreckend, andererseits auch beinahe tröstlich. Denn damit wird das Böse nicht ent-böst, noch wird es abstrakt sich selbst überlassen, so als ob das abgründige Weltgeschehen in einem abstrakten Sinne »bloß« geschehen ist, in einem kahlen, gottfernen Freiraum von Ereignissen. Anders ausgedrückt: Der Begriff der Kontingenz trägt zwei Bedeutungshöfe an sich.[44] Zum einen bezeichnet er in Rückgriff auf Überlegungen aus der Logik dasjenige, was nicht notwendig ist (wohl aber evtl. von Gott gewollt). Zum anderen bezeichnet er gerade seit der Neuzeit dasjenige, was bloß zufällig geschieht und damit etwas, zu dem man umgangssprachlich sagen kann: »Da hast du halt Pech gehabt.« Indem das abgründige Weltgeschehen

[43] S. zu dieser Diskussion M. Mjaaland, Die zerfallene Einheit Gottes. Die Klage, die Gott selbst in Frage stellt, in: E. Harasta (Hg.), Mit Gott klagen. Eine theologische Diskussion, Neukirchen-Vluyn 2008, 99–118, 116.

[44] S. dazu I. U. Dalferth/P. Stoellger, Einleitung. Religion als Kontingenzkultur und die Kontingenz Gottes, in: I. U. Dalferth/P. Stoellger (Hg.), Vernunft, Kontingenz und Gott. Konstellationen eines offenen Problems, Religion in Philosophy and Theology 1, Tübingen 2000, 1–44.

mit Gottes Allmacht in Beziehung gebracht wird, hat der Mensch, der davon betroffen ist, eben nicht nur »halt Pech gehabt«. Vielmehr sind alle abgründigen Ereignisse in der zerfallenden Einheit zwischen *deus absconditus* und *deus revelatus* verortet und damit immerhin mit dem einen Gott verbunden. Die Widersprüche und Aporien der Welt sind Gott selbst zwischen Gottes menschenfreundlicher Erniedrigung in Krippe und Kreuz einerseits und seiner dunklen Majestät andererseits eingeschrieben. Nichts ist Gott fremd, und in jeder Hoffnung und in jedem Abgrund hat es der Mensch auch mit Gott zu tun. Das ermöglicht die Klage: In der Klage ist Gott darauf zu behaften, dass er doch auch diese Abgründe aufhellen möge.

Zweite abschließende Bemerkung: Mjaaland hat in seinen Auseinandersetzungen mit Luthers Überlegungen vom *deus absconditus* zu Recht darauf hingewiesen, dass Luther eine doppelte Strategie zum Einsatz kommen lässt (und Aspekte beider Strategien kamen in meinen bisherigen Ausführungen auch schon zur Sprache, so dass diese zweite abschließende Bemerkung eine Meta-Reflexion auf das Vorherige darstellt).[45] Einerseits argumentiert Luther im Anschluss an Überlegungen aus der metaphysischen Tradition und betont, dass Gott nicht aus den abgründigen Weltereignissen herauszurechnen ist und sogar als ihre Ursache anzusehen ist. Andererseits betont er, dass *deus absconditus* tatsächlich eine Grenze des Verstehens darstellt. Die Verborgenheit von *deus absconditus* ist keine präzise Verborgenheit wie die am Kreuz, sondern ist selbst nochmal unbestimmt. Mit Ratschow: *Deus absconditus* ist gekennzeichnet durch »die Ferne seiner Undurchdringlichkeit. Die Ferne dieses Wider-Gottes läßt sich nicht mehr definieren.«[46] Diese zweite Bestimmung der Verborgenheit als unbestimmter aber ist auch auf die erste Bestimmung anzuwenden, welche Gott aus der metaphysischen Tradition heraus bedenkt, und dekonstruiert somit die erste. Diese Dekonstruktion führt eine spannungsvolle Doppelbestimmung herauf: Um der Gottheit und der Einheit Gottes willen wird an der Einsicht festgehalten, dass Gott nicht aus den abgründigen Weltereignissen herauszurechnen ist, aus keinem einzigen. Zugleich jedoch kann nicht prinzipialisiert werden, in welcher Form Gott darin teilhat. Denn der Versuch der Prinzipialisierung wird von der unbestimmten Verborgenheit Gottes als *deus absconditus* unterlaufen. Somit kann nicht in prinzipieller Hinsicht

---

[45] S. dazu Mjaaland, Einheit (s. Anm. 43), 113–115.

[46] C. H. Ratschow, Der angefochtene Glaube. Anfangs- und Grundprobleme der Dogmatik, Gütersloh [2]1960, 243.

festgestellt werden, in welcher Form Gott in den abgründigen Weltereignissen präsent ist: bloß zulassend und lebenskraftgebend oder auch herbeiführend oder sogar aktiv wollend. Vielmehr wird jeder Mensch für jede Situation erneut um ein Verstehen dieser Ereignisse ringen und so jeweils neu zu vorläufigen Einschätzungen kommen, die für ihn vorläufig gelten mögen, aber nicht verallgemeinerbar sind. Damit ist dieses Herangehen mit dem der Bibel vergleichbar, welche eine ähnliche, nicht prinzipiell miteinander abgeglichene Vielfalt von Deutungsmöglichkeiten präsentiert. Im Herzen der Theologie – im Herzen der Gotteslehre und im Herzen des Glaubensleben – findet sich damit ein nicht-prinzipialisierbarer Unruheherd, ein Spannungsfeld zwischen Prinzipialisierung und Verborgenheit, der wirklichkeitsnah ist und zugleich nicht-pazifizierbar. Da dieser Unruheherd darin gegründet ist, dass der Mensch angefochten ist gerade deshalb, weil er von der Heilsoffenbarung in Jesus Christus ausgeht, gehört er unaufhebbar zum Glauben dazu: »Dem Glauben, der wahr und lebendig sein und bleiben will, ist diese Anfechtung konstitutiv.«[47]

14. Gegenwärtig vermittelt die Kirche zwischen Gottes Welt- und seinem Heilshandeln. In der Welt und ihren Abgründen stehend ist sie der ausgezeichnete Ort des stellvertretenden Heilshandeln Gottes an der Welt, indem sie das Evangelium kommuniziert, fürbittend betet und diakonisch handelt.[48] *Durch sie befördert Gottes Allmacht der Liebe die Freiheit der Christgläubigen und aller Menschen auch gegen Gottes dunklen Allmachts-Aktivitäten in seinem Welthandeln. – Die einzelnen Christen sind auch dadurch Kirche, dass sie sich in eigener, geistlicher Aneignung die eigenen Grenzen gegenüber dem allmächtigen Gott auch in seinem dunklen Handeln eingestehen und neu in die Haltung des empfangenden Geschöpfes kommen. Aus dieser Haltung heraus können sie neu sehen, dass Gottes Allmacht die der Liebe ist, die Menschen immer neu zu der Freiheit eines christförmigen Lebens ermächtigt.*

Carl-Heinz Ratschow hat eindringlich darauf verwiesen, dass gegenwärtig innerweltlich die Kirche der Ort der Vermittlung zwischen dem offenbaren Gott und *deus absconditus* ist, und dass diese Vermittlung eben nicht – in barthianisierender Fassung – rein christologisch

[47] A. a. O., 247.
[48] Vgl. Ratschow, Heilshandeln (s. Anm. 38), 182–243.

gefasst werden darf. Selbstredend ist Jesus Christus der Grund des Heils. Wenn er aber als die für die Gegenwart einzig relevante Verwirklichungsform der Vermittlung angesetzt wird, so wäre die Spannung zwischen Heils- und Welthandeln Gottes immer als bereits überwundene im Blick. Sie wäre damit auf eine Weise pazifiziert, die den gegenwärtigen Lebenserfahrungen der Gläubigen und aller Menschen nicht angemessen ist. Wenn die Vermittlung hingegen ekklesiologisch gedacht wird, so kommt es zu einem realistischen und gerade darin hilfreichen Blick auf die verhandelte Sache. Die Kirche sündigt selbst und ist tief verstrickt in das abgründige Welthandeln Gottes und auch selbst betroffen davon. Zugleich ist sie das »Bindeglied«[49] zwischen Gottes Welt- und seinem Heilshandeln. Oder, um das zugespitzt zu formulieren: Als Geschöpf des Wortes und damit bleibend von Gott abhängig ist sie diejenige Weise, in der der offenbare Gott das Wort erhebt und Taten geschehen lässt gegenüber *deus absconditus*. Denn die Kirche ist Geschöpf des Evangeliums und gerade so Trägerin desjenigen Heils, das die ganze Welt angeht. Die Kirche ist die Weise, in der das Heil für die Welt gegenwärtig in der Welt ist.[50] Die Kirche hat verschiedene Formen entwickelt, um dieses Heil für die Welt in die Welt hineinzutragen: indem sie das Evangelium durch das Wort etwa im Gottesdienst kommuniziert; indem sie für die Welt Fürbitte hält und somit mithilfe des Geistes durch Christus vor den dreieinigen Gott trägt, welches Leid und welche Not die vom abgründigen Welthandeln Gottes getroffene Welt zu tragen hat; und indem sie das Evangelium durch die Tat im diakonischen Handeln kommuniziert und den Menschen neue Spiel-Räume eröffnet.

Vertreter lutherischer Traditionen[51] ebenso wie gegenwärtige Vertreter mystischer Grundeinsichten[52] erinnern daran, dass sich die Vermittlung von Welt- und Heilshandeln Gottes nun nicht nur und vielleicht auch nicht vor allem durch die sichtbare Kirche vollzieht, also etwa so, dass sie sich durch die sichtbaren Taten ihrer Mitglieder und insbesondere ihrer Hauptamtlichen in der Evangeliumskommunikation von Wort (Predigt) und Tat (Diakonie) ereignet. Vermittelt durch die Kommunikation von Gesetz und Evangelium vollzieht sich diese Vermittlung vielmehr gerade als inneres Glaubensleben der Christen-

---

[49] A. a. O., 225.

[50] A. a. O., 228.

[51] Vgl. Ratschow, Glaube (s. Anm. 46), 256.293 f.

[52] S. etwa B. McLaren, Naked Spirituality. A Life with God in 12 Simple Words, New York 2011, 166–169.

menschen. Denn die Anfechtung durch *deus absconditus* führt nicht nur zur Klage (siehe These 12). Vielmehr kann sie dann auch dazu führen, dass der Christenmensch ablässt von allem Selbstwillen gegenüber Gott und sich selbst und den gesamten Weltverlauf erkennt als vollständig abhängig von der Gnade des allmächtig-barmherzigen Gottes: davon, dass die Geschichte Gottes mit ihm das erste Wort hat in seiner eigenen Geschichte. Anfechtung äußert sich zuerst in Klage – in dem aktiven »Nein« gegenüber diesen Weltverhältnissen. Sie kann aber auch die existentiell erlittene und schmerzvolle, die eigenen Eitelkeiten attackierende Einsicht mit sich bringen, dass der Christenmensch tatsächlich keine Kontrolle über den Weltenlauf und das eigene Leben besitzt. Stattdessen ist er ein fragiles, verletzliches Geschöpf, das Gott ausgeliefert ist. Er ist bleibend und durchgehend abhängig von der barmherzigen Allmacht des dreieinigen Gottes. Gerade das Erleiden Gottes in den abgründigen Weltereignissen und die vehemente Klage kann dem Christenmenschen somit eine neue Haltung eröffnen, neu geschulte Affekte und ein neu geöffnetes Herz (siehe These 8): indem er die eigene Ohnmacht eingesteht und die eigene Bedürftigkeit, von der Allmacht der Liebe Gottes her zu leben. Dieser Allmacht der Liebe Gottes, welche allen Geschöpfen in ihren Lebens-Geschichten freies, christförmiges Leben ermöglicht und auch unter den Bedingungen des Falls neue Spiel-Räume für dieses christförmige Leben eröffnet, ist immer neu nachzudenken.

Reflexionen und Impulse zur Diskussion

Jakob Spaeth

Eine Response auf die Beiträge von Reinhard Feldmeier und Martin Wendte sollte zunächst einmal festhalten, dass die beiden Beiträge – bei aller Unterschiedlichkeit in Bezug auf Methodik, Referenztexte und Sprachstile – Beispiele dafür sind, wie Exegese und Systematik einander benötigen und befruchten. So ist sowohl bei Reinhard Feldmeier evident, dass er um den systematisch-theologischen Horizont seiner Ausführungen weiß und seine exegetischen Überlegungen in diesem Horizont entwickelt, als auch bei Martin Wendte, dass sich die systematischen Reflexionen durch den Rückbezug auf exegetische Einsichten in vielfältiger Weise implizit inspirieren lassen. Das ist bemerkenswert. Ich möchte nun im Folgenden einige Pointen aufgreifen und, trotz weitgehender Zustimmung zu den Thesen der beiden Beiträge, auch an der einen oder anderen Stelle kritisch rückfragen.

1. Zu Reinhard Feldmeier: Gottes Allmacht und die Ermächtigung des Menschen

Reinhard Feldmeiers Überlegungen sind geprägt durch die Entfaltung bedeutsamer theologischer Gedanken anhand zentraler Texte des Neuen Testaments. Die systematisch-*theologische* Durchdringung der Themen stellt ihm dabei die Fragen und die Struktur seiner Ausführungen zur Verfügung. Die neutestamentlichen Texte werden einerseits in ihren je eigenen Aussageintentionen ernst genommen und andererseits derart theologisch ausgelegt, dass sie mit heutigen Denkbewegungen in Zusammenhang gebracht werden können. In großer Klarheit stellt Feldmeier die *christologische* Bestimmung der Allmacht Gottes dar, wie er sie im Neuen Testament vorfindet. Die neutestamentliche Rede von *Christus* versteht Feldmeier als die Rede vom Wesen Gottes – und entwickelt anhand dieser neutestamentlichen Grundannahme die Überlegungen zu Macht und Freiheit.

Im Credo wird die Allmacht Gottes im Zusammenhang mit dem Sitzen des Sohnes zur Rechten Gottes genannt. Diese Erhöhung des *Menschen* Jesus Christus zur Rechten *Gottes* ist das Geschehen, auf das sich Feldmeier mit seinen Überlegungen zu göttlicher Allmacht und menschlicher Freiheit bezieht. Diese systematisch-*theologisch* pointierte Fassung des Themas liefert den Blickwinkel, unter dem Feldmeier die neutestamentlichen Texte betrachtet.

Feldmeier macht in seinem Beitrag deutlich, dass es aus neutestamentlicher Perspektive zur Rede von Gott gehört, auch von der *Allmacht* Gottes zu sprechen.[1] Die Allmacht Gottes, von der das Neue Testament spricht, ist auf eine spezifische Weise qualifiziert. Feldmeier charakterisiert die neutestamentliche Rede von der Allmacht Gottes folgendermaßen:

Im Neuen Testament wird von Gottes Macht vor allem *personal* in Vertrauenssituationen gesprochen.[2] Macht, wie sie sich in Jesus zeigt, ist die Macht »des Dienenden« (Mk 10,42–45).[3] Sie ist Selbstbegrenzung. Diese bedeutet aber nicht Rückzug, sondern *Einflussnahme*. Sie gewinnt Einfluss, indem sie die Eigenständigkeit des anderen fördert und ist dadurch eine »alternative Form der Macht«.[4]

Das zeigt sich sozusagen urbildlich am Christusgeschehen: In der Erhöhung Christi zur Rechten Gottes erweist sich, dass Gott seine Allmacht mit Christus teilt. Zu Christi Wesen gehört es wiederum, seinerseits auf Macht zu verzichten (vgl. Philipperhymnus/Menschwerdung). Gottes Macht dient also nicht der Eigenmächtigkeit, sondern der Ermächtigung des Anderen. Sowohl Gott als auch Jesus Christus verzichten nach neutestamentlichem Zeugnis auf Eigenmächtigkeit, wie sie menschlichen Machtphantasien manchmal eigen ist. Jesus wird Mensch, Gott erhöht ihn und gibt ihm von seiner Macht. Jesus wiederum richtet Gottes Herrschaft auf.

Das Zusammenspiel von Gottes Allmacht und seinem ermächtigenden Handeln an Jesus Christus, wie es eben dargestellt wurde, hat Konsequenzen für jedes christliche Verständnis von Macht. Die Erhöhung des Menschen Jesus Christus zur Rechten Gottes gewinnt

---

[1] Für das Gespräch mit Reinhard Feldmeier sei auch auf die Ausführungen in R. Feldmeier/H. Spieckermann, Der Gott der Lebendigen. Eine biblische Gotteslehre, Topoi Biblischer Theologie 1, Tübingen 2011, verwiesen.

[2] Ausnahmen sind nach Feldmeier die Apk und 2 Kor 6,18.

[3] Mk 10,45: καὶ γὰρ ὁ υἱὸς τοῦ ἀνθρώπου οὐκ ἦλθεν διακονηθῆναι ἀλλὰ διακονῆσαι καὶ δοῦναι τὴν ψυχὴν αὐτοῦ λύτρον ἀντὶ πολλῶν – »Denn auch der Sohn des Menschen ist nicht gekommen, um bedient zu werden, sondern um zu dienen und sein Leben zu geben als Lösegeld für viele.«

[4] R. Feldmeier, Gottes Allmacht und die Ermächtigung des Menschen, in diesem Band 389–402, 392.

so eine ganz eigene Bedeutung für das Menschsein aller anderen Menschen.

Am 2. Korintherbrief zeigt Feldmeier, wie Paulus von christlicher Macht spricht, die sich in Schwachheit zeigt. Trotz oder gerade wegen ihrer Schwachheit besitzt sie die Durchsetzungskraft, die durch den paulinischen Missionserfolg dokumentiert wird. An seinem eigenen Beispiel zeigt Paulus, wie die Allmacht des Vaters und die Freiheit der Gotteskinder zusammenkommen: Gott hilft der Schwachheit des Paulus auf, »wenn ich schwach bin, so bin ich stark«. »Die Gemeinschaft mit dem allmächtigen Vater macht frei, weil er – zusammen mit dem zu seiner Rechten inthronisierten Sohn – die zu ihm Gehörenden erhöht. Seine Macht entmachtet deshalb nicht, sondern sie ermächtigt.«[5] Das ist jetzt schon erfahrbar.

Dass Gott dann dereinst alles in allem sein wird (1 Kor 15,28), geschieht nicht, indem Gottes Allmacht die endliche Freiheit aufhebt, sondern indem sie als ermächtigende Macht die Geschöpfe wirklich frei macht. Andererseits steht diese Aussage nach Feldmeier noch unter eschatologischem Vorbehalt. Es wird sich erst noch erweisen, dass Gottes Macht siegt.

Feldmeier interpretiert die Allmacht Gottes im Neuen Testament vor allem als Macht, die sich in nicht-selbstbezogenen Formen zeigt; sie ist dienend, sie ermächtigt andere. Da Feldmeier dieser explizit theologischen Exegese gegenwärtige Relevanz zuspricht, setzt er sie in Beziehung zu religionsphilosophischen Überlegungen des 20. Jh. Durch die Bezugnahme auf Hans Jonas' Kritik an der Rede von der Allmacht Gottes schärft Feldmeier den Blick für den eigenen Akzent des exegetischen Befunds. Er definiert die Allmacht darum so, dass sich göttliche Absolutheit und die menschliche Eigenständigkeit nicht mehr gegenseitig ausschließen.[6]

Kritische Anmerkungen

Die neutestamentlichen Stücke, anhand derer Feldmeier die theologischen Gedanken entwickelt, stammen aus ganz unterschiedlichen

---

[5] A.a.O., 402.

[6] Bei Hans Jonas stellt sich die Alternative zwischen Selbstbeschränkung Gottes und der Allmacht Gottes. Feldmeier stellt der spekulativen Theologie von Jonas, die aufgrund der Erfahrung von Auschwitz für Jonas notwendig war, neutestamentliche Theologien entgegen, in denen von Gottes Allmacht anders die Rede ist, als Jonas sie definiert.

Zusammenhängen. So wird auf das Wirken des irdischen Jesus nach der Überlieferung der Evangelien ebenso verwiesen, wie auf die paulinische Rede vom endzeitlichen Sieg über den Tod (1 Kor 15,26) oder das endzeitliche Gericht über diejenigen, die die Erde zerstören (Apk 11,18). Feldmeier stellt also Ansprüche Jesu und endzeitliche Hoffnung nebeneinander. Das »Schwache Gottes, das stärker ist, als die Menschen sind« (1 Kor 1,25), von dem Paulus im Zusammenhang mit dem Kreuz spricht, ist darüber hinaus ein drittes, weil hier Göttliches und Menschliches verglichen werden.[7]

Durch die Vermischung der unterschiedlich verorteten Aussagen wird aber verwischt, was sie je in eigener Aussageintention in Bezug auf die Beziehung zwischen der Allmacht Gottes und der Eigenmächtigkeit des Menschen aussagen. Es drängt sich darum die Frage nach dem Gewicht der apokalyptischen Texte auf, in denen die Hoffnung auf eine sich »durchsetzende« Macht formuliert wird. Diese futurisch-eschatologisch wirksame göttliche Macht *überwältigt*. Dass Feldmeier diesen Horizont im Blick hat, ist an einigen Stellen deutlich, aber insgesamt weniger stark ausgeführt als es der Sache entspricht. Hier zeigt sich die Herausforderung für eine theologische und auf die Gegenwartsrelevanz rekurrierende Exegese: Sie muss einerseits theologisch pointieren, andererseits darf aber die Pluralität der Texte nicht vernachlässigt werden.

Als Textbeispiel dafür, dass die *dienende* Macht und die sich *apokalyptisch durchsetzende* Macht zusammen gehören, sei beispielsweise auf Lk 22,24–30 verwiesen, einen Text, den Feldmeier nicht thematisiert.[8] Der Aufforderung zu dienen (Lk 22,27) korrespondiert die Verheißung, auf Thronen zu sitzen und die Stämme Israels zu richten (Lk 22,30). Sowohl das Thronen als auch das Richten sind aber Bilder für eine durchsetzende Macht, die nicht Andere ermächtigt, sondern ihnen Weisung erteilt. Evident wird das auch an Texten der Apokalypse, so beispielsweise in den Kapiteln Apk 19–20. Dass es sich bei der Apokalyptik nicht um Nebenkrater der Theologie handelt, sondern um ein zentrales Element des christlichen Glaubens, muss nicht weiter

[7] Gottes Schwachheit ist stärker als die Menschen, seine Torheit weiser als die Menschen – das besagt noch nicht, dass Gott schwach oder töricht ist, sondern nur, dass er selbst in seiner Schwachheit und Torheit stärker und weiser ist. Vgl. W. Schrage, Der erste Brief an die Korinther. 1 Kor 1,1–6,11, EKK VII/1, Zürich 1991, 189: »Auch wo Gott sich im Modus der Torheit und Schwachheit offenbart, ist er, weil er Gott ist, der Überlegene.«

[8] Diese heilsgeschichtliche Perspektive wäre gerade im Gespräch mit Hans Jonas relevant.

ausgeführt werden. In der neutestamentlichen Forschung ist hierfür beispielsweise an Käsemanns bekanntes Diktum von der Apokalyptik als der »Mutter« der christlichen Theologie zu denken.[9]

Außerhalb der apokalyptischen Texte stellt sich analog die Frage nach dem Gewicht des eschatologischen Vorbehalts. Im Hinblick auf das Neue Testament ist dieser Vorbehalt von großer Bedeutung: In so gut wie allen neutestamentlichen Textcorpora lassen sich Spuren eines eschatologischen Vorbehalts finden.[10] Als Beispiel sei Paulus genannt, bei dem sich auch das von Feldmeier beschriebene Merkmal der dienenden und ermächtigenden Allmacht findet. Darüber hinaus aber berichtet Paulus von der endzeitlichen »Klärung« der Verhältnisse, bei der sich Gottes Macht durchsetzt gegen die Mächte dieser Welt – und zwar auch so, dass die *Menschen* gerichtet werden (z.B. 1 Kor 3,13–15). Hier allein von Ermächtigung zu reden, betont zu wenig den neutestamentlich zentralen Aspekt der Durchsetzung des Gerichtsspruchs.

Die Durchsetzung gegen die Mächte dieser Welt ist neutestamentlich wohl so verstanden worden, wie sich das im Anschluss an gottesdienstliche und andere Geisterfahrungen oder in der Einwohnung Christi in den Glaubenden präsentisch schon erleben und erfahren ließ. Gottes Macht zeigt sich einerseits als befreiende Macht (befreiend von Sünden und Mächten) andererseits als *überwältigend*. Sie ist also sowohl ermächtigende Macht, die frei macht, als auch überwältigend, weil das Neue Sein in Freiheit nie autonom ist, sondern immer von Gott her bestimmt bleibt.

Sowohl die apokalyptischen als auch die futurisch-eschatologischen Elemente gründen als Zukunftshoffnungen in der Auferstehung und im Sitzen Christi zur Rechten Gottes. Bedeutet das nicht auch, dass die Annahme einer ermächtigenden Allmacht durch die Hoffnung auf eine sich gegen Mächte »durchsetzende« und also »überwindende« Macht gestützt wird und werden muss? Wenn das der Fall ist, dann sollte die Darstellung der Allmacht Gottes als dienende und freimachende Macht Nachdruck auf die eschatologische Perspektive legen. Die Rede von der Allmacht Gottes als dienende Macht ist

[9] Vgl. E. Käsemann, Zum Thema der urchristlichen Apokalyptik, in: ders., Exegetische Versuche und Besinnungen, Bd. 2, Göttingen 1964, 105–131, 130.

[10] Selbst Johannes transportiert noch die futurischen Aussagen, auch wenn die präsentischen Aspekte der Eschatologie beherrschend sind.

vielleicht sogar nur möglich, weil die Allmacht Gottes auch als eine »überwältigende« Macht verstanden wird.

Man darf sich mit Feldmeier einig wissen, dass das Neue Testament von Gottes Allmacht christologisch redet. Auf diese Weise haben die präsentische und futurische Eschatologie im Neuen Testament gleichermaßen ihren Platz gefunden, ohne sich gegenseitig zu verdrängen. Die präsentische Eschatologie lebt im Neuen Testament von der futurischen nicht weniger als die futurische von der präsentischen. Weil die Glaubenden Gottes Macht immer wieder als Ermächtigung erlebt haben, wird Gottes Macht grundsätzlich von der alleinigen Fokussierung auf die Selbstdurchsetzung Gottes gelöst. Bleibend aber wird der Aspekt in futurisch-eschatologischer Perspektive auch im Neuen Testament bewahrt.

Diese sperrigen futurischen Texte ergänzen das von Feldmeier gezeichnete Bild. Selbst in den kritischen Rückfragen an Feldmeier aber zeigt sich, dass die exegetische Grundentscheidung, die neutestamentlichen Texte *theologisch* und im Horizont systematisch-theologischer bzw. religionsphilosophischer Reflexion der Gegenwart auszulegen, das *Gespräch* mit den Texten überhaupt erst ermöglicht und ernst nehmen lässt.

2. Zu Martin Wendte: Allmächtige Herrschaft und die Freiheit der Christgläubigen. 14 Thesen

Im Blick auf die Allmacht Gottes und die Freiheit des Menschen stellt Martin Wendte einen trinitarischen Entwurf des christlichen Glaubens vor. Durch die Dichte des Textes, der in manchem nur thetisch anzeigt, was an anderer Stelle ausgeführt ist,[11] erreicht Wendte einen größtmöglichen Überblick, um das Thema der Allmacht und Freiheit anderen Überlegungen des sich selbst reflektierenden Glaubens zuzuordnen. An der Dichte des Textes liegt es auch, dass sich bei jeder Wiederholung

[11] Vgl. z.B. M. Wendte, Die Gabe und das Gestell. Luthers Metaphysik des Abendmahls im technischen Zeitalter, Collegium Metaphysicum 7, Tübingen 2013; ders., Entzogenheit als Evangelium. Theologische, schöpfungstheologische, christologische und anthropologische Bemerkungen zur Verborgenheit Gottes, NZSTh 49 (2007), 464–483; ders., Gottmenschliche Einheit bei Hegel. Eine logische und theologische Untersuchung, Quellen und Studien zur Philosophie 77, Berlin 2007; ders., Viele Kulturen – ein Christus. Wie normativ sind westliche Christologien im globalen Kontext?, NZSTh 57 (2015), 155–178.

der Lektüre neue Bezüge auftun. Aus diesem Grund soll hier ausführlicher referiert werden, was Wendte selbst schon geschrieben hat.

Auch Wendte stellt in seinem Referat zunächst dar, wie sich Gottes Allmacht gerade dadurch als Allmacht erweist, dass sie Anderes ermächtigt zu freiem Sein und Tun. Sie ist damit Grund menschlicher Freiheit. Die metaphysische Eigenschaftsreihe Gottes und die personale Eigenschaftsreihe können nach Wendte nur gemeinsam gedacht werden: Gottes Allmacht als Liebe und Gottes Liebe als allmächtig, allerdings so, dass »Gottes Wesen so zu denken ist, dass es Allmacht und Liebe zugunsten der Liebe verbindet«.[12] Leitend ist also die personale Eigenschaft der Liebe, die allmächtig ist, da sie in der Lage ist, ans Ziel zu kommen.

Um zu beschreiben, wie Liebe und Macht zusammenwirken, greift Wendte auf Deuser und Peirce zurück, deren kategoriale Semiotik menschliche Erfahrung in drei Universen gliedert: Gottes lebensspendende Gegenwart (Drittheit), den Machtvollzug vermittels endlicher Entitäten, unter anderem auch Institutionen (Zweitheit) sowie die Schöpfung und neue Wirklichkeiten, die in die Schöpfung eingespielt werden (Erstheit). Wendte verbindet dadurch einen klassischen trinitarischen Ansatz mit der Pragmatik von Peirce. Die drei Dimensionen der Erfahrung und die trinitarische Theoriebildung verbinden sich zu einem Koordinatensystem, in dem Wendte Glaubenserfahrungen und Theorien einbinden kann. Dieses Verfahren verhilft im Verlauf immer wieder zu neuen Einsichten. Als ein Beispiel sei darauf verwiesen, wie Wendte in These 4 die »Neuheiten« dieser Welt so in der »Erstheit« Gottes verortet, dass sowohl gegenwärtige Erfahrungen als auch neutestamentliches Zeugnis einen angemessenen Ausdruck finden.

Wendte beschreibt die Liebe Gottes als allmächtig. Sie erst ermöglicht Freiheit. Allerdings ist der Mensch nicht frei, den Rahmen zu bestimmen, in dem er frei lebt; menschliche Freiheit ist leiblich und sozial eingebunden. Ebenso wenig ist er frei in seinem Willensvermögen und in der Bestimmung seines Selbst. Dem Menschen eignet darum »Passivitätsaktivität«. Er wird ermächtigt, aktiv zu werden.

Wendte gibt mit dieser Beschreibung eine zentrale Antwort auf die Frage nach dem Verhältnis von Allmacht Gottes und menschlicher Freiheit. Weder über die Grundbedingungen seines Lebens, noch über sein Willensvermögen oder die Bestimmung seines Selbst verfügt der

---

[12] M. Wendte, Allmächtige Herrschaft und die Freiheit der Christgläubigen. 14 Thesen, in diesem Band 403–439, 403.

Mensch frei. Sie sind vielmehr von Gott her vorgegeben. Diese Art der Passivität kann zwar auch im 21. Jh. erfahrungsnah beschrieben werden, muss dabei aber Widerstände überwinden, die das sich selbst autonom verstehende Individuum in sich trägt. Gott gibt dem Geschöpf dessen Möglichkeiten und hilft bei deren Realisierung durch Bildung des Menschen zu einer immer tiefen Gottesbeziehung. Die Ausführungen zur »Passivitätsaktivität« des Menschen ermöglichen Wendte eine grundlegende Bestimmung der menschlichen »Freiheit«.

Wendte beschreibt weiter, wie Gott, weil er den Menschen ermächtigt, sich selbst zurücknehmen muss. Die Zurücknahme erreicht ihren Höhepunkt darin, dass sich Allmacht in Jesus Christus oftmals in der Form der Ohnmacht zeigt (*potentia* als *patientia*). Auch dann aber bleibt die Allmacht Allmacht, oder besser: Nur weil sich die Allmacht auch in der Ohnmacht vollziehen kann, ist sie echte Allmacht. Allerdings ist Gottes Allmacht in weltlichen Ereignissen und Erfahrungen eben darum auch schwer zu identifizieren.

In Bezug auf die oben genannte Frage nach der Bedeutung der apokalyptischen und eschatologischen Texte sind die Ausführungen von Wendte zur Wechselwirkung zwischen Welt und Gott von Interesse: Die Einwirkungen der weltlichen Macht auf Gott prägen sich zwar Gott ein – weil Gott aber Gott bleibt, verliert er dadurch nicht die Fähigkeit, die Welt zu ihrem Ziel zu führen. Die Durchsetzung seiner allmächtigen Liebe zeigt sich in der Auferstehung und der Überwindung von Sünde und Tod. Hier zeigt Wendte, wie systematisch-theologisch das oben genannte Anliegen der neutestamentlichen apokalyptischen und eschatologischen Texte aufgegriffen wird. Denn, so Wendte, »die Welt kann letztlich die universale, sichtbare Durchsetzung der Allmacht Gottes und des Reiches Gottes nicht verhindern«.[13]

Die Beobachtung eines »Gegeneinander von Gottes Welt- und Heilshandeln«[14] motiviert Wendte dazu, auch über die Rede vom sich in Jesus Christus als Liebe offenbarenden Gott hinaus von Gott zu reden. Über die Grenze des Verstehens hinaus von Gott zu reden, heißt aber, vom *deus absconditus* zu sprechen. Wendte setzt sich damit auseinander, dass das, was von der Offenbarung in Jesus Christus her zu erwarten wäre, nicht immer eintritt, sondern sich Mangel, Not, Chaos, Gewalt, Zwänge und Unfreiheiten durchsetzen. Das sind »ernste Anfragen«,[15] die nach Wendte im Anschluss an Luther

---

[13] A.a.O., 426.
[14] A.a.O., 431.
[15] Ebd.

mit dem Verweis auf den *deus absconditus* in einer Gotteslehre ihren Platz haben sollten.[16] Wendte betont, dass es Gott selbst ist, der die Möglichkeitsräume »auf harte Art verschließt«,[17] das Böse zulässt und den bösen Geschöpfen Lebenskraft gibt. Der Versuch, die Spannung zwischen dem Heilshandeln und dem Welthandeln Gottes zu befrieden, stehe der Lebenserfahrung der Glaubenden entgegen.

Kritische Anmerkungen

An diesen letzten Punkt schließt aber unmittelbar die Frage an, ob Wendte nicht, um die Allmacht Gottes als Eigenschaft Gottes zu betonen, die metaphysische Eigenschaftsreihe über die personale setzt – statt beide Eigenschaften als *personale* zu verhandeln und so die Entgegensetzung zu vermeiden.

Die Frage ließe sich auch grundsätzlich diskutieren: Ist es überhaupt hilfreich, die Allmacht und die Liebe als in zwei Denkwelten beheimatet zu betrachten? Müssen Liebe und Allmacht also überhaupt zwei Eigenschaftsreihen zugeordnet werden, wie Wendte dies tut? Die Macht Gottes könnte vielleicht ebenso wie die Liebe als personale Eigenschaft beschrieben werden. Sollte eine metaphysische Betrachtung angestellt werden, dann könnte die Liebe genauso wie die Macht auch als metaphysische Eigenschaft verhandelt werden. Auch möglich wäre es eventuell, auf diese Unterscheidung überhaupt zu verzichten und grundsätzlich nur von der Offenbarung her die Eigenschaften personal zu entwerfen. Die Frage steht im Zusammenhang mit der Frage danach, in wie weit eine philosophische Theologie und eine »von der Offenbarung in Christus«[18] startende Theologie sinnvoll zusammenkommen. Diese Frage stellt sich natürlich auch im Hinblick auf das Gespräch zwischen Exegese und Systematik, da die Exegese von vornherein offenbarungsorientiert arbeitet.

Eine andere Rückfrage an Wendte bezieht sich auf ein Element, das Wendte selbst klar benennt: Wendte geht in seiner Deutung der Begrifflichkeit von Allmacht und Ohnmacht sowohl vom Kreuzes-

[16] Die direkte Zuschreibung des Bösen in der Welt an Gott ist theologisch wichtig. In einer längeren Ausführung wäre es vielleicht angemessen, die Zuschreibung noch deutlicher über den Umweg über den »ersten Freigelassenen der Schöpfung« (Herder) zu führen, um auch die Verantwortung des Menschen nicht zu klein zu machen.

[17] WENDTE, Allmächtige Herrschaft (s. Anm. 12), 431.

[18] A. a. O., 406, Anm. 2.

geschehen als auch von Ostern und Wiederkunft aus (als Erfahrungen der Erstheit). Allerdings könnten Ostern (als Prolepse der eschatologischen Zukunft) und Wiederkunft Christi in der Durchführung dann noch stärker berücksichtigt werden, denn nur vom Ende her lässt sich zeigen, dass die dienende Ohnmacht auch wirklich Macht ist. Die Heilsgeschichte könnte also noch stärker vom erhofften Ende her beleuchtet werden. Entwirft man aber dann von dieser Zukunft her den Glauben, so wird plausibel, dass die *mächtige Ohnmacht* nur ein Aspekt von Gottes Allmacht ist: Daneben bleibt die herrschende Macht, die Anweisung gibt und Richtsprüche fällt, ein Element von Gottes Macht und wird nicht verdrängt.

Praktisch-theologisch stellt sich dann aber natürlich die Rückfrage an uns Christen in Mitteleuropa im 21. Jh., ob die futurisch-eschatologische Hoffnung, von der aus sich nicht nur im Neuen Testament christliche Theologie entwickelt,[19] als Leitidee überhaupt eine Rolle spielen und als lebensdienlich erfahren werden kann. Aber auch hierfür fänden sich in dem von Wendte entworfenen Koordinatensystem von trinitarischer Theologie und Pragmatik vielleicht gute Anknüpfungspunkte.

3. Das Gespräch zwischen Exegese und Systematik

Die Frage nach der Beziehung zwischen Systematischer Theologie und Exegese ist auch eine Frage nach der Einheit der theologischen Wissenschaft angesichts der Spezialisierungen der einzelnen Fächer.[20] Theoretisch lässt sich die Frage für die Beziehung zwischen Exegese und Dogmatik leicht beantworten: Gerade in der reformatorischen Theologie kann die Systematik *nicht* ohne Schriftbezug und also ohne den Bezug auf die Auslegung der Schrift auskommen. Dass auch die Exegese die Systematische Theologie benötigt, um überhaupt etwas *auslegen* und nicht nur wiedergeben zu können, ist ebenso fundamental. Ohne ein Verständnis der eigenen Gegenwart und des eigenen Vorverständnisses ist Exegese methodisch undenkbar. Exegese bezieht Texte aus einer vergangenen Zeit auf eine Gegenwart – sie kann nicht nur Abbildung dieser Texte sein. Allerdings zeigt sich anhand der beiden Beiträge, wie in der Praxis die unterschiedlichen Bezugsrahmen

---

[19] Vgl. Käsemann, Apokalyptik (s. Anm. 7).

[20] Vgl. M. Moxter, Schrift als Grund und Grenze von Interpretation, ZThK 105 (2008), 146–169.

und Sprachstile das direkte Gespräch erschweren und Übersetzungen nötig werden. Das ist kein Hinderungsgrund für ein gelingendes Gespräch, aber es erfordert von beiden Seiten ein Sich-Einlassen auf die andere Sprache und den anderen Bezugsrahmen sowie die Übersetzungsleistung.

Der vorliegende Fall ist nun deshalb innerhalb der Tagung ein Sonderfall gewesen, weil die Hauptlinien der Überlegungen von Feldmeier in einer Veröffentlichung schon vorliegen.[21] Indem Wendte von den darin erarbeiteten Einsichten *ausgeht*, liegt quasi schon ein Gesprächsgang vor den vorgetragenen Beiträgen. Trotzdem zeigt sich in Bezug auf Bezugsrahmen und Sprachstil ein Abstand zwischen Exegese und Dogmatik.

Auch wenn sich beispielsweise die Verweise von Wendte auf Peirce und Deuser im systematisch-theologischen Kontext bewähren und vor allem für das Gespräch mit unserer Epoche, im Besonderen mit der Philosophie, Ertrag bringen, so erschließt sich ein solcher Deutungsrahmen in der Erstbegegnung nicht ohne Weiteres, sondern erschwert mitunter auch den Zugang zum Gespräch. Hier muss eine besondere Übersetzungsleistung erbracht werden. Es ist durchaus möglich, dass sich hierbei die Entscheidung Wendtes, einen großen Bogen zu entwerfen und ihn dann notgedrungen nur thetisch auszuführen, neben den evidenten Vorteilen auch den Nachteil mit sich bringt, dass teilweise unausgeführt bleibt, wie die religionsphilosophischen Überlegungen mit der Exegese konkret ins Gespräch gebracht werden können. Bei der Lektüre anderer Texte Wendtes wird hier deutlich, in welche Richtungen das Gespräch *eröffnet* wird. In der relativen Kürze des Beitrags können solche Erträge aber nicht ausgeführt werden. Daraus lässt sich aber nicht folgern, dass dem Bezug der Systematik auf die Schrift der *Modus* religionsphilosophischer Rede grundsätzlich im Wege steht. Wendte macht zwar den Schriftbezug in den meisten Thesen explizit, allerdings meist aus Platzgründen nur knapp. Ausführlichere Verknüpfungen der religionsphilosophischen Rede mit den genannten Bibeltexten wären hier hilfreich für das Gespräch. Diese aus Platzgründen entfallenden Überlegungen müssten dann in einen anderen Gesprächsgang verschoben werden.

Umgekehrt wäre zu fragen, ob die systematisierende Exegese von Feldmeier dem Gesprächspartner nicht die Vielzahl der Zeugnisse vorenthält und unnötig glättet. Gerade die Vielgestaltigkeit der Erfah-

[21] Vgl. FELDMEIER/SPIECKERMANN, Gott (s. Anm. 1), 149–202.

rungen aus der Schrift kommt in der Gesamtsystematisierung weniger zum Zug als es für das Gespräch hilfreich wäre. Gerade wenn die systematische Theologie die Aufgabe ernst nimmt, auch die Spannungen des christlichen Lebens zu bearbeiten, so wie Wendte das tut, kann ein Verweis auf die spannungsreichen Erfahrungen schon der ersten Christen das Gespräch zwischen Exegese und Systematik noch mehr bereichern, als dies ohnehin schon geschieht.

4. Schlussbemerkung

Das Gespräch zwischen den theologischen Fächern benötigt Raum und Zeit. Das bedeutet, dass in den kurz gehaltenen Beiträgen ein Gespräch nur ansatzweise entstehen kann. Dass es allerdings entsteht, dass die Denkbewegungen aufeinander zu auch ertragreich sind, zeigt sich – trotz aller Kritikpunkte im Detail – anhand der beiden Beiträge.

So lässt sich zusammenfassen: Dass bei dem genannten Thema »Sitzend zur Rechten Gottes, des allmächtigen Vaters. Göttliche Allmacht und menschliche Freiheit« die Zuordnung von Schöpfung und Erlösung in den Blick kommen muss, ist evident. Es ist sinnvoll, das aus systematisch-theologischer Perspektive trinitarisch zu entfalten, wie Wendte das tut. Exegetisch können die neutestamentlichen Texte daraufhin befragt werden, wie Gottes Allmacht in Christus der menschlichen Freiheit begegnet. Dies stellt Feldmeier ausgewogen dar. Der sich als Liebe bestimmende Gott nimmt sich selbst zurück, um den Geschöpfen Freiheit einzuräumen. Das dadurch entstehende christologische Problem der liebenden Ohn- und Allmacht lässt sich anhand des Wunders, der Sündenvergebung und der Auferstehung christlich bearbeiten. Auf die Notwendigkeit, das eschatologisch noch einmal abzusichern und zu erfüllen, wurde ausführlich hingewiesen.

Weiterführende Fragen

1. Wie lässt sich die Glaubensaussage über das königliche Herrsein Jesu Christi über diese Welt behaupten angesichts der vielfältigen Wirren und Nöte in der Welt? Welche Folge hat es, wenn man diese Nöte auf das Wirken anderer widriger Mächte (Dualismus) zurückführt? Wie lässt sich menschliche Freiheit angesichts der Herrschaft Jesu Christi denken, und wie lässt sich die Herrschaft Jesu Christi in Anbetracht der Handlungsfreiheit des Menschen denken?
2. Welche politischen Implikationen hat das Bekenntnis zur Weltherrschaft Christi? Wie kann dies die Weltsicht von Glaubenden angesichts politischer Herrschaftsansprüche der Gegenwart bestimmen? Wie kann darin Vertröstung vermieden und Freiheit zum zuversichtlichen und verantwortlichen Handeln erschlossen werden?
3. Wie lässt sich das Verhältnis zwischen Gottes Allmacht und Liebe bestimmen? Beinhaltet die Allmacht eine Ambivalenz, die Gutes und Böses birgt? Gibt es hier eine Grundspannung »in« Gott? Oder ist innerhalb der biblischen Überlieferungsgeschichte von einer Überwindung dieser Ambivalenz zu reden, hin zu dem Gott, »der Liebe ist« (1 Joh 4,16)? Sollte dann also ausschließlich von einer allmächtigen Liebe als dem wahren Wesen Gottes gesprochen werden?

VII. »… von dannen er kommen wird, zu richten die Lebendigen und die Toten«

Rechtfertigung und Heiligung durch den Geist Jesu Christi

Der Abschluss des zweiten Glaubensartikels thematisiert die eschatologische Erwartung der Parusie Christi zum Gericht. Ausgangspunkt ist die Verheißung der Wiederkunft in der Himmelfahrtserzählung Apg 1,11; die Erwartung der Parusie Christi geht bereits auf das früheste Urchristentum zurück (1 Thess 1,10; 4,16f. etc.). Die Vorstellung vom kommenden Gericht über Lebende und (auferweckte) Tote ist aus der alttestamentlich-frühjüdischen Tradition erwachsen, wobei im frühen Christentum zunehmend auch Christus in die Rolle des Richters rückt, wie z.B. im Bild vom großen Weltgericht (Mt 25,31–48). »Gericht« impliziert dabei die Scheidung von Guten und Bösen, die Lohn oder Strafe zu erwarten haben, oder von Geretteten und Verworfenen. Ziel ist die Herstellung von Gerechtigkeit und Heil.

Wie hängt das erwartete zukünftige Gericht mit der Wirksamkeit des Christusgeschehens in der Gegenwart zusammen? Wie kann die Heilsbedeutung des Christusgeschehens mit der Vorstellung des Gerichts und eines doppelten Ausgangs zusammengedacht werden? Was sind die Kriterien der Gerechtsprechung und wie hängt die Rechtfertigung aus Glauben mit dem Gericht nach Werken zusammen? Wie wirkt die Erwartung eines kommenden Gerichts und seiner Kriterien auf die gegenwärtige Lebensgestaltung der Glaubenden zurück? Hat sich die Ethik der Lebensführung überhaupt am künftigen Gericht oder eher am grundlegenden Heilsgeschehen zu orientieren? Ist die Heiligung also bereits Implikat der Rechtfertigung im Glauben oder muss sie als zusätzliche Gestaltungsaufgabe übernommen werden? Inwiefern ist die Ausgestaltung des menschlichen Lebens aufgrund des Christusgeschehens mit der Erfahrung und Wirkung des Heiligen Geistes verbunden?

Der Messias als Richter

Zur Entstehung und Bedeutung einer Aussage im zweiten Artikel des Credos in den Anfängen des christlichen Glaubens

Hermut Löhr

1. Beobachtungen zum überlieferungsgeschichtlichen Befund

Der beste Dienst, den die historisch orientierte Exegese einer systematisch-theologischen Reflexion zentraler Aussagen der christlichen Glaubenstradition leisten kann, ist der Versuch, Bedeutungen, Ursprünge und Kontexte solcher Aussagen aus den vorhandenen Quellen zu erhellen. Gewiss: Die exegetische Analyse und Interpretation wird dabei notwendig weit über die Sprache der Quellen selbst hinausgehen. Doch wird sie zugleich ihre eigene Beschreibungssprache sorgfältig daraufhin prüfen, ob und inwieweit deren Konnotationen und Implikationen dem Befund der Quellen konvergieren oder nicht. Die Beachtung der jeweiligen Kontexte und ihrer Pragmatik wehrt einer zu eiligen Kombination der Propositionen. Dieses Vorgehen bietet auch ein Kriterium für die Sachgemäßheit von Zusammenfassungen und Systematisierungen theologischer Aussagen und Motive durch andere Disziplinen der Theologie. Dieser Aufgabe widmet sich die folgende Skizze in Hinsicht auf den Schlusssatz des zweiten Artikels des Credos.

Führen wir uns zunächst den lateinischen Wortlaut des 2. Glaubensartikels nach dem so genannten *textus receptus* (T) vor Augen:

[…]
[*credo*] *et in Iesum Christum,*
filium eius unicum dominum nostrum
qui conceptus est de spiritu sancto,
natus ex Maria uirgine
passus sub Pontio Pilato,
crucifixus, mortuus et sepultus
descendit ad inferna
tertia die resurrexit a mortuis
ascendit ad caelos

sedet ad dexteram dei patris omnipotentis
inde venturus est iudicare vivos et mortuos.[1]
[…]

Das Textstück beschreibt, noch vom Prädikat *credo* zu Beginn des ersten Artikels abhängig, den Weg Jesu Christi von Empfängnis und Geburt bis hin zur künftigen Wiederkunft zum Gericht. Die verwendeten christologischen Hoheitstitel sind: »Christus«, »einziger Sohn« und »unser Herr«. Der Aussage von der Wiederkunft zum Gericht unmittelbar voraus geht die Feststellung, Christus sitze zur Rechten Gottes. Das Kommen zum Gericht muss also als ein Kommen aus der himmlischen Throngemeinschaft mit Gott (Vater) verstanden werden. Die Gerichtsaussage schließt den zweiten Artikel ab und bietet einen eschatologischen Ausblick. Ein weiterer solcher Ausblick, jedoch ohne Verweis auf das Gericht, steht dann auch am Ende des dritten Artikels.

Es ist heute Konsens der Symbolforschung, dass das Apostolische Glaubensbekenntnis die Fortentwicklung eines älteren Symbols der römischen Kirche, des sog. *Romanum*, ist. Zu den ältesten Zeugen[2] dieses *Romanum*, genauer: seines zweiten Artikels, zählt eine Apologie in Briefform, die der Bischof Marcell von Ancyra im Jahr 340 Papst Julius II. vorlegte und die bei Epiphanius von Salamis überliefert ist. Hier lautet der uns interessierende Satz in griechischer Sprache: ὅθεν ἔρχεται κρίνειν ζῶντας καὶ νεκρούς – »von woher er kommt, zu richten Lebende und Tote«.[3]

---

[1] Text nach L. H. WESTRA, The Apostle's Creed. Origin, History, and some Early Commentaries, IPM 43, Turnhout 2002, 22.

[2] Auf die Diskussion, ob Marcell hier ein vorhandenes Symbol zitiert oder zum ersten Mal ein Bekenntnis formuliert, das später in die liturgische Tradition eingeht, kann hier nur hingewiesen werden; für die zuletzt genannte Annahme vgl. M. VINZENT, Die Entstehung des ›Römischen Glaubensbekenntnisses‹, in: W. Kinzig/C. Markschies/ders. (Hg.), Tauffragen und Bekenntnis, AKG 74, Berlin/New York 1999, 185–409; DERS., Der Ursprung des Apostolikums im Urteil der kritischen Forschung, FKDG 89, Göttingen 2006; anders z.B. U. HEIL, Markell von Ancyra und das Romanum, in: A. von Stockhausen/H. C. Brennecke (Hg.), Von Arius zum Athanasianum. Studien zur Edition der »Athanasius Werke«, TU 164, Berlin/New York 2010, 85–103; M. TETZ, Zum altrömischen Bekenntnis. Ein Beitrag des Marcellus von Ancyra, ZNW 75 (1984), 107–127; WESTRA, Creed (s. Anm. 1), 65–69.

[3] Epiph.haer. 72, 3,1; s. K. HOLL/J. DUMMER, Epiphanius III. Panarion haer. 65–80. De fide, GCS Epiphanius III., Berlin 1985, 258,1.

Im *Commentarius in symbolum apostolorum* des Rufinus von Aquileia (um 400 n. Chr.) wird folgende Formulierung kommentiert: *inde*[4] *venturus est iudicare vivos et mortuos* – »von dort wird er kommen, zu richten Lebende und Tote«.[5] Für die Formulierung lassen sich aus der Frühgeschichte des Symbols zahlreiche weitere Beispiele anführen. So überliefert Hippolyt (?) ein Bekenntnis der Presbyter von Smyrna, das gegen Noët gerichtet ist. Hier lautet die Aussage in griechischer Sprache: καὶ ἐρχόμενον κρῖναι ζῶντας καὶ νεκρούς – »und kommend, zu richten Lebende und Tote«.[6] In dem – vielleicht[7] – frühesten Beleg für eine in drei Artikeln strukturierte Bekenntnistradition, einem beim Taufakt vom Diakon zu sprechenden Bekenntnis (in Form von Fragen an den Täufling) in einem lateinischen Fragment von Traditio Apostolica 21 heißt es: *venturus iudicare vivos et mortuos*[8] – »kommend, zu richten Lebende und Tote« bzw. nach anderer Textüberlieferung: *et veniet iudicare iterum vivos et mortuos secundum suam revelationem et regnum suum*[9] – »und er kommt wiederum, zu richten Lebende und Tote gemäß seiner Offenbarung und seiner Herrschaft«.

---

[4] Für *inde* statt dem gewöhnlicheren *unde* vgl. F. Kattenbusch, Das Apostolische Symbol. Seine Entstehung, sein geschichtlicher Sinn, seine ursprüngliche Stellung im Kultus und in der Theologie der Kirche. Ein Beitrag zur Symbolik und Dogmengeschichte II: Verbreitung und Bedeutung des Taufsymbols, Leipzig 1900, 661.

[5] Cap. 29; M. Simonetti (Hg.), Tyranni Rufini Opera, CCL 20, Turnhout 1961, 164; zur Diskussion um die Rekonstruktion des Textes vgl. Westra, Creed (s. Anm. 1), 196–199.

[6] Vgl. P. Nautin, Hippolyte. Contre les hérésies. Fragment. Étude et édition critique, Paris 1979, 237; vgl. die Hinweise bei G. Riedl, Hermeneutische Grundstrukturen frühchristlicher Bekenntnisbildung, TBT 123, Berlin/New York 2004, 197 Anm. 203.

[7] Zu den sich aus dem Überlieferungsbefund ergebenden Fragen vgl. – allerdings ohne eigenen Lösungsversuch – C. Markschies, Anhang: Das Taufsymbol in der sogenannten *Traditio Apostolica* – ein Zeuge für das sogenannte Romanum?, in: Kinzig/ders./Vinzent, Tauffragen (s. Anm. 2), 57–74, vgl. ferner W. Kinzig, »… *natum et passum* etc.« Zur Geschichte der Tauffragen in der lateinischen Kirche bis zu Luther, in: ders./Markschies/Vinzent, Tauffragen (s. Anm. 2), 75–183, 94. Optimistischer sind wieder P. Bradshaw/M. E. Johnson/L. E. Phillips, The Apostolic Tradition. A Commentary, Hermeneia, Minneapolis 2002, 124–127.

[8] Text nach B. Botte, Hippolyte de Rome. La Tradition Apostolique d'après les anciennes versions, SC 11bis, Paris ²1984, 86.

[9] Ebd.

Alle diese Aussagen enthalten folgende Elemente: a) das künftige[10] »Kommen« Christi; b) sein Richten bzw. seine Funktion als Richter, c) über Lebende und Tote (stets in dieser Reihenfolge[11]). Hier ist eine vor allem semantisch-lexematische, z. T. auch syntaktische Konstanz festzustellen, welche es rechtfertigt, von einer fixierten Wendung oder einer Formel zu sprechen.

Daneben finden sich in der frühchristlichen Literatur natürlich auch zahlreiche Passagen, die sachlich den Gedanken des künftigen Gerichts durch den wiederkommenden Sohn enthalten, jedoch im Wortlaut stärker abweichend von der sich bildenden Bekenntnistradition formulieren. Inwiefern sie die Bekanntschaft mit den sich bildenden Bekenntnissen voraussetzen, wäre in jedem Einzelfall zu prüfen.

Wir haben also bei der Untersuchung unserer Frage zu unterscheiden zwischen Belegen, die dem gemeinten Satz des Credos sachlich nahekommen und Christus als endzeitlichen Richter behaupten, und solchen, die ihm auch wörtlich ähneln oder gleichen. Wir konzentrieren uns in dieser Skizze zur Frage nach den Ursprüngen der Aussage des Symbols zunächst auf die zweite Fragestellung und gehen danach, knapper, auf den zuerst genannten Aspekt des Themas ein.[12]

---

[10] Dass es sich um ein künftiges Ereignis handelt, geht nicht immer aus der verwendeten Verbform selbst hervor, erschließt sich dann aber aus dem Kontext. Das lateinische Partizip Futur Aktiv *venturus* hält ein unmittelbar bevorstehendes Tun fest.

[11] Dieser Befund spricht auch dagegen, in Röm 14,9 den Ausgangspunkt der Formulierung zu sehen, so aber E. VON DOBSCHÜTZ, Das Apostolicum in biblisch-theologischer Beleuchtung, AWR.B 8, Gießen 1932, 32.

[12] Eine traditionsgeschichtliche Kommentierung des Symbols auf dem gegenwärtigen Kenntnisstand (gerade in Bezug auf frühjüdische Quellen) scheint mir eine dringliche, aber bisher unerledigte Aufgabe auch von breiterer theologischer Bedeutung zu sein. In Hinsicht auf den zweiten Artikel ist zu verweisen auf K. HOLL, Zur Auslegung des 2. Artikels des sog. apostolischen Glaubensbekenntnisses (1919), in: DERS., Gesammelte Aufsätze zur Kirchengeschichte II: Der Osten, Tübingen 1928, 115–122; R. STAATS, Pontius Pilatus im Bekenntnis der frühen Kirche, ZThK 84 (1987), 493–513; s. ferner DOBSCHÜTZ, Apostolicum (s. Anm. 11).

2. Christus als endzeitlicher Richter in frühchristlicher Literatur

Es ist festzustellen, dass das fragliche Syntagma wiederholt in frühen, zum Teil gewiss noch in die Zeit vor der vermuteten Entstehung des sog. *Romanum*[13] gehörenden Texten begegnet, während es, sehe ich recht, keine direkten Parallelen in älterer oder zeitgenössischer außerchristlicher Literatur in griechischer Sprache[14] hat. Es darf also als christliche Neubildung gelten. Seine frühesten Belege finden sich schon in neutestamentlichen Texten: So erzählt Apg 10, wie Petrus im Hause des Cornelius in Cäsarea eine Ansprache hält und dabei den Weg Christi von den Anfängen mit der Taufe Jesu in Galiläa bis hin zur Auferstehung und zu Begegnungen mit dem Auferstandenen rekapituliert. Interessanterweise wird dabei nicht auf die für das lukanische Doppelwerk so wichtige Himmelfahrt Jesu rekurriert. Die Ostergeschichten werden pointiert durch die Stichwörter vom gemeinsamen Essen und Trinken zusammengefasst, bevor es in V. 42 heißt: »Und er befahl uns dem Volk zu verkünden und zu bezeugen, dass dieser der ist, der von Gott bestimmt ist zum Richter über Lebende und Tote.«[15] Es folgt dann der Hinweis auf die von den Propheten bezeugte Vergebung der Sunden für alle, die auf Christus vertrauen.

Der Verweis auf das zukünftige Gericht durch Christus ist hier also Teil einer Darstellung der Jesus-Geschichte, die nicht mit Präexistenz oder Geburt, sondern mit der Taufe durch Johannes einsetzt. Die Aussage wird als Inhalt der Verkündigung und des von den »Zeugen« auszurichtenden Zeugnisses eingeführt, und sie bezieht sich auf Jesus Christus, den »Herrn über alle(s)« (V. 36). Das Verhältnis dieses Rich-

---

[13] Zur Diskussion um diese Frage vgl. den Forschungsüberblick bei Westra, Creed (s. Anm. 1), 21–72; ferner W. Kinzig/M. Vinzent, Recent Research on the Origin of the Creed, JThS 50 (1999), 534–559; Vinzent, Ursprung (s. Anm. 2).

[14] Die Rede vom Richten über Lebende und Tote fehlt, soweit ich sehe, auch in der Hebräischen Bibel oder den Texten aus Qumran.

[15] καὶ παρήγγειλεν ἡμῖν κηρύξαι τῷ λαῷ καὶ διαμαρτύρασθαι ὅτι οὗτός ἐστιν ὁ ὡρισμένος ὑπὸ τοῦ θεοῦ κριτὴς ζώντων καὶ νεκρῶν – »und er gebot uns, dem Volk zu verkünden und zu bezeugen, dass dieser es ist, der von Gott zum Richter der Lebenden und Toten betimmt wurde«. – Der Gedanke der Auswahl des Richters durch Gott kehrt in Apg 17,31, im Rahmen der Areopagrede des Paulus, wieder. Nur ist hier nicht vom Gericht über Lebende und Tote, sondern über die bewohnte Welt (τὴν οἰκουμένην) die Rede.

ters zu Gott ist als Einsetzung bestimmt.[16] Dass das Gericht in der Zukunft liegt, wird aus dem Kontext deutlich, aber genauere Angaben über das »Wann?« und »Wie?« finden sich nicht. Die Feststellung, das Gericht ergehe über Lebende und Tote, erlaubt keine näheren Rückschlüsse auf die Gestalt der eschatologischen Erwartung. Man wird wohl sagen dürfen, dass die Vorstellung jedenfalls nicht auf ein *Toten*gericht zu beschränken ist. Dass die Parusie Christi mit gemeint ist, kann vermutet, aber nicht sicher festgestellt werden; jedenfalls ist bei Voraussetzen einer solchen Erwartung die Rede von »Lebenden und Toten« besonders gut verständlich. Der unmittelbar folgende Hinweis auf die Sündenvergebung könnte als eine Modifikation des Gerichtsgedankens verstanden werden.

Eine solche Zukunftsansage unterscheidet sich fundamental von der Zeugenschaft in Bezug auf Vergangenes und Erlebtes; sie ist eine Prophezeiung. Im Kontext des lukanischen Doppelwerkes dient die Wendung dazu, die eschatologische Erwartung, die hier vermittelt wird, apostolisch zu legitimieren. Indirekt wird hier also eine theologische Normierung vorgenommen. Die substantivische Formulierung mit κριτής akzentuiert eher die Rolle und Funktion des von Gott erwählten Richters als den Akt des Richtens.

Zugleich ist der tauftheologische Kontext dieser Zusammenfassung des Glaubens im Munde des Petrus nicht zu übersehen: Schon die Erwähnung des Namens (sc. Jesu Christi)[17] im Zusammenhang der Sündenvergebung deutet ja auf ihren konkreten Ort[18] bzw. ihre Zusage in der jeweiligen Gegenwart (nicht im Eschaton) und mag auf einen entsprechenden Ritus verweisen. Deutlicher ist dann die folgende Szene (V. 44–48), an deren Ende die Taufe der heidnischen Zuhörer steht. Funktional wird so die Ansprache des Petrus zu einer die Taufe vorbereitenden Unterweisung der Zuhörer aus den Völkern.

Die herausgearbeiteten Züge: christologisches Interesse, theologische Normierung als Zweck sowie tauftheologischer Kontext, lassen die Passage als Vorbild der späteren Entwicklung des Credos erscheinen. Ihr fiktionaler Sitz im Leben ist in Apg 10 nicht das Bekenntnis der Gläubigen, sondern die präbaptismale kollektive Katechese.

---

[16] Der griechische Text verwendet das Perfekt-Partizip ὡρισμένος, vgl. auch Apg 17,31.

[17] Vgl. 2,38; 8,16; 19,5.

[18] Vgl. Apg 26,18; daneben auch 2,38; 5,31; 13,38.

Als Christus-Attribut erscheint das gesuchte Syntagma in der Anrede in 2 Tim 4,1:[19] Der explizite Autor, »Paulus«, ermahnt »Timotheus« zum treuen Ausrichten seines Dienstes auch angesichts der zu erwartenden krisenhaften Zeiten der Abkehr von der Wahrheit. Gott und Christus Jesus werden als Zeugen dieser Ermahnung[20] angerufen. Diese erscheint gleichsam als Vermächtnis, rechnet doch der Autor mit seiner baldigen Hinrichtung. In V. 8 wird der Hinweis auf den richtenden »Herrn« erneuert. Die Wendung wird durch den Hinweis auf die Erscheinung (ἐπιφάνεια) und das Reich bzw. die Königsherrschaft (βασιλεία) Christi ergänzt; tatsächlich begegnet der Begriff der βασιλεία Christi hier zum ersten Mal in frühchristlichen Texten. Was wir in Hinsicht auf Apg 10 vermuteten, wird hier explizit: Die Rede vom Richten von Lebenden und Toten ist gleichsam sachlogisch mit der Erwartung der Parusie Christi verknüpft. Dem wird die ältere jüdische Erwartung des kommenden Reiches Gottes angepasst. Neu gegenüber Apg 10 ist dieser explizite Bezug auf die endzeitliche Wiederkunft Christi. Spätestens in der trito-paulinischen Tradition, und das heißt wohl: in Texten noch aus der ersten Hälfte des 2. Jh. n. Chr., finden wir also alle wesentlichen Elemente der späteren Credo-Formulierung vereint.

Im Rahmen einer endzeitlich gestimmten Mahnung an die Adressaten und einer Polemik gegenüber nicht-gläubigen »Heiden« (V. 3) erfolgt in 1 Petr 4,4–6 auch der Verweis auf das nahe bevorstehende[21] letzte Gericht: Diejenigen, die zügellos leben und lästern, werden »Rechenschaft ablegen dem gegenüber, der bereit ist, zu richten Lebende und Tote«.[22] Der folgende V. 6 gibt dann eine weiterführende Erläuterung: »Denn dazu wurde auch Toten die frohe Botschaft verkündet, damit sie gerichtet würden nach Menschenweise im Fleisch, sie aber leben nach göttlicher Weise im Geist.«[23]

Deutlich ist der intratextuelle Rückverweis auf 3,19: Auch die Toten haben die Verkündigung Christi gehört. Sie sind also, so könnte man sagen, im angekündigten Gericht schuldfähig. Die daran anschließende Unterscheidung von Fleisch und Geist, welche diejenigen

[19] Διαμαρτύρομαι ἐνώπιον τοῦ θεοῦ καὶ Χριστοῦ Ἰησοῦ τοῦ μέλλοντος κρίνειν ζῶντας καὶ νεκρούς, καὶ τὴν ἐπιφάνειαν αὐτοῦ καὶ τὴν βασιλείαν αὐτοῦ.

[20] Wie in Apg 10,42 wird das Verb διαμαρτύρομαι verwendet.

[21] Vgl. V. 7.

[22] οἳ ἀποδώσουσιν λόγον τῷ ἑτοίμως ἔχοντι κρῖναι ζῶντας καὶ νεκρούς.

[23] εἰς τοῦτο γὰρ καὶ νεκροῖς εὐηγγελίσθη, ἵνα κριθῶσιν μὲν κατὰ ἀνθρώπους σαρκί, ζῶσιν δὲ κατὰ θεὸν πνεύματι.

von 3,18 (dort auf Christus bezogen) aufnimmt, dürfte andeuten, dass dem Gerichtshandeln an den Toten die Auferweckung im Fleisch vorausgeht. Ob an Gott oder Christus als Richter gedacht ist, ist nicht deutlich.[24] Insbesondere der Hinweis auf den Willen Gottes, des Schöpfers, könnte auf Gott als Gerichtsherrn deuten (V. 19). Auch sprechen hierfür andere Belege in 1 Petr.[25] Dagegen scheint die Zuweisung dieser Funktion an Christus nach der – tauftheologisch eingebundenen – Aussage von 3,22 im Kontext vorbereitet und plausibel. Auf diesen Verweis auf das Endgericht folgen Mahnungen zum Verhalten untereinander (V. 7–11) und vor dem Forum der Welt (V. 12–14). Der im Kontext der Gerichtsaussage begegnende verheißungsvolle Ausblick auf das Leben der Toten »gemäß Gott im Geist« hat deutlich konsolatorische Funktion.

Als theologische wie als christologische Prädizierung wird das Syntagma in 2 Clem 1,1 verwendet: Ganz zu Beginn der Darlegung werden die Adressaten aufgefordert, über Jesus Christus zu denken wie über Gott, »wie über einen/den Richter über Lebende und Tote«.[26]

Der durch die Wiederholung der Partikel ὡς formulierte Parallelismus macht zwar deutlich, dass sich die Prädikation auf Gott bezieht. Zugleich aber wird durch eben diese Prädikation zum Gegenstand und Kriterium, *dass* über Christus in gleicher Weise wie über Gott gedacht wird. Die folgenden Ausführungen weisen in dieselbe Richtung: Es wird davor gewarnt, über Christus gering zu denken (1,2), Christus hat uns das Licht geschenkt, er hat uns Söhne (!)[27] genannt, wie dies ein Vater tut, er hat uns gerettet (1,4.7), er hat uns aus dem Nichtsein ins Sein gerufen (1,8). Dass der Verweis auf das eschatologische Gericht am Anfang steht, passt zu dem eschatologischen Gesamtinteresse von 2 Clem.[28] Das Substantiv κριτής begegnet sonst in 2 Clem allerdings nicht, wohl aber das stammgleiche Verb.[29]

In solchem Kontext hat das untersuchte Syntagma also eine theologische Funktion im engeren Sinne: U.a. mit seiner Hilfe wird die Gottgleichheit in Würde und Handeln Jesu Christi ausgedrückt. Der

---

[24] Zur Diskussion vgl. P.J. Achtemeier, 1 Peter. A Commentary on First Peter, Hermeneia, Minneapolis 1996, 286.

[25] 1,17; 2,23, 4,19; vgl. 5,10.

[26] ὡς περὶ κριτοῦ ζώντων καὶ νεκρῶν.

[27] Anders z.B. Hebr 2,11–13.

[28] Vgl. W. Pratscher, Der zweite Clemensbrief, KAV 3, Göttingen 2007, 66.

[29] Vgl. 2 Clem 9,1; 18,1, jeweils ist das eschatologische Richten gemeint.

argumentative Kontext dürfte die von anderer (gnostischer Seite) vertretene Trennung des himmlischen Christus vom irdischen Jesus sein.[30]

In Barn 7,2[31] dient die Prädikation dazu, den Kontrast zwischen der Rolle des Sohnes Gottes und Herrn als künftiger Richter und seinem stellvertretenden Leiden für uns rhetorisch herauszuarbeiten. Die Passage schließt den Abschnitt 5,1–6,19 ab und beantwortet die in 5,5 gestellte Frage nach der Notwendigkeit der Passion des Gottessohnes.[32] Die Argumentation setzt dann mit einer ausführlichen Interpretation des Passionsgeschehens und seiner Schriftbezüge neu ein.[33] Die Ermunterung zum Glauben bezieht sich zwar syntaktisch direkt nur auf die unmittelbar nachfolgende Aussage, das heilschaffende Leiden des Gottessohnes. Der enge Zusammenhang dieser Aussage mit den vorausgehenden suggeriert jedoch, dass auch jene Inhalte des Glaubens sind.

In einen paränetischen Kontext eingebettet ist die christologische Passage Polyk 2,1; sie wird syntaktisch angeschlossen an das imperativisch fungierende Partizip πιστεύσαντες. Was folgt, sind also Inhalte des empfohlenen Glaubens:

»[...] an den, der unsern Herrn Jesus Christus von den Toten erweckt hat
und ihm gegeben hat Herrlichkeit und Thronsitz zu seiner Rechten,
dem aller Odem dient,
der kommt als Richter über Lebende und Tote,
dessen Blut Gott von denen fordern wird, die ihm ungehorsam waren.«[34]

Der Text beschreibt nicht den ganzen Weg des Heilsbringers, sondern ist konzentriert auf die Auferstehung und herrscherliche Stellung Jesu Christi, des »Herrn«. Diese Herrschaft erstreckt sich auf die ganze Schöpfung. Die Funktion Christi als künftiger Richter wird verbun-

---

30 Vgl. R. Warns, Untersuchungen zum 2. Clemensbrief, Marburg (Diss. theol.) 1989, 253–255.

31 εἰ οὖν ὁ υἱὸς τοῦ θεοῦ, ὢν κύριος καὶ μέλλων κρίνειν ζῶντας καὶ νεκρούς.

32 Vgl. F.R. Prostmeier, Der Barnabasbrief, KAV 8, Göttingen 1999, 282f.

33 Auch in anderen Passagen nimmt Barn auf den künftigen Richter Christi Bezug: So wird nach 4,12 Christus den Kosmos richten, und nach 5,7 erfolgt das Gericht nach der Auferstehung. In 15,5 dagegen ist das Gericht über die Gottlosen Sache Gottes. 21,6 spricht allgemein vom Tag des Gerichts. – Diog 7,6 verbindet eine sendungschristologische Aussage mit der Erwartung des künftigen Gerichts.

34 εἰς τὸν ἐγείραντα τὸν κύριον ἡμῶν Ἰησοῦν Χριστὸν ἐκ νεκρῶν καὶ δόντα αὐτῷ δόξαν καὶ θρόνον ἐκ δεξιῶν αὐτοῦ· ᾧ πᾶσα πνοὴ λατρεύει, ὃς ἔρχεται κριτὴς ζώντων καὶ νεκρῶν, οὗ τὸ αἷμα ἐκζητήσει ὁ θεὸς ἀπὸ τῶν ἀπειθούντων αὐτῷ.

den mit dem Motiv der Parusie. Es folgt dann in 2,2 eine Zusammenstellung von Ermahnungen, die in vielem an die Bergpredigt bzw. die Feldrede Jesu erinnert. Gewissermaßen als Zusammenfassung wird in 3,1 das Stichwort der δικαιοσύνη eingebracht; diese ist moralisch verstanden und sachlich durch das Vorausgehende als Verzicht auf Vergeltung und Bereitschaft zur Vergebung bestimmt. Hinzu tritt der Verweis auf die Trias von Glaube, Hoffnung und Liebe,[35] entfaltet im Doppelgebot der Liebe. Abschließend und zusammenfassend wird festgestellt, wer so lebe, habe das Gebot der Gerechtigkeit erfüllt. Diese ist also als Tugend des Handelns den Adressaten empfohlen. Während in 5,2 denen, welche den Willen Gottes befolgen, der Empfang der kommenden Welt, die Auferstehung und die Herrschaft mit dem Herrn verheißen wird, kommt 7,1 auch auf das künftige Gericht zusammen mit der Auferstehung zu sprechen und wendet sich mit scharfen Worten gegen ihre Leugnung.

Sicherlich noch in die Zeit vor der Entstehung des *Romanum* gehören auch die Schriften Justins. Eher beiläufig wird die Funktion Christi bzw. des Herrn in Iust.dial. 118,1 erwähnt, im Kontext einer Reihe von Prophetenzitaten, welche auf den Sohn Gottes verweisen. In ähnlicher Weise konzentriert auf Kreuzigung, Auferstehung, Erhöhung und erwartete Wiederkunft wird das Christus-Geschehen in Iust.dial. 132,1 zusammengefasst, dabei wird zwar nicht die Rede von »Lebenden und Toten« wörtlich wiederholt, aber festgestellt, Christus werde »alle Menschen« richten, bis hin zu Adam.[36]

Ungefähr in dieselbe Zeit gehört ein Stück aus den *Hypomnemata* des Hegesipp, das im dritten Buch von Eusebs Kirchengeschichte überliefert ist. Es berichtet über das Verhör von Großneffen Jesu vor Domitian:

»Als man sie über Christus und über die Art, den Ort und die Zeit seines Reiches fragte, antworteten sie, dasselbe sei nicht von dieser Welt und dieser Erde, es sei vielmehr ein Reich des Himmels und der Engel, das erst am Ende der Welt kommen werde, wenn Christus in Herrlichkeit erscheinen wird, um die Lebenden und die Toten zu richten und jedem nach seiner Lebensweise

---

[35] Ob es diese Trias oder schon das Stichwort »Gerechtigkeit« ist, das in 2,2 mit der Erinnerung an mündliche Lehre und Briefe des Paulus verbunden wird, ist nicht sicher zu entscheiden.

[36] Dagegen findet sich in der bekenntnisartigen Formulierung Iust.dial. 85,2 kein Hinweis auf das Gericht. Vgl. – mit weiteren Passagen aus Justins Schriften – J. N. D. Kelly, Altchristliche Glaubensbekenntnisse. Geschichte und Theologie, Göttingen, 1972, 74–80.

zu vergelten. Daraufhin verurteilte sie Domitian nicht, sondern verachtete sie als gemeine Leute.«[37]

In der nur in wenigen Fragmenten überlieferten Schrift Περὶ τοῦ πάσχα des Claudius Apollinaris von Hierapolis (2. Hälfte 2. Jh. n. Chr.[38]) findet sich in einer Reihe von antithetischen Aussagen über den Sohn Gottes auch die Wendung: καὶ ὁ κριθεὶς κριτὴς ζώντων καὶ νεκρῶν – »und der richtende Richter der Lebenden und Toten«.[39] Und schließlich: Tertullian formuliert in der Schrift *De virginibus velandis* den auf Christus bezogenen Teil der *regula fidei*:

et Filium eius Iesum Christum,
natum ex uirgine Maria,
crucifixum sub Pontio Pilato,
tertia die resuscitatum a mortuis,
receptum in caelis,
sedentem nunc ad dexteram Patris,
uenturum iudicare uiuos et mortuos per carnis etiam resurrectionem.[40]

»und an seinen Sohn Jesus Christus,
geboren aus der Jungfrau Maria,
gekreuzigt unter Pontius Pilatus,
am dritten Tag auferstanden von den Toten,
aufgenommen in den Himmel,
sitzend nun zur Rechten des Vaters,
kommend, zu richten Lebende und Tote bei der Auferstehung des Fleisches.«

Wie dieser kleine Überblick zeigt, ist die Credo-Aussage spätestens seit dem Beginn des 2. Jh. n. Chr. fester Bestandteil der theologischen Formelsprache des frühen Christentums. Aufgrund ihrer verschiedenen Verwendungszusammenhänge kann zwar gesagt werden, dass sie als Teil von knappen Zusammenfassungen des eigenen Glaubens, besonders insofern sie die hoheitliche Stellung und Aufgabe Christi be-

---

[37] Eus.h.e. 3, 20,4; E. Schwartz (Hg.), Eusebius Werke, Bd. 2: Die Kirchengeschichte. Erster Teil. Die Bücher I bis V, GCS 24, Leipzig 1903, 234; Übersetzung nach H. Kraft u. a., Eusebius von Caesarea. Kirchengeschichte, München, [2]1981, 168 f.

[38] Vgl. R. Hanig, Apollinaris von Hierapolis, LACL ([2]1999), 41.

[39] Vgl. R. Cantalamessa, Ostern in der Alten Kirche. Aus dem Italienischen ins Deutsche übertragen von A. Spoerri, TC 4, Bern 1981, 46 (Nr. 26, Z. 13 f.).

[40] Tert. De virginibus velandis 1,4 (3); E. Schulz-Flügel/P. Mattei (Hg.), Tertullien. Le voile des vierges (De uirginibus uelandis), SC 424, Paris 1997, 130. Ohne Hinweis auf die Auferstehung des Fleisches formuliert Tert. Prax. 2,1–4, während die Formulierung in Tert.praesc. 13 stärker abweicht.

tonen, dienen kann. Sie ist aber gattungsmäßig und textpragmatisch nicht auf die Konfession festgelegt. Es ist auch nicht zu übersehen, dass sie in solchen Zusammenfassungen des christlichen Glaubens auch fehlen kann.[41] Prominentes Beispiel wohl noch der ersten Hälfte des 2. Jh. sind die Briefe des Ignatius von Antiochien, die mehrere solcher Aussagezusammenhänge enthalten.[42]

3. Jesus Christus als endzeitlicher Richter in den frühesten Traditionen des Neuen Testaments

Die Vorstellung von Jesus Christus als endzeitlichem Richter ist, wie schon angedeutet, breiter und früher belegt als die eben untersuchte, auf das Glaubensbekenntnis verweisende Formulierung.[43] Die Erwartung, dass Jesus Christus im Letzten Gericht auftreten werde, findet sich mehrfach und in Variationen in den frühesten Quellen des entstehenden Christentums. Wir achten dabei besonders auf die genaue Bezeichnung des Richters, sein Verhältnis zu Gott, die Bestimmung der von ihm zu Richtenden und die Verknüpfung mit dem Gedanken der Parusie.

Ob Jesus Christus als Richter schon im ältesten erhaltenen Text des Neuen Testaments, in 1 Thess, auftritt, ist etwas undeutlich. Betrachten wir den Text daher genauer: 1 Thess 1,10 spricht von einem Zornesgericht Gottes, im Kontext einer Erinnerung an die Bekehrung der Adressaten von den Götzen zum lebendigen Gott. Dem »Sohn«, Jesus, ist die Aufgabe zugeschrieben, aus dem kommenden Zorn zu retten; er ist also nicht der Richter. Nicht ausgesprochen,

---

[41] Dies gilt etwa für die bekenntnisartigen Formulierungen in EpAp 5 (16) oder in Acta Justini 2,5. Die letztere Passage ist für P. Smulders, Some Riddles in the Apostles' Creed II: Creeds and Rules of Faith, Bijdragen. Tijdschrift voor Filosofie en Theologie 32 (1971), 350–366, 360 f., das älteste Beispiel der *regula fidei*. Iren.haer. 1, 10,1; 3, 4,1 f.; 16,5 f. spricht vom Gericht Christi, ohne die Formulierung »Lebende und Tote« zu verwenden. Daneben finden sich auch bekenntnisnahe Zusammenfassungen des Glaubens ohne Hinweis auf das Endgericht.

[42] Vgl. IgnEph 7,2; 18,2; IgnMagn 11; IgnTrall 9; IgnSm 1 f.; s. auch Polyk 3,2; vgl. H. Freiherr von Campenhausen, Das Bekenntnis im Urchristentum, in: ders., Urchristliches und Altkirchliches. Vorträge und Aufsätze, Tübingen 1979, 217–272: 259–263.

[43] Einen knappen Überblick hierzu gab bereits E. Lohse, Christus als der Weltenrichter, in: G. Strecker (Hg.), Jesus Christus in Historie und Theologie (FS H. Conzelmann), Tübingen 1975, 475–486.

aber angedeutet ist dabei der Gegensatz zwischen zwei Aspekten der Endzeit, Vernichtung und Rettung, zwischen zwei Gruppen von Menschen – und wohl auch zwischen zwei Aspekten Gottes. Dass auch »wir« durch das Gericht hindurch müssten, ist dabei nicht gesagt.

Mehrfach greift der Brief dann den Gedanken der Parusie Christi, des Herrn, auf, am ausführlichsten in 1 Thess 4. Das dort entworfene Szenario der Erwartung der nahen Endzeit macht die Rede von Lebenden und Toten im Gegenüber zu Christus verständlich: Wir, die noch Lebenden, werden zusammen mit den auferstandenen »Toten in Christus« in die Wolken entrückt werden. Allerdings spricht Paulus auch hier gerade nicht von der richterlichen Funktion Christi: »Wir« und die »Toten in Christus« werden demnach offenbar nicht dem Richter, sondern dem Retter begegnen.

In 1 Thess ist also sowohl vom Jüngsten Gericht als auch von der Parusie Christi die Rede, doch einen eindeutigen Beleg dafür, dass der Messias der künftige Richter sei, bietet der Brief nicht.[44] Doch ist auch diese Vorstellung in den paulinischen Briefen belegt, genauer: in der korinthischen Korrespondenz. Zu beachten ist jedoch, dass sie jeweils textpragmatisch der Verteidigung des eigenen Dienstes und der Kritik der Gegner, konkurrierender Prediger, dient, und nicht etwa als Zusammenfassung des gemeinsamen Glaubens.

Dies gilt auch für die wohl bekannteste Gerichtsaussage des Apostels in 2 Kor 5. Dieser spezifische Zusammenhang wird aber durch die Ausführungen in den ersten Versen des Kapitels eher verdeckt, die ausführlich auf die postmortale Erwartung des Apostels eingehen; sie wurden und werden in der Exegese als wichtiger Beleg für die gegenüber den Anfängen gewandelte eschatologische Erwartung des Apostels gewertet.[45] Der abschließende V. 10, um den es hier geht, ist aber missverstanden, wenn man ihn nur oder primär als Zusammenfassung der eschatologischen Lehre liest: »Wir alle müssen vor dem Richtstuhl Christi erscheinen, damit jeder empfange, was seinen Taten entspricht, die er durch den Leib getan hat, sei es Gutes

[44] Allenfalls 1 Thess 2,19 bietet Anlass zu der Vermutung, Paulus denke (auch) an ein Gerichtsforum Christi. In 1,3; 3,13 wird auf das Forum Gottes verwiesen.

[45] Vgl. nur U. Schnelle, Wandlungen im paulinischen Denken, SBS 137, Stuttgart 1989, 37–48; N. Walter, Hellenistische Eschatologie bei Paulus? Zu 2 Kor 5,1–10, ThQ 176 (1996), 53–64.

oder Schlechtes.«[46] Recht betrachtet, passt die Aussage nicht einmal besonders gut, denn in den Versen zuvor war von einem Endgericht gar nicht die Rede. Schließlich: Dass »wir alle« vor den Richtstuhl Christi werden treten müssen, hat seine besondere Pointe im Kontext darin, dass dies für den Apostel selbst ebenso gilt wie für die umkämpften Adressaten und die apostolischen Konkurrenten. Ein Stück apostolischer Katechese über das universale Letzte Gericht ist die Aussage nicht.[47] Im Blick auf die Formulierung des Credos ist noch zu bemerken, dass im Kontext zwar nicht wörtlich von Lebenden und Toten gesprochen wird, dass jedoch das in V. 8 f. bemühte Bild von Heimat und Heimatferne auf diese Unterscheidung zielt.

Ergänzen wir das Bild durch einen Blick auf den Römerbrief: Sähe man diesen langen Brief als das theologische Vermächtnis des Apostels an, so müsste man sagen: Paulus stand letztlich nicht auf dem Boden des Glaubensbekenntnisses. Denn wo der Brief auf das Gericht zu sprechen kommt, ist der Richter Gott;[48] und der zu seiner Rechten thronende Messias ist unser Fürsprecher.[49]

In der synoptischen Tradition ist die Vorstellung vom Gericht eng mit der Gestalt des Menschensohnes verbunden. Ich weise nur auf wenige ausgewählte Textzusammenhänge hin. So heißt es im Zusammenhang des Nachfolgewortes in Mk 8,34–9,1:[50]

[46] τοὺς γὰρ πάντας ἡμᾶς φανερωθῆναι δεῖ ἔμπροσθεν τοῦ βήματος τοῦ Χριστοῦ, ἵνα κομίσηται ἕκαστος τὰ διὰ τοῦ σώματος πρὸς ἃ ἔπραξεν, εἴτε ἀγαθὸν εἴτε φαῦλον.

[47] Vgl. auch 1 Kor 4,4 f.: οὐδὲν γὰρ ἐμαυτῷ σύνοιδα, ἀλλ' οὐκ ἐν τούτῳ δεδικαίωμαι, ὁ δὲ ἀνακρίνων με κύριός ἐστιν. ὥστε μὴ πρὸ καιροῦ τι κρίνετε ἕως ἂν ἔλθῃ ὁ κύριος, ὃς καὶ φωτίσει τὰ κρυπτὰ τοῦ σκότους καὶ φανερώσει τὰς βουλὰς τῶν καρδιῶν· καὶ τότε ὁ ἔπαινος γενήσεται ἑκάστῳ ἀπὸ τοῦ θεοῦ (wenn mit dem »Herrn« Jesus Christus gemeint ist). In 1 Kor 15,20–28.50–57 ist das Motiv des Endgerichts dagegen nicht präsent.

[48] Vgl. Röm 1,17.18–32; 2,1–16; 3,6; 14,10 (anders eine *varia lectio ad loc.*: βῆμα τοῦ Χριστοῦ). Wenn in 14,10 Gott der Richter ist, kann sich V. 9 (εἰς τοῦτο γὰρ Χριστὸς ἀπέθανεν καὶ ἔζησεν, ἵνα καὶ νεκρῶν καὶ ζώντων κυριεύσῃ) nicht auf eine Richter-Tätigkeit Christi beziehen, die allerdings ohne solchen Kontext nahe liegen würde.

[49] Vgl. Röm 8,34; im Neuen Testament s. ferner Mt 7,22 f.; 10,32 f. par. Lk 12,8 f.; 1 Joh 2,1; Hebr 7,25; vgl. 2,17. – Dagegen wird die Wendung διὰ Χριστοῦ Ἰησοῦ in Röm 2,16 nicht auf das Gerichtshandeln Gottes, sondern auf das näher stehende paulinische »Evangelium« zu beziehen sein.

[50] Parr. Mt 16,24–29; Lk 9,23–27.

»Wer sich meiner Worte schämt in diesem ehebrecherischen und sündigen Geschlecht, dessen wird sich auch der Menschensohn schämen, wenn er in der Herrlichkeit seines Vaters kommt zusammen mit den Boten der Heiligen.«[51]

Das Sondergut-Stück Mt 13,41–43 enthält folgendes Jesuswort:

»Der Menschensohn wird seine Boten senden, und sie werden aus seinem Reich alles Anstößige sammeln und diejenigen, die Unrecht tun, und werden sie werfen in den Feuerofen. Dort wird Heulen und Zähneknirschen sein. Dann werden die Gerechten leuchten wie die Sonne im Königreich ihres Vaters.«[52]

Und Mt 19,28, vielleicht ein Q-Wort (vgl. Lk 22,30), formuliert:

»Jesus sprach zu ihnen: Amen ich sage euch: Ihr, die ihr mir folgt, werdet bei der Wiedergeburt, wenn der Menschensohn auf dem Thron seiner Herrlichkeit sitzt, auch auf zwölf Thronen sitzen und die zwölf Stämme Israels richten.«[53]

Diese Logien stellen eine enge Beziehung zwischen dem irdischen Jesus und dem endzeitlichen Menschensohn-Richter her, ohne direkt eine Identifikation auszusprechen.[54] Die Vorstellung scheint etwas zu schwanken zwischen einem allgemeinen Gericht und einem solchen nur über die Ungerechten.

Im Vergleich mit diesen Worten erscheint der wohl bekannteste Gerichtstext des Neuen Testaments, das so genannte Gleichnis vom Weltgericht in Mt 25,31–46, als Aufnahme, Entfaltung und Umgestaltung der Vorstellung vom endzeitlichen Gericht durch den Menschensohn: Die szenische Einführung mit dem Kommen des Menschensohns, das Auftreten mit seinen Boten, das Thronen, sind uns schon bekannt. Die Gerichtsszene wird jetzt aber sehr breit ausgemalt: Die Scheidung zwischen Gut und Böse ist schon zu Beginn der Verhandlung vollzogen; die Leser bzw. Hörer nehmen gewisser-

---

[51] Mk 8,38: ὃς γὰρ ἐὰν ἐπαισχυνθῇ με καὶ τοὺς ἐμοὺς λόγους ἐν τῇ γενεᾷ ταύτῃ τῇ μοιχαλίδι καὶ ἁμαρτωλῷ, καὶ ὁ υἱὸς τοῦ ἀνθρώπου ἐπαισχυνθήσεται αὐτόν, ὅταν ἔλθῃ ἐν τῇ δόξῃ τοῦ πατρὸς αὐτοῦ μετὰ τῶν ἀγγέλων τῶν ἁγίων. – Hier scheinen Menschensohn- und Gottessohn-Motivik verknüpft zu sein. Die Q-Parallele in Lk 12,8 f. arbeitet deutlich die Zeugen-Funktion des Menschensohns (diff. Mt 10,32: »ich« vor »meinem Vater«) vor dem Forum der Engel heraus.

[52] ἀποστελεῖ ὁ υἱὸς τοῦ ἀνθρώπου τοὺς ἀγγέλους αὐτοῦ, καὶ συλλέξουσιν ἐκ τῆς βασιλείας αὐτοῦ πάντα τὰ σκάνδαλα καὶ τοὺς ποιοῦντας τὴν ἀνομίαν καὶ βαλοῦσιν αὐτοὺς εἰς τὴν κάμινον τοῦ πυρός· ἐκεῖ ἔσται ὁ κλαυθμὸς καὶ ὁ βρυγμὸς τῶν ὀδόντων. τότε οἱ δίκαιοι ἐκλάμψουσιν ὡς ὁ ἥλιος ἐν τῇ βασιλείᾳ τοῦ πατρὸς αὐτῶν.

[53] ὁ δὲ Ἰησοῦς εἶπεν αὐτοῖς· ἀμὴν λέγω ὑμῖν ὅτι ὑμεῖς οἱ ἀκολουθήσαντές μοι ἐν τῇ παλιγγενεσίᾳ, ὅταν καθίσῃ ὁ υἱὸς τοῦ ἀνθρώπου ἐπὶ θρόνου δόξης αὐτοῦ, καθήσεσθε καὶ ὑμεῖς ἐπὶ δώδεκα θρόνους κρίνοντες τὰς δώδεκα φυλὰς τοῦ Ἰσραήλ.

[54] Vgl. auch Mt 16,27 diff. Mk 8,38.

maßen an der Urteilsbegründung teil. Und die vornehmliche Absicht des Textes ist es nicht, eine eschatologische Belehrung, sondern eine nachhaltige moralische Weisung zu geben. Eine Besonderheit, ja die eigentliche Pointe der Szene, ist schließlich, dass der Richter sich zugleich als Ankläger und Entlastungszeuge einbringt: »Was ihr diesen meinen geringsten Geschwistern getan habt, das habt ihr mir getan.«

Im Johannesevangelium wird das Verhältnis zwischen Gott und Jesus Christus als dem künftigen Richter genauer erläutert: Der Vater habe dem Sohn alles Gericht gegeben (5,22) und richte nicht selbst. Dies wird in 5,27 wiederholt und damit begründet, dass der Sohn der »Menschensohn« sei. Hier schimmert dieselbe Vorstellung durch, die insbesondere die synoptische Tradition prägt und die auf den traditionsgeschichtlichen Ursprung der Vorstellung von Jesus Christus als Richter weist: das Konzept des eschatologischen Menschensohns. Dieser ist auch sonst im vierten Evangelium erstaunlich präsent.[55]

Das Motivinventar insbesondere der synoptischen Texte gibt einen deutlichen Hinweis darauf, wo wir die Quelle der Vorstellung – und damit auch der Credo-Aussage – finden: Die Gestalt des kommenden Menschensohns, das Thronen, daneben auch die himmlischen Boten, die Rede vom Feuerofen und das Leuchten der Gerechten erinnern deutlich an das frühjüdische Danielbuch, und hier insbesondere an Kapitel 7. Dort wird, in Form eines Ich-Berichtes, ein Traum geschildert, dessen Höhepunkt in den Versen 9 bis 15 eine himmlische Thronszene bildet. Die beiden Gestalten, die in ihrem Mittelpunkt stehen, sind ein »Alter an Tagen«[56] und »jemand wie ein Menschensohn«,[57] der vor den Alten gebracht wird und von ihm die universale Herrschaft übertragen bekommt. Wir entdecken hier die Konstellation wieder, die wir aus den bisher betrachteten Texten schon kennen: das endzeitliche Beieinander von Gott und seinem Beauftragten im himmlischen Thronsaal.

Zweierlei ist freilich zu bemerken: 1. Die Bezeichnung »wie ein Menschensohn« ist in diesem Text des 2. Jh. v. Chr. vermutlich noch kein fester Titel und erklärt sich am besten aus dem literarischen Kontext, in dem u. a. von vier Tieren die Rede ist. Vor allem aber: Diese – eher numinose als menschliche – Gestalt wird weder als Sohn Gottes bezeichnet noch mit dem Messias identifiziert. 2. Das Gericht

---

[55] Vgl. Joh 1,51; 3,14 f.; 6,27.53.62; 8,28; 12,23.34; 13,31.
[56] 7,9; aram.: עתיק יומין; griech.: παλαιὸς ἡμερῶν.
[57] 7,13; aram.: כבר אנש; griech.: ὡς υἱὸς ἀνθρώπου.

ist offenbar die Aufgabe des »Alten an Tagen« oder vielleicht seines Hofstaats, aber nicht diejenige des Menschensohns.[58]

So gewiss es also intertextuelle Bezüge zwischen Dan 7 und den frühchristlichen Texten gibt, so scheinen doch Zwischenglieder zu fehlen: Das *missing link* würden Texte bilden, in denen eine zweite numinose oder messianische Gestalt neben Gott als endzeitlicher Richter auftritt. Solche Texte gibt es in der Tat. Ihre genauere Datierung, bisweilen jedoch auch eine zuverlässige Rekonstruktion ihres Wortlauts, stellen allerdings vor einige Probleme. Dies gilt etwa für den früher so genannten »Son of God«-Text[59] aus der vierten Höhle von Qumran, der nach seiner Publikation große Aufmerksamkeit auch in der neutestamentlichen Exegese gefunden hat. Das Manuskript 4Q246 wird aufgrund der Schriftform in das 1. Jh. v. Chr. datiert; als Entstehungszeit des aramäischen Textes nimmt man jedoch meist die Mitte des 2. Jh. v. Chr. an. In Kolumne II dieses Textes wird ein »Sohn Els« bzw. »Eljons« genannt. Nach einer Interpretation des z. T. schwer eindeutig entzifferbaren Textes wird diese göttliche oder messianische Gestalt das Gottesvolk und eine ewige Königsherrschaft aufrichten sowie als Richter wirken. Doch werden in der Forschung auch andere Lesarten und Interpretationen vorgeschlagen: So könnte der »Sohn Els« (oder jemand, der »El« genannt wird) auch ein frevlerischer Machtprätendent sein oder ein hasmonäischer Nachkomme Davids; und Herrschaft und Gericht könnten auch Aufgabe des von Gott wieder hergestellten Gottesvolkes selbst sein. Diese aramäischsprachige Apokalypse könnte also ein Zeugnis der Weiterentwicklung von Motiven sein, die wir aus Dan 7 kennen, aber sicher ist das keineswegs.

Viel eindeutiger ist das Zeugnis der sog. Bilderreden des 1. Henoch-Buches, eine ursprünglich selbstständige apokalyptische Schrift, die in drei Teilen von den kosmischen Reisen und Offenbarungen der aus Gen 5,21–24 bekannten, vorsintflutlichen Gestalt des Henoch erzählt. Die Datierung der Schrift ist umstritten; es gibt gute Gründe für

[58] Vgl. V. 26 f. – Ein Teil der griechischen Überlieferung (Papyrus 967; Ms. 88) identifiziert den Menschensohn in V. 13 mit dem »Alten an Tagen«; vgl. S. Beyerle, Die Gottesvorstellungen in der antik-jüdischen Apokalyptik, JSJ.S 103, Leiden 2005, 134 Anm. 307, sowie 174.

[59] Geläufiger ist jetzt die Bezeichnung »Aramaic Apocalypse«, in der einschlägigen Textausgabe in DJD wird der Text als »4QApocryphe de Daniel ar« betitelt; vgl. É. Puech, Apocryphe de Daniel ar, in: G. Brooke u. a. (Hg.), Qumran Cave 4. XVII Parabiblical Texts, Part 3, DJD XXII, Oxford 1996, 165–184. Puech selbst lehnt eine messianische Interpretation der Passage ab.

die Annahme, dass sie zwischen 40 v. Chr. und 70 n. Chr. entstanden ist.[60] Die ältere These, sie sei von Texten und Vorstellungen des frühesten Christentums schon beeinflusst, dürfte sich mit der gewachsenen Einsicht in die Vielgestaltigkeit des Judentums des Zweiten Tempels jedenfalls erledigt haben. In 1 Hen 46,1–4 tritt erstmals die Gestalt des »Menschensohnes« auf:

»Und ich sah dort (einen), der ein Haupt der Tage hatte und sein Haupt (war) wie Wolle so weiß, und bei ihm war ein anderer, dessen Gestalt wie das Aussehen eines Menschen (war), und sein Angesicht voller Güte wie (das) von einem heiligen Engel. Und ich fragte einen der Engel, den, der mit mir ging [...], wer er sei, woher er stamme (und) weshalb er zu dem Haupt der Tage ginge. Und er antwortete und sprach zu mir: Dies ist der Menschensohn, der die Gerechtigkeit hat und bei dem die Gerechtigkeit wohnt.«[61]

Der »Menschensohn« ist deutlich als himmlische Gestalt in Abhängigkeit zu Gott gezeichnet. In den dem Zitat folgenden Zeilen wird ausführlich über die künftige herrscherliche Stellung dieses Menschensohnes gesprochen. Die kontrafaktischen politischen Dimensionen des Textes sind nicht zu übersehen. Rezeptionsgeschichtlich handelt es sich deutlich erkennbar um eine Fortentwicklung der Szene aus Dan 7.

Diese Gestalt hat in den Bilderreden mehrere Bezeichnungen; in 48,10 und 52,4 wird sie ausdrücklich auch »Gesalbter« genannt. Und zu ihren Aufgaben zählt u. a. das Gericht über die Sünder, wie es schon in 38,3 heißt, aber auch das Gericht über Engel (55,4; 61,8 f.). In Kap. 62 wird das Gerichtsmotiv dann breit ausgeführt; die zu Richtenden, und das heißt hier: zu Verurteilenden, sind »Könige, Mächtige, Hohe und die, welche die Erde besitzen«. Es scheint so, als teilten sich Gott und der Menschensohn die Aufgabe: Dieser fällt die Entscheidung, jener verhängt die Strafe und veranlasst die Bestrafung der Sünder. Die Beurteilung der Gerechten ist dagegen nicht expliziter Bestandteil der Szene. Das Geschehen ereignet sich im Raum der Transzendenz, im Himmel.[62] Ganz zum Schluss der Bilderreden, in Kap. 71, wird Henoch sogar selbst mit dem Menschensohn identifi-

---

[60] Zur Diskussion vgl. den Überblick bei S. Uhlig, Das äthiopische Henochbuch, JSHRZ V/6, Gütersloh 1984, 574 f.; s. ferner z. B. D. Suter, Enoch in Sheol. Updating the Dating of the Book of Parables, in: G. Boccacini (Hg.), Enoch and the Messiah Son of Man. Revisiting the Book of Parables, Grand Rapids 2007, 415–433.

[61] Übersetzung S. Uhlig, Henochbuch (s. Anm. 60), 586 f.

[62] Zur Diskussion von 45,3; 61,8 f. und 62,3 vgl. E. Sjöberg, Der Menschensohn im äthiopischen Henochbuch, Lund 1946, 74–77.

ziert, doch handelt es sich vielleicht um einen Nachtrag. Man wird jedenfalls nicht sagen können, dass die drei Bilderreden von 1 Hen durchweg diese Identifikation meinen.

Das Motiv der Beteiligung einer anderen Gestalt an Gottes Gericht ist zwar in den Bilderreden besonders präsent, aber vielleicht nicht singulär. So wird nach Ansicht mancher Exegeten in der älteren *Exagoge Ezechiels*[63] Mose von Gott zum Regenten und Richter eingesetzt. Im sog. »Gebet Josephs«, einer frühjüdischen oder frühchristlichen Schrift aus dem 1. Jh. n. Chr., erscheint Jakob als Engelwesen mit exekutiver Funktion.[64] In diesen Texten tritt der direkte Einfluss von Dan 7 aber deutlich zurück. Und es wären Belege für die Rolle von Engeln als Vollstrecker des göttlichen Gerichts aus jüdischen Texten der Zeit des Zweiten Tempels anzuführen.

Auch in 4 Esr (wohl vom Ende des 1. Jh. n. Chr.) findet sich die Motivik aus Dan 7 wieder. Während nach 4 Esr 7 Gott selbst als Richter auftritt und der Sohn bzw. Knecht Gottes, der Messias (7,28 f.), als Zeuge und Ankläger fungiert (7,37), wird nach Kap. 13 die Menschengestalt aus dem Meer, die in V. 37 als Sohn (oder Knecht) Gottes identifiziert wird, u. a. selbst das Gericht durchführen.[65] In 12,32 wird diese Gestalt als »Gesalbter« (lat. *unctus*) und Nachkomme Davids identifiziert.

Diese wenigen Hinweise machen deutlich, wo die traditionsgeschichtliche Quelle[66] der Vorstellung des erhöhten Messias als Richter über Lebende und Tote zu finden ist: Der Befund deutet darauf hin, dass die Vorstellung primär mit der Rede vom erhöhten und wiederkommenden Menschensohn verknüpft war, sich aber in der frühchristlichen Tradition im 2. Jh. ganz von diesem Titel löste. Dass in der frühchristlichen Tradition vom »Kommen« des Richters zum

---

[63] Z. 68.71.74–76.85 f. = Fragmente 6 und 7, vgl. P. LANFRANCHI, *L'Exagoge* d'Ezéchiel le Tragique. Introduction, texte, traduction et commentaire, SVTP 21, Leiden/Boston 2006, 171; vgl. BEYERLE, Gottesvorstellungen (s. Anm. 58), 147 f. und dort die Anm. 348 genannten Exegeten.

[64] Fragment A 4–9, bei Or.comm. in Ioh. 2,31, § 188–190; ed. C. BLANC, Origène. Commentaire sur Saint Jean. Tome I (Livres I – V), SC 120, Paris 1966, 334.

[65] Den Textbefund diskutiert ausführlich BEYERLE, Gottesvorstellungen (s. Anm. 58), 142–144.

[66] Dies ist nicht so zu verstehen, als seien die zitierten jüdischen Texte und die in ihnen enthaltenen Motive Vorläufer oder Quelle der frühchristlichen Texte; vielmehr bilden die frühjüdischen und frühchristlichen Zeugnisse ein motivliches und diskursives Feld, das insgesamt von Dan 7 angeregt sein dürfte.

Gericht gesprochen wird, lässt sich ebenfalls aus der Vorstellung vom eschatologischen Menschensohn erklären. Möglicherweise – aber das kann im Rahmen dieses Aufsatzes nicht weiter untersucht werden – ist diese ihrerseits wiederum eine Umformung der Rede vom Kommen Gottes selbst zum Gericht.

4. Resümee

Es erwies sich, dass die untersuchte Zeile des Credos auf eine deutlich ältere feste Formulierung in frühchristlicher Tradition zurückgeht. Diese formelhafte Aussage begegnet in unterschiedlichen Kontexten und dient unterschiedlichen Funktionen. Mehrfach bildet sie mit weiteren Aussagen eine knappe Zusammenfassung der auf Christus, den Herrn bzw. den Sohn Gottes, bezogenen Glaubensinhalte. Insbesondere wird durch die Aussage und lexematisch und syntaktisch abweichende Sachparallelen die gottähnliche Würde des Messias herausgearbeitet, zumal in solchen Textzusammenhängen, in denen wechselweise vom Richten Gottes oder Christi gesprochen wird, oder in solchen, in denen beide gemeinsam im endzeitlichen Gericht handeln. M. a. W. auch vor der Einfügung in den zweiten Glaubensartikel kann die Wendung eine explizit christologische Funktion haben.

Die Aussage kann ausdrücklich mit der Vorstellung der (zweiten) Parusie Christi verknüpft werden, aber auch ohne den Verweis auf diese Erwartung begegnen. Die Rede von »den Lebenden und den Toten« schafft, soweit sie nicht einfach die Universalität des Gerichts betont, einen Ausgleich zwischen den am Gerichtstag noch Lebenden und den schon Verstorbenen, ein Problem, das im frühen Christentum früh zum Nachdenken über die Vereinbarkeit verschiedener eschatologischer Hoffnungen nötigte.

Die Pointe der Rede vom künftigen Gericht durch Christus besteht in den untersuchten Quellen nicht darin, dass Christus als Richter in einer Weise barmherzig oder gnädig ist, die eine Verurteilung ausschlösse. Es wird auch nirgends angedeutet, dass von Christus ein anderes Urteil zu erwarten wäre als von Gott – oder die gänzliche Enthaltung von einem Urteil. Allerdings ist die Gerichtsvorstellung in Texten der jüdischen Apokalyptik von der fundamentalen Unterscheidung von Sündern und Gerechten begleitet. Dies kann dazu führen, dass das Endgericht nicht als universales Gericht, sondern nur als Gericht über die Sünder verstanden wird. Die Vorstellungen vom universalen Gericht und partikularer Erwählung stehen in einer sachlogischen Spannung zueinander. Dies ist auch, vor allem textpragmatisch, in einigen der genannten frühchristlichen Belege wahrzunehmen, ohne dass damit aber explizit die Universalität und Endgültigkeit des Gerichts in Frage gestellt würden.

Gericht, Rechtfertigung und Heiligung in systematisch-theologischer Perspektive

Markus Mühling

1. Voraussetzungen

These 1: »Gott« bezeichnet ein ewiges und offenes Ereignis, das intern relationiert ist zwischen den Relaten oder Personen Vater, Sohn und Geist. Dem Sohn kommt dabei durch die Inkarnation eine doppelte Geschichte zu: Eine göttliche und eine menschliche Geschichte, die beide mit der Inkarnation unseparierbar verbunden sind. Personen haben keine Geschichten, sondern sind Geschichten. Zur personalen Identität des Sohnes gehören nach biblischem Zeugnis Sequenzen der Präexistenz, des status exinanitionis, *des Christus* praesens *und des eschatischen Christus. Aufgrund dieser narrativ unreduzierbaren Verbindung (die ja gerade im Apostolikum bezeugt wird), kann einerseits vom eschatischen Christus nichts gesagt werden, was sich nicht mit Kreuz und Auferweckung in dramatischer Kohärenz vereinen ließe. Andererseits ist dann auch das Leben Jesu mit Kreuz und Auferweckung erst von der Narration vom eschatischen Christus her wirklich erzählbar, was allerdings keine dem Menschen verfügbare Möglichkeit darstellt.*

Der Hintergrund der folgenden Überlegungen ist eine relational-narrative Ontologie auf Basis der Selbstpräsentation Gottes. D. h.: Gott bezeichnet in Ewigkeit eine trinitarische, interne Relationalität, die zudem prozesshaft zu verstehen ist. Gott kann als ewiges und daher wahrhaft offenes Ereignis verstanden werden oder – metaphorisch ausgedrückt – als »Liebesgeschichte«.[1]

Die Welt als Schöpfung erweist sich im Rahmen der relational-narrativen Ontologie ebenfalls als relationaler Ereigniszusammenhang, der mit prozessualen, narrativen Relationen unter dramatischer Kohärenz beschrieben werden kann. Integraler Bestandteil des Verhältnisses zwischen Gott und Welt bzw. des Narrativs[2] zwischen Gott

[1] Vgl. M. Mühling, Liebesgeschichte Gott. Systematische Theologie im Konzept, Göttingen 2013, 81–123.

[2] Ich unterscheide hier mit A. Koschorke, Wahrheit und Erfindung. Grundzüge einer Allgemeinen Erzähltheorie, Frankfurt a. M. 2012, Pos.

und Welt ist die Erzählung der Inkarnation, des Lebens und Geschicks des ewigen Logos, der zweiten Person der Trinität, und das heißt: diejenige dramatische Erzählung, in der Werk Christi und Person Christi untrennbar gleichursprünglich verbunden sind.

Das Heilswerk Christi verbindet Notwendigkeit und Kontingenz: Es ist selbst kein rein kontingentes Geschehen, insofern es nicht als rein zufälliges oder akzidentielles Geschehen im Verhältnis zwischen Gott und Welt verstanden werden kann, das nur als improvisierte Antwort auf den Fall des Menschen gesehen werden könnte. Es ist aber auch nicht von einer solchen Notwendigkeit, die ein übersteigertes supralapsarisches Verständnis der ewigen Erwählung voraussetzen würde, nach der alles, was in der Narration der Schöpfung geschieht, als ausagiertes Narrativ des ewigen Heilsratschlusses verstanden werden müsste.[3] Echte Kontingenz und Überraschung sind damit Kennzeichen nicht nur der Narration der Welt, sondern ebenso der Narration zwischen Gott und Welt. Metaphorisch ausgedrückt: Auch Gott ist nicht als »notwendig« zu verstehen, sondern letztlich »mehr als notwendig«.[4]

Ist es richtig, dass die klassische Zwei-Naturen-Lehre der Person Christi im Sinne einer Zwei-Relationen-Lehre[5] oder Lehre zweier Narrative reformuliert werden kann, die für die Identität der Person Christi – und damit ebenso für die Person des ewigen Sohnes wie auch für die trinitarischen Personen und damit für das narrative Sich-Ereignen-Gottes – konstitutiv sind, dann ist das soteriologische Geschehen

---

1094–1138, zwischen Narrativ und Narration, die sich wie das Allgemeine und das Besondere zueinander verhalten.

[3] Eine solche Übersteigerung dürfte insbesondere mit McCormacks Ansicht gegeben sein, die »*decision* for the covenant of grace is the ground of God's triunity and therefore of the eternal generation of the Son and the eternal procession of the Holy Spirit from the Father and the Son« (B. L. McCormack, Grace and Being. The Role of God's Gracious Election in Karl Barth's Theological Ontology, in: ders. [Hg.], Orthodox and Modern. Studies in the Theology of Karl Barth, Grand Rapids 2008, 183–200, 194). Mit dieser Behauptung scheint mir ein falsches Verständnis von Notwendigkeit und Kontingenz gegeben zu sein: Während Gottes Wesen selbst radikal kontingent erscheint in dem Sinne, dass Gottes voluntaristische Wahl vorgängig zu Gottes Sein wird, wird damit gleichzeitig dem welthaften Geschehen in Bezug zu Gottes Wahl Notwendigkeit zugesprochen.

[4] Vgl. zum Ausdruck E. Jüngel, Gott als Geheimnis der Welt, Tübingen 1980, 30, und zur Besprechung Mühling, Liebesgeschichte (s. Anm. 1), 153.

[5] Vgl. C. Schwöbel, Christology and Trinitarian Thought, in: ders. (Hg.), Trinitarian Theology Today, Edinburgh 1995, 113–146.

und das es inaugurierende eschatische Geschehen nicht einfach von Bedeutung für Welt und Mensch, sondern ebenso für die Personalität Christi und für das Wesen Gottes. Metaphorisch ausgedrückt: Mit dem Christusereignis gibt es »keine Menschenlosigkeit Gottes« mehr.[6]

Die Parusie Christi zum Gericht, die nicht den Abschluss, aber die Pointe des zweiten Narrativs des Apostolikums darstellt und die die Verbindung zum dritten Narrativ des Geistes bildet, ist damit nicht nur in ihrer Funktion für menschliches und kreatürliches Leben und Heil zu verstehen, sondern gehört zur Gotteslehre selbst.

Unhintergehbarer Bestandteil der Identitätsnarration Christi, die mit dem Narrativ des zweiten Artikels zusammengefasst ist, ist damit das Sein als Werden der Person des Sohnes, der zugleich der inkarnierte Mensch Jesus Christus ist, zu dessen Personsein im Werden sowohl seine Präexistenz, seine Existenz als Christus *praesens* als auch seine eschatische Existenz der Parusie – und damit seine Existenz als Richter – gehört.

Die narrative Identität Christi beinhaltet – durch die Unreduzierbarkeit der narrativen Verbindung von Präexistenz, *status exinanitionis*, Christus *praesens* und eschatischem Christus – nicht nur seine personale, sondern auch seine leibhafte Existenz. »Leibhaft« ist dabei nicht mit »materiell« gleichzusetzen, wenn auch Materialität – je nachdem wie diese definiert wird – ein notwendiger Bestandteil des Leibhaften sein kann. Grundlegend für den Leibbegriff ist vielmehr der Leib als Medium kommunikativen Von-einander-und-füreinander-Werdens.[7]

Dies bedeutet, dass sich einerseits über Parusie und Gericht nichts anderes sagen lässt, als was sich aus dem soteriologischen Kriterium ergibt: Leben, Kreuz und Auferweckung Christi bleiben Richtschnur für die Rede von Parusie und Gericht. Andererseits bedeutet dies aufgrund des Charakters von Personalität im Werden aber auch, dass das soteriologische Kreuzesereignis einen eschatischen Erwartungshorizont generiert, der für kontingente Überraschungen verfügbar bleibt. Kreuz und Auferstehung machen Parusie und Gericht nicht überflüssig, sondern sind gerade nur vor dem Hintergrund von Parusie

---

[6] So der Titel von Jüngels bekanntem Aufsatz E. Jüngel, … keine Menschenlosigkeit Gottes … Zur Theologie Karl Barths zwischen Theismus und Atheismus, EvTh 31 (1971), 376–394.

[7] Vgl. M. Mühling, Grundinformation Eschatologie. Systematische Theologie aus der Perspektive der Hoffnung, Göttingen 2007, 305, und M. Merleau-Ponty, Phänomenologie der Wahrnehmung, Berlin 1966, 117.

und Gericht zu verstehen. Narratologisch ausgedrückt: Das Narrativ von Kreuz und Auferstehung ist konstitutiv mit dem von Parusie und Gericht verbunden und zwar so, dass dieses christologische Narrativ – im Gegensatz zu allen anderen sozialen Narrativen – keine Schematisierung[8] zulässt und damit rein kreatürlichem Erzählen (oder Begreifen) dauerhaft unverfügbar bleibt, wiewohl kreatürliches Erzählen (durch das konkarnierende[9]) Handeln des Geistes einbezogen werden kann und faktisch wird.

2. Probleme sanktionistischer Gerichtsvorstellungen

These 2: Sanktionistische Gerichtsvorstellungen, die sich auf die vergangene Geschichte einer Person beziehen und diese bewerten (in der Regel durch einen doppelten Gerichtsausgang) sind abzulehnen, u. a. weil sie die intern-relationierte Verfassung des Personseins verkennen. Die Möglichkeit, der Narration des Gerichts gegenüber anderen narrativen Sequenzen keine tragende Funktion zuzuweisen, würde die Narration des Evangeliums als ganze drastisch verändern, so dass auch dieser Weg nicht gangbar ist.

Theologische Konstruktionen des Gerichts als Sanktionsinstanz[10] über kreatürlich-gelebte Lebensgeschichten sind – unbeschadet ihrer

[8] Koschorke, Wahrheit (s. Anm. 2), Pos. 353–506, betrachtet Schemabildung und damit Komplexitätsreduktion im Sinne der Systemtheorie für wesentlich im Rahmen seiner allgemeinen Erzähltheorie. Will man – im Unterschied zu Koschorke – die Kultur-Natur-Distinktion verlassen und tatsächlich zu einer narrativen Ontologie vordringen, wird man den Gedanken nichtschematischer Narrationen zulassen müssen.

[9] Ich verwende den Terminus »Konkarnation«, um folgende Sachverhalte auszudrücken: 1. Die Rolle des Geistes in den *missiones* als Mit-Sein mit Christus und Mit-Sein mit den Geschöpfen entspricht seiner innertrinitarischen Rolle als *con-dilectus* (Mitgeliebter). 2. Im Unterschied zur Inkarnation des Sohnes, die eine raumzeitliche Lokalisation bedeutet, ist das Handeln des Geistes stets als »mit dem Fleisch« seiend zu bezeichnen, nicht aber als »in dem Fleisch seiend«. Dadurch wird einer eindeutigen raumzeitlichen Lokation des Geistes in bestimmten Ereignissen widersprochen. 3. Die Konkarnation des Geistes bewirkt die Präsenz des inkarnierten Christus. Vgl. dazu Mühling, Liebesgeschichte (s. Anm. 1), 372–391.

[10] Gemeint sind damit die üblichen Vorstellungen des Gerichtsausganges wie doppelter Ausgang mit Annihilation, doppelter Ausgang ohne Annihilation, Allversöhnung, Fegefeuer, Höllensabbat, vgl. Mühling, Eschatologie (s. Anm. 7), 263–282.

Häufigkeit in der theologischen Tradition – mit der Schwierigkeit behaftet, dass sie allesamt nicht mit dem soteriologischen Kriterium in dramatischer Kohärenz vereinbar sind. Denn alle diese Formen verkennen die schöpferische Bedeutung der Liebe des Kreuzes. Sie überbewerten die soteriologische Macht des Menschen und damit grundsätzlich das Verständnis des Menschwerdens. Und sie verkennen grundsätzlich die intern-relationale Verschränkung menschlicher Existenz.[11]

Vor dem Hintergrund aller sanktionistischen Gerichtsverständnisse erscheinen theologiegeschichtliche Tendenzen, die der traditionellen Eschatologie und dem Abschluss des zweiten Artikels nur akzidentiellen Gehalt zuweisen,[12] zunächst vordergründig als Erleichterung, weil damit der scheinbare Widerspruch zwischen Kreuz und Gericht, zwischen Gnade und Werken, zwischen *opus dei* und *opus hominum* beseitigt scheint. Auf den zweiten Blick erweisen sich diese Marginalisierungstendenzen innerhalb der Theologiegeschichte aber als verheerend: Sie sind mit einer narrativen Ontologie und Erfassung des Christlichen nicht vereinbar, denn sie lösen die Narrationen in grob schematische Narrative auf oder schaffen begriffliche Rekonstruktionen – und damit ebenso begriffliche Ausschlüsse: Wer einen Begriff bildet, bildet immer auch dessen Verneinung. Sie schreiben Begriffen – und damit der Lehre – eine Prävalenz gegenüber Narrationen zu. Damit begeben sie sich aber in die Gefahr eines prinzipiellen Marcionitismus: Sie stellen die eigenen rationalen und begrifflichen Fähigkeiten, die sich immer unter dem *lumen naturale* und bestenfalls unter dem *lumen gratiae*, nie aber unter dem *lumen gloriae* vollziehen, über die Narration des Evangeliums und berauben diese damit ihrer konstitutiven Funktion. Der bessere Wissenschaftler wird somit auch der bessere Christ. Mit der Marginalisierung von Parusie und Gericht wird das Narrativ des Kreuzes grundsätzlich verändert. Gnade erscheint nun bestenfalls als protologische Konstante und das Rechtfertigungsurteil wird zum analytischen Urteil: Der Sünder ist immer schon der Gerechte. Die Versöhnung besteht primär in einer Berich-

---

[11] S. u. zum Personbegriff.

[12] Dies ist m. E. z. B. bei Schleiermachers Rede von der Parusie als »prophetischem Lehrstück« und seiner Reinterpretation der Parusie als Vollendung der Kirche der Fall, vgl. F. Schleiermacher, Der christliche Glaube. Nach den Grundsätzen der evangelischen Kirche im Zusammenhange dargestellt, Berlin ^{7}1960, § 157, 408–410; § 159, 420.

tigung eines Irrtums über einen unveränderlichen Sachverhalt.[13] Damit wird aber auch die Sünde auf gefährliche Weise entdramatisiert, entradikalisiert und nimmt den Charakter einer entkontingentisierten anthropologischen Konstante an. Ob damit den vielfältigen Leid- und Sündenerfahrungen tatsächlich Rechnung getragen werden kann, darf aber bezweifelt werden. Eine Lösungsmöglichkeit, die ich vorschlagen möchte, besteht darin, das eschatische Gericht selbst als Prozess der Konstitution menschlicher Personalität zu verstehen. Um diesen Gedanken gewinnen zu können, ist es zunächst nötig, das Gericht als Ausdruck des nötigen Transformationsprozesses von der Narration im Hier und Jetzt in die Narration der eschatischen Realität zu verstehen.

These 3: Das Gericht kann sowohl als Konstitutionsprozess geschöpflicher Personen als auch als Transformationsprozess betrachtet werden. Da die zweite Vorstellung die gängigere ist, sei ihr in der Darstellung der Vorzug gegeben. Das Ziel des Gerichts ist im Rahmen von Transformationsvorstellungen die Überführung von ethischen in ästhetische Differenzen: Die eschatische Realität ist vollkommen gut zu denken; allerdings sind in ihr selbst ästhetische Differenzen möglich. Gegenstände des Gerichts scheinen Personen in Beziehung zu ihrer Welt zu sein.

Das Ziel des Gerichts ist die Konstitution der eschatischen, d. h. letztgültigen Realität, die in ethischer Hinsicht nur gut und nichts als gut sein kann. Wenn aber nun die Welt durch ihren Lauf im Hier und Jetzt einen Beitrag zur eschatischen Realität leisten soll, kann dieser Beitrag nicht in der Güte bestehen, da dies der Rechtfertigungs- und Schöpfungslehre widersprechen würde. Der Beitrag kann aber in spezifischer Schönheit bestehen. An sich sind mehrere eschatische Realitäten denkbar, die gleich gut sind, aber sich in ihrer ästhetischen Gestalt unterscheiden. Das Gericht kann dann als letzte Handlung Gottes an der Welt verstanden werden, das alle verbleibenden ethischen Differenzen – d. h. jedes Mehr oder Weniger an Güte – restlos in Güte überführt, allerdings dergestalt, dass diese ethischen Differenzen für die Gestalt der eschatischen Identität weiterhin eine positive Rolle spielen, weil sie in ästhetische Differenzen durch göttliches Handeln

---

[13] Vgl. zu dieser von Kähler vorgetragenen Kritik, M. MÜHLING, Versöhnendes Handeln – Handeln in Versöhnung. Gottes Opfer an die Menschen, Göttingen 2005, 96.

transformiert werden. Das Ziel des Gerichts ist damit präzise die Überführung ethischer Differenzen in ästhetische Differenzen.[14] Dies bedeutet auch, dem göttlichen Gerichtshandeln zuzutrauen, dass Böses nicht einfach ausgemerzt, vernichtet oder durch eine eschatische Strafe verewigt wird, sondern dass es in Gutes transformiert werden kann dergestalt, dass es nun, als überwundenes, einen Beitrag zur nicht vorhersehbaren ästhetischen Gestalt der eschatischen Realität zu leisten vermag.

Ein weiterer wichtiger Aspekt besteht in der Frage nach den *Gegenständen* des zu Richtenden und im *Kriterium* des Gerichts. Im Rahmen der problematischen Lehre der klassischen Ausgänge des Gerichts in Form der Bildung einer vollständigen Disjunktion zwischen doppeltem Ausgang und Allversöhnung besteht der Fehler darin, dass hier als Gerichtsgegenstand faktisch ein individualistisch-atomistisches Personverständnis angenommen wird. D. h. es wird davon ausgegangen, dass die individuelle Lebensgeschichte einer Person, insbesondere ihre aktiven Taten, ihre von anderen separierbare Person konstituieren würde, und dass diese separierbare Geschichte Gegenstand des Gerichts sein könnte. Die Gleichsetzung einer Person mit den Taten ihrer vergangenen Lebensgeschichte kann dann bei einer positiven Suche *letztlich* nicht Gerichtsgegenstand sein, in welcher Form auch immer. Doch was ist dann positiv als Gegenstand des Gerichts anzunehmen? Gegenstand des Gerichts ist die geschaffene Welt, wobei die personale Welt von besonderem Interesse ist. Was aber ist eine Person?

3. Geschaffene Personen

These 4: Geschaffene Personen sind partikulare und narrative Voneinander-und-Füreinander-Werdende, die durch das Gericht konstituiert werden, gegenwärtig im Vertrauen oder Misstrauen auf die Verheißung des Evangeliums leben und dabei ein reflexives Selbstverhältnis in einer selbstverschlossenen oder selbsterschlossenen Weise besitzen.

---

[14] Vgl. M. Mühling, Why does the risen Christ have Scars? Why God did not immediately create the Eschaton: Goodness, Truth and Beauty, IJSTh 6 (2004), 185–193.

Als *Resonanzen*[15] *göttlicher Personalität* sind auch Menschen Personen – in einem abgeleiteten und imperfekten Sinne. Von einem personalen Gott zu sprechen bedeutet in christlicher Perspektive also nicht, sich einer anthropomorphen Redeweise zu bedienen, sondern Menschen und möglicherweise andere nicht-menschliche geschaffene Personen theomorph zu verstehen.

(1) Wenn geschaffene Personen als *Voneinander-und-Füreinander-Werdende* (*existentiae*[16]) bezeichnet werden, so ist damit gemeint, dass eine aktuale individuelle Person nicht denkbar ist. Personal zu sein bedeutet, immer in konstitutiven Relationen zu Anderen (und zu sich selbst) zu stehen. Sowohl in Beziehung zur eigenen Identität als auch zur ontischen Konstitution von Personalität ist personale Relationalität nicht akzidentiell, sondern gehört zum menschlichen Sein wesentlich dazu. Daher sind individualistische Menschenverständnisse, nach denen reziproke Sozialität als sekundär oder nur zufällig menschlich erscheint, wie sie z. B. in den unterschiedlichen Spielarten von sozialen Vertragstheorien vertreten werden,[17] illusionär.

(2) Geschaffene Personen sind *narrative* oder *ereignishafte* Entitäten. Sie sind nicht statisch, sondern besitzen irreduzibel narrative Prozesse und Geschichten. Personen sind nur narrativ[18] zu verstehen. Nach einem Vorschlag von Tim Ingold kann diese Tatsache am besten dadurch ausgedrückt werden, dass man vom Menschen im Englischen nicht als *human being*, sondern als *human becoming* spricht bzw. dass man »menschen« primär als Verb, nicht als Substantiv versteht[19] (ich werde von x für y gemenscht und mensche, du wirst von x für

[15] Vgl. zum folgenden Abschnitt auch M. Mühling, Resonances: Neurobiology, Evolution and Theology. Evolutionary Niche Construction, the Ecological Brain and Relational-Narrative Theology, Göttingen / Bristol, CT, 2014, 180–189.

[16] Vgl. R. von St. Victor, De Trinitate, Paris 1958, 4,12.

[17] Zum Individualismus und zur Sozialkontrakttheorie vgl. M. Mühling, Systematische Theologie: Ethik. Eine christliche Theorie vorzuziehenden Handelns, Göttingen 2012, 208–213.

[18] Vgl. z. B. S. Hauerwas, A Community of Character. Toward a Constructive Christian Social Ethic, Notre Dame 1981, 91.

[19] Vgl. T. Ingold, Becoming Persons. Consciousness and Sociality in Human Evolution, Cultural Dynamics 4 (1991), 355–378; ders., To Human is a Verb, in: A. Fuentes / A. Visala (Hg.), Verbs, Bones and Brains. Interdisciplinary Perspectives on Human Nature, Notre Dame 2015, forthcoming; A. Fuentes, Blurring the Biological and Social in Human Becomings, in: T. Ingold / G. Palsson (Hg.), Biosocial Becomings. Integrating Social and Biological Anthropology, Cambridge 2013, 42–58.

y gemenscht und menschst, er/sie/es wird von x für y gemenscht und menscht, wir werden von x für y gemenscht und menschen, ihr werdet von x für y gemenscht und menscht, sie werden von x für y gemenscht und menschen). Dieses »menschen« bezeichnet eine Aktivität auf Grundlage gegebener Rezeptivität. Insoweit dieses Aktivität evozierende, passive Eingebundensein in narrative Geschichten aus einer multiplen Serie von ineinander verschränkten Ereignissen besteht, die in einer *spatio*-temporalen Welt stattfinden, gehört auch das apersonale oder vorpersonale Reich – das, was man Natur nennen mag – konstitutiv zum geschaffenen Personsein dazu. Eine geschaffene Person existiert also *a priori* innerhalb von gegebenen Relationen zur präpersonalen Welt. Sie sind Teil einer Geschichte, die gleichzeitig die Geschichte der Natur ist. Geschaffene Personen sind immer leiblich. Auch geschaffene Personen sind also nicht einfach Seiende, sondern Werdende, wenn auch in anderem Sinne als die göttlichen Personen. Die Bezeichnung der geschaffenen Person als Voneinander-und-Füreinander-Werdendes resoniert dabei mit gegenwärtigen Erkenntnissen sowohl aus der biologischen Anthropologie als auch aus der Sozialanthropologie, wo die Rede von Menschen als *human becomings* der von *human beings* vorgezogen wird.[20]

(3) Geschaffene Personen sind immer *auch auf sich selbst bezogen* durch ihre Selbstbewusstheit. Es ist nicht nur der Fall, dass geschaffene Personen ihre Geschichte in einer Weise erleben, die konstitutiv in das präpersonale Reich eingebunden ist, sie erfahren auch ihre eigene Erfahrung ihrer Geschichte. Daher sind geschaffene Personen immer reflexiv selbstrelationiert.

(4) Personen sind *partikular*. In der Geschichte des Personbegriffs wird die Frage, was eine bestimmte Person in ihrer Unterschiedenheit zu anderen Personen ausmacht, die Frage nach dem Problem der Individuation genannt. Für unsere Zwecke mag es hier genügen, dass diese Unterschiedenheit, Partikularität oder Individualität *nicht vorausgesetzt* werden kann als ein Aspekt, der dem Voneinander-und-Füreinander-Werden der Person vorgängig sein könnte. Vielmehr ist die Besonderheit der Person exakt durch und in diesem Voneinander-und-Füreinander-Werden[21] konstituiert. Individualität ist also nicht eine subsistente Eigenschaft personalen Seins, sondern wird im Akt ihres narrativ-kommunikativen Seins konstituiert.

---

[20] Vgl. die Angaben aus der vorherigen Fußnote.

[21] Vgl. für eine intensivere Besprechung des Personbegriffs MÜHLING, Ethik (s. Anm. 17), 236–261.

(5) Insofern menschliche Personen Geschöpfe sind, sind *drei Arten von Relationen* konstitutiv für menschliches Personsein: Die Selbstbeziehung, die Beziehung zum Präpersonalen und die Beziehung zu anderen Personen. Diese Beziehungen sind nicht primär aktiv, sondern sie müssen zunächst im Sinne von passiver Bezogenheit oder Gegebenheit verstanden werden. Während es zwar möglich ist, zu bestreiten, dass man durch diese Relationen konstituiert ist, kann die aktuale, reziprok konstitutive Existenz dieser Relationen nicht bestritten werden. Dieses Beziehungsgeflecht als Ganzes ist ferner seinerseits abhängig: Es muss eine hinreichende Bedingung für seine Existenz gegeben sein und es muss eine notwendige Bedingung für seinen Erhalt bestehen.[22] Insofern dieses Verständnis des Personseins göttliches Schaffen voraussetzt, können also die notwendigen und hinreichenden Bedingungen für seine Existenz und Andauer nicht als ausschließlich in diesem Relationsgefüge selbst begründet verstanden oder mit diesem identifiziert gedacht werden.

(6) Wäre eine geschaffene Person sich vollständig bewusst, dass ihre Abhängigkeit vom dreifachen reziproken Relationsgefüge vollständig konstitutiv für ihre personale Selbsterschlossenheit wäre, dann wäre diese Person, hypothetisch gesprochen, schon im Zustand vollendeter Perfektion. Faktisch können Personen im Hier und Jetzt aber immer diese Beziehungen, die konstitutiv für ihre Existenz sind, bestreiten und faktisch tun sie genau dies. Die vorletztgültige personale Selbstbeziehung muss daher immer unter der Bedingung von Selbstverschlossenheit verstanden werden, womit eine Beschreibung dessen gemeint ist, was sich sonst Sünde nennt. Geschaffene Personen sind daher in Bezug zu ihrem tatsächlichen relationalen Beziehungsgefüge *ver-rückt*: ver-rückt in Bezug auf sich selbst, in Bezug zur präpersonalen Umwelt und zu anderen Personen. Die Heilung von diesem Zustand sündhafter Selbst*ver*schlossenheit hin zu einem Zustand von Selbst*er*schlossenheit, die gleichzeitig die Zurechtrückung des Beziehungsgefüges als Ganzes bedeutet, kann nur durch die selbsterschließende Gegenwart der Bedingung der Möglichkeit wahren geschaffenen Personseins erfolgen. M. a. W.: Es ist Gottes wirksame Selbstpräsentation in Jesus Christus und die Gegenwart des Heiligen Geistes, die die Zurechtrückung des ver-rückten Beziehungsgefüges

[22] Vgl. E. Wölfel, Welt als Schöpfung. Zu den Fundamentalsätzen der christlichen Schöpfungslehre heute, München 1981, 26–35.

bedeutet und damit die Rückkehr der geschaffenen Person an den sie konstituierenden Platz innerhalb dieses Beziehungsgefüges.

(7) Als Ergebnis mag man sagen: Geschaffenes Personsein ist immer *Personsein im Werden* und zwar in zweifacher Hinsicht: 1. insofern gegenwärtiges Personwerden auf dem Weg der Vollendung ist; 2. insofern aber diese Vollendung nicht als Endpunkt eines Prozesses zu verstehen ist, sondern selbst als neuer, aber unzweideutiger Prozess des Werdens zu verstehen ist. M.a.W.: Geschaffene Personen sind immer, wie noch genauer zu sehen sein wird, retrospektiv durch das Gericht konstituiert und sie erhalten ihre eigentliche Selbsterschlossenheit passiv.

(8) Geschaffene Personen sind sich ihrer Personalität während des Verlaufs der Narration ihrer Leben (oft) bewusst, indem sie auf das treue Versprechen des Evangeliums *vertrauen*, das nichts anderes als der Zuspruch des Urteils des Gerichts ist, das hier als Vollendung desjenigen Prozesses verstanden werden kann, der durch den dreieinigen Gott inauguriert ist und der geschaffenes Personsein konstituiert. Menschliche Personen sind nach Luther im Hier und Jetzt also nicht aktual und wirklich, sondern nur Potentialitäten zu ihrer eschatischen Verwirklichung durch das Handeln Gottes.[23] Auch davon wird noch zu sprechen sein.

---

[23] So M. Luther, D. Martin Luthers Werke (WA), Weimar u.a. 1883–2009, 56, 371,1–6: *Quia philosophi oculum ita in presentiam rerum immergunt, vt solum quidditates et qualitates earum speculentur, Apostolus autem oculos nostros reuocat ab intuitu rerum praesentium, ab essentia et accidentibus earum, et dirigit in eas, secundum quod futurae sunt* – »Die Philosophen versenken das Auge so in die Gegenwart der Dinge, dass sie allein deren Wahrheit und Qualität erblicken, der Apostel aber ruft unsere Augen ab vom Blick auf die gegenwärtigen Dinge, von der Essenz und ihren Akzidentien, und lenkt sie auf das, was sie nach dem Zukünftigen wirklich sind«; und WA 39/I, 177,3–5: *Quare homo huius vitae est pura materia Dei ad futurae formae suae vitam. Sicut et tota creatura, nunc subiecta vanitati, materia Deo est ad gloriosam futuram suam formam* – »Daher ist der Mensch dieses Lebens Gottes reine Materie zu dem Leben seiner zukünftigen Gestalt. Gleichwie auch die ganze Schöpfung, die nun der Leere unterworfen ist, mögliche Materie für Gott ist zu seiner zukünftigen ruhmvollen Gestalt«. Zu Luthers Eschatologie vgl. M. Mühling, Eschatologie, Das Luther-Lexikon 2014, 199–204, und M. Mühling, Geschichte/Geschichtsauffassung, Das Luther-Lexikon 2014, 250–252.

4. Vom Gericht als Transformationsprozess zum Gericht als Konstitutionsprozess

These 5: Aufgrund des Versöhnungshandelns in der doppelten Hingabe des Sohnes und des Geistes ist Gott eine Trennung von Sünder und Sünde und das heißt eine Trennung von Person und ihrer gegenwärtigen Geschichte möglich. Da aber eine Person außer ihrer Geschichte nichts ist, bedeutet dies die Unterscheidung von der Person in ihrer Geschichte »nach« dem Gericht und in ihrer Geschichte »vor« dem Gericht. Eine Person ist also wesentlich das, was Gott aus ihr machen wird, während in der Gegenwart einer Person ihr Personsein nur promissiv verfügbar ist. Die Gegenwart menschlicher Personen ist ihre Potentialität, ihr eschatisches Werden und ihre Aktualität.

Geschaffene Personen stellen, weil sie Absichten verfolgen können, bestimmte, narrativ ausdrückbare Selbstansprüche, wer sie mit diesen Handlungen sein wollen, die in Interaktion von anderen Personen akzeptiert oder zurückgewiesen werden. Im Selbstanspruch geschaffener Personen bedeutet dies, dass sie – fälschlich – ihr Tun und Erleiden als konstitutiv für ihre Personalität betrachten. Es entspricht dabei der Ernstnahme geschaffener Personen von Seiten Gottes, dass auch im Urteil Gottes dieser Selbstanspruch kreatürlicher Personen ernst genommen werden muss, so dass *prima facie* auch im Urteil Gottes eine Person mit ihrer Lebensgeschichte, mit dem, was sie tut oder erleidet, identifiziert werden muss. Diese Ernstnahme der Selbstansprüche durch Gott führt nun gerade zum Zorn[24] Gottes über den Sünder als Ausdruck der verletzten, identitätskonstitutiven Liebe. Dieser Zorn bringt aber nicht die Vernichtung des Sünders, sondern das Zurechtbringungswerk Gottes in der doppelten Hingabe[25] des Sohnes und des Geistes in Kreuz und Auferweckung hervor, so dass ein Urteil Gottes über den Sünder möglich ist, mit der Folge, dass der Personbegriff nicht nur streng relational, sondern auch eschatologisch verstanden werden muss: Weil Gott aufgrund des soteriologischen Doppelopfers von Sohn und Geist im eschatischen Urteil zwischen Sünder und

[24] Zur Rede vom Zorn Gottes als integralem Bestandteil seiner Liebe und als integralem Bestandteil verletzter Liebesbeziehungen überhaupt, der entweder zum Abbruch von Liebesbeziehungen oder zu deren veränderter Regelgabe führt vgl. S. Volkmann, Der Zorn Gottes. Studien zur Rede vom Zorn Gottes in der evangelischen Theologie, Marburg 2004.

[25] Vgl. Mühling, Handeln (s. Anm. 13), 325–334.

Sünde unterscheiden kann, indem die Person des Sünders nun das ist, was Gott eschatisch (einschließlich des Gerichts) *aus ihr machen wird*, kann die Person nicht mehr mit ihren Werken identifiziert werden und nicht mehr mit dem, was sie von anderen Personen erleidet, *sondern die Person ist primär das, was sie in der eschatischen Ewigkeit von Gott erleidet*. Dabei sind auch das Tun und Erleiden der Person in ihrem welthaften Beziehungsgefüge positiv berücksichtigt – und zwar im Gericht. Das Gericht ist damit kein Mittel, das mit dem Personbegriff konfligieren würde, sondern der Transformationsprozess des Gerichts ist konstitutiv für die Person: Für die eschatische Person, aber auch für die Person im Hier und Jetzt, weil die Person im Hier und Jetzt nichts anderes ist als der Zuspruch dessen, was sie sein wird. Der eschatische Transformationsprozess des Gerichts ist damit nichts anderes als der Konstitutionsprozess der geschöpflichen Person. Das Endgericht ist damit Schöpfung, nicht aber Neuschöpfung im strikten Sinne des Wortes.

Aus alldem folgt, dass im Gericht nichts anderes geschehen kann, als was in Kreuz und Auferweckung Christi geschieht. Das Gericht kann über die »Werke« erfolgen, ohne dass damit eine semipelagianische Tendenz gelehrt wäre, weil das Gericht primär im Kreuz Christi geschieht.

Konrad Stock versteht unter dem Zorn Gottes »die Empörung und Verwundung Gottes durch diese [...] Erfahrung menschlicher Geschichte«,[26] d. h. die Verwundung Gottes angesichts menschlicher miteinander verwobener Lebensgeschichten, die nicht mit der Doppelregel der Liebe konkordant sind. Das Kreuz kann dann als die Hingabe Gottes an die Menschen gedeutet werden, in der das Ausmaß der Sündenfolge tatsächlich offenbar wird: Sünde ist nicht nur Selbstverletzung, sondern auch der Versuch des Gottesmordes. Dabei wird Gott tatsächlich verletzt, aber die Auferweckung Christi durch die Hingabe des Geistes an die Menschen zeigt, dass letztlich die Liebe, die Gott ist, stärker ist. Mit Stock können wir daher aus der Mitte des Versöhnungsgeschehens das Gericht definieren: »›Gericht‹ ist der Ausdruck für die menschliche Erfahrung jener Erfahrung, der Gott sich [am Kreuz] ausgesetzt sah.«[27] Daraus folgt nach Stock weiter:

> »[D]as ›Gericht‹ besteht entsprechend darin, daß Gott das ganze Ausmaß und die ganze Tiefe fremden Leidens, das Menschen in der tätigen Realisierung

---

[26] K. Stock, Gott der Richter. Der Gerichtsgedanke als Horizont der Rechtfertigungslehre, EvTh 40 (1980), 240–256, 251 f.

[27] A. a. O., 252.

ihrer Zwecke bewirkt und mitbewirkt haben –, daß er den Schmerzensschrei menschlicher Leidensgeschichte offenbart und aus aller Verdrängung und aller Abwehr in Erinnerung und zu Bewußtsein bringt. Das Gericht ist die Metapher für die definitive Situation, in der Gott den Menschen mit seiner Lebensgeschichte konfrontiert und ihn auf ihre Wirkungen endgültig festlegt und ihn so mit ihr identifiziert. [...] Ich verstand das Gericht als die Metapher für das Aufleben der menschlichen Lebensgeschichte in Gottes eschatologischer Gegenwart, in der sie, durch Gott mit sich konfrontiert und auf ihre Wirkungen festgelegt, die Erfahrung der Verwundung Gottes und des Leidens der anderen machen müßte. Dieser Situation *kommt Gott im Sterben Jesu Christi zuvor*. [...] Das Kreuz Jesu Christi [...] ist diejenige Form des göttlichen Widerstandes und Widerwillens gegen die Macht des Bösen, die die menschliche Lebensgeschichte von dem *ihr eigenen Unheil* schöpferisch unterscheidet und von dem *ihr eigenen Unheil* freispricht.«[28]

Für den Gegenstand des Gerichts können wir daraus ableiten, dass sowohl die geschöpfliche Person als auch ihre Werke auf unproblematische Weise Gegenstände des Gerichts werden können, insofern beziehungshafte Ereignisse Gegenstände des Gerichts sind, denn beides – die Person und ihre Taten – sind Variationen von beziehungshaften Ereignissen. Personen sind die Schnittmenge der sie konstituierenden Ereignisse, aber innerhalb des mannigfachen Beziehungsgefüges einer Person kommt der Gottesbeziehung eine bestimmende Funktion zu, die immer schon die Beziehung des Gottes ist, der am Kreuz die Sünde auf sich genommen hat. Das Gericht ist nichts anderes als die Anwendung dieses Wahrheitskriteriums des Kreuzes. Dabei können geschöpfliche Personen gerade deswegen nicht vernichtet werden, weil sie erst eschatisch durch Kreuz, Auferstehung und Gericht geschaffen werden und dieses Urteil retrokausal den im Hier und Jetzt lebenden Menschen zugesprochen wird, wodurch sie promissiv zu Personen werden.

These 6: Ist das eschatische Gericht der Konstitutionsort der geschaffenen Person, kann es aus göttlicher Perspektive keine doppelte Verwerfung geben. Aus der menschlichen Perspektive der Gegenwart kann allerdings keine Allversöhnung angenommen werden, weil es sein kann, dass die durch das Gericht zugesprochene Identität der Person den eigenen Selbstansprüchen der Person widerspricht, so dass das Gericht als äußert schmerzhaft und als Verwerfung falscher und gelebter Selbstansprüche verstanden werden kann.

[28] A. a. O., 252 f. 255 f.

Da das Gericht damit selbst konstitutiv für die Identität einer Person ist, gibt es aus dieser Perspektive Gottes u.U. tatsächlich so etwas wie eine Allversöhnung: Wenn die eschatische Konfrontation von geschöpflichem mit göttlichem Handeln erst geschöpfliche Personen hervorbringt, vernichtet Gott keine der Personen, die er geschaffen hat. Aus der nichteschatischen Perspektive des Hier und Jetzt bedeutet das Gericht für den einzelnen Menschen aber keine Allversöhnung: Ein einzelner Mensch weiß nicht, welche seiner Identitätsansprüche im Gericht, d.h. im eigentlichen Konstitutionsprozess seiner Person, überleben werden und welche Elemente seines Beziehungsgefüges von ethischen in ästhetische Differenzen überführt werden. Und dieser Transformationsprozess ist selbst als schmerzhaft zu bezeichnen: Für die Person, die gerichtet wird, für die Personen, die mit ihr auf die eine oder andere Weise in Beziehung standen und für Gott als Richtenden selbst.

These 7: Richtender ist nicht nur Gott in Christus. Auch die geschaffenen Personen, die gerichtet werden, sind durch den Beistand des Geistes selbst Richtende.

Eine weitere wichtige Frage besteht darin, wer eigentlich *die Subjekte des Gerichts, d.h. der oder die Richtenden* sind. Oft geht man stillschweigend davon aus, dass Gott der Richtende ist. Das ist an sich nicht selbstverständlich. Im biblischen Material werden sowohl Gott (2 Thess 1,5; 1 Kor5,13; Röm 2,3; 3,6; 14,10; Mt 10,28 par.; Mt 6,4–18) als auch Christus (Mt 25,31–46; 7,22f.; 13,36–43; Lk 13,25–27; 1 Thess 4,6; 1 Kor 4,4f.; 11,32; 2 Kor 5,10) genannt, aber nach Mt 19,28 auch die zwölf Apostel als Richter über die zwölf Stämme Israels. In 1 Kor 6,2f. schließlich werden alle Heiligen, d.h. alle geheiligten menschlichen Personen, als Richter genannt: nicht nur über die anderen, sondern über alles, einschließlich der Engel.[29]

[29] Dieser divergente biblische Befund hat in der Theologiegeschichte zu den unterschiedlichsten Rekonstruktions- und Systematisierungsversuchen geführt, die versuchen, die verschiedenen Subjekte des Richtens miteinander in Einklang zu bringen: Gott und Christus schließen sich als Subjekte nicht aus, weil Christus aufgrund der Zwei-Naturen-Lehre auch wahrer Gott ist. Die Heiligen erhalten ihr Richteramt aufgrund einer Ehrenstellung bei Bonaventura (gest. 1274) gewissermaßen als Assistenzrichter zu Christus (vgl. L. Ott, Eschatologie in der Scholastik, Freiburg i.Br. u.a. 1990, 153). Als Beispiel kann auch Richard von St. Victor (gest. 1173) genannt werden, der in seinem für das Mittelalter wichtigen Traktat über das Gericht, Anregungen Gregor

Will man die Frage nach dem Subjekt des Gerichts klären, muss man sich zunächst noch einmal klarmachen, dass die Rede vom Gericht eine Metapher für den Transformationsprozess der vorläufigen in die eschatische Wirklichkeit ist. Damit ist das Gericht selbst ein ereignishaftes und prozesshaftes Geschehen, an dem mehrere Relate aktiv beteiligt sein können.

Handlungssubjekt ist einerseits Gott, weil der eschatische Transformationsprozess verantwortlich nur durch Gott vollzogen werden kann, der selbst in Gestalt der Eschatoi[30] das Letztgültige ist. Da der Einheit Gottes unabhängig von den göttlichen Personen keine Personalität zukommt, ist es nahe liegend, Christus als die menschgewordene zweite Person der Trinität als Subjekt des Gerichts zu bezeichnen, weil die Ereignisse seines menschlichen Lebens, insbesondere Tod und Auferweckung, den Maßstab des Gerichts bilden. Nun lehrt die biblische Tradition, dass auch Menschen (die Zwölf bzw. »Heilige«) Subjekte des Richtens sein können. Dies muss aber nicht bedeuten, dass diese nicht auch gerichtet werden. Auch dazu gibt es Beispiele aus der Tradition.[31] Wenn einerseits einige Menschen als Richtende bezeichnet werden, aber dennoch deren Sünden aufgedeckt werden, beruht das Amt des Richtens, d.h. die Möglichkeit des Sprechens des Urteils, nicht auf der Sündlosigkeit. Dann aber ist es auch möglich, dass nicht nur Christus und einige Heilige als Richtende bezeichnet werden, sondern jede zu richtende geschöpfliche Person selbst mitrichtend ist. Dies darf jedoch nicht so gedacht werden, dass sie nach eigenem Gutdünken einen Urteilsspruch vollzieht, sondern nur so, dass sie das soteriologisch-christologische Gerichtskriterium spontan

des Großen (gest. 604) aufnehmend, insbesondere Mt 19,28 erklären will und daher kaum auf Christus als Richter eingeht. Er kennt fünf Gruppen von Menschen: 1. diejenigen, die richten werden, selbst nicht gerichtet werden und dennoch gerettet sind, d.h. diejenigen, die die Gebote des Gesetzes durch vollkommene Tugend überbieten; 2. diejenigen, die gerichtet und dabei gerettet werden, weil sie ihre Fehltritte bereuen; 3. diejenigen, die gerichtet und verworfen werden, d.h. diejenigen, die zwar am Bekenntnis des Glaubens festhalten, aber nicht die Werke des Gesetzes tun; 4. diejenigen, die nicht gerichtet und dennoch verworfen werden, d.h. die schon jetzt Unglaubenden; 5. diejenigen, die nicht gerichtet und dennoch gerettet werden, d.h. die nach der Taufe sterbenden Kinder (vgl. Ott, a.a.O., 53f.).

[30] Vgl. Mühling, Eschatologie (s. Anm. 7), 69–76.

[31] Bonaventura geht beispielsweise davon aus, dass auch die verborgenen Sünden der Auserwählten im Gericht offenbart und genannt werden, um die Größe der Gnade Gottes darzustellen, vgl. Ott, Eschatologie (s. Anm. 29), 158.

anerkennt. Unter der Bedingung einer Anerkennung des Gerichtskriteriums ist ein Selbsturteil sogar unabdingbar, wenn der Gedanke der eschatischen geschöpflichen Person nur in irgendeiner Weise Freiheit einschließen soll.[32] Dieser Aspekt ist auch deswegen wichtig, weil er das Gnaden-Freiheits-Dilemma lösen kann. Das Gericht ist derjenige Transformationsprozess, in dem der scheinbare Widerspruch von Gnade und Freiheit gelöst wird, indem neben dem primären Richter Christus die zu Richtenden selbst als Richtende erscheinen. Das Gericht wäre dann so als abschließende Offenbarung zu verstehen, dass es die Wahrheit über Welt und eigenes Leben mit einer Gewissheit nach dem Gerichtskriterium des Doppelgebotes erschließt, so dass der zu Richtende mit Hilfe des Heiligen Geistes gar nicht mehr anders kann, als den Urteilsspruch zu sprechen, wie das in Christi Sinn ist, wie immer er auch ausfallen mag. Da wir selbst aber nicht in der eschatischen Situation leben, bleibt dies notwendigerweise jeder Vorstellung entnommen.

5. Zeitliche Orte des Gerichts

These 8: Der Ort des Gerichts ist, narratologisch ausgedrückt, die Pointe der wirklichen Erzählung jeder menschlichen Person, und das heißt, der Ort ist: 1. das »zukünftige« Endgericht des Gerichts Christi bei der Transformation von Zeit in Ewigkeit, 2. jede Situation der Verschränkung der Lebens- und Liebesgeschichte Christi mit welthaften Geschichten und 3. der Ort der Verkündigung der promissio *des Evangeliums und dessen Annahme oder Ablehnung.*

Ort des Gerichts ist die Transformation von zeitlicher in unmittelbar ewige Individuation. Die Frage nach der Alternative zwischen geschichtlicher Zukunft oder übergeschichtlicher, gleichzeitiger Lokalisation des Gerichts verkennt den Charakter der Ewigkeit als innertrinitarisches Beziehungsgefüge und Leben, das uns nur in seiner

---

[32] Martin Kähler ist sogar so weit gegangen, dass er für weltliche Gerichtsverfahren im Hier und Jetzt als Idealform postuliert hat, dass ein schuldiger Angeklagter die Strafe als sein Recht fordert und so gewissermaßen selbst den Urteilsspruch vollzieht. Vgl. M. Kähler, Die Wissenschaft der christlichen Lehre von dem evangelischen Grundartikel aus im Abrisse dargestellt, Waltrop [3]1994, 409.

formalen Struktur bekannt ist.[33] Die Frage nach der Alternative verkennt auch den ontologischen Charakter eines narrativen Ansatzes: Es sind nicht natürliche und geschichtliche Ereignisse als solche, die real sind und dann sekundär narrativ durch eine soziale Welt erfasst würden. Vielmehr verhält es sich umgekehrt: Das narrative Handeln Gottes (in Kooperation mit seinen Geschöpfen) ist selbst wirklichkeitskonstitutiv, und das heißt: natur- und geschichtskonstitutiv, nicht umgekehrt.

Ort des Gerichts ist daher *erstens* die uns noch unbekannte Pointe der welthaften Erzählung, die zugleich die Pointe der Erzählung jeder menschlichen Person ist und als solche die Transformation welthafter, teilweise selbstständiger Narrationen in die ewige Narration, die Gott selbst ist.

Ort des Gerichts ist aber daher *zweitens* auch jede Situation, in der die Lebens- und Liebesgeschichte Christi mit den Lebens- und Liebesgeschichten der personalen Kreaturen auf leibhafte Weise verschränkt ist: Sei es im Palästina des 1. Jh. oder sei es in der Gegenwart einer jeglichen Person. Ein gegenwärtiges Gericht vollzieht sich überall dort, wo im Hier und Jetzt Christus präsent ist und zur Geltung kommt. Demnach sind die Ereignisse von Kreuz und Auferweckung Christi, die Konstitution von Glauben in einzelnen Menschen genauso wie die Glaubensvergewisserung und -stärkung in Wort und Sakrament gleichursprünglich Erfahrungen des Gerichts wie des promissiven Zuspruchs des eschatischen Personseins des Menschen.

Ort des Gerichts ist daher *drittens* die Verkündigung der *promissio* des Evangeliums. Diese *promissio* ist nichts anderes als die Verkündigung der Wahrheit[34] der Geschichte Christi als Geschichte meiner eigenen Identität. Als solche kann die *promissio* des Evangeliums daher weder feststehende, texthafte Gestalt annehmen noch in abstrakten begrifflichen Gehalt transformiert werden, sondern muss in der Gestalt der *viva vox evangelii* auftreten, d. h. im Zeugnis von menschlichen Personen, die auf die Wahrheit der Geschichte Christi als Wahrheit ihrer eigenen Identitätsgeschichte durch das *testimonium internum* des Geistes vertrauen und diese Wahrheit der Identi-

---

[33] Vgl. MÜHLING, Liebesgeschichte (s. Anm. 1), 230–234.

[34] Zum hier vorausgesetzten theologischen Wahrheitsverständnis vgl. M. MÜHLING, »Voller Gnade und Wahrheit«. Eine theologische Resonanztheorie der Wahrheit, in: M. Rothgangel/U. Beuttler (Hg.), Glaube und Denken. Jahrbuch der Karl-Heim-Gesellschaft 27, Frankfurt a. M. u. a. 2014, 81–102.

tätsverschränkung Christi mit den partikularen Identitäten anderer Personen als *verbum externum* mitteilen. Auf diese Weise stehen die Menschen als Adressaten des Evangeliums, das zugleich das Urteil des Gerichts ist, vor der Herausforderung, diese Wahrheit anzuerkennen oder zu verfehlen. »Anzuerkennen« heißt dabei, sich in die Lebens- und Liebesgeschichte Gottes einzeichnen zu lassen, es bedeutet, seiner eigenen Verfassung als Person erschlossen zu sein. Die Alternative besteht darin, nicht die Narration des Evangeliums als eschatische, als letztgültige Erzählung gegenüber allem anderen Zeichengebrauch zu verstehen bzw. die eigene, schon immer im Gericht konstituierte Identität zu verfehlen. Damit besteht die Alternative in der Selbstverschlossenheit gegenüber der eigenen personalen Konstitution.

6. Rechtfertigung und Heiligung

Die Anerkennung des Gerichtsurteils als Wahrheit der eigenen Identitätserzählung vollzieht sich in Rechtfertigung und Heiligung unter dem Beistand des konkarnierenden Handelns des Heiligen Geistes.

These 9: »Rechtfertigung« bezeichnet das durch den Geist inaugurierte Zustandekommen von Vertrauen auf die identitätskonstitutive promissio *des Gerichts,* sola gratia *und* sola fide*, d. h. das Bewusstsein des Eingezeichnetwerdens der eigenen Biographie in die Geschichte des Evangeliums (und damit die Annahme der* promissio*).*

Rechtfertigung bezeichnet daher, aus der Perspektive der empfangenden Person, die Anerkennung des *totus homo* der Wahrheit des Evangeliums als Wahrheit der eigenen Lebensgeschichte: Anerkennung als *totus homo* bedeutet dabei fiduziale, notitionale und assensuale Anerkennung oder Erschlossenheit. Als solche in ihrer Gesamtheit ist sie aber nicht nur ein rein kognitives, sondern auch ein voluntatives Geschehen und vor allem ein grundlegend affektives Geschehen, das den Menschen nur affizieren kann. Es ist somit ein grundlegend unverfügbares Geschehen, dessen Ursprung das Mitsein des Heiligen Geistes ist, der damit nicht nur für die Verschränkung der Geschichten des Evangeliums und der eigenen Lebensgeschichte sorgt und die Erschlossenheit der eigenen personalen Existenz gewährt, sondern dabei auch Christus leibhaft kopräsentiert. Die Rechtfertigung geschieht daher *sola gratia* und *sola fide*. Sie kann aber nicht als Akt der Überwältigung des Menschen durch den Geist verstanden werden. Als Mitsein des Geistes mit dem Menschen lässt sie vielmehr Raum für die Personalität des Menschen und zerstört diese nicht, indem die Wirkung nichts anderes als die Gegenwart Christi – und damit die Gegenwart der Zukunft des Gerichts im Modus der Vergangenheit von Kreuz und Auferstehung – ist. Rechtfertigung kann infolgedessen nicht als einmaliger Akt verstanden werden, wie auch die Anerkennung der Gegenwart eines menschlichen Freundes kein einmaliger Akt ist, sondern sich in der Dauer der gemeinsamen Geschichte in der Verschränkung der dynamischen Gegenwarten vollzieht.

These 10: »Heiligung« bezeichnet den Aspekt der Wahrnehmung von Selbst und Welt im Lichte der Narration des Evangeliums als (1) geschaffen, (2) gefallen und zurechtgebracht sowie (3) auf Vollendung als tatsächlicher Verwirklichung angelegt. Obwohl Heiligung als Wahrnehmungsphänomen damit primär aus Sequenzen passiver und deskriptiver Akte besteht (unter dem Beisein der durch den Geist vermittelten Gegenwart Christi), führt sie doch zur aktiven Lebensgestaltung aufgrund dieser Wahrnehmung.

Während Rechtfertigung den Aspekt des Zustandekommens von Vertrauen oder Gewissheit (im Sinne von *certitudo*, nicht *securitas*) bezeichnet, bezeichnet *Heiligung* nun die Wirksamkeit der Rechtfertigung in aktuellen Lebensvollzügen. Diese Heiligung ist weniger eine moralisch-appellative als vielmehr eine perzeptive: Sie besteht darin, dass die Selbstpräsentation Gottes, die zugleich die Selbsterschließung der Wahrheit des eigenen personalen Lebens in der Verschränkung der Geschichte des Evangeliums mit der eigenen Lebensgeschichte ist, nun eine Schule der *Wahrnehmung* der Welt wird – und zwar in einem dreifachen Sinne: 1. Das als geschaffen oder geschenkt wahrgenommene Vertrauen ist somit eine Schule der Wahrnehmung der Welt als Schöpfung. 2. Das glaubende Vertrauen ist ebenfalls eine Schule der Wahrnehmung der Welt als gefallen und zurechtgebracht in Christus. 3. Das glaubende Vertrauen ist damit ebenso eine Schule der Wahrnehmung der Hoffnung auf Vollendung, die nichts anderes als die eigentliche eschatische Konstitution von Wirklichkeit ist.[35] Die Heiligung als Schule der Wahrnehmung verstanden ist somit nicht

[35] Vgl. zum Vertrauen als Schule der Wahrnehmung der Welt auch MÜHLING, Gnade (s. Anm. 34), 93 f.

primär eine Sache aktiver Lebensführung, sondern passiver Wahrnehmung von Welt und Selbst. Auch sie vollzieht sich weder einmalig noch ist sie stufenweise datierbar, sondern geschieht kontinuierlich eben in der Wahrnehmung des eigenen Lebens. Auch sie vollzieht sich nur – wenn sie sich nicht widersprechen soll – in der Wahrnehmung der durch das Mitsein des Geistes vermittelten Kopräsenz des ganzen, leibhaften Christus. Sie ist als Wahrnehmung damit eine sequenzielle Verbindung passiver Akte, genauer von passiven Akten, die auf dem Kreuz Christi selbst beruhen, und damit von Akten der »Passivität aus Passion«.[36] Als aufgrund von Passivität bestehende Geschichte von Wahrnehmungsakten inauguriert die Heiligung aber natürlich auch keinen Ausschluss von Aktivität. Im Gegenteil, sie führt zu einem wahrnehmungsgerechten Handeln, Verhalten und Leben und schließt damit zwar Moralität im primären Modus des Appels als rechtfertigungswidersprechend aus, aber ethische Lebensgestaltung, die die eigene personale Geschichte und die Geschichte der Welt als in die Geschichte des Evangeliums eingeschlossen erkennt, gerade ein.

---

[36] So der Titel von P. STOELLGER, Passivität aus Passion. Zur Problemgeschichte einer ›categoria non grata‹, Tübingen 2010.

Reflexionen und Impulse zur Diskussion

Benjamin Schliesser

1. Einführung

»Weder aus der Schrift allein, noch aus der Verkündigung des historischen Jesus allein, noch aus der Tradition allein, noch aus der Glaubenserfahrung allein lassen sich eschatologische Aussagen begründen.« Mit diesem einleuchtenden Satz benennt Markus Mühling in seinem Buch »Grundinformation Eschatologie« die Begründungsproblematik eschatologischer Aussagen.[1] Welche Konsequenzen ergeben sich aus solchen abgrenzenden Bestimmungen? Wie können eschatologische Aussagen positiv begründet werden? An dieser Stelle könnte der Dialog mit den Bibelwissenschaften ansetzen, denn immerhin impliziert Mühlings Satz, dass sich eschatologische Aussagen *auch* aus der Schrift und der Verkündigung des historischen Jesus, *auch* aus der Tradition und *auch* aus der Glaubenserfahrung begründen lassen. Der Dialog könnte den Dienst der historisch orientierten Exegese in Anspruch nehmen, die darauf bedacht ist, »Bedeutungen, Ursprünge und Kontexte« zentraler Aussagen der christlichen Glaubenstradition »aus den vorhandenen Quellen zu erhellen«.[2] Nach Hermut Löhr ist dies der »beste Dienst«, den die Exegese der systematisch-theologischen Reflexion leisten kann. Die Exegese könnte ihrerseits profitieren von der systematischen Durchdringung und Ordnung der in kleinteiliger, kontextsensibler Arbeit gewonnenen Ergebnisse ihrer Bemühungen. Denn auch der historischen Interpretation und Rekonstruktion frühchristlicher eschatologischer Aussagen wohnt der Anspruch inne, »weit über die Sprache der Quellen selbst«[3] hinauszugehen und nach übergeordneten Entwicklungslinien und Deutekategorien zu suchen. Ein gelingender Dialog zwischen Exegese und

---

[1] M. MÜHLING, Grundinformation Eschatologie. Systematische Theologie aus der Perspektive der Hoffnung, Göttingen 2007, 50.

[2] H. LÖHR, Der Messias als Richter. Zur Entstehung und Bedeutung einer Aussage im zweiten Artikel des Credos in den Anfängen des christlichen Glaubens, in diesem Band 457–477, 457.

[3] Ebd.

Systematik ist ein Wechselspiel gegenseitigen »Dienens« und führt zu einem tieferen Verständnis christlicher Glaubensüberlieferungen. Vielleicht bahnt er gar den Weg zu einem reflektiert-gläubigen Nachvollzug der Bekenntnisaussagen, auch eines so sperrig scheinenden Neben-Satzes wie dem hier zur Diskussion stehenden: »[...] von dannen er kommen wird zu richten die Lebendigen und die Toten.«

Die Anordnung der folgenden Überlegungen orientiert sich am eingangs zitierten Satz Mühlings: Zu Beginn referiere und kommentiere ich die Thesen Hermut Löhrs, die sich aus seiner Beschäftigung mit den frühchristlichen und altkirchlichen Quellen ergeben (1). Anschließend verweise ich schlaglichtartig auf drei Exponenten protestantischer »Tradition« und ihre Kerngedanken zur Eschatologie (2). Daran knüpft sich eine Rekapitulation der Thesen von Markus Mühling an, mit denen er seine Auffassung vom Satz des richtenden Jesus Christus darstellt und begründet (3). Der Schlussteil richtet die Aufmerksamkeit auf die Frage, wie eschatologische Lehrsätze und dogmatische Systeme durch individuelle Lebens- und Glaubenserfahrungen transzendiert und zum persönlichen Bekenntnis werden können (4). Meine eigenen Überlegungen sind bemüht, eine Brücke zu schlagen zwischen »Schrift« und »Tradition« und mittels der Ebene der »Glaubenserfahrung« Impulse zu setzen für den Dialog zwischen Exegese und Systematik.

2. Exegetische Einsichten (Hermut Löhr)

Hermut Löhrs detaillierte und erschöpfende Analyse des Quellenbefunds zeigt, dass die Credo-Aussage »Richter über Lebende und Tote« als »christliche Neubildung«[4] zu gelten hat, die in einer Reihe von neutestamentlichen Texten belegt ist und dort ausdrücklich auf den kommenden Parusiechristus als Subjekt des Richtens bezogen (2 Tim 4,1) bzw. sachlogisch auf ihn zu beziehen ist (Apg 10,42; 1 Petr 4,5). Auch in der außerneutestamentlichen frühchristlichen Literatur finden sich etliche Zeugen dieser Christus-Prädikation. Löhrs Zusammenstellung der einschlägigen Belege legt nahe, dass das endzeitliche Richten Christi über Lebende und Tote seit dem Beginn des 2. Jh. »fester Bestandteil der theologischen Formelsprache des frühen

[4] A.a.O., 461.

Christentums«[5] ist. Allerdings sind die Verwendungszusammenhänge der Formel vielfältig und keineswegs nur auf das Konfessorische beschränkt. Schon Paulus kennt den Topos vom »Richterstuhl Christi« (2 Kor 5,10), schreibt Christus aber an anderer Stelle die Aufgabe des Rettens im Kontext des Gottesgerichts (1 Thess 1,10) und die anwaltschaftliche Fürsprache zu (Röm 8,34). Die synoptische Tradition verknüpft den Gerichtsgedanken mit der Gestalt des Menschensohns, ohne jedoch Jesus mit dem Menschensohn explizit zu identifizieren (vgl. Mk 8,38; Mt 13,41–43; 19,28; 25,31–46). Demgegenüber weist das Johannesevangelium ausschließlich dem »Sohn« die Aufgabe des Richtens zu (Joh 5,22) und lässt keinen Zweifel daran, dass dieser »Sohn« der »Menschensohn« ist (5,27). Löhr bekräftigt die mittlerweile etablierte These, dass die frühchristliche Rede vom kommenden und richtenden Menschensohn in der Vorstellungswelt des frühen Judentums wurzelt (v.a. 1 Hen), sich aber im 2. Jh. vom Titel »Menschensohn« löste und in die formelhafte Wendung von Christus als (kommenden) Richter über Lebende und Tote gegossen wurde.

Abschließend weist Löhr darauf hin, dass die Formel von einem Gericht über Lebende und Tote ein universales Gericht im Blick hat, während die frühjüdische Apokalyptik häufig von einem Gericht über die Sünder spricht. »Die Vorstellungen vom universalen Gericht und partikularer Erwählung stehen in einer sachlogischen Spannung zueinander.«[6] Diese Spannung begegne auch in frühchristlichen Texten, die aber stets an der »Universalität und Endgültigkeit des Gerichts«[7] festhalten. Darin besteht nach Löhr offensichtlich die »Pointe« der Rede vom richtenden Parusiechristus: nicht, dass er aus Barmherzigkeit von einer Verurteilung absieht, ein anderes Urteil fällt als Gott oder lediglich die Sünder überführt, sondern dass sein Gericht endgültig und universal ist. Mit der Bemerkung zur sachlogischen Spannung zwischen Gerichtsuniversalität und Heilspartikularismus wäre die Tür weit aufgestoßen zum Gespräch mit der Systematischen Theologie. Immerhin ringt auch die protestantische »Tradition« seit alters darum, in ihren dogmatischen Entwürfen beide Pole in der Verantwortung vor Schrift und Bekenntnis sachgemäß aufeinander zu beziehen.

[5] A.a.O., 467.
[6] A.a.O., 476f.
[7] A.a.O., 477.

3. Durchbrüche und Neuansätze in der protestantischen »Tradition« (Luther, Schleiermacher, Barth)

Um die Deutung und Bedeutung einer Bekenntnisformel muss immer wieder gerungen werden, damit sie auch jenseits ihrer pragmatischen, identitätsstiftenden Funktion bedeutsam bleibt und zur Ausdrucksweise individuellen Glaubens werden kann.[8] Durchbrüche in der Theologiegeschichte sind dadurch gekennzeichnet, dass sie zu neuen Fragestellungen und Antworten durchbrechen, »Routineformeln« neu füllen, existentiell erschließen, »Pointen« setzen und umsetzen. Ich verweise schlaglichtartig auf drei solche Zäsuren in der protestantischen »Tradition« und benenne Zuspitzungen ihrer (grundlegend disparaten) Eschatologien, bevor ich vor diesem Hintergrund den Entwurf von Markus Mühling wiedergebe.

1. Martin Luthers Eschatologie wurde als »Eschatologie des Gerichts« beschrieben. Luther habe – so T.F. Torrance – den lebendigen

---

[8] Wenigstens anmerkungsweise sei auf die Diskussion der Linguistik über den Begriff der »Formel« verwiesen, die auch für den vorliegenden Kontext relevant scheint. »Formeln« sind sprachliche, d.h. syntaktische und semantische Verfestigungen, die auch eine kontextgebundene pragmatische Festigkeit aufweisen. Die Festigkeit von »Formeln« besteht darin, »dass sie in bestimmten Kommunikationssituationen an bestimmten Stellen von Sprachteilhabern reproduziert werden, um auf routinierte Art und Weise bestimmte kommunikative Aufgaben zu bewältigen« (S. Stein, Formelhaftigkeit und Routinen in mündlicher Kommunikation, in: K. Steyer [Hg.], Wortverbindungen – mehr oder weniger fest, Jahrbuch des Instituts für Deutsche Sprache 2003, Berlin 2004, 262–288, 264). Nicht zuletzt hat die Verwendung von Formeln eine soziale Funktion. Sie weist den Sprecher oder die Sprecherin als Mitglied einer Sprachgemeinschaft (oder eben einer Glaubensgemeinschaft) aus und symbolisiert und stärkt soziale Identität. Man spricht hier von einer »Schibbolethfunktion« (F. Coulmas, Routine im Gespräch. Zur pragmatischen Fundierung der Idiomatik, Wiesbaden 1981, 94). Auch Bekenntnisformeln haben eine solche Schibbolethfunktion. Bei ihrem Gebrauch »ist nicht so sehr das Wissen über ihre semantisch beschreibbare Bedeutung ausschlaggebend, sondern eher das Wissen über die pragmatischen Funktionen, die [die Formeln] in der jeweiligen Kommunikationssituation übernehmen« (N. Filatkina/M. Hanauska, Wissensstrukturierung und Wissensvermittlung durch Routineformeln. Am Beispiel ausgewählter althochdeutscher Texte, Yearbook of Phraseology 1, Berlin 2010, 45–72, 49). Wer etwa in einem Gottesdienst das Glaubensbekenntnis spricht und darin bekennt, dass Christus kommen wird »zu richten die Lebendigen und die Toten«, verbindet sich »mit der ganzen Christenheit auf Erden« und bekräftigt seine christliche Identität – aber nicht notwendig sein Verständnis vom semantischen Gehalt und der theologischen Bedeutung der Formel.

Gott der Bibel wiederentdeckt, »der aktiv in die Angelegenheiten der Menschen eingreift als Herr und Richter der Geschichte«.[9] Gottes Erlösungshandeln am einzelnen Menschen wird von Luther in den Rahmen eines »strikten Heilspartikularismus« gestellt,[10] am wirkungsvollsten in seiner Streitschrift gegen Erasmus. In *De servo arbitrio* (1525) stellt Luther die unheilvolle Diagnose aus, der Mensch sei »Kampfgebiet zwischen Gott und Teufel«.[11] In unüberbietbarer Drastik fasst Luther diesen kosmischen Kampf in das berühmt-berüchtigte Bild vom Reittier: »So ist der menschliche Wille in die Mitte gestellt, wie ein Zugtier. Wenn Gott darauf sitzt, will und geht es, wohin Gott will, wie der Psalm sagt: ›Ich bin gemacht wie ein Lasttier und ich bin immer mit dir‹ [Ps 73,23]. Wenn Satan darauf sitzt, will und geht es, wohin Satan will. Und es liegt nicht an seinem Willensvermögen, zu einem von beiden Reitern zu laufen oder ihn zu suchen. Vielmehr streiten die Reiter selbst darum, es in Besitz zu nehmen und in Besitz zu behalten.«[12] Der unbegreiflich gerechte Gott ist es, der erwählt, verdammt, richtet.[13] Der Ritt der Auserwählten führt in den Himmel zu Gott, für alle anderen öffnen sich »Flügeltüren […], ja, aufgesperrte Rachen und Schlünde, nicht nur in Gottlosigkeit, sondern in die Abgründe der Hölle«.[14]

2. F. D. E. Schleiermacher distanziert sich mit Nachdruck von derartigen Vorstellungen, da nämlich »ihr Inhalt als unser Fassungsvermögen übersteigend keine Beschreibung unseres wirklichen Selbst-

[9] T. F. Torrance, Die Eschatologie der Reformation, EvTh 14 (1954), 334–358, 336. Zur Bezeichnung der Eschatologie Luthers als »Eschatologie des Gerichts« vgl. a. a. O., 338.

[10] K. Stock, Gericht Gottes V. Dogmatisch, RGG[4] 3 (2000), 736–738, 737.

[11] H. A. Oberman, Luther. Mensch zwischen Gott und Teufel, Berlin 1982, 233.

[12] M. Luther, De servo arbitrio/Vom unfreien Willensvermögen, in: W. Härle u. a. (Hg.), Martin Luther. Lateinisch-Deutsche Studienausgabe 1: Der Mensch vor Gott, Leipzig 2006, 219–661, 291.

[13] Vgl. Luther, Servo (s. Anm. 12), 657. Im Licht der Natur wie auch im Licht der Gnade erscheint Gottes Erwählungs- und Verdammungshandeln unverständlich und ungerecht. »Aber das Licht der Herrlichkeit behauptet etwas anderes und wird zeigen, dass Gott, dessen Urteil eben noch von einer unbegreiflichen Gerechtigkeit war, dann von einer ganz und gar gerechten und ganz offenkundigen Gerechtigkeit ist.« Vom Standpunkt des endlichen Menschen bleibt die Aporie unlösbar.

[14] Luther, Servo (s. Anm. 12), 285.

bewußtseins ist«.[15] In der ersten Auflage der Glaubenslehre aus den Jahren 1821/22 hält er fest, dass er zwischen der eigentlichen Christologie und den Vorstellungen von Christus als wiederkehrendem und richtendem Parusiechristus keinen »unmittelbaren und genauen Zusammenhang« erkennen kann.[16] Was das heißt, zeigen etwa seine Totensonntagspredigten aus dieser Zeit. Dort vollzieht er »gewissermaßen [...] das Verfahren der existentialen Interpretation avant la lettre«.[17] Die Pointe der Gerichtsvorstellung liegt in ihrem unkosmologischen Charakter; die Wirkung des Gerichts lässt sich schon im Hier und Jetzt beobachten, »etwa in der Absonderung der Bösen von den Guten oder in der Freudigkeit des Wirkens der Erlösten« – oder aber im Tod des Individuums.[18] Die biblischen Aussagen und die christliche Lehrtradition zum Gericht sind keine »Glaubenssätze«,[19] sie werden eliminiert oder umgedeutet, da sie die Grenzen des Selbstbewusstseins überschreiten und daher nicht Ausdruck des Glaubens sein können. Anders formuliert: Sie verblassen »vor dem eigentlichen Grundakkord der Christologie zur Nebensache«.[20]

3. Auch nach Karl Barth müssen wir uns verabschieden von den eindrücklichen Bildern der großen Maler – wie etwa vom Jüngsten Gericht Michelangelos in der Sixtinischen Kapelle: »Christus,

---

[15] So programmatisch in F. SCHLEIERMACHER, Der christliche Glaube. Nach den Grundsätzen der evangelischen Kirche im Zusammenhange dargestellt, 2. Auflage (1830/1831), KGA 1/13, Teilbd. 2 (hg. v. R. Schäfer), Berlin 2003, 458 (§ 157).

[16] F. SCHLEIERMACHER, Der christliche Glaube. Nach den Grundsätzen der evangelischen Kirche im Zusammenhange dargestellt (1821/22), KGA 1/7, Teilbd. 2 (hg. v. H. Peiter), Berlin 1980, 64 (§ 120): »Zusatz: Die Thatsachen der Auferstehung und Himmelfahrt Christi so wie die Vorhersagung seiner Wiederkunft zum Gericht stehen mit der eigentlichen Lehre von seiner Person in keinem unmittelbaren und genauen Zusammenhang.«

[17] M. WEEBER, Schleiermachers doppelte Eschatologie, in: N. J. Cappelørn u. a. (Hg.), Schleiermacher und Kierkegaard. Subjektivität und Wahrheit/Subjectivity and Truth, Berlin 2006, 577–598, 595.

[18] Vgl. ebd.: »Für alle diese Umbildungen nimmt Schleiermacher in Anspruch, mit ihnen den Ursprungssinn der entsprechenden Aussagen des Erlösers und des Apostels zur Geltung zu bringen – gegen deren Entstellung in der kirchlich-dogmatischen Tradition.« Nach Markus Mühling begibt sich ein solcher Ansatz in die »Gefahr eines prinzipiellen Marcionitismus« (M. MÜHLING, Gericht, Rechtfertigung und Heiligung in systematisch-theologischer Perspektive, in diesem Band 479–499, 483).

[19] SCHLEIERMACHER, Glaube (s. Anm. 15), 458 (§ 157).

[20] K. NOWAK, Schleiermacher. Leben, Werk und Wirkung, Göttingen 2002, 280.

der mit geballter Faust hervortritt und die zur Rechten von denen zur Linken scheidet, wobei der Blick an denen zur Linken hängen bleibt!«[21] Vielmehr sei dies die Pointe des Gerichts – Barth nennt es unbescheiden die »Wahrheit«: »Der *Richter*, der die Einen zur Linken und die Anderen zur Rechten stellt, ist ja der, der *für mich* sich dem Gerichte Gottes dargeboten und alle Vermaledeiung von mir genommen hat.«[22] Den christologisch gegründeten Gedanken, dass die »Erwartung Christi zum Gericht als Evangelium« aufzufassen sei, hält Barth mit bemerkenswerter Konstanz durch.[23] Fast schon beschwörend fasst Barth zusammen: »Wäre es doch Michelangelo und den anderen Künstlern vergönnt gewesen, *das* zu hören und zu sehen!«[24] Maßgeblich war für Barth die 52. Frage des Heidelberger Katechismus, die den tröstenden Gehalt der Erwartung Christi zum Gericht hervorhebt: »Was tröstet dich die Wiederkunft Christi, ›zu richten die Lebenden und die Toten‹?« Doch distanzierte er sich von dem Satz, dass Christus »alle seine und meine Feinde in die ewige Verdammnis werfe«.[25]

Die stichpunktartig wiedergegebenen Thesen der drei protestantischen »Kirchenväter« scheinen *prima facie* miteinander kaum vereinbar und für die gegenwärtige Glaubenspraxis aus unterschiedlichen Gründen schwer vermittelbar. Und doch können sich überraschende Schnittmengen ergeben, wie sich weiter unten zeigen wird. Zuvor sei nun aber am Beispiel des Beitrags von Markus Mühling vor Augen geführt, welche Pointen eine neuzeitliche systematisch-theologische Reflexion der Formel Christus als kommendem Richter setzt.

4. Systematisch-theologische Thesen (Markus Mühling)

Markus Mühling hat einen programmatischen, breit angelegten Entwurf vorgestellt, der zwar auf einzelne Schriftstellen und theologiegeschichtlich herausragende Positionen rekurriert, sachlich aber bei einer Gotteslehre ansetzt, die einen spekulativ-metaphysischen

---

21 K. BARTH, Dogmatik im Grundriss, Zürich [11]2014, 157.

22 A.a.O., 159.

23 G. ETZELMÜLLER, ... zu richten die Lebendigen und die Toten. Zur Rede vom Jüngsten Gericht im Anschluß an Karl Barth, Neukirchen 2001, 322; dort auch eingehende Interpretationen der einschlägigen Passagen in Barths »Kirchlicher Dogmatik«.

24 BARTH, Dogmatik (s. Anm. 21), 157.

25 Vgl. ETZELMÜLLER, Rede (s. Anm. 23), 322 f.

Gottesbegriff mit der internen Relation der trinitarischen Personen verbindet. Hintergrund seiner Überlegungen »ist eine relational-narrative Ontologie auf Basis der Selbstpräsentation Gottes«.[26] Leitend ist in den (nicht leicht zu verstehenden) Ausführungen die Rede vom Ereignis: Gott ist »ein ewiges und offenes Ereignis«,[27] die Welt ein »Ereigniszusammenhang«, Christus ein »Ereignis«, ebenso Kreuz, Tod und Auferweckung; Personen sind »ereignishafte Entitäten«,[28] die eingebunden sind in vielfältige ineinander verschränkte Ereignisse; menschliche Taten zählen daher ebenfalls zur Kategorie des Ereignisses. Das Gericht selbst schließlich ist ein »ereignishaftes [...] Geschehen«; und insofern »beziehungshafte Ereignisse« Gegenstand des Gerichts sind, können sowohl Personen als auch ihre Taten gerichtet werden.[29] Die Interpretation der Gottes- und Weltwirklichkeit als »Ereignis« liegt in der vorausgesetzten relational-narrativen Ontologie begründet. Die einzelnen Ereignisse lassen sich allesamt »metaphorisch« fassen, womit ein zweiter Leitbegriff in Mühlings Entwurf genannt ist. Metaphorisch gesprochen ist Gott eine »Liebesgeschichte«,[30] und das Gericht lässt sich (mit Konrad Stock) als »Metapher für das Aufleben der menschlichen Lebensgeschichte in Gottes eschatologischer Gegenwart«[31] verstehen und umfassender als eine »Metapher für den Transformationsprozess der vorläufigen in die eschatische Wirklichkeit«.[32] Biblische Metaphern spielen hingegen keine Rolle.

Obwohl Metapher hat das Gericht einen Ort, vielmehr drei Orte: Es ist 1. dort, wo welthafte Narrationen in die ewige Narration (Gott) transformiert werden; 2. dort, wo »im Hier und Jetzt Christus präsent ist und zur Geltung kommt«;[33] 3. dort, wo das Evangelium verkündigt wird. Das Ziel und die Pointe des Gerichts ist »die Überführung ethi-

[26] Mühling, Gericht (s. Anm. 18), 479.

[27] Ebd.

[28] A. a. O., 486

[29] A. a. O., 492.

[30] Vgl. M. Mühling, Liebesgeschichte Gott. Systematische Theologie im Konzept, Göttingen 2013.

[31] Mühling, Gericht (s. Anm. 18), 492.

[32] A. a. O., 494. In narrativer Begrifflichkeit formuliert: Das Gericht ist ein »Ausdruck des nötigen Transformationsprozesses von der Narration im Hier und Jetzt in die Narration der eschatischen Realität« (a. a. O., 484).

[33] A. a. O., 496.

scher Differenzen in ästhetische Differenzen«,[34] denn die eschatische Realität ist zwar vollkommen gut, aber nicht gleich schön.

Mühlings Entwurf weist zwar eine eindrucksvolle innere Kohärenz auf, lässt aber auch zentrale Fragen offen: Weitgehend ungeklärt bleibt die Art und Weise sowohl des Schriftbezugs als auch des Traditionsbezugs.[35] Ungelöst bleibt auch das hermeneutische Problem, wie sich das spekulative, metaphorische Gottes- und Gerichtsverständnis – das Gericht als metaphorisches Ereignis oder als ereignishafte Metapher – in die Alltagswirklichkeit derer vermitteln lässt, die das Bekenntnis sprechen und nachvollziehen wollen. Schließlich: Ist es nicht »verheerend«,[36] wenn angesichts der Sünde und des menschenverschuldeten Leids in der Welt erklärt wird, das Gericht ziele auf die Überführung von ethischen Differenzen in ästhetischen Differenzen? Werden nicht auch dadurch Schuld und Sünde »auf gefährliche Weise entdramatisiert, entradikalisiert«?[37]

5. Glaubenserfahrungen und die Rede vom Gericht

In den beiden Beiträgen dokumentiert sich das Nebeneinander zweier unabhängiger Zugänge zu einem theologisch herausfordernden Bekenntnissatz. Die Exegese beschränkt sich auf die historische Rekonstruktion frühchristlicher Aussagen zum Gericht, die Systematik bemüht sich um eine konsistente Einordnung des Gerichtsgedankens in den Rahmen einer relational-narrativen Ontologie. Vermittlungs- und Gesprächsansätze sind allenfalls keimhaft vorhanden. Der Versuch, den Sachgehalt der Formel in eine verständliche und nachvollziehbare sprachliche Form zu bringen, wird nicht unternommen. Freilich ist das faktische Scheitern des Dialogs über das Ende des zweiten Glaubensartikels ein Spiegelbild für die Problematik seines Aussageinhalts. Auch die genannten drei Entwürfe aus der protestantischen Tradition sind nur begrenzt hilfreich im Bemühen, den Satz von Christus als dem Richter über die Lebendigen und die Toten inhaltlich zu füllen

[34] A.a.O., 485.

[35] Biblisches »Material« wird lediglich für die Frage nach den Subjekten des Gerichts herangezogen.

[36] Vgl. MÜHLING, Gericht (s. Anm. 18), 483.

[37] So der Vorwurf von Mühling, a.a.O., 484, an die Adresse Schleiermachers, dessen Konzeption den Abschluss des zweiten Glaubensartikels marginalisiere.

und kommunikabel zu machen. Luthers drastisches Bild vom Mensch als Schauplatz eines kosmischen Kampfes klingt für heutige Ohren so beklemmend wie fremd. Schleiermachers »existentialer« Lösungsvorschlag scheint attraktiv und vermittelbar, ist aber theologisch »verheerend«. Barths Vorlesungen haben zahlreiche Bonner Studierende, zur Hälfte Theologen, zur Hälfte Nichttheologen, frühmorgens aus dem Bett gelockt, doch wirkt heutzutage seine »Wahrheit« über das Gericht kaum weniger fremdartig als Michelangelos Jüngstes Gericht.

Mündet das hermeneutische Bemühen also in einer Sackgasse? Ich möchte abschließend nicht etwa eine Lösung, aber doch eine alternative Sichtweise auf das Problem zur Diskussion stellen, die nach einem Konvergenzpunkt der vorgestellten traditionellen Ansätze fragt und daraus die Anschlussfähigkeit des Bekenntnissatzes an die (gottesdienstliche) Glaubenspraxis ableitet. Lenkt man die Aufmerksamkeit weg von theologischen Programmschriften, Glaubenslehren und Dogmatiken hin zu persönlich engagierten Statements oder Predigten, dann fällt auf: In der existentiellen Betroffenheit verlieren Formeln ihre Formelhaftigkeit und Lehrsysteme ihre Geschlossenheit. Der Denkstil abstrakten Spekulierens und vermeintlichen Wissens weicht einer Sprechweise der tastenden Gewissheit im Glauben und Hoffen. Durch den Rückgriff auf die kraftvollen Bilder der biblischen Tradition werden zeitliche Gräben und theologische Differenzen überbrückt. Insbesondere Predigten unterstreichen durchweg die im Neuen Testament und v. a. bei Paulus und Johannes bezeugte Gewissheit, dass die Macht der Sünde und des Todes im Christusgeschehen gebrochen ist. Im Zuge dessen weicht der Gedanke des richtenden Christus zurück und wird überstrahlt vom Bild des tröstenden, helfenden, versöhnenden, rechtfertigenden Christus. Der *Christus iustificans* tritt geradezu an die Stelle des *Christus iudicans*.

1. Eine solch markante Umakzentuierung äußert sich etwa in einer wenig bekannten Predigt Luthers über Joh 8,12–15 vom 7. Oktober 1531. Sie zeigt deutliche Spuren seiner Frömmigkeits- und Lebenskrise der frühen Jahre, die er nun einerseits in Kampfrhetorik gegen die römische Kirche und ihre »Prediger« ummünzt, andererseits in ein Lehrstück über das eigentliche Amt Christi als Helfer: »Nun, es ist um unsrer großen Undankbarkeit willen geschehen, der mag man's danken, dass man solche Prediger hat gehabt, die Christus gar haben umgekehrt, die aus dem Licht Finsternis, und aus einem Heiland einen Tyrannen und Richter gemacht haben. […] Ein frommer Bürger, der Not leidet, fürchtet sich nicht vor dem Bürgermeister oder

Richter, sondern er ruft in Nöten die Obrigkeit an, sucht Hilfe, Rat und Trost. Dieser Freund ist der Richter und Bürgermeister. [...] So spricht er: Darum bin ich ein Richter, ich will euch am jüngsten Tage erlösen. [...] Jung und Alt, allen entbietet er seine Hilfe und spricht: Willst du an mich glauben, so ist das mein Amt: ich will dich nicht richten, denn mein Amt ist, helfen und erhalten, es soll eitel Gnade und Vergebung der Sünden sein, ich bin kein Richter, es wäre denn, dass du mich nicht wollest annehmen und an mich glauben; ohne das will ich sonst ein Helfer sein. Du wolltest denn die Hilfe nicht annehmen, da zwingst du mich dazu, dass ich müsste ein Richter sein, da könnte ich nichts dafür. [...] Darum stelle dir Christus anders vor, als sie gelehrt haben; nicht als einen Richter, bei dem du müssest dies und jenes tun, auf dass du ihn versöhntest; sondern, hast du gesündigt, so ist er das Licht der Welt, er richtet niemanden.«[38] Die Glaubenden brauchen sich »nicht erschrecken vor den Zeichen« des Endes, »sondern ihr sollt fröhlich den Kopf aufwerfen [Lk 21,28] und sagen: Benedictus, *qui venit in nomine domini* [Mt 23,39].«[39]

2. Im Jahr 1829 traf die Familie Schleiermacher ein harter Schlag. Der neunjährige Sohn Nathanael erkrankte an Scharlach und starb nur drei Tage später. In seiner bewegenden Trauerrede wird deutlich, wie schwer Schleiermacher der Abschied von seinem Kind fiel. Vor dem Hintergrund unserer Fragestellung ist bemerkenswert, wie sich Schleiermacher »den Fesseln seines Systems [entringt]«,[40] die existentialistische Eindimensionalität transzendiert und in seinen eschatologischen Äußerungen ganz auf die biblische Vorstellungswelt (und nicht auf das unmittelbare Selbst- und Gottesbewusstsein) bezogen

---

[38] M. Luther, Die dritte Predigt über das acht Capitel Ioannis, WA 33, 524–543, 540–542 (sprachlich leicht modernisiert).

[39] So Luther in einer Predigt am zweiten Adventssonntag (7. Dezember 1533), WA 37, 204–208, 206. Auch hier findet sich die biographische Komponente in Verbindung mit einer Breitseite gegen Rom (a.a.O., 205): »Ich selbst habe sie einst gesehen, die verzweifelten, weil sie haben den Schrecken nicht ertragen gekonnt und die große Furcht, da sie sich entsetzt haben vor dem gräulichen und schrecklichen Gericht Gottes. Denn die Papisten hatten es mit ihrer Predigt dahin gebracht, dass wir uns schier zu Tode fürchteten vor Christus und ihn nur für einen Richter hielten. Ich habe Maria angerufen, andere auch, dass wir sie konnten setzen wider den strengen Richter.« Weitere Predigtbeispiele über Luthers Gerichtsanschauung bei U. Asendorf, Die Theologie Martin Luthers nach seinen Predigten, Göttingen 1988, 160–162.

[40] H. Thielicke, Glauben und Denken in der Neuzeit. Die großen Systeme der Theologie und Religionsphilosophie, Tübingen ²1988, 253.

bleibt. »So stehe ich denn hier mit meinem Troste und meiner Hoffnung allein auf dem bescheidenen aber doch so reichen Worte der Schrift: Es ist noch nicht erschienen, was wir sein werden; wenn es aber erscheinen wird, werden wir Ihn sehen, wie Er ist! und auf dem kräftigen Gebete des Herrn: Vater, ich will, daß wo ich bin, auch die seien, die du mir gegeben hast. Auf diesen starken Glauben gestützt und von kindlicher Ergebung getragen, spreche ich denn von Herzen: Der Herr hatte ihn gegeben, der Name des Herrn sei gelobt dafür, daß er ihn mir gegeben, daß er diesem Kinde ein wenn auch kurzes doch helles und heiteres und von dem Liebeshauche seiner Gnade erwärmtes Leben verliehen [...] hat.«[41]

3. Robert Matthias Barth (* 17.4.1921), das vierte Kind der Familie Barth, starb im Juni 1941 auf einer Bergtour im Berner Oberland. Karl Barth hielt die Trauerrede über 1 Kor 13,12. »Dass der Tod Kraft, erschreckende und schmerzliche Kraft hat, das sehen wir. Aber daß er keinen tödlichen Stachel hat [vgl. 1 Kor 15,55–56], das glauben und das wissen wir. Mehr noch: wir glauben und wissen, daß gerade der Tod – nachdem Jesus Christus ihn erlitten hat, nur noch der Weg und Dienst zu derselben Herrlichkeit sein kann. [...] Eine tiefe Hilflosigkeit und Wehrlosigkeit war vielleicht etwas vom Innersten im Wesen unseres Matthias. Wie hätte er dem Starken entrinnen können, der nun sein Leben so lange vor jeder Vollendung wie im Sturme hinweggefegt hat? Es ist aber – das glauben und wissen wir schon jetzt – Einer, der diesen Starken selber längst gebunden, seine Macht zu töten längst genommen, der ihn längst in seinen eigenen Dienst gezwungen hat. Das werden wir dann sehen, wenn wir sehen werden von Angesicht zu Angesicht.«[42] Zwei Jahre vor seinem eigenen Tod, am 21.6.1966 führte Barth ein Gespräch mit Mitgliedern der Basler Titusgemeinde. In den Jahren zuvor musste er sich mehreren langwierigen Behandlungen unterziehen, auch das eine existentielle Konfrontation mit der Frage nach dem »Leben nach dem Tod«. Diese Frage nach dem »Leben nach dem Tod« wurde ihm ausdrücklich gestellt und von ihm so beantwortet: »Wir werden auf-

[41] F. SCHLEIERMACHER, Predigt am 1. November 1829, SW II/4, 1844, 880–884, 883; wieder abgedruckt: Am 1. November 1829 wohl mittags, Begräbnis, in: Kritische Gesamtausgabe III/11: Predigten 1828–1829, hg. v. P. Weiland, Berlin 2014, 507–512, 510.

[42] K. BARTH, 1. Korinther 13,12. 25. Juni 1941, Bestattung von Matthias Barth, Bubendorf, in: DERS., Predigten 1935–1952, hg. v. H. Spieker/H. Stoevesandt, Gesamtausgabe I. Predigten, Zürich 1996, 223–231, 230.

erstehen, aber es wird eine Auferstehung zum Gericht sein. Dann gibt es nur noch *eine* Hoffnung: daß wir wissen, *wer* der Richter ist. ›Wir müssen alle offenbar werden vor dem Richterstuhl Christi‹ [2 Kor 5,10]. Und darum, aber wirklich allein darum ist ohne Einschränkung zu sagen: darum freuen wir uns allerdings auf das ›Leben nach dem Tode‹. Darum ›erhebet eure Häupter, darum, weil sich eure Erlösung naht‹ [Lk21,28].«[43]

Die Texte von Luther, Schleiermacher und Barth sind ein Beleg dafür, wie sich theologische Systeme angesichts existentieller Betroffenheit verflüssigen und konfessorische Formeln lebendig und auch für andere rezipierbar werden: Die eigenen Gewissheiten im Leben und im Tod kommen ungeschützt und überzeugend zur Sprache, die zeitenüberdauernde Kraft der biblischen Bilder wird neu entdeckt und der christologische Akzent im Modus der Hoffnung auf das »Retteramt« Christi gelegt. Auch im Blick auf den gemeindlichen und persönlichen Glaubensvollzug kann der alte Wortlaut neue Prägekraft gewinnen, wenn er im Lichte der eigenen Glaubens- und Lebenserfahrung gesprochen wird. Die Formeln des Glaubensbekenntnisses dienen dann nicht lediglich pragmatisch der Identitätsvergewisserung und erlangen ihre Plausibilität nicht allein durch stringente dogmatische Beweisführungen, sondern können Ausdruck des eigenen Glaubens werden.

---

[43] K. Barth, Gespräch in der Basler Titusgemeinde, in: ders., Gespräche 1964–1968, hg. v. E. Busch, Gesamtausgabe IV, Zürich 1997, 295–307, 297f.

Weiterführende Fragen

1. Wie ist damit umzugehen, dass eschatologische Aussagen nicht aufgrund menschlicher Erfahrung bestätigt werden können? Welche Bedeutung hat angesichts dessen die Tatsache, dass die Bibel von solchen Sachverhalten überwiegend in Bildern handelt und dass dabei stets unterschiedliche Vorstellungen nebeneinanderstehen?
2. Sollte die Rede vom Gericht nicht eigentlich als Heilsgeschehen verstanden werden, bei dem zu Recht gebracht werden soll, was auf Erden im Unrecht und im Unfrieden blieb? Schließlich ist es ja Christus, der erwartet wird: Es geht nicht primär darum, *was* kommt, sondern *wer* kommt.
3. Wie kann die Rede von der Wiederkunft Christi »evangeliumsgemäß« und damit vergewissernd und tröstlich vermittelt werden? Wie kann verhindert werden, dass mithilfe der Eschatologie die Frohbotschaft zur Drohbotschaft wird? Welche Auswirkungen hat diese Frohbotschaft im Zusammenleben der Menschen?

Schlussreflexion

Chancen und Schwierigkeiten des Dialogs zwischen Exegese und Systematischer Theologie

Jörg Frey/Anne Käfer

Der vorliegende Band bietet in Paarvorträgen interdisziplinäre Dialoge zwischen Exegetinnen und Exegeten (hier ausschließlich Neutestamentlerinnen und Neutestamentlern) und (evangelischen) Systematischen Theologinnen und Theologen zur Christologie bzw. zum zweiten Artikel des Apostolischen Glaubensbekenntnisses, nicht nur um in die Grundlagen und Probleme der Themen des zweiten Glaubensartikels einzuführen, sondern auch, um exemplarisch vorzuführen, wie das Gespräch zwischen Exegese und Systematischer Theologie geführt werden könnte. Dass dieses Gespräch nicht immer gleichermaßen gelingt und auch in den vorliegenden Diskursen nicht immer gleichermaßen »vorbildlich« ist, hat vielfältige Gründe. Darum soll in dieser Schlussbetrachtung reflektiert werden, wie dieses Gespräch »funktionieren« könnte, warum es gelegentlich schwierig ist und was zu seinem Gelingen förderlich ist.

Dazu wollen wir zunächst knapp beschreiben, wie die beiden Teilwissenschaften der Theologie, die (v. a. neutestamentliche) Bibelwissenschaft und die Systematische Theologie angelegt sind und worauf beide in ihrer je unterschiedlichen Zugangsweise zielen, bevor dann Bedingungen, Hindernisse und Möglichkeiten des Gesprächs aufgezeigt werden können.

Dass ein interdisziplinäres Gespräch notwendig ist, liegt aus verschiedenen Gründen auf der Hand: In den praktisch-theologischen Handlungsfeldern, im Religionsunterricht, in Predigtarbeit, Seelsorge und Gemeindeleitung gilt es, biblische, systematisch-theologische und andere Perspektiven in ihrem Zusammenspiel miteinander ins Gespräch zu bringen. Studierende der Theologie sind darum herausgefordert, in ihrer eigenen Reflexion die vielfältig differenzierten Einzelfächer zusammenzuführen und sich mit der Verschiedenheit der Perspektiven auseinanderzusetzen; nicht zuletzt in der Examensvorbereitung muss diese Zusammenführung durch die Studierenden selbst geleistet werden, weil sie im Studienprogramm evangelisch-theologischer Fakultäten und Institute bei fachlich differenzierten

Lehrveranstaltungen nicht geschieht, wenn nicht besondere, fächerübergreifende Seminare oder Kolloquien angeboten werden.

Wir konzentrieren uns im Folgenden auf die Diskussionslage in der evangelischen Theologie und im deutschsprachigen Umfeld, aus sachlichen und pragmatischen Gründen:

Im römisch-katholischen Diskursraum ist die Zuordnung von Bibelwissenschaften und Systematischer Theologie (Fundamentaltheologie, Dogmatik, Moraltheologie) deutlich anders als im Bereich der evangelischen Theologie. Auch wenn viele Kolleginnen und Kollegen dem entgegenzuwirken suchen, ist aus kirchlich-lehramtlicher Perspektive nach wie vor die Dogmatik letztlich die »Königsdisziplin«, der die Bibelwissenschaften zuarbeiten sollten. Das biblische Material bietet darum den Einstieg zu den Studienmodulen über dogmatische Traktate, in denen dann die lehramtlichen Entwicklungen und Entscheidungen reflektiert werden sollen. Insofern sehen sich die Bibelwissenschaften nach wie vor in einer untergeordneten Position, da angesichts bestimmter lehramtlicher Entscheidungen zu Schrift und Tradition der historischen Erhebung des biblischen Textsinns und der Bibelwissenschaft keine kriteriale Bedeutung im Blick auf die Entfaltung der kirchlichen Lehre zukommen kann. Dies kann hier nicht diskutiert werden, aber da die innerkatholische Diskussion nach wie vor stark von dem Ringen der Bibelwissenschaft um Freiräume von lehramtlicher Bevormundung bestimmt ist und von einem gleichrangigen Gegenüber der Fächer im katholisch-theologischen Fächerkanon noch nicht die Rede sein kann, ist im vorliegenden Rahmen die Konzentration auf den evangelischen Kontext angebracht.

Im angelsächsischen Raum werden Bibelwissenschaften und auch »Systematic Theology« in anderen institutionellen Kontexten unterrichtet als im deutschsprachigen Raum. Die enzyklopädische Einheit der Theologie aus Bibelwissenschaften (Altes und Neues Testament), Kirchengeschichte, Systematischer Theologie und Praktischer Theologie ist dort häufig nicht gewahrt und Bibelwissenschaften werden oft stärker in einem allgemeinen Rahmen von Religious Studies oder Cultural Studies gelehrt, ohne den wesentlichen/wichtigen Bezug auf die Wirkungsgeschichte der biblischen Texte in der Kirchen- und Theologiegeschichte und auf die dogmatische Tradition. Umgekehrt wird »Systematic Theology« häufig entweder im Verbund mit Philosophie oder aber ganz im kirchlichen Rahmen gelehrt, ohne wesentlichen Rückbezug auf die historische Bibelwissenschaft. Beides ist im deutschsprachigen Raum anders, wo die Einheit der theologischen

Hauptdisziplinen – letztlich aufgrund ihrer gemeinsamen Ausrichtung auf die praktische Aufgabe der »Kirchenleitung« – im Theologiestudium noch gewahrt wird.

Wie also stehen sich im deutschsprachigen, evangelischen Kontext (neutestamentliche) Bibelwissenschaft und Systematische Theologie gegenüber?

1. Neutestamentliche Bibelwissenschaft

Die historische Bibelwissenschaft hat sich in der neuzeitlichen Theologiegeschichte von der dogmatischen Theologie emanzipiert. Dabei war zunächst ein dogmenkritischer Impuls leitend: Die Bibelwissenschaft sollte nicht mehr nur *dicta probantia* für die kirchliche Lehre liefern, sondern deren Recht und Grenze eigenständig an den biblischen Texten überprüfen, wozu dann sukzessive Methoden der klassischen Philologie und Alten Geschichte entlehnt sowie im 20. Jh. alternativ oder ergänzend weitere Ansätze der Sprach- und Literaturwissenschaft herangezogen wurden. Diese zunächst nur im protestantischen Rahmen mögliche und entwickelte historisch-kritische Bibelwissenschaft wurde nach 1945 auch im römisch-katholischen Kontext zugelassen und schnell aufgenommen (während der östlich-orthodoxe Kontext erst jetzt langsam und eingeschränkt eine Öffnung erfährt). Sie hat sich trotz vielfältiger Widerstände konservativer (v. a. pietistisch-evangelikaler) Kreise in der evangelischen Theologie als unabdingbare Voraussetzung eines wissenschaftlich verantworteten Umgangs mit den Schriften etabliert. Evangelisch sind dabei der Rückgriff auf die Quellen in ihrer möglichst ursprünglichen Sprachgestalt, denen ja nach reformatorischer Erkenntnis für die kirchliche Lehre und das kirchliche Leben kriteriale Bedeutung zukommt, und die Freiheit zur Kritik. Dabei geht es allerdings, einem verbreiteten Missverständnis zum Trotz, nicht um Kritik »an« der Bibel, sondern um die kritische Diskussion von Vorverständnissen und Vorurteilen über die Bibel und ihre Schriften, die landläufig und auch in der christlichen Kirche bestehen, sowie um die kritische Begleitung ihres kirchlichen und theologischen Gebrauchs.

Im Konzert der theologischen Fächer kommt der neutestamentlichen Wissenschaft zumindest in evangelischer Perspektive eine fundamentale Bedeutung zu. Sie thematisiert die Grundtexte der christlichen Überlieferung und liefert damit nach eigenem Anspruch nicht nur das »Material« für die Systematische und Praktische Theologie, sondern einen grundlegenden und frischen Blick auf jene Texte, die die christliche Kirche schon früh als grundlegend für christliches Glauben und Leben erkannt und dann in einer langen Geschichte und vielfältigen Entscheidungen, die z.T. erst in der Zeit der Reformation ihre definitive Form erhielten, als Richtschnur (Kanon) für theologische Argumentationen und Lehrbildungen anerkannt hat. Während der Bestand des alttestamentlichen Kanons in den verschiedenen Konfessionsfamilien unterschiedlich bestimmt wurde, besteht im Bereich des Neuen Testaments eine breite ökumenische Übereinstimmung. Natürlich sind die Grenzen des Kanons für die philologisch-historische Erkenntnis und das Verständnis der frühchristlichen Geschichte ohne Bedeutung, und außerkanonische, frühjüdische, hellenistische und frühchristliche Texte sind hier in großer Breite zu berücksichtigen. Dennoch bleibt dort, wo neutestamentliche Wissenschaft der Kirche gegenübertritt, insofern sie im Rahmen evangelischer Theologie betrieben wird, der Bezug auf die kanonischen Texte von primärer Bedeutung. Dabei ist die neuzeitliche Kritik des protestantisch-orthodoxen »Schriftprinzips« insofern berechtigt, als der Kanon kein »papierener Papst« ist, dem prinzipielle Irrtumslosigkeit zukommen könnte. Gleichwohl bleibt der Kanon verbindlicher Bezugsrahmen kirchlicher Lehre und Praxis, und als kritisches Gegenüber dieser Praxis entwickelt neutestamentliche Theologie ihre Perspektiven in Bezug auf dieses grundlegende Textcorpus.

Trotz aller situativen Bezogenheit erheben praktisch alle Texte und Traditionen des Neuen Testaments den Anspruch, Wesentliches über Gott, Christus, die Welt oder das christliche Leben auszusagen, und eine angemessene Interpretation dieser Texte muss diese Dimension wahrnehmen, d.h. über die Feststellung philologischer oder historischer Sachverhalte hinaus zur Darstellung bringen, was in diesen Texten zur Disposition steht und mit welchen Gründen und welchem sachlichen Anspruch es vorgebracht wird. Eine Textbetrachtung, die nur religionsgeschichtliche Hintergründe, textgenetische Prozesse, realhistorische Umstände, textinterne Strukturen beschreibt, ohne den Wahrheitsanspruch der Texte wahrzunehmen und gleichfalls zur Disposition zu stellen, bleibt hinter dem Anspruch der Texte zurück. Freilich sind solche Zugänge in der internationalen und auch in der deutschsprachigen Bibelwissenschaft durchaus verbreitet, nicht zuletzt weil sich in solchen Analysen vermeintlich abgesicherte, »objektive« Erkenntnisse präsentieren lassen, im Einklang mit einem zeitgenössischen Wissenschaftsideal. Allerdings sind auch dort, wo man sich rein religionsgeschichtlich mit Hintergründen der frühchristlichen Opfer- und Sühnevorstellung, literarhistorisch mit den Anfängen der Jesusüberlieferung oder semantisch mit dem paulinischen Verständnis von Gerechtigkeit auseinandersetzt, virulente theologische Themen und sachliche Aspekte, ja Geltungsansprüche berührt.

Wo sich neutestamentliche Exegese hingegen nicht nur darauf beschränkt, biblische Texte auf ihre historische Grundlage hin zu befragen oder in ihrem historischen Sinn auszuleuchten, sondern es im theologischen Interesse unternimmt, größere Traditionszusammenhänge oder Grundlinien innerhalb der biblischen Überlieferung zu erheben und zu beschreiben, impliziert dies notwendigerweise eine Gewichtung zwischen unterschiedlichen Textcorpora und Sachzusammenhängen. Dabei lässt sich theologisch über die Angemessenheit unterschiedlicher Gesamtperspektiven nur diskutieren, wenn diese auch in ihren sachlichen Implikationen hinreichend geklärt und die hermeneutischen Interessen der jeweiligen Interpreten und Interpretinnen offengelegt werden. Dabei ist nicht zu übersehen, dass auch der vermeintlich »neutrale« Verzicht auf theologische Sachaussagen und interpretatorische Gesamtperspektiven letztlich eine sachliche Entscheidung impliziert und angesichts des oben festgestellten theologischen Anspruchs der Texte selbst zu hinterfragen ist.

Da die historische Bibelwissenschaft grundlegende Einblicke nicht nur in das geschichtliche Gewordensein der neutestamentlichen Zeugnisse und des biblischen Kanons, sondern auch in die Vielfalt der Deutungen und Konzeptionen bietet, eröffnet sie zugleich einen Raum der Diskussion, der Perspektivierung und kritischen Unterscheidung. Daran kann die systematisch-theologische Frage nach der gegenwärtig zu verantwortenden Wahrheit des christlichen Glaubens anknüpfen. Zugleich ist der exegetische Diskurs selbst nie rein neutral und objektiv, sondern aufgrund der je unterschiedlichen Interessen der Beteiligten von konfessionellen oder persönlichen Vorgaben und Vorlieben und von dem Ringen um Geltungsansprüche oder deren Bestreitung geprägt. Um diese zu erkennen und kritisch zuordnen zu können, ist auch bei Exegetinnen und Exegeten ein möglichst breites Wissen um theologie- und wirkungsgeschichtliche Sachverhalte und um die im systematisch-theologischen Denken entwickelten Kategorien erforderlich.

Nun hat sich in der neueren Bibelwissenschaft die Spezialisierung in einzelnen Bereichen enorm gesteigert. Einzelne Exegetinnen und

Exegeten bewegen sich in größter Detailliertheit auf schmalen Gebieten, und die Wahrnehmung größerer historischer oder auch theologischer Zusammenhänge erfordert dabei oft einen Verzicht auf Details oder einen Verzicht darauf, in diesen Zusammenhängen »alles« wahrzunehmen. Gerade Qualifikationsarbeiten stehen oft unter dem Druck, eher in einem kleinen Detail möglichste Gründlichkeit zu präsentieren, als in größeren Zusammenhängen »Oberflächlichkeit« zu riskieren. Immerhin gilt für deutschsprachige Professuren meist noch der Anspruch, das Kandidaten und Kandidatinnen das jeweilige Fach in seiner Breite in Forschung und Lehre zu vertreten haben, in anderen Wissenschaftskontexten ist eine weniger breite Ausbildung häufiger.

2. Systematische Theologie

Systematische Theologie in evangelischer Ausrichtung befasst sich mit dem Wesen des christlichen Glaubens, den Möglichkeitsbedingungen seines Zustandekommens, seinem Gegenstand (kurz: *Gott, der sich als Schöpfer durch den Heiligen Geist in Christus zu erkennen gibt*) und entsprechenden Glaubensinhalten sowie mit dem durch diesen Glauben motivierten und an ihm orientierten Handeln. Ihre Aufgabe ist die Reflexion darüber, wodurch sich christlicher Glaube und christliche Religion – auch im Unterschied zu anderen Weltanschauungen und Religionen – auszeichnen. Sie nimmt hierzu die Überzeugungen in den Blick, die den christlichen Glauben charakterisieren und als eben diese Überzeugungen den Vollzug und Sinn christlichen Lebens bestimmen.

Indem sie darüber nachdenkt und sprachlich klar darzustellen unternimmt, was der lebensbestimmende Gegenstand christlichen Glaubens ist, fragt sie nach, wie das Widerfahren von überzeugungsstiftenden Glaubenserlebnissen und der sprachliche Ausdruck von Glaubensaussagen im Zusammenhang zu verstehen sind. Dabei orientiert sie sich an Glaubensaussagen der kirchlichen Tradition, die sich selbst die biblischen Schriften zum Maßstab erhoben hat und ihre Bekenntnisse darauf bezieht. Diese textvermittelten Glaubensaussagen werden bereits seit Jahrhunderten interpretiert, wobei die Interpretation einerseits von der Frage geleitet ist, was der unerschütterliche Sachgehalt der Glaubensaussagen ist und wie andererseits in der jeweils gegebenen Gegenwart der in Aussagen gefasste Sachgehalt möglichst adäquat ausgelegt und übertragen werden kann.

Von der Systematischen Theologie wird auf Interpretationen und Übertragungen, die die Kirchen- und Theologiegeschichte prägen, Bezug genommen. In zustimmender oder abgrenzender Absicht werden bestimmte Texte besonders intensiv studiert. Die Zustimmung zu theologischen Interpretationen entscheidet sich daran, ob diejenigen, die gegenwärtig Systematische Theologie treiben, in diesen Texten Gemeinsamkeiten im Verstehen christlicher Glaubensinhalte feststellen oder nicht. Dadurch wird deutlich, dass das Verstehen dieser Texte ebenso wie das Verstehen der kanonischen Texte einer jeweiligen Hermeneutik zugeordnet werden kann.

Weil das jeweilige Verständnis davon, wie Texte verstanden werden können und sollen, über das konkrete Textverstehen entscheidet, ist der Systematischen Theologie an hermeneutischer Verständigung gelegen. Sie thematisiert verschiedene Weisen des Textverstehens und befragt sie daraufhin, ob sie in Übereinstimmung sind mit dem Schriftauslegungsverständnis, das von den als kanonisch und normierend festgestellten Texten der Sache nach selbst vertreten wird. Schon allein an der Tatsache der uneinheitlichen Beantwortung der Frage nach angemessenem Verstehen wird deutlich, dass jegliche Textauslegung perspektivisch gebunden ist. Der Zugang zu textvermittelten Sachaussagen ist stets durch das Lebensverstehen und die Lebenssinnüberzeugungen desjenigen Menschen mitbestimmt, der sie zur Kenntnis nimmt. Wiederum kann die Beschäftigung mit den textvermittelten Sachaussagen dazu führen, dass sich hierbei – durch das Wirken des Heiligen Geistes vermittelt – das Lebensverstehen des jeweiligen Menschen ändert. Diese individuell-existentielle Gebundenheit aller theologischen Aussagen sollte bei aller wissenschaftlichen Arbeit mitbedacht werden.

Auf dem Boden der christlichen Überzeugungen, die das Leben eines einzelnen Christenmenschen wie auch das Leben der Gemeinschaft von Christenmenschen (bzw. der Kirche) bestimmen, fußt deren Handeln gegenüber sich selbst und der Schöpfung insgesamt. Auch die Reflexion dieses Zusammenhangs sowie die Formulierung von Handlungsweisen, die als gegenüber dem christlichen Glaubensgegenstand angemessen erachtet werden, ist Aufgabe der Systematischen Theologie.

Nicht nur, was Handlungsentscheidungen anbelangt, wird die Systematische Theologie durch zuvor ungekannte Gegebenheiten, durch neue technische oder gesellschaftliche Entwicklungen immer wieder aktuell herausgefordert. Sowohl Handlungsweisen im

Umgang mit Geschöpfen als auch beispielsweise anthropologische und hamartiologische Zusammenhänge sind niemals abschließend geklärt und zu Papier gebracht. Schon aufgrund der Fülle der Perspektiven, aus denen die menschlichen Individuen den christlichen Glaubensgegenstand beschreiben, sowie bedingt durch den Wandel der Sprache und der Vorstellungsbilder, die an den Lebensweisen der jeweiligen Gegenwart ausgerichtet sind, ist ein ständiges Bemühen um systematisch-theologische Arbeit erforderlich. Zudem verlangen neue Erkenntnisse der exegetischen Wissenschaften ein stets neues Nachdenken über die textvermittelten Sachverhalte. Dabei wird immer wieder deutlich und bleibt dauerhaft zu berücksichtigen, dass die textvermittelten Sachverhalte nicht identisch sind mit den Texten selbst. Diese verdanken sich bestimmten Personen, historischen Ereignissen oder gesellschaftlichen Zusammenhängen und sind geprägt von zeitgebundenen Sprachgestalten und Vorstellungsbildern.

3. Voraussetzungen, Chancen und Schwierigkeiten des fächerübergreifenden Gesprächs

3.1 Voraussetzungen

Wo immer biblische Texte im Zusammenhang der christlichen Kirche gelesen werden, geschieht dies nicht im musealen Interesse, sondern im Kontext eines gegenwärtigen Glaubens und Lebens. Umgekehrt stehen gegenwärtige Ausdrucksformen christlichen Glaubens bewusst oder unbewusst in einer Beziehung zur biblischen Überlieferung und zur kirchlichen Tradition. Mithin ist eine wechselseitige Beziehung zwischen der gegenwärtigen Glaubenspraxis und den Quellen und Grundzeugnissen christlichen Glaubens grundlegend gegeben. Dies gilt umso mehr dort, wo die Reflexion christlicher Glaubensaussagen bzw. die Lektüre der Grundzeugnisse des Glaubens in wissenschaftlicher Verantwortung erfolgt.

Freilich ist die Wahrnehmung dieser Beziehung nicht selbstverständlich, und Vertreterinnen und Vertreter der Bibelwissenschaft bzw. der Systematischen Theologie haben diese nicht immer im Blick, weil sich ihre eigenen Fachdiskurse in anderer Richtung verselbständigt haben und das je begrenzte persönliche Interesse sich mithin auf andere Diskurse konzentriert oder weil sie sich für die Auseinandersetzung mit der je anderen Fachperspektive und Fachkultur nicht hinreichend kompetent fühlen und daher aus Gründen der »Sicherheit« innerhalb der Grenzen des eigenen Faches oder ihrer jeweiligen Spezialisierung bleiben. So verständlich dies angesichts der enormen Ausdifferenzierung aller theologischen Wissenschaftszweige ist, liegt darin doch auch für die Arbeit im jeweiligen Fach, der Bibelexegese bzw. der Systematischen Theologie, ein erheblicher Verlust, und das Ganze der Theologie, die gerade vom Miteinander historischer und gegenwartsbezogener Perspektiven lebt, droht zu zerbrechen.

Wenn sich die neutestamentliche Bibelwissenschaft – was im internationalen Fachdiskurs durchaus möglich ist – primär auf religions- und kulturgeschichtliche Horizonte oder philologische Details ausrichtet und wenn ihre Vertreterinnen und Vertreter sich damit nicht nur in ihren historischen und philologischen Methoden, sondern auch sachlich eher am Gespräch mit der Klassischen Philologie und Alten Geschichte, der Religionswissenschaft, Kulturgeschichte oder Archäologie orientieren, dann gerät die Frage nach der in den neutestamentlichen Texten verhandelten Sache, den Fragen nach Gott und dem Menschen, nach Christus, der Kirche, dem Heil oder dem menschlichen Handeln im Horizont des Glaubens leicht in den Windschatten anderer Themen und Diskurse. Mit dem Versuch, Gesprächsfähigkeit und »Relevanz« in den genannten akademischen Diskursen zu beweisen, kann dann die Gefahr einhergehen, dass eine so betriebene Bibelwissenschaft für die Theologie und die kirchliche Praxis stumm und irrelevant wird.

Wenn sich die Systematische Theologie – was im akademischen Fachdiskurs leicht möglich ist – primär auf die Diskussion um bestimmte theologiegeschichtliche oder philosophische Entwürfe konzentriert oder ihre Kunstfertigkeit in der Entwicklung spezifischer Sprachspiele zu demonstrieren versucht, aber die Reflexion der in der kirchlichen Tradition und grundlegend in den biblischen Texten bezeugten Glaubensaussagen und -erfahrungen vernachlässigt oder für unmodern erachtet, dann gerät der Bezug ihrer theologischen Aussagen zu der Glaubenstradition der Kirche und zu den für sie grundlegenden biblischen Aussagen wie auch zur fortwährenden Bibellektüre der Kirche aus dem Blick. Mit dem Versuch, die eigene Kunstfertigkeit im Konzert philosophischer oder kulturwissenschaftlicher Diskurse zu erweisen, läuft eine solche Theologie gleichfalls Gefahr, ihre Relevanz für die gegenwärtige Glaubenspraxis der Kirche wie auch für das Gesamte der Theologie, das gerade im Zusammenspiel von historischen und gegenwartsbezogenen Fächern besteht, zu verlieren.

Die genannten »Trends« in den jeweiligen Fächern gehören zu den konkreten Voraussetzungen, unter denen systematische Theologinnen und Theologen bzw. Exegetinnen und Exegeten arbeiten, und gerade Nachwuchswissenschaftlerinnen und Nachwuchswissenschaftler stehen oft unter einem besonderen Druck, ihre innerfachliche Kompetenz unter Beweis zu stellen. Dennoch bietet das überfachliche Gespräch besondere Chancen, nicht nur zu vertiefter Erkenntnis, sondern auch zu einer deutlicheren Wahrnehmung der kirchlichen und gesamttheologischen Relevanz der verhandelten Sachverhalte.

3.2 Chancen des Gesprächs

Wie kann das Gespräch zwischen der Bibelwissenschaft und der Systematischen Theologie gelingen und mit Gewinn für beide Seiten geführt werden? Was ist dafür erforderlich und wo liegen die Hemmnisse? Einige Aspekte sollen hier benannt werden.

Von Gewinn kann ein Gespräch zwischen den exegetischen Fächern und der Systematischen Theologie sein, wenn beiderseitiges *Interesse* am Austausch wissenschaftlicher Erkenntnisse besteht. Solches Interesse ist daran gebunden, dass evangelische Theologie als positive Wissenschaft, d. h. in ihrer Bezogenheit auf die Kirche als die Gemeinschaft von Christenmenschen, ernstgenommen wird. Dies geschieht, wenn sie betrieben wird als kritische Wissenschaft der christlichen Gemeinschaft und für diese; ihrer Bezogenheit auf die Kirche und deren gegenwärtige Praxis wird sie als kritisches Gegenüber gerecht. Entsprechend ist sie ausgezeichnet durch die Bezugnahme auf den christlichen Glaubensgegenstand, der in den kanonisierten Schriften seine früheste schriftliche Bezeugung erfahren hat und durch die Jahrhunderte hindurch in textlichen Variationen beschrieben worden ist. Interesse am *theologischen* Gespräch bekundet sich also auf Seiten der exegetischen Fächer darin, dass diese kirchliche Bekenntnisse und einflussreiche Darstellungen des Wesens und Sachgehalts christlichen Glaubens bei ihren Interpretationen beachten. Da die biblische Exegese in evangelischer Ausrichtung aus der Perspektive einer konfessionsverbundenen Wissenschaftlerin oder eines konfessionsverbundenen Wissenschaftlers geschieht, ist es nur lauter, wenn diese Perspektive deutlich gemacht wird. Interesse zeigt sich andererseits, wenn Systematische Theologie unter Bezugnahme auf diejenige Überlieferung geschieht, die die christliche Gemeinschaft kanonisierte, der der jeweilige christliche Wissenschaftler und die jeweilige christliche

Wissenschaftlerin zugehören. Bestünde solche Zugehörigkeit zur christlichen Gemeinschaft nicht, würde eine Wissenschaft betrieben, die es unternimmt vom christlichen Glaubensgegenstand glaubensunabhängig zu handeln, was ausschließt, dass tatsächlich vom Glaubensgegenstand gehandelt würde; dieser ist nämlich nur im Glauben zugänglich.

Von Gewinn kann ein Gespräch zwischen den exegetischen Fächern und der Systematischen Theologie sein, wenn es gelingt, dass beide Seiten einander ihre Themen, Forschungen und Gedankengänge *verständlich machen*. Dies erfordert nicht nur bei spezialisierten Forschungsthemen eine Übersetzung aus den innerfachlichen Diskursen. Es gilt eine sprachliche Verständigung zu finden, die gegenseitige Einsichtnahme in die jeweiligen Themen gewährt. Von Gewinn kann ein Gespräch zwischen den Fächern auch und gerade dann sein, wenn dabei strittige Fragen aufgedeckt werden, die keine einvernehmlichen Antworten finden. Dabei wird sich in der Regel zeigen, dass die kontroverse Diskussion um Sachfragen nicht zwischen den Fächern, sondern zwischen unterschiedlichen Vertretern und Vertreterinnen der jeweiligen Fächer verläuft: Einerseits können der unterschiedlichen Beurteilung systematisch-theologischer Sachfragen auch unterschiedliche biblisch-exegetische Einsichten und Gesamtperspektiven zugrunde liegen, die durch historisch-exegetische Diskussion geklärt werden können. Umgekehrt können bei einer unterschiedlichen hermeneutischen Einschätzung und Gewichtung textlicher oder historisch-exegetischer Sachverhalte auch unterschiedliche sachlich-theologische Perspektiven im Hintergrund stehen, deren systematisch-theologische Analyse und Diskussion zur Klärung beiträgt. Im wissenschaftlichen Streit über die Fächergrenzen hinweg sind Theologinnen und Theologen herausgefordert, die eigenen Einsichten aus einer andersartigen Perspektive hinterfragen zu lassen und so auf ihre Plausibilität hin zu prüfen. Zugleich darf ein Reichtum an Interpretationsmöglichkeiten der christlichen Überlieferung und an Verstehensmöglichkeiten des Glaubensgegenstandes wahrgenommen werden.

Von Gewinn ist ein Gespräch zwischen den Fächern, wenn sich die jeweiligen Vertreterinnen und Vertreter gegenseitig dadurch bereichern, dass sie *Verstehensprozesse neu anregen* und durch ihre Interpretationsleistungen dem jeweils anderen Fach eine *Erweiterung und Vertiefung* der bisher gewonnenen Verständnisse ermöglichen. So können bisher nicht gekannte, nicht hinreichend bedachte oder noch nicht in dieser Perspektive verstandene Aspekte neu entdeckt und dem vertieften Verstehen zugänglich gemacht werden. Von einem solchen vertieften Verstehen profitieren nicht nur die einzelnen Fächer, sondern vor allem auch das Ganze der Theologie und ihr konkret-lebensweltlicher Bezugsrahmen, die Kirche.

3.3 Hindernisse im Gespräch

Diese Chancen des fächerübergreifenden Gesprächs wahrzunehmen, setzt voraus, dass es gelingt, spezifische Hindernisse zu vermeiden:

Gesprächshinderlich wäre es, wenn von exegetischer Seite allein philologische Finessen und Detailfragen oder bloß historische Sachverhalte wie die historische Rekonstruktion der Genese der Texte, religionsgeschichtliche Parallelen oder sozial- und kulturgeschichtliche Erwägungen vorgebracht würden. Solche Fragestellungen werden gelegentlich in den Vordergrund gestellt, in der Annahme, dass die exegetische Arbeit damit eher weltanschaulich neutral (oder »objektiver«) und wissenschaftlich anschlussfähiger sei, und nicht zuletzt spielen dabei auch Kriterien säkularer Forschungsförderung eine Rolle. Gleichwohl sind auch in einer derart fokussierten Forschung implizit Werturteile und Vorannahmen leitend. Schon zu dem Zweck, diese Vorannahmen aufzudecken, könnte die Einbeziehung der Systematischen Theologie in die exegetische Arbeit hilfreich sein. Schließlich ist es eine Aufgabe der Systematischen Theologie, hermeneutische Fragen zu stellen und das Verstehen von Verstehen zu thematisieren und dafür klärende Lösungswege aufzuzeigen. Wird der Zusammenhang berücksichtigt, in dem sich das je eigene Verstehen mit dem je eigenen Vorverständnis befindet, könnte dies für die exegetische Arbeit aufschlussreich sein. Das Gewahrwerden und Aufdecken der jeweiligen Perspektiven wäre nicht nur redlich, sondern auch hilfreich für das Verstehen eines exegetischen Gesprächsbeitrags.

Umgekehrt wäre es gesprächshinderlich, wenn die Systematische Theologie in der philologischen und historischen Arbeit an einzelnen Texten aus der theologischen oder auch der theologisch interessierten philosophischen Tradition hängenbliebe. Sollte diese Arbeitsweise mit der Abstinenz von jeglichem Schriftbezug einhergehen, wird ein Gespräch nicht gelingen. Es kommt vor, dass solche Abstinenz mit der Bezweiflung der Autorität der biblischen Schriften zugunsten des je eigenen Gotteserlebens begründet wird. Zu solch einem Widerstreit kommt es allerdings nur dann, wenn die biblische Autorität als autoritär bedrängend missverstanden wird und gegen sie ein evangelisches

Freiheitsverständnis hochgehalten wird, das auch Unabhängigkeit vom Bibel-Gegenüber will.

Gesprächshinderlich wäre es schließlich, wenn die exegetische Wissenschaft und die Systematische Theologie sich nicht einig wären darin, dass sie sich als Fächer verstehen, die, wenn auch auf unterschiedliche Weise, doch von derselben Sache handeln, nämlich von dem christlichen Glauben und seinem Gegenstand. Es gibt zum Teil erhebliche Differenzen im Verstehen des christlichen Glaubens und seines Gegenstandes, wie die Texte aus Jahrhunderten zeigen. Doch ist es eben *christlicher* Glaube, den christliche Theologinnen und Theologen miteinander teilen. Diese Verbundenheit gilt es als gesprächsermöglichend und gesprächsfördernd ernst zu nehmen. Erst aufgrund dieser Verbundenheit und im Bewusstsein dieser Verbundenheit können Richtigkeits- und Wahrheitsansprüche diskutiert werden und also kann mehr als nur philologische und historische Wissenschaft, nämlich theologische Wissenschaft betrieben werden.

3.4 Die Chancen wahrnehmen

Es gilt dann darauf zu achten, dass die biblischen Texte theologisch ausgelegt werden, weil sie selbst den Anspruch erheben, die Wahrheit über Gott, den Menschen und das Leben des Geschaffenen auszudrücken. Dies impliziert keinesfalls ein autoritäres Verständnis der historischen Referenz oder sachlichen Richtigkeit biblischer Texte und Aussagen, die als solche für wahr gehalten und unwidersprochen akzeptiert werden wollten. Vielmehr darf dieser Anspruch als Aufforderung verstanden werden, immer wieder neu nach dem Sachgehalt der biblischen Botschaft zu fragen, der textvermittelt zu bestimmter Zeit, an bestimmtem Ort und von bestimmten Personen zur Sprache gebracht wurde und je neu zur Sprache gebracht werden will.

Es gilt dann ernst zu nehmen, dass Christenmenschen von sich behaupten dürfen, Einblick in die Wahrheit erlangt zu haben, die sie theologisch reflektieren. Die Wahrheitserkenntnis eines Menschen ist einerseits allein an dessen individuelles Offenbarungserleben gebunden. Andererseits bedeutet diese Subjektgebundenheit der Wahrheitserkenntnis keine Wahrheitsbeliebigkeit. Vielmehr verlangt die Gemeinschaft derer, die sich im christlichen Glauben vereinigt wissen, eine Verständigung über das Wahrheitserleben mit denen, die gegenwärtig an der Gemeinschaft teilnehmen, und mit denen, die an dieser Gemeinschaft bereits teilhatten. Die Einheit dieser Gemeinschaft besteht nämlich nicht aufgrund wechselseitiger Gleichgültigkeit (missverstandener Liberalität) gegenüber dem Wahrheitserleben des Nächsten, sondern vielmehr in gemeinschaftlicher und kritischer Bezugnahme auf die erste Verkündigung christlicher Wahrheitserkenntnis in den biblischen Schriften. Die gemeinsame Suche nach dem Sachgrund des Glaubens in Vergangenheit und Gegenwart, nach der gegenseitigen Erhellung und Klärung von Glaubens- und Lebensperspektiven und letztlich die Bemühung um das Ganze der Theologie steht im Hintergrund der Bemühungen, biblisch-historische und systematisch-theologische Fragestellungen und Diskurse in einen Dialog zu bringen. Dass dieser Dialog – je nach individuellen Voraussetzungen und Bemühungen – immer wieder ins Stocken gerät, liegt in der Komplexität der Sache und der Natur der beteiligten Menschen begründet. Wo er gelingt und wo durch ihn erfrischende Einsichten und neue Perspektiven aufscheinen, wird die Freude des Theologisierens erlebbar.

Biogramme der Autorinnen und Autoren

ROLAND DEINES, Professor em. für Neues Testament an der Universität Nottingham und Professor für Biblische Theologie und Antikes Judentum an der Internationalen Hochschule Liebenzell. Forschungsschwerpunkte: Hellenistisch-jüdische Literatur- und Religionsgeschichte; Jesus- und Evangelienforschung (insbes. Matthäus); theologische Historiographie.

ALEXANDER DÖLECKE, Wissenschaftlicher Mitarbeiter am Seminar für Reformierte Theologie an der Evangelisch-Theologischen Fakultät der Westfälischen Wilhelms-Universität Münster. Forschungsschwerpunkte: Theologie von und im Anschluss an Karl Barth, Theologische Religionskritik, Interreligiöse Hermeneutik und Theologie der Religionen, Theologiegeschichte des 19. und 20. Jahrhunderts, Religion und Politik, Grundfragen der Ethik.

GREGOR ETZELMÜLLER, Professor für Systematische Theologie an der Universitat Osnabrück. Forschungsschwerpunkte: Theologische und interdisziplinäre Anthropologie, Dogmatik (Gotteslehre, Erwählungs- und Vorsehungslehre; Eschatologie), Theologie und Zivilgesellschaft, Dialog von Theologie und Naturwissenschaften.

DIRK EVERS, Professor für Systematische Theologie mit dem Schwerpunkt Dogmatik an der Martin-Luther-Universität Halle-Wittenberg. Forschungsschwerpunkte: Protestantische Dogmatik, Dialog Theologie und Naturwissenschaften, Religionsphilosophie der Neuzeit.

REINHARD FELDMEIER, Professor für Neues Testament an der Georg-August-Universität Göttingen. Forschungsschwerpunkte: Biblische Gotteslehre, Religionsgeschichte der hellenistischen Welt, neutestamentliche Ethik, Synoptische Evangelien, Katholische Briefe und Aposteltraditionen.

MARCO FRENSCHKOWSKI, Professor für Neues Testament an der Theologischen Fakultät der Universität Leipzig. Forschungsschwerpunkte: Frühes Christentum und antike Religionsgeschichte, Evangelienforschung, Magie und ähnliche Diskurse, interreligiöse Fragen,

Geschichte der phantastisch-imaginativen Literatur, Bibliotheksgeschichte.

Jörg Frey, Professor für Neutestamentliche Wissenschaft mit Schwerpunkt Antikes Judentum und Hermeneutik an der Theologischen Fakultät der Universität Zürich. Forschungsschwerpunkte: Johanneische Literatur, Katholische Briefe, antikes Judentum (Qumran, Apokalyptik), Judenchristentum und die frühchristliche apokryphe Literatur sowie Themen der Exegese und Theologie des Neuen Testaments.

Jens Herzer, Professor für Neues Testament an der Theologischen Fakultät der Universität Leipzig. Forschungsschwerpunkte: Paulus und paulinische Briefliteratur, insbes. Pastoralbriefe, Geschichte und Literatur des Frühjudentums.

Lina Hildebrandt-Wackwitz ist Promotionsstudentin an der Theologischen Fakultät der Humboldt-Universität zu Berlin im Fach Systematische Theologie. Derzeit arbeitet sie an ihrer Dissertation zum Thema Schuld und Schuldurteile. Forschungsschwerpunkte: Phänomenologie, Anthropologie, insbesondere Sündenlehre und Fragen nach Recht und Gerechtigkeit.

Gudrun Holtz, apl. Professorin an der Evangelisch-theologischen Fakultät der Eberhard Karls Universität Tübingen und Pfarrerin. Forschungsschwerpunkte: Paulus, Qumran, Philo von Alexandrien, Religionsgeschichtlicher Vergleich und seine Methodik.

Anne Käfer, Professorin für Systematische Theologie und Direktorin des Seminars für Reformierte Theologie an der Westfälischen Wilhelms-Universität Münster. Forschungsschwerpunkte: Reformierte und lutherische Theologie, die Theologie Friedrich Schleiermachers, Gerechtigkeitsethik sowie Tier- und Mitweltethik.

Friederike Kunath, Dr. theol., wissenschaftliche Assistentin am Lehrstuhl für Neutestamentliche Wissenschaft mit Schwerpunkt Antikes Judentum und Hermeneutik, Theologische Fakultät der Universität Zürich. Forschungsschwerpunkte: Präexistenzchristologie, Johannesevangelium, Embodiment und Ethik bei Paulus.

MARTIN LEINER, Professor für Systematische Theologie mit Schwerpunkt Ethik an der Friedrich-Schiller-Universität Jena und Leiter des 2013 gegründeten Jena Center for Reconciliation Studies (JCRS). Forschungsschwerpunkte: Martin Buber und der theologische Personalismus, Theologische Anthropologie, Medienethik und Versöhnungsforschung.

ROCHUS LEONHARDT, Professor für Systematische Theologie unter besonderer Berücksichtigung der Ethik an der Theologischen Fakultät der Universität Leipzig. Forschungsschwerpunkte: Theologische Hermeneutik, Politische Ethik.

ANDREAS LINDEMANN, Professor für Neues Testament i. R., Kirchliche Hochschule Wuppertal/Bethel. Forschungsschwerpunkte: Paulus, synoptische Evangelien, christliche Literatur des 2. Jahrhunderts.

HERMUT LÖHR, Professor für Neues Testament und Antikes Judentum an der Evangelisch-Theologischen Fakultät der Rheinischen Friedrich-Wilhelms-Universität Bonn. Forschungsschwerpunkte: Jüdische und christliche Moral in der Antike, Ritual und Gebet im antiken Judentum und im frühesten Christentum, Hebräerbrief, paulinische Schriften, 1–3 Joh.

MARKUS MÜHLING, Professor für Systematische Theologie und Religionsphilosophie an der Leuphana Universität Lüneburg. Forschungsschwerpunkte: Sozialethik, Eschatologie, Wissenschaftskulturdialog, Theologie und Naturwissenschaft.

GEORG NEUGEBAUER, Dr. theol. habil., Privatdozent und wissenschaftlicher Mitarbeiter am Institut für Systematische Theologie an der Theologischen Fakultät der Universität Leipzig. Forschungsschwerpunkte: Religionstheorie und -hermeneutik, Christologie, Sündenlehre, Handlungstheorie, Paul Tillich, Max Weber, Theologische Aufklärungsrezeption.

KARL-WILHELM NIEBUHR, Professor für Neues Testament an der Theologischen Fakultät der Friedrich-Schiller-Universität Jena. Forschungsschwerpunkte: Frühjüdische Literatur, Paulus, Jakobusbrief.

NICOLE OESTERREICH, wissenschaftliche Mitarbeiterin am Lehrstuhl für Neues Testament an der Theologischen Fakultät der Universität

Leipzig. Forschungsschwerpunkt: Wahrnehmungen veränderter Bewusstseinszustände im Neuen Testament vor dem Hintergrund neurowissenschaftlicher Erkenntnisse.

Benjamin Schliesser, außerordentlicher Professor für Neues Testament am Institut für Bibelwissenschaft an der Universität Bern. Forschungsschwerpunkte: Briefe und Theologie des Paulus, Frühchristlicher Identitätsdiskurs, Sozialgeschichte des Neuen Testaments, Rezeptions- und Wirkungsgeschichte, Kirche und Gesellschaft.

Jakob Spaeth, Pfarrer der Württembergischen Landeskirche in der Kirchengemeinde Stuttgart-Uhlbach. Forschungsschwerpunkte: »Ich-Konstruktion und Selbstdarstellung bei Paulus« (Dissertationsprojekt); paulinische Briefliteratur.

Martin Wendte, Dr. theol. habil., Privatdozent für Systematische Theologie an der Eberhard Karls Universität Tübingen sowie Pfarrer und Citykirchenpfarrer in Ludwigsburg. Forschungsschwerpunkte: Das Verhältnis von Systematischer Theologie und Interkultureller Theologie; Religion, Gesundheit, Krankheit und Behinderung; Luther und seine Bedeutung für die Gegenwart; Kirche in der Stadt.

Matthias D. Wüthrich, Assistenzprofessor für Systematische Theologie an der Theologischen Fakultät der Universität Zürich. Forschungsschwerpunkte: Theologische Raumtheorie, Theologie Karl Barths, Theodizeeproblem, Religionsphilosophie sowie »Science and Religion«.

Stellenregister

1. Bibel

1.1 Altes Testament

Markusevangelium

Lukasevangelium

Johannesevangelium

Apostelgeschichte

2. Frühjüdische und rabbinische Texte (alphabetische Reihenfolge)

3. Außerkanonische christliche Texte (alphabetische Reihenfolge)

4. Nag Hammadi-Texte

5. Pagane antike Literatur (alphabetische Reihenfolge)

Autorenregister

Sach- und Personenregister

Jesus Handbuch

Herausgegeben von Jens Schröter und Christine Jacobi, unter Mitarbeit von Lena Nogossek

Das Jesus Handbuch präsentiert die Jesusforschung auf dem aktuellen Stand der internationalen Diskussion. Es gibt einen Überblick über Deutungen Jesu in der Christentumsgeschichte von den Anfängen bis zum Beginn des 21. Jahrhunderts. Behandelt werden des Weiteren Wirken, Lehre und Geschick Jesu in ihrem religiösen, sozialen und politischen Kontext. Dabei werden sowohl aktuelle geschichtswissenschaftliche Diskurse als auch archäologische Forschungen berücksichtigt. Schließlich richtet sich der Blick auf wichtige Wirkungen Jesu im frühen Christentum. Geboten wird somit ein Überblick über Person und Wirken Jesu sowie deren Deutungen aus unterschiedlichen Perspektiven. An dem Handbuch mitgewirkt haben renommierte Forscherinnen und Forscher aus verschiedenen Kontexten. Insofern bietet das Handbuch zugleich einen repräsentativen Überblick über die gegenwärtige Jesusforschung.

Eine ausführliche Inhaltsübersicht finden Sie auf *www.mohr.de*.

»Wer zuverlässige und detaillierte Informationen über den gegenwärtigen Stand der historischen Rückfrage nach Jesus sucht, wird in diesem ausgezeichneten Handbuch fündig.«
Gerd Häfner in *Christ in der Gegenwart* 2017, Nr. 42, S. 466

2017. XIII, 685 Seiten
(Handbücher Theologie).
ISBN 978-3-16-153853-7
fadengeheftete Broschur
eBook